Subunternehmer und Internationales Privatrecht

D1620000

Studien zum vergleichenden und internationalen Recht -
Comparative and International Law Studies

Herausgeber: Bernd von Hoffmann, Erik Jayme
und Heinz-Peter Mansel

Band 101

PETER LANG

Frankfurt am Main · Berlin · Bern · Bruxelles · New York · Oxford · Wien

Florian Pulkowski

Subunternehmer und Internationales Privatrecht

Der Subunternehmer als Quasi-Verbraucher im Europäischen Kollisionsrecht

PETER LANG

Europäischer Verlag der Wissenschaften

Bibliografische Information Der Deutschen Bibliothek
Die Deutsche Bibliothek verzeichnet diese Publikation in der
Deutschen Nationalbibliografie; detaillierte bibliografische
Daten sind im Internet über <http://dnb.ddb.de> abrufbar.

Zugl.: Heidelberg, Univ., Diss., 2004

Gedruckt auf alterungsbeständigem,
säurefreiem Papier.

D 16
ISSN 0930-4746
ISBN 3-631-52917-1

© Peter Lang GmbH
Europäischer Verlag der Wissenschaften
Frankfurt am Main 2004
Alle Rechte vorbehalten.

Printed in Germany 1 2 3 4 5   7

www.peterlang.de

Meinen Eltern

VORWORT

Die Arbeit wurde am Institut für ausländisches und internationales Privat- und Wirtschaftsrecht der Universität Heidelberg angefertigt. Sie wurde im Sommersemester 2004 von der Juristischen Fakultät der Ruprecht-Karls-Universität Heidelberg als Dissertation angenommen. Rechtsprechung und Literatur befinden sich auf dem Stand Frühjahr 2004.

Mein besonders herzlicher Dank gilt meinem verehrten Doktorvater und Lehrer, Herrn Professor Dr. Dr. h.c. mult. Erik Jayme, LL.M., an dessen Lehrstuhl ich während meines Studiums und Referendariats über Jahre hinweg als Mitarbeiter tätig war. Er hat mich während meiner Ausbildung und der Anfertigung der Arbeit stets wissenschaftlich gefordert, gefördert und ist mit Rat zur Seite gestanden. Herrn Professor Dr. Fritz Nicklisch danke ich sehr für die zügige Erstellung des Zweitgutachtens.

Zu Dank bin ich auch meinem Lehrer Herrn Professor Trevor Hartley, LL.M. von der London School of Economics and Political Sciences verpflichtet. Er betreute meine im Jahr 2003 an der LSE angefertigte LL.M.-Arbeit, deren wissenschaftliche Ergebnisse die Grundlage für das vierte Kapitel der vorliegenden Arbeit bildeten.

Die Anfertigung der Arbeit wurde von der Promotionsförderung der Studienstiftung des deutschen Volkes unterstützt.

Herzlich danken möchte ich auch all den Freunden, die mich bei der Literatur- und Rechtsprechungsrecherche in Italien, Belgien, Luxemburg, Spanien und Portugal unterstützt haben.

Schließlich gilt mein Dank meinen Eltern und meiner Freundin Caroline Klein, LL.M. Sie haben mir als Diskussionspartner und Probeleser sowie im Rahmen der Korrekturarbeiten unschätzbare Hilfe geleistet.

Freiburg, im Juli 2004   Florian Pulkowski

INHALTSÜBERSICHT

INHALTSVERZEICHNIS

XIV

ABKÜRZUNGSVERZEICHNIS

A. .... Auflage

Abl. EG .... Amtsblatt der Europäischen Gemeinschaften

Abs. .... Absatz

Act. dr. .... Actualités du droit

AcP .... Archiv für die civilistische Praxis

a.F. .... alte Fassung

AGB .... Allgemeine Geschäftsbedingungen

AGBG .... Gesetz zur Regelung des Rechts der Allgemeinen Geschäftsbedingungen vom 9.12.1976

Art. .... Artikel

Ass. Plén. .... Assemblée Plénière

BauR .... Zeitschrift für das gesamte öffentliche und private Baurecht

BayOblG .... Bayerisches Oberstes Landesgericht

BB .... Der Betriebs Berater

Bd. .... Band

BGB .... Bürgerliches Gesetzbuch vom 18.8.1896

BGE .... Entscheidungssammlung des Schweizerischen Bundesgerichts

BGBl. I bzw.
BGBl. II .... Bundesgesetzblatt, Teil I bzw. II

BGH .... Bundesgerichtshof

BGHZ .... Bundesgerichtshof, Entscheidungssammlung in Zivilsachen

BT-Drucks. .... Bundestags Drucksachen

BR-Drucks. .... Bundesrats Drucksachen

Bull. Civ. .... Bulletin des arrêts de la Cour de Cassation

BVerfG .... Bundesverfassungsgericht

BVerfGE .... Entscheidungssammlung des Bundesverfassungsgerichts

Ch. civ. .... Chambre civil

Ch. comm. .... Chambre commerciale

Ch. mixte .... Chambre mixte

CISG .... Convention on Contracts for the international Sale of Goods vom 11.4.1980 (vgl. auch UN-Kaufrecht)

Clunet .... Journal du Droit International, begründet von *Clunet*

C.M.L.Rev. .... Common Market Law Review

C.P.C. .... codice di procedura civile

DB .... Der Betrieb

ders. .... derselbe

DIN .... Deutsches Institut für Normierungen

Dir. int. .... Diritto Internazionale

Diss. .... Dissertation

DNotZ .... Deutsche Notar-Zeitschrift

Droit et pratique

du comm. int. .... Droit et pratique du commerce internationale

DZWiR .... Deutsche Zeitschrift für Wirtschaftsrecht

E.C.C. .... European Commercial Cases

EG .... Europäische Gemeinschaft; Einführungsgesetz

EGBGB .... Einführungsgesetz zum Bürgerlichen Gesetzbuch

EGV .... Römischer Vertrag zur Gründung der Europäischen Gemeinschaft vom 25.3.1957 i.d.F. des Vertrags von Nizza

Einl. .... Einleitung

E.L. Rev. .... European Law Review

endg. .... endgültig

Entr. dr. .... Entreprise et droit

etc. .... et cetera

EU .... Europäische Union

EuGH .... Gerichtshof der Europäischen Gemeinschaften

EuGVÜ .... Brüsseler-EWG-Übereinkommen über die gerichtliche Zuständigkeit und die Vollstreckung gerichtlicher Entscheidungen in Zivil- und Handelssachen vom 27.9.1968

EuGVVO .... Verordnung (EG) Nr. 44/2001 des Rates vom 22.12.2000 über die gerichtliche Zuständigkeit und die Anerkennung und Vollstreckung von Entscheidungen in Zivil- und Handelssachen

EuLF .... European Legal Forum

EVÜ .... Römisches EWG-Übereinkommen über das auf vertragliche Schuldverhältnisse anzuwendende Recht vom 19.6.1980

EVÜ-VO .... geplante Verordnung der Europäischen Gemeinschaft über das auf vertragliche Schuldverhältnisse anzuwendende Recht

EWG .... Europäische Wirtschaftsgemeinschaft

EWS .... Europäisches Wirtschafts- und Steuerrecht

FF .... Französische Francs

gem. .... gemäß

GWB .... Gesetz gegen Wettbewerbsbeschränkungen vom 27.7.1957

HOAI .... Honorarordnung für Architekten und Ingenieure

hrsg. .... herausgegeben

Hrsg. .... Herausgeber

i. .... im, in

I.C.C.L.R. .... International Company and Commercial Law Review

I.C.L.Q. .... International and Comparative Law Quarterly

I.C.L.R. .... The International Construction Law Review

i.d.F. .... in der Fassung

i.e. .... id est

IGH .... Internationaler Gerichtshof

insbes. .... insbesondere

i.S.v. .... im Sinne von

IPR .... Internationales Privatrecht

IPRax .... Praxis des Internationalen Privat- und Verfahrensrechts

IPR-Gesetz.............. Gesetz über internationales Privatrecht

ital. .... italienisch

i.V.m. .... in Verbindung mit

J.L.M.B. .... Revue de jurisprudence de Liège, Mons et Bruxelles

JR .... Juristische Rundschau

Jounral offciel
Déb. Ass. Nat.......... Journal officiel des Débats de l'Assemblé National

JuS .... Juristische Schulung

JZ .... Juristenzeitung

La nuova giur.
civ. comm. .... La nuova giurisprudenza civile commentata

Le nuove leggi
civ. comm. .... Le nuove leggi civili commentate

lit. .... Buchstabe

LugÜ .... Luganer Übereinkommen über die gerichtliche Zuständigkeit und die Vollstreckung gerichtlicher Entscheidungen in
Zivil- und Handelssachen vom 16.09.1988

m. Anm. .... mit Anmerkung

Mass. giust. civ. .... Massimario giustizia civile

MDR .... Monatschrift für Deutsches Recht

m.E. .... meines Erachtens

m.w.N. .... mit weiteren Nachweisen

N., n. .... numero, Note

NIP .... Nederlands internationaal privaatrecht

NJ .... Neue Justiz

NJW .... Neue Juristische Wochenschrift

NJW-RR .... Rechtsprechungsreport der Neuen Juristischen Wochenschrift

No. .... Numéro

Nr. .... Nummer

N.Y.U. L. Rev. .... New York University Law Review

NZBau .... Neue Zeitschrift für Baurecht

OECD .... Organization for Economic Cooperation and Development

OLG .... Oberlandesgericht

OLGR .... Oberlandesgericht Rechtsprechung

österr. .... österreichisch

PflVG .... Gesetz über die Pflichtversicherung für Kraftfahrzeughalter
(Pflichtversicherungsgesetz) vom 5.4.1965

PHI .... Produkthaftung International

RabelsZ .... Rabels Zeitschrift für ausländisches und internationales
Privatrecht

RDAI .... Revue de droit des affaires internationales

Resp. comun.
impresa .... Responsabilità comunicazione impresa

Rev. crit. dr.
int. privé .... Revue critique de droit international privé

RevJurBA .... Revista Juridica de Buenes Aires

RevJurCat .... Revista Juridica de Catalunya

Rev. rég. dr. .... Revue régional de droit

Rev. trim. dr. eur. ... Revue trimestrielle de droit européen

Riv. dir. int............. Rivista di diritto internazionale

Riv. dir. int.
priv. proc. .... Rivista di diritto internazionale privato e processuale

Riv. dir. priv. .... Rivista di diritto privato

Riv. notar. .... Rivista del notariato

RIW, RIW/AWD .... Recht der Internationalen Wirtschaft

Rn. .... Randnummer

RPfleger .... Der deutsche Rechtspfleger

Rs. .... Rechtssache

S. .... Seite, Seiten

Slg. .... Sammlung

T.Aann. .... Tijdschrift Aannemingsrecht

Trib. .... Tribunale

TÜV .... Technischer Überwachungsverein

u.a. .... und andere

UN .... United Nations

UN-Kaufrecht .... Wiener UN-Übereinkommen über Verträge über den internationalen Warenkauf vom 11.4.1980 (vgl. auch CISG)

VersR .... Versicherungsrecht

vgl. .... vergleiche

v. .... vom, von

VO .... Verordnung

VOB A, B .... Verdingungsordnung für Bauleistungen, Teil A bzw. Teil B

Vorbem. .... Vorbemerkung

VuR .... Verbraucher und Recht

WM .... Wertpapier Mitteilungen

z.B. .... zum Beispiel

ZfBR .... Zeitschrift für deutsches und internationales Bau- und Vergaberecht

ZIP .... Zeitschrift für Wirtschaftsrecht

ZSR .... Zeitschrift für Schweizer Recht

ZVglRWiss .... Zeitschrift für vergleichende Rechtswissenschaft

EINLEITUNG

I. Einführung

Große Bauunternehmen oder Architekturbüros werden mit der Errichtung einer Anlage oder eines Projekts beauftragt, zu deren Durchführung sie auf die Mithilfe und das Spezialwissen kleinerer Unternehmen in Bezug auf Technik und Märkte angewiesen sind.[1] Unternehmer können die zu leistende Arbeit auf Grund zunehmender Komplexität nicht mehr alleine erbringen.[2] Hinzu kommt die aus Kostengründen zunehmend vorgenommene Ausgliederung einzelner Sparten aus dem Tätigkeitsfeld von Unternehmen (*„outsourcing"*). Davon betroffen sind nicht nur Dienstleistungen für die Unternehmen selbst, sondern auch Leistungen, die diese gegenüber ihren Auftraggebern zu erbringen haben. Die ausgegliederten Tätigkeiten können von kleineren Unternehmen mit deren Spezialwissen effizienter und kostengünstiger erbracht werden: den Subunternehmen.[3] In den modernen Wirtschaftsordnungen der Industrieländer ist die dezentrale Fertigung und gemeinsame Erfüllung von Verträgen und damit der Subunternehmervertrag daher von besonderer Bedeutung.[4]

Neben dem vermehrten Einsatz von Subunternehmern ist eine andere Entwicklung festzustellen: die zunehmende Vernetzung und Globalisierung der Märkte.[5] Der grenzüberschreitende Rechtsverkehr spielt eine wichtige Rolle im Großanlagenbau und im Baugewerbe allgemein.[6] Die zunehmende Globalisierung der Märkte zwingt Generalunternehmer, vermehrt Subunternehmer aus

---

1   *Kremer*, in: Nicklisch (Hrsg.), Technologie und Recht, Band 7, S. 7ff., 8f.; *van Houtte* [1991] I.C.L.R. 301; *van Deventer*, Construction Contracts, Rn. 4.62.
2   Siehe zur Dogmatik komplexer Langzeitverträge *Nicklisch*, in: Nicklisch (Hrsg.), Technologie und Recht, Band 8, S. 17ff.
3   *van Deventer*, Construction Contracts, Rn. 4.62.
4   Vgl. die graphischen und statistischen Darstellungen bei *Pause*, in: Nicklisch (Hrsg.), Technologie und Recht, Band 7, S. 135ff., 143f.; *Britton* [2002] I.C.L.R. 242; *Périnet-Marquet* [1991] I.C.L.R. 315; *Alpa/Zatti*, Legge 18 Giugno 1998, N. 192, Disciplina della subfornitura, S. 549; *van Houtte* [1991] I.C.L.R. 301; *Musso*, La subfornitura, S. 1ff.; *Lange*, Recht der Netzwerke, S. 1ff. und Rohe, Netzverträge, S. 1ff.
5   Siehe *Kobrin*, in: Dunning (Hrsg.), Governments, Globalization, and International Business, S. 146-154; *Giddens*, The Third Way, S. 28-29; *Alpa/Zatti*, Legge 18 Giugno 1998, N. 192, Disciplina della subfornitura, S. 549. Vgl. zur Globalisierung und den Auswirkungen auf die Individuen im Internationalen Privatrecht *Jayme* Recueil des Cours, Band 282 (2000), S. 9ff.
6   Vgl. dazu aus der Rechtsprechung des BGH das Urteil vom 25.2.1999 - VII ZR 408/97, IPRax 2001, S. 331ff. sowie BGH, Urteil vom 14.1.1999 - VII ZR 19/98, IPRax 2001, S. 336ff., und dazu *Pulkowski* IPRax 2001, S. 306ff.

Billiglohnländern zu beschäftigen.[7] Dies führt zu immer komplexer werdenden grenzüberschreitenden Vertragsgeflechten zwischen Auftraggebern, Generalunternehmen und Subunternehmen.[8]

Der vermehrte Einsatz von ausländischen Subunternehmern in der modernen Wirtschaft birgt sowohl für die Subunternehmer als auch für die Auftraggeber Risiken. Subunternehmer tragen ein eigenes wirtschaftliches Risiko, sind dabei jedoch in ein Großprojekt eingebunden. Häufig ist die Vor- oder Zuarbeit anderer Subunternehmer Voraussetzung dafür, dass der einzelne Subunternehmer seine Leistung erbringen kann.[9] Dem eigenen wirtschaftlichen Risiko steht somit ein Defizit an Beherrschbarkeit und Überschaubarkeit des Gesamtprojektes gegenüber.[10] Hinzu kommt die wirtschaftliche Abhängigkeit der Subunternehmer von den Generalunternehmern: Zwar sind Generalunternehmen attraktive Auftraggeber, da sie einen auf lange Sicht kalkulierbaren Absatzmarkt bieten. Durch die enge Einbindung, welche der Subunternehmer mit dem Generalunternehmer regelmäßig eingeht, verliert er jedoch andere Kunden und den Kontakt zum unmittelbaren Auftragsmarkt. Hieraus resultiert auf lange Sicht eine wirtschaftliche Abhängigkeit. Zudem sind Subunternehmer den Generalunternehmern und Auftraggebern zumeist auch in der ihnen zur Verfügung stehenden Logistik unterlegen. Generalunternehmen können daher ihre eigenen Interessen erheblich besser vertreten und in den Verträgen besser durchsetzen als Subunternehmer. Diese Überlegenheit können große Generalunternehmen dazu nutzen, kleineren Subunternehmern Vertragswerke zu diktieren und – im grenzüberschreitenden Rechtsverkehr – auch das hierauf anzuwendende Recht unilateral zu bestimmen.

Das spezifische Schutzbedürfnis der Subunternehmer hat als erstes Land Japan erkannt. 1956 wurde dort ein Gesetz gegen verspätete Zahlungen an Subunternehmer eingeführt.[11] Damit ist die Hauptgefahr für Subunternehmer angesprochen: eine unerwartete Insolvenz des Generalunternehmers. Denn Subunternehmer treten regelmäßig mit ihrer Arbeitsleistung und mit Material in Vorleistung. Im Fall einer Insolvenz des Generalunternehmers müssen sie mit erheblichen Forderungsausfällen rechnen. Mittlerweile haben insbesondere auch

---

7 Vgl. zum Beispiel den 13. Wochenbericht (2001) des Deutschen Instituts für Wirtschaftsforschung in Berlin, im Internet abrufbar unter der Adresse: http://www.diw.de/publikationen/wochenberichte/docs/01-13-1.htm; *Musso*, La subfornitura, S. 595.

8 *Kremer*, in: Nicklisch (Hrsg.), Technologie und Recht, Band 7, S. 7ff., 23 und die OECD-Studie von *Germidis*, La sous-traitance internationale.

9 *Kremer*, in: Nicklisch (Hrsg.), Technologie und Recht, Band 7, S. 7ff., 10f.

10 *Greenwood/Klein* [2001] Const.L.J. 122.

11 Act against delay in payment of subcontract proceeds, etc. to subcontractors, Nr. 120 vom 1.6.1956.

die Länder Europas, welche ein niedriges Lohnniveau haben und welche daher typischerweise Subunternehmer stellen, eigene Schutzgesetze erlassen bzw. Schutzmechanismen durch die Rechtsprechung geschaffen.[12] Die Richtlinie 2000/35/EG des europäischen Parlaments und des Rates vom 29.6.2000 zur Bekämpfung von Zahlungsverzug im Geschäftsverkehr[13] hat Europäisches Gemeinschaftsrecht gebracht, welches dem Subunternehmerschutz dient.

Aber auch für die Auftraggeber eines Generalunternehmers entstehen durch den Einsatz von ausländischen Subunternehmern Risiken. Dies gilt insbesondere dann, wenn Subunternehmer aus fremden Rechtsordnungen eingesetzt werden. Hat ein Subunternehmer nach den erwähnten Schutzgesetzen möglicherweise Ansprüche direkt gegen den Auftraggeber unter dem anwendbaren Recht? Welche gesetzlichen Schranken existieren in fremden Rechtsordnungen für die Gestaltung der Verträge? Es scheint sich anzubieten, nach Möglichkeit eine Rechtswahl im Generalunternehmervertrag zu Gunsten des für den Auftraggeber bekannten Rechts zu treffen und diese Rechtswahl auch den Generalunternehmern für die Verträge mit deren Subunternehmern als Datum vorzugeben. Durch eine solche Rechtswahl könnte der durch die Subunternehmergesetze bezweckte Schutz umgangen werden. Doch wo liegen die Grenzen einer Rechtswahl im General- oder Subunternehmervertrag?

II. Die offenen Fragen im IPR der Subunternehmerverträge

1. Ausdrückliche und konkludente Rechtswahl

Dem deutschen Richter stellt sich in einem Sachverhalt mit Auslandsbezug, welchem ein Subunternehmerverhältnis zugrunde liegt, zuvorderst die Frage des auf den Generalunternehmer- und den Subunternehmervertrag anzuwendenden Rechts. Völlig problemlos lässt sich dieses nur bei ausdrücklichen Rechtswahlklauseln (Art. 27 Abs. 1 Satz 2 EGBGB) in beiden Verträgen bestimmen.

Fehlt eine solche ausdrückliche Rechtswahl im Subunternehmervertrag, stellt sich die Frage einer konkludenten Rechtswahl. Hierbei ist besonders auf Bezugnahmen im Subunternehmervertrag auf den Generalunternehmervertrag

---

12 Vgl. Art. 1798 des belgischen Code civil; das französische Gesetz Nr. 75-1334 vom 31.12.1975 „relative à la sous-traitance", Journal officiel vom 3.1.1976; das luxemburgische Gesetz vom 23.7.1991, Mémorial, Journal officiel du Grand-Duché de Luxembourg vom 8.8.1991, Partie A, Nr. 52, S. 1037ff., „ayant pour objet de réglementer les activités de sous-traitance"; das italienische Gesetz Nr. 192 vom 18.6.1998 „Disciplina della subfornitura nelle attività produttive", Gazzetta Ufficiale Nr. 143 vom 22.6.1998; Art. 1597 des spanischen Código civil. Die genannten Vorschriften und Gesetze sind im Anhang zu dieser Arbeit, unten S. 329ff., mit deutscher Übersetzung abgedruckt.

13 Abl. EG Nr. L 200, S. 35ff.

3

einzugehen. Solche Bezugnahmen sind in der Praxis recht häufig vorzufinden.[14] Wann kann aber durch Bezugnahmen auf den Generalunternehmervertrag eine konkludente Rechtswahl anzunehmen sein? Reicht es für die Annahme einer konkludenten Rechtswahl im Subunternehmervertrag auch aus, dass z.b. lediglich auf Bedingungen ohne normativen Charakter (wie z.b. VOB Vorschriften oder DIN-Bestimmungen)[15] Bezug genommen wird und diesbezügliche Pflichten auf den Subunternehmer übertragen werden?

2. Selbständige oder akzessorische Anknüpfung

Falls weder eine ausdrückliche noch eine konkludente Rechtswahl im Subunternehmer- oder im Generalunternehmervertrag getroffen wurde, muss das Gericht das auf die Verträge anwendbare Recht objektiv nach Art. 28 EGBGB bestimmen. Art. 28 Abs. 2 EGBGB führt beim Generalunternehmervertrag zu der Vermutung, dass der Vertrag die engsten Verbindungen mit dem Staat aufweist, in dem der Generalunternehmer seine Niederlassung hat, da der Generalunternehmer die vertragscharakteristische Leistung erbringt. Bei der Bestimmung des auf den Subunternehmervertrag anzuwendenden Rechts führt Art. 28 Abs. 2 EGBGB zur Anwendung des Rechts des Staates, in dem der Subunternehmer seine Niederlassung hat. Aber inwieweit ist bei der Bestimmung des anwendbaren Rechts im Rahmen von Art. 28 Abs. 5 EGBGB auf die wirtschaftliche Verflechtung von Sub- und Generalunternehmervertrag einzugehen? Weist ein Subunternehmervertrag in der Regel eine so enge Verflechtung mit dem Generalunternehmervertrag auf, dass das auf den Generalunternehmervertrag anzuwendende Recht nach Art. 28 Abs. 5 EGBGB auch auf den Subunternehmervertrag anzuwenden ist? Diese Fragestellung wird im Schrifttum unter dem Begriff der „akzessorischen Anknüpfung" diskutiert.[16] Wird wegen der erstrebenswerten Harmonisierung von Haupt- und Subunternehmervertrag vereinzelt[17] für eine akzessorische Anknüpfung eingetreten, lehnen große Teile der

---

14 *Nicklisch* NJW 1985, S. 2361ff.; 2366; *Nicklisch*, in: Nicklisch (Hrsg.), Technologie und Recht, Band 7, S. 29ff., 38. Aus der englischen Rechtsprechung siehe die Entscheidung der Queen's Bench Division *Aqua Design and Play International Ltd. (in liquidation) and another vs. Kier Regional Ltd. and another* [2002] 82 ConLR 107; *van Deventer*, Construction Contracts, Rn. 4.62; *van Houtte* [1991] I.C.L.R. 301, 309.

15 Vgl. dazu BGH, Urteil vom 14.1.1999, IPRax 2001, S. 336ff., m. Anm. *Pulkowski* IPRax 2001, S. 306ff.

16 Vgl. *v. d. Seipen*, Akzessorische Anknüpfung, S. 48ff., *Jayme*, in: Festschrift Pleyer (1986), S. 371ff., 377f. sowie *Vetter* ZVglRWiss 87 (1988), S. 248ff., 253f.; *Vetter* NJW 1987, S. 2124ff., 2125.

17 *v. der Seipen*, Akzessorische Anknüpfung, S. 27, 37f., 253ff. sowie *Jayme*, in: Festschrift Pleyer (1986), S. 371ff.; 377; *Jayme* IPRax 1987, S. 63f., 64.

Literatur[18] eine akzessorische Anknüpfung ab. Die deutsche Rechtsprechung geht stillschweigend von einer getrennten Anknüpfung der beiden Verträge aus.[19] In anderen Ländern Europas ist diese Frage ebenfalls nicht unumstritten.[20]

3. Der Direktanspruch des Subunternehmers

Im deutschen Recht hat der Subunternehmer keine vertraglichen Ansprüche auf Zahlung des Werklohns gegen den Auftraggeber. Er kann sich in aller Regel auch nicht auf bereicherungsrechtliche Ansprüche oder auf Ansprüche aus Geschäftsführung ohne Auftrag berufen. Selbst wenn man ihm solche Ansprüche zubilligen wollte, ließe sich lediglich die Bereicherung abschöpfen bzw. Aufwendungsersatz verlangen. Ein Anspruch des Subunternehmers auf Zahlung des Werklohns wird insbesondere nicht aus einem Vertrag mit Schutzwirkung zu Gunsten des Subunternehmers als Drittem angenommen.[21] Auch wenn § 641

18 *Vetter* NJW 1987, S. 2124ff.; *Vetter* ZVglRWiss 87 (1988), S. 248ff.; Palandt-*Heldrich*, Art. 28 EGBGB Rn. 14; MünchKomm-*Martiny*, Art. 28 EGBGB Rn. 140.

19 BGH, Urteil vom 11.3.1982, BGHZ 83, S. 197ff., („Schlachthofentscheidung"); BGH, Urteil vom 25.2.1999, IPRax 2001, S. 331ff., 332 m. Anm. *Pulkowski*, IPRax 2001, S. 306ff.

20 Vgl. beispielsweise für das französische Recht *Batiffol/Lagarde*, Droit international privé, S. 301; *Lagarde*, in: Gavalda (Hrsg.), La sous-traitance de marchés de travaux et de services, S. 186ff., 188ff.

21 Der BGH hat im Urteil vom 15.6.1971, BGHZ 56, S. 269ff., 271ff., allerdings einen Vertrag mit Schutzwirkung für den Subunternehmer unter einem anderen Aspekt angenommen. Dort hatte ein Auftraggeber einen Generalunternehmer mit der Errichtung einer Brücke zwischen zwei Öltanks beauftragt. Der Auftraggeber stellte dem Generalunternehmer dafür ein von einem Mitarbeiter selbst hergestelltes Gerüst zur Verfügung, schloss allerdings die Haftung für von ihm zur Verfügung gestellte Arbeitsmaterialien in seinen AGB aus. Der Generalunternehmer vergab die Arbeiten mit Zustimmung des Auftraggebers an einen Subunternehmer weiter. Dieser und einige seiner Angestellten wurden schwer verletzt, als das Gerüst zusammenbrach. Ansprüche aus Delikt waren verjährt. Der auf Schadensersatz klagende Subunternehmer berief sich auf Ansprüche aus einem Vertrag mit Schutzwirkung für Dritte. Während das OLG Hamburg einen Vertrag mit Schutzwirkung für den Subunternehmer ablehnte, hielt der BGH einen solchen für durchaus denkbar, verneinte den Schadensersatzanspruch des Subunternehmers aber, weil sich der Haftungsausschluss im Generalunternehmervertrag durch die AGB auch auf Ansprüche eines Subunternehmers erstrecke. Vgl. zu deliktischen Schadensersatzansprüchen des Subunternehmers im Internationalen Privatrecht auch die Entscheidung des OLG Koblenz vom 29.8.2002, IPRax 2003, S. 536 und dazu *Eichenhofer* IPRax 2003, S. 525ff. Ebenso will *Chaix*, Contrat de sous-traitance en droit suisse, S. 270ff. für das schweizerische Recht in Ermangelung eines entsprechenden Parteiwillens dem Subunternehmer einen direkten vertraglichen Schadensersatzanspruch aus den Grundsätzen des Vertrages mit Schutzwirkung für Dritte zuzusprechen. Vgl. zum Schutz des Subunternehmers durch eine vertragliche Schuldmitübernahme im schweizerischen Recht *Gauch*, Der Unternehmer im Werkvertrag, S. 35. Dieser Aspekt wirft indes keine spezifischen kollisionsrecht-

Abs. 2 BGB durch die Einführung der „Durchgriffsfälligkeit" insoweit eine Liberalisierung jenes Dogmas mit sich gebracht hat, steht nach deutschem Verständnis die Relativität der Verträge direkten Ansprüchen auf Werklohn im Wege.

Demgegenüber hat ein Subunternehmer nach den Rechtsordnungen anderer europäischer Länder (nämlich Belgiens, Frankreichs, Luxemburgs und Spaniens) einen direkten, zum Teil als „vertraglich" bezeichneten Anspruch gegen den Auftraggeber, der nicht auf die bloße Abschöpfung einer Bereicherung beschränkt ist. Diese Ansprüche sind – wie alle Schutzgesetze für Subunternehmer in Europa – in Deutschland weitgehend unbekannt. Folglich berufen sich Parteien in der Praxis in grenzüberschreitenden Sachverhalten selten auf diese Vorschriften.

Direktansprüche werfen im grenzüberschreitenden Rechtsverkehr im Wesentlichen drei Fragen auf:

- die nach ihrer Qualifikation,

- nach dem auf den Direktanspruch anwendbaren Recht und

- ob der Direktanspruch im Vertragsgerichtsstand des Art. 5 Nr. 1 EuGVVO geltend gemacht werden kann.

a)   Die Qualifikation des Direktanspruchs

Es ist als erstes zu klären, wie der Direktanspruch des Subunternehmers zu qualifizieren ist. Handelt es sich um ein prozessuales Recht eines Subunternehmers oder um einen materiellrechtlichen Anspruch? Falls er materiellrechtlich zu qualifizieren ist, handelt es sich um vertragliche oder quasi-vertragliche Ansprüche, auf welche Art. 27 und 28 EGBGB anzuwenden sind? Oder sollte eine bereicherungsrechtliche Qualifikation oder eine Qualifikation als Recht *sui generis* vorgenommen werden? Sind die in den ausländischen Schutzgesetzen vorgesehenen Ansprüche einheitlich zu qualifizieren oder ist zwischen den Ansprüchen verschiedener Rechtsordnungen innerhalb Europas zu unterscheiden? Welchen Einfluss hat die Rechtsprechung des EuGH zur Verordnung 44/2001/EG über die gerichtliche Zuständigkeit in Zivil- und Handelssachen

---

lichen Fragen auf, die über die allgemeine Problematik von Verträgen mit Schutzwirkung für Dritte hinausgingen.

(EuGVVO)[22] auf die Frage der Qualifikation im Hinblick darauf, dass das EVÜ in naher Zukunft in eine Verordnung überführt werden soll?[23]

b) Das auf den Direktanspruch anzuwendende Recht

Im Anschluss hieran muss die Frage beantwortet werden, wann sich ein Subunternehmer auf den Direktanspruch vor deutschen Gerichten berufen kann. Die Beantwortung dieser Frage hängt entscheidend von der Qualifikation des Anspruchs ab. Im Falle einer bereicherungsrechtlichen Qualifikation ist das anwendbare Recht nach Art. 38 oder 41 EGBGB zu bestimmen.

Im Falle einer vertraglichen Qualifikation stellt sich die Frage, ob Art. 27 und 28 EGBGB unmittelbar auf das Verhältnis zwischen Subunternehmer und Auftraggeber anzuwenden sind oder ob auf das auf den General- und Subunternehmervertrag anzuwendende Recht rekurriert werden muss. Im letzteren Falle muss die komplizierte Frage beantwortet werden, welches Vertragsstatut ausschlaggebend ist. Das des Subunternehmervertrags oder das des Generalunternehmervertrags oder beide Vertragsstatute?

Bietet sich eine analoge Anwendung der Vorschrift über Verbraucherverträge (Art. 29 und 29a EGBGB) an? Oder ist vielmehr eine analoge Anwendung der Vorschriften über den Direktanspruch des Verletzten gegen den Versicherer des Ersatzpflichtigen (Art. 40 Abs. 4 EGBGB) angezeigt?

c) Der Gerichtsstand

In einem dritten Schritt schließlich ist zu klären, welcher Gerichtsstand für solche Direktansprüche im Rahmen der EuGVVO eröffnet ist. Besondere Bedeutung kommt hierbei Art. 5 Nr. 1 lit. b EuGVVO zu. Hier wird auf die Rechtsprechung des EuGH zu Art. 5 Abs. 1 Nr. 1 EuGVÜ[24] und insbesondere auf die

---

22 Verordnung (EG) Nr. 44/2001 des Rates vom 22.12.2000 über die gerichtliche Zuständigkeit und die Vollstreckung von Entscheidungen in Zivil- und Handelssachen (Abl. EG Nr. L 12 vom 16.1.2001, S. 1).

23 Siehe das Grünbuch der Kommission über die Umwandlung des Übereinkommens von Rom aus dem Jahr 1980 über das auf vertragliche Schuldverhältnisse anzuwendende Recht in ein Gemeinschaftsinstrument sowie über seine Aktualisierung vom 14.1.2003, KOM (2002) 654 endg., ecolex 2003, S. 290ff.

24 Brüsseler Übereinkommen über die gerichtliche Zuständigkeit und die Vollstreckung gerichtlicher Entscheidungen in Zivil- und Handelssachen vom 27.9.1968, BGBl. 1972 II, S. 774 in der Fassung des Beitrittsübereinkommens vom 29.11.1996 (BGBl. 1998 II, S. 1412). Seit Inkrafttreten der EuGVVO wird das EuGVÜ im Verhältnis der Mitgliedstaaten nach Art. 68 EuGVVO durch die Verordnung ersetzt. Das EuGVÜ wird lediglich noch im Verhältnis zu Dänemark angewandt.

Handte-Entscheidung[25] einzugehen sein. Kann ein Subunternehmer Direktansprüche gegen den Auftraggeber im Vertragsgerichtsstand geltend machen, auch wenn keine unmittelbare vertragliche Beziehung zwischen dem Auftraggeber und dem Subunternehmer existiert? Ist Art. 11 Abs. 2 EuGVVO, der für den Direktanspruch des Geschädigten gegen die Haftpflichtversicherung des Schädigers die in den Art. 8 bis 10 EuGVVO enthaltenen Gerichtsstände eröffnet, entsprechend auf den Direktanspruch des Subunternehmers gegen den Auftraggeber anzuwenden?

4. Das zwingende Recht

In Bezug auf die ausländischen Subunternehmergesetze allgemein (und die normierten Direktansprüche im Besonderen) ist ebenso ungeklärt, inwieweit es sich bei den Normen um zwingendes Recht handelt. Hierbei ist erstens zu klären, ob Art. 29 oder Art. 30 EGBGB analoge Anwendung finden sollen, um den Schutz von Subunternehmern in grenzüberschreitenden Rechtsverhältnissen zu garantieren und Umgehungen ihres Schutzes vorzubeugen. Dabei wird auch darauf einzugehen sein, inwieweit es sich bei den Schutzgesetzen um intern (Art. 27 Abs. 3 EGBGB) zwingendes Recht handelt. Zudem ist zu klären, ob die Gesetze sogar international zwingendes ausländisches Recht darstellen (vgl. Art. 7 EVÜ). Zwar hat die Bundesrepublik Deutschland gegen Art. 7 Abs. 1 EVÜ einen Vorbehalt eingelegt. Dennoch ist unter bestimmten Umständen auch im deutschen Internationalen Privatrecht anerkannt, dass ausländisches zwingendes Recht von deutschen Gerichten berücksichtigt werden muss. Hierzu ist zunächst das ausländische Recht darzustellen und zu klären, ob es sich bei den Schutzgesetzen um Eingriffsnormen dieser Staaten handelt. Falls es sich um Eingriffsnormen handelt, ist in einem zweiten Schritt zu klären, welche Verbindung zwischen dem Sachverhalt und der Rechtsordnung, der das Schutzgesetz entstammt, existieren muss und ob deutsche Gerichte die Norm materiellrechtlich oder kollisionsrechtlich berücksichtigen müssen.

5. Die verfahrensrechtlichen Fragen

Verfahrensrechtlich stellen sich in Bezug auf grenzüberschreitende Subunternehmervertragsverhältnisse zwei Fragen. Inwieweit sind Gerichtsstands- oder Schiedsgerichtsvereinbarungen im Generalunternehmervertrag relevant für Klagen des Subunternehmers gegen den Generalunternehmer (bzw. bei Geltendmachung des Direktanspruchs gegen den Auftraggeber)? Hierbei handelt es sich um das verfahrensrechtliche Parallelproblem zur materiellrechtlichen Frage

---

25 EuGH, Urteil vom 17.6.1992, Rs. C-26/91, *Jakob Handte & Co. GmbH ./. Traitements mécano-chimiques des surfaces S.A.*, Slg. 1992 I, S. 3967ff.

nach einer akzessorischen Anknüpfung des Subunternehmervertrags an den Generalunternehmervertrag.

Zweitens enthält das italienische Gesetz Nr. 192 über die „subfornitura" spezifisches Verfahrensrecht zum Schutz der Subunternehmer und Zulieferer. Insoweit ist zu klären, inwieweit dieses Verfahrensrecht vor deutschen Gerichten zu berücksichtigen ist.

6. Die Subunternehmergesetze und die Europäischen Grundfreiheiten

Dienstleistende, die sich in einen anderen Mitgliedstaat der Europäischen Gemeinschaft begeben, um dort vorübergehende Tätigkeiten auszuüben, können sich auf die Dienstleistungsfreiheit nach Art. 49 und 50 des EG-Vertrags (EGV)[26] berufen. Nach dem *Arblade*-Urteil des EuGH verlangt Art. 49 EGV „nicht nur die Beseitigung jeder Diskriminierung des in einem anderen Mitgliedstaat ansässigen Dienstleistenden auf Grund seiner Staatsangehörigkeit, sondern auch die Aufhebung aller Beschränkungen – selbst wenn sie unterschiedslos für inländische Dienstleistende wie für solche aus anderen Mitgliedstaaten gelten –, sofern sie geeignet sind, die Tätigkeiten des Dienstleistenden, der in einem anderen Mitgliedstaat ansässig ist und dort rechtmäßig ähnliche Dienstleistungen erbringt, zu unterbinden, zu behindern oder weniger attraktiv zu machen."[27]

An diesem Maßstab sind auch die nationalen Vorschriften zum Schutz der Subunternehmer zu messen. In einem ersten Schritt ist zu klären, ob die Vorschriften einen Eingriff in den von Art. 49 EGV garantierten freien Dienstleistungsverkehr für Subunternehmer darstellen. Falls ja, ist weiter zu klären, ob der Schutz der Subunternehmer ein zwingendes Allgemeinwohlinteresse im Sinne der Rechtsprechung des EuGH zur Rechtfertigung eines solchen Eingriffs darstellt.

III. Die Fragestellung der Arbeit

Die dargestellten offenen Einzelfragen lassen sich unter einer Überschrift zusammenfassen: der „Subunternehmer als Quasi-Verbraucher" in grenzüberschreitenden Subunternehmervertragsverhältnissen. Sie lässt die Gemeinsam-

---

26 Römischer Vertrag zur Gründung der Europäischen Gemeinschaft vom 25.3.1957, BGBl. II, S. 766 in der Fassung des Vertrages von Nizza vom 21.12.2001, BGBl. 2001 II, S. 1666.

27 EuGH, Urteil vom 23.11.1999, Rs. C-369/96 und C-376/96, *Jean-Claude Arblade, Arblade & Fils SARL*, Slg. 1999 I, S. 8453; siehe auch EuGH, Urteil vom 25.7.1991, Rs. C-76/90, *Säger ./. Dennemeyer & Co. Ltd.*, Slg. 1991 I, S. 4221, Rn. 12; Urteil vom 9.8.1994, Rs. C-43/93, *Vander Elst*, Slg. 1994 I, S. 3803, Rn. 14; sowie vom 28.3.1996 Rs. C-272/94, *Guiot*, Slg. 1996 I, S. 1905.

keit der zu erörternden Problemkreise in einer Formulierung deutlich werden. Letztlich geht es stets um die Frage, wann und auf welche Art und Weise der durch ausländische Schutzgesetze etablierte Subunternehmerschutz vor deutschen Gerichten zu berücksichtigen ist. Gegenstand der Untersuchung sind also nicht alle kollisionsrechtlichen Probleme, die durch grenzüberschreitende Subunternehmerverhältnisse aufgeworfen werden, sondern nur die Fragen, welche durch die spezifischen Vorschriften zum Schutz von Subunternehmern hervorgerufen werden. Insbesondere die häufig diskutierte Frage, inwieweit Auftraggeber gegen Subunternehmer unmittelbar auf Grund mangelhafter Werkleistung (bzw. der Herstellung oder Lieferung fehlerhafter Produkte) vom Subunternehmer in grenzüberschreitenden Rechtsverhältnissen Schadensersatz verlangen können[28], bleibt in der folgenden Untersuchung außer Betracht.

IV. Die Methoden

Da die Gesetze und Vorschriften anderer europäischer Länder zum Schutz von Subunternehmern hierzulande weitgehend unbekannt sind, ist es notwendig, diese Vorschriften kurz darzustellen. Darauf aufbauend wird die Methode der Rechtsvergleichung zur Beantwortung der Fragestellung angewandt.

1. Die Rechtsvergleichung

Der Methode der Rechtsvergleichung kommt Bedeutung in zweierlei Hinsicht zu. Zum einen wird nationales Sachrecht der Mitgliedstaaten der Europäischen Gemeinschaft zu vergleichen sein. Zum anderen muss im Rahmen des Art. 36 EGBGB ausländisches Kollisionsrecht bei der Auslegung von auf dem EVÜ beruhenden Kollisionsnormen beachtet werden.[29]

a) Der Vergleich nationalen Sachrechts

Die Vergleichung nationaler Sachnormen kann eine wichtige Methode zur Bestimmung des auf einen konkreten Sachverhalt anzuwendenden Rechts sein. Dies gilt umso mehr, wenn das Kollisionsrecht durch die Inhalte der Sachnormen beeinflusst wird.[30] Dies ist im Besonderen dann der Fall, wenn eine Kollisionsnorm eine alternative Anknüpfung oder einen Günstigkeitsvergleich fordert.[31]

---

28 Vgl. zum produkthaftungsrechtlichen Durchgriff gegen den Subunternehmer aus rechtsvergleichender Sicht die Dissertation von *Rucketschler*, Subunternehmer-Haftung.

29 Siehe insbesondere Staudinger-*Reinhart* (12. A. 1998), Art. 36 EGBGB Rn. 6ff.

30 *Jayme*, in: Festschrift Schwind, S. 103ff., 103; Staudinger-*Reinhart* (12. A. 1998), Art. 36 EGBGB Rn. 13ff.

31 *Jayme*, in: Festschrift Schwind, S. 103ff., 103; *Koch* RabelsZ 61 (1997), S. 623ff., 629. Art. 11 Abs. 1 bis 3 EGBGB beinhaltet zum Beispiel eine Regelung, welche die Formgül-

In der modernen Methodenlehre gewinnt hierbei die funktionale Rechtsvergleichung im Verhältnis zum bloßen Vergleich von Rechtssystemen immer mehr an Bedeutung.[32] In Bezug auf den Subunternehmerschutz ist – ähnlich wie beim Verbraucherschutz – von Wichtigkeit, mit welchen gesetzgeberischen Mitteln in einer Rechtsordnung die gleichen sozialen Ziele wie in einer anderen Rechtsordnung verfolgt und verwirklicht werden. Als Beispiel hierfür kann die bereits erwähnte Richtlinie 2000/35/EG des europäischen Parlaments und des Rates vom 29.6.2000 zur Bekämpfung von Zahlungsverzug im Geschäftsverkehr[33] herangezogen werden. Der Schutz von Zulieferern und Subunternehmern vor wirtschaftlicher Ausnutzung durch verspätete Zahlung seitens der Generalunternehmer oder Hersteller wurde im deutschen Recht durch die Einführung einer „Durchgriffsfälligkeit" in § 641 Abs. 2 BGB umgesetzt. Andere Mitgliedstaaten haben hingegen nicht den Weg einer Durchgriffsfälligkeit gewählt, sondern haben lediglich höhere Fälligkeitszinsen, allgemein strengere Fälligkeitsregelungen oder die Möglichkeit einer Verbandsklage gegen Unternehmer, welche ihre wirtschaftlich stärkere Position ausnutzen, eingeführt.[34] An der Funktionsäquivalenz der genannten Umsetzungen kann insoweit kein Zweifel bestehen. Liegen unterschiedlichen nationalen Regelungen keine europäische Richtlinien zugrunde, kann es freilich erheblich schwerer fallen, eine Funktionsäquivalenz von Vorschriften nachzuweisen.

In Bezug auf den Direktanspruch des Subunternehmers, welcher in einigen Subunternehmergesetzen oder -vorschriften normiert wird, hat die Methode der

---

tigkeit des Geschäfts begünstigt. Die erwähnten Subunternehmerschutzgesetze anderer europäischer Staaten stellen zum Teil auch Formvorschriften für Subunternehmerverträge auf. Steht die Wirksamkeit eines Rechtsgeschäfts in Frage, bestimmt beispielsweise Art. 11 Abs. 1 EGBGB für Rechtsgeschäfte, dass ein Rechtsgeschäft formwirksam ist, wenn es alternativ die Formerfordernisse des Rechts, das auf das seinen Gegenstand bildende Rechtsverhältnis anzuwenden ist, oder des Rechts des Staates erfüllt, in dem es vorgenommen wird. In Bezug auf Formerfordernisse in Subunternehmerschutzgesetzen bedeutet dies, dass ein Vergleich mindestens zweier Rechte vorzunehmen ist, um die Formwirksamkeit eines Subunternehmervertrags im Zweifelsfall zu bestimmen. Dabei wird es unter Umständen auch erforderlich sein zu klären, ob den Anforderungen des Formstatuts dadurch nachgekommen werden kann, dass funktionsäquivalente Erfordernisse einer anderen Rechtsordnung erfüllt werden.

32 *Jayme*, in: Festschrift Schwind, S. 103ff., 104.

33 Abl. EG Nr. L 200, S. 35ff.

34 In Österreich wurde die Richtlinie zum Beispiel durch das Bundesgesetz, mit dem das Zinsenrecht im Allgemeinen bürgerlichen Gesetzbuch, im Handelsgesetzbuch, im Aktiengesetz 1965 und im Arbeits- und Sozialgerichtsgesetz geändert wird (Zinsenrechts-Änderungsgesetz - ZinsRÄG), ÖGBBl. Nr. 118 vom 9.8.2002, S. 1217ff., umgesetzt. In Bezug auf den Subunternehmerschutz ist keine spezifische Regelung geschaffen worden. Es wurde lediglich die Möglichkeit einer Verbandsklage in Art. V eingefügt sowie § 1334 ÖBGB neu gefasst.

Rechtsvergleichung besonders große Bedeutung, da die Qualifikation solcher Direktansprüche in Deutschland völlig ungeklärt ist. Bei der (funktionalen) Qualifikation muss der Sinn und Zweck einer dem nationalen Recht unbekannten Sachnorm ermittelt werden und Zweck und Bedeutung mit Sachnormen aus der deutschen Rechtsordnung verglichen werden. Dieser Vergleich ermöglicht es beispielsweise, den Direktanspruch des Subunternehmers einem der deutschen Rechtsordnung bekannten Begriff zuzuordnen und so zur Anwendung einer Kollisionsnorm des deutschen IPR zu gelangen, welche auf deutsche Sachnormen mit vergleichbarer Funktion anzuwenden ist.[35] Beim Direktanspruch des Subunternehmers könnte dies, wie bereits oben[36] erwähnt, unter Umständen zur Anwendung des Art. 38 EGBGB statt der für vertragliche Rechtsverhältnisse einschlägigen Art. 27 oder 28 EGBGB führen.

b)   Der Vergleich inländischen und ausländischen Kollisionsrechts

Die Beantwortung der Frage, inwieweit ausländisches zwingendes Subunternehmerrecht vor deutschen Gerichten zu beachten ist, hängt entscheidend davon ab, inwieweit diese Vorschriften im Kollisionsrecht der jeweiligen Rechtsordnung, welcher sie entspringen, als international zwingend angesehen werden. Somit muss der deutsche Richter auch an dieser Stelle die Auslegung und Anwendung des Kollisionsrechts anderer europäischer Staaten berücksichtigen, um eine Frage des deutschen Kollisionsrechts zu beantworten.

Art. 36 EGBGB gebietet auch bei der Auslegung und Anwendung des Art. 28 EGBGB und der Beantwortung der Frage nach einer akzessorischen Anknüpfung des Subunternehmervertrags an den Generalunternehmervertrag die staatsvertragliche Herkunft zu berücksichtigen. Art. 36 EGBGB versteht sich vor dem Hintergrund, des deutschen Alleingangs, das EVÜ nicht innerstaatlich unmittelbar umzusetzen, sondern nationale Normen gleichen Inhalts zu setzen. Die den deutschen Kollisionsnormen zugrunde liegenden Regelungen des EVÜ sollen in den Vertragsstaaten einheitlich ausgelegt und angewandt werden. Art. 36 EGBGB setzt die Vorschrift des Art. 18 EVÜ in deutsches Recht um. Der deutsche Gesetzgeber ging dabei über das völkerrechtlich gebotene Maß hinaus und hat in Art. 36 EGBGB einen echten „europäischen Auslegungsimperativ"[37] und damit auch ein Gebot zur Anwendung der Methode der Rechtsvergleichung geschaffen.[38] Durch Art. 36 EGBGB soll die einheitliche, nicht ausschließlich

---

35 Vgl. BGH, Urteil vom 22.3.1967, BGHZ 47, S. 324ff., 332; *Jayme*, in: Festschrift *Schwind*, S. 103ff., 104.

36 Oben S. 6ff.

37 *Mansel* JZ 1991, S. 529, 531; Staudinger-*Reinhart* (12. A. 1998), Art. 36 EGBGB Rn. 23ff.

38 Vgl. den Beschluss des Rechtsausschusses des Deutschen Bundestages, BT-Drucks. 10/5632, S. 38.

von nationalen Einflüssen bestimmte Auslegung der auf vertragliche Schuldverhältnisse anzuwendenden Kollisionsnormen sichergestellt werden.[39] Dabei muss der Interpretation des EVÜ in anderen Vertragsstaaten wesentliche Bedeutung beigemessen werden und eine einheitliche Auslegung angestrebt werden.[40] Durch eine ausschließlich von nationalen Vorstellungen geprägte Auslegung der Kollisionsnormen durch die nationalen Gerichte droht eine „Re-Nationalisierung" des mittels des Übereinkommens vereinheitlichten Rechts.[41] Dies macht es notwendig, die Rechtsprechung anderer Mitgliedsländer zu erschließen und bei der Auslegung der auf dem EVÜ beruhenden nationalen Kollisionsnormen zu berücksichtigen.[42] Der Frage nach einer akzessorischen Anknüpfung muss daher auf einer rechtsvergleichenden Grundlage nachgegangen werden.

Durch eine weitgehend einheitliche Auslegung der auf dem EVÜ beruhenden Kollisionsnormen wird der internationale Entscheidungseinklang in den Mitgliedstaaten der Europäischen Gemeinschaft gewährleistet.[43] Die Anwendung der vereinheitlichten Kollisionsnormen durch nationale Gerichte soll im zu entscheidenden Einzelfall nach Möglichkeit in allen Mitgliedstaaten zu demselben Sachrecht führen. Dem vor nationalen europäischen Gerichten Rechtssuchenden wird so zum einen das gebotene Maß an Rechtssicherheit im Internationalen Privatrecht durch Vorhersehbarkeit und Nachvollziehbarkeit der Entscheidung garantiert. Zum anderen wird dem unerwünschten Ergebnis vorgebeugt, dass der Ausgang des Rechtsstreits vom international zuständigen Gericht abhängt. Eine unterschiedliche Auslegung und Anwendung der auf dem EVÜ basierenden Kollisionsnormen würde dem „forum shopping" Vorschub leisten, wenn für einen Rechtsstreit durch die EuGVVO oder die jeweiligen autonomen Zuständigkeitsbestimmungen die internationale Zuständigkeit mehrerer europäischer Foren begründet ist.

Das Ziel einer einheitlichen Auslegung und Anwendung des EVÜ wird in naher Zukunft durch eine Letztentscheidungsbefugnis des EuGH über die Auslegung des vereinheitlichten Kollisionsrechts erleichtert. Zwar sind weder das erste noch das zweite Brüsseler Protokoll betreffend die Auslegung des EVÜ

---

39 Siehe *Reinhart* RIW 1994, S. 445, 446; Gesetzentwurf der Bundesregierung zum EVÜ mit Denkschrift zum Übereinkommen und Anlage: Bericht *Giuliano/Lagarde*, BT-Drucks. 10/503 vom 10.10.1983, S. 21ff., 31, 33ff.

40 Vgl. BGH, Urteil vom 2.5.1999, IPRax 1991, S. 254ff., 256.

41 Vgl. *Mansel* JZ 1991, S. 529, 532.

42 MünchKomm-*Martiny*, Art. 36 EGBGB Rn. 21; Staudinger-*von Hoffmann*, Art. 36 EGBGB Rn. 13.

43 Vgl. *Reinhart* RIW 1994, S. 445, 446.

durch den Gerichtshof[44] je in Kraft getreten. Eine Auslegungszuständigkeit des EuGH wird aber spätestens mit der Transformierung des EVÜ in eine Verordnung der Europäischen Gemeinschaft begründet.[45] Die Methode der Rechtsvergleichung wird jedoch auch nach einer solchen Transformierung im Rahmen des Art. 36 EGBGB für die Auslegung und Anwendung der zukünftigen EVÜ-Verordnung von Bedeutung sein. Eine Auslegungszuständigkeit des EuGH kann die Auslegung durch die nationalen Gerichte zwar besser koordinieren, der deutsche Richter wird jedoch auch in Zukunft nicht nur nationale Auslegungsregeln und die Auslegung des EuGH bei der Anwendung des vereinheitlichten Kollisionsrechts zu berücksichtigen haben, sondern darüber hinaus auch die Rechtsprechung und Lehre in den übrigen Mitgliedstaaten der Europäischen Gemeinschaft bei der Anwendung der Normen heranziehen müssen.

c)   Der Vergleich inländischen Kollisionsrechts

In Bezug auf die Bestimmung des auf den Subunternehmervertrag und den Direktanspruch des Subunternehmers anzuwendenden Rechts verdient der Vergleich von Kollisionsregeln für Verbraucher, Arbeitnehmer und Unfallopfer besondere Erwähnung. Subunternehmer werden ähnlich wie Verbraucher, Arbeitnehmer oder Unfallopfer als schutzwürdig betrachtet. Dies legt es nahe, die entsprechenden Kollisionsnormen (Art. 29, 29a EGBGB, Art. 30 EGBGB, Art. 40 Abs. 4 EGBGB) mangels eigenständiger Normen im deutschen Kollisionsrecht analog auf Schutzinstrumente für Subunternehmer anzuwenden. Auch hier muss dafür zunächst mittels der Methode der Rechtsvergleichung geklärt werden, ob und in welchem Umfang eine Funktionsäquivalenz zur Rechtfertigung der analogen Anwendung der Kollisionsnormen besteht. Dabei ist die anzustellende Untersuchung freilich nicht auf den Vergleich inländischer Kollisionsnormen beschränkt. Vielmehr muss ein deutsches Gericht, welches eine planwidrige Regelungslücke durch analoge Anwendung einer anderen Kollisionsnorm im Rahmen des EVÜ zu schließen gedenkt, wegen Art. 36 EGBGB prüfen, ob auch

---

44 Erstes Brüsseler Protokoll betreffend die Auslegung des am 19. Juni 1980 in Rom zur Unterzeichnung aufgelegten Übereinkommens über das auf vertragliche Schuldverhältnisse anzuwendende Recht durch den Gerichtshof der Europäischen Gemeinschaften vom 19.12.1988, BGBl. 1995 II, S. 916; Zweites Brüsseler Protokoll zur Übertragung bestimmter Zuständigkeiten für die Auslegung des am 19. Juni 1980 in Rom zur Unterzeichnung aufgelegten Übereinkommens über das auf vertragliche Schuldverhältnisse anzuwendende Recht auf den Gerichtshof der Europäischen Gemeinschaften vom 19.12.1988, BGBl. 1995 II, S. 923.

45 Vgl. das Grünbuch der Kommission über die Umwandlung des Übereinkommens von Rom aus dem Jahr 1980 über das auf vertragliche Schuldverhältnisse anzuwendende Recht in ein Gemeinschaftsinstrument sowie über seine Aktualisierung vom 14.1.2003, KOM (2002) 654 endg., ecolex 2003, S. 290ff.

in anderen europäischen Rechtsordnungen diese Lücke erkannt und welcher Lösung dieses Problem zugeführt wurde.[46]

2. Die exemplarische Auswahl der Rechtsordnungen

Soweit ein Vergleich inländischen Kollisionsrechts oder Sachrechts mit dem anderer Rechtsordnungen notwendig ist, muss eine Auswahl der zur Verfügung stehenden Rechtsordnungen erfolgen. Anderenfalls müsste jede Betrachtung und Vergleichung ausländischen Rechts oberflächlich bleiben.

Im Folgenden wird lediglich ein Vergleich mit Rechtsordnungen von Mitgliedstaaten der Europäischen Gemeinschaft vorgenommen. Innerhalb der Europäischen Gemeinschaft fällt die Auswahl naturgemäß in erster Linie auf die Staaten, die besondere Subunternehmerschutzgesetze oder -vorschriften haben: Italien, Frankreich, Luxemburg, Belgien und Spanien.[47] Die vergleichende Gegenüberstellung kann dabei auch nicht vollständig, sondern lediglich exemplarisch vorgenommen werden. Gerade die Subunternehmergesetze Frankreichs und Italiens sind so umfangreich und komplex, dass der vertretbare Umfang der von der Arbeit zu leistenden Untersuchung eine Beschränkung auf eine beispielhafte Normanalyse gebietet.

V. Der Gang der Untersuchung

Die Frage der kollisionsrechtlichen Behandlung ausländischer Subunternehmerschutzgesetze durch deutsche Gerichte muss in mehreren Schritten beantwortet werden.

Den Ausgangspunkt bildet die Bestimmung des Subunternehmerbegriffs. Im ersten Kapitel der Arbeit wird daher der Begriff des Subunternehmers definiert und der Sprachgebrauch in anderen europäischen Ländern analysiert. Im Anschluss hieran werden verschiedene Modelle „internationaler" Subunternehmerverhältnisse vorgestellt, anhand derer die sich im grenzüberschreitenden Rechtsverkehr stellenden kollisionsrechtlichen Fragen erörtert werden können.

Es ist unerlässlich, sich mit der *ratio* der in anderen Rechtsordnungen existierenden Subunternehmergesetze zu beschäftigen, um diese zu verstehen und ihre kollisionsrechtliche Behandlung zu untersuchen. Im zweiten Kapitel der Arbeit wird daher auf die Frage eingegangen, inwieweit ein spezielles Schutzbedürfnis für Subunternehmer existiert und wie sich dieses vom Schutzbedürfnis der Verbraucher und Kleingewerbetreibenden unterscheidet.

Im Mittelpunkt des dritten Kapitels steht das materielle Subunternehmerrecht. Den Ausgangspunkt bildet dabei die Untersuchung, inwieweit das deut-

---

46 Siehe *Reinhart* RIW 1994, S. 445, 450.
47 Siehe den Anhang zur Arbeit, unten S. 329ff.

sche Privatrecht Subunternehmer schützt. Im Anschluss daran wird das ausländische Recht zum Schutz der Subunternehmer dargestellt. In Bezug auf die in ihnen zum Teil vorgesehenen Direktansprüche ist zu klären, welche Voraussetzungen für diese Ansprüche bestehen und in welchem Umfang dem Subunternehmer ein Anspruch gegen den Auftraggeber jeweils zugesprochen wird.

Im vierten Kapitel wird das Internationale Privatrecht der Subunternehmerverträge behandelt. In ihm werden die Grundlagen des Europäischen Kollisionsrechts für Subunternehmerverträge dargestellt. Zunächst wird der für das gesamte Kollisionsrecht der Subunternehmer grundlegenden Frage nach einer analogen Anwendung von Art. 29 bzw. Art. 30 EGBGB auf Subunternehmer nachgegangen. Im Anschluss hieran soll die Frage nach einer konkludenten Rechtswahl im Subunternehmervertrag durch Bezugnahmen auf den Generalunternehmervertrag sowie die Frage nach einer objektiven akzessorischen Anknüpfung des Subunternehmervertrags an den Generalunternehmervertrag beantwortet werden.

Darauf aufbauend werden im fünften Kapitel zunächst die im Subunternehmergesetz Italiens enthaltenen besonderen Formvorschriften untersucht. Im Mittelpunkt dieser kollisionsrechtlichen Untersuchung steht die Frage der Qualifikation der Normen als Formvorschriften im Sinne des Art. 11 EGBGB.

Im sechsten Kapitel wird auf die Behandlung der in Europa kodifizierten Direktansprüche des Subunternehmers gegen den Auftraggeber im Internationalen Privatrecht eingegangen. Im Zuge der Untersuchung wird zunächst die Frage nach der Qualifikation des Direktanspruchs vor deutschen Gerichten beantwortet. In einem zweiten Schritt ist das auf den Direktanspruch anzuwendende Recht zu bestimmen.

Im siebten Kapitel wird der Frage nachgegangen, ob der im deutschen Werkvertragsrecht zum Schutz von Subunternehmern enthaltene § 641 Abs. 2 BGB im Lichte der *Ingmar*-Entscheidung des EuGH[48] eine international zwingende Norm im Sinne des Art. 34 EGBGB darstellt. Im Anschluss daran wird geklärt, ob die ausländischen Subunternehmerschutzgesetze intern zwingendes Recht im Sinne des Art. 27 Abs. 3 EGBGB sind. Schließlich wird untersucht, inwieweit deutsche Gerichte die vorgestellten Subunternehmerschutzgesetze als ausländisches international zwingendes Recht kollisionsrechtlich oder materiellrechtlich berücksichtigen müssen.

Das achte Kapitel behandelt die im grenzüberschreitenden Subunternehmerverhältnis aufgeworfenen verfahrensrechtlichen Fragen. Zunächst muss geklärt werden, inwieweit Subunternehmer auf der Basis des Direktanspruchs den

---

48 EuGH, Urteil vom 9.11.2000, Rs. C-381/98, *Ingmar GB Ltd ./. Eaton Leonard Technologies Inc.*, IPRax 2001, S. 225ff. und dazu *Jayme* IPRax 2001, S. 190f.

besonderen Vertragsgerichtsstand nach Art. 5 Nr. 1 EuGVVO zur Begründung der internationalen Zuständigkeit in Anspruch nehmen können und ob Art. 11 Abs. 2 EuGVVO entsprechend auf den Direktanspruch des Subunternehmers angewandt werden muss. Zweitens muss geklärt werden, inwieweit Gerichtsstands- oder Schiedsgerichtsvereinbarungen im Generalunternehmervertrag Wirkung zu Lasten oder zu Gunsten des Subunternehmers entfalten können. Drittens stellt sich die Frage, ob und wie das in den Subunternehmergesetzen vereinzelt enthaltene Verfahrensrecht vor deutschen Gerichten zu berücksichtigen ist.

Im neunten Kapitel der Arbeit wird der Frage nachgegangen, ob die dargestellten und untersuchten Subunternehmerschutzgesetze mit dem durch den EG-Vertrag gewährleisteten freien Dienstleistungsverkehr vereinbar sind. Falls es sich um Beeinträchtigungen für die Erbringung von Dienstleistungen durch Subunternehmer eines Mitgliedstaates der Europäischen Gemeinschaft in einem anderen Mitgliedstaat handelt, ist weiter zu klären, ob der Subunternehmerschutz die Beeinträchtigung als zwingendes Allgemeinwohlinteresse zu rechtfertigen vermag.

Schließlich sollen im letzten Teil der Arbeit die gefundenen Ergebnisse zum Subunternehmerschutz im Internationalen Privatrecht thesenartig zusammengefasst werden. In einem Ausblick wird sodann ein Vorschlag für eine zukünftige Kollisionsnorm den Direktanspruch des Subunternehmers gegen den Auftraggeber betreffend unterbreitet. Es schließt sich ein weiterer Vorschlag über die Schaffung eines besonderen Subunternehmergerichtsstandes im europäischen Zuständigkeitsrecht an.

Der Anhang der Arbeit enthält einen Abdruck der untersuchten ausländischen Subunternehmerschutzvorschriften samt deutscher Übersetzung.

1. KAPITEL – BEGRIFFSBESTIMMUNGEN

I. Der Begriff des Subunternehmervertrags

Das deutsche Recht kennt weder ein eigenständiges Gesetz für Subunternehmer noch ist der Subunternehmervertrag im Bürgerlichen Gesetzbuch definiert.[49] Eine spezifische Regelung für Subunternehmervertragsverhältnisse findet sich jedoch in § 641 Abs. 2 BGB. Andere europäische Länder erließen demgegenüber zum Teil spezielle Gesetze oder zumindest spezifische Normen zum Schutz von Subunternehmern.[50] Bevor diese Gesetze einer vergleichenden Untersuchung unterzogen werden können, bedürfen die Begriffe des Subunternehmers und des Subunternehmervertrags einer Definition. Insbesondere muss das Subunternehmerverhältnis vom Zulieferverhältnis abgegrenzt werden. Abgrenzungsprobleme können darüber hinaus zwischen einem Subunternehmerverhältnis und einem Kooperationsverhältnis außerhalb gefestigter Gesellschaftsstrukturen (d.h. eines Joint Ventures ohne Gründung einer Joint Venture Gesellschaft) entstehen.

1. Die Richtlinie 2000/35/EG

Subunternehmer müssen mitunter lange auf die Bezahlung des Werklohns warten, während der jeweilige Generalunternehmer seine Bezahlung längst vom Besteller erhalten hat. Dies führt zum einen zu finanziellen Engpässen bei den Subunternehmern. Zum anderen folgt hieraus, dass die Subunternehmer das Insolvenzrisiko des Generalunternehmers länger als nötig zu tragen haben. Die Richtlinie 2000/35/EG des europäischen Parlaments und des Rates vom

---

49 Vgl. *Nicklisch* NJW 1985, S. 2361ff., 2361.
50 In Belgien wurde durch Art. 2 des Gesetzes vom 19.2.1990 Art. 1798 Code civil eingeführt, der einen Direktanspruch des Subunternehmers gegen den Auftraggeber normiert. In Frankreich existiert das Gesetz Nr. 75-1334 vom 31.12.1975 „relative à la sous-traitance", Journal officiel vom 3.1.1976. Das Gesetz ist in neuester Fassung bei Dalloz, Méga Code civil, bei Art. 1799 Code civil abgedruckt. Luxemburg hat mit Gesetz vom 23.7.1991, Mémorial, Journal officiel du Grand-Duché de Luxembourg vom 8.8.1991, Partie A, Nr. 52, S. 1037ff. ein Gesetz „ayant pour objet de réglementer les activités de sous-traitance" eingeführt. Italien hat seit 1998 das Gesetz Nr. 192 vom 18.6.1998 „Disciplina della subfornitura nelle attività produttive", Gazzetta Ufficiale Nr. 143 vom 22.6.1998. In Portugal findet sich eine Regelung über Subunternehmer in Art. 1213 und 1226 Código civil. Das spanische Recht kennt in Art. 1597 Código civil einen Anspruch des Subunternehmers gegen den Auftraggeber. Die genannten Vorschriften und Gesetze (außer den für die vorliegende Untersuchung nicht relevanten portugiesischen Normen) sind im Anhang zu dieser Arbeit abgedruckt. Zum kaum existierenden Subunternehmerschutz im Vereinigten Königreich vgl. *Powell* [1991] I.C.L.R. 331.

29.6.2000 zur Bekämpfung von Zahlungsverzug im Geschäftsverkehr[51] hat Europäisches Gemeinschaftsrecht gebracht, welches dem Subunternehmerschutz dient. Die Richtlinie soll nicht nur allgemein im Handelsverkehr, sondern gerade auch für Subunternehmer eine Erleichterung im Zahlungsverkehr bringen. Generalunternehmer nutzen häufig ihre stärkere Position gegenüber den Subunternehmern aus. Dies spiegelt sich in den Erwägungsgründen 7, 19 und 22 der Richtlinie 2000/35/EG wider:

> „(7) Den Unternehmen, insbesondere kleinen und mittleren, verursachen übermäßig lange Zahlungsfristen und Zahlungsverzug große Verwaltungs- und Finanzlasten. Überdies zählen diese Probleme zu den Hauptgründen für Insolvenzen, die den Bestand der Unternehmen gefährden, und führen zum Verlust zahlreicher Arbeitsplätze.

> (19) Der Missbrauch der Vertragsfreiheit zum Nachteil des Gläubigers sollte nach dieser Richtlinie verboten sein. Falls eine Vereinbarung in erster Linie dem Zweck dient, dem Schuldner zusätzliche Liquidität auf Kosten des Gläubigers zu verschaffen, oder falls der Generalunternehmer seinen Lieferanten und Subunternehmern Zahlungsbedingungen aufzwingt, die auf der Grundlage der ihm selbst gewährten Bedingungen nicht gerechtfertigt sind, können diese Umstände als Faktoren gelten, die einen solchen Missbrauch darstellen. Innerstaatliche Vorschriften zur Regelung des Vertragsabschlusses oder der Gültigkeit von Vertragsbestimmungen, die für den Schuldner unbillig sind, bleiben von dieser Richtlinie unberührt.

> (22) Die Richtlinie sollte den gesamten Geschäftsverkehr unabhängig davon regeln, ob er zwischen privaten oder öffentlichen Unternehmen oder zwischen Unternehmen und öffentlichen Stellen erfolgt, wobei zu berücksichtigen ist, dass letztere in großem Umfang Zahlungen an Unternehmen leisten. Sie sollte deshalb auch den gesamten Geschäftsverkehr zwischen Generalunternehmern und ihren Lieferanten und Subunternehmern regeln."[52]

Die Begriffe des Subunternehmers und des Subunternehmervertrags sind in der Richtlinie nicht definiert. Aus den Erwägungsgründen wird allerdings deutlich, dass ein Untervertrag zu einem anderen Werkvertrag gemeint ist.

---

51 Abl. EG Nr. L 200, S. 35ff.
52 Diese Erwägungen beziehen sich auf Art. 3 Abs. 3 und 4 der Richtlinie.

2. Der Begriff des Subunternehmers im deutschen Recht

Der deutsche Gesetzgeber hat im Jahr 2000 die Richtlinie 2000/35/EG unter anderem durch die Einfügung von § 641 Abs. 2 BGB in das Bürgerliche Gesetzbuch durch das Gesetz zur Beschleunigung fälliger Zahlungen[53] umgesetzt. In § 641 Abs. 2 BGB findet sich nun erstmals im deutschen Recht eine Bestimmung, die einen Subunternehmervertrag beschreibt und eine „Durchgriffsfälligkeit" des Werklohns für Subunternehmer in das Werkvertragsrecht des BGB einfügt.

Aus § 641 Abs. 2 BGB wird deutlich, dass der Subunternehmerbegriff durch die Vertragsbeziehungen zu bestimmen ist, auf Grund derer die Leistungen in einem Dreipersonenverhältnis erbracht werden: Der Subunternehmer hat eine untergeordnete Stellung gegenüber einem anderen Unternehmer (Generalunternehmer), dem er vertraglich zur Erbringung seiner Leistung verpflichtet ist. Der Generalunternehmer erfüllt seine Pflichten gegenüber einem Auftraggeber, indem er den Subunternehmer als Erfüllungsgehilfen zur Leistungserbringung einsetzt.[54] Wenn also von einem Subunternehmervertrag die Rede ist, so setzt dies das Vorliegen von drei Akteuren (Auftraggeber, Generalunternehmer und Subunternehmer) voraus, die durch zwei Verträge (Generalunternehmervertrag und Subunternehmervertrag) miteinander in vertragliche Beziehungen getreten sind. Dabei kann der Subunternehmervertrag oder der Generalunternehmervertrag nach deutschem Verständnis sowohl ein Werkvertrag oder ein Werklieferungsvertrag sein.

Die Subunternehmerbeziehung ist daher wie folgt zu definieren: Ein Unternehmer (Generalunternehmer) setzt zur Erfüllung einer eigenen vertraglichen Verpflichtung gegenüber einer dritten Person (Auftraggeber) einen anderen Unternehmer (Subunternehmer) ein. Die vertragliche Beziehung zwischen dem Generalunternehmer und dem Auftraggeber wird als Generalunternehmervertrag bezeichnet. Die vertragliche Beziehung zwischen dem Generalunternehmer und dem Subunternehmer wird als Subunternehmervertrag bezeichnet.

Soweit im Folgenden die Begriffe „Generalunternehmer", „Generalunternehmervertrag", „Subunternehmer" oder „Subunternehmervertrag" verwendet werden, sind sie stets im oben definierten Sinne zu verstehen. Statt des so definierten Begriffs des Subunternehmers wird in der Rechtsprechung und im Schrifttum auch der Begriff des „Nachunternehmers" synonym verwendet.[55]

---

53 Gesetz vom 30.3.2000, BGBl. 2000 I, S. 330ff.
54 Vgl. auch *Ramming* BB 1994, S. 518ff., 518; *Nicklisch* NJW 1985, S. 2361ff., 2361; *Schlünder* NJW 1995, S. 1057ff., 1057; Palandt-*Sprau*, § 631 BGB Rn. 9 m.w.N.; Staudinger-*Peters*, § 641 BGB Rn. 48.
55 Siehe beispielsweise BGH, 10.4.2003, NJW 2003, S. 2605ff.

a) Subunternehmervertrag und Zuliefervertrag

Der Begriff des Subunternehmers ist von dem des Zulieferers abzugrenzen. Ein Zulieferer unterscheidet sich in einem wesentlichen Aspekt von einem Subunternehmer: Er wird nicht in einem existierenden Vertragsgeflecht als Erfüllungsgehilfe tätig, sondern liefert für ein anderes Unternehmen vorgefertigte Teile, welche dieses in ein Zwischen- oder Endprodukt einbaut. Dabei spielt es keine Rolle, ob der Zulieferer die Teile selbst herstellt (mit oder ohne Anweisung des Unternehmers) oder ob er die Teile selbst von einem Dritten ankauft. Zwischen dem Unternehmer und dem Zulieferer kann also nach deutschem Verständnis ein Werkvertrag, Werklieferungsvertrag oder ein Kaufvertrag geschlossen werden. Das Unternehmen, welches einen Zulieferer beschäftigt, verkauft sein Endprodukt zwar später auch an einen Kunden. Insofern sind auch an einer Zuliefersituation drei Akteure beteiligt. Dieser Kunde erteilt jedoch keinen speziellen (Werk)-Auftrag, zu dessen Erfüllung der Zulieferer im Pflichtenkreis des Unternehmers tätig wird. Vielmehr leistet ein Zulieferer die von ihm hergestellten Zutaten oder Teilprodukte unabhängig von den konkreten Aufträgen des Auftraggebers. Zwischen dem Vertrag des Unternehmers mit dem Kunden und dem Zuliefervertrag besteht – im Gegensatz zu Subunternehmervertrag und Generalunternehmervertrag – keine Verbindung.[56] Demgegenüber zeichnet sich ein Subunternehmer gerade dadurch aus, dass er auf Grund seiner Vertragspflichten in einer mittelbaren Beziehung zum Endabnehmer steht.[57]

Die Begriffe „Subunternehmer" und „Zulieferer" bereiten im europäischen Kontext Schwierigkeiten, da sie in anderen Rechtsordnungen nicht immer strikt getrennt werden. Die Schutzgesetze anderer europäischer Rechtsordnungen finden zum Teil sowohl auf Zulieferer als auch auf Subunternehmer Anwendung.[58] Hierauf wird bei der Darstellung des Anwendungsbereichs der einzelnen ausländischen Subunternehmerschutzgesetze einzugehen sein.

b) Subunternehmervertrag und Kooperationsvertrag

Der Begriff des Subunternehmervertrags ist des Weiteren vom gesellschaftsrechtlichen Begriff des Kooperationsvertrags (engl.: *„Joint Venture"*) abzugrenzen. Ein Kooperationsvertrag ist – ebenso wie der Subunternehmervertrag – eine Form dezentraler wirtschaftlicher Zusammenarbeit von Unternehmen.[59] Er wird zwischen zwei oder mehreren Unternehmen geschlossen. Die Zusammen-

---

56 Siehe auch *Périnet-Marquet* [1991] I.C.L.R. 315.

57 Staudinger-*Peters*, § 641 BGB Rn. 48.

58 So ist das italienische Gesetz Nr. 192 nach umstrittener aber richtiger Ansicht sowohl auf Zulieferer als auch auf Subunternehmer anzuwenden, vgl. unten S. 66ff.

59 Vgl. zu den rechtlichen Strukturen von Konsortien insbesondere *Vetter*, in: Nicklisch (Hrsg.), Technologie und Recht, Band 17, S. 155ff. sowie *Nicklisch*, in: Nicklisch (Hrsg.), Technologie und Recht, Band 17, S. 187ff.

arbeit im Rahmen eines Kooperationsvertrags ist allerdings dadurch gekenn-
zeichnet, dass die Vertragspflichten nicht aus einem Austauschverhältnis von
Werklohn gegen Werkleistung bestehen. Die beteiligten Unternehmern verfolgen vielmehr einen gemeinsamen wirtschaftlichen Zweck, der durch die jeweiligen Beiträge der Gesellschafter erreicht werden soll. Im Vordergrund steht die
gleichgeordnete Förderung eines gemeinsamen Zieles, welches über die Erfüllung konkreter vertraglicher Pflichten hinausgeht. Der Begriff des Kooperationsvertrags umfasst dabei zwei voneinander zu unterscheidende Formen:

- die lediglich schuldrechtlich vereinbarte Kooperation außerhalb
  gefestigter Strukturen, und

- die Gründung eines Gemeinschaftsunternehmens („*Joint Venture*"-
  Gesellschaft).[60]

Insbesondere die Abgrenzung eines Subunternehmervertrags von einem
Kooperationsvertrag ohne Gründung eines Gemeinschaftsunternehmens kann
praktische Schwierigkeiten bereiten. Sie hat im Einzelfall anhand von Indizien
für einen gemeinsamen wirtschaftlichen Zweck, der über die konkrete vertragliche Zusammenarbeit hinausgeht, zu erfolgen. Charakteristisch für einen Subunternehmervertrag ist demgegenüber ein Ober- und Unterordnungsverhältnis
zwischen Generalunternehmer und Subunternehmer.[61]

3.   Italien: „*subfornitura*" und „*subappalto*"

In Italien ist am 22.10.1998 das Gesetz Nr. 192 über die „*subfornitura nelle
attività produttive*" in Kraft getreten.[62] Der „*contratto di subfornitura*" wird in
Art. 1 des italienischen Gesetzes Nr. 192 wie folgt definiert:

> „*Art. 1. Definizione. (1) Con il contratto di subfornitura un
> imprenditore si impegna a effettuare per conto di una impresa
> committente lavorazioni su prodotti semilavorati o su materie prime
> forniti dalla committente, medesima o si impegna a fornire
> all'impresa prodotti o servizi destinati ad essere incorporati o
> comunque ad essere utilizzati nell'ambito dell'attività economica del
> committente o nella produzione di un bene complesso, in conformità
> a progetti esecutivi, conoscenze tecniche e tecnologiche, modelli o
> prototipi forniti dall'impresa committente.*

---

60 Soergel-*von Hoffmann* (12. A. 1996), Art. 28 EGBGB Rn. 279; MünchKomm-*Martiny*,
    Art. 28 EGBGB Rn. 272.

61 Soergel-*von Hoffmann* (12. A. 1996), Art. 28 EGBGB Rn. 279; MünchKomm-*Martiny*,
    Art. 28 EGBGB Rn. 272; *Lionnet*, in: Nicklisch (Hrsg.), Bau- und Anlagenverträge, S.
    121ff.

62 Gesetz vom 18.6.1998, Nr. 192, Gazzetta Ufficiale Nr. 143 vom 22.6.1998.

(2) Sono esclusi dalla definizione di cui al comma 1 i contratti aventi ad oggetto la fornitura di materie prime, di servizi di pubblica utilità e di beni strumentali non riconducibili ad attrezzature."[63]

Der italienische Begriff der *„subfornitura"* bedeutet wörtlich „Lieferung" oder „Zulieferung". Eine solche Übersetzung griffe aber zu kurz. Innerhalb Italiens wird der Begriff synonym mit den Begriffen *„produzione su commissione", „lavorazione per conto"* oder *„contoterzismo"* verwendet.[64] Der Begriff des Subunternehmers, welcher in einer Vertragskette seine Leistungen im Rahmen eines Werkvertrags (*„contratto d'opera"*, Art. 2222 *Codice civile*) oder Werklieferungsvertrags (*„contratto d'appalto"*, Art. 1655 *Codice civile*) erbringt, wird im italienischen Sprachgebrauch *„subappaltore"* genannt.[65] Er findet in Art. 1656 des italienischen *Codice civile* Erwähnung.[66]

---

63 Deutsche Übersetzung:

> *„Art. 1. Definition. (1) Durch den „subfornitura"-Vertrag verpflichtet sich ein Unternehmer für die Rechnung eines auftraggebenden Unternehmens, von diesem gelieferte Halbfertigprodukte oder Rohstoffe zu bearbeiten oder ihm Produkte oder Dienstleistungen zur Verfügung zu stellen, die dazu bestimmt sind, im Rahmen der wirtschaftlichen Tätigkeit des Auftraggebers oder zur Herstellung einer komplexen Sache eingebaut oder verwendet zu werden, nach Entwürfen, technischen und technologischen Kenntnissen des Auftraggebers oder von ihm vorgegebenen Modellen oder Prototypen.*
>
> *(2) Der Definition des Abs. 1 unterfallen solche Verträge nicht, die die Lieferung von Rohstoffen, öffentlichen Zwecken dienende Dienstleistungen oder die Lieferung von Hilfsmitteln, die keine Ausrüstungen sind, betreffen. "*

Zur Übersetzung des Art. 1 aus dem Italienischen *Kronke* IPRax 1998, S. 375f., 375 und *Schmid* RIW 1999, S. 273f., 274.

64 *Alpa/Zatti*, Gesetz Nr. 192, Art. 1 Rn. 3; *Schmid* RIW 1999, S. 273ff., 273.

65 *Conte/Boss*, Wörterbuch der Rechts- und Wirtschaftssprache; *Jayme*, in: Festschrift Pleyer (1986), S. 371ff., 376. Nach *Schmid* RIW 1999, S. 273ff., 273 wird der Begriff *„subappalto"* demgegenüber auch synonym für *„subfornitura"* verwendet. Richtigerweise sollte jedoch differenziert werden (dazu unten S. 65ff.).

66 Art. 1656 Codice civile lautet:

> *„1656. Subappalto. L'appaltatore non può dare in subappalto l'esecuzione dell'opera o del servizio, se non è stato autorizzato dal committente. "*

Deutsche Übersetzung:

> *„1656. Weitervergabe. Der Werkunternehmer darf die Ausführung des Werkes oder der Dienste nur weitervergeben, wenn er vom Auftraggeber hierzu ermächtig wurde. "*

Vgl. ausführlich zum italienischen Werkvertragsrecht *Mangini/Iacuaniello*, Il contratto d'appalto.

Über die genaue Bedeutung des Begriffs der „*subfornitura*" hinaus ist der Anwendungsbereich des Gesetzes Nr. 192 unklar und strittig.[67] An dieser Stelle sei bereits vorweggenommen, dass dem Gesetz zwar Subunternehmer unterfallen, der Anwendungsbereich des Gesetzes jedoch breiter ist und sämtliche „vertikalen Kooperationsverträge"[68] erfasst. „*Subfornitura*" sollte daher am besten als „vertikale Kooperation" übersetzt und verstanden werden.[69]

4. Belgien, Frankreich und Luxemburg: „*sous-traitance*"

In Frankreich existiert das Gesetz Nr. 75-1334 vom 31.12.1975 „*relative à la sous-traitance*".[70] Das Gesetz benutzt den Begriff „*sous-traitance*" in einem engeren Sinne als das italienische Gesetz Nr. 192 den der „*subfornitura*". Nach Art. 1 des Gesetzes definiert sich der Begriff im Anwendungsbereich des französischen Gesetzes wie folgt:

> „*Art. 1er.* (1) Au sens de la présente loi, la sous-traitance est l'opération par laquelle un entrepreneur confie par un sous-traité, et sous sa responsabilité, à une autre personne appelée sous-traitant l'exécution de tout ou patrie du contrat d'entreprise ou d'une partie du marché public conclu avec le maître de l'ouvrage.*
>
> *(2) Les dispositions de la présente loi sont applicables aux opérations de transport, le donneur d'ordre initial étant assimilé au maître d'ouvrage, et le cocontractant du transporteur sous-traitant qui exécute les opérations de transport étant assimilé à l'entrepreneur principal*".[71, 72]

---

67 Siehe dazu ausführlich unten S. 63ff.
68 Vgl. zu dem Begriff *Kronke* IPRax 1998, S. 375f. und *Schmid* RIW 1999, S. 273ff., 273.
69 *Kronke* IPRax 1998, S. 375f.; *Schmid* RIW 1999, 273ff., 273. Demgegenüber verwendete die 23. Generaldirektion der Kommission der Europäischen Gemeinschaften auf dem zweiten europäischen Forum für Zulieferwesen in Graz (1998) den Begriff der „*subfornitura*" als Bezeichnung für das „Zulieferwesen", vgl. den Schlussbericht im Tagungsbericht, im Internet auf dem Server der Kommission unter der Adresse http://europa.eu.int/comm/enterprise/entrepreneurship/supply/pdf/sttgrazprocde.pdf erhältlich.
70 Journal officiel vom 3.1.1976. Das Gesetz ist in neuester Fassung bei Dalloz, Méga Code civil, im Anhang zu Art. 1799 Code civil abgedruckt.
71 Deutsche Übersetzung:

> „*Art. 1.* (1) Im Sinne dieses Gesetzes ist Subunternehmung die Handlung, durch die ein Unternehmer mittels eines Untervertrags und unter seiner Verantwortung einer anderen Person, die Subunternehmer genannt wird, die gesamte oder einen Teil der Ausführung eines Werkvertrags oder eines öffentlichen Auftrags, welcher mit dem Auftraggeber geschlossen wurde, anvertraut.*

Das französische Gesetz Nr. 75-1334 betrifft also – im Gegensatz zum italienischen Gesetz Nr. 192 – ausschließlich die Konstellation des Subunternehmervertrags als Untervertrag zu einem Generalunternehmervertrag.[73] Im Jahr 2002 hat der französische Kassationsgerichtshof zudem entschieden, dass die vom Subunternehmer zu erbringenden Leistungen über die bloße Lieferung von Materialien oder Zutaten hinausgehen müssen, damit der Anwendungsbereich des Gesetzes Nr. 75-1334 eröffnet ist.[74] Charakteristisch für die *„sous-traitance"* ist demnach die vom Subunternehmer eingesetzte eigene Werkleistung in Erfüllung des Subunternehmervertrags.

Eine mit Art. 1 Abs. 1 des Gesetzes Nr. 75-1334 identische Definition der *„sous-traitance"* findet sich in Art. 1 des luxemburgischen Gesetzes vom 23.7.1991 *„ayant pour objet de réglementer les activités de sous-traitance".*[75] In Art. 1798 des belgischen *Code civil* wird der Begriff des *„sous-traitant"* ebenso im engen Sinne eines Subunternehmers verstanden.[76]

5. Portugal: *„subempreitada"*

Portugal hat in seinem Zivilgesetzbuch zwei Vorschriften über die *„subempreitada"*: Art. 1213 und Art. 1226 des portugiesischen *Código civil*. Im portugiesischen Recht wird der Begriff der *„subempreitada"* in Art. 1213 Abs. 1 *Código civil* definiert:

---

(2) Die Bestimmungen dieses Gesetzes sind auch auf Transporthandlungen anzuwenden, deren Initiator dem Auftraggeber entspricht und bei dem die Person, die mit dem den Transport ausführenden Subunternehmer einen Vertrag schließt, dem Generalunternehmer entspricht. "

72 Vgl. hierzu *Viney*, in: Gavalda (Hrsg.), Sous-traitance et responsabilité civile, S. 44f., 45: *„La sous-traitance présente en effet cette caractéristique d'être une opération triangulaire qui résulte de la juxtaposition de deux contrats bilatéraux distincts, mais présentant entre eux une étroite connexité. "*

73 Der Begriff des *„sous-traitant"* ist allerdings auch im französischen Sprachgebrauch nicht auf den Subunternehmer beschränkt und wird auch auf Zulieferer (*„fournisseurs"*) angewandt. Vgl. *Guillien/Vincent*, Termes juridiques; *Doucet*, Dictionnaire juridique.

74 Cour de Cassation, 3e Ch. Civ., Urteil vom 23.1.2002, *Sté Entrepose Echafaudages ./. SCI du carillon de Nanterre*, Le Moniteur 2002, Nr. 5133, S. 91. Siehe zum französischen Werkvertragsrecht auch *Ferid*, Französisches Zivilrecht, Band 1, S. 730.

75 Mémorial, Journal officiel du Grand-Duché de Luxembourg, Partie A, Nr. 52 vom 8.8.1991, S. 1037ff., abgedruckt mit deutscher Übersetzungen im Anhang, unten S. 345ff.

76 Siehe *Bruls* Act. dr. 1992, S. 231ff., abgedruckt mit deutscher Übersetzungen im Anhang, unten S. 350ff.

„ARTIGO 1213 (Subempreitada) 1. Subempreitada é o contrato pelo qual um terceiro se obriga para com o empreiteiro a realizar a obra a que este se encontra vinculado, ou uma parte dela. "[77]

Die Vorschriften betreffen wieder nur Subunternehmerverträge und nicht Zulieferverträge. Die wiedergegebene Definition macht deutlich, dass es sich um die Herstellung eines Werkes durch einen Dritten, nämlich den Subunternehmer, handelt, zu dem sich der Unternehmer gegenüber einem Auftraggeber bereits vertraglich verpflichtet hat.[78]

6. Spanien: *„subcontratarte"* und *„subempresario"*

In Art. 1597 des spanischen *Código civil* findet sich ein Direktanspruch des Subunternehmers (*„subempresario"*) gegen den Auftraggeber (*„ el dueño "*):

> *„Articulo 1597. Los que ponen su trabajo y materiales en una obra ajustada alzadamente por el contratista, no tienen acción contra el dueño de ella sino hasta la cantidad que éste adeude a aquél cuando se hace la reclamación. "*[79]

Dem Sinn des Art. 1597 *Código civil* entsprechend ist ein Subunternehmer derjenige, welcher in der Erfüllung eines Werkes tätig wird, zu dessen Erbringung sich ein anderer Unternehmer (*„ contratista"*) dem Auftraggeber gegenüber verpflichtet hat. Somit setzt Art. 1597 des spanischen *Código civil* ein Subunternehmerverhältnis im oben definierten Sinne voraus. Der Begriff des *„subempresario"* bezeichnet nur den Subunternehmer im oben definierten

---

77 Deutsche Übersetzung:

> *„Art. 1213 (Subunternehmervertrag) 1. Ein Subunternehmervertrag ist ein Vertrag, durch welchen ein Dritter gegenüber einem Unternehmer verspricht, ein Werk oder ein Teil hiervon zu erbringen, zu dessen Herstellung dieser verpflichtet ist. "*

78 Art. 1223 Abs. 2 des portugiesischen Código civil erklärt die Vorschrift des Art. 264 (Auswechslung des Bevollmächtigten) auf Subunternehmerverträge für entsprechend anwendbar. Art. 1226 des Código civil betrifft die Verantwortlichkeit des Subunternehmers.

79 Übersetzung von Art. 1597 Código civil bei *Peuster*, Spanisch-deutsche Textausgabe des Código civil:

> *„Art. 1597. Diejenigen, die ihre Arbeit und Materialien bei einem Werk einsetzen, für das vom Unternehmer ein Festpreis vereinbart worden ist, haben gegenüber dem Auftraggeber des Werks nur einen Anspruch bis zur Höhe des Betrages, den dieser dem Unternehmer schuldet, wenn die Forderung erhoben wird. "*

27

Sinne, wohingegen der Begriff „*subcontratarte*" sowohl für den Zulieferer als auch für Subunternehmer verwendet wird.[80]

II. „Internationale" Subunternehmerverhältnisse

Im Zentrum der vorliegenden Arbeit steht das komplexe Vertragsgeflecht[81] von Subunternehmerverträgen und Generalunternehmervertrag im internationalen Rechtsverkehr, nicht behandelt werden jedoch materiellrechtliche Fragen aus den nationalen Gesetzgebungen über Subunternehmer in Europa. Kollisionsrechtliche Fragen in Subunternehmerverhältnissen stellen sich nur dann, wenn ein hinreichender Auslandsbezug gegeben ist und deshalb fraglich erscheint, welche Rechtsordnung die aufgeworfene Frage beantworten soll (vgl. Art. 3 Abs. 1 Satz 1 EGBGB). Ein Auslandsbezug in Subunternehmerverhältnissen kann dadurch begründet werden, dass

- eine Rechtswahl in einem oder beiden der genannten Verträge zu Gunsten ausländischen Rechts getroffen wurde,

- der Auftraggeber, der Generalunternehmer oder der Subunternehmer ihre Niederlassungen nicht in Deutschland haben, oder

- der Erfüllungsort des General- oder Subunternehmervertrags außerhalb Deutschlands liegt.

Um die Variationen eines möglichen Auslandsbezugs im komplexen Vertragsgeflecht systematisch darstellen zu können, wird im Folgenden zwischen fünf Modellen unterschieden:

Modell 1: Auftraggeber und Generalunternehmer haben beide ihre Niederlassung in einem Staat (z.B. in Deutschland). Der Generalunternehmer beauftragt mit der Durchführung der Arbeiten einen Subunternehmer, welcher seine Niederlassung in einem anderen Staat hat.

Auftraggeber----Generalunternehmer--|--Subunternehmer

Grenze

---

80 Siehe *Becher*, Wörterbuch der Rechts- und Wirtschaftssprache, Band I, Spanisch-Deutsch, S. 13

81 Vgl. zum Begriff des komplexen Vertragsverhältnisses *v. d. Seipen*, Akzessorische Anknüpfung, S. 26f.

Modell 2: Sub- und Generalunternehmer haben ihre Niederlassungen in demselben Staat (z.B. Deutschland), während der Auftraggeber seine Niederlassung in einem anderen Staat hat.

Auftraggeber--|--Generalunternehmer----Subunternehmer
Grenze

Modell 3: Auftraggeber, Generalunternehmer und Subunternehmer haben ihren Sitz jeweils in unterschiedlichen Ländern.

Auftraggeber--|--Generalunternehmer--|--Subunternehmer
Grenze　　　　　　　　　　*Grenze*

Modell 4: Auftraggeber und Subunternehmer haben ihren Sitz in demselben Staat (z.B. Deutschland), während der Generalunternehmer seinen Sitz in einem anderen Staat hat.

Auftraggeber----|--------Generalunternehmer
Subunternehmer
Grenze

Modell 5: Auftraggeber, Generalunternehmer und Subunternehmer haben ihren Sitz in demselben Staat (z. B. Deutschland), der Erfüllungsort des Sub- oder Generalunternehmervertrags liegt jedoch in einem anderen Staat.

Auftraggeber

Generalunternehmer　　|　　Erfüllungsort

Subunternehmer
Grenze

Außerhalb der fünf Modelle kann ein Subunternehmerverhältnis auch dadurch einen internationalen Bezug erhalten, dass – falls alle drei Beteiligten ihre Niederlassung in demselben Staat haben – zumindest eine Rechtswahl im Sub- oder Generalunternehmervertrag zu Gunsten einer fremden Rechtsordnung getroffen wird. Diese Konstellation wird aber praktisch wenig relevant sein.

Dass es sich bei allen fünf Modellen um „internationale" Subunternehmerverhältnisse handelt, ist nicht selbstverständlich. Insbesondere wenn einem Rechtsstreit zwischen einem deutschen Generalunternehmer und einem ebenfalls deutschen Subunternehmer ein Sachverhalt wie im *Modell 2* zugrunde liegt, könnte man annehmen, dass es an einer „Verbindung zum Recht eines ausländischen Staates" im Sinne des Art. 3 Abs. 1 Satz 1 EGBGB als Voraussetzung für die Anwendbarkeit des deutschen Kollisionsrechts fehlt: Das *Modell 2* beinhaltet keinen grenzüberschreitenden Subunternehmervertrag, denn der Subunternehmer und der Generalunternehmer haben ihre Niederlassungen in Deutschland und auch der Erfüllungsort liegt im Inland. Grenzüberschreitend ist lediglich der Generalunternehmervertrag.

Dabei ist Art. 3 Abs. 1 Satz 1 EGBGB im Lichte von Art. 1 Abs. 1 EVÜ[82] auszulegen: Art. 3 Abs. 1 EGBGB kann als autonome Regelung nicht den Anwendungsbereich des EVÜ beschränken und die Auslegung der aus dem EVÜ entnommenen Begriffe darf sich nicht an den Maßstäben des internen Rechts orientieren.[83] Art. 1 Abs. 1 EVÜ eröffnet den Anwendungsbereich des EVÜ immer dann, wenn der Sachverhalt eine „Verbindung zum Recht verschiedener Staaten" aufweist.[84] Diese Verbindung muss nicht von einer bestimmten Qualität sein. Es reicht, dass irgendeine Verbindung existiert, welche die Anwendung einer Rechtsordnung fraglich erscheinen lässt.[85] Ein Auslandsbezug liegt daher bereits vor, wenn der Sachverhalt lediglich mittelbare Beziehungen zu einer anderen Rechtsordnung aufweist. Auch Sachverhalte, wie sie *Modell 2* zugrunde gelegt sind, werfen kollisionsrechtliche Fragen auf, auf die einzugehen sein wird.

In der heutigen Vertragswirklichkeit wird bei Großprojekten die Anzahl und Komplexität der zugehörigen Vertragsverhältnisse weitaus größer sein als sie in den Modellen angedeutet ist. In der Praxis können einem Auftraggeber mehrere Generalunternehmer und diesen wiederum mehrere Subunternehmer gegenüberstehen. Damit einher geht, dass nicht nur ein Auslandsbezug zu einem anderen Land, sondern zu einer Mehrzahl von Ländern bestehen kann. Die vorgestellten Grundmodelle bieten jedoch die Möglichkeit, auch die komplexeren internationalen Vertragsgeflechte vereinfacht darzustellen.

III. Zusammenfassung

Ein Subunternehmerverhältnis liegt vor, wenn ein Unternehmer (Generalunternehmer) zur Erfüllung einer eigenen vertraglichen Verpflichtung gegenüber einer dritten Person (Auftraggeber) einen anderen Unternehmer (Subunternehmer) einsetzt. Der Begriff des Subunternehmervertrages ist von dem des Zulieferervertrages zu unterscheiden. Dies bereitet in zweierlei Hinsicht Schwierig-

---

82 Römisches EWG-Übereinkommen über das auf vertragliche Schuldverhältnisse anzuwendende Recht vom 19. Juni 1980, BGBl. 1986 II, S. 810.

83 Soergel-*von Hoffmann* (12. A. 1996), Art. 27 Rn. 85, MünchKomm-*Martiny*, Art. 27 Rn. 17.

84 Englisch: „*In any situation involving a choice between the laws of different countries*".
Französisch: „*dans les situations comportant un conflit de lois*".

85 *E. Lorenz*, in: Festschrift Kegel, S. 303ff., 311; MünchKomm-*Martiny*, Art. 27 Rn. 17.

keiten: Zum einen ist im Umgang mit den in anderen Sprachen und den Subunternehmerschutzvorschriften enthaltenen Begriffen (*„subfornitura"*, *„soustraitance"*, *„subempreitada"*, *„subcontratarte"*,) zu beachten, dass diese in den jeweiligen Sprachen und Rechtsordnungen nicht oder zumindest nicht alleine im oben definierten Sinne verwendet werden. Zum anderen ist es nicht ohne weiteres möglich, vom jeweiligen Sprachgebrauch auf den Anwendungsbereich der ausländischen Schutzgesetze und -normen zu schließen.

Ein kollisionsrechtliche Fragen aufwerfendes „internationales Subunternehmerverhältnis" liegt immer dann vor, wenn

- einer der drei beteiligten Unternehmer seine Niederlassung in einem anderen Staat als die beiden übrigen Unternehmer hat, oder

- wenn alle drei Beteiligten ihre Niederlassung in demselben Staat haben, zumindest der Erfüllungsort des Sub- oder Generalunternehmervertrags in einem anderen Staat belegen ist, oder

- wenn alle drei Beteiligten ihre Niederlassung in demselben Staat haben, zumindest eine Rechtswahl im Sub- oder Generalunternehmervertrag zu Gunsten einer fremden Rechtsordnung getroffen wird.

2. KAPITEL – DAS SCHUTZBEDÜRFNIS

Es bedarf einer Rechtfertigung, wenn Subunternehmer im Titel der vorliegenden Arbeit als „Quasi-Verbraucher" bezeichnet werden. Die Bezeichnung rechtfertigt sich nur dann, wenn ein spezifisches Schutzbedürfnis der Subunternehmer existiert, das mit dem Schutzbedürfnis der Verbraucher vergleichbar ist. Auch ist eine Analyse des Schutzbedürfnisses der Subunternehmer für das Verständnis der vorzustellenden Schutzvorschriften und deren kollisionsrechtlichen Auswirkungen unerlässlich.

Ausgangspunkt der Untersuchung des Schutzbedürfnisses der Subunternehmer ist der Verbraucherbegriff und die Beantwortung der Frage, ob Subunternehmer als „Verbraucher" anzusehen sind. Das Europäische Verbraucherschutzrecht ist verhältnismäßig weit entwickelt und kann daher für die Untersuchung eines über den Verbraucherschutz hinausgehenden Schutzes der schwächeren Vertragspartei wichtige Hinweise geben. Im Anschluss an den Verbraucherbegriff werden daher die Grundüberlegungen des Verbraucherschutzes und die Faktoren des Schutzbedürfnisses der Verbraucher beleuchtet. Danach wird das Schutzbedürfnis der Kleingewerbetreibenden dargestellt und dem Schutzbedürfnis der Verbraucher gegenübergestellt. Denn Subunternehmer sind in aller Regel keine Großunternehmen, sondern kleine Betriebe bzw. Einzelkaufleute. Auf Basis dieser vergleichend herangezogenen Analysen ist schließlich der Frage nachzugehen, ob ein spezifisches Schutzbedürfnis der Subunternehmer existiert, welches über das Schutzbedürfnis der Kleingewerbetreibenden hinausgeht. Ein solches spezifisches Schutzbedürfnis müsste seinen Ursprung in dem Vertragsgeflecht finden, in dem ein Subunternehmer seine Leistungspflichten erfüllt.

I.   Der Verbraucherbegriff

1.   Der Verbraucher als Konsument

Der deutsche Gesetzgeber kennt lediglich zwei Typen von Marktteilnehmern: Er stellt dem „Verbraucher" den „Unternehmer" gegenüber. Der durch Art. 2 Abs. 1 des Gesetzes vom 27.6.2000[86] in das Bürgerliche Gesetzbuch eingefügte § 13 BGB definiert den Verbraucherbegriff wie folgt:

> *„Verbraucher ist jede natürliche oder juristische Person, die ein Rechtsgeschäft zu einem Zweck abschließt, der weder ihrer gewerbli-*

---

86   BGBl. 2000 I, S. 897ff.

chen noch ihrer selbständigen beruflichen Tätigkeit zugerechnet werden kann. "

Entsprechend wird der Begriff des Unternehmers durch § 14 Abs. 1 BGB definiert:

> *„ Unternehmer ist eine natürliche oder juristische Person oder eine rechtsfähige Personengesellschaft, die bei Abschluss eines Rechtsgeschäfts in Ausübung ihrer gewerblichen oder selbständigen beruflichen Tätigkeit handelt. "*

Das deutsche Verbraucherschutzrecht beruht größtenteils auf europäischen Richtlinien, deren Kern ebenfalls das Begriffspaar des „Verbrauchers" und des „Unternehmers" bildet.[87] Der in § 13 BGB definierte deutsche Verbraucherbegriff ist daher in Wirklichkeit ein europäischer Verbraucherbegriff.[88]

Auf den so definierten Begriffen des „Verbrauchers" und des „Unternehmers" baut das Schutzsystem der schwächeren Vertragspartei im Bürgerlichen Gesetzbuch nach der Schuldrechtsmodernisierung durch das Gesetz vom 2.1.2002[89] auf. Das Begriffspaar findet sich in der Beschränkung der Anwendbarkeit der Vorschriften über allgemeine Geschäftsbedingungen (§ 310 BGB), dem Widerrufsrecht bei Haustürgeschäften (§§ 312 ff. BGB), dem Schutz des Verbrauchers bei Fernabsatzverträgen (§ 312 b ff. BGB), dem Schutz bei Verbraucherverträgen allgemein (§§ 357 ff. BGB), dem Schutz des Verbrauchers im Verbrauchsgüterkauf (§§ 474 ff. BGB), beim Erwerb von Teilzeit-Wohnrechten (§ 481 ff. BGB) und schließlich beim Abschluss von Finanzierungshilfen (§§ 488 ff. BGB) wieder.

Dieser Verbraucherbegriff spielt auch im Internationalen Privat- und Verfahrensrecht bei der Frage des anwendbaren Rechts und bei der Bestimmung

---

87 Richtlinie 85/577/EWG v. 20.12.1985 betreffend den Verbraucherschutz im Falle von außerhalb von Geschäftsräumen geschlossenen Verträgen (Abl. EG Nr. L 372, S. 31), Richtlinie 87/102/EWG zur Angleichung der Rechts- und Verwaltungsvorschriften der Mitgliedstaaten über den Verbraucherkredit vom 22.12.1986 (Abl. EG 1987 Nr. L 42, S. 48), geändert durch Richtlinie 90/88/EWG vom 22.2.1990, (Abl. EG Nr. L 61, S. 14), Richtlinie 93/13/EWG über missbräuchliche Klauseln in Verbraucherverträgen vom 5.4.1993 (Abl. EG 1993 Nr. L 95, S. 29), Richtlinie 94/47/EG zum Schutz der Erwerber im Hinblick auf bestimmte Aspekte von Verträgen über den Erwerb von Teilzeitnutzungsrechten vom 26.10.1994 (Abl. EG 1994 Nr. L 280, S. 83), Richtlinie 97/7/EG über den Verbraucherschutz bei Vertragsabschlüssen im Fernabsatz vom 20.5.1997 (Abl. EG 1997 Nr. L 144, S. 19), Richtlinie 99/44/EG zu bestimmten Aspekten des Verbrauchsgüterkaufs und der Garantien für Verbrauchsgüter vom 25.5.1999 (Abl. EG Nr. L 171, S. 12).
88 Vgl. dazu *Schwarz*, Schutzkollisionen im internationalen Verbraucherschutz, S. 67 ff.
89 BGBl. 2002 I, S. 42 ff.

der internationalen Zuständigkeit eine entscheidende Rolle. Denn er setzt sich im auf dem EVÜ beruhenden deutschen Kollisionsrecht und dem Europäischen Zivilprozessrecht fort.[90] Art. 29 Abs. 1 EGBGB (entspricht Art. 5 Abs. 1 EVÜ) definiert beispielsweise den Begriff des Verbrauchervertrags wie folgt:

> *„[...] Verträge über die Lieferung beweglicher Sachen oder der Erbringung von Dienstleistungen zu einem Zweck, der nicht der beruflichen oder gewerblichen Tätigkeit des Berechtigten (Verbrauchers) zugerechnet werden kann, [...] ".*

Das deutsche wie das europäische Verbraucherschutzrecht ist den wiedergegebenen Definitionen zufolge in erster Linie Konsumentenschutzrecht: Ein Verbraucher zeichnet sich dadurch aus, dass er zu Konsumzwecken rechtsgeschäftlich tätig wird. Die verbraucherschützenden Richtlinien bzw. die verbraucherschützenden Normen des Europäischen Kollisions- und Zuständigkeitsrechts fragen nicht nach der Schutzbedürftigkeit des Verbrauchers im konkreten Einzelfall. Die Konsum-Motivation für das Rechtsgeschäft ist für den Gesetzgeber das entscheidende Indiz, das die schutzbedürftigen Teilnehmer am Rechtsverkehr von den nicht schutzbedürftigen abgrenzt. Derjenige, der zum Zwecke der Gewinnerzielung rechtsgeschäftlich tätig wird, genießt kaum Schutz.

2. Der Subunternehmer als „Unternehmer"

Subunternehmer, welche Werkleistungen für einen Generalunternehmer erbringen, sind gewerblich oder selbständig tätig. Sie schließen Rechtsgeschäfte nicht zu Konsumzwecken ab, sondern handeln mit der Absicht, einen betriebswirtschaftlichen Gewinn durch ihre Tätigkeit zu erzielen. Subunternehmer sind daher keine „Verbraucher" im Sinne der vorgestellten Terminologie, sondern „Unternehmer".[91] Auf Subunternehmer sind daher weder die besonderen materiellrechtlichen Schutzvorschriften für Verbraucher, noch die verbraucherschützenden Normen im Internationalen Privat- und Verfahrensrecht ohne weiteres anwendbar.[92]

---

90 Siehe Art. 5 Abs. 1 EVÜ, Art. 15 Abs. 1 EuGVVO, Art. 13 Abs. 1 LugÜ sowie Art. 13 Abs. 1 EuGVÜ.
91 Vgl. dazu *Schwarz*, Schutzkollisionen im internationalen Verbraucherschutz, S. 67ff.
92 Vgl. zur Frage einer analogen Anwendung des Art. 29 EGBGB auf Subunternehmer unten S. 126ff.

II. Der Schutz der schwächeren Vertragspartei

1. Der Grundsatz der Privatautonomie

Das deutsche Zivilrecht geht – ebenso wie die Zivilrechtsordnungen der übrigen EG-Mitgliedstaaten – vom Prinzip der Privatautonomie aus. Jedermann kann sich nach seinem Willen vertraglich gegenüber einer anderen Person verpflichten.[93] Die Privatautonomie vermittelt rechtlich geschützte Freiheit zur Selbstbindung und Selbstbestimmung und dient dadurch auch der Steuerung wirtschaftlicher Vorgänge.[94]

2. Das Sozialstaatsprinzip

Kehrseite dieser weitgehenden Freiheit ist, dass die Privatautonomie keine Gewähr für soziale Gerechtigkeit der Rechtsgeschäfte bietet.[95] Auch ein Vertrag, der einer der beiden Parteien größeren wirtschaftlichen Nutzen bringt als der anderen, ist wirksam und kann vom Staat durch die Gerichte sanktioniert werden. Die Privatautonomie als Garant beidseitiger rechtsgeschäftlicher Freiheit lässt unberücksichtigt, dass nicht alle Teilnehmer des Rechtsverkehrs gleich sind. Die Ungleichheit der Vertragsparteien kommt rechtsgeschäftlich zum Tragen, wenn unterschiedlich starke Verhandlungspositionen beim Abschluss eines Vertrages dazu führen, dass eine der Vertragsparteien die Vertragsbedingungen zu ihrem Vorteil beeinflussen kann.[96]

Die Privatautonomie kann daher nicht schrankenlos gewährleistet werden, wenn ein Mindestmaß an Schutz für die schwächere Vertragspartei garantiert werden soll. Ein Gebot des Schutzes der schwächeren Vertragspartei entspringt im deutschen Recht dabei dem in Art. 20 Abs. 1 GG verankerten Sozialstaatsprinzip. Es tritt als Schranke der Vertragsfreiheit in Erscheinung, wenn ein schwacher Teilnehmer der Marktwirtschaft vor Verträgen mit für ihn nachteiligem Inhalt bewahrt werden muss.[97]

3. Die Rechtfertigung des Eingriffs in die Privatautonomie

Den für die Entwicklung des Schutzes der schwächeren Vertragspartei im deutschen Zivilrecht wichtigsten Gedanken stellt SCHMIDT-RIMPLER in seiner theoretischen Abhandlung über die Grundfragen einer Erneuerung des Vertragsrechts[98] dar: Die Rechtsordnung hat die materielle Richtigkeit der durch einen

---

93 *Medicus*, AT, Rn. 174.
94 *Geißler* JuS 1991, S. 617ff.; *Medicus*, AT, Rn. 176.
95 Vgl. dazu *Bartholomeycik* AcP 166 (1966), S. 30ff., 33ff.
96 Vgl. *Coester-Waltjen* AcP 190 (1990), S. 1ff.
97 *Leclerc*, Protection de la partie faible, S. 476ff.; *Westermann*, Verbraucherschutz, S. 11f.; *Arndt*, Markt und Macht; *Simitis*, Gutachten für 47. Deutschen Juristentag, S. 58ff.
98 *Schmidt-Rimpler* AcP 147 (1941), S. 130ff.

Vertrag herbeigeführten Rechtsfolge sicherzustellen. Dabei geht SCHMIDT-RIMPLER vom Grundsatz der Selbstregulierung der Privatautonomie aus. Diese sichere – bei freier Verhandlung der Vertragsklauseln – im Normalfall auch die „Ordnungsgemäßheit" der durch den Vertrag herbeigeführten Rechtsfolge. Jede Begrenzung und jeder Eingriff in die Privatautonomie bedürfe daher der unbedingten Rechtfertigung.

Es gebe Situationen, in denen die Richtigkeitsgewähr des frei ausgehandelten Vertrags nicht gelte. Deshalb sei durch „hoheitliche Gestaltung" die Richtigkeit des Vertrages in bestimmten Fällen zu gewährleisten.[99] Dabei sei die „Ordnungsgemäßheit" eines Vertrags zum einen als gerechtes Verhältnis von Leistung und Gegenleistung und andererseits als nicht mit den Interessen der Allgemeinheit kollidierend zu verstehen.[100] Damit sind die zwei grundsätzlichen Erwägungen angesprochen, welche einen Eingriff in die Vertragsautonomie rechtfertigen können: Der Schutz des individuellen Teilnehmers der Marktwirtschaft vor wirtschaftlichen Nachteilen und der Schutz der Allgemeinheit vor einzelnen Teilnehmern der Marktwirtschaft, die eigenen Vorteil auf Kosten der Allgemeinheit ziehen wollen.

SCHMIDT-RIMPLER führt hierzu einzelne Fallgruppen auf, in denen er ein hoheitliches Tätigwerden für notwendig erachtet, und in denen er gleichzeitig den damit verbundenen Eingriff in die Vertragsautonomie bei typisierender Betrachtung für gerechtfertigt hält:

„1. *wenn die Freiheit der Entscheidung t y p i s c h, insbesondere wegen Abhängigkeit einer Partei von der anderen oder wegen Unterlegenheit in der Wertungsfähigkeit fehlt;*

2. *wenn typischerweise eine Wertung und Abwägung der Rechtsfolge nicht auf b e i d e n Seiten stattfindet, weil hier die Richtigkeitsgewähr entfällt. So insbesondere bei den Massenverträgen mit allgemeinen Geschäftsverbindungen, die natürlich zugleich unter 1 fallen können.*

3. *wenn in einem bestimmten Lebensverhältnis gewisse Gestaltungsmomente um seiner Natur willen s c h l e c h t h i n r i c h t i g sind: hier sind sie hoheitlich durch Gesetz oder anderweit festzulegen und nicht der begrenzten Richtigkeitsgewähr des Vertrags zu überlassen;*

4. *wenn die Richtigkeit sich nicht mit einer möglichst günstigen Lage für die Gemeinschaftsglieder begnügt, sondern Gemeinschaftsbelange auf Kosten der Vorteile einzelner Glieder verfolgt werden müssen;*

---

99   *Schmidt-Rimpler* AcP 147 (1941), S. 130ff., 157f. N. 34.
100 *Schmidt-Rimpler* AcP 147 (1941), S. 130ff., 157f. N. 34.

hier machen sich die gesamtwirtschaftlichen Grundprinzipien gel-
tend, s. oben U. 3, Näheres in der zweiten Abhandlung.

5. *wenn es sich um Richtigkeitserwägungen handelt, die der Einzelne*
   nicht anstellen kann, weil sie eine Gesamtübersicht über die Wirt-
   schaftslage erfordern oder der Durchführung bestimmter gesamtwirt-
   schaftlicher Pläne dienen.

6. *wenn es sich um die Beeinflussung des vertraglichen Ordnungsprin-*
   zips selbst handelt, insbesondere um Ausschaltung seiner Funktions-
   voraussetzungen (z.B. Kartellbildung). "[101]

Beachtenswert an diesen Grundsätzen des Schutzes der schwächeren Vertragspartei ist, dass durch sie keine personelle Einschränkung des Schutzes begründet wird. Die auf den Schutz des Individuums abstellenden Gründe für eine
Beschränkung der Privatautonomie gelten gleichermaßen für Personen, welche
gewerbsmäßig oder zu privaten Zwecken tätig werden. Grundlage des Schutzes
ist allein die wirtschaftliche Abhängigkeit und Schwäche des einen Vertragspartners gegenüber dem anderen.

4. Der „rollenspezifische" Schutz

Nach den dargestellten Grundsätzen des Schutzes der schwächeren Vertragspartei ist die Begrenzung des personalen Schutzbereichs von bestimmten materiellrechtlichen Normen bzw. von Kollisionsnormen anhand des Motivs für den
Vertragsschluss nicht gerechtfertigt. Andererseits findet sich in dem Ansatz
auch eine entscheidende Einschränkung des vom Staat hoheitlich zu gewähren-
den Schutzes der schwächeren Vertragspartei: Es muss sich um eine *typischer-*
weise wirtschaftlich abhängige und schützenswerte Gruppe von Personen handeln. Hieraus ist zu folgern, dass ein bloß individuelles, nicht als „typisch" zu
bezeichnendes Schutzbedürfnis des Einzelnen nicht ausreicht, um einen Eingriff
in die Vertragsautonomie zu rechtfertigen. Es ergibt sich damit ein weiterer Aspekt des Schutzes der schwächeren Vertragspartei: Er ist rollenspezifisch.[102]

Den Gedanken des rollenspezifischen Schutzes macht sich in Deutschland
auch die Rechtsprechung in einem anderen Zusammenhang zu eigen: den sogenannten Bürgschaftsfällen.[103] In diesen Bürgschaftsfällen erklärt meist ein
Angehöriger des Kreditnehmers, für den an den Kreditnehmer ausgezahlten

---

101 *Schmidt-Rimpler* AcP 147 (1941), S. 130ff., 157f. N. 34.
102 Vgl. zum Begriff und zum ebenfalls rollenspezifischen europäischen Verbraucherschutz
    Hommelhoff, Verbraucherschutz im System des deutschen und europäischen Privat-
    rechts, S. 4ff.
103 BVerfGE 81, S. 242ff.; BVerfGE 89, S. 214ff., BVerfG NJW 1994, S. 2749ff. Vgl.
    dazu *Grunsky,* Vertragsfreiheit und Kräftegleichgewicht, S. 8ff.

Kredit zu bürgen, obwohl er über keinerlei oder lediglich über ein so geringes eigenes Einkommen oder Vermögen verfügt, dass er im Falle der Inanspruchnahme nicht binnen eines vertretbaren Zeitraumes eine Rückzahlung der Schulden samt Zinsen herbeiführen kann. Die deutsche Rechtsprechung hält solche Bürgschaftsverträge für sittenwidrig und damit für unwirksam. Wie das Bundesverfassungsgericht zu diesen Entscheidungen erläutert, ist ein Eingriff in die Vertragsfreiheit der Parteien des Bürgschaftsvertrags dann geboten, wenn das Kräftegleichgewicht des Marktes gestört ist. Es führt hierzu aus, dass Schranken der Privatautonomie

> „[...] unentbehrlich [sind], weil Privatautonomie auf dem Prinzip der Selbstbestimmung beruht, also voraussetzt, daß auch die Bedingungen freier Selbstbestimmung tatsächlich gegeben sind. Hat einer der Vertragsteile ein so starkes Übergewicht, daß er vertragliche Regelungen faktisch einseitig setzen kann, bewirkt dies für den anderen Vertragsteil Fremdbestimmung. Wo es an einem annährenden Kräftegleichgewicht der Beteiligten fehlt, ist mit Mitteln des Vertragsrechts allein kein sachgerechter Ausgleich der Interessen zu gewährleisten.“[104]

Das Schutzbedürfnis mancher Bürgen dient in den Bürgschaftsfällen zur Rechtfertigung einer Gerechtigkeitskontrolle am Maßstab des § 138 BGB. Das ungleiche Kräfteverhältnis zwischen den Vertragsparteien muss sich nach der Rechtsprechung des Bundesverfassungsgerichts im individuellen Vertrag dergestalt realisiert haben, dass sich in ihm eine nicht mehr zu tolerierende Beeinträchtigung der Selbstbestimmungsfreiheit niedergeschlagen hat. Das Bundesverfassungsgericht spricht nicht ausdrücklich von einem „rollenspezifischen“ Schutzbedürfnis, die Ausführungen beziehen sich jedoch auf eine von der Allgemeinheit abgrenzbare und nach objektiven Kriterien bestimmbare Gruppe von schützenswerten und schutzbedürftigen Marktteilnehmern: Alle durch eine Bürgschaft finanziell krass überforderten Bürgen werden vor den erdrückenden Folgen des von ihnen herbeigeführten Rechtsgeschäfts durch die Anwendung des § 138 BGB bewahrt.[105]

5.   Das Verhältnismäßigkeitsprinzip

Im Unterschied zum Bürgenschutz besteht der Verbraucherschutz nicht nur in der Anwendung einer Generalklausel, die Gerechtigkeit im Einzelfall verwirklicht, sondern in der Anordnung von Rechtsfolgen, welche durch bestimmte Schutznormen abstrakt angeordnet werden. Es stellt sich daher die Frage, worin

---

104 BVerfGE 81, S. 242, 254ff.
105 Anders bewertet *Grunsky*, Vertragsfreiheit und Kräftegleichgewicht, S. 14, die Rechtsprechung des Bundesverfassungsgerichts.

die Rechtfertigung für die unterschiedliche Verwirklichung des Schutzes des Bürgen durch die Anwendung einer Generalklausel im Einzelfall und des abstrakt durch Normen verwirklichten Verbraucherschutzes liegt.

Die Antwort ist das Verhältnismäßigkeitsprinzip.[106] Während der deutsche und der europäische Gesetzgeber davon ausgehen, dass fast alle Verbraucher schutzbedürftig sind und daher ein abstrakt-genereller Eingriff in die Vertragsautonomie verhältnismäßig erscheint, ist lediglich ein geringer Teil der zur Gruppe der Bürgen zählenden Personen oder Unternehmen durch Bürgschaften finanziell völlig überfordert. Auch wenn kein *qualitativer* Unterschied zwischen Bürgenschutz und Verbraucherschutz im Hinblick auf die Schutzbedürftigkeit festgestellt werden kann, so besteht doch ein Unterschied in der *Wahrscheinlichkeit* des Schutzbedürfnisses und der absoluten Größe der zu schützenden Gruppe. Es ist also eine Frage der Verhältnismäßigkeit und weniger der Motive des Vertragsschlusses, inwieweit dem für eine Gruppe typischerweise existierenden Schutzbedürfnis in Gesetzgebung und Rechtsprechung nachgegeben werden kann, um Eingriffe in die Vertragsautonomie zu rechtfertigen.

Zusammenfassend kann ein Eingriff in die Vertragsautonomie zum Zwecke des Schutzes von Personen oder Unternehmen nur dann gerechtfertigt sein, wenn zum einen das Schutzobjekt eine strukturell schutzbedürftige und nach objektiven Kriterien abgrenzbare Gruppe ist und zum anderen das Prinzip der Verhältnismäßigkeit bei der Realisierung des Schutzes beachtet wird.

III. Das Schutzbedürfnis der Verbraucher

Nach REICH[107] resultiert das strukturelle Schutzbedürfnis der Verbraucher aus ihrer Konsumentenstellung. Verbraucher sind das letzte Glied im wirtschaftlichen Zirkulationsprozess: Ein Konsument veräußert die Güter oder Dienstleistungen nicht weiter und erlangt dadurch keinen anderen Tauschwert. Deshalb steht der Verbraucher nach REICH außerhalb der Machtstrukturen des Marktes, er könne auf diese keinen Einfluss ausüben.[108]

Diese einschränkende rollenspezifische Sichtweise prägt – wie gesehen – auch den Verbraucherschutz im auf europäischen Richtlinien beruhenden Verbraucherschutzrecht: Auch der europäische Verbraucherschutz ist im Wesentlichen auf einen Konsumentenschutz reduziert.[109] Doch aus welchen Fakto-

---

106 Vgl. *Canaris* JuS 1989, S. 161ff. Siehe ferner *Westermann* AcP 178 (1978), S. 150ff.
107 *Reich*, Markt und Recht, S. 180ff.
108 *Reich*, Markt und Recht, S. 181f.
109 Dieser Konsumentenschutz hat vielerlei Kritik erfahren, die sich hauptsächlich an dem mit ihm verbundenen Abgrenzungsproblem von Verbrauchern und Unternehmern anhand des mit dem Geschäfts verfolgten Zwecks entzündet, vgl. *Imhoff-Scheier*, Protection du consommateur et contrats internationaux, S. 47; MünchKomm-*Martiny*,

ren besteht das einen Eingriff in die Privatautonomie rechtfertigende Schutzbedürfnis der Verbraucher? Verbraucher werden als Marktteilnehmer besonders geschützt, weil sie eine schwächere wirtschaftliche Position im Vergleich mit gewerbsmäßig handelnden Vertragspartnern einnehmen.[110] Die Ungleichheit hat mehrer Ursachen: Verbraucher gelten im Regelfall als geschäftlich unerfahren im Umgang mit Verträgen. Sie haben normalerweise nicht die Möglichkeit, sich Kenntnis über den gesamten Markt zu verschaffen. Damit fehlt Verbrauchern eine objektive Grundlage, um die vertragliche Gegenleistung und deren Marktwert richtig einschätzen zu können.[111] Hinzu kommt, dass gewerbsmäßig handelnde Vertragspartner als einziges Ziel die Gewinnmaximierung verfolgen, während der „Verbraucher" in erster Linie ein Konsumbedürfnis stillen möchte oder muss.[112] Das Schutzbedürfnis der Verbraucher setzt sich also im Wesentlichen aus drei Elementen zusammen:

- dem mangelndem Überblick über den Markt,

- der wirtschaftlichen Schwäche des einzelnen Verbrauchers gegenüber großen und finanzstarken Unternehmen und

- einer Abhängigkeit des Verbrauchers vom Unternehmer auf Grund des vom Verbraucher zu stillenden Konsumbedürfnisses.

Verbraucher sind auch im Umgang mit fremden Rechtsordnungen unerfahren. Dies rechtfertigt eine Ausdehnung des Verbraucherschutzes auf das Kollisionsrecht und das Zuständigkeitsrecht.

Art. 29 EGBGB Rn. 6f. So ist beispielsweise unklar, ob ein Geschäft allein subjektiv (nach dem Willen der Vertragsparteien) als Verbrauchergeschäft qualifiziert werden soll oder ob zusätzlich auf objektive Anhaltspunkte abgestellt werden muss, siehe *Imhoff-Scheier*, Protection du consommateur et contrats internationaux, S. 47; MünchKomm-*Martiny*, Art. 29 EGBGB Rn. 6f. Fraglich ist weiter, ob zum Schutz des Vertragspartners des Konsumenten zumindest eine objektive Erkennbarkeit des privaten Zweckes gefordert werden muss, siehe Soergel-*von Hoffmann* (12. A. 1996), Art. 29 EGBGB Rn. 4, 14; Palandt-*Heldrich*, Art. 29 EGBGB Rn. 3.

110 *Leclerc*, Protection de la partie faible, S. 476ff. *Westermann*, Verbraucherschutz, S. 11f.; *Arndt*, Markt und Macht; *Simitis*, Gutachten für 47. Deutschen Juristentag, S. 58ff.; *Hönn* JZ 1983, S. 677ff.

111 *Schmidt-Rimpler* AcP 147 (1941), S. 130ff., 153ff., 157f. N. 34; *Imhoff-Scheier*, Protection du consommateur et contrats internationaux, S. 49; *Schwarz*, Schutzkollisionen, S. 67ff.; *Reifner*, Alternatives Wirtschaftsrecht, S. 415f.

112 Vgl. dazu *Leclerc*, Protection de la partie faible, S. 476ff.; *Bin*, La piccola impresa industriale; *Schmidt-Rimpler* AcP 147 (1941), S. 130ff., 153ff., 157f. N. 34; *Cartwright*, Unequal bargaining; *Imhoff-Scheier*, Protection du consommateur et contrats internationaux, S. 49; *Arndt*, Markt und Macht; *Schwarz*, Schutzkollisionen, S. 67ff.; *Reifner*, Alternatives Wirtschaftsrecht, S. 415f.; *Westermann*, Verbraucherschutz, S. 11f.; *Simitis*, Gutachten für 47. Deutschen Juristentag, S. 58ff.

IV. Das Schutzbedürfnis der Kleinunternehmer

Wenden wir uns nun einer anderen, vielfach als schützenswert angesehenen Gruppe von Teilnehmern am Markt zu: den Kleingewerbetreibenden. In Bezug auf den Schutz und das Schutzbedürfnis dieser kleinen Unternehmen ist zwischen zwei Aspekten zu unterscheiden.

Zum einen stellt sich die Frage, ob Kleingewerbetreibende auch dann zu schützen sind, wenn sie nicht gewerblich sondern für den privaten Gebrauch tätig werden.[113] Da der Verbraucherbegriff allein durch die Motivation des rechtsgeschäftlichen Handelns definiert wird, ist auch eine als Kleinunternehmer tätige natürliche Person dann Verbraucher, wenn sie einen Vertrag nicht aus gewerblichen Gründen sondern zum Zwecke des Konsums schließt. Hier mögen Zweifel an der Rechtfertigung eines Eingriffs in die Privatautonomie durch die verbraucherschützenden Normen bestehen, da es an einem Schutzbedürfnis der Kleinunternehmer zu mangeln scheint. Doch dieser Aspekt soll hier nicht weiter vertieft werden, da er für die Frage eines speziellen Schutzbedürfnisses der Subunternehmer ohne Bedeutung ist.

Einzugehen ist vielmehr auf einen zweiten Aspekt: Der Schutz des Kleingewerbetreibenden, *obwohl er geschäftlich und nicht privat tätig wird.*[114, 115] Soweit der Schutzbedürftige eine in privaten Angelegenheiten handelnde Person ist, leuchtet eine Einschränkung der Privatautonomie durch das Sozialstaatsprinzip ein. Das Schutzbedürfnis des privaten Verbrauchers hat stärkeres Gewicht als das Interesse an der Vertragsfreiheit. Schließt ein kleines oder mittelgroßes Unternehmen einen Vertrag mit einem Großunternehmen, ergibt sich eine andere Gewichtung. Das kleine oder mittelständische Unternehmen ist weniger schutzbedürftig als ein Verbraucher. Auf Grund der Übung im Geschäftsverkehr traut man auch dem kleinen Unternehmer mehr Wissen um die Risiken desselben zu. Ein Kleingewerbetreibender oder ein mittelständischer Unternehmer ist geübt im Abschluss von Verträgen. Er kann sich bemühen, einen nachteiligen Inhalt durch geschicktes Verhandeln abzuwenden. Hiervon geht

---

113 Vgl. dazu *Kaye*, Civil jurisdiction, S. 828; *Schwarz*, Schutzkollisionen im internationalen Verbraucherschutz, S. 112.

114 Dieser Gedanke ist sowohl in den anderen EG-Mitgliedstaaten als auch in den Vereinigten Staaten bekannt. Vgl. für Deutschland: *Reifner*, Alternatives Wirtschaftsrecht, S. 415ff.; *Westermann*, Verbraucherschutz, S. 11; *Reich/Micklitz*, Verbraucherschutzrecht in der Bundesrepublik Deutschland, Rn. 184. Vgl. Für die Schweiz: *Imhoff-Scheier*, Protection du consommateur et contrats internationaux, S. 49. Siehe insbesondere auch *Schwarz*, Schutzkollisionen im internationalen Verbraucherschutz, S. 94 zum französischen Recht, S. 97 zum englischen Recht, S. 99 zum irischen Recht, S. 101 zum italienischen Recht, S. 103 zum dänischen Recht, S. 104 zum niederländischen Recht, S. 106 zum schwedischen Recht, S. 107 zum US-amerikanischen Recht.

115 *Imhoff-Scheier*, Protection du consommateur et contrats internationaux, S. 49.

zumindest der deutsche Gesetzgeber aus, denn er gewährt den Kleingewerbe-treibenden im Gegensatz zu den Verbrauchern keinen besonderen Schutz.

Dennoch existiert ein rechtspolitischer Streit über das Schutzbedürfnis der Kleingewerbetreibenden:[116] Ist das Motiv für den Vertragsschluss so bedeutend, dass es einen immer weiter gehenden Verbraucherschutz rechtfertigt, während Kleingewerbetreibenden überhaupt kein Schutz vor nachteiligen Verträgen ge-währt wird?[117]

Wie gesehen, stellt die Motivation für den Vertragsschluss und die aus ihr resultierende Abhängigkeit der Verbraucher lediglich ein Element des Schutz-bedürfnisses der Verbraucher dar. Für die Rechtfertigung des Eingriffs in die Privatautonomie ausschlaggebend ist jedoch das Vorliegen einer strukturell ver-festigten Ungleichgewichtslage dergestalt, dass eine Personengruppe einer an-deren beim Vertragsschluss deutlich unterlegen ist. Eine solche Ungleichge-wichtslage existiert m. E. auch zwischen Kleingewerbetreibenden und Großun-ternehmen.[118] Auch Kleingewerbetreibende haben nicht den gleichen Überblick über ein Marktsegment, wie ihn große Unternehmen haben. Im Gegensatz zu ersteren haben Großunternehmen eigene Abteilungen, welche die Märkte beo-bachten und analysieren. Kleingewerbetreibende sind in aller Regel unerfahren im Umgang mit komplexen Vertragswerken und haben keine unternehmensin-ternen Juristen zur Beratung vor dem Vertragsschluss, während große Unter-nehmen eigene Rechtsabteilungen unterhalten. Große Unternehmen haben zu-dem dadurch eine stärkere Verhandlungsposition, dass sie Allgemeine Ge-schäftsbedingungen oder Entwürfe für die zu schließenden Verträge vorgeben und den Vertragsinhalt dadurch größtenteils unilateral gestalten können.[119] Kleingewerbetreibende können ihre Leistungen zudem nicht losgelöst von Zu-lieferungen anderer Unternehmen erbringen, ebenso wie sie selbst als Zulieferer für größere Unternehmen tätig sein können. Wohl und Wehe der kleinen Unter-nehmen hängt damit wirtschaftlich von dem der größeren Unternehmen ab.

Kleingewerbetreibende sind auch – ebenso wie Verbraucher – im Umgang mit fremden Rechtsordnungen wenig geübt. Ein Vertrag mit internationalem Bezug birgt daher für einen Kleingewerbetreibenden ein Risiko, welches er nicht einschätzen kann. Das Risiko konkretisiert sich, wenn eine fremde Rechtsordnung als Vertragsstatut gewählt oder vom Kollisionsrecht berufen

---

116 Vgl. dazu auch *Reich*, Markt und Recht, S. 180ff.

117 Die Diskussion, inwieweit Kleinunternehmer durch nationale Gesetzgeber zu schützen sind und inwieweit nationale Schutzgesetze für Verbraucher (wie zum Beispiel den Ge-setzen über Allgemeine Geschäftsbedingungen) entsprechend anzuwenden sind, ist noch nicht weit fortgeschritten, vgl. aber *Schwarz*, Schutzkollisionen im internationalen Verbraucherschutz, S. 90ff.

118 *Westermann*, Verbraucherschutz, S. 11; *Schneider* BB 1974, S. 945ff.

119 *Westermann*, Verbraucherschutz, S. 11; *Schneider* BB 1974, S. 945ff.

wird, in dem der Kleingewerbetreibende (noch) weniger Rechtskenntnisse als in der eigenen Rechtsordnung besitzt.

Zusammenfassend unterscheidet sich der Kleingewerbetreibende – wenn man seine vertraglichen Beziehungen zu einem großen Unternehmen betrachtet – nur in einem einzigen Punkt von privaten Endverbrauchern, die mit Unternehmern einen Vertrag schließen: in den Motiven für den Vertragsschluss. Die Motivation für den Vertragsschluss als solche rechtfertigt keine unterschiedliche Behandlung von Kleingewerbetreibenden und Verbrauchern. Es existiert demgegenüber ein Schutzbedürfnis der Kleingewerbetreibenden, das sich in einem mangelnden Überblick über den Markt und in wirtschaftlicher Unterlegenheit und der Abhängigkeit von Großunternehmen manifestiert.

V. Das Schutzbedürfnis der Subunternehmer

Auch wenn ein spezifischer Subunternehmerschutz innerhalb der Europäischen Gemeinschaft in einigen Mitgliedstaaten[120] realisiert ist, fehlt es an einem gemeinschaftsweiten Konsens über ihr Schutzbedürfnis. Im Gegensatz zu dem auf europäischer Ebene weit ausgebauten Verbraucherschutzrecht existiert kein europäisches Subunternehmerschutzrecht, eine Ausnahme hierzu stellt lediglich die bereits erwähnte Zahlungsverzugs-Richtlinie 2000/35/EG dar. Dass es – trotz unmittelbarer Auswirkungen von Subunternehmerschutzvorschriften auf den europäischen Binnenmarkt – an europäischem Subunternehmerschutzrecht mangelt, mag an der unterschiedlichen wirtschaftlichen Struktur in den Mitgliedstaaten liegen: In einigen Mitgliedstaaten ist die Wirtschaft mehr von Subunternehmern geprägt als in anderen Mitgliedstaaten.[121] Hierauf bauen unterschiedliche wirtschaftliche Interessen der Mitgliedstaaten auf.

Für das Verständnis der Schutzgesetzgebungen anderer Mitgliedstaaten der Europäischen Gemeinschaft ist eine Untersuchung der wirtschaftlichen Kräfteverhältnisse im Vertragsgeflecht von Subunternehmervertrag und Generalunternehmervertrag unerlässlich.[122] Es muss daher der Frage nachgegangen werden, ob und inwieweit ein spezifisches strukturelles Schutzbedürfnis von Subunter-

---

120 Dazu sogleich unten S. 61 ff.

121 Vgl. beispielsweise die von Sub- und Kleinunternehmern stark geprägte Wirtschaft Italiens, Circolare dell'Ufficio Studi del Consiglio Nazionale dei Ragionieri Commercialisti (CIR), Entwurf Nr. 25 vom 27.5.1999, in: Finanza&Fisco 1999, S. 3216 – 3315, 3217; Sposato/Coccia-*Palazzi*, S. 2ff.

122 Siehe hierzu auch *Alvisi*, Disparità di trattamento di potere contrattuale.

nehmern besteht und wie sich dieses von dem anderer kleiner Gewerbetreibender unterscheidet.[123]

1. Der Subunternehmer als Kleingewerbetreibender

Subunternehmer müssen – da sich der Begriff ja alleine aus den vertraglichen Beziehungen, auf Grund derer und in deren Zusammenspiel sie tätig werden, bestimmt – nicht notwendigerweise Kleingewerbetreibende sein. Subunternehmer sind jedoch *typischerweise* Kleingewerbetreibende.[124] Das Schutzbedürfnis der Kleingewerbetreibenden stellt daher das erste Element des Schutzbedürfnisses der Subunternehmer dar.

2. Die vertragsstrukturelle Abhängigkeit

Es kommt ein weiteres, aus dem Vertragsgeflecht von Generalunternehmervertrag und Subunternehmervertrag resultierendes Element hinzu. Subunternehmer sind in ein Großprojekt eingebunden.[125] Das bedeutet, dass die Erfüllung ihrer Vertragspflichten von Vor- und Zuarbeiten anderer Unternehmen abhängt.[126] In gleicher Weise sind andere Unternehmer abhängig von der rechtzeitigen und fehlerfreien Erfüllung der Vertragspflichten durch den oder die Subunternehmer.[127] Jede Verspätung und jeder Mangel seitens eines Subunternehmers kann einen Stillstand des gesamten Projektes zur Folge haben.[128] Hieraus resultiert

---

123 Vgl. hierzu *Nicklisch* NJW 1985, S. 2361ff., 2361; *Kremer*, in: Nicklisch (Hrsg.), Technologie und Recht, Band 7, S. 7ff., 8f.; *Viney*, in: Gavalda (Hrsg.), Sous-traitance et responsabilité civile, S. 44f., 45ff.; *Vetter* ZVglRWiss 87 (1988), S. 248ff.; *Bortolotti*, I contratti di subfornitura, S. 3ff.

124 Vgl. für Frankreich *Sablier/Caro/Abbatucci*, La sous-traitance dans la construction, S. 25; für Italien: *Alpa/Zatti*, Legge 18 Giugno 1998, N. 192, Art. 1 Rn. 3; für Deutschland *Pause*, in: Nicklisch (Hrsg.), Technologie und Recht, Band 7, S. 135ff., 143f. auch mit graphischen Darstellungen, die den Einsatz von Subunternehmern nach Unternehmensgrößen gestaffelt zeigen.

125 *Sablier/Caro/Abbatucci*, La sous-traitance dans la construction, S. 16ff.; *Nicklisch*, in: Nicklisch (Hrsg.), Technologie und Recht, Band 4, S. 41ff. Vgl. zu den hieraus resultierenden Ansprüchen und Risiken bei Verzögerungen und Änderungen *Nicklisch*, in: Nicklisch (Hrsg.), Technologie und Recht, Band 7, S. 109ff. sowie *Vetter*, in: Nicklisch (Hrsg.), Technologie und Recht, Band 7, S. 77ff.

126 Siehe hierzu beispielseise *Nicklisch*, in: Nicklisch (Hrsg.), Technologie und Recht, Band 19, S. 5ff., 7 sowie *Nicklisch*, in: Nicklisch (Hrsg.), Technologie und Recht, Band 4, S. 41ff.; *Lionnet*, in: Nicklisch (Hrsg.), Technologie und Recht, Band 7, S. 121ff.

127 *Kremer*, in: Nicklisch (Hrsg.), Technologie und Recht, Band 7, S. 7ff., 10f. Siehe auch bereits *Nicklisch*, in: Nicklisch (Hrsg.), Technologie und Recht, Band 4, S. 41ff.

128 Siehe zu den ökonomischen Risiken in Auslandsbauverträgen *Swoboda*, in: Nicklisch (Hrsg.), Technologie und Recht, Band 4, S. 21ff. und aus rechtlicher Sicht *Nicklisch*, in: Nicklisch (Hrsg.), Technologie und Recht, Band 4, S. 41ff. und *Vetter*, in: Nicklisch (Hrsg.), Technologie und Recht, Band 7, S. 77ff. Siehe ferner zu Auswikrungen von

ein spezifisches wirtschaftliches Risiko für Subunternehmer. Die nichtrechtzeitige oder mangelhafte Werkleistung kann zu hohen Schadensersatzansprüchen oder Vertragsstrafen führen. Der dem Projekt durch eine verspätete oder mangelhafte Erfüllung der Vertragspflichten potentiell entstehende Schaden steht dabei regelmäßig außer Verhältnis zu dem Werklohn eines Subunternehmers. Hinzu kommt, dass Subunternehmern in Produktion und Lieferung enge zeitliche Grenzen gesetzt werden, was ein hohes Maß an logistischem Aufwand im Vorfeld der Ausführung der Arbeiten erfordert. Der Einfluss, welchen ein einzelner Subunternehmer auf Fertigungsfristen oder andere Vorgaben hat, ist äußerst gering. Auftraggeber und Generalunternehmer diktieren den Subunternehmern Materialien, Industrienormen und einzuhaltende Fristen. Im Vergleich zu Unternehmern, welche außerhalb eines Vertragsgeflechts tätig werden, tragen Subunternehmer daher ein gesteigertes wirtschaftliches Risiko, dem zugleich ein Defizit an Beherrschbarkeit und Überschaubarkeit des Gesamtprojektes gegenübersteht.[129]

Hierbei handelt es sich um ein aus dem Vertragsgeflecht resultierendes strukturelles Kräfteungleichgewicht, das Regulierungen zum Schutz der Subunternehmer als Gruppe rechtfertigen kann.[130] Um in Einzelfällen eine Korrektur ungleicher Verträge zu erreichen, würde im deutschen Recht auch ein Rückgriff auf die Generalklausel des § 138 BGB ausreichen, falls eine Ausnutzung der wirtschaftlichen Abhängigkeit des Subunternehmers festgestellt werden kann. Subunternehmer sind jedoch nicht nur vereinzelt wirtschaftlich abhängig oder unterlegen. Sie sind dies bereits auf Grund der vertraglichen Struktur, in der sie ihre Subunternehmerleistung erbringen. So liegt ein ähnliches rollenspezifisches Ungleichgewicht beim Vertragsschluss vor, wie es beim Vertragsschluss zwischen einem Verbraucher als letztem Glied in der marktwirtschaftlichen Kette und einem Unternehmer existiert. Die Unterlegenheit des Subunternehmers weist die für einen durch Normen gewährten besonderen Schutz notwendigen Grad an Typisierung auf, die den mit ihm verbundenen Eingriff in die Vertragsautonomie rechtfertigt.

Verzögerungen und Mängeln im Großanlagenbau *Wendler*, in: Nicklisch (Hrsg.), Technologie und Recht, Band 7, S. 47ff.; *Swoboda*, in: Nicklisch (Hrsg.), Technologie und Recht, Band 6, S. 65ff.; *Kremer*, in Nicklisch (Hrsg.), Technologie und Recht, Band 6, S. 59ff.

129 *Nicklisch*, in Nicklisch (Hrsg.), Technologie und Recht, Band 6, S. 83ff.; *Vetter*, in: Nicklisch (Hrsg.), Technologie und Recht, Band 7, S. 77ff.; *Swoboda*, in: Nicklisch (Hrsg.), Technologie und Recht, Band 6, S. 65ff.; *Wendler*, in: Nicklisch (Hrsg.), Technologie und Recht, Band 7, S. 47ff.

130 Vgl. hierzu *Kolbe/Kopp/Römmelt* ZRP 2002, S. 145ff., 147 sowie *Zobel* ZSR 1982, S. 1ff., 109f. und den Entwurf eines Gesetzes zur Sicherung von Werkunternehmeransprüchen und zur verbesserten Durchsetzung von Forderungen (Forderungssicherungsgesetz), BT-Drucks. 14/8783.

3. Die wirtschaftliche Abhängigkeit

Zur vertragsstrukturellen Abhängigkeit kommt eine besondere wirtschaftliche Abhängigkeit der Subunternehmer von den Generalunternehmern.[131] Das mag auf den ersten Blick verwundern, denn die Arbeit für ein Großprojekt bietet Subunternehmern zunächst einmal auch enorme wirtschaftliche Vorteile. Denn bei einem Großprojekt fällt typischerweise eine größere Anzahl gleicher Arbeiten an, die vom Subunternehmer auf Grund der *„economies of scale"* (i.e. erhöhte Wirtschaftlichkeit durch die Produktion größerer Mengen) günstig erbracht werden kann. Zum anderen bietet sich die Chance, von dem Generalunternehmer oder Auftraggeber auch für andere Projekte eingesetzt zu werden. Generalunternehmer sind daher wegen der auf lange Sicht planbaren Auftragslage attraktivere Geschäftspartner des Subunternehmers als Endverbraucher. Es entwickelt sich eine enge wirtschaftliche Einbindung des Subunternehmers in das Leistungsportfolio des Generalunternehmers. Der Subunternehmer verliert jedoch in dem Maße, in dem er vermehrt für einen oder mehrere Generalunternehmer tätig wird, Endverbraucher als Kunden und damit den unmittelbaren Kontakt zum Markt. Die hieraus resultierende Lage rechtfertigt es, von einer gewissen wirtschaftlichen Abhängigkeit des Subunternehmers von Generalunternehmern zu sprechen.

4. Das gesteigerte Insolvenzrisiko

Einen Bestandteil der wirtschaftlichen Abhängigkeit stellt auch das gesteigerte Insolvenzrisiko der Subunternehmer dar. Die wirtschaftliche Unterlegenheit und Abhängigkeit der Subunternehmer führt regelmäßig dazu, dass sie sich nicht ausreichende Sicherheiten für die von ihnen eingesetzten Materialien und die geleistete Arbeit von Generalunternehmern einräumen lassen.[132] Im Falle einer Insolvenz des Generalunternehmers teilen Subunternehmer daher häufig deren Schicksal. So hat in Deutschland zum Beispiel die Insolvenz der HOLZMANN AG (vormals eines der größten als Generalunternehmen tätigen Bauunternehmen in Deutschland) zur Insolvenz einer Vielzahl von als Subunternehmern tätigen kleinen mittelständischen Betrieben geführt.[133] Da der als Generalunternehmer tätige Baukonzern mit vielen Subunternehmer-„Ketten" gearbeitet hat, blieben Forderungen einiger hundert Handwerksbetriebe gegen-

---

131   Vgl. auch *Adomeit* NJW 1994, S. 2467ff.; *Virassamy*, Les contrats de dépendance; *Vetter*, in: Nicklisch (Hrsg.), Technologie und Recht, Band 7, S. 77ff.

132   Siehe zur Risikodurchstellung zwischen General- und Subunternehmervertrag insbesondere *Vetter*, in: Nicklisch (Hrsg.), Technologie und Recht, Band 7, S. 77ff.

133   Vgl. dazu die Erklärung des Präsidenten des Zentralverbandes des Deutschen Handwerks (ZDH) Dieter *Philipp* vom 23.3.2002 zu den Folgen einer Insolvenz des Baukonzerns Philipp Holzmann, erhältlich über den Zentralverband des Deutschen Handwerks, http://www.zdh.de.

über der HOLZMANN AG offen. Die Subunternehmen waren weder durch Vorauszahlungen noch dingliche Sicherungsrechte ausreichend gegen eine Insolvenz ihres Generalunternehmers abgesichert und wurden so unverschuldet zahlungsunfähig.[134]

5. Schlussfolgerung

Es lässt sich ein spezifisches Schutzbedürfnis der Subunternehmer feststellen, das dem Schutzbedürfnis der Verbraucher vergleichbar ist. Dieses setzt sich aus einer vertragsstrukturellen und einer wirtschaftlichen Abhängigkeit, finanzieller Unterlegenheit und einem gesteigerten Insolvenzrisiko zusammen. Dem Schutzbedürfnis wird innerhalb der Europäischen Gemeinschaft mit Ausnahme der Richtlinie 2000/35/EG keine Rechnung getragen. Ein spezifischer Subunternehmerschutz wird lediglich auf nationaler Ebene in einigen Mitgliedstaaten gewährleistet. M.E. sollte das festgestellte spezifische Schutzbedürfnis der Subunternehmer auf längere Sicht zu einem durch vereinheitlichtes europäisches Recht verwirklichten Subunternehmerschutz innerhalb der Europäischen Gemeinschaft führen. Dies schon deshalb, um Beeinträchtigungen des freien Dienstleistungsverkehrs, welche durch eine Ausnutzung der Abhängigkeit von Subunternehmern entstehen, entgegenzuwirken. Die Richtlinie 2000/35/EG stellt einen ersten Schritt in diese Richtung dar, indem sie das gesteigerte Insolvenzrisiko der Subunternehmer vermindert.

VI. Zusammenfassung

Subunternehmer unterfallen nicht dem durch europäisches Richtlinienrecht geprägten Verbraucherbegriff. Sie sind vielmehr „Unternehmer", da sie gewerblich oder selbständig tätig werden. Subunternehmer sind nicht notwendigerweise, aber in aller Regel Kleingewerbetreibende. Das Schutzbedürfnis der Kleingewerbetreibenden stellt daher ein Element des Schutzbedürfnisses der Subunternehmer dar. Auf Grund der komplexen Vertragsstruktur, in der Subunternehmer ihre Leistung erbringen, haben sie im Vergleich zu anderen gewerbetreibenden Kleinunternehmern ein gesteigertes Schutzbedürfnis, das struktureller Art ist. Es folgt aus der vertraglichen Einbindung der Subunternehmerleistungen in komplexe Vertragsgeflechte. Zudem sind Subunternehmer wirtschaftlich von Generalunternehmern abhängig und tragen ein gesteigertes Insolvenzrisiko. Subunternehmer sind daher im Ergebnis ähnlich schützenswert wie Verbraucher.

---

134 Siehe die Erklärung des Präsidenten des Zentralverbandes des Deutschen Handwerks (ZDH) Dieter *Philipp* vom 23.3.2002 zu den Folgen einer Insolvenz des Baukonzerns Philipp Holzmann, erhältlich über den Zentralverband des Deutschen Handwerks, http://www.zdh.de.

Das Schutzbedürfnis der Subunternehmer weist auf Grund der strukturellen Komponente auch einen hohen Grad an Typisierung auf. Es rechtfertigt einen Eingriff in die Privatautonomie, der über die Gerechtigkeitskontrolle im Einzelfall über Generalklauseln (vgl. § 138 BGB) hinausgeht und durch Schutznormen der abstrakt-generellen Gefahr der Übervorteilung der Subunternehmer als schwächeren Vertragspartei vorbeugen.

Der Subunternehmerschutz ist in einigen Ländern bereits in nationalen Schutzvorschriften umgesetzt, auf die im Folgenden näher einzugehen ist. Auf Grund unterschiedlicher wirtschaftlicher Interessen fehlt es jedoch innerhalb der Europäischen Gemeinschaft weitestgehend an einem Konsens über ihr Schutzbedürfnis. Eine Ausnahme hierzu stellt die Richtlinie 2000/35/EG des europäischen Parlaments und des Rates vom 29.6.2000 zur Bekämpfung von Zahlungsverzug im Geschäftsverkehr[135] dar.

De lege ferenda sollten die Grundzüge und Grenzen des Subunternehmerschutzes durch vereinheitlichtes europäisches Recht bestimmt werden. Die Richtlinie 2000/35/EG ist ein erster Schritt dahin.

---

135   Abl. EG Nr. L 200, S. 35ff.

3. KAPITEL – DIE SCHUTZGESETZE

I. Subunternehmerschutz in Deutschland

1. § 641 Abs. 2 BGB

Das deutsche Recht hält mit § 641 Abs. 2 BGB eine Regelung parat, welche dem Schutz von Subunternehmern dient. § 641 Abs. 2 BGB lautet:

> *„Die Vergütung des Unternehmers für ein Werk, dessen Hersteller der Besteller einem Dritten versprochen hat, wird spätestens fällig, wenn und soweit der Besteller von dem Dritten für das versprochene Werk wegen dessen Herstellung seine Vergütung oder Teile davon erhalten hat. Hat der Besteller dem Dritten wegen möglicher Mängel des Werkes Sicherheit geleistet, gilt dies nur, wenn der Unternehmer dem Besteller Sicherheit in entsprechender Höhe leistet. "*

§ 641 Abs. 2 BGB dient im Rahmen der kollisionsrechtlichen Untersuchung ebenso wie Art. 3 Abs. 3 des italienischen Gesetzes Nr. 192, auf das weiter unten[136] eingegangen wird, als Beispiel für die nationalen Umsetzungen der Richtlinie 2000/35/EG.[137]

---

136 Unten S. 75ff.

137 In Österreich wurde die Richtlinie zum Beispiel durch das Bundesgesetz, mit dem das Zinsenrecht im Allgemeinen bürgerlichen Gesetzbuch, im Handelsgesetzbuch, im Aktiengesetz 1965 und im Arbeits- und Sozialgerichtsgesetz geändert wird (Zinsenrechts-Änderungsgesetz - ZinsRÄG), ÖBGBl. Nr. 118 vom 9.8.2002, S. 1217ff. umgesetzt. In Bezug auf den Subunternehmerschutz ist keine spezifische Regelung geschaffen worden. Es wurde lediglich die Möglichkeit einer Verbandsklage in Art. V eingefügt sowie durch Art. I § 1334 ÖBGB neu gefasst. Siehe des Weiteren die Verordnung der österreichischen Bundesregierung, mit der die Basis- und Referenzzinssatzverordnung geändert wird, ÖBGBl. Nr. 309 vom 2.8.2002. Belgien: Gesetz vom 2.8.2002 „concernant la lutte contre le retard de paiement dans les transactions commerciales", Moniteur Belge vom 7.8.2002, S. 34281 (C - 2002/09716). Sowie „Arrête royal modifiant, en ce qui concerne la lutte contre le retard de paiement dans le cadre de marchés publics et de concessions de travaux publics, l'arrête royal du 26 septembre 1996 établissant les règles générales d'exécution des marchés publics et des concessions de travaux publics", Moniteur Belge vom 21.12.2002, S. 57655 (C - 2002/21454) (SG(2003)A/408 vom 15.01.2003); Dänemark „Lov om aendring af lov om renter ved forsinket betaling m.v.", Gesetz Nr. 379 vom 6.6.2002 sowie „Lov om aendring af lov om renter ved forsinket betaling m.v.", Lovforslag Nr. L 74 vom 30.1.2002, sowie „Bekendtgorelse om udenretlige inddrivelsesomkostninger i anledning af forsinket betaling" BEK Nr. 601 vom 12.7.2002. Finnland: „Laki korkolain muuttamisesta", Suomen Saadoskokoelma Nr. 340 vom 10.5.2002, S. 2739 sowie „Laki elinkeinonharjoittajien valisten

Im Einklang mit den oben[138] wiedergegebenen Erwägungsgründen der Richtlinie 2000/35/EG soll die durch das Gesetz zur Beschleunigung fälliger Zahlungen[139] in das BGB eingeführte Durchgriffsfälligkeit den Missstand beheben, dass Generalunternehmer nach Herstellung von Teilen des Werks von den Auftraggebern zwar regelmäßig eine Vergütung für sich fordern, jedoch die Subunternehmer, welche den eigentlichen Baufortschritt geleistet und unter Umständen vorfinanziert haben, nicht bezahlen. Die Begründung zum Entwurf

---

sopimusehtojen santelysta 3.12.1993/1062", Suomen Saadoskokoelma Nr. 341 vom 10.5.2002. Frankreich: Gesetz Nr. 2001-420 vom 15.5.2001 „relative aux nouvelles régulations économiques", sowie Dekret Nr. 2001-210 vom 7.3.2001 „portant code des marchés publics", sowie Dekret Nr. 2002-231 vom 21.2.2002 „relatif au délai maximum de paiement dans les marchés publics", Journal officiel Nr. 45 vom 22.2.2002, S. 3409, sowie Dekret Nr. 2002-232 vom 21.2.2002 „relatif a la mise en oeuvre du délai maximum de paiement dans les marchés publics", Journal officiel Nr. 45 vom 22.2.2002, S. 3409. Für Griechenland ist keine Umsetzung bei der EG registriert. Irland: „European Communities (Late Payment in Commercial Transactions) Regulations 2002", S.I. Nr. 388 vom 26.7.2002. Italien: Decreto legislativo vom 9.10.2002, Nr. 231, „Attuazione della direttiva 2000/35/CE relativa alla lotta contro i ritardi di pagamento nelle transazioni commerciali", GURI - Serie generale Nr. 249 vom 23.10.2002, S. 16. Für Luxemburg ist keine Umsetzung bei der EG registriert. Niederlande: Wet vom 7.11.2002 „tot uitvoering van Richtlijn 2000/35/EG betreffende bestrijding van betalingsachterstand bij handelstransacties", Staatsblad Nr. 545 vom 7.11.2002, sowie Besluit vom 18.11.2002 „houdende vaststelling van het tijdstip van inwerkingtreding van de wet tot uitvoering van Richtlijn 2000/35/EG betreffende bestrijding van betalingsachterstand bij handelstransacties", Staatsblad Nr. 561 vom 18.11.2002. Portugal: Decreto-Lei Nr. 32/2003 vom 172.2003, Diario da Republica I Serie A Nr. 40 vom 17.2.2003, S. 1053. Spanien: Gesetz Nr. 47/2002 vom 1912.2002, „de reforma de la Ley 7/1996, de 15 de enero, de Ordenacion del Comercio Minorista, para la transposicion al Ordenamiento juridico espanol de la directiva 97/7/CE, en materia de contratos a distancia, y para la adaptacion de la Ley a diversas Directivas comunitarias", BOE Nr. 304 vom 20.12.2002, S. 44759. Schweden: „Lag om andring i rantelagen (1975:635)", SFS Nr. 352 vom 4.6.2002, sowie „Lag om andring i lagen (1984:292) om avtalsvillkor mellan naringsidkare", SFS Nr. 354 vom 4.6.2002. Großbritannien: „Contracts, England and Wales - Contracts, Northern Ireland - The Late Payment of Commercial Debts (Rate of Interest) (No.3) Order 2002", SI Nr. 1675 vom 22.6.2002, sowie „Contracts, England and Wales - Contracts, Northern Ireland - The Late Payment of Commercial Debts Regulations 2002", SI Nr. 1674 vom 22.6.2002, sowie „Contracts, England and Wales - Contracts, Northern Ireland - The Late Payment of Commercial Debts (Interest) Act 1998 (Commencement No.5) Order 2002", SI Nr. 1673 vom 22.6.2002, sowie „The Late Payment of Commercial Debts (Scotland) Regulations 2002" Scottish SI Nr. 335 vom 2.7.2002, sowie „The Late Payment of Commercial Debts (Rate of Interest) (Scotland) Order 2002", Scottish SI Nr. 336 vom 2.7.2002, sowie „The Late Payment of Commercial Debts (Interest) Act 1998 (Commencement No.6) (Scotland) Order 2002", Scottish SI Nr. 337 (C.17) vom 2.7.2002.

138   Siehe oben S. 21ff.
139   Gesetz vom 30.3.2000, BGBl. 2000 I, S. 330ff.

nennt als Beispiel die von Bauträgern nach Baufortschritt angeforderten Raten, die dann an die Handwerker wegen angeblicher Mängel an deren Werkleistung nicht abgeführt werden. Dieses Verhalten sei widersprüchlich und treuwidrig.[140]

Der vom europäischen und deutschen Gesetzgeber beabsichtigte Schutz der Subunternehmer ist allerdings nur halbherzig in Deutschland realisiert worden: Die neue Regelung des § 641 Abs. 2 BGB[141] betrifft nur einen eng beschränkten Schutzaspekt. Die Durchgriffsfälligkeit geht lange nicht so weit, wie ein echter Direktanspruch des Subunternehmers oder ein gesetzliches Subunternehmerpfandrecht.[142] Dennoch ist die gesetzliche Regelung ein beachtenswerter Schritt. Sie erkennt erstmals im deutschen Recht die wirtschaftliche Verflechtung von Subunternehmervertrag und Generalunternehmervertrag auch rechtlich an und hebt – wenn auch in beschränktem Umfang – die Relativität des Ver-

---

140 BT-Drucks. 14/1246, 7ff.
141 Vgl. dazu von *Craushaar* BauR 2001, S. 471ff.; *Kraus* BauR 2001, S. 513ff.; *Böhme* BauR 2001, S. 525ff.; *Kiesel* NJW 2000, S. 1673ff.; *Wolf-Heberbekermeier* BB 2000, S. 786ff.; *Stapenhorst* DB 2000, S. 909ff.; *Basty* DNotZ 2000, S. 260ff.; *Kniffka* ZfBR 2000, S. 227ff.; *Bangert/Wolf-Hegerbekermeier* JR 2000, S. 221ff.; *Korbion* MDR 2000, S. 932ff.; Staudinger-*Peters*, § 641 BGB Rn. 48.
142 Vgl. zum Subunternehmerpfandrecht auch den früheren Referentenentwurf Sachsens und Thüringens (NJ 2002, S. 132) zur verbesserten Durchsetzung von Forderungen, der die Einführung eines gesetzlichen Forderungspfandrechts des Subunternehmers an der Forderung des Generalunternehmers vorsieht, siehe *Kolbe/Kopp/Römmelt* ZRP 2002, S. 145ff., 147. Dieser Regelungsvorschlag lehnte sich an das im Recht des Staates New York verwirklichte Sicherungsmodell an, das auch in verschiedenen anderen Staaten der USA praktiziert wird, vgl. *Zobel* ZSR 1982, S. 1ff., 109f. Der aus dem Referentenentwurf entstandene Entwurf eines Gesetzes zur Sicherung von Werkunternehmeransprüchen und zur verbesserten Durchsetzung von Forderungen (Forderungssicherungsgesetz), BT-Drucks. 14/8783 vom 16.4.2002, sieht ein solches gesetzliches Forderungspfandrecht des Subunternehmers nicht mehr vor. Es soll lediglich die in § 641 Abs. 2 BGB normierte Durchgriffsfälligkeit praktisch effektiver gemacht werden, dazu sogleich. Der Gesetzentwurf wurde stark kritisiert, vgl. beispielsweise *Karsten* NJ 2002, S. 178ff. und die Beratungen daher zurückgestellt. Ab September 2003 wurde durch die Bund-Länder-Arbeitsgruppe eine Praxisanhörung zu dem Entwurf durchgeführt. Nach Abschluss der Anhörung und Beratungen wurde die zurückgestellte Bundesratsinitiative Thüringens, Sachsens und Sachsen-Anhalts für ein Forderungssicherungsgesetz unter Einbeziehung dieser Vorschläge fortgesetzt (vgl. bereits Pressemitteilung 49/2003 des thüringischen Justizministeriums). Am 11. Juni 2004 hat der Bundesrat den Gesetzentwurf nunmehr beim Deutschen Bundestag eingebracht (vgl. BR-Drucks. 458/04 sowie die Pressemitteilung Nr. 126/2004 des Bundesjustizministeriums vom 11.06.2004.

tragsrechts[143] zum Teil auf: Die Bezahlung des Werklohns an den Generalunternehmer führt zur Fälligkeit des Zahlungsanspruchs des Subunternehmers.[144]

In der Praxis hat sich jedoch gezeigt, dass die durch § 641 Abs. 2 BGB eingeführte Durchgriffsfälligkeit allerdings wenig effektiv ist.[145] Zum einen ist von der Durchgriffsfälligkeit der Fall nicht erfasst, dass im Verhältnis des Generalübernehmers zu seinem Auftraggeber zwar keine Zahlung, aber eine Abnahme erfolgt ist oder das Werk als abgenommen gilt. Zum anderen besteht für den Subunternehmer die Schwierigkeit, in Erfahrung zu bringen, ob im Verhältnis des Generalübernehmers zu seinem Auftraggeber die Vergütung geleistet oder das erbrachte Gewerk abgenommen wurde.

Der dem Subunternehmer durch § 641 Abs. 2 BGB gewährte Schutz wird daher auch von einigen Bundesländern nicht für ausreichend gehalten. Auf Initiative Thüringens und Sachsens ist eine Gesetzesinitiative zur Verbesserung der Zahlungsmoral in den Bundesrat eingebracht worden.[146] Der Entwurf eines Gesetzes zur Sicherung von Werkunternehmeransprüchen und zur verbesserten Durchsetzung von Forderungen (Forderungssicherungsgesetz – FoSiG)[147] sieht in seinem Art. 1 eine Neufassung von § 641 Abs. 2 BGB vor, die den durch die Durchgriffsfälligkeit begründeten Subunternehmerschutz praktisch effektiver machen soll.[148] § 641 Abs. 2 und 3 BGB sollen nach dem Entwurf wie folgt gefasst werden:

„(2) Die Vergütung des Unternehmers für ein Werk, dessen Herstellung der Besteller einem Dritten versprochen hat, wird spätestens fällig,

1. soweit der Besteller von dem Dritten für das versprochene Werk wegen dessen Herstellung seine Vergütung oder Teile davon erhalten hat,

2. soweit das Werk des Bestellers von dem Dritten abgenommen worden ist, als abgenommen gilt (ggfs.: „oder hierfür eine vor-

---

143 So auch *Craushaar* BauR 2001, S. 471ff., 477f.

144 Nach der früheren Regelung konnte der Generalunternehmer wegen angeblicher Mängel des vom Subunternehmer erbrachten Werks die Abnahme gegenüber diesem verweigern und Werklohn einbehalten.

145 Vgl. die Begründung des Entwurfs eines Gesetzes zur Sicherung von Werkunternehmeransprüchen und zur verbesserten Durchsetzung von Forderungen (Forderungssicherungsgesetz) zu einer Neufassung von § 641 Abs. 2 BGB, BT-Drucks. 14/8783.

146 BR-Drucks. 141/02. Vgl. zum früheren Referentenentwurf (NJ 2002, S. 132) *Kolbe/Kopp/Römmelt* ZRP 2002, S. 145ff., 147.

147 BT-Drucks. 14/8783.

148 Vgl. die Begründung des Entwurfs zu § 641 Abs. 2 BGB, BT-Drucks. 14/8783.

*läufige Zahlungsanordnung zu seinen Gunsten ergangen ist"),
oder*

*3. wenn der Unternehmer dem Besteller erfolglos eine angemes-
sene Frist zur Auskunft über die in Nummer 1 und 2 bezeichneten
Umstände bestimmt hat.*

*Hat der Besteller dem Dritten wegen möglicher Mängel des Werks Si-
cherheit geleistet, gilt Satz 1 nur, wenn der Unternehmer dem Besteller entsprechende Sicherheit leistet.*

*(3) Kann der Besteller die Beseitigung eines Mangels verlangen, so
kann er nach der Abnahme die Zahlung eines angemessenen Teils der
Vergütung verweigern; angemessen ist in der Regel das Doppelte der
für die Beseitigung des Mangels erforderlichen Kosten."*

2. §§ 648, 648a BGB und das Bauforderungssicherungsgesetz

Subunternehmer fallen nicht unter den Anwendungsbereich des § 648 BGB.[149]
Sie haben daher keinen Anspruch gegen den Generalunternehmer oder den
Auftraggeber auf Einräumung einer Sicherungshypothek.[150]

Einen gewissen Schutz für Subunternehmer bietet jedoch die Sicherheits-
leistung nach § 648a BGB.[151] Danach kann ein Unternehmer eines Bauwerks
vom Besteller Sicherheit für die von ihm zu erbringenden Vorleistungen einschließlich zugehöriger Nebenforderungen verlangen. Zu den Anspruchsberechtigten gehören Subunternehmer, weil für diese der Generalunternehmer zum
Besteller wird.[152] Demgegenüber können sich Zulieferer nicht auf § 648a BGB
berufen, da es am Erfordernis eines Werkvertrags fehlt.

---

149 Palandt-*Sprau*, § 648 Rn. 2; *Kolbe/Kopp/Römmelt* ZRP 2002, S. 145ff.; vgl. auch
    Jagenburg/Weber NJW 2002, S. 191ff.; *Schmidt* WM 2001, Sonderbeilage Nr. 5, S. 3ff.
150 Dazu und zur Verbesserung des Subunternehmerschutzes *Kolbe/Kopp/Römmelt* ZRP
    2002, S. 145ff.
151 § 648a BGB wurde durch Gesetz vom 27.4.1993, BGBl. 1993 I, S. 509 in das BGB
    eingefügt. Auch § 648a BGB soll durch das Forderungssicherungsgesetz geändert wer-
    den, vgl. Art. 1 Nr. 3 des Gesetzesentwurfes, BT-Drucks 14/8783.
152 Palandt-*Sprau*, § 648a Rn. 7; *Horsch/Hänsel* BauR 2003, S. 462ff.; *Sohn/Kandel* BauR
    2003, S. 1633; Urteil des OLG München vom 21.1.2003, BauR 2003, S. 899. Gemäß §
    648a Abs. 7 kann ein (Sub-)Unternehmer auf diesen Schutz auch nicht wirksam verzich-
    ten. Vgl. Schmitz BauR 2003, S. 559f. zum Urteil des OLG Naumburg vom 16.8.2001,
    BauR 2003, S. 556; *Siegburg* EWiR 2002, S. 333f. zum Urteil des BGH vom 24.1.2002,
    ZIP 2002, S. 428. Es handelt sich bei § 648a BGB also um intern zwingendes Recht im
    Sinne des Art. 27 Abs. 3 EGBGB.

Weiteren, wenn auch sehr eingeschränkten Schutz bietet Subunternehmern darüber hinaus das Gesetz über die Sicherung der Bauforderungen vom 1.6.1909.[153] Nach dessen § 1 dürfen Kreditauszahlungen, die für den Bau eines Gebäudes vergeben wurden und für die dingliche Sicherheiten eingeräumt wurden, ausschließlich zur Herstellung des Baues verwendet werden. Dies dient zum einen dem Schutz des Kreditgebers, soll aber zugleich den Bauunternehmer und dessen Recht auf eine Sicherungshypothek nach § 648 BGB absichern.[154] Eine Abtretung der Forderung aus dem Darlehen kann nur erfolgen, wenn alle Beteiligten zustimmen. Beteiligte sind nicht nur der Darlehensgeber und der Werkunternehmer sondern nach der Rechtsprechung des BGH auch Subunternehmer.[155]

Sowohl bei § 648a BGB als auch bei dem Bauforderungssicherungsgesetz handelt es sich jedoch nicht um einen spezifischen Subunternehmerschutz, sondern um einen allgemeinen Werkunternehmerschutz.

3. Die Ansprüche des Subunternehmers

Wird der Generalunternehmer insolvent, stellt sich die Frage, welche Ansprüche der Subunternehmer nach deutschem Recht hat, um Bezahlung für die von ihm eingesetzten Materialien und Arbeit vom Auftraggeber zu erlangen. Mangels eines expliziten Direktanspruchs des Subunternehmers gegen den Auftraggeber ist der Subunternehmer auf die allgemeinen Vorschriften des BGB verwiesen.

Der Subunternehmer kann sich in Bezug auf von ihm eingesetzte Materialien zunächst einmal dinglich absichern, indem er z.B. einen verlängerten Eigentumsvorbehalt vereinbart. Doch die dinglichen Sicherheiten sind aus zwei

---

153 RGBl. 1909, S. 449. Das Gesetz soll durch das geplante Forderungssicherungsgesetz, BT-Drucks 14/8783, aufgehoben werden. Statt dessen sieht der Gesetzesentwurf die Einführung eines neuen § 648b BGB betreffend die Baugeldsicherung vor. Darin wird u.a. der Begriff des Baugeldes ausgedehnt. Auf der „1. Stufe" (Satz 2 Nr. 1, 2), das heißt beim Bauherrn, sollen nur grundpfandrechtlich gesicherte Gelder sowie Fördermittel als Baugeld gelten, da Baugeld wegen der in § 648b Abs. 3 BGB-E normierten Schadensersatzpflicht von anderen Mitteln nach objektiven Kriterien abgrenzbar sein muss. Deshalb sieht § 648b Abs. 1 Satz 2 Nr. 3 BGB-E vor, dass Gelder, die ein General- oder Subunternehmer erhält, erst ab der „2. Stufe" in die Baugeldverwendungspflicht einbezogen werden, vgl. die Begründung zum Entwurf des Forderungssicherungsgesetzes, BT-Drucks 14/8783, S. 5.
154 Vgl. Urteil des BGH vom 13.10.1987, NJW 1988, S. 263ff.; BGH, Urteil vom 8.1.1991 WM 1991, S. 905ff.
155 BGH, Urteil vom 19.12.1989, NJW-RR 1990, S. 342f. Siehe nunmehr die geplante Neufassung von Art. 1 Abs. 3 Nr. 2 des Bauforderungssicherungsgesetzes durch den Entwurf des Forderungssicherungsgesetzes, BT-Drucks 14/8783. Das Bauforderungssicherungsgesetz wird deutlich reformiert und an die geplante Neufassung von § 641 BGB angepasst, vgl. Art. 5 Nr. 2 des genannten Entwurfs.

Gründen lediglich von geringem Wert: Zum einen verliert ein Subunternehmer in der Regel durch den Einbau von ihm hergestellter und/oder gelieferter Materialien das Eigentumsrecht an diesen, §§ 946, 947 BGB.[156] Zum anderen bleibt die dingliche Sicherheit angesichts der schwachen Verhandlungsposition des Subunternehmers häufig eine theoretische Möglichkeit.

Es stellt sich daher die Frage, inwieweit der Subunternehmer schuldrechtliche Ansprüche gegen den Auftraggeber geltend machen kann. Mangels einer vertraglichen Beziehung zwischen Subunternehmer und Auftraggeber kommen lediglich bereicherungsrechtliche Ansprüche oder Ansprüche aus Geschäftsführung ohne Auftrag in Betracht.

a)   Bereicherungsrechtliche Ansprüche

Voraussetzung für einen Kondiktionsanspruch des Subunternehmers gegen den Auftraggeber nach § 812 Abs. 1 S. 1 1. Alt. BGB ist, dass der Subunternehmer dem Auftraggeber etwas geleistet hat. Unter einer Leistung ist die bewusste und zweckgerichtete Mehrung fremden Vermögens zu verstehen.[157] Dabei stellt sich insbesondere bei den sogenannten „Durchlieferungsfällen" (der Subunternehmer liefert sein Werk unmittelbar beim Auftraggeber ab oder verrichtet es an dessen Gebäude) die Frage, an wen ein Subunternehmer leistet: an den Generalunternehmer oder an den Auftraggeber? Diese Frage hatte der BGH im sogenannten „Elektrogerätefall"[158] zu klären.

Dem Fall liegt folgender Sachverhalt zugrunde: Ein Bauherr beauftragte einen Generalunternehmer mit der Lieferung und Herstellung elektrischer Anlagen für seinen Neubau. Der Generalunternehmer bediente sich zur Erfüllung seiner Pflicht eines Subunternehmers, welcher die Elektrogeräte herstellte und einbaute. Dabei erweckte der Generalunternehmer bei dem Subunternehmer den Eindruck, nicht im eigenen Namen sondern als Stellvertreter des Auftraggebers den Subunternehmervertrag geschlossen zu haben. Der Generalunternehmer wurde insolvent und der Subunternehmer verlangte deshalb vom Auftraggeber Herausgabe der Bereicherung.

Bringt ein Subunternehmer seine Materialien in ein Werk ein, so verliert er in aller Regel sein Eigentum an den Materialien durch Verbindung mit einem Grundstück oder durch Verbindung mit einer beweglichen Sache (§§ 946, 947 BGB). Er ist gemäß § 951 BGB dann jedoch berechtigt, Ausgleich für den

---

156   Siehe dazu *Kolbe/Kopp/Römmelt* ZRP 2002, S. 145ff.; *Werner/Pastor*, Der Bauprozess, Rn. 194, 197, 201, 1050.

157   Seit BGH, Urteil vom 24.2.1972, BGHZ 58, 184, 188; *Stolte* JZ 1990, S. 220ff.; *Medicus*, Bürgerliches Recht, Rn. 666.

158   BGH, 31.10.1963, BGHZ 40, S. 272ff., 278, inzwischen ständige Rspr., vgl. BGH, 27.5.1971, BGHZ 56, S. 228ff., 240; 20.6.1976, BGHZ 69, S. 186ff., 189.

Rechtsverlust nach Bereicherungsrecht zu verlangen. Da § 951 BGB jedoch eine Rechtsgrundverweisung auf das Bereicherungsrecht in der Form der Eingriffskondiktion nach § 812 Abs. 1 S. 1 2. Alt. BGB darstellt, müssen die Voraussetzungen des § 812 Abs. 1 BGB auch für diesen Ausgleich des Rechtsverlust vorliegen.[159]

Der BGH hat im „Elektrogerätefall" eine Leistungskondiktion des Subunternehmers verneint.[160] Aus Sicht des Auftraggebers habe es sich um eine Leistung des Generalunternehmers und nicht um eine Leistung des Subunternehmers an ihn gehandelt. Es sei zur Beantwortung der Frage, an wen geleistet werde, nicht auf den Willen des Subunternehmers abzustellen, sondern auf den Empfängerhorizont des Auftraggebers.[161]

Eine Leistungskondiktion des Subunternehmers scheitert folglich daran, dass er seine Materialien und seine Arbeit zur Erfüllung seiner vertraglichen Pflichten aus dem Subunternehmervertrag an den Generalunternehmer und nicht an den Auftraggeber geleistet hat. Die Leistung des Subunternehmers findet ihren Rechtsgrund im Subunternehmervertrag.[162]

Der BGH hat im „Elektrogerätefall" auch eine Eingriffs- oder Verwendungskondiktion des Subunternehmers abgelehnt.[163] Denn Voraussetzung für eine Nichtleistungskondiktion sei, dass die mittels der Kondiktion herausverlangte Bereicherung nicht Gegenstand einer Leistung gewesen ist (Prinzip des Vorrangs der Leistungskondiktion).[164] Dieses Prinzip ermöglicht die vorrangige Abwicklung von gescheiterten Rechtsverhältnissen innerhalb der Leistungsbeziehungen. Zweck des Prinzips ist es, eine gerechte Risikoverteilung zwischen den Leistenden zu erreichen: Erstens bleiben jeder Partei die Einwendungen gegen die andere Partei erhalten. Zweitens soll das Insolvenzrisiko angemessen zwischen den Beteiligten der Leistungskette verteilt werden. Es spiegelt zudem die sachenrechtlichen Wertungen des § 816 BGB und der §§ 929 S. 1, 932 BGB wider.[165] Eine Ausnahme zu diesem Grundsatz sieht das BGB nur in § 822 BGB

---

159 Siehe BGH, Urteil vom 11.1.1971, BGHZ 55, S. 176ff.; BGH, Urteil vom 29.9.1995, NJW 1996, S. 51f., 52; OLG Hamm, Urteil vom 23.6.1992, NJW-RR 1992, S. 1105ff.

160 BGH, 31.10.1963, BGHZ 40, S. 272ff., 278.

161 BGH, 31.10.1963, BGHZ 40, S. 272ff., 278.

162 Siehe BGH, 27.5.1971, BGHZ 56, S. 228ff., 240 sowie Urteil vom 20.6.1976, BGHZ 69, S. 186ff., 189.

163 BGH, 31.10.1963, BGHZ 40, S. 272ff., 278.

164 *Medicus*, Bürgerliches Recht, Rn. 672.; BGH, 31.10.1963, BGHZ 40, S. 272ff., 278, inzwischen ständige Rspr., vgl. BGH, 27.5.1971, BGHZ 56, S. 228ff., 240 sowie Urteil vom 20.6.1976, BGHZ 69, S. 186ff., 189.

165 *Medicus*, Bürgerliches Recht, Rn. 669ff.; BGH, Urteil vom 27.5.1971, BGHZ 56, S. 228ff.; anderer Ansicht sind allerdings *Hager* JuS 1987, S. 877ff., 879 und *Picker* NJW 1974, S. 1790ff., 1792.

vor, was dadurch gerechtfertigt ist, dass der unentgeltliche Erwerber weniger schutzwürdig ist.[166]

Ein Subunternehmer hat daher regelmäßig keinen Kondiktionsanspruch gegen den Auftraggeber auf Grund der von ihm gelieferten Materialien oder Arbeit.[167] Es herrscht ein Durchgriffsverbot.[168] Der deutsche Gesetzesverfasser hat sich bewusst gegen eine bereicherungsrechtliche Lösung entschieden und die Versionsklage (*actio de in rem verso*) außer in Ausnahmefällen nicht zugelassen, in denen der Bereicherungsschuldner wenig schutzwürdig ist (wie im Falle des § 822 BGB).[169]

Selbst wenn man entgegen der ganz herrschenden Ansicht[170] einen Kondiktionsanspruch des Subunternehmers gegen den Auftraggeber bejahen wollte, so wäre dieser auf die Abschöpfung des vom Auftraggeber Erlangten begrenzt (§ 818 Abs. 1 BGB). Dem Auftraggeber stünde zudem die Einrede der Entreicherung (§ 818 Abs. 3 BGB) zu. Der Subunternehmer könnte damit bestenfalls den tatsächlichen Wert seiner Materialien und Arbeitsleistung erlangen.

b)   Geschäftsführung ohne Auftrag

Zu denken ist schließlich an Ansprüche aus Geschäftsführung ohne Auftrag. Ein Subunternehmer könnte Anspruch auf Aufwendungsersatz gemäß §§ 677, 683, 670 BGB gegen den Auftraggeber haben. Voraussetzung hierfür ist allerdings, dass der Subunternehmer bei der Leistung seiner Arbeit und Materialien mit Fremdgeschäftsführungswillen gehandelt hat.[171] Dieser Fremdgeschäftsführungswille des Subunternehmers ist zweifelhaft, handelt ein Subunternehmer doch in erster Linie im eigenen Interesse, nämlich zur Erfüllung seiner Leistungspflicht aus dem Subunternehmervertrag. Die Rechtsprechung hat die Voraussetzung des Fremdgeschäftsführungswillens aufgeweicht und lässt in ständiger Rechtsprechung[172] die Führung eines „auch fremden Geschäfts" ebenfalls ausreichen. Diese Rechtsprechung hat zu einiger Kritik im Schrifttum ge-

---

166   *Medicus*, Bürgerliches Recht, Rn. 672.; BGH, Urteil vom 27.5.1971, BGHZ 56, S. 228ff.

167   Siehe BGH, 25.2.1987, BGHZ 100, S. 95ff., 104; vgl. aus der Literatur *Larenz/Canaris*, Schuldrecht II 2, S. 222; *von Caemmerer*, in: Festschrift für Rabel, S. 333ff., 369ff.

168   Die Literatur stimmt diesem Ergebnis ebenso zu, vgl. statt aller *von Caemmerer*, in: Festschrift für Rabel, S. 333ff., 369ff.; *Larenz/Canaris*, Schuldrecht II 2, S. 222.

169   Vgl. die Motive zum BGB bei *Mugdan*, Motive II, S. 487f. sowie *von Caemmerer*, in: Festschrift für Rabel, S. 333ff., 369ff.

170   Siehe BGH, 25.2.1987, BGHZ 100, S. 95ff., 104; *Larenz/Canaris*, Schuldrecht II 2, S. 222; *von Caemmerer*, in: Festschrift für Rabel, S. 333ff., 369ff.

171   BGH, 25.6.1962, BGHZ 37, S. 258ff.; Urteil vom 27.11.1962, BGHZ 38, S. 270ff.; Urteil vom 20.6.1963, BGHZ 40, S. 28ff.

172   Siehe z.B. BGH, 25.6.1962, BGHZ 37, S. 258ff.; Urteil vom 27.11.1962, BGHZ 38, S. 270ff.; Urteil vom 20.6.1963, BGHZ 40, S. 28ff.

führt.[173] Zurückhaltender mit der Annahme eines „auch fremden Geschäfts" ist die Rechtsprechung freilich, wenn es um die für Ansprüche von Subunternehmern relevanten Fälle der Leistungskette geht.[174] Denn die Zuerkennung eines Anspruchs aus Geschäftsbesorgung ohne Auftrag auf Grund eines „auch fremden Geschäfts" würde in diesen Fällen zur Einführung der Inversionsklage „durch die Hintertüre" führen.[175]

Aber auch der Umfang eines solchen Anspruchs wäre auf einen Ersatz der Aufwendungen begrenzt: Die Geschäftsführung ohne Auftrag könnte dem Subunternehmer niemals die Durchsetzung seiner Werklohnforderung aus dem Subunternehmervertrag gegen den Auftraggeber ermöglichen.

4. Schlussfolgerung

Zusammenfassend lässt sich feststellen, dass derzeit in Deutschland kein effektiver spezifischer Subunternehmerschutz existiert.[176] Schuldrechtliche Ansprüche gegen den Auftraggeber hat der Subunternehmer nach deutschem Recht nach herrschender Ansicht weder aus Bereicherungsrecht, noch aus Geschäftsführung ohne Auftrag. Zwar hat § 641 Abs. 2 BGB mit der Durchgriffsfälligkeit den Grundsatz der Relativität der Verträge zu Gunsten der Subunternehmer durchbrochen. Im Falle der Insolvenz des Generalunternehmers steht ein Subunternehmer nach deutschem Recht jedoch völlig ohne Ansprüche gegen den Auftraggeber da. Auch dingliche Sicherheiten bieten nur dann effektiven Schutz, wenn sie unter Einbeziehung des Auftraggebers eingeräumt wurden. Dieser Missstand soll mit einer neuen Gesetzesinitiative über ein „Forderungssicherungsgesetz" teilweise behoben und der Subunternehmerschutz praktisch effektiver gestaltet werden.

---

173   *Hauss*, in: Festschrift für Weitnauer, S. 333ff.; *Schubert* NJW 1978, S. 678ff.; *Medicus*, Bürgerliches Recht, Rn. 412ff.
174   OLG Koblenz, 20.6.1991, NJW 1992, S. 2367; OLG Hamm, 9.1.1974, NJW 1974, S. 951ff.; Vgl. aus der Literatur *Hauss*, in: Festschrift für Weitnauer, S. 333ff.; *Schubert* NJW 1978, S. 678ff.; *Medicus*, Bürgerliches Recht, Rn. 412ff.
175   So OLG Koblenz, 20.6.1991, NJW 1992, S. 2367; OLG Hamm, 9.1.1974, NJW 1974, S. 951ff.; Vgl. aus der Literatur *Hauss*, in: Festschrift für Weitnauer, S. 333ff.; *Schubert* NJW 1978, S. 678ff.; *Medicus*, Bürgerliches Recht, Rn. 412ff.
176   Für eine Verbesserung des Subunternehmerschutzes daher der Referentenentwurf Sachsens zur verbesserten Durchsetzung von Forderungen, *Kolbe/Kopp/Römmelt* ZRP 2002, S. 145ff., 146 sowie der daraus resultierende Entwurf eines Forderungssicherungsgesetzes, BT-Drucks. 14/8783.

II. Das italienische Gesetz Nr. 192[177]

Italien – als typischer „Subunternehmerstaat" – hat seit dem 18.6.1998 ein Gesetz, welches die Rechtsverhältnisse von Zulieferern, Zuarbeitern und Subunternehmern im produzierenden Gewerbe regelt. Das Gesetz Nr. 192 über die „*subfornitura nelle attività produttive*" ist am 22.10.1998 in Kraft getreten.[178,][179] Es gilt nicht nur für ab dem 22.10.1998 geschlossene „*subfornitura*"-Verträge[180], sondern umfasst auch zuvor abgeschlossene Altverträge.[181] Im Folgenden sollen zunächst der Hintergrund des Gesetzes und sein wesentlicher Inhalt dargestellt werden.

1. Der Hintergrund des Gesetzes

Das Gesetz hat einen europarechtlichen Hintergrund: Der italienische Gesetzgeber hat sich an der Empfehlung der Kommission der Europäischen Gemeinschaft Nr. 95/158/EG vom 12.5.1995 über die Beschleunigung des Zahlungs-

---

177 Das Gesetz ist der Arbeit im Anhang beigefügt. Eine frühere Version mit deutscher Übersetzung findet sich im Jahrbuch für italienisches Recht, Band 12 (1999), S. 257ff.
178 Gesetz vom 18.6.1998, Nr. 192, Gazzetta Ufficiale Nr. 143 vom 22.6.1998.
179 Vgl. aus der zahlreichen Literatur zur „*subfornitura*" in Italien: *Alpa*, in: Rescigno (Hrsg.), Trattato di diritto privato, S. 87ff.; *Alpa/Clarizia*, La subfornitura; *Alpa/Zatti*, Legge 18 Giugno 1998, N. 192.; *Alvisi*, Subfornitura e autonomia collettiva; *Berti*, Subcontratto; *Birk/Lauser/Zanovello* RIW 2001, S. 180ff.; *Bortolotti*, I contratti di subfornitura; *Bruno*, Dal decentramento produttivo; *Caso*, Contratto di subfornitura industriale; *Capaldo/Esposito/Rafta*, Subfornitura e competitività; *Chieco*, Poteri dell'imprenditore; *Civitareale/Rosa*, Regimi speciali; *Coccia* Riv. dir. priv. proc. 1999, S. 801ff.; *Cuffaro*, La subfornitura; *Ferrando*, Subfornitura; *Franceschelli*, Subfornitura; *Galgano*, Contratto e impresa 1987, S. 173ff.; *Gioia* Il corriere giuridico 1998, S. 882ff.; *Granieri*, Il contratto di subfornitura industriale; *Iudica* I contratti 1998, S. 411ff.; *Kronke* IPRax 1998, S. 375f.; *Kronke* BB 1998, Beilage 9, S. 10f.; *Lipari* (Hrsg.) Le nuove leggi civ. comm. 2000, S. 365ff.; *Lo Martire*, Subfornitura; *Maglio*, in: Jahrbuch für ital. Recht, Band 12 (1999), S. 107ff.; *Marniani* La nuova giur. civ. comm. 2000 II, S. 109ff.; *Musso*, La subfornitura; *ders.*, Concorrenza ed integrazione; *Nicola/Colombo*, La subfornitura; *Nicolini*, Subfornitura e attività produttive; *Prati/Cardini*, I rapporti di subfornitura; *Prosperi*, Il contratto di subfornitura; *Sanmarchi*, Subfornitura industriale nell'Europa comunitaria; *Schmid* RIW 1999, S. 273ff.; *Sposato/Giordani* Impresa 1998, S. 87ff.; *Tapparo*, La subfornitura; *Vettorello*, in: Galgano (Hrsg.), Il contratto di commercio, dell'industria e del mercato finanziario, S. 1349ff
180 Die Arbeit verzichtet bewusst auf eine Übersetzung der Begriffe der „*subfornitura*" und der des „*committente*", um einer Verwechslung mit den im Subunternehmerverhältnis verwendeten Begriffen des „Subunternehmers" und „Generalunternehmers" vorzubeugen. Siehe dazu näher unten S. 66ff.
181 *Birk/Lauser/Zanovello* RIW 2001, S. 180ff., 181.

verkehrs orientiert.[182] Als Empfehlung war der europäische Rechtsakt gemäß Art. 249 Abs. 5 EGV nicht verbindlich, wurde aber dennoch vom italienischen Gesetzgeber als Anlass für den Entwurf des Gesetzes Nr. 192 genommen. Dies wohl unter anderem deshalb, da Italien unter sämtlichen Mitgliedstaaten mit durchschnittlich 90 Tagen die längsten Zahlungsfristen aufzuweisen hatte.[183]

Wirtschaftlicher Hintergrund des italienischen Gesetzes ist die bereits oben[184] beschriebene Tendenz, dass die Fertigungstiefe der Produktherstellung immer weiter abnimmt und Fertigungsschritte mittels Ausgliederung aus dem unternehmensinternen Produktionsprozess an fremde Unternehmen vergeben werden.[185] Große Aufträge werden kaum noch von einem großen Unternehmen alleine erfüllt. Vielmehr ist stets eine Vielzahl von kleinen und mittleren Unternehmen als Zulieferer, Subunternehmer oder als außenstehende Dienstleistungsunternehmen an der Herstellung der Produkte beteiligt.[186] Diese Tendenz hat sich auch und gerade in Italien bemerkbar gemacht. [187] Sie wurde vom italienischen Gesetzgeber zum Anlass genommen, diesen für die italienische Wirtschaft wichtigen Zuliefer- und Subunternehmerindustriezweig besser zu schützen. In Italien besteht die Besonderheit, dass auf Grund seiner Wirtschaftsstruktur einer geringen Zahl großer Unternehmen eine relativ große Anzahl kleiner und mittlerer Unternehmen gegenübersteht.[188] Gerade die kleinen und mittleren Unternehmen machen den Kern der italienischen Wirtschaftskraft

---

182 Abl. EG Nr. L 127 vom 10.6.1995, S. 19ff. Siehe dazu auch die Mitteilung der Kommission betreffend die Empfehlung der Kommission vom 12.5.1995 über die Zahlungsfristen im Handelsverkehr, Abl. EG Nr. C 144, S. 3ff. Aus der Empfehlung wurde der Vorschlag für eine Richtlinie des Europäischen Parlaments und des Rates zur Bekämpfung des Zahlungsverkehrs im Handelsverkehr, Abl. EG Nr. C 168, S. 13ff., geändert durch Vorschlag KOM (1998) 615 endg. vom 30.10.1998, Abl. EG Nr. C 374, S. 4ff. entwickelt. Der Vorschlag wurde schließlich in Form der bereits oben, S. 19f., erwähnten Richtlinie 2000/35/EG des europäischen Parlaments und des Rates vom 29.6.2000 zur Bekämpfung von Zahlungsverzug im Geschäftsverkehr, Abl. EG Nr. L 200, S. 35ff., beschlossen.

183 Mitteilung betreffend die Empfehlung der Kommission vom 12.5.1995 über die Zahlungsfristen im Handelsverkehr, Abl. EG Nr. C 144, S. 3ff.

184 Oben S. 1ff.

185 Siehe *Musso*, La subfornitura, S. 6ff.

186 *Marinari* La nuova giur. civ. comm. 2000 II, S. 109ff., 109f.; *Schmid* RIW 1999, S. 273ff., 273; Lipari-*Cuffaro*, in: Le nuove leggi civ. comm. 2000, S. 365ff., 366; *Coccia* Riv. dir. priv. proc 1999, S. 801ff., 802; *Alpa/Zatti*, Legge 18 Giugno 1998, N. 192, S. 549f.; *Kronke* IPRax 1998, S. 375f., 375; Sposato/Coccia-*Volanti*, S. 42ff.; *Musso*, La subfornitura, S. 6ff.

187 Sposato/Coccia-*Volanti*, S. 29ff.; *Musso*, La subfornitura, S. 6ff.

188 *Schmid* RIW 1999, S. 273ff., 273.

aus.[189] Auf Grund dieser Tatsache wurde bereits vor Einführung des Gesetzes Nr. 192 die Problematik vertikaler Kooperationsverträge in der juristischen Literatur diskutiert.[190] Schwerpunkt der Diskussion war stets, dass sich kleine Unternehmen, welche in der Zulieferung oder als Subunternehmer tätig sind, in einer starken wirtschaftlichen Abhängigkeit gegenüber ihren unmittelbaren Auftraggebern befinden. Das klassische Kauf-, Werk- und Auftragsrecht wurde diesem Problem nicht gerecht. Die italienischen Kleinunternehmer sollten nach dem Willen des italienischen Gesetzgebers durch das neue Gesetz besser geschützt werden.[191]

2. Der Anwendungsbereich

Der Anwendungsbereich des Gesetzes Nr. 192 wird durch Art. 1 bestimmt. Die darin enthaltene Definition der *„subfornitura"* wirft allerdings einige Fragen auf.[192] Zum einen ist der Begriff der *„subfornitura"* nicht hinreichend genau bestimmt. Zum anderen ist nicht klar, worauf sich der letzte Halbsatz des Art. 1 Abs. 1 des Gesetzes bezieht, ob lediglich auf das Zurverfügungstellen von Produkten und Dienstleistungen, oder auch auf die Bearbeitung von Halbfertigprodukten oder Rohstoffen.[193]

a) Ein neuer Vertragstyp?

In der italienischen Literatur zum Gesetz Nr. 192 ist ein Streit darüber entstanden, ob der *„subfornitura"*-Vertrag als vom italienischen Gesetzgeber neu gefasster eigenständiger Vertragtyp anzusehen ist, oder ob auf ihn die bereits bestehenden Normen des *Codice civile* zum Kaufrecht[194], Werkvertragsrecht[195] oder Auftragsrecht[196] anzuwenden sind. Die wohl herrschende Meinung geht davon aus, dass das Gesetz lediglich eine spezielle Erscheinungsform der be-

---

189 Vgl. dazu das Circolare dell'Ufficio Studi del Consiglio Nazionale dei Ragionieri Commercialisti (CIR), Entwurf Nr. 25 vom 27.5.1999, in: Finanza&Fisco 1999, S. 3216ff., 3217; Sposato/Coccia-*Palazzi*, S. 2ff.

190 Vgl. *Alpa*, in: Rescigno (Hrsg.), Trattato di diritto privato, S. 87ff., 96ff.; *Kronke* IPRax 1998, S. 375f., 375; *Vettorello*, in: Galgano (Hrsg.), Il contratto di commercio, dell'industria e del mercato finanziario, S. 1349ff.; *Galgano*, Contratto e impresa 1987, S. 173ff.; *Schmid* RIW 1999, S. 273ff., 273.

191 *Bortolotti*, I contratti di subfornitura, S. 1f.; *Gioia*, Il corriere giuridico 1998, S. 882ff., S. 882.; *Iudica*, I contratti 1998, S. 411ff., 411; Sposato/Coccia-*Palazzi*, S. 10; *Schmid* RIW 1999, S. 273ff., 273.

192 *Bortolotti*, I contratti di subfornitura, S. 1f., 43; *Schmid* RIW 1999, S. 273ff., 273. Siehe ausführlich hierzu *Musso*, La subfornitura, S. 9ff.

193 Vgl. dazu *Bortolotti*, I contratti di subfornitura, S. 49ff.; *Schmid* RIW 1999, S. 273ff., 273.

194 Art. 1470ff. Codice civile.

195 Art. 1655ff. Codice civile.

196 Art. 1703ff. Codice civile.

reits im italienischen *Codice civile* geregelten klassischen Vertragstypen darstellt.[197] Nach einer Mindermeinung ist der „*subfornitura*"-Vertrag demgegenüber als ein neu geschaffener Vertragstyp anzusehen.[198] Den Vorzug verdient die herrschende Meinung. Denn erstens wäre es kaum vorstellbar, dass der italienische Gesetzgeber einen neuen Vertragstyp lediglich so rudimentär regelt. Sämtliche verbleibenden Regelungslücken (wie zum Beispiel das Leistungsstörungsrecht) müssten durch eine entsprechende Anwendung anderer Vorschriften geschlossen werden. Zweitens ergibt sich bereits aus der Regelung des Art. 5 Abs. 4 des Gesetzes, dass die allgemeinen Regelungen des *Codice civile* auf den Vertrag anzuwenden sind. Danach muss jede „Mitteilung an den „*committente*" in Bezug auf die Ausführung der Herstellung nach den im Vertrag bestimmten Vorschriften erfolgen, welche den allgemeinen gesetzlichen Bestimmungen nicht zuwiderlaufen dürfen."[199]

Nach italienischem Verständnis muss es sich bei dem „*subfornitura*"-Vertrag nicht notwendigerweise um einen Werkvertrag handeln, es kann genauso gut ein Werklieferungsvertrag oder Kaufvertrag in Betracht kommen.[200] Folglich kann auch das Wiener UN-Kaufrecht auf den „*subfornitura*"-Vertrag anzuwenden sein.[201] Dieses enthält materielles Einheitsrecht, es ist Bestandteil der nationalen Rechtsordnungen und verdrängt die autonomen staatlichen Regelungen. Diesen Vorrang beansprucht das UN-Kaufrecht auch gegenüber dem Gesetz Nr. 192, soweit die Bestimmungen gleiche Bereiche betreffen.[202]

b)   Der subjektive Anwendungsbereich

Auch wenn der italienische Gesetzgeber gerade den Schutz der kleinen und mittleren Unternehmen in der Zuliefer- und Subunternehmerbranche schützen wollte, so hat sich dieser Schutzgedanke nicht im subjektiven Anwendungsbereich des Gesetzes niedergeschlagen. Subjektive Anwendungsvoraussetzung ist lediglich, dass es sich um einen Vertrag zwischen zwei Unternehmen handelt. Das Gesetz ist also ebenso auf große Zulieferunternehmen oder große Baukonzerne anzuwenden wie auf die kleinen und mittleren Unternehmen.[203]

---

197 So *Bortolotti*, I contratti di subfornitura, S. 30ff.; *Iudica*, I contratti 1998, S. 411ff.; *Marinari* La nuova giur. civ. comm. 2000 II, S. 109ff.; *Nicolini*, Subfornitura e attività produttive, S. 10.

198 *Franceschelli* Diritto e pratica delle società 1998, S. 9ff.

199 Art. 5 Abs. 4 des Gesetzes Nr. 192.

200 *Bortolotti*, I contratti di subfornitura, S. 4f.; *Gioia*, Il corriere giuridico 1998, S. 882ff., S. 882.; *Iudica*, I contratti 1998, S. 411ff., 411; Sposato/Coccia-*Palazzi*, S. 103.

201 *Bortolotti*, I contratti di subfornitura, S. 4f.

202 *Birk/Lauser/Zanovello* RIW 2001, S. 180ff.; *Bortolotti*, I contratti di subfornitura, S. 204ff.; *Schmid* RIW 1999, S. 273ff., 277.

203 Circolare dell'Ufficio Studi del Consiglio Nazionale dei Ragionieri Commercialisti (CIR), Draft n. 25 vom 27.5.1999, in: Finanza&Fisco 1999, S. 3216ff., 3218.

Voraussetzung ist lediglich, dass sie Zuliefer- oder Subunternehmerleistungen erbringen.[204] Das Gesetz geht also typisierend davon aus, dass im Anwendungsbereich des Gesetzes zumeist der kleine „subfornitore" einem großen „committente" gegenübersteht, auch wenn dies im Einzelfall nicht immer zutrifft.[205]

Auf Verträge zwischen einem Unternehmer und einem Verbraucher ist das Gesetz demgegenüber nicht anzuwenden.[206]

c)   Subunternehmervertrag und Zuliefervertrag

Bevor eine genauere Einordnung des Subunternehmervertrags in den objektiven Anwendungsbereich des Gesetzes Nr. 192 vorgenommen werden kann, bedarf der Begriff der „subfornitura" einer näheren Untersuchung: Im Wesentlichen können im italienischen Recht zwei verschiedene Kategorien von „subfornitura"-Verträgen unterschieden werden: die „subfornitura industriale" und die „subfornitura subcontratto".[207]

(1)   „Subfornitura industriale"

Kauft ein Unternehmer von einem Zulieferer von diesem vorgefertigte Produkte oder Dienstleistungen ein und integriert sie in seinen eigenen Herstellungsprozess, so wird diese Art der Zulieferung in Italien mit dem Begriff der „subfornitura industriale" bezeichnet.[208] Dabei ist die Fertigung von Vor- oder Teilprodukten oder die Dienstleistung des „subfornitore" – ähnlich wie beim Subunternehmervertrag – auf eine gewisse Dauer angelegt und dient der dezentralen Produktion.[209] Ein Vertrag dieser Kategorie entspricht im deutschen Sprachgebrauch einem Zuliefervertrag, Lohnveredelungsvertrag, Outsourcing-Vertrag, Just-in-time-Vertrag oder anderen Vertragstypen, wobei sie rechtlich Elemente des Kaufs, der Geschäftsbesorgung, des Dienstvertrags oder des Werk- oder Werklieferungsvertrags enthalten können.[210]

---

204   Für einen darüber hinaus gehenden Schutz aller Kleingewerbetreibenden spricht sich *Bortolotti*, I contratti di subfornitura, S. 42, aus.

205   Kritisch daher auch *Gioia* Il corriere giuridico 1998, S. 882ff., 884ff.

206   Circolare dell'Ufficio Studi del Consiglio Nazionale dei Ragionieri Commercialisti (CIR), Draft n. 25 vom 27.5.1999, in: Finanza&Fisco 1999, S. 3216ff., 3218.

207   Vgl. zu dem Begriffspaar „subfornitura industriale" und „subfornitura subcontratto" *De Nova*, in: Draetta/Vaccà (Hrsg.), S. 51ff., S. 52f. sowie *Bortolotti*, I contratti di subfornitura, S. 2.

208   Vgl. hierzu *Musso*, La subfornitura, S. 17ff.

209   Lipari-*Cuffaro*, in: Le nuove leggi civ. comm. 2000, S. 365ff., 368; Circolare dell'Ufficio Studi del Consiglio Nazionale dei Ragionieri Commercialisti (CIR), Draft n. 25 vom 27.5.1999, in: Finanza&Fisco 1999, S. 3216ff., 3217.

210   Vgl. dazu auch *Schmid* RIW 1999, S. 273ff., 273; *Kronke* IPRax 1998, S. 375f.

(2) „Subfornitura subcontratto"

Im Gegensatz zur „subfornitura industriale" liegt eine echte Subunternehmer-situation vor, wenn ein Generalunternehmer zur Herstellung eines vom Auftraggeber bei diesem bestellten Werks oder Teil eines Werks einen Dritten zur Erfüllung dieser konkretisierten Pflicht einschaltet. Im italienischen Sprachgebrauch wird diese Art dezentralisierter Herstellung als „subfornitura subcontratto" bezeichnet.[211] Nur in dieser zweiten Situation stehen der übergeordnete Werkunternehmervertrag und der Vertrag über die „subfornitura" in einem wirtschaftlich-sozialen und rechtlichen Abhängigkeitsverhältnis.[212]

d) Die Anwendbarkeit auf Subunternehmerverträge

Zu klären bleibt, ob auch der „subfornitura subcontratto" (also der Subunternehmervertrag) unter den Anwendungsbereich des Gesetzes Nr. 192 fällt oder ob dieser auf die „subfornitura industriale" beschränkt ist. Diese für die weitere Untersuchung des Gesetzes grundlegende Frage wird lediglich vereinzelt im italienischen Schrifttum zum Gesetz Nr. 192 diskutiert.[213] Diejenigen, die das Problem nicht aufgreifen, gehen stillschweigend davon aus, dass das Gesetz lediglich die „subfornitura industriale" betreffe.[214]

Die Frage ist von der italienischen Literatur und Rechtsprechung noch einer endgültigen Klärung zuzuführen.[215] Es handelt sich bei diesem Problem um eine Kernfrage für die vorliegende Arbeit. Eine nähere Betrachtung der Auslegungspraxis des italienischen Gesetzes Nr. 192 ist daher unerlässlich.

Der objektive Anwendungsbereich des Gesetzes ist richtigerweise in einem weiten Sinne zu verstehen. Zwar hatte der italienische Gesetzgeber den Beratungsprotokollen des Parlaments zufolge eher den Schutz von Zulieferern[216] und somit die „subfornitura industriale" und weniger den Schutz der Subunternehmer im Auge.[217] Ein ausdrücklicher Wille zur Einschränkung des Anwendungsbereichs lässt sich den Beratungsprotokollen aber nicht entneh-

---

211 De Nova, in: Draetta/Vaccà (Hrsg.), S. 51ff., S. 52f. sowie Bortolotti, I contratti di subfornitura, S. 2.

212 Bortolotti, I contratti di subfornitura, S. 9f; siehe auch Musso, La subfornitura, S. 192ff.

213 Bortolotti, I contratti di subfornitura, S. 55; Maglio, in: Jahrbuch für ital. Recht, Band 12 (1999), S. 107ff., 109; Sposato/Coccia-Palazzi, S. 10ff.

214 Caso, Contratto di subfornitura industriale; Caso/Pardolesi Riv. dir. priv. 1998, S. 712ff.

215 Siehe aber Bortolotti, I contratti di subfornitura, S. 44.

216 Vgl. dazu insbesondere Caso/Pardolesi Riv. dir. priv. 1998, S. 712ff.

217 Vgl. Bortolotti, I contratti di subfornitura, S. 44 sowie die Berichte zu dem Gesetzentwurf der Senatoren Tapparo u.a., Wilde u.a. und der 10. Commissione permanente del Senato, abgedruckt bei Bortolotti, I contratti di subfornitura, S. 240ff., 248ff. und 256ff.

men.[218] Es sprechen gute Argumente dafür, dass das Gesetz sämtliche Arten von *„contratti di subfornitura"* umfasst: Die Definition des Vertrags in Art. 1 Abs. 1 ist bewusst vom italienischen Gesetzgeber so weit gefasst worden, dass keine schutzbedürftigen Unternehmer aus dem Anwendungsbereich herausfallen.[219] Dann ist es nur konsequent, auch bei der Frage des objektiven Anwendungsbereichs im Zweifel für eine weite Auslegung des Schutzgesetzes zu plädieren. Eine größere Gruppe von schutzbedürftigen kleinen und mittleren Unternehmen würde dann dem Schutz des Gesetzes Nr. 192 unterfallen.

Wie bereits oben dargelegt, existiert ein spezifisches Schutzbedürfnis der Subunternehmer, welches über das Schutzbedürfnis der kleinen und mittleren Unternehmen hinausgeht und von struktureller Qualität ist.[220] Das Tätigwerden in einem komplexen Vertragsverhältnis birgt zusätzliche und weitaus größere Risiken als diejenigen, denen ein Zulieferer ausgesetzt ist. Es wäre daher widersinnig, die Gruppe der echten Subunternehmer aus dem weiten Anwendungsbereich des Art. 1 Abs. 1 des Gesetzes allein mit dem gesetzeshistorischen Argument auszuschließen, dass der italienische Gesetzgeber in erster Linie den Schutz des Zulieferwesens vor Augen hatte.

Darüber hinaus regelt Art. 4 des Gesetzes Nr. 192 die Einschaltung weiterer Unternehmer in die Ausführung eines *„subfornitura"*-Vertrags. Der *„subfornitore"* darf mangels anderer Vereinbarung mit dem *„committente"* nicht mehr als 50% der bei ihm bestellten Leistungen oder Produkte an einen weiteren Unternehmer abgeben. Falls er dies dennoch ohne die erforderliche Erlaubnis des *„committente"* macht, ist der so geschlossene *„subfornitura"*-Vertrag nichtig. In Art. 4 Abs. 3 des Gesetzes wird die *„sub-subfornitura"*[221] und somit eine spezielle Form der *„subfornitura subcontratto"* geregelt. Ein Subunternehmervertrag fällt also in jedem Fall dann unter das Gesetz, wenn der Generalunternehmervertrag ein *„subfornitura"*-Vertrag ist. Es wäre widersinnig, die in Art. 4 Abs. 3 des Gesetzes Nr. 192 genannten Subunternehmerverträge nur dann dem Gesetz zu unterstellen, wenn auch der Generalunternehmervertrag bereits ein *„subfornitura"*-Vertrag ist. Denn das strukturelle Schutzbedürfnis des Subunternehmers existiert unabhängig davon, welche Qualität der Generalunternehmervertrag aufweist.[222] Dem lässt sich freilich entgegenhalten, dass die Bestimmung des Art. 4 Abs. 3 zur Erweiterung des Anwendungsbereichs des Ge-

---

218 Vgl. *Bortolotti*, I contratti di subfornitura, S. 44 sowie die Berichte zu dem Gesetzesentwurf der Senatoren *Tapparo u.a., Wilde u.a.* und der *10. Commissione permanente del Senato*, abgedruckt bei *Bortolotti*, I contratti di subfornitura, S. 240ff., 248ff. und 256ff.

219 *Bortolotti*, I contratti di subfornitura, S. 42; *Gioia* Il corriere giuridico 1998, S. 882ff., 884ff.

220 Oben S. 44ff.

221 *Coccia* Riv. dir. int. priv. proc. 1999, S. 801ff., 804.

222 Siehe dazu oben S. 44ff.

setzes unnötig wäre. Subunternehmerverträge fielen ohnehin unter die Definition des Art. 1 Abs. 1. Doch dieses Argument vermag das durch die Teleologie und die Systematik gefundene Ergebnis nicht zu erschüttern. Denn Art. 4 Abs. 3 muss nicht unbedingt eine konstitutive Regelung darstellen, er kann auch lediglich als ein klarstellender Hinweis verstanden werden.

Weiter enthält die Definition des *„subfornitura"*-Vertrags in Art. 1 des Gesetzes Nr. 192 keine Elemente, die eine kontinuierliche Zuliefer- oder Leistungssituation fordern. Das Fehlen eines konkreten Auftrags und die auf Dauer angelegte Lieferung von Vorprodukten oder Leistungen im produzierenden Gewerbe ist aber gerade eines der Merkmale, die die *„subfornitura industriale"* charakterisieren. Es hätte folglich nahe gelegen, dieses Kriterium zur Bestimmung des Anwendungsbereichs des Gesetzes in die Legaldefinition der *„subfornitura"* aufzunehmen, wenn eine Beschränkung auf Zulieferverhältnisse beabsichtigt gewesen wäre. Schließlich ist der Begriff der *„subfornitura industriale"* ein in der italienischen Rechtsprechung häufig benutzter Terminus für den Zuliefervertrag.[223] Es wäre daher konsequenterweise dieser Terminus zu verwenden gewesen und nicht der allgemeine Begriff der *„subfornitura"* ohne den Zusatz *„industriale"*, wenn das Gesetz ausschließlich die *„subfornitura industriale"* betreffen sollte. Allerdings ist zuzugeben, dass die Legaldefinition in Art. 1 auch keinen Hinweis darauf enthält, dass der *„subfornitura"* eine bereits existierende konkrete Auftragssituation zugrunde liegen muss.

Zusammenfassend ist daher festzustellen, dass Teleologie und Systematik des Gesetzes Nr. 192 dafür sprechen, Subunternehmerverträge (*„subfornitura subcontratto"*) in den Anwendungsbereich einzubeziehen.

e)   Die Grundstrukturen der *„subfornitura"*

Unabhängig von der Unterscheidung zwischen der *„subfornitura industriale"* und der *„subfornitura subcontratto"* enthält die Definition des Art. 1 Abs. 1 des Gesetzes Nr. 192 verschiedene Möglichkeiten der dezentralen Produktion, in denen das Gesetz Anwendung findet. Die in Art. 1 Abs. 1 des Gesetzes genannten theoretisch möglichen Varianten überschneiden sich jedoch teilweise. Deshalb ist es sinnvoll, den Anwendungsbereich des Gesetzes in drei Kategorien[224] zusammenfassend darzustellen:

1.   die Bearbeitung der vom *„committente"* gelieferten oder zur Verfügung gestellten Rohstoffe oder Produkte, welche dazu bestimmt sind, in eine komplexe Sache eingebaut zu werden (nach deutschem Verständnis liegt hier ein echter Werkvertrag vor);

---

223 *Bortolotti*, I contratti di subfornitura, S. 44.
224 *Caso/Pardolesi* Riv. dir. priv. 1998, S. 712ff., 726; *Bortolotti*, I contratti di subfornitura, S. 53; *Musso*, La subfornitura, S. 17ff.

2. das Zurverfügungstellen von Produkten, die dazu bestimmt sind, im wirtschaftlichen Tätigkeitsbereich des „committente" verwendet oder in eine komplexe Sache eingebaut zu werden (nach deutschem Verständnis handelt es sich hierbei um einen Werklieferungsvertrag);

3. das Zurverfügungstellen von Dienstleistungen, die dazu bestimmt sind, in den wirtschaftlichen Tätigkeitsbereich des „committente" integriert zu werden (entspricht nach deutschem Verständnis entweder einem Dienstvertrag oder einem Werkvertrag, je nachdem ob vom Subunternehmer ein Fertigungserfolg geschuldet ist und der Unternehmer seine Arbeit eigenständig organisieren und einsetzen kann oder ob er abhängig beschäftigt wird).

Welcher der drei zuvor genannten Kategorien ein „subfornitura"-Vertrag zuzuordnen ist, hängt von der Ausgestaltung der Vertragspflichten im jeweiligen Einzelfall ab.

f) Technische Vorgaben

In Bezug auf den Anwendungsbereich des Gesetzes Nr. 192 ist weiter zu fragen, ob in allen drei Varianten die Fertigung und Lieferung von Produkten oder die Dienstleistung „nach Ausführungsplänen, technischen und technologischen Kenntnissen des „committente" oder nach von ihm vorgegebenen Modellen oder Prototypen zu erfolgen hat". Der Wortlaut des Art. 1 Abs. 1 Gesetz Nr. 192 ist hierzu nicht eindeutig. Denkbar ist ebenfalls, dass sich diese im letzten Halbsatz des Abs. 1 enthaltene Einschränkung lediglich auf die letzten beiden der drei Grundmodelle bezieht. Der Anwendungsbereich des Gesetzes ist im italienischen Schrifttum daher umstritten. Zum Teil wird die Ansicht vertreten, dass sich die Einschränkung semantisch lediglich auf den letzten Satzteil vor dem Relativsatz beziehe. Zulieferer oder Subunternehmer, die eigenes technisches Wissen entwickelt haben und dieses für die „Bearbeitung von vom „committente" zur Verfügung gestellten Rohstoffen oder Produkten" nutzen, fallen dann unter den Anwendungsbereich des Gesetzes.[225] Einer anderen Meinung zufolge bezieht sich die Einschränkung des letzten Halbsatzes auf den gesamten Art. 1 Abs. 1.[226] Dies hat zur Folge, dass Zulieferer oder Subunternehmer, welche eigenes technisches Wissen entwickelt haben und dieses für die

---

225 *Franceschelli*, in: Tagungsband der ITA, zitiert nach *Schmid* RIW 1999, S. 273ff., 273f.
226 *De Nova* Riv. dir. priv. 1998, S. 449ff.; *De Nova*, in: De Nova (Hrsg.), La subfornitura, S. 8, 64, 72; *Delfini*, in: De Nova (Hrsg.), La subfornitura, S. 72; *Maglio*, in: Jahrbuch für ital. Recht, Band 12 (1999), S. 107ff.; *Grazzini* Resp. comun. impresa 1998, S. 85ff., 89.

Herstellung von Produkten oder die Dienstleistung nutzen, generell nicht unter den Anwendungsbereich des Gesetzes fallen.[227]

Für die erste Ansicht spricht, dass der Anwendungsbereich des Gesetzes durch den letzten Halbsatz von Art. 1 Abs. 1 noch weiter eingeschränkt würde, wenn er sich auch auf die Bearbeitung von vom *„committente"* zur Verfügung gestellten Rohstoffen und Produkten bezöge. Allerdings spricht die Ratio des Gesetzes dafür, all diejenigen Zulieferer oder Subunternehmer aus dem Anwendungsbereich herauszunehmen, die bereits bei Vertragsschluss umfangreiches technisches Wissen über das Produkt, die Produktion oder die Dienstleistung haben und dieses Spezialwissen dem *„committente"* gegen Entgelt zur Verfügung stellen. Der italienische Gesetzgeber ist davon ausgegangen, dass ein *„subfornitore"* dann nicht des Schutzes bedarf, wenn er eigenes technisches Wissen besitzt, auf welches der *„committente"* angewiesen ist.[228] Nur wenn eine Lieferung von Produkten oder die Leistung von Diensten nach Anweisung und Vorgaben des *„committente"* erfolgt, ist die klassische Unterlegenheit der Zulieferer und Subunternehmer gegeben.[229] Es ist deshalb davon auszugehen, dass in allen drei der oben dargestellten Varianten die Lieferung von Produkten oder die Leistung von Diensten nach Ausführungsplänen, technischen und technologischen Kenntnissen des *„committente"* oder von ihm vorgegebenen Modellen oder Prototypen zu erfolgen hat. Andernfalls ist ist der Anwendungsbereich des Gesetzes nicht eröffnet.[230]

Allerdings kommt dem Problem wohl kaum praktische Bedeutung zu: Die meisten *„subfornitura"*-Verträge erschöpfen sich nicht in der reinen Bearbeitung von vom *„committente"* gelieferten Produkten oder Rohstoffen, sondern werden auch die Fertigung von Vorprodukten umfassen. In der Praxis werden weit häufiger Werklieferverträge als reine Werkverträge geschlossen.[231] Die Diskussion darf daher nicht darüber hinweg täuschen, dass der Anwendungsbereich des Gesetzes durch den letzten Halbsatz in jedem Fall erheblich eingeschränkt wird.[232]

---

227 *De Nova* Riv. dir. priv. 1998, S. 449ff.; *De Nova*, in: De Nova (Hrsg.), La subfornitura, S. 8, 64; *Delfini*, in: De Nova (Hrsg.), La subfornitura, S. 72.

228 *Bortolotti*, I contratti di subfornitura, S. 61ff.

229 Vgl. *Schmid* RIW 1999, S. 273ff., 274; Lipari-*Cuffaro*, in: Le nuove leggi civ. comm. 2000, S. 365ff., *Bortolotti*, I contratti di subfornitura, S. 61ff.

230 Vgl. *Schmid* RIW 1999, S. 273ff., 274; Lipari-*Cuffaro*, in: Le nuove leggi civ. comm. 2000, S. 365ff., *Bortolotti*, I contratti di subfornitura, S. 61ff.

231 Vgl. *Maglio*, in: Jahrbuch für ital. Recht, Band 12 (1999), S. 107ff.; *Grazzini* Resp. comun. impresa 1998, S. 85ff., 89.

232 Vgl. *Schmid* RIW 1999, S. 273ff., 274; Lipari-*Cuffaro*, in: Le nuove leggi civ. comm. 2000, S. 365ff., *Bortolotti*, I contratti di subfornitura, S. 61ff.

Es entsteht ein weiteres, schwieriges Abgrenzungsproblem im Anwendungsbereich des Gesetzes Nr. 192 dadurch, dass nicht klar ist, wie umfangreich die Vorgaben des *„committente"* an den Zulieferer oder Subunternehmer sein müssen, damit der Anwendungsbereich des Gesetzes eröffnet ist. Man denke beispielsweise an die Herstellung von Standardprodukten, wie zum Beispiel Nägeln, bei denen der *„committente"* lediglich die Länge und den Durchmesser vorgibt. Reichen auch solch triviale Vorgaben des *„committente"* aus, um den Anwendungsbereich des Gesetzes zu eröffnen?

Nach der Meinung DE NOVAS fallen unter den Anwendungsbereich des Gesetzes nur solche Zulieferer und Subunternehmer, die bei der Herstellung der Komponenten oder bei der Erbringung der Dienstleistung überhaupt keine eigene Technologie und keine eigenen Fertigkeiten nutzen und ausschließlich die Vorgaben des *„committente"* umsetzen.[233] Solange ein *„subfornitore"* ein gewisses eigenes technisches Wissen besitze, sei er nicht schutzbedürftig und der Anwendungsbereich des Gesetzes daher nicht eröffnet.

Nach einer anderen in der italienischen Literatur vertretenen Meinung ist die Einschränkung des letzten Halbsatzes großzügiger auszulegen.[234] Dies hat zur Folge, dass auch ein *„subfornitore"*, welcher das Produkt zu einem großen Teil selbst entwickelt, unter den Anwendungsbereich des Gesetzes fällt, solange Vorgaben und technisches Wissen von gewissem Gewicht vom *„committente"* stammen.[235]

Gegen die enge Auslegung, wie sie DE NOVA vertritt, spricht das systematische Argument, dass die Regelung des Art. 6 Abs. 3 des Gesetzes Nr. 192 überflüssig wäre, wenn ein *„subfornitore"* überhaupt kein eigenes Wissen in den Fertigungsprozess einbringen dürfte. Art. 6 Abs. 3 gewährleistet den Schutz des geistigen Eigentums des Zulieferers oder Subunternehmers. Wenn sämtliche Zulieferer oder Subunternehmer, welche eigenes technisches Wissen verwenden oder entwickeln, nicht unter den Anwendungsbereich des Gesetzes fielen, wäre eine Vorschrift zum Schutz des geistigen Eigentums des *„subfornitore"* im Gesetz Nr. 192 ohne jeglichen Nutzen.[236]

g)   Die Ausschlusstatbestände des Art. 1 Abs. 2

Das Gesetz findet gemäß Art. 1 Abs. 2 keine Anwendung auf Verträge, die

1)   lediglich die Lieferung von Rohstoffen betreffen,

---

233   *De Nova*, in: De Nova (Hrsg.), La subfornitura, S. 8, 64.

234   *Bortolotti*, I contratti di subfornitura, S. 63. Vgl. dazu auch *Caso/Pardolesi* Riv. dir. priv. 1998, S. 712ff., 730; *Alpa/Zatti*, Legge 18 Giugno 1998, N. 192, S. 551f.

235   *Bortolotti*, I contratti di subfornitura, S. 61ff.

236   *Caso/Pardolesi* Riv. dir. priv. 1998, S. 712ff., 730; *Bortolotti*, I contratti di subfornitura, S. 63; *Alpa/Zatti*, Legge 18 Giugno 1998, N. 192, S. 551f.

2) öffentlichen Zwecken dienende Dienstleistungen zum Gegenstand haben, oder

3) die Lieferung von Hilfsmitteln zum Gegenstand haben, die keine Ausrüstungen sind.

Die Ausnahmevarianten 1) und 2) sind relativ klar. Der italienische Gesetzgeber geht davon aus, dass Rohstofflieferanten in aller Regel keine kleinen und mittleren Unternehmen sind, sondern größere Unternehmen mit einiger Macht auf dem Markt.[237] Deshalb sollen sie nicht in den Schutzbereich des Gesetzes fallen. Gleiches gilt für die öffentlichen Dienstleister, die ebenfalls keines Schutzes bedürfen.[238]

Die dritte Variante bedarf demgegenüber einer Erläuterung, da nicht eindeutig ist, was mit der Formulierung „Hilfsmittel, die keine Ausrüstung sind" gemeint ist. Aus den Gesetzesmaterialien geht hervor, dass die Herstellung des Produktionsgebäudes und die übrigen Gegenstände, die unter dem Begriff der Produktionswerkzeuge des *„committente"* zusammengefasst werden können, dem Gesetz nicht unterfallen sollen.[239]

h) Schlussfolgerung

Der *„subfornitura"*-Vertrag ist vom Subunternehmervertrag (*„subappalto"*; bzw. *„subcontratto"*) zu unterscheiden.[240] Die *„subfornitura"* ist nicht notwendigerweise identisch mit dem Vorliegen eines Untervertrags. Die *„subfornitura"* fordert im Gegensatz zum *„subcontratto"* nicht das Vorliegen eines Generalunternehmervertrags, dem sich der *„subfornitura"*-Vertrag unterordnet. Sie fordert nicht die Einschaltung eines Dritten in die Ausführung eines bereits geschlossenen Vertrags.[241] Die Vorsilbe *„sub"* soll demnach weniger die Unterordnung unter einen anderen Vertrag, als die Verbindung zu einem anderen Vertrag im Sinne vertikaler Kooperation verdeutlichen.[242] Der objektive Anwendungsbereich des Gesetzes ist aber richtigerweise mit der in Italien wohl

---

237 Vgl. hierzu Sposato/Coccia-*Giordani*, S. 61ff. sowie *Musso*, La subfornitura, S. 79ff.

238 *Musso*, La subfornitura, S. 82ff.; *Caso/Pardolesi* Riv. dir. priv. 1998, S. 712ff., 730.

239 Siehe die Berichte zu dem Gesetzesentwurf der Senatoren *Tapparo u.a., Wilde u.a.* und der *10. Commissione permanente del Senato*, abgedruckt bei *Bortolotti*, I contratti di subfornitura, S. 240ff., 248ff. und 256ff.

240 *Marinari* La nuova giur. civ. comm. 2000 II, S. 109ff. 110; ebenso das Circolare dell'Ufficio Studi del Consiglio Nazionale dei Ragionieri Commercialisti (CIR), Draft n. 25 vom 27.5.1999, in: Finanza&Fisco 1999, S. 3216ff., 3217f.; *Alpa/Zatti*, Legge 18 Giugno 1998, N. 192., S. 551f.; *De Nova*, Riv. dir. priv. 1998, S. 449ff., 449f.; *Coccia* Riv. dir. int. priv. proc. 1999, S. 801ff., 804; Lipari-*Cuffaro*, in: Le nuove leggi civ. comm. 2000, S. 365ff., 368.

241 *Coccia* Riv. dir. int. priv. proc. 1999, S. 801ff., 804.

242 Lipari-*Cuffaro*, in: Le nuove leggi civ. comm. 2000, S. 365ff., 368.

herrschenden Meinung so zu verstehen, dass er nicht nur die industrielle Zulieferung (*„subfornitura industriale"*), sondern auch Subunternehmerverträge im oben[243] definierten Sinne umfasst.

3. Der wesentliche Inhalt

Der wesentliche Inhalt des Gesetzes soll im Folgenden kurz zusammengefasst werden, denn das italienische Gesetz Nr. 192 ist in Deutschland weitestgehend unbekannt. Zugleich stellt diese Zusammenfassung die Basis für die nach der Fragestellung der Arbeit zu leistende kollisionsrechtliche Untersuchung des Schutzgesetzes dar.

a) Das Schriftformerfordernis

Gemäß Art. 2 Abs. 1 des Gesetzes Nr. 192 bedürfen *„subfornitura"*-Verträge der Schriftform.[244] Bei Vertragsschluss oder bei Vertragsänderung genügt zur Wahrung der Schriftform auch die Übermittlung der Willenserklärungen per Telefax oder auf anderem elektronischen Wege (wie zum Beispiel per Email).[245] Weiter wird die Schriftform gemäß Art. 2 Abs. 2 fingiert, wenn der *„subfornitore"* nach vorheriger schriftlicher Bestellung mit der Ausführung der Arbeiten begonnen hat. Die Nichtigkeit des Vertrags auf Grund eines Formmangels führt jedoch nicht dazu, dass der *„subfornitore"* nun keinerlei Ansprüche gegen den *„committente"* hätte.[246] Denn der *„subfornitore"* kann trotz der Nichtigkeit Bezahlung und Ersatz für bereits in gutem Glauben erbrachte Leistungen und Aufwendungen verlangen. Das Schriftformerfordernis und die Nichtigkeit des Vertrags wegen eines Formmangels sollen sich folglich nicht zum Nachteil des *„subfornitore"* auswirken.[247] Das Schriftformerfordernis dient allein der Erhöhung der Transparenz und der Schaffung einer sicheren Grundlage für die Erbringung der Leistungen, also dem Schutz des Zulieferers oder Subunternehmers.[248]

Hat der Vertrag dauerhafte oder wiederkehrende Leistungen zum Gegenstand, müssen die einzelnen Herstellungsaufträge gemäß Art. 2 Abs. 3 vom *„committente"* an den *„subfornitore"* in einer der in Art. 2 Abs. 1 vorgesehenen Formen übermittelt werden. Die Regelung des Art. 2 Abs. 3 des Gesetzes bestimmt weiter, dass auch für diese Einzel- oder Folgeverträge die „Bestimmungen des Abs. 1" gelten. Sowohl der Rahmenvertrag als auch die in seiner

---

243 Oben S. 22.
244 Siehe hierzu ausführlich *Musso*, La subfornitura, S. 87ff.
245 *Musso*, La subfornitura, S. 87ff.; Sposato/Coccia-*Sposato*, S. 74ff.
246 Sposato/Coccia-*Sposato*, S. 74ff.
247 Sposato/Coccia-*Sposato*, S. 74ff.
248 *Caso/Pardolesi* Riv. dir. priv. 1998, S. 712ff., 731; *Alpa/Zatti*, Legge 18 Giugno 1998, N. 192., S. 557f.

Ausführung geschlossenen Einzelverträge bedürfen demnach der Schriftform.[249] Problematisch ist allerdings, ob auch die Rechtsfolge der Nichtigkeit in dem Fall eintritt, in dem lediglich entweder der Rahmenvertrag oder ein Einzelvertrag nicht den Formerfordernissen entsprechen. Bei entsprechender Anwendung des Art. 1419 des italienischen *Codice civile* führt eine Teilnichtigkeit im Zweifel zur Gesamtnichtigkeit des Vertragsverhältnisses, es sei denn, es lässt sich ein anderer Parteiwille feststellen.[250]

b) Der notwendige Vertragsinhalt

Gemäß Art. 2 Abs. 4 muss das Entgelt für die vertraglichen Dienste und Güter so klar und präzise bestimmt oder bestimmbar sein, dass keine Auslegungsunsicherheiten über die Bedeutung der gegenseitigen Leistungen oder die Durchführung des Vertrags entstehen können. Auch hier will das Gesetz wieder eine größtmögliche Transparenz in den Verträgen zwischen *„committente"* und *„subfornitore"* verwirklicht wissen.

Weitere inhaltliche Anforderungen an den *„subfornitura"*-Vertrag bestimmt Art. 2 Abs. 5. Danach muss der Vertrag präzise Anweisungen an den *„subfornitore"* enthalten. Werden technische Normen in Bezug genommen, müssen diese in Kopie beigefügt sein.[251] Dies gilt allerdings nicht, wenn die Bestimmungen allgemein gebräuchlich oder Gegenstand gesetzlicher Regelungen sind. Der Vertrag muss ebenso das vereinbarte Entgelt notwendig enthalten, wie eine Bestimmung über den Zeitpunkt und die Modalitäten der Lieferung, Abnahme und Zahlung.[252] Es reicht allerdings aus, wenn sich dieser notwendige Inhalt mittels eines in Bezug genommenen Rahmenvertrags bestimmen lässt.[253]

Das Gesetz bestimmt allerdings nicht die Folgen eines Verstoßes gegen diese inhaltlichen Anforderungen. Nach allgemeiner Ansicht in der italienischen Literatur ist die Folge eines Verstoßes die Nichtigkeit des Vertrags.[254] Dies sei aus dem Schutzzweck des Gesetzes begründet, größtmögliche Transparenz zu realisieren sowie aus der italienischen Rechtsprechung, nach der die *es-*

---

249   *Caso/Pardolesi* Riv. dir. priv. 1998, S. 712ff., 731; *Alpa/Zatti*, Legge 18 Giugno 1998, N. 192., S. 557f. Im Anwendungsbereich des UN-Kaufrechts ist diese Regelung nicht unproblematisch, da gemäß Art. 11 und 12 UN-Kaufrecht grundsätzlich Formfreiheit gilt, siehe *Musso*, La subfornitura, S. 604f.

250   *Alpa/Clarizia*, La subfornitura, Art. 6/7 Anm. 4.

251   Siehe dazu *Musso*, La subfornitura, S. 126ff.

252   *Alpa/Clarizia*, La subfornitura, Art. 2 Anm. 7; *Franceschelli* Diritto e pratica delle società 1998, S. 9ff., 13; *Bortolotti*, I contratti di subfornitura, S. 83ff.

253   So *Bortolotti*, I contratti di subfornitura, S. 87f.

254   Siehe näher *Alpa/Clarizia*, La subfornitura, Art. 2 Anm. 7; *Franceschelli* Diritto e pratica delle società 1998, S. 9ff., 13; *Bortolotti*, I contratti di subfornitura, S. 83ff.; *Schmid* RIW 1999, S. 273ff., 275; *Birk/Lauser/Zanovello* RIW 2001, S. 180ff. Anderer Ansicht aber *Coccia* Riv. dir. int. priv. proc. 1999, S. 801ff., 821.

sentialia negotii eines Vertrags in Schriftform abgefasst sein müssen, damit der Vertrag wirksam ist.[255]

Dagegen spricht freilich, dass das Gesetz Nr. 192 an anderer Stelle die Sanktion der Nichtigkeit ausdrücklich nennt (Art. 2 Abs. 1 und Abs. 2; Art. 5 Abs. 2 und 3; Art. 6; Art. 9). Der Schutzzweck des Gesetzes gebietet es auch nicht unbedingt, die Rechtsfolge der Nichtigkeit bei einem Verstoß gegen den notwendigen Inhalt anzuordnen. Zwar behält der *„subfornitore"* trotz der Nichtigkeit unter Umständen seinen Zahlungsanspruch (vgl. Art. 2 Abs. 1), der Schutz des Zulieferers oder Subunternehmers kann aber umfangreicher gewährleistet werden, wenn lediglich die Beweislast des konkret streitigen Inhalts mangels einer vertraglichen Regelung beim *„committente"* liegt. Der *„subfornitore"* behält dann seine weiteren Ansprüche aus Vertrag und Gesetz.[256]

c)   Die Zahlungsfristen

Gemäß Art. 3 müssen die Zahlungsfristen für den Entgeltanspruch des *„subfornitore"* im Vertrag geregelt werden.[257] Die in Art. 3 enthaltenen Zahlungsbestimmungen dienen der Umsetzung der Richtlinie 2000/35/EG.[258] Die Zahlungsfrist darf im Regelfall 60 Tage ab der Übergabe des Gutes oder der Mitteilung über die Ausführung der Arbeitsleistung nicht überschreiten. Allerdings kann diese Frist auf höchstens 90 Tage durch nationale Übereinkünfte unter Mitwirkung des Ministeriums für Industrie, Handel und Handwerk sowie der Kammer für Handel, Industrie, Handwerk und Landwirtschaft verlängert werden.[259]

---

255   *Maglio*, in: Jahrbuch für ital. Recht, Band 12 (1999), S. 107ff., 115; Urteil des italienischen Kassationshofs vom 27.6.1997, Nr. 3594, Riv. notar. 1980, S. 227ff.; Urteil des italienischen Kassationshofs vom 16.1.1996, Nr. 301, Mass. giust. civ. 1996, S. 58ff.

256   Siehe hierzu auch *Musso*, La subfornitura, S. 137ff.

257   Siehe *Musso*, La subfornitura, S. 145ff.

258   Vgl. dazu und zu der Frage, ob die Umsetzung richtlinienkonform erfolgt ist, *Musso*, La subfornitura, S. 162ff.

259   Im Anwendungsbereich des UN-Kaufrechts ist die Anwendung von Art. 3 Abs. 2 Gesetz Nr. 192 problematisch, da es Art. 58 Abs. 1 UN-Kaufrecht grundsätzlich den Parteien überlässt, frei über einen bestimmten Zahlungszeitpunkt zu entscheiden. In Ermangelung einer Vereinbarung über den Zeitpunkt der Zahlung muss der Käufer nach dem UN-Kaufrecht den Kaufpreis nach Zurverfügungstellen der Ware bzw. der Dokumente zahlen. Die Dispositionsfreiheit der Parteien über die Bestimmung des Zahlungszeitpunktes wird ebenfalls in Art. 58 Abs. 3 UN-Kaufrecht vorausgesetzt. Das UN-Kaufrecht erlaubt daher ohne weiteres die Vereinbarung einer Zahlungsfrist zwischen den Parteien, welche die in Art. 3 Abs. 2 des Gesetzes Nr. 192 enthaltene Frist auch überschreitet. Soweit sich die Anwendungsbereiche des UN-Kaufrechts und des deutschen Werkvertragsrechts überschneiden (was nur dann der Fall ist, wenn man auf einen Werklieferungsvertrag zwar das UN-Kaufrecht, nicht aber das BGB-Kaufrecht, sondern das BGB-Werkvertragsrecht anwendet), existiert das gleiche Problem mit der in § 641

Zahlt der „*committente*" nicht binnen der festgelegten Zahlungsfrist, ist er gemäß Art. 3 Abs. 3 des Gesetzes Nr. 192 verpflichtet, dem Subunternehmer, ohne dass es auf die Voraussetzungen des Schuldnerverzugs ankäme, Zinsen i.H.v. 7% über dem von der Europäischen Zentralbank auf die letzte Hauptrefinanzierungsoperation angewandten Zinssatz zu zahlen, wenn nicht ein höherer Zinssatz vereinbart ist oder ein höherer Schaden nachgewiesen wird. Überschreitet die Zahlungsverzögerung 30 Tage seit dem vereinbarten Termin, trifft den „*committente*" außerdem eine Vertragsstrafe i.H.v. 5% des Betrages, den er nicht rechtzeitig gezahlt hat.[260]

Davon unberührt bleibt gemäß Art. 3 Abs. 4 die Möglichkeit für den „*subfornitore*" im Falle der Nichtzahlung innerhalb der vereinbarten Frist eine vorläufige Vollstreckung durch Zahlungsbefehl gemäß Art. 633 ff. der italienischen Zivilprozessordnung (C.P.C.) einzuleiten.[261] Art. 3 Abs. 4 ist als verfahrensrechtliche und nicht als materiellrechtliche Vorschrift zu qualifizieren.[262] Im grenzüberschreitenden Rechtsverkehr sei an dieser Stelle zudem auf die Besonderheit hingewiesen, dass ein vorläufig vollstreckbarer Zahlungsbefehl („*decreto ingiuntivo*") nach Art. 633 letzter Absatz C.P.C. nicht gegen einen „*committente*" erlangt werden kann, der keine Niederlassung in Italien hat, da er dann im Ausland zugestellt werden müsste.[263] Ausländische Generalunternehmer müssen folglich die Regelung des Art. 3 Abs. 4 Gesetz Nr. 192 nicht fürchten.

Abs. 2 BGB normierten Durchgriffsfälligkeit. Da diese Überschneidung kaum vorkommen wird, ist das Problem in Bezug auf § 641 Abs. 2 BGB jedoch nicht so relevant wie in Bezug auf Art. 3 Abs. 2 des Gesetzes Nr. 192.

260 Die Vertragsstrafenregelung ist auch im Anwendungsbereich des UN-Kaufrechts unproblematisch: Das UN-Kaufrecht sieht zwar in Art. 61ff. und insbesondere Art. 74 eigene Rechtsfolgen für eine Pflichtverletzung des Käufers vor. Der Verkäufer hat unter anderem Anspruch auf Schadensersatz (entgangenen Gewinn eingeschlossen). Zugleich wird der Schadensersatz jedoch der Höhe nach durch Art. 61 Abs. 1 lit. b i.V.m. Art. 74 UN-Kaufrecht beschränkt. Der Schadensersatz darf den Verlust nicht überschreiten, den der Käufer (entspricht dem „*committente*") als vertragsbrüchige Partei bei Vertragsschluss hat voraussehen können oder hätte voraussehen müssen. Das UN-Kaufrecht steht allerdings zumindest einer Parteivereinbarung über Vertragsstrafen nicht im Wege, vgl. Soergel-*Lüderitz/Fenge*, Art. 4 CISG Rn. 9; Staudinger-*Magnus*, Art. 4 CISG Rn. 61; Schlechtriem-*Stoll* Art. 74 CISG Rn. 45; *Reinhart*, Art. 4 UN-Kaufrecht Rn. 7. Vgl. dazu die Rechtsprechung des niederländischen Hof Arnhem, Urteil vom 22.8.1995, NIP 1995, Nr. 514. Die Wirksamkeit einer solchen Vereinbarung bestimmt sich nach dem durch das Kollisionsrecht berufenen nationalen Recht.

261 Durch Urteil des Corte Costituzionale vom 16. Mai 2004, Ordinanza Nr. 163/2004 wurde die Verfassungsgemäßheit von Art. 3 Abs. 4 des Gesetzes Nr. 192 festgesetllt.

262 Ebenso *Coccia* Riv. dir. int. priv. proc. 1999, S. 801ff., 841; vgl. auch *Musso*, La subfornitura, S. 188ff.

263 *Schmid* RIW 1999, S. 273ff., 275.

Ungeklärt ist das Verhältnis des Art. 3 Abs. 4 Gesetz Nr. 192 zu dem in Art. 10 Abs. 1 Gesetz Nr. 192 vorgesehenen Schlichtungsversuch.[264] Ein vorläufig vollstreckbarer Mahnbescheid nach §§ 633ff. C.P.C. kann auch ohne vorherigen Schlichtungsversuch erlangt werden.[265] Ein anhängiges Schlichtungsverfahren steht dem Erlass eines „decreto ingiuntivo" ebenfalls nicht entgegen.[266] Erst wenn das Schiedsverfahren nach Art. 10 Abs. 2 des Gesetzes Nr. 192 eingeleitet ist, kann dies als Einrede gegen das Verfahren auf Erlass des vorläufig vollstreckbaren Mahnbescheids geltend gemacht werden.[267]

d) Das Recht auf Vertragsanpassung

Eine Selbstverständlichkeit regelt Art. 3 Abs. 5: Falls es im Lauf der Vertragsdurchführung auf Wunsch des „committente" zu einer wesentlichen Änderungen kommt, welche einen Kostenzuwachs mit sich bringt, hat der „subfornitore" das Recht, eine Anpassung des Entgelts auch dann zu verlangen, wenn dies im Vertrag nicht ausdrücklich vorgesehen ist.[268]

e) Das Verbot der Weitervergabe

Eine besonders für Subunternehmerverträge bedeutsame Regelung enthält Art. 4 des Gesetzes. Danach ist es dem Zulieferer oder Subunternehmer untersagt, ohne Zustimmung des „committente" mehr als 50% des Wertes der zu erbringenden Dienst- oder Werkleistung an Dritte in „subfornitura"-Verträgen weiterzuvergeben, es sei denn, die Parteien des ursprünglichen „subfornitura"-Vertrags haben etwas anderes vereinbart.[269]

Die Regelung erinnert an das im italienischen Werkvertragsrecht bestehende Weitervergabeverbot. Gemäß Art. 1656 Codice civile ist die Einschaltung von Subunternehmern ohne die Zustimmung des „committente" generell verboten. Demgegenüber ist nach Art. 4 Abs. 1 des Gesetzes Nr. 192 die Weitervergabe lediglich oberhalb der 50%-Grenze untersagt. Damit entsteht ein Widerspruch, wenn der „subfornitura"-Vertrag zugleich als Werkvertrag im Sinne des Art. 1656 Codice civile zu qualifizieren ist. Den Gesetzesmaterialien zufolge war zunächst beabsichtigt, auch in das Gesetz Nr. 192 ein absolutes Wei-

---

264 Dazu Sposato/Coccia-*Volanti*, S. 158ff.
265 Vgl. dazu *Bortolotti*, I contratti di subfornitura, S. 177, 182ff.; *Schmid* RIW 1999, S. 273ff., 275; *Maglio*, in: Jahrbuch für ital. Recht, Band 12 (1999), S. 107ff., 117; *Birk/Lauser/Zanovello* RIW 2001, S. 180ff., 184.
266 *Bortolotti*, I contratti di subfornitura, S. 177, 182ff.; *Schmid* RIW 1999, S. 273ff., 275; *Maglio*, in: Jahrbuch für ital. Recht, Band 12 (1999), S. 107ff., 117; *Birk/Lauser/Zanovello* RIW 2001, S. 180ff., 184.
267 *Birk/Lauser/Zanovello* RIW 2001, S. 180ff., 184.
268 Vgl. dazu Sposato/Coccia-*Sposato*, S. 91ff.; *Musso*, La subfornitura, S. 192ff.
269 Siehe hierzu *Musso*, La subfornitura, S. 201ff.

tervergabeverbot einzuführen.[270] Dies wurde letztlich unterlassen, um einen Kompromiss zwischen den widerstreitenden Interessen zu ermöglichen.[271] Einerseits soll die 50%-Regelung den Zulieferern und Subunternehmern eine gewisse Freiheit und Eigenverantwortlichkeit in ihrem Handeln ermöglichen und andererseits soll den Bestellern keine Leistung einer dritten Person aufgenötigt werden, mit der sich dieser nicht einverstanden erklärt hat.[272] Der Konflikt zwischen den beiden Regelungen wird sich nur dadurch lösen lassen, dass man Art. 4 Abs. 1 als *lex posterior* Vorrang gegenüber der Regelung des Art. 1656 *Codice civile* einräumt. Art. 1656 *Codice civile* bleibt jedoch eine eigenständige Bedeutung, wenn der Anwendungsbereich des Gesetzes Nr. 192 nicht eröffnet ist, weil die Leistung des *„subfornitore"* mit eigenem Fach- oder Spezialwissen erfolgt. Diese Differenzierung ist sinnvoll. Ein Unternehmer hat ein erheblich höheres Interesse an einer persönlichen Leistungserbringung, wenn der *„subfornitore"* über technisches Spezialwissen verfügt.

Folge eines Verstoßes gegen das Weitervergabeverbot im Gesetz Nr. 192 ist gemäß Art. 4 Abs. 2 die Nichtigkeit des Untervertrags.[273] Dies steht in einem gewissen Widerspruch zum Schutzzweck des Gesetzes, da auch der *„sub-subfornitore"* dem Schutz des Gesetzes Nr. 192 durch Art. 4 Abs. 3 ausdrücklich unterstellt wird.[274] Die Nichtigkeitsfolge begünstigt jedoch den *„committente"* zu Lasten des *„sub-subfornitore"*.

Die vom Unternehmer mit dem *„subfornitore"* vereinbarten Zahlungsfristen dürfen die Zahlungsfristen im übergeordneten Vertrag nicht überschreiten. Der *„subfornitore"* soll auch nicht länger auf sein Geld warten müssen als der Unternehmer.

f) Die Haftung des *„subfornitore"*

Art. 5 Abs. 1 des Gesetzes Nr. 192 regelt wiederum eine Selbstverständlichkeit: Der *„subfornitore"* haftet für eine mögliche Fehlerhaftigkeit seiner Werk- oder Dienstleistung.[275] Art. 5 Abs. 2 stellt klar, dass er jedoch nicht für Fehler am Werk haftet, welche auf Fehler an vom *„committente"* zur Verfügung gestellten

---

270 Berichte zu dem Gesetzesentwurf der Senatoren *Tapparo u.a., Wilde u.a.* und der *10. Commissione permanente del Senato*, abgedruckt bei *Bortolotti*, I contratti di subfornitura, S. 240ff., 248ff. und 256ff.

271 Berichte zu dem Gesetzesentwurf der Senatoren *Tapparo u.a., Wilde u.a.* und der *10. Commissione permanente del Senato*, abgedruckt bei *Bortolotti*, I contratti di subfornitura, S. 240ff., 248ff. und 256ff.

272 *Salvadè*, in: De Nova (Hrsg.), La subfornitura, S. 33.

273 Siehe hierzu auch *Musso*, La subfornitura, S. 220ff.

274 Vgl. *Bortolotti*, I contratti di subfornitura, S. 112; *Maglio*, in: Jahrbuch für ital. Recht, Band 12 (1999), S. 107ff., 118.

275 Dazu näher Sposato/Coccia-*Sposato*, S. 108ff., 115ff.; *Musso*, La subfornitura, S. 241ff.; *Carasana* La nuova giur. civ. comm. 2002 II, S. 715ff.

Rohstoffen, Produkten oder Werkzeugen zurückzuführen sind. Allerdings muss der „subfornitore" solche Fehler unverzüglich dem „committente" anzeigen. Eine den Abs. 1 oder 2 widersprechende Vereinbarung ist gemäß Art. 5 Abs. 3 nichtig.[276] Dies gilt nach dem Wortlaut nicht nur für eine Haftungserweiterung zu Lasten des „subfornitore", sondern auch für eine Haftungsbegrenzung.[277] Ein Auslegung dahingehend, dass nur Abweichungen zum Nachteil des „subfornitore" nichtig sind[278], wäre contra legem.[279] Die Vorschrift nimmt ausdrücklich nicht nur Abs. 2, sondern auch Abs. 1 in Bezug.[280] Die Bestimmung ist also kaum mit dem Schutzzweck des Gesetzes Nr. 192 zu vereinbaren, weshalb sie Kritik erfahren hat.[281]

Eine problematische Regelung enthält Art. 5 Abs. 4 des Gesetzes Nr. 192. Danach muss der „committente" Mängel der Dienst- oder Werkleistung des „subfornitore" diesem binnen einer im Vertrag festgelegten Frist anzeigen. Die Frist darf nicht von den „allgemeinen gesetzlichen" Regelungen abweichen. Was unter den „allgemeinen gesetzlichen" Fristen zu verstehen ist, ist allerdings unklar.[282] Da lediglich von einer Anzeigepflicht und nicht von einer Pflicht zur Klageerhebung die Rede ist, bezieht sich die Regelung nicht auf die Verjährungsfristen, sondern auf die im Codice civile enthaltenen Rügefristen für Mängel im Kauf- und Werkvertragsrecht.[283]

Im grenzüberschreitenden „subfornitura"-Vertrag ist der Verweis der Norm auf die „allgemeinen Bestimmungen" nicht eindeutig. Sie kann sich auf die Normen der lex fori, auf die der lex causae oder aber auf die Normen der Rechtsordnung beziehen, in welcher der „subfornitore" seine Niederlassung hat. Im italienischen Schrifttum wird ohne weiteres davon ausgegangen, dass es sich bei diesen „allgemeinen gesetzlichen Regelungen" um italienische Regelungen handelt, ohne dass die Verweisung für den Fall grenzüberschreitender „subfornitura"-Verträge beleuchtet wird.[284]

276 Siehe dazu *Musso*, La subfornitura, S. 288ff.

277 *Bortolotti*, I contratti di subfornitura, S. 122; *Maglio*, in: Jahrbuch für ital. Recht, Band 12 (1999), S. 107ff., 119 (N. 52); *Alpa/Zatti*, Legge 18 Giugno 1998, N. 192, S. 572.

278 So *Chiesa*, in: De Nova (Hrsg.), La subfornitura, S. 51.

279 *Bortolotti*, I contratti di subfornitura, S. 122; *Maglio*, in: Jahrbuch für ital. Recht, Band 12 (1999), S. 107ff., 119 (N. 52); *Alpa/Zatti*, Legge 18 Giugno 1998, N. 192, S. 572.

280 Vgl. *Alpa/Zatti*, Legge 18 Giugno 1998, N. 192, S. 572.

281 *Bortolotti*, I contratti di subfornitura, S. 122; *Maglio*, in: Jahrbuch für ital. Recht, Band 12 (1999), S. 107ff., 119 (N. 52); *Alpa/Zatti*, Legge 18 Giugno 1998, N. 192, S. 572.

282 *Maglio*, in: Jahrbuch für ital. Recht, Band 12 (1999), S. 107ff., 119.

283 Nach Art. 1495 Codice civile gilt bei Kaufverträgen eine Rügefrist von 8 Tagen seit ihrer Entdeckung. Bei Werkverträgen gilt gemäß Art. 1667 Codice civile eine Rügefrist von 60 Tagen seit der Entdeckung.

284 *Alpa/Zatti*, Legge 18 Giugno 1998, N. 192, S. 573; *Bortolotti*, I contratti di subfornitura, S. 125; *Gioia* Il corriere giuridico 1998, S. 882ff., 887; Lipari-*Lodispoto*, in: Le nuove

Für eine Verweisung auf die Normen des Niederlassungsstaates des *„sub-fornitore"* könnte der Schutzzweck des Art. 5 Abs. 4 Gesetz Nr. 192 als Argument herangezogen werden. Es lässt sich aber nicht konkretisieren, warum das Recht des Niederlassungsstaates des *„subfornitore"* den Schutz am besten verwirklichen sollte. Dies verdeutlicht folgender Beispielsfall: Ein italienischer *„subfornitore"* streitet mit einem deutschen *„committente"* vor deutschen Gerichten über Rechte aus einem zwischen den beiden geschlossenen *„subfornitura"*-Vertrag. Auf den Vertrag ist wegen einer entsprechenden Rechtswahl der Parteien nach Art. 27 EGBGB oder wegen der Regelanknüpfung nach Art. 28 Abs. 2 italienisches Recht und somit das Gesetz Nr. 192 anzuwenden. Es ist zu unterstellen, dass der Vertrag als Kaufvertrag zu qualifizieren ist und dass die Parteien das UN-Kaufrecht wirksam ausgeschlossen haben. Wäre die Regelung in Art. 5 Abs. 4 Gesetz Nr. 192 mit Verweis auf die Fristen im italienischen *Codice civile* (Art. 1495 *Codice civile* bzgl. Kaufrecht) zu verstehen, weil der *„subfornitore"* in Italien seine Niederlassung hat oder weil die *lex causae* italienisches Recht ist, würde für den *„committente"* eine Anzeigefrist für Mängel von 8 Tagen seit ihrer Entdeckung gelten. Versteht der deutsche Richter den Verweis auf die „allgemeinen Regeln" demgegenüber als Verweis auf die allgemeinen Regeln der *lex fori*, wäre die Anzeigefrist des § 377 HGB (da nach deutschem Verständnis ein Handelskauf vorliegt) anzuwenden, der eine unverzügliche Anzeige von Mängeln fordert. Die Frist des § 377 HGB stellt im Vergleich zu der italienischen Regelung eine für den *„subfornitore"* letztlich günstigere Bestimmung dar, da der *„committente"* die Mängel unverzüglich und nicht erst innerhalb von 8 Tagen anzeigen muss.

Im Ergebnis ist daher der in der italienischen Literatur vertretenen Meinung zuzustimmen, wonach es sich bei dem Verweis in Art. 5 Abs. 4 Gesetz Nr. 192 um eine starre inneritalienische Verweisung auf die Vorschriften des Kauf- und Werkvertragsrechts handelt und nicht um eine kollisionsrechtliche Verweisung auf die Anzeigefristen der *lex causae* oder der *lex fori*.[285]

---

leggi civ. comm. 2000, S. 365ff., 413; *Maglio*, in: Jahrbuch für ital. Recht, Band 12 (1999), S. 107ff., 119.

285 Art. 5 Abs. 4 wirft im Anwendungsbereich des UN-Kaufrechts weitere Probleme auf. Die Norm überschneidet sich in ihrem Regelungsgehalt mit Art. 39 UN-Kaufrecht, wonach der Käufer die Ware innerhalb einer angemessenen Frist nach dem Zeitpunkt, nach dem er die Vertragswidrigkeit der Ware erkannt hat oder sie hätte erkennen müssen, dem Verkäufer anzeigen muss, um seine Rechte nicht zu verlieren. Art. 44 UN-Kaufrecht erlaubt dem Käufer dennoch im Falle einer unentschuldigten Versäumnis der Rügefrist, eine Minderung des Kaufpreises oder zumindest eingeschränkt Schadensersatz zu verlangen. Die Höchstfrist beträgt dabei gemäß Art. 39 Abs. 2 UN-Kaufrecht 2 Jahre seit der tatsächlichen Übergabe der Ware. Art. 5 Abs. 4 Gesetz Nr. 192 wird daher im Anwendungsbereich des UN-Kaufrechts von dessen Bestimmungen verdrängt.

g)   Die Nichtigkeit bestimmter Klauseln

Art. 6 des Gesetzes Nr. 192 bestimmt, dass gewisse Klauseln in Zulieferverträgen nichtig sind. Gemäß Abs. 1 sind Bestimmungen nichtig, nach denen eine der beiden Parteien die Vereinbarung nachträglich einseitig ändern kann.[286] Ausgenommen sind Vereinbarungen, die es dem *„committente"* erlauben, nach vorheriger Benachrichtigung binnen einer im Vertrag zu bestimmenden Frist die zu produzierende Menge und die Fristen für die Erbringung der Leistung zu bestimmen.[287] Gemäß Art. 6 Abs. 2 des Gesetzes ist eine Klausel nichtig, die es dem *„committente"* erlaubt, einen Rahmenvertrag ohne angemessene Frist zu kündigen.[288] Eine Vereinbarung, mit welcher der *„subfornitore"* Immaterialgüterrechte ohne angemessene Gegenleistung[289] an den *„committente"* abtritt, ist nichtig (siehe Art. 6 Abs. 3 Gesetz Nr. 192). Auf diese Regelung wurde bereits oben[290] eingegangen.

h)   Der Schutz des geistigen Eigentums des *„committente"*

Art. 7 des Gesetzes Nr. 192 realisiert den Schutz des geistigen Eigentums des *„committente"*. Dieser behält das geistige Eigentum am technischen Wissen, welches er dem *„subfornitore"* für dessen Tätigkeit zur Verfügung gestellt hat. Letzterer ist zur Verschwiegenheit verpflichtet.[291]

i)   Der Missbrauch wirtschaftlicher Abhängigkeit

Nach Art. 9 Gesetz Nr. 192 ist es verboten, die wirtschaftliche Abhängigkeit eines anderen Unternehmens auszunutzen, ohne Rücksicht darauf, ob es sich dabei um einen Kunden, einen Lieferanten oder einen Subunternehmer handelt.[292] Der Begriff der wirtschaftlichen Abhängigkeit wird dadurch definiert, dass ein Unternehmen imstande ist, in den Geschäftsbeziehungen zu einem anderen Unternehmen ein außergewöhnliches Missverhältnis zwischen Rechten und Pflichten durchzusetzen.[293] Die wirtschaftliche Abhängigkeit soll dabei mit Rücksicht darauf bestimmt werden, ob das ausgenutzte Unternehmen auf dem Markt die tatsächliche Möglichkeit hat, eine zufriedenstellende Alternative für die Vertragsbeziehung zu finden.[294]

---

286   Siehe näher *Musso*, La subfornitura, S. 310ff.
287   Dazu *Musso*, La subfornitura, S. 317ff.
288   *Musso*, La subfornitura, S. 333ff.
289   Vgl. dazu *Musso*, La subfornitura, S. 353ff.
290   Oben S. 71.
291   Siehe ausführlich *Musso*, La subfornitura, S. 359ff.
292   Vgl. *Musso*, La subfornitura, S. 466ff.
293   Sposato/Coccia-*Rinaldi/Turitto*, S. 122ff., 130ff.
294   Sposato/Coccia-*Rinaldi/Turitto*, S. 122ff., 130ff.

Der Wortlaut des Art. 9 beinhaltet keine Einschränkung auf die „subfornitura". Aus den Gesetzesmaterialien wird deutlich, dass es sich bei dieser Vorschrift um eine allgemeine wettbewerbsrechtliche Vorschrift handelt, deren Anwendungsbereich nicht auf „subfornitura"-Verträge beschränkt ist.[295] Sie findet zudem eine Parallele in Art. 2598 Nr. 3 des italienischen *Codice civile*.[296] Nach anderer Ansicht im italienischen Schrifttum ist jedoch aus der Verortung des Art. 9 im Gesetz Nr. 192 abzulesen, dass es sich um eine spezifisch für „subfornitura"-Verträge bestimmte Regelung handelt.[297] Wie sich allerdings aus der Gesetzgebungsgeschichte ergibt, kommt der Tatsache, dass die Vorschrift in das Gesetz Nr. 192 integriert wurde, richtigerweise kein entscheidendes Gewicht zu.[298]

Die Ausnutzung der „wirtschaftlichen Abhängigkeit" im Sinne des Art. 9 des Gesetzes setzt – anders als die Ausnutzung einer marktbeherrschenden Stellung, wie sie beispielsweise im deutschen Wettbewerbsrecht in § 19 GWB[299] verboten ist – keine Dominanz auf dem Markt für die betreffenden Dienstleistungen voraus.[300] Art. 9 des Gesetzes Nr. 192 ist daher erheblich weiter als ein allgemeiner wettbewerbsrechtlicher Missbrauchstatbestand.

Art. 9 Abs. 2 bestimmt, dass sich die Ausnutzung wirtschaftlicher Abhängigkeit auch aus einer Weigerung zu kaufen oder zu verkaufen, aus einer Auferlegung besonders unbefriedigender oder diskriminierender vertraglicher Bedingungen oder aus einer willkürlichen Unterbrechung einer bestehenden wirtschaftlichen Beziehung ergeben kann.[301]

Nach Art. 9 Abs. 3 Satz 1 ist eine Vereinbarung, welche eine wirtschaftliche Abhängigkeit begründet, nichtig.[302] Satz 2 bestimmt, dass der zuständige

---

295 Vgl. die von den Senatoren *Tapparo u.a., Wilde u.a.* sowie der *10. Commissione permanente del Senato* vorgelegten Berichte zu dem Gesetzesentwurf, abgedruckt bei *Bortolotti*, I contratti di subfornitura, S. 240ff.; *Maffeis*, in: De Nova (Hrsg.), La subfornitura, S. 77ff.; *Bortolotti*, I contratti di subfornitura, S. 144ff.
296 *Musso*, La subfornitura, S. 467ff.
297 *Coccia* Riv. dir. int. priv. proc. 1999, S. 801ff., 842 (N. 124).
298 Vgl. die von den Senatoren *Tapparo u.a., Wilde u.a.* sowie der *10. Commissione permanente del Senato* vorgelegten Berichte zu dem Gesetzesentwurf, abgedruckt bei *Bortolotti*, I contratti di subfornitura, S. 240ff.; *Maffeis*, in: De Nova (Hrsg.), La subfornitura, S. 77ff.; *Bortolotti*, I contratti di subfornitura, S. 144ff.
299 Gesetz gegen Wettbewerbsbeschränkungen i.d.F. der Bekanntmachung vom 26.8.1998, BGBl. 1998 I, S. 2546ff.
300 Ausführlich *Musso*, La subfornitura, S. 479ff.
301 Sposato/Coccia-*Rinaldi/Turitto*, S. 130ff.
302 Vgl. dazu Sposato/Coccia-*Rinaldi/Turitto*, S. 144ff.

ordentliche Richter über Maßnahmen im Bereich der Ausnutzung wirtschaftlicher Abhängigkeit entscheidet.[303]

Der später eingefügte[304] Absatz 3b des Art. 9 bestimmt, dass vorbehaltlich einer Anwendung des Art. 3 des Gesetzes Nr. 287 vom 10. Oktober 1990 die Wettbewerbs- und Kartellbehörde zu den in Art. 15 des Gesetzes Nr. 287 vom 10. Oktober 1990 vorgesehenen Verwarnungen und Sanktionen greifen kann, wenn sie eine Ausnutzung der wirtschaftlichen Abhängigkeit von Bedeutung für den Schutz des Wettbewerbs und des Marktes feststellt.

j)   Das Schlichtungsgebot

Gemäß Art. 10 Abs. 1 des Gesetzes Nr. 192 müssen binnen 30 Tagen seit Ablauf der in Art. 5 Abs. 4 genannten Rügefristen Streitigkeiten aus einem *„subfornitura"*-Vertrag „zwingend" zum Zwecke eines Schlichtungsversuchs der Kammer für Handel, Industrie, Handwerk und Landwirtschaft vorgelegt werden.[305] Zuständig ist die Kammer, in deren Bezirk der *„subfornitore"* seine Niederlassung hat.

Das Gesetz enthält keinerlei Bestimmung darüber, welche Rechtsfolge eintritt, wenn das Schlichtungsverfahren nach Art. 10 Abs. 1 Gesetz Nr. 192 nicht binnen der 30-Tage-Frist eingeleitet wird. Hierzu existieren theoretisch zwei Lösungsmöglichkeiten:

a)   Das Schlichtungsverfahren ist als notwendige prozessuale Voraussetzung für die Durchführung eines Schiedsgerichtsverfahrens bzw. eines Verfahrens vor den staatlichen Gerichten anzusehen. Eine solche Auslegung hat zur Folge, dass weder ein Schiedsgerichtsverfahren noch ein Verfahren vor den staatlichen Gerichten nach Ablauf der 30-Tage-Frist mehr zulässig wäre.[306] Sanktion der Nichteinhaltung der Frist wäre somit der Verlust der Rechtsschutzmöglichkeit.

---

303   Satz 2 von Art. 9 Abs. 3 eingefügt durch Art. 1 des Gesetzes Nr. 57 vom 5.3.2001 „Disposizioni in materia di apertura e regolazione dei mercati Le modifiche all'articolo 9 della Legge N. 192/98 (in materia di abuso di dipendenza economica)", Gazzetta Ufficiale Nr. 66, vom 20.03.2001.

304   Art. 9 Abs. 3b eingefügt durch Art. 2 Gesetz Nr. 57 vom 5.3.2001 „Disposizioni in materia di apertura e regolazione dei mercati Le modifiche all'articolo 9 della Legge N. 192/98 (in materia di abuso di dipendenza economica)", Gazzetta Ufficiale Nr. 66, vom 20.03.2001.

305   *Musso*, La subfornitura, S. 549ff.

306   Sposato/Coccia-*Volanti*, S. 153ff.

b)   Alternativ ließe sich argumentieren, dass mit Ablauf der 30-Tage-Frist ein Schiedsverfahren oder ein Verfahren vor den staatlichen Gerichten ohne einen vorherigen Schlichtungsversuch zulässig ist.[307]

Die erste Möglichkeit entspricht dem Wortlaut der Norm. Denn es ist ausdrücklich von einem obligatorischen Schlichtungsversuch die Rede. Allerdings führt ein obligatorischer Schlichtungsversuch zu einer enormen Verkürzung der Rechtsschutzmöglichkeiten der Parteien.[308] Die zweite Möglichkeit führt demgegenüber quasi zu einer Pervertierung der 30-Tage-Frist. Der italienische Gesetzgeber bezweckte mit der Regelung eine Beschleunigung der Streitbeilegung. Jede Vertragspartei, die sich dem Schlichtungsversuch nicht stellen möchte oder ihn für unnötig hält, wäre gut beraten, die 30-Tage-Frist ohne Anrufung der Schlichtungsstelle verstreichen zu lassen. Danach wäre der weitere Weg zum Schiedsgericht oder zu den staatlichen Gerichten ohne den Schlichtungsversuch frei. Von einem als obligatorisch zu bezeichnenden Schlichtungsversuch könnte dann keine Rede mehr sein.

Um beide ungeliebte Folgen zu umgehen, hat sich im italienischen Schrifttum zum Gesetz Nr. 192 die Ansicht herausgebildet, die 30-Tage-Frist sei lediglich eine unverbindliche Empfehlung an die Parteien. Das Verstreichenlassen der Frist sei sanktionslos. Auch nach Ablauf der Frist sei der Schlichtungsversuch „obligatorisch", der Weg zu den Gerichten stünde weiterhin offen.[309] Diese Ansicht verdient den Vorzug, auch wenn sie nicht zu dem vom italienischen Gesetzgeber bezweckten Beschleunigungseffekt führt. Sie trägt dem Wortlaut der Norm weitestgehend Rechnung, ohne die Rechtsschutzmöglichkeit der Parteien einzuschränken.[310]

Die Bestimmung des Art. 10 Abs. 1 wirft im grenzüberschreitenden Rechtsverkehr einige Probleme auf. Ist ein deutsches Gericht in einem grenzüberschreitenden Sachverhalt mit der Regelung konfrontiert, stellt sich zunächst die Frage nach der Qualifikation von Art. 10 Abs. 1 Gesetz Nr. 192.

(1)   Qualifikation des Art. 10 Abs. 1 Gesetz Nr. 192

In Betracht kommt eine Qualifikation als (materielle) Vertragspflicht der Parteien des „subfornitura"-Vertrags, oder eine verfahrensrechtliche Qualifikation.

---

307 So wohl *Gioia* Il corriere giuridico 1998, S. 882ff., 886.
308 Nach *Alpa/Zatti*, Legge 18 Giugno 1998, N. 192, S. 582f. würde dies in Italien ernste verfassungsrechtliche Bedenken aufwerfen.
309 So *Bortolotti*, I contratti di subfornitura, S. 160; Musso, La subfornitura, S. 549ff.
310 So *Bortolotti*, I contratti di subfornitura, S. 160; Musso, La subfornitura, S. 549ff.

i. Materiellrechtliche Qualifikation

Qualifiziert man Art. 10 Abs. 1 Gesetz Nr. 192 materiellrechtlich, ist die Teilnahme am Streitschlichtungsverfahren für die Parteien eine Vertragspflicht aus dem „subfornitura"-Vertrag. Der „obligatorische" außergerichtliche Streitbeilegungsversuch wäre allerdings nur dann Vertragspflicht, wenn entweder italienisches Recht auf den Vertrag anzuwenden ist oder – falls der Vertrag einem anderen Recht untersteht – wenn Art. 10 Abs. 1 Gesetz Nr. 192 als intern oder international zwingendes Recht anzusehen wäre.

ii. Verfahrensrechtliche Qualifikation

Qualifiziert man Art. 10 Abs. 1 Gesetz Nr. 192 verfahrensrechtlich, dann stellt sich die Frage nicht, ob es sich um intern oder international zwingendes Recht handelt. Das italienische Gericht wendet selbstverständlich das Verfahrensrecht Italiens als das der *lex fori* an (Art. 12 ital. IPR-Gesetz). Ein deutsches oder anderes nicht-italienisches Gericht wendet ebenfalls das Verfahrensrecht der *lex fori* an und ein durch italienisches Verfahrensrecht vorgeschriebener Schlichtungsversuch wäre folglich für ein nicht-italienisches Gericht ohne Bedeutung. Nur wenn die Parteien einen Schlichtungsversuch vertraglich vereinbart hätten, wäre eine solche Abrede auch für ein nicht-italienisches Gericht beachtlich.

Wird vor einem italienischen Gericht Klage eingereicht, ist – im Falle der verfahrensrechtlichen Qualifikation des Art. 10 Abs. 1 Gesetz Nr. 192 – die Abweisung der Klage bzw. die vorläufige Aussetzung des Verfahrens die logische Folge einer Klageerhebung ohne die vorherige Durchführung eines Schlichtungsversuchs.[311]

(2) Stellungnahme zur Qualifikationsfrage

Die Gesetzesmaterialien legen den Schluss nahe, dass der italienische Gesetzgeber von einer verfahrensrechtlichen Vorschrift oder eine Sachnorm mit territorialer Begrenzung (i.e. angesprochen sind nur die italienischen Handelskammern) ausgegangen ist. Folge einer Klageerhebung ohne vorherigen Schlichtungsversuch sollte die Unzulässigkeit der Klage sein.[312] Für eine verfahrensrechtliche Qualifikation spricht weiter ein Vergleich mit der Regelung über das Verfahren in Arbeitssachen vor den ordentlichen italienischen Gerichten in Art. 412 und 412*bis* C.P.C., die eine Schlichtungsregelung vorsehen. Daher ist einer

---

311 *Birk/Lauser/Zanovello* RIW 2001, S. 180ff., 186.
312 *Coccia* Riv. dir. int. priv. proc. 1999, S. 801ff., 843 (N. 128); Berichte zu dem Gesetzentwurf der Senatoren *Tapparo u.a., Wilde u.a.* und der *10. Commissione permanente del Senato*, abgedruckt bei *Bortolotti*, I contratti di subfornitura, S. 240ff., 248ff. und 256ff.

verfahrensrechtlichen Qualifikation des Art. 10 Abs. 1 Gesetz Nr. 192 der Vorzug zu geben.[313]

Allerdings führt ein „obligatorischer" Schlichtungsversuch bei verfahrensrechtlicher Qualifikation im Anwendungsbereich der EuGVVO zu Problemen, auf die an anderer Stelle einzugehen sein wird.[314]

h) Schiedsverfahren

Wird eine gütliche Beilegung des Streits zwischen den Parteien nicht binnen einer Frist von weiteren 30 Tagen nach Anrufung der Schlichtungsinstitution erreicht, ist auf gemeinsamen Antrag beider Parteien hin die Sache an die Schiedskommission bei der in Abs. 1 genannten Handelskammer zu verweisen (Art. 10 Abs. 2 Gesetz Nr. 192). Mangels einer solchen ist die Schiedskommission einer von den streitenden Parteien bestimmten Handelskammer zuständig. Die Vorschrift soll die langsamen und uneffektiven italienischen staatlichen Gerichte weitestgehend von der Entscheidung über Rechtsstreite zu Gunsten einer schnelleren und kostengünstigeren außergerichtlichen Streitbeilegung ausschalten.[315] Die Durchführung des Schiedsverfahrens ist allerdings – im Gegensatz zum Schlichtungsversuch – für die Parteien nicht obligatorisch, wie bereits der Wortlaut des Art. 10 Abs. 2 Gesetz Nr. 192 verdeutlicht. Ein obligatorisches Schiedsverfahren würde zugleich den Zugang zu den staatlichen Gerichten vereiteln und widerspräche dem in der italienischen Verfassung verbürgten freien Zugang zu den staatlichen Gerichten.[316] Auf Antrag beider Parteien wird der Rechtsstreit an ein Schiedsgericht verwiesen. Mangels eines beiderseitigen Antrags bleiben die staatlichen Gerichte zuständig.

Art. 10 Abs. 2 Gesetz Nr. 192 ist ohne jegliche Zweifel verfahrensrechtlich zu qualifizieren. Auf das Verfahren vor dem Schiedsgericht sind folglich die Bestimmungen der Art. 806 ff. C.P.C. anzuwenden. Das Verfahren dauert höchstens 60 Tage seit dem ersten Schlichtungsversuch, wenn sich die Parteien nicht auf eine kürzere Frist geeinigt haben.

---

313 Ebenso *Coccia* Riv. dir. int. priv. proc. 1999, S. 801ff., 843.
314 Siehe dazu unten S. 294ff.
315 *Kronke* BB 1998, Beilage 9, S. 10f., 11.
316 Vgl. Art. 120 der italienischen Verfassung sowie *Coccia* Riv. dir. int. priv. proc. 1999, S. 801ff., 845.

III. Das französische Gesetz Nr. 75-1334[317]

In Frankreich existiert seit Dezember 1975 ein Gesetz über Subunternehmer, das Gesetz Nr. 75-1334 vom 31.12.1975 „*relative à la sous-traitance*". Im Folgenden sollen wie beim italienischen Gesetz Nr. 192 zunächst der Hintergrund des Gesetzes und sein wesentlicher Inhalt dargestellt werden.

1. Der Hintergrund des Gesetzes

Der Schutz von Subunternehmern war in Frankreich bereits seit den 50er Jahren Gegenstand der öffentlichen Diskussion.[318] Subunternehmer wurden als Opfer unbeugsamer Zahlungsbedingungen und Zahlungspraktiken der großen auftraggebenden Unternehmen angesehen. Ein öffentliches Einschreiten zum Schutz der wirtschaftlichen Voraussetzungen der Subunternehmer wurde für notwendig erachtet, da die existierenden rechtlichen Schutzmöglichkeiten nicht ausreichten.[319] Das Bedürfnis für den Subunternehmerschutz wurde dabei nicht nur als politische Notwendigkeit betrachtet, sondern sollte auch dem Schutz der französischen Wirtschaft vor Insolvenzen von Subunternehmern dienen.[320] Ausgangspunkt der Überlegungen war zunächst das öffentliche Auftragswesen. Dort wurde bereits durch das Gesetzesdekret Nr. 53-405 vom 11.5.1953 die Direktzahlung des Werklohns durch öffentliche Auftraggeber an von Generalunternehmern eingesetzte Subunternehmer eingeführt. Das Gesetzesdekret Nr. 73-329 vom 14.3.1973 bestimmte die Direktzahlung schließlich als obligatorische Zahlungsweise für Subunternehmerverträge, die ein bestimmtes Auftragsvolumen, welches im *Code des marchés publics* bestimmt wurde, überstiegen.[321] Diese Regelungen wurden allerdings als noch nicht ausreichend erachtet.[322] Denn zum einen blieben diese Vorschriften von der Praxis der Auftragsvergabe weithin unbeachtet, die Direktzahlung existierte nur auf dem Papier. Zum ande-

---

317 Journal officiel vom 3.1.1976, S. 80ff. Das Gesetz hat zahlreiche Ergänzungen und Änderungen erfahren. Die bisher letzte Änderung erfolgte durch das Gesetz Nr. 2001-1168 vom 11.12.2001 „portant mesures urgentes de réformes à caractère économique et financier", Journal officiel vom 12.12.2001. Vgl. zur Bedeutung der „*sous-traitance*" in Frankreich insbesondere *Altersohn*, La sous-traitance au partenariat industriale; *Altersohn*, La sous-traitance à l'aube du XXIè siècle; *Berthomieu*, Structure industrielle et sous-traitance; *Valentin*, Les contrats de sous-traitance.

318 Vgl. *Huet*, in: Ghestin (Hrsg.), Les principaux contrats spéciaux, S. 1419ff.; *Sablier/Caro/Abbatucci*, La sous-traitance dans la construction, S. 27f.

319 *Dutilleul/Delebecque*, Contrats civils et commerciaux, Rn. 911ff.

320 *Sablier/Caro/Abbatucci*, La sous-traitance dans la construction, S. 27f.

321 *Dutilleul/Delebecque*, Contrats civils et commerciaux, Rn. 911ff.; *Sablier/Caro/Abbatucci*, La sous-traitance dans la construction, S. 27f.

322 *Sablier/Caro/Abbatucci*, La sous-traitance dans la construction, S. 27f.

ren war der Schutz der Subunternehmer auf das öffentliche Auftragswesen beschränkt.[323]

Der französische Gesetzgeber wollte daher eine neue Regelung einführen, die das bestehende System effektiver machen und der Tatsache der komplexer werdenden und sich immer weiter aufspaltenden Fertigung von Werken Rechnung tragen sollte.[324]

Wie das italienische Gesetz Nr. 192 sollte auch das französische Gesetz Nr. 75-1334 in erster Linie dem Schutz von kleinen und mittleren Unternehmen dienen.[325] Denn diese hatten unter der damals in Frankreich herrschenden Wirtschaftskrise besonders zu leiden.[326] Im Laufe des parlamentarischen Gesetzgebungsverfahrens wurde der Anwendungsbereich des Gesetzes von öffentlichen Aufträgen auf private Werkverträge ohne Rücksicht auf den Gegenstand des Werkvertrags oder auf einen bestimmten Wirtschaftszweig ausgedehnt.

Das Gesetz zeichnet sich durch den mit ihm durchgängig verfolgten Schutzgedanken zu Gunsten des Subunternehmers aus. Es unterscheidet zwischen dem Einsatz von Subunternehmern auf Grund öffentlicher Aufträge und dem Einsatz von Subunternehmern im privaten Werkvertragsrecht. Das Gesetz gliedert sich in vier Teile. Einem allgemeinen ersten Abschnitt folgen zwei spezielle Teile über die Direktzahlung bei öffentlichen Aufträgen und den Direktanspruch des Subunternehmers im privaten Werkvertragsrecht. Der vierte Abschnitt enthält allgemeine Schlussbestimmungen, die sowohl auf öffentliche wie auf private Aufträge Anwendung finden.

2. Der Anwendungsbereich

a) Der subjektive Anwendungsbereich

Das Gesetz Nr. 75-1334 setzt seiner Definition in Art. 1 zufolge eine vertragliche Konstellation zwischen drei Personen voraus: Der Auftraggeber („*maître de l'ouvrage*") schließt mit einem Unternehmer („*l'entrepreneur principal*") einen Vertrag, dessen Ausführung vertraglich an den Subunternehmer („*sous-traitant*") mittels eines Untervertrags weitervergeben wird.[327]

---

323 *Sablier/Caro/Abbatucci*, La sous-traitance dans la construction, S. 27f.; *Dutilleul/Delebecque*, Contrats civils et commerciaux, Rn. 911ff.

324 *Juan-Bonhomme*, Sous-traiter, S. 112; *Kraatz* RIW 1983, S. 876f., 876.

325 Vgl. demgegenüber zu den produkthaftungsrechtlichen Aspekten des privaten französischen Subunternehmerrechts *Schlechtriem/Neufang* ZfBR 1987, S. 55ff.; *Hök* ZfBR 2000, S. 80ff.; *Wolfer* PHI 1991, S. 220ff.; *Wolfer* PHI 1992, S. 30ff. sowie *Rucketschler*, Subunternehmer-Haftung.

326 *Kühnel/Langer* RIW/AWD 1977, S. 610ff., 612.

327 Siehe auch *Huet*, in: Ghestin (Hrsg.), Les principaux contrats spéciaux, S. 1420.

Auftraggeber im Sinne des Art. 1 Abs. 1 des Gesetzes Nr. 75-1334 kann sowohl ein gewerblich tätiger Unternehmer, eine Handelsgesellschaft oder auch eine natürliche Person, die das Werk zu privaten Zwecken in Auftrag gibt, sein.[328] Der Auftraggeber kann des Weiteren eine Handelsgesellschaft oder eine öffentlich-rechtliche Körperschaft sein.[329] Die Definition des Art. 1 Abs. 1 des Gesetzes Nr. 75-1334 setzt jedoch voraus, dass der Generalunternehmer ein gewerblich handelnder Unternehmer oder eine Handelsgesellschaft ist. Der Wortlaut des Art. 1 Abs. 1 lässt keine subjektive Beschränkung für die Person des Subunternehmers erkennen. Aus dem Zusammenhang der Bestimmung wird jedoch deutlich, dass auch der Subunternehmer eine gewerblich handelnde (natürliche oder juristische Person) sein muss.[330]

b) Der objektive Anwendungsbereich

Der objektive Anwendungsbereich des Gesetzes Nr. 75-1334 wird durch die Verträge geprägt, die zwischen den drei beteiligten Parteien abgeschlossen werden.[331] Der Generalunternehmervertrag (*„contrat principal"*) wird zwischen dem Auftraggeber[332] und dem Generalunternehmer geschlossen, der Subunternehmervertrag (*„sous-traité"*) zwischen Generalunternehmer und Subunternehmer.

Die französische Terminologie unterscheidet – ebenso wie die italienische[333] – bei der dezentralen Fertigung und dem Einsatz Dritter bei der Vertragserfüllung zwischen zwei verschiedenen Formen der vertikalen Arbeitsteilung. Der *„sous-traitance industrielle"* steht die *„sous-traitance de marché"* gegenüber.[334] Während erstere die dezentrale Fertigung von Produkten oder Teilprodukten im Sinne eines Zulieferverhältnisses betrifft, entspricht die *„sous-traitance de marché"* dem echten Untervertrag. Er zeichnet sich dadurch

---

328 *Juan-Bonhomme*, Sous-traiter, S. 106.

329 *Juan-Bonhomme*, Sous-traiter, S. 106.

330 *Juan-Bonhomme*, Sous-traiter, S. 106; *Dutilleul/Delebecque*, Contrats civils et commerciaux, Rn. 911ff.

331 *Sablier/Caro/Abbatucci*, La sous-traitance dans la construction, S. 36f.

332 Die im Gesetz Nr. 75-1334 verwendeten französischen Begriffe (*„maître de l'ouvrage"*, *„entrepreneur principal"* und *„sous-traitant"*) entsprechen dabei – im Gegensatz zur *„subfornitura"* im italienischen Gesetz Nr. 192 – den oben S. 22 definierten deutschen Begriffen „Auftraggeber", „Generalunternehmer" und „Subunternehmer". Im Folgenden werden daher die deutschen Begriffe zur Bezeichnung der Vertragsparteien im Gesetz Nr. 75-1334 verwendet.

333 Siehe oben S. 65ff.

334 Vgl. dazu *Juan-Bonhomme*, Sous-traiter, S. 3ff.

aus, dass der Untervertrag die Vertragspflichten aus dem Generalunternehmervertrag aufgreift.[335]

In den Anwendungsbereich des Gesetzes Nr. 75-1334 fällt lediglich die *„sous-traitance de marché"* im Sinne eines Subunternehmerverhältnisses, was sich aus der in Art. 1 Abs. 1 enthaltenen Definition ergibt.[336] Die Existenz eines Generalunternehmervertrags, dessen Pflichten auf einen Dritten transferiert werden können, ist notwendige Bedingung dafür, dass von einem Subunternehmervertrag gesprochen werden kann.[337] Das heißt, dass dem französischen Gesetz Nr. 75-1334 keine Verträge unterfallen, die lediglich den Zukauf bestimmter Fertigteile oder in Serie gefertigter Vorprodukte betreffen.[338] So hat der französische Kassationsgerichtshof im Jahr 2002 entschieden, dass die vom Subunternehmer zu erbringenden Leistungen über die bloße Lieferung von Materialien oder Zutaten hinausgehen muss, damit der Anwendungsbereich des Gesetzes Nr. 75-1334 eröffnet ist.[339]

Nach Ansicht des französischen Gesetzgebers sind die Zulieferer weit weniger schutzbedürftig als die echten Subunternehmer, da sich erstere durch einen (verlängerten) Eigentumsvorbehalt ausreichend gegen eine Insolvenz ihres Bestellers schützen könnten.[340]

(1)   Der Generalunternehmervertrag

Der Generalunternehmervertrag kann nach der Definition in Art. 1 Abs. 1 Gesetz Nr. 75-1334 entweder ein *„contrat d'entreprise"* (Werkvertrag) oder ein *„marché public"* (öffentlicher Auftrag) sein.[341] Der Begriff *„contrat d'entreprise"* ist dabei im Sinn des Art. 1779 Nr. 3 *Code civil*[342] zu verste-

---

335   Siehe *Huet*, in: Ghestin (Hrsg.), Les principaux contrats spéciaux, S. 1420.

336   *Juan-Bonhomme*, Sous-traiter, S. 4; *Huet*, in: Ghestin (Hrsg.), Les principaux contrats spéciaux, S. 1420.

337   *Sablier/Caro/Abbatucci*, La sous-traitance dans la construction, S. 36f.

338   *Sablier/Caro/Abbatucci*, La sous-traitance dans la construction, S. 36f.; Cour de Cassation, 3e Ch. Civ., Urteil vom 23.1.2002, *Sté Entrepose Echafaudages ./. SCI du carillon de Nanterre*, Le Moniteur 2002, Nr. 5133, S. 91; *Dutilleul/Delebecque*, Contrats civils et commerciaux, Rn. 914.

339   Cour de Cassation, 3e Ch. Civ., Urteil vom 23.1.2002, *Sté Entrepose Echafaudages ./. SCI du carillon de Nanterre*, Le Moniteur 2002, Nr. 5133, S. 91. Siehe zum französischen Werkvertragsrecht auch *Ferid*, Französisches Zivilrecht, Band 1, S. 730.

340   *Sablier/Caro/Abbatucci*, La sous-traitance dans la construction, S. 36ff. Vgl. auch das Gesetz Nr. 80-335 vom 12.5.1980 „relative à la clause de réserve de propriété".

341   *Huet*, in: Ghestin (Hrsg.), Les principaux contrats spéciaux, S. 1420f.

342   Art. 1779 Code civil lautet:

      „Il y a trois espèces principales de louage d'ouvrage et d'industrie: [...]

hen.[343] Er kann eine Vielfalt von bestimmten Tätigkeiten (Planungen eines Architekten ebenso wie die Tätigkeit eines Gerüstbauers) umfassen. Art. 1 Abs. 2 des Gesetzes Nr. 75-1334 stellt des Weiteren klar, dass auch Transportverträge in den Anwendungsbereich des Gesetzes fallen. Sowohl aus dem öffentlichen wie aus dem privaten Anwendungsbereich des Gesetzes sind jedoch – wie bereits gesehen – Kaufverträge und Dienstverträge ausgeschlossen.[344] Der Generalunternehmervertrag muss stets ein Werkvertrag oder ein Werklieferungsvertrag sein, auch wenn der Auftraggeber eine öffentliche Körperschaft ist.[345] Der Abgrenzung zwischen Kaufvertrag und Werklieferungsvertrag kommt daher in der Praxis bei der Bestimmung des Anwendungsbereichs des Gesetzes Nr. 75-1334 entscheidende Bedeutung zu.

Der französische Kassationsgerichtshof hat zwei Kriterien entwickelt, die zur Abgrenzung zwischen einem Werkvertrag und einem Zuliefervertrag (*„contrat de fourniture"*) herangezogen werden können: Der *„contrat d'entreprise"* zeichnet sich erstens durch spezielle Vorgaben des Auftraggebers aus.[346] Der Unternehmer muss Produkte individuell für den Auftraggeber herstellen und kann sie nicht für sein Lager oder für eine Bestellung nach Katalog produzieren.[347] Zweitens überwiegt beim Werkvertrag der Wert der Werkleistung den Wert der für das Endprodukt verwendeten Materialien.[348]

(2) Der Subunternehmervertrag

Auch der Subunternehmervertrag muss seiner Rechtsnatur nach einen *„contrat d'entreprise"*, also einen Werkvertrag, darstellen, damit der Anwendungsbereich des Gesetzes eröffnet ist.[349] Dies war sowohl in der französischen Literatur als auch in der Rechtsprechung des französischen Kassationsgerichtshofs anfangs nicht unumstritten.[350] Es kann aber mittlerweile als geklärt angesehen

---

3. *Celui des architectes, entrepreneurs d'ouvrages et techniciens pour suite d'études, devis ou marché."*

343 *Sablier/Caro/Abbatucci*, La sous-traitance dans la construction, S. 36ff.

344 *Rambure*, Le paiement du sous-traitant, S. 15f.

345 *Sablier/Caro/Abbatucci*, La sous-traitance dans la construction, S. 36f.

346 *Dutilleul/Delebecque*, Contrats civils et commerciaux, Rn. 914.

347 Vgl. dazu Cour de Cassation, Ch. Com., 20.6.1989, Bull. civ. Nr. 928.

348 Vgl. dazu Cour de Cassation, 3e Ch. Civ., 19.6.1991 Bull. civ. III Nr. 185; *Sablier/Caro/Abbatucci*, La sous-traitance dans la construction, S. 54; *Sablier/Caro/Abbatucci*, La sous-traitance dans la construction, S. 53.

349 *Sablier/Caro/Abbatucci*, La sous-traitance dans la construction, S. 38; Rambure, Le paiement du sous-traitant, S. 18.

350 Vgl. *Rambure*, Le paiement du sous-traitant, S. 17f.; Cour de Cassation, 3e Ch. Civ., Urteil vom 21.4.1982, Bull. civ. III Nr. 102; Urteil vom 18.2.1983, Bull. civ. III Nr. 51; Urteil vom 28.2.1984, Bull. civ. III Nr. 51; Urteil vom 5.2.1985, Recueil Dalloz 1986, S. 499 (jur.).

werden, dass auch der Subunternehmervertrag nicht lediglich ein Kaufvertrag oder Zuliefervertrag sein darf.[351]

c) Der zeitliche Anwendungsbereich

Da das Gesetz Nr. 75-1334 bereits aus dem Jahre 1975 stammt, kommt der Frage nach dem zeitlichen Anwendungsbereich kaum noch praktische Bedeutung zu.[352] Durch das Gesetz Nr. 2001-1168 vom 11.12.2001[353] wurde mit Wirkung zum 14.12.2001 eine Einschränkung der *„sous-traitance"* in den Wortlaut des Art. 1 Abs. 1 eingefügt. Danach ist die vollständige oder teilweise Weitervergabe des Werkes an Subunternehmer bei öffentlichen Aufträgen nicht mehr erlaubt. Möglich bleibt jedoch die teilweise Weitervergabe öffentlicher Aufträge und die vollständige Weitervergabe im Rahmen eines privatrechtlichen Generalunternehmervertrags. Es wurde damit lediglich eine bereits bestehende Verwaltungspraxis in das Gesetz integriert. Im Rahmen öffentlicher Aufträge war bereits durch Verwaltungsanweisung[354] sichergestellt, dass lediglich ein Teil und nicht der gesamte Auftrag an einen Subunternehmer weitervergeben werden konnte. Das Gesetz enthält keine Wertgrenze zur Beantwortung der Frage, wann wirtschaftlich eine unerlaubte vollständige Weitervergabe vorliegt. Die Frage wird im Einzelfall durch die französische Rechtsprechung zu klären sein.

---

351 *Dutilleul/Delebecque*, Contrats civils et commerciaux, Rn. 914; Cour de Cassation, 3e Ch. Civ., Urteil vom 23.1.2002, *Sté Entrepose Echafaudages ./. SCI du carillon de Nanterre*, Le Moniteur 2002, Nr. 5133, S. 91; vgl. auch bereits Cour de Cassation, 3e Ch. Civ., Urteil vom 5.2.1985, Recueil Dalloz 1986, S. 499 (jur.); *Rambure*, Le paiement du sous-traitant, S. 18.

352 Das Gesetz differenziert im zeitlichen Anwendungsbereich nach der Natur des Generalunternehmervertrags. Handelt es sich um einen öffentlichen Auftrag, bestimmt Art. 10, dass das Gesetz auf öffentliche Aufträge, die mittels einer Ausschreibung oder einer Versteigerung vergeben werden, anzuwenden ist, wenn der Aufruf oder die Bekanntmachung derselben mehr als drei Monate nach Bekanntmachung des Gesetzes erfolgt ist. Ist die Vergabe mittels eines gegenseitigen Vertrags erfolgt, ist das Gesetz auf Verträge mit öffentlichen Körperschaften anzuwenden, die nach einem Zeitraum von mehr als sechs Monaten nach Bekanntmachung dieses Gesetzes am 3.1.1976 unterschrieben wurden. Ist der Generalunternehmervertrag demgegenüber zwischen Subjekten des Privatrechts abgeschlossen worden, enthält das Gesetz keine Bestimmung darüber, auf welche Verträge das Gesetz anzuwenden ist. Es gilt daher für Verträge, die nach der Bekanntmachung am 3.1.1976 geschlossen wurden.

353 Journal officiel vom 12.12.2001.

354 Circulaire vom 7.10.1976, Code des marchés publics et CCAG.

3. Der wesentliche Inhalt

Im Folgenden sollen die wesentlichen inhaltlichen Bestimmungen des Gesetzes Nr. 75-1334 kurz vorgestellt und erläutert werden.

a) Sub-Subunternehmerverträge

Art. 2 des Gesetzes Nr. 75-1334 bestimmt, dass ein Subunternehmer, welcher seinerseits das ihm übertragene Werk an einen weiteren Subunternehmer weitervergibt („*sous-traitance en chaîne*"), als Generalunternehmer im Sinne des Gesetzes gegenüber seinem Subunternehmer angesehen wird. Damit das Gesetz Nr. 75-1334 anzuwenden ist, muss es sich auch bei dem Sub-Subunternehmervertrag um einen Werkvertrag oder Werklieferungsvertrag handeln.[355]

b) Die Anzeige- und Genehmigungspflicht

Gemäß Art. 3 Abs. 1 Gesetz Nr. 75-1334 muss ein Generalunternehmer, welcher einen oder mehrere Subunternehmer zur Erfüllung des Generalunternehmervertrags einsetzen will, jeden Subunternehmer und die im Subunternehmervertrag vorgesehenen Zahlungsbedingungen vom Auftraggeber genehmigen lassen.[356] Der Generalunternehmer soll dem Auftraggeber auf dessen Verlangen hin zudem den Vertragstext übermitteln. Die Genehmigungspflicht besteht unabhängig davon, ob die Weitervergabe bereits bei Vertragsabschluss oder erst während der Vertragslaufzeit des Generalunternehmervertrags angestrebt wird.[357]

Verweigert der Auftraggeber die Genehmigung des Vertrags oder lehnt er den Einsatz des Subunternehmers nach Art. 3 Abs. 1 ab, ist der Generalunternehmer dem Subunternehmer gemäß Art. 3 Abs. 2 Gesetz Nr. 75-1334 gleichwohl vertraglich gebunden.[358] Er kann den Subunternehmer allerdings seinerseits nicht an dem Vertrag festhalten. Der Subunternehmer kann also für den Fall, dass der Auftraggeber die Genehmigung nicht erteilt, den Subunternehmervertrag „widerrufen".[359] Die bisherige Praxis seit Inkrafttreten des Gesetzes Nr. 75-1334 hat jedoch gezeigt, dass kaum ein Generalunternehmer der in Art. 3 Abs. 1 genannten Anzeigepflicht nachkommt.[360] Dies hat mehrere Gründe: Ers-

---

355   *Juan-Bonhomme*, Sous-traiter, S. 112.

356   Siehe *Huet*, in: Ghestin (Hrsg.), Les principaux contrats spéciaux, S. 1421f., *Dutilleul/Delebecque*, Contrats civils et commerciaux, Rn. 917.

357   Siehe dazu *Dutilleul/Delebecque*, Contrats civils et commerciaux, Rn. 917.

358   Siehe *Dutilleul/Delebecque*, Contrats civils et commerciaux, Rn. 917.

359   *Juan-Bonhomme*, Sous-traiter, S. 112.

360   *Juan-Bonhomme*, Sous-traiter, S. 112f; *Dutilleul/Delebecque*, Contrats civils et commerciaux, Rn. 917; *Huet*, in: Ghestin (Hrsg.), Les principaux contrats spéciaux, S. 1422.

tens hat der Generalunternehmer keinen Vorteil davon, den Einsatz des konkreten Subunternehmers und die Zahlungsbedingungen dem Auftraggeber anzuzeigen. Vielmehr widerspricht es dem wirtschaftlichen Interesse des Generalunternehmers und den Gepflogenheiten unter Kaufleuten, die vertraglichen Pflichten und den vereinbarten Werklohn gegenüber Dritten offen zu legen. Denn durch eine Offenlegung wird zwangsläufig dem Auftraggeber gegenüber offenbart, welchen Gewinn der Generalunternehmer durch die bloße Weitervergabe des vom Subunternehmervertrags umfassten (Teil-)Gewerks erwirtschaftet. Zweitens sieht das Gesetz außer dem einseitigen Widerrufsrecht des Subunternehmers keinerlei Sanktion für den Generalunternehmer[361] vor, welcher der Anzeige- und Genehmigungspflicht nicht nachkommt. Ein Subunternehmer wird den Vertrag mit dem Generalunternehmer zudem nur dann wegen fehlender Genehmigung durch den Auftraggeber widerrufen, wenn er bereits vor Leistungserbringung konkrete Anhaltspunkte für eine drohende Insolvenz des Generalunternehmers hat.

Art. 3 Abs. 1 ist dabei eine vertragliche Verpflichtung des Generalunternehmers, die dem Generalunternehmervertrag entstammt. Die Pflicht besteht also immer dann, wenn das Vertragsstatut des Generalunternehmervertrags französisches Recht ist.

c) Die Anzeige im Angebot

Die im zweiten Abschnitt (Art. 4 – 10) enthaltenen Bestimmungen des Gesetzes Nr. 75-1334 gelten gemäß Art. 4 lediglich für Aufträge der Regierung, der Gebietskörperschaften sowie der öffentlichen Einrichtungen und Unternehmen. Art. 5 Abs. 1 enthält für solche im Rahmen öffentlicher Aufträge vergebenen Subunternehmerleistungen eine über Art. 3 Abs. 1 hinausgehende Anzeige- und Informationspflicht des Generalunternehmers. Bereits in seinem Angebot muss der Generalunternehmer Art und Umfang der Einzelleistungen, welche er an Subunternehmer vergeben will, sowie den oder die Subunternehmer benennen.[362] Der durch das Gesetz Nr. 2001-1168 vom 11.12.2001 eingefügte Art. 5 Abs. 2 stellt klar, dass auch nach der Auftragsvergabe Subunternehmer vom Generalunternehmer zur Erfüllung des Auftrags eingeschaltet werden können, wenn deren Einsatz zuvor dem Auftraggeber angezeigt wird.

d) Die Direktzahlung

Gemäß Art. 6 Abs. 1 wird ein Subunternehmer, dessen Einsatz und Zahlungsbedingungen vom Auftraggeber nach Art. 3 Abs. 1 genehmigt wurden, vom Auftraggeber direkt für den Teil des Auftrags bezahlt, für welchen der Subun-

361 Siehe zur möglichen Schadensersatzpflicht des Auftraggebers unten S. 102f.
362 *Kühnel/Langer* RIW/AWD 1977, S. 610ff., 611.

ternehmer die Ausführung zusichert. Durch das Gesetz Nr. 2001-1168 vom 11.12.2001 wurde eine Beschränkung in Art. 6 Abs. 1 aufgenommen. Danach hat bei einer Vertragskette lediglich der erste, unmittelbar vom Generalunternehmer eingeschaltete Subunternehmer einen Anspruch auf Direktzahlung gegen den Auftraggeber. Die Sub-Subunternehmer werden demgegenüber nicht mehr direkt vom Auftraggeber bezahlt.

Die Direktzahlung gilt allerdings auch für die Subunternehmer ersten Grades gemäß Art. 6 Abs. 2 nur für Verträge, deren Auftragsvolumen 600 Euro[363] erreicht oder übersteigt. Bei einem Auftragsvolumen unter 600 Euro sind auch für öffentliche Aufträge die Bestimmungen des dritten Abschnitts anzuwenden. Dieser Grenzbetrag kann durch Dekret des Staatsrates geändert werden. Für vom Verteidigungsminister erteilte Aufträge kann der Staatsrat gemäß Art. 6 Abs. 3 einen anderen Grenzwert festlegen.

Die Direktzahlung nach Art. 6 Abs. 1 ist gemäß Art. 6 Abs. 4 des Gesetzes Nr. 75-1334 selbst dann zwingend, wenn das gerichtliche Vergleichs- oder Konkursverfahren über das Vermögen des Generalunternehmers eröffnet ist oder wenn das Gericht Vollstreckungsmaßnahmen gegen den Generalunternehmer einstweilen ausgesetzt hat.

Der durch das Gesetz Nr. 2001-1168 vom 11.12.2001 eingefügte Art. 6 Abs. 5 sieht eine finanzielle Absicherung der Subunternehmer zweiten oder dritten Grades vor, welche die Nachteile der Gesetzesänderung (den Verlust der Direktzahlung) ausgleichen soll. Ein Subunternehmer, der weitere Subunternehmer zur Erfüllung eines Teils seines Vertrags einsetzt, muss die Werklohnansprüche der Sub-Subunternehmer durch eine selbstschuldnerische Bürgschaft eines staatlich anerkannten Kreditinstituts oder eine Schuldbeitrittserklärung (*„délégation de paiement"*) im Sinne des Art. 14 absichern. Gemäß Art. 7 ist jeder Verzicht auf die Direktzahlung unwirksam.

Einige Voraussetzungen der Direktzahlung sind vertieft darzustellen, da diese bei der zu leistenden Qualifikation und Bestimmung des anwendbaren Rechts in grenzüberschreitenden Sachverhalten zu berücksichtigen sind.

(1) Öffentlicher Auftrag

Ein „öffentlicher Auftrag" im Sinne des Gesetzes Nr. 75-1334 ist nach wie vor ein dem Privatrecht unterworfener Vertrag und kein öffentlich-rechtlicher Vertrag. Die öffentliche Einrichtung, Körperschaft oder Unternehmen werden mit

---

363 Der Betrag von vormals 4.000 FF wurde durch Art. 5 Abs. 5 der Ordonnance Nr. 2000-916 vom 19.9.2000 „portant adaptation de la valeur en euros de certains montants exprimés en francs dans les textes législatifs" auf 600 Euro umgestellt.

der Auftragsvergabe lediglich fiskalisch tätig, ohne dass es sich bei der Auftragsvergabe um einen Hoheitsakt handelt.[364]

In Sachverhalten mit Auslandsberührung stellt sich die Frage, ob der zweite Abschnitt lediglich auf Aufträge französisch-staatlicher Einrichtungen, Körperschaften und Unternehmen anzuwenden ist oder auch auf Aufträge nicht-französisch-staatlicher Einrichtungen. Der Wortlaut des Gesetzes Nr. 75-1334 selbst enthält keinerlei Einschränkung. Dennoch geht namentlich LAGARDE[365] davon aus, dass der französische Gesetzgeber lediglich die Intention hatte, die französische Regierung oder französische öffentliche Einrichtungen und Körperschaften als Adressaten der Vorschriften über die Direktzahlung anzusehen. Dies hätte zur Folge, dass die Direktzahlung zum Beispiel (ohne Rücksicht auf das auf den Subunternehmervertrag anzuwendende Recht und ohne der Frage der Anknüpfung der Direktzahlung vorzugreifen) nicht anzuwenden wäre, wenn eine deutsche Gemeinde einen Generalunternehmervertrag mit einem französischen Generalunternehmer schließt, obwohl auf den Generalunternehmervertrag französisches Recht anzuwenden ist.[366] Folgt man der Ansicht LAGARDES, dann muss man für einen Auftrag erteilende ausländische (nicht-französische) öffentliche Einrichtungen und Körperschaften gemäß Art. 11 des Gesetzes Nr. 75-1334 den dritten und nicht den zweiten Abschnitt des Gesetzes Nr. 75-1334 anwenden.[367]

Eine Beschränkung des Anwendungsbereichs des zweiten Abschnitts allein auf französisch-staatliche Einrichtungen ist in der Tat anzunehmen. Die historische Entwicklung der Direktzahlung in Frankreich zeigt, dass die Direktzahlung und der mit ihr verbundene erhöhte Verwaltungsaufwand lediglich französisch-staatlichen Einrichtungen, Körperschaften und Unternehmen zugemutet werden sollte.[368]

(2) Die Zustimmung zur Rechnung

Die Direktzahlung durch den öffentlichen Auftraggeber ist gemäß Art. 8 Gesetz Nr. 75-1334 nur dann möglich, wenn der Generalunternehmer zuvor die Berechtigung der Rechnung des Subunternehmers bescheinigt hat (dazu sogleich). Verweigert der Generalunternehmer die Zustimmung zur Rechnung, darf der

---

364 Vgl. dazu *Lagarde*, in: Gavalda (Hrsg.), La sous-traitance de marchés de travaux et de services, S. 186ff., 198, (N. 18).

365 *Lagarde*, in: Gavalda (Hrsg.), La sous-traitance de marchés de travaux et de services, S. 186ff., 198.

366 *Lagarde*, in: Gavalda (Hrsg.), La sous-traitance de marchés de travaux et de services, S. 186ff. 198.

367 *Lagarde*, in: Gavalda (Hrsg.), La sous-traitance de marchés de travaux et de services, S. 186ff. 198.

368 Vgl. dazu *Sablier/Caro/Abbatucci*, La sous-traitance dans la construction, S. 75ff.

öffentliche Auftraggeber die Direktzahlung nicht vornehmen.[369] Stimmt demgegenüber der Generalunternehmer der Rechnung des Subunternehmers zu, muss der öffentliche Auftraggeber die Rechnung nach französischem öffentlichen Recht binnen einer Frist von 45 Tagen bezahlen.[370]

e) Die Rügefrist

Gemäß Art. 8 Abs. 1 Gesetz Nr. 75-1334 muss der Generalunternehmer der Abrechnung eines Subunternehmers zustimmen oder die Ablehnung begründen. Hierfür gilt eine Frist von zwei Wochen seit Empfang von Nachweisen über die jeweilig geleisteten Arbeiten. Gemäß Art. 8 Abs. 2 wird der Generalunternehmer mit Ablauf der Zweiwochenfrist so behandelt, als habe er die Nachweise akzeptiert, die er nicht ausdrücklich zurückgewiesen hat. Die in Absatz 1 vorgesehenen Mitteilungen sind gemäß Art. 8 Abs. 3 per eingeschriebenem Brief mit Empfangsbestätigung zu bewirken.

f) Die eingeschränkte Verpfändungsmöglichkeit

Art. 9 Abs. 1 Gesetz Nr. 75-1334 bestimmt, dass der Generalunternehmer lediglich den Gegenwert des Vergütungsanspruchs verpfänden kann, welcher dem von ihm selbst erbrachten Auftragsteil entspricht. Will der Generalunternehmer einen Teil des Auftrags an einen Subunternehmer vergeben, obwohl der entsprechende Gegenwert des Vergütungsanspruchs bereits verpfändet ist, hängt die nach Art. 3 erforderliche Genehmigung durch den Auftraggeber zusätzlich davon ab, dass der Generalunternehmer die Verpfändung des Vergütungsanspruchs um den dem Subunternehmer zu übertragenden Auftragsteil verringert.

g) Der Direktanspruch

Die Art. 11 - 14-1 des Gesetzes Nr. 75-1334 gelten gemäß Art. 11 für alle Subunternehmerverträge, die nicht unter den zweiten Abschnitt fallen. Dies sind – positiv ausgedrückt – alle diejenigen Subunternehmerverträge, bei denen der Auftraggeber eine Handelsgesellschaft oder eine natürliche Person ist. Des Weiteren ist der dritte Abschnitt gemäß Art. 6 Abs. 2 a.E. auch auf Subunternehmerverträge anzuwenden, die zur Erfüllung eines öffentlichen Auftrags unter dem Grenzwert von 600 Euro für das Auftragsvolumen geschlossen werden. Wie bereits gesehen, ist schließlich auch der dritte und nicht der zweite Abschnitt anzuwenden, wenn es sich bei dem Auftraggeber um eine nicht-französisch-staatliche Einrichtung handelt.[371]

---

369 *Juan-Bonhomme*, Sous-traiter, S. 140.
370 *Juan-Bonhomme*, Sous-traiter, S. 140.
371 Siehe oben S. 95f.

Die wohl wichtigste Bestimmung des Gesetzes Nr. 75-1334 enthält Art. 12. Nach Art. 12 Abs. 1 hat der Subunternehmer einen Direktanspruch auf Zahlung des Werklohns gegen den Auftraggeber, wenn der Generalunternehmer nicht binnen eines Monats nach Inverzugsetzung den nach dem Subunternehmervertrag fälligen Betrag zahlt.[372] Eine Kopie des verzugsbegründenden Schriftstücks ist an den Auftraggeber zu senden. Ein Verzicht auf diesen Direktanspruch ist gemäß Art. 12 Abs. 2 unwirksam. Der Direktanspruch existiert selbst dann, wenn das gerichtliche Vergleichs- oder Konkursverfahren über das Vermögen des Generalunternehmers eröffnet ist, oder wenn das Gericht Vollstreckungsmaßnahmen gegen den Generalunternehmer einstweilen ausgesetzt hat, Art. 12 Abs. 3 Gesetz Nr. 75-1334. Die Bestimmungen des Art. 1799-1 Abs. 2 *Code civil* sind auf Subunternehmer, welche die in diesem Artikel genannten Bedingungen erfüllen, entsprechend anzuwenden.[373]

Zunächst war unklar, ob Voraussetzung für die Existenz eines Direktanspruchs des Subunternehmers nach Art. 12 die Akkreditierung des Subunternehmers und die Genehmigung seiner Zahlungsbestimmungen nach Art. 3 Abs. 1 sind oder nicht.[374] Inzwischen darf dieser Streit dahingehend als geklärt angesehen werden, dass beides Voraussetzungen des Direktanspruchs sind.[375] Allerdings kann sich der Generalunternehmer dem Subunternehmer gegenüber nicht auf diesen Ausschluss berufen, allein der Auftraggeber ist dem Direktanspruch nicht mehr ausgesetzt.[376] Für das Genehmigungserfordernis spricht insbesondere die systematische Stellung des Art. 3 Abs. 1 im ersten Abschnitt, der allgemeine Vorschriften sowohl für den zweiten als auch für den dritten Abschnitt enthält. Dafür spricht aber auch der Sinn und Zweck des Art. 3 Abs. 1. Das Genehmigungserfordernis soll den Auftraggeber vor vertraglichen Ansprüchen Dritter schützen, die er nicht als Schuldner akzeptiert hat. Dieses Schutz-

---

372 Vgl. zum Direktanspruch insbesondere *Rambure*, Le paiement du sous-traitant, S. 22ff.
373 Art. 1799-1 Abs. 2 Code civil lautet:

> *„Lorsque le maître de l'ouvrage recourt à un crédit spécifique pour financer les travaux, l'établissement de crédit ne peut verser le montant du prêt à une personne autre que celles mentionnées au 3° de l'article 1779 tant que celles-ci n'ont pas reçu le paiement de l'intégralité de la créance née du marché correspondant au prêt. Les versements se font sur l'ordre écrit et sous la responsabilité exclusive du maître de l'ouvrage entre les mains de la personne ou d'un mandataire désigné à cet effet. "*

374 Für einen Direktanspruch des Subunternehmers gegen den Auftraggeber ohne Rücksicht auf die Akkreditierung und die Genehmigung der Zahlungsbedingungen nach Art. 3 Abs. 1 hat sich insbesondere *Lagarde*, in: Gavalda (Hrsg.), La sous-traitance de marchés de travaux et de services, S. 186ff., 198 (N. 26) ausgesprochen.
375 *Juan-Bonhomme*, Sous-traiter, S. 143 und 162; *Rambure*, Le paiement du sous-traitant, S. 20ff.; *Malaurie/Aynès*, Cours de Droit Civil, S. 405.
376 *Rambure*, Le paiement du sous-traitant, S. 22f.

bedürfnis existiert gleichermaßen für die Direktzahlung wie für den Direktanspruch.[377] Schließlich ist darauf hinzuweisen, dass die Direktzahlung und der Direktanspruch sich in ihrer Schutzfunktion zu Gunsten des Subunternehmers entsprechen.[378] Sie sind als gleichwertige Regelungen vorgesehen. Es ist daher nur konsequent, wenn auch aus Sicht des Auftraggebers annähernd die gleichen Voraussetzungen an ihre jeweilige Anwendbarkeit gestellt werden.

Der Wortlaut des Art. 12 und des Art. 2 des Gesetzes Nr. 75-1334 lassen offen, gegen wen sich der Direktanspruch des Sub-Subunternehmers bei gestuften Subunternehmerverhältnissen richtet. In Betracht kommt der ursprüngliche oberste Auftraggeber oder der ursprüngliche Generalunternehmer. Die parlamentarischen Arbeiten lassen darauf schließen, dass der französische Gesetzgeber lediglich an einen Direktanspruch des Sub-Subunternehmers gegen den ursprünglichen Generalunternehmer, nicht aber gegen den ursprünglichen Auftraggeber gedacht hat.[379] Die Rechtsprechung hat demgegenüber entschieden, dass sich der Direktanspruch des Subunternehmers, egal welchen Rang er in der Vertragskette einnimmt, stets gegen den ursprünglichen Auftraggeber richtet.[380] Dieser Ansicht scheint sch inzwischen auch der französische Gesetzgeber angeschlossen zu haben. Denn bei der Änderung des Gesetzes Nr. 75-1334 durch das Gesetz Nr. 2001-1168 vom 11.12.2001 wurde lediglich die Direktzahlung im Rahmen öffentlicher Aufträge auf den Subunternehmer ersten Ranges beschränkt (Art. 6 Abs. 1), während der Direktanspruch im Rahmen des Anwendungsbereichs des dritten Abschnitts des Gesetzes Nr. 75-1334 in Kenntnis der Rechtsprechung des französischen Kassationsgerichtshofs unverändert blieb.

Folgende Eigenschaften und Voraussetzungen des Direktanspruchs nach französischem Recht, die für die kollisionsrechtliche Behandlung besonderes wichtig sind, lassen sich zusammenfassen:

(1)　Das Genehmigungserfordernis

Für den Direktanspruch ist – ebenso wie für die Direktzahlung – nach dem französischen Gesetz Nr. 75-1334 gemäß Art. 3 Abs. 1 Voraussetzung, dass der

---

377 *Juan-Bonhomme*, Sous-traiter, S. 143 und 162; *Rambure*, Le paiement du sous-traitant, S. 20ff.; *Malaurie/Aynès*, Cours de Droit Civil, S. 405.

378 *Rambure*, Le paiement du sous-traitant, S. 22f.

379 Journal officiel Déb. As. Nat. vom 6.12.1975, S. 9466ff.

380 Cour de Cassation, 3e Ch. Civ., Urteil vom 29.5.1980, Bull. civ. III, Nr. 107; Urteil vom 11.10.1983, Recueil Dalloz 1984, S. 153 (jur.); Urteil vom 12.7.1989, Bull. civ. III, Nr. 167. Vgl. aus der Literatur hierzu *Rambure*, Le paiement du sous-traitant, S. 18ff. Anders demgegenüber Art. 1798 Abs. 2 des belgischen Code civil, wonach sich der Direktanspruch im Falle einer erneuten Weitervergabe allein gegen den früheren Generalunternehmer richtet, siehe hierzu unten S. 111.

Subunternehmer beim Auftraggeber akkreditiert ist und dieser die Zahlungsbedingungen genehmigt hat.[381]

(2) Der Verzug des Generalunternehmers

Voraussetzung für den Direktanspruch ist gemäß Art. 12 weiter, dass der Subunternehmer den Generalunternehmer wegen der fälligen Werklohnforderung in Verzug gesetzt hat und der Generalunternehmer trotz der Inverzugsetzung nicht binnen eines Monats den Werklohn gezahlt hat.[382] Ob der Generalunternehmer mit der Werklohnzahlung in Verzug ist oder nicht, richtet sich in Sachverhalten mit Auslandsberührung ohne jeden Zweifel stets nach dem Subunternehmervertragsstatut.

(3) Der Einwendungsdurchgriff

Der Auftraggeber kann dem Direktanspruch zum einen all die Einwendungen entgegenhalten, die ihm gegen den Werklohnanspruch des Generalunternehmers zustehen. Die französische Rechtsprechung hat ferner entschieden, dass ein Auftraggeber dem Direktanspruch die Einwendungen des Generalunternehmers, welche diesem gegenüber dem Subunternehmer aus dem Subunternehmervertrag zustehen, entgegenhalten kann („Einwendungsdurchgriff").[383] Durch den Einwendungsdurchgriff wird für die Einwendungen ein Äquivalent zum Direktanspruch des Subunternehmers gegen den Auftraggeber geschaffen.

(4) Gestufte Subunternehmerverträge

Bei gestuften Subunternehmerverhältnissen kann nicht nur der Subunternehmer ersten Grades Direktansprüche gegen den ursprünglichen Auftraggeber geltend machen. Auch Subunternehmer höheren Grades haben nach der Rechtsprechung des französischen Kassationsgerichtshofs den Direktanspruch gegen den ursprünglichen Auftraggeber.[384] Voraussetzung hierfür ist allerdings, dass auch der Einsatz der Subunternehmer höheren Grades und ihre Zahlungsbestimmungen vom Auftaggeber genehmigt wurden (siehe Art. 3).

---

381 Cour de Cassation, Ch. Mixte, Urteil vom 13.3. 1981, JCP 1981, No 19, S. 568; *Juan-Bonhomme*, Sous-traiter, S. 143 und 162; *Rambure*, Le paiement du sous-traitant, S. 21f.; *Dutilleul/Delebecque*, Contrats civils et commerciaux, Rn. 918.

382 *Dutilleul/Delebecque*, Contrats civils et commerciaux, Rn. 916.

383 Cour de Cassation, 3e Ch. Civ., Urteil vom 15.2.1983, Recueil Dalloz 1983, S. 483 (jur.); Urteil vom 8.3.1983, Recueil Dalloz 1983, S. 483 (jur.); *Rambure*, Le paiement du sous-traitant, S. 31; *Juan-Bonhomme*, Sous-traiter, S. 144; *Jayme*, in: Festschrift Pleyer (1986), S. 371ff., 375.

384 Cour de Cassation, 3e Ch. Civ., Urteil vom 29.5.1980, Bull. civ. III, Nr. 107; Urteil vom 11.10.1983, Recueil Dalloz 1984, S. 153 (jur.); Urteil vom 12.7.1989, Bull. civ. III, Nr. 167. Vgl. aus der Literatur hierzu *Rambure*, Le paiement du sous-traitant, S. 18ff.

h) Der Umfang des Direktanspruchs

Der Umfang des Direktanspruchs ist in zweifacher Hinsicht beschränkt.[385] Nach Art. 13 Abs. 1 des Gesetzes Nr. 75-1334 umfasst der Direktanspruch nicht den gesamten Werklohnanspruch des Subunternehmers, sondern nur den Werklohn für die Leistungen, welche dem Auftraggeber auch tatsächlich zugute gekommen sind. Hierbei handelt es sich jedoch nicht um eine Beschränkung des Direktanspruchs auf die objektive Bereicherung, der Direktanspruch umfasst den echten Werklohnanspruch.[386] Die Verpflichtungen des Auftraggebers sind darüber hinaus gemäß Art. 13 Abs. 2 auf den Betrag beschränkt, den er dem Generalunternehmer zum Zeitpunkt des Zugangs der Kopie des in Art. 12 Abs. 1 genannten verzugsbegründenden Schriftstücks noch schuldet. Dies kann im Falle der Insolvenz des Generalunternehmers zu Problemen führen, wenn mehrere Subunternehmer noch unbezahlte Ansprüche gegen den Auftraggeber geltend machen, dieser aber wegen Art. 13 nicht alle Ansprüche bedienen muss.[387]

Während die erste Beschränkung eine Tatsachenfrage ist, ist für Sachverhalte mit Auslandsberührung zu beachten, dass sich die zweite Beschränkung ausschließlich nach dem Generalunternehmervertrag richtet und folglich nur nach dem Generalunternehmervertragsstatut bestimmt werden kann.

Nach Art. 13-1 Abs. 1 Gesetz Nr. 75-1334 kann der Generalunternehmer die aus dem Auftrag oder aus dem mit dem Auftraggeber geschlossenen Vertrag stammenden Forderungen nur insoweit abtreten oder verpfänden, als sie ihm auf Grund der von ihm selbst ausgeführten Arbeiten zustehen.[388] Gemäß Art. 13-1 Abs. 2 kann der Generalunternehmer jedoch die Gesamtheit der Forderungen unter der Bedingung abtreten oder verpfänden, dass er eine selbstschuldnerische Bürgschaft im Sinne des Art. 14 dieses Gesetzes im Voraus und in schriftlicher Form für den Subunternehmer erwirbt.[389]

i) Die Sicherheitsleistung des Generalunternehmers

Nach Art. 14 Abs. 1 des Gesetzes Nr. 75-1334 ist des Weiteren Wirksamkeitsvoraussetzung des Subunternehmervertrags, dass der Generalunternehmer die dem Subunternehmer aus dem Subunternehmervertrag geschuldeten Zahlungen

---

385 *Dutilleul/Delebecque*, Contrats civils et commerciaux, Rn. 920; *Rambure*, Le paiement du sous-traitant, S. 36ff.; *Vischer/Huber/Oser*, Internationales Vertragsrecht, Rn. 523.

386 *Rambure*, Le paiement du sous-traitant, S. 36ff.

387 Vgl. hierzu eingehend *Rambure*, Le paiement du sous-traitant, S. 36ff.

388 *Dutilleul/Delebecque*, Contrats civils et commerciaux, Rn. 920.

389 *Dutilleul/Delebecque*, Contrats civils et commerciaux, Rn. 919f.; *Rambure*, Le paiement du sous-traitant, S. 36ff.

durch eine selbstschuldnerische Bürgschaft[390] eines staatlich anerkannten Kreditinstituts absichert. Diese Sicherheit muss allerdings dann nicht erbracht werden, wenn der Generalunternehmer den Auftraggeber zur Zahlung an den Subunternehmer gemäß Art. 1275 *Code civil* bis zur Höhe der vom Subunternehmer erbrachten Leistungen verpflichtet.[391]

j) Die Verantwortlichkeit des Auftraggebers

Bei Verträgen über Arbeiten an Bauwerken und über öffentliche Arbeiten muss ein Auftraggeber, welcher Kenntnis über die Anwesenheit eines Subunternehmers oder Sub-Subunternehmers auf der Baustelle hat, dessen Einsatz ihm nicht gemäß Art. 3 oder 6 angezeigt und von ihm nicht genehmigt wurde, den Generalunternehmer[392] dazu auffordern, die Verpflichtungen nach Art. 3 und 6 zu erfüllen. Aus Art. 14-1 erster Spiegelstrich ist weiter zu folgern, dass ein Auftraggeber, welcher Kenntnis über den Einsatz eines „illegalen" Subunternehmers hat, diesem gegenüber für mögliche Verluste haftet.[393] Allerdings handelt es sich hierbei nicht um einen Direktanspruch auf Zahlung des Werklohns gegen den Auftraggeber, sondern lediglich um eine Art Schadensersatz. Denn dem Subunternehmer entgeht durch die fehlende Genehmigung nicht unmittelbar die Zahlung des Werklohns, sondern lediglich der Direktanspruch.[394] Art. 14-1 Abs.

---

390 Die Bürgschaft kann auch befristet von einem Unternehmen geleistet werden, das auf der durch Erlass in Anwendung des Gesetzes Nr. 71-584 vom 16. Juli 1971 in Betreff der Einbehaltung von Sicherheiten aufgestellten Liste aufgeführt ist.

391 *Juan-Bonhomme*, Sous-traiter, S. 155.

392 Bzw. Subunternehmer höheren Grades im Falle von gestuften Subunternehmerverhältnissen.

393 *Sablier/Caro/Abbatucci*, La sous-traitance dans la construction, S. 64. Vgl. hierzu zwei Entscheidungen der Cour d'Appel de Paris, 1re Ch., Urteil vom 22.1.1991 und Cour d'Appel Paris, 19e Ch., Urteil vom 12.2.1991, Recueil Dalloz 1992, S. 500 (jur.). In den Entscheidungen hatte jeweils ein Subunternehmer vom Generalunternehmer keinen Lohn für die von ihm geleistete Arbeit bekommen. Die Auftraggeber hatten jeweils Kenntnis vom Einsatz irregulärer Subunternehmer auf ihrer Baustelle und tolerierten diese. Beide wurden dazu verurteilt, den von den Subunternehmern erlittenen Verlust zu ersetzen.

394 Was zum Beispiel von der Cour d'Appel de Montpellier, 5e Ch., Urteil vom 8.10.1992, mit lediglich 33% des Werklohnanspruchs angesetzt wurde, vgl. dagegen *Sablier/Caro/Abbatucci*, La sous-traitance dans la construction, S. 65ff. Demgegenüber hat die Cour d'Appel Paris, 19e Ch., Urteil vom 29.1.1993, entschieden, dass voller Aufwandsersatz inklusive Zinsen (wenn auch nicht der Werklohn) vom Auftraggeber zu zahlen sei, da der Subunternehmer bei Erfüllung der Verpflichtungen nicht nur den Direktanspruch, sondern auch die in Art. 14 vorgesehenen Garantien erworben hätte. Die Cour d'Appel Paris betont zugleich den quasi-deliktsrechtlichen Charakter des Ersatzanspruchs. Voraussetzung sei daher auch ein schuldhaftes Verhalten des Auftraggebers (Art. 1382 – 1386 Code civil).

1 1. Spiegelstrich gilt dabei auch für Subunternehmerverträge, welche im Rahmen der Erfüllung eines öffentlichen Auftrags abgeschlossen werden.

Gemäß Art. 14-1 Abs. 1 2. Spiegelstrich muss der Auftraggeber vom Generalunternehmer verlangen, dass dieser die Bürgschaft nachweist, wenn ein Subunternehmer, dessen Einsatz und Zahlungsbedingungen genehmigt wurden, nicht Begünstigter einer *„délégation de paiement"*[395] ist.

Gemäß Art. 14-1 Abs. 2 sind die Bestimmungen des Art. 14-1 Abs. 1 nicht auf natürliche Personen anzuwenden, die ein Haus oder eine Wohnung für sich, ihren Ehegatten, ihre Verwandte, ihre Abkömmlinge oder die ihres Ehegatten bauen. Auf (Generalunternehmer-)Verträge über den Bau zu vermietender Häuser oder Wohnungen findet das Gesetz jedoch Anwendung.

k) Das Umgehungsverbot

Gemäß Art. 15 sind alle Klauseln, Bedingungen und Vereinbarungen gleich welcher Form, die der Umgehung des Gesetzes Nr. 75-1334 dienen, nichtig.

IV. Das luxemburgische Gesetz vom 23.7.1991[396]

1. Hintergrund

Das luxemburgische Gesetz vom 23.7.1991 ähnelt dem 16 Jahre älteren französischen Gesetz Nr. 75-1334, dem es nachgebildet wurde.[397] Im Mittelpunkt des luxemburgischen Gesetzes steht die Direktzahlung an den Subunternehmer durch den Auftraggeber. Im Gegensatz zum französischen Gesetz Nr. 75-1334 wird einheitlich für private Verträge und öffentliche Aufträge eine Direktzahlung eingeführt.[398] Die im französischen Gesetz enthaltene strikte Unterscheidung zwischen öffentlichen Aufträgen und privaten Verträgen ist bewusst aufgelockert, behält aber Bedeutung, da sich ein Subunternehmer im Rahmen öffentlicher Aufträge nicht dem allgemeinen Recht (*„droit commun"*) unterwerfen kann, siehe Art. 2 des luxemburgischen Gesetzes vom 23.7.1991.

---

395 Verpflichtung des Auftraggebers, den Subunternehmer zu bezahlen, vergleichbar dem Schuldbeitritt im deutschen Recht.
396 Gesetz vom 23.7.1991 „ayant pour objet de réglementer les activités de sous-traitance", Mémorial, Journal officiel du Grand-Duché de Luxembourg, Partie A, Nr. 52 vom 8.8.1991, S. 1037ff.
397 Siehe die Begründung des luxemburgischen Gesetzentwurfs vom 1.8.1988, Nr. 3251, Chambre des Députés, Session ordinaire 1987 – 1988, „Projet de loi ayant pour objet de réglementer les activités de sous-traitance", S. 4.
398 Siehe die Begründung des luxemburgischen Gesetzentwurfs vom 1.8.1988, Nr. 3251, Chambre des Députés, Session ordinaire 1987 – 1988, „Projet de loi ayant pour objet de réglementer les activités de sous-traitance", S. 4.

2. Der Anwendungsbereich

Der Anwendungsbereich des luxemburgischen Gesetzes wird durch seine Art. 1 und 2 bestimmt. Der subjektive Anwendungsbereich umfasst Subunternehmer, welche in eigener wirtschaftlicher Verantwortung tätig werden. Abhängig Beschäftigte (Arbeitnehmer), die im Rahmen einer dezentralen Fertigung eingesetzt werden, fallen nicht in den Schutzbereich. Art. 1 definiert die Subunternehmung als „diejenige Handlung, durch welche ein Unternehmer mittels eines Untervertrags und unter eigener Verantwortung einer anderen Person, dem Subunternehmer, einen Teil der oder die gesamte Ausführung eines mit dem Auftraggeber geschlossenen Werkvertrags oder eines öffentlichen Auftrags anvertraut."[399] Hieraus wird deutlich, dass Zulieferverträge, bei denen ein dritter Unternehmer nicht zur Erfüllung einer konkreten vertraglichen Verpflichtung eines anderen Unternehmers gegenüber einem Auftraggeber tätig wird, nicht unter den Anwendungsbereich des Gesetzes fallen.

Gemäß seinem Art. 2 Abs. 1 findet das Gesetz nur unter der Bedingung auf Subunternehmerverträge Anwendung, dass diese die Voraussetzungen der luxemburgischen Ausführungsverordnung zu Art. 36 Abs. 2a) des Gesetzes vom 27. Juli 1936 über die Staatsbuchhaltung[400] erfüllen. Dieser Verweis beinhaltet die Voraussetzung, dass es sich um einen Subunternehmervertrag von einiger wirtschaftlicher Bedeutung[401] handeln muss, damit das Gesetz Anwendung findet. Der zeitliche Anwendungsbereich des Gesetzes wird durch Art. 16 bestimmt.

3. Der wesentliche Inhalt

a) Die Anwendung des „droit commun"

Nach Art. 2 Abs. 2 kann sich ein Subunternehmer, soweit es sich um einen privaten Auftrag handelt, durch ausdrückliche Erklärung dafür entscheiden, dass

---

399 Art. 1 des Gesetzes vom 23.7.1991. Das Gesetz ist mit deutscher Übersetzung im Anhang der Arbeit , unten S. 345ff., abgedruckt.

400 Nunmehr existiert eine Neufassung des Gesetzes: „Loi du 30 juin 2003 sur les marchés publics", Mémorial, Journal officiel du Grand-Duché de Luxembourg, Partie A, Nr. 93 vom 10.7.2003, S. 1670ff.

401 Nach der Begründung des luxemburgischen Gesetzentwurfs vom 1.8.1988, Nr. 3251, Chambre des Députés, Session ordinaire 1987 – 1988, „Projet de loi ayant pour objet de réglementer les activités de sous-traitance", S. 5, sollten dadurch die meisten im Rahmen privater Bauvorhaben geschlossenen Subunternehmerverträge aus dem Anwendungsbereich des Gesetzes ausgeschlossen werden. Vgl. für die relevanten Summen im Detail nunmehr die luxemburgische Ausführungsverordnung vom 7.7.2003 zum Gesetz vom 30.6.2003 über das öffentliche Auftragswesen, Mémorial, Journal officiel du Grand-Duché de Luxembourg, Partie A, Nr. 93 vom 10.7.2003, S. 1670ff., 1694ff. und insbesondere deren Art. 10.

der Subunternehmervertrag dem allgemeinen Recht („*droit commun*") unterworfen sein soll. Ein Subunternehmer kann also die Anwendung des Gesetzes
vom 23.7.1991 durch Erklärung ausschließen und statt dessen für die Anwendung der allgemeinen Regeln optieren.[402] Diese Regelung dient der Privilegierung der im Rahmen privater Werkverträge tätigen Subunternehmer. Die Verweisung ist nicht als Verweisung auf die *lex fori*, sondern als starre Verweisung
auf das luxemburgische Zivilgesetzbuch zu verstehen. Mit der Bezeichnung
„privater Werkvertrag" ist nicht der Subunternehmervertrag, sondern der Generalunternehmervertrag gemeint. Ein „privater Werkvertrag" liegt immer dann
vor, wenn der Auftraggeber keine öffentliche Einrichtung und kein staatliches
Unternehmen ist.[403] Es muss eine ausdrückliche Erklärung des Subunternehmers
vorliegen, dass der Vertrag dem allgemeinen Zivilrecht unterliegen soll. Die
Erklärung muss am Ende des Subunternehmervertrags zum Zeitpunkt des Vertragsschlusses angebracht werden. Daraus ist im Umkehrschluss zu folgern,
dass eine nachträgliche oder eine konkludente Abwahl des Gesetzes vom
23.7.1991 nicht möglich ist.

b)   Gestufte Subunternehmerverträge

Gemäß Art. 3. Abs. 1 wird ein Subunternehmer seinen eigenen Subunternehmern gegenüber als Generalunternehmer behandelt. Demgegenüber bleibt der
Auftraggeber immer derselbe, egal wie viele untergeordnete Subunternehmer
eingesetzt werden (Art. 3 Abs. 2).

c)   Die Anzeige- und Genehmigungspflicht

Ebenso wie das französische Gesetz Nr. 75-1334 enthält das luxemburgische
Gesetz in seinem Art. 4 Abs. 1 eine Verpflichtung für den Generalunternehmer,
den Einsatz jedes Subunternehmers und dessen Zahlungsbedingungen vom
Auftraggeber genehmigen zu lassen. Die Genehmigung muss der Generalunternehmer bereits bei Abgabe des Angebots oder beim Vertragsschluss einholen.
Entschließt er sich erst später zum Einsatz eines Subunternehmers, muss er die
Genehmigungen nachträglich einholen. Der Auftraggeber kann vom Generalunternehmer Einsichtnahme in die Subunternehmerverträge gemäß Art. 4 Abs. 2
verlangen.

---

402   Siehe die Begründung des luxemburgischen Gesetzentwurfs vom 1.8.1988, Nr. 3251,
      Chambre des Députés, Session ordinaire 1987 – 1988, „Projet de loi ayant pour objet de
      réglementer les activités de sous-traitance", S. 5.
403   Vgl. Art. 3 des luxemburgischen Gesetzes über das öffentliche Auftragswesen,
      Mémorial, Journal officiel du Grand-Duché de Luxembourg, Partie A, Nr. 93 vom
      10.7.2003, S. 1670ff. zu demselben Verständnis des Begriffs im französischen Gesetz
      Nr. 75-1334 oben S. 95f.

Gemäß Art. 5. Abs. 1 kann sich ein Subunternehmer, falls der Unternehmer der in Art. 4 Abs. 1 genannten Anzeige- und Genehmigungspflicht nicht nachkommt, während der gesamten Vertragslaufzeit an den Auftraggeber wenden, um seinen Einsatz und seine Zahlungsbedingungen genehmigen zu lassen. Hierdurch wird sichergestellt, dass der Auftraggeber und der Generalunternehmer die Schutzbestimmungen des Gesetzes und insbesondere die Direktzahlung an den Subunternehmer nicht dadurch umgehen, dass sie deren Voraussetzungen vereiteln. Denn gemäß Art. 6 findet das luxemburgische Gesetz nur auf Subunternehmerverträge Anwendung, welche vom Auftraggeber genehmigt wurden. Fehlt die Genehmigung, kommt das allgemeine luxemburgische Zivilrecht zur Anwendung.[404]

d)   Die Direktzahlung

Gemäß Art. 7 Abs. 1 wird der Subunternehmer direkt vom Auftraggeber für den Teil des Auftrags oder des Vertrags bezahlt, für dessen Ausführung er zuständig ist. Die Direktzahlung ist selbst dann (und nach dem Schutzgedanken des Gesetzes gerade dann) obligatorisch, wenn der Generalunternehmer zahlungsunfähig ist und in Konkurs gerät oder die Zwangsverwaltung des Generalunternehmens angeordnet wurde (Art. 7 Abs. 2). Gemäß Art. 8 ist jeder Verzicht auf die Direktzahlung unwirksam.

Art. 10 Abs. 2 bezeichnet die Rechtsbeziehung zwischen dem Auftraggeber und dem Subunternehmer als eine vertraglicher Natur.[405]

e)   Die Genehmigung von Nachweisen

Nach Art. 9 Abs. 1 muss ein Generalunternehmer Nachweise, welche als Grundlage der Rechnungsstellung für die Direktzahlung dienen, binnen einer Frist von 14 Tagen genehmigen oder dem Subunternehmer gegenüber seine begründete Ablehnung der Genehmigung anzeigen. Im Falle einer Endabrechnung beträgt diese Frist gemäß Art. 9 Abs. 2 sechs Wochen. Erklärt ein Generalunternehmer weder ausdrücklich die Genehmigung noch die Zurückweisung der

---

404   Siehe die Begründung des luxemburgischen Gesetzentwurfs vom 1.8.1988, Nr. 3251, Chambre des Députés, Session ordinaire 1987 – 1988, „Projet de loi ayant pour objet de réglementer les activités de sous-traitance", S. 7.

405   Demgegenüber geht die französische Rechtsprechung in Bezug auf produkthaftungsrechtliche Ansprüche des Auftraggebers gegen den Subunternehmer von einem deliktischen Charakter aus, siehe Cour de Cassation, Ass. Plén., Urteil vom 12.7.1991, Recueil Dalloz 1991, S. 549 (jur.), kritisch *Huet*, in: Ghestin (Hrsg.), Les principaux contrats spéciaux, S. 1423 m.w.N. Siehe zu diesem Aspekt auch die Entscheidung des EuGH vom 17.6.1992, Rs. C-26/91, *Jakob Handte & Co. GmbH ./. Traitements mécano-chimiques des surfaces S.A.*, Slg. 1992 I, S. 3967ff., ausführlich unten S. 196ff.

Nachweise, gelten diese mit Ablauf der jeweiligen Fristen als vom Generalunternehmer genehmigt. Die Mitteilungen sind per Einschreiben mit Rückschein zu bewirken, Art. 9 Abs. 3.

f) Die Hinterlegung streitigen Werklohns

Gemäß Art. 10 Abs. 1 kann sich ein Auftraggeber durch Hinterlegung des streitigen Teils des Werklohns bei einem Kreditinstitut oder der Hinterlegungskasse von der Verpflichtung den Werklohn zu bezahlen befreien, wenn der Generalunternehmer binnen der in Art. 9 vorgeschriebenen Frist eine begründete Ablehnung vorgebracht hat.

g) Die eingeschränkte Verpfänd- und Abtretbarkeit

Gemäß Art. 11 Abs. 1 kann ein Generalunternehmer lediglich den von ihm selbst zu erbringenden Teil des Auftrags oder des Vertrags weitervergeben. Wurde ein Teil des vom Generalunternehmer zu erbringenden Werkes verpfändet, so kann der Generalunternehmer diesen Teil nur unter der Bedingung an einen Subunternehmer weitervergeben, dass die Verpfändung um den weiterzuvergebenden Teil verringert wird, Art. 11 Abs. 2. Eine hiervon abweichende Verpfändung ist gemäß Art. 11 Abs. 3 unwirksam. Art. 12 erstreckt die in Art. 11 Abs. 2 und 3 enthaltenen Beschränkungen für die Verpfändung auch auf die Forderungsabtretung.

h) Das Umgehungsverbot

Klauseln, Bestimmungen oder Abreden gleich welcher Art, welche zu einer Umgehung des luxemburgischen Schutzgesetzes führen würden, sind gemäß Art. 13 des Gesetzes nichtig. Das Gesetz ist Bestandteil des luxemburgischen *ordre public*.[406] Art. 13 stellt eine allgemeine Ausformung des bereits in Art. 8 enthaltenen Umgehungsverbots dar. Es scheint in einem gewissen Widerspruch zu der Regelung des Art. 2 Abs. 2 des Gesetzes zu stehen, wonach ein Subunternehmer unter bestimmten Bedingungen für die Anwendung der allgemeinen Bestimmungen des luxemburgischen Zivilgesetzbuchs optieren kann. Das in Art. 13 enthaltene Umgehungsverbot kann also nur außerhalb dieser Wahlmöglichkeit uneingeschränkt gelten.[407] Daraus ist zu folgern, dass es für alle Subunternehmerverträge, die im Rahmen der Ausführung eines öffentlichen Auftrags ausgeführt werden, gilt. Darüber hinaus findet das Umgehungsverbot

---

406 Siehe die Begründung des luxemburgischen Gesetzentwurfs vom 1.8.1988, Nr. 3251, Chambre des Députés, Session ordinaire 1987 – 1988, „Projet de loi ayant pour objet de réglementer les activités de sous-traitance", S. 8.

407 In diesem Sinne auch die Begründung des luxemburgischen Gesetzentwurfs vom 1.8.1988, Nr. 3251, Chambre des Députés, Session ordinaire 1987 – 1988, „Projet de loi ayant pour objet de réglementer les activités de sous-traitance", S. 5, 7f.

im Rahmen eines privaten Vertrags Anwendung, wenn der Subunternehmer sich nicht bereits bei Vertragsschluss ausdrücklich für die Anwendung des allgemeinen Zivilrechts entschieden hat.

i) Öffentlichrechtliche Formalien

Nach Art. 14 bleiben Formalien, welche sich aus dem öffentlichen Recht für das öffentliche Auftragswesen ergeben, für die Weitervergabe eines öffentlichen Auftrags durch das Subunternehmerschutzgesetz unberührt.

V. Belgien: Art. 1798 Code civil[408]

Das belgische Recht enthält im Gegensatz zum französischen und luxemburgischen kein Subunternehmerschutzgesetz. Allerdings begründet Art. 1798 Abs. 1 des belgischen *Code civil* einen Direktanspruch des Subunternehmers. Danach haben Subunternehmer, welche am Bau eines Gebäudes oder eines anderen durch Werkvertrag zustande gebrachten Bauwerks mitgewirkt haben, einen Direktanspruch gegen den Auftraggeber:

> *„Art. 1798.* (1) *Les maçons, charpentiers, ouvriers, artisans et sous-traitants qui ont été employés à la construction d'un bâtiment ou d'autres ouvrages faits à l'entreprise ont une action directe contre le maître de l'ouvrage jusqu'à concurrence de ce dont celui-ci se trouve débiteur envers l'entrepreneur au moment où leur action est intentée.*
>
> *(2) Le sous-traitant est considéré comme entrepreneur et l'entrepreneur comme maître de l'ouvrage à l'égard des propres sous-traitants du premier.* "[409]

---

408 Art. 1798 neu gefasst (Einführung des Direktanspruch des Subunternehmers in den belgischen Code civil) durch Art. 2 des Gesetzes vom 19.2.1990, Moniteur Belge vom 24.3.1990.

409 Deutsche Übersetzung:

> *„Art. 1798.* (1) *Die Maurer, Schreiner, Arbeiter, Handwerker und Subunternehmer, die am Bau eines Gebäudes oder eines anderen durch Werkvertrag zustande gebrachten Bauwerks mitgewirkt haben, haben einen Direktanspruch gegenüber dem Auftraggeber bis zu dem Betrag, den dieser dem Generalunternehmer in dem Augenblick schuldet, in dem der Direktanspruch geltend gemacht wurde.*
>
> *(2) In Bezug auf die eigenen Subunternehmer ist ein Subunternehmer seinerseits als Generalunternehmer und der Generalunternehmer als Auftraggeber anzusehen.* "

1. Hintergrund

Der belgische Gesetzgeber beabsichtigte durch das Gesetz vom 19.2.1990 den Rechtsschutz der Subunternehmer zu verbessern. Dies wurde durch die Einführung zweier Regelungen verwirklicht: Art. 1798 des belgischen *Code civil* wurde neu gefasst, so dass er Subunternehmern einen Direktanspruch gegen die jeweiligen Auftraggeber gibt. Zudem wurde ein Privileg für Subunternehmer in das belgische Hypothekengesetz[410] eingeführt.

Der in Art. 1798 des belgischen *Code civil* vorgesehene Direktanspruch des Subunternehmers gegen den Auftraggeber kann nicht dadurch beeinträchtigt werden, dass die Forderung des Generalunternehmers gegen den Auftraggeber nach Geltendmachung des Direktanspruchs gepfändet wird oder der Generalunternehmer sie an einen Dritten abtritt.[411] Es ist allerdings – ebenso wie im französischen Recht – Voraussetzung des Direktanspruchs, dass eine Forderung des Generalunternehmers gegen den Auftraggeber im Augenblick seiner Geltendmachung existiert. Der Direktanspruch läuft folglich ins Leere, wenn die Abtretung vor dessen Geltendmachung erfolgt, da der Auftraggeber dann nicht mehr dem Generalunternehmer gegenüber verpflichtet ist, sondern einem Dritten.[412] Der Direktanspruch ist des Weiteren nicht subsidiär gegenüber anderen Sicherheiten des Subunternehmers: Der Subunternehmer kann sich z.B. auf ihn berufen, obwohl er sich zusätzlich über einen (verlängerten) Eigentumsvorbehalt abgesichert hat. Darüber hinaus muss der Subunternehmer den Generalunternehmer nicht zuvor in Verzug gesetzt haben. Mit dem Direktanspruch kann nach Fälligkeit der Forderung ohne weiteres Zahlung vom Auftraggeber verlangt werden.[413]

2. Die Rechtsnatur des Direktanspruchs

Auch nach belgischem Recht handelt es sich bei dem Direktanspruch um einen Anspruch, der eine Ausnahme zum Grundsatz der Relativität der Verträge darstellt[414], dem Direktanspruch kommt vertraglicher Charakter zu.[415] Im Schrifttum zu Art. 1798 des belgischen *Code civil* wird zudem diskutiert, ob es sich

---

410 Art. 20,12° Abs. 1 des Gesetzes vom 16.12.1851 „sur les hypothèques". Das Privileg besteht aus der Einführung eines Pfandrechts am Immobiliareigentum des Auftraggebers in Höhe des Betrages, welchen der Auftraggeber dem Generalunternehmer schuldet.

411 Siehe für den Fall der Pfändung die Urteile des Tribunal de Commerce Charleroi vom 21.11.1996 und vom 3.3.1995, Rev. rég. dr. 1997, S. 51.

412 Art. 1690 Abs. 1 des belgischen Code civil löst diesen Konflikt zu Lasten des Direktanspruchs, siehe *Wery* Rev. rég. dr. 1997, S. 169ff., 182.

413 Wery Rev. rég. dr. 1997, S. 169ff., 178.

414 Cour de Cassation, Urteil vom 18.10.1954, Pass. 1945 I, S. 240f.; Urteil der Cour d'Appel de Liège vom 8.1.1996, J.L.M.B. 1997, S. 376.

415 Siehe das Urteil der Cour d'Appel de Bruxelles vom 13.9.1996, Az. 92AR3058 und *Wery* Rev. rég. dr. 1997, S. 169ff., 171, 173.

bei dem Direktanspruch ausschließlich um ein prozessuales Recht handelt.[416] Dabei ist die Frage, ob der Direktanspruch ein materielles Recht darstellt, von der Frage, inwieweit auch die außergerichtliche Geltendmachung ausreichend ist, um die in Art. 1798 *Code civil* genannten Rechtsfolgen auszulösen, zu unterscheiden. Während letzteres heftig umstritten ist[417], besteht heute in Belgien Einigkeit, dass der Direktanspruch ein materielles subjektives Recht des Subunternehmers darstellt, welches durch die Möglichkeit der direkten prozessrechtlichen Geltendmachung ergänzt ist.[418, 419]

Der Direktanspruch dient nicht der Geltendmachung einer fremden Forderung im eigenen oder fremden Namen. Es handelt sich vielmehr um ein eigenes Recht des Subunternehmers.[420] Anspruchsverpflichtet ist der Auftraggeber.

3. Der Anwendungsbereich

Die in Art. 1798 Abs. 1 des belgischen *Code civil* enthaltene Definition des Subunternehmervertrags setzt – ebenso wie die Definitionen im französischen und luxemburgischen Subunternehmergesetz – das Vorliegen zweier Werk- oder Werklieferverträge voraus. Sowohl der Generalunternehmervertrag als auch der Subunternehmervertrag müssen dieses Erfordernis erfüllen.[421] Der Unterscheidung zwischen Werk- und Werklieferungsvertrag einerseits und Kaufvertrag andererseits kommt daher auch im belgischen Recht in der Praxis entscheidende Bedeutung zu.[422] Wie im deutschen und französischen Recht wird bei der Unterscheidung von Werkliefer- und Kaufvertrag in Belgien danach differenziert, ob speziell angefertigte Güter oder standardisierte Fertigprodukte geliefert werden müssen.[423] Beschränkt sich die Leistungspflicht auf die Eigentums- und Besitzverschaffung, handelt es sich um einen Kaufvertrag. Gehören auch Werkleistungen wie die Montage und Inbetriebnahme zum Leis-

---

416 *Wery* Rev. rég. dr. 1997, S. 169ff., 175.

417 Siehe sogleich die Ausführungen unten S. 112f.

418 „*Un droit direct sanctionné au besoin par une action directe*", so bereits *Cozian*, L'action directe, S. 16. Siehe auch *Wery* Rev. rég. dr. 1997, S. 169ff., 175 und *Renard/Abbeele* T.Aann. 1997, S. 134ff., 139.

419 Vgl. zur Frage der Qualifikation durch deutsche Gerichte die Ausführungen im sechsten Kapitel, unten S. 189ff.

420 *Wery* Rev. rég. dr. 1997, S. 169ff., 171. Siehe dazu ferner bereits *Troplong*, Le droit civil expliqué, S. 257f.

421 *André/Flamme*, Le contrat d'entreprise, S. 117f.

422 Siehe zur Abgrenzung von Kauf- und Werkvertrag und zum Werklieferungsvertrag in Belgien *van Mullen*, Le contrat d'entreprise, S. 15. Die Unterscheidung erfolgt nach dem Verhältnis der Bedeutung der Werkleistung zur Materiallieferung. Siehe auch das Urteil der französischen Cour de Cassation vom 5.2.1985, Recueil Dalloz 1986, S. 499 (jur.).

423 Siehe *van Mullen*, Le contrat d'entreprise, S. 15.

tungskatalog des Unterverpflichteten, liegt ein Werklieferungsvertrag vor.[424] Anspruchsberechtigt sind Subunternehmer im oben[425] definierten Sinne. Gemäß Art. 1798 Abs. 2 sind auch die Subunternehmer zweiten oder höheren Grades anspruchsberechtigt. Es kommt – im Gegensatz zum Privileg nach dem belgischen Hypothekengesetz[426] – nicht darauf an, ob die Arbeiten an einer Immobilie oder an einer unbeweglichen Sache vorgenommen wurden. Es ist des Weiteren nicht Voraussetzung für die Ausübung des Direktanspruchs, dass der Generalunternehmer insolvent ist. Der Direktanspruch existiert unabhängig von einer möglichen Zahlungsunfähigkeit.[427]

4.   Gestufte Subunternehmerverträge

Gemäß Art. 1798 Abs. 2 *Code civil* ist ein Subunternehmer in Bezug auf die eigenen Subunternehmer seinerseits als Generalunternehmer und der Generalunternehmer als Auftraggeber anzusehen. Hierin liegt ein entscheidender Unterschied zum luxemburgischen Gesetz vom 23.7.1991, wonach gemäß Art. 3 Abs. 1 der Auftraggeber im Falle einer Vertragskette stets derselbe bleibt.

5.   Eine Forderung gegen den Auftraggeber

Wie bereits gesehen ist Voraussetzung des Direktanspruchs, dass eine Forderung des Generalunternehmers gegen den Auftraggeber zum Zeitpunkt der Geltendmachung existiert. Nach der belgischen Rechtsprechung kommt es jedoch nicht darauf an, dass eine Kongruenz zwischen der mit dem Direktanspruch geltend gemachten Forderung und dem vom Auftraggeber dem Generalunternehmer geschuldeten Betrag besteht. Es sei ausreichend, dass der Generalunternehmer überhaupt eine Forderung gegen den Auftraggeber habe, egal worauf diese beruhe.[428] Demnach ist es beispielsweise nach belgischem Recht ausreichend, dass der Subunternehmer den Direktanspruch gegen den Auftraggeber wegen einer ausstehenden Werklohnforderung aus Arbeiten auf einer Baustelle in Brüssel geltend macht, auch wenn der Auftraggeber dem Generalunternehmer lediglich noch Werklohn für Arbeiten auf einer Baustelle in Antwerpen schuldet. Demgegenüber kann sich der Subunternehmer nicht auf den Direktanspruch gegen den Auftraggeber berufen, wenn ihm lediglich Forderungen gegen den Generalunternehmer aus einem Werk für einen anderen Auftrag-

---

424   *van Mullen*, Le contrat d'entreprise, S. 15.
425   Oben S. 22ff.
426   Art. 20,12° Abs. 1 des Gesetzes vom 16.12.1851 „sur les hypothèques".
427   Urteile des Tribunal de Première Instance Bruxelles vom 25.5.1998, Az. 951235A sowie vom 26.3.1998, Az. 94/9045/A.
428   Siehe die Urteile der Cour d'Appel de Liège vom 23.5.1996, J.L.M.B. 1997, S. 589 und vom 8.1.1996, J.L.M.B. 1997, S. 376; Wery Rev. rég. dr. 1997, S. 169ff., 177. Er umfasst auch Zinsen, siehe das Urteil der Cour d'Appel de Liège vom 31.3. 1995, J.L.M.B. 1995, S. 1340.

geber zustehen, selbst wenn auch der in Anspruch genommene Auftraggeber dem Generalunternehmer noch einen Geldbetrag schuldet.[429] In diesem Fall bleibt der Subunternehmer auf die Forderungspfändung angewiesen.

6. Der Einwendungsdurchgriff

Auch im belgischen Recht ist allgemein anerkannt, dass der Auftraggeber dem Direktanspruch des Subunternehmers Einwendungen entgegenhalten kann.[430] Und zwar nicht nur die Einwendungen, die ihm gegenüber dem Generalunternehmer zustehen, sondern auch die des Generalunternehmers gegen die Forderung des Subunternehmers (Einwendungsdurchgriff). In Bezug auf die Einwendungen wird somit ebenfalls der Grundsatz der Relativität der Verträge durchbrochen. Allerdings gilt dies nur für diejenigen Einwendungen, die vor der Geltendmachung des Direktanspruchs entstanden sind: Der Auftraggeber kann sich dem Direktanspruch also nicht dadurch entziehen, dass er nach dessen Geltendmachung mit dem Generalunternehmer einen Zahlungsaufschub vereinbart.[431]

7. Der Umfang des Direktanspruchs

Der Direktanspruch richtet sich auf den Werklohn (inklusive Gewinn). Er ist nicht auf den Betrag der tatsächlichen Bereicherung des Auftraggebers durch die eingesetzte Arbeit und die Materialien begrenzt. Wie bereits erwähnt, ist der Umfang aber auf den Betrag beschränkt, den der Auftraggeber dem Generalunternehmer zum Zeitpunkt der Geltendmachung schuldet.

Es wurde bereits darauf hingewiesen[432], dass es in Belgien umstritten ist, ob die prozessuale Geltendmachung des Direktanspruchs notwendig ist oder ob auch eine außergerichtliche Geltendmachung ausreichend ist, um die Rechtsfolgen des Art. 1798 *Code civil* auszulösen. Für ersteres sprechen Hinweise in den belgischen Gesetzesmaterialien.[433] Ferner wird in ständiger Rechtsprechung von den belgischen Gerichten vertreten, dass nur eine prozessuale Geltendmachung die Wirkung des Art. 1798 *Code civil* auslösen kann.[434]

---

429 Siehe das Urteil der Cour de Cassation vom 21.12.2001, Az. C000180F.
430 Cour d'Appel de Liège vom 8.1.1996, J.L.M.B. 1997, S. 376; *Wery* Rev. rég. dr. 1997, S. 169ff., 180; *Bruls* Act. dr. 1991, S. 751ff., 777.
431 *Wery* Rev. rég. dr. 1997, S. 169ff., 180.
432 Oben S. 110ff.
433 Documents Parlementaires, Chambre des Représentants, Nr. 329/17 (1995/1996), S. 165. Die Gesetzesmaterialien lassen jedoch insgesamt keinen eindeutigen Schluss zu.
434 Cour d'Appel d'Anvers, Urteil vom 1.3.1995, R.W. 1996-1997, S. 477f. sowie Urteil der Cour d'Appel de Bruxelles vom 19.6.2000, Az. 98/AR/1000. Dieser Ansicht ist auch *Stranart*, Les sûretés réelles traditionnelles, S. 116.

Demgegenüber nimmt die herrschende Ansicht im belgischen Schrifttum an, dass die außergerichtliche Geltendmachung des Direktanspruchs ohne weiteres möglich und ausreichend sei.[435] Für letztere Ansicht spricht insbesondere die Ähnlichkeit zu den im französischen Gesetz Nr. 75-1334 und im französischen *Code civil* vorgesehenen Direktansprüchen. So wird beispielsweise in Frankreich nicht bezweifelt, dass die materielle Geltendmachung ausreichend ist.[436] Des Weiteren belastet es die Gerichte über Gebühr, wenn allein die förmliche prozessuale Geltendmachung die Rechtsfolgen des Art. 1798 *Code civil* auslösen kann. Denn der Subunternehmer muss der von der Rechtsprechung vertretenen Ansicht zufolge schon deshalb Klage einreichen, um der Gefahr zu begegnen, dass der Direktanspruch durch Erfüllung oder Abtretung der Forderung des Generalunternehmers an einen Dritten ins Leere geht[437], und zwar auch dann, wenn der Auftraggeber außergerichtlich bereit ist zu zahlen.[438]

Machen mehrere Subunternehmer einen Direktanspruch geltend und ist der ausstehende Betrag nicht ausreichend, um alle Forderung zu befriedigen, so wird eine *pro-rata*-Kürzung vorgenommen, es existiert kein Prioritätsgrundsatz.[439]

8. Schlussfolgerung

Nach belgischem Recht ist – im Gegensatz zum französischen und luxemburgischen Recht – die vorherige Genehmigung des Subunternehmers oder dessen Zahlungsbedingungen durch den Auftraggeber nicht Voraussetzung des Direktanspruchs. Dem Direktanspruch liegt ein materieller Anspruch zugrunde, dem nach belgischem Verständnis vertraglicher Charakter zukommt. Der Direktanspruch richtet sich auf den Werklohn (inklusive Gewinn). Der Umfang ist auf den Betrag beschränkt, den der Auftraggeber dem Generalunternehmer zum Zeitpunkt der prozessualen Geltendmachung schuldet. Der Auftraggeber kann dem Direktanspruch sowohl die ihm aus dem Generalunternehmervertrag zustehenden Einwendungen gegen den Generalunternehmer als auch die des Generalunternehmers gegen den Subunternehmer aus dem Subunternehmervertrag entgegenhalten.

---

435 *Fettweis*, Manuel de la Procédure Civile, S. 19-25 und 51; *Wery* Rev. rég. dr. 1997, S. 169ff., 176.
436 *Cozian*, L'action directe, S. 22ff. und 309ff.; *Cabrillac/Mouly*, Droit de Sûretés, S. 568.
437 Allerdings trägt der Subunternehmer die Beweislast für die Existenz der Forderung zum Zeitpunkt der Geltendmachung. Insofern ist aus praktischer Sicht dem Subunternehmer in jedem Fall die gerichtliche Geltendmachung des Direktanspruchs anzuraten, siehe *Georges* J.L.M.B. 1997, S. 600ff.
438 *Georges* J.L.M.B. 1997, S. 600ff.
439 Urteil der Cour d'Appel de Liège vom 20.5.1997, Entr. dr. 1997, S. 382.

VI. Spanien: Art. 1597 Código civil

1. Hintergrund

Der durch Art. 1597 des spanischen *Código civil* gewährte Direktanspruch „derjenigen, die ihre Arbeit oder ihre Materialien zur Erstellung eines Werkes eingesetzt haben", stellt – ebenso wie der Direktanspruch nach dem französischen Gesetz Nr. 75-1334 oder nach belgischem Recht – eine besondere Form des Gläubigerschutzes dar.[440] Auch Art. 1597 des spanischen *Código civil* geht auf das französische Recht zurück. Im Gegensatz zum luxemburgischen Gesetz über die „*sous-traitance*" ist Grundlage allerdings nicht das Gesetz Nr. 75-1334, sondern die allgemeinere Vorschrift des Art. 1798 des französischen *Code civil*.[441] Art. 1597 ist nach spanischem Verständnis eine Ausnahme zu den allgemeinen Rechtsregeln und insbesondere zu dem in Art. 1257 des spanischen *Código civil* enthaltenen Grundsatz der Relativität der Verträge.[442] Gerechtfertigt wird die durch Art. 1597 des spanischen *Código civil* begründete Ausnahme vom Grundsatz des Art. 1257 durch eine sozialpolitisch motivierte Billigkeitserwägung. Dem spanischen Gesetzgeber zufolge erlaubt das Gerechtigkeitsgefühl nicht, dass sich die Auftraggeber eines Werkes auf Kosten der Zulieferer und Arbeiter bereichern, welche das Werk durch ihren Einsatz von Material und Arbeit erstellt haben.[443] Der Zweck des gewährten Direktanspruchs ist die Ergänzung der dinglichen Sicherheiten der Zulieferer, Subunternehmer und Arbeitnehmer durch einen schuldrechtlichen Anspruch.[444] Er soll – ebenso wie die bisher dargestellten Direktansprüche in anderen europäischen Rechtsordnungen – die Anspruchsberechtigten in ihrer Funktion als Gläubiger vor dem Ausfall ihrer Forderungen im Falle der Insolvenz des Generalunternehmers schützen.

---

440 *Fernandez*, in: Comentarios al Código civil y Complicaciones Forales, Art. 1597, S. 443.

441 *Coderch*, in: Ministerio de Justicia, Comentario del Código civil, Art. 1597, S. 1207. *Fernandez*, in: Comentarios al Código civil y Complicaciones Forales, Art. 1597, S. 443. Siehe zur historischen Grundlage des Direktanspruchs des Subunternehmers gegen den Auftraggeber im europäischen Rechtsraum sogleich die Darstellung im sechsten Kapitel, unten S. 179ff.

442 *Correa/Ojeda*, Código civil, Art. 1597, S. 1224; *García-Goyena*, Concordancias, III, S. 488; *Coderch*, in: Ministerio de Justicia, Comentario del Código civil, Art. 1597, S. 1207; Siehe hierzu auch die bei *Fernandez*, in: Comentarios al Código civil y Complicaciones Forales, Art. 1597, S. 444 im Wortlaut wiedergegebene Entscheidung des spanischen Obersten Gerichtshofs vom 30.6.1920.

443 *García-Goyena*, Concordancias, III, S. 488; *Fernandez*, in: Comentarios al Código civil y Complicaciones Forales, Art. 1597, S. 443.

444 *García-Goyena*, Concordancias, III, S. 488; *Fernandez*, in: Comentarios al Código civil y Complicaciones Forales, Art. 1597, S. 443.

Zugleich stellt Art. 1597 *Código civil* eine besondere Ausformung der in Art. 1111 *Código civil* enthaltenen „*acción subrogatoria*" dar.[445] Durch diese kann ein Gläubiger, wenn er erfolglos versucht hat in die Güter des Primärschuldners zu vollstrecken, dessen nicht von der Person abhängigen Rechte und Ansprüche gegen einen weiteren Schuldner ausüben.

2. Die Rechtsnatur des Direktanspruchs

Nach spanischem Verständnis kommt Art. 1597 *Código civil* vertraglicher Charakter zu.[446] Die Anspruchsberechtigten machen also nicht im Wege der Legalzession oder im Wege einer „materiellrechtlichen Prozessstandschaft" ein Recht des Generalunternehmers gegen den Auftraggeber aus dem Generalunternehmervertrag geltend. Vielmehr gesteht ihnen Art. 1597 *Código civil* einen Anspruch *iure proprio* zu.[447] Dies entspricht dem Verständnis des Direktanspruchs in Frankreich und Belgien.[448]

Der durch Art. 1597 *Código civil* gewährte Direktanspruch räumt keine privilegierte Stellung gegenüber anderen Gläubigern bei der Zwangsvollstreckung ein. Dies macht deutlich, dass Art. 1597 *Código civil* den Anspruchsberechtigten kein absolutes Recht mit dinglicher Wirkung gewährt.[449]

3. Der Anwendungsbereich

Art. 1597 des spanischen *Código civil* setzt das Vorliegen eines Werk- oder Werklieferungsvertrags voraus. Dem eindeutigen Wortlaut der Norm („diejenigen, welche ihre Arbeit und Materialien bei der Errichtung eines Werkes eingesetzt haben") entsprechend, muss der Anspruchsberechtigte seine Leistungen

---

445 *Coderch*, in: Ministerio de Justicia, Comentario del Código civil, Art. 1597, S. 1207. *Fernandez*, in: Comentarios al Código civil y Complicaciones Forales, Art. 1597, S. 443. Art. 1111 des Código civil lautet:

> „*Art. 1111.* Los acreedores, después de haber perseguido los bienes de que esté en posesión el deudor para realizare cuanto se les debe, pueden ejercitar todos los derechos y acciones de éste con el mismo fin, exceptuando los que san inherentes a su persona; pueden también impugnar los actos que el deudor haya realizado en fraude de su derecho. "

446 *Coderch*, in: Ministerio de Justicia, Comentario del Código civil, Art. 1597 S. 1207; *Fernandez*, in: Comentarios al Código civil y Complicaciones Forales, Art. 1597, S. 445. Siehe zum Direktanspruch die Ausführungen im sechsten Kapitel, unten S. 179ff.

447 *Fernandez*, in: Comentarios al Código civil y Complicaciones Forales, Art. 1597, S. 445.

448 Siehe oben S. 97ff. (bzgl. Frankreich) und, S. 109ff. (bzgl. Belgien).

449 *Coderch*, in: Ministerio de Justicia, Comentario del Código civil, Art. 1597 S. 1207; *Fernandez*, in: Comentarios al Código civil y Complicaciones Forales, Art. 1597, S. 446.

oder Lieferungen für die Errichtung eines Werkes des Auftraggebers eingesetzt haben. Dies bedeutet, dass der Generalunternehmervertrag ein Werk- oder Werklieferungsvertrag sein muss.[450] Dies gilt jedoch nicht zugleich für den Charakter des untergeordneten Vertrags.[451] Dieser kann, wie sich aus der näheren Betrachtung der Anspruchsberechtigten ergibt, sowohl ein Dienstleistungsvertrag, ein Kaufvertrag oder ein Werkvertrag sein.[452] Hierin liegt ein beachtenswerter Unterschied zum Anwendungsbereich des französischen Gesetzes Nr. 75-1334, dem luxemburgischen Gesetz vom 23.7.1991 und dem Direktanspruch nach belgischem Recht.

Der Generalunternehmervertrag muss des Weiteren einen festen Betrag als Entgelt für den Generalunternehmer vorsehen. Diese Voraussetzung soll nach dem Urteil des spanischen Obersten Gerichtshofs vom 11.6.1928 dazu dienen, die Verantwortungssphären des Generalunternehmers und des Auftraggebers voneinander abzugrenzen und die Verpflichtung des Auftraggebers gegenüber dem Zulieferer, Arbeiter oder Subunternehmer auf diesen Höchstbetrag beschränken.[453]

Der Wortlaut der Norm scheint zu fordern, dass der Anspruchsberechtigte sowohl Arbeit als auch Materialien zur Errichtung des Werkes eingesetzt haben muss. Dies würde bedeuten, dass lediglich Subunternehmer, welche auf Grund eines Werklieferungsvertrags tätig werden, anspruchsberechtigt wären. Es ist allerdings allgemein anerkannt, dass Art. 1597 *Código civil* nicht in dieser engen Weise verstanden werden kann, sondern dass sich auch diejenigen, welche ausschließlich Arbeit *oder* Materialien geleistet haben, auf den Direktanspruch berufen können.[454]

---

450 *Fernandez*, in: Comentarios al Código civil y Complicaciones Forales, Art. 1597, S. 446.

451 *Fernandez*, in: Comentarios al Código civil y Complicaciones Forales, Art. 1597, S. 446.

452 Siehe hierzu *Coderch*, in: Ministerio de Justicia, Comentario del Código civil, Art. 1597 S. 1207: Arbeitnehmer, Subunternehmer und Zulieferer.

453 Urteil des spanischen Obersten Gerichtshofs vom 11.6.1928, in: *Fernandez*, in: Comentarios al Código civil y Complicaciones Forales, Art. 1597, S. 446. Vgl. zu nachträglichen Änderungen im Werkvertrag das Urteil der Audiencia Territorial de Valencia vom 3.2.1975, in: *Fernandez*, in: Comentarios al Código civil y Complicaciones Forales, Art. 1597, S. 447.

454 *Coderch*, in: Ministerio de Justicia, Comentario del Código civil, Art. 1597 S. 1207; *Fernandez*, in: Comentarios al Código civil y Complicaciones Forales, Art. 1597, S. 447.

Anspruchsberechtigt sind sowohl Arbeitnehmer eines Unternehmers als auch andere Dienstleistende wie freie Mitarbeiter und Subunternehmer.[455] In Bezug auf die Zulieferung von Materialien an einen Unternehmer spielt es für die Anspruchsberechtigung keine Rolle, ob die Zulieferer die Materialien selbst hergestellt oder die Güter käuflich erworben haben.

Dass auch Subunternehmer zu den nach Art. 1597 *Código civil* zur Geltendmachung des Direktanspruchs Berechtigten zählen, war zunächst strittig, da diese in eigener wirtschaftlicher Verantwortung Arbeit und Materialien in ein Werk einbringen und nach dem Vorbild der Norm (Art. 1798 des französischen *Code civil*) nur abhängig Beschäftigte anspruchsberechtigt sind. Der spanische Oberste Gerichtshof hat jedoch in der Entscheidung vom 29.6.1936 klargestellt, dass auch Subunternehmer anspruchsberechtigt sein können.[456] Er nennt hierfür im Wesentlichen vier Gründe:

- Der Wortlaut und die grammatikalische Konstruktion der Norm treffe keine Unterscheidung zwischen Subunternehmern und anderen Dienstleistenden oder Zulieferern.

- Der spanische Gesetzgeber habe bewusst eine von Art. 1798 des französischen *Code civil* abweichende Regelung geschaffen.

- Drittens habe der spanische Gesetzgeber eine allgemeine Regel aufstellen wollen. Der durch den Direktanspruch nach Art. 1597 *Código civil* gewährte Schutz sollte nicht auf spezielle Berufsgruppen oder soziale Schichten begrenzt sein, sondern sollte allen, die zur Errichtung des Werkes beigetragen haben, als Sicherheit für ihren Entgeltanspruch dienen.

- Zudem rechtfertige der Schutzzweck der Norm – unabhängig vom Willen des Gesetzgebers – keinen Ausschluss der Subunternehmer. Es sei keinesfalls gerechtfertigt, dass sich ein Auftraggeber auf Kosten eines Subunternehmers bereichere, obwohl letzterer ein eigenes wirtschaftliches Risiko trage. Subunternehmer seien ebenso schutzwürdig wie Arbeitnehmer und andere Zulieferer, mit denen sie gemeinsam das Werk errichteten. Eine Ungleichbehandlung wäre sachlich nicht gerechtfertigt.

---

455 *Urzainqui*, Código civil, Art. 1597, S. 1888; *Coderch*, in: Ministerio de Justicia, Comentario del Código civil, Art. 1597 S. 1207; *Fernandez*, in: Comentarios al Código civil y Complicaciones Forales, Art. 1597, S. 447.
456 Urteil des spanischen Obersten Gerichtshofs vom 29.6.1936, in: *Fernandez*, in: Comentarios al Código civil y Complicaciones Forales, Art. 1597, S. 448f.

Demgegenüber ist ein Darlehensgeber des Auftraggebers oder des Generalunternehmers nicht nach Art. 1597 anspruchsberechtigt.[457] Die Einbeziehung der Geldgeber läge nach der Argumentation des spanischen Obersten Gerichtshofs vom 29.6.1936[458] nahe, da diese zwar weder Materialien noch Arbeit, aber doch Kapital zur Errichtung des Werkes eingesetzt haben. Dass sie dennoch nicht anspruchsberechtigt sind, resultiert dem spanischen Schrifttum zufolge aus dem Ausnahmecharakter der Vorschrift.[459] Diese gebiete eine enge Auslegung der Norm. Allerdings stünde dieses Argument einer analogen Anwendung des Direktanspruchs auf Personen, die sich in einer ähnlich schützenswerten Position befänden, nicht grundsätzlich im Wege.[460]

Nach FERNANDEZ sind ferner auch die freien Mitarbeiter und die lediglich in der Verwaltung tätigen Angestellten eines Subunternehmers oder Zulieferers anspruchsberechtigt.[461] Es kommt folglich nicht darauf an, dass ein enger tatsächlicher Zusammenhang zwischen der vom Anspruchsberechtigten erbrachten Dienstleistung und dem Werk existiert, auch mittelbar dem Werk zugute kommende Dienstleistungen und Zulieferungen berechtigen zur Ausübung des Direktanspruchs.

Der Anwendungsbereich des in Art. 1597 des spanischen *Código civil* vorgesehenen Direktanspruchs ist damit erheblich weiter als die Anwendungsbereiche der übrigen vorgestellten Direktansprüche.

4. Sub-Subunternehmerverträge

Im Falle des Einsatzes von Subunternehmern höheren Grades haben auch diese einen Direktanspruch.[462] Anspruchsverpflichtet sind sowohl der ursprüngliche Generalunternehmer als auch der ursprüngliche Auftraggeber.[463] Letzteres ist im spanischen Schrifttum allerdings nicht unumstritten.[464, 465]

---

457 *Fernandez*, in: Comentarios al Código civil y Complicaciones Forales, Art. 1597, S. 449.

458 Urteil des spanischen Obersten Gerichtshofs vom 29.6.1936, in: *Fernandez*, in: Comentarios al Código civil y Complicaciones Forales, Art. 1597, S. 448f.

459 *Fernandez*, in: Comentarios al Código civil y Complicaciones Forales, Art. 1597, S. 449.

460 *Fernandez*, in: Comentarios al Código civil y Complicaciones Forales, Art. 1597, S. 450.

461 *Fernandez*, in: Comentarios al Código civil y Complicaciones Forales, Art. 1597, S. 453.

462 Urteil des spanischen Obersten Gerichtshofs vom 29.6.1936, in: *Fernandez*, in: Comentarios al Código civil y Complicaciones Forales, Art. 1597, S. 449.

463 Urteil des spanischen Obersten Gerichtshofs vom 29.6.1936, in: *Fernandez*, in: Comentarios al Código civil y Complicaciones Forales, Art. 1597, S. 449.

464 Siehe den Nachweis bei *Fernandez*, in: Comentarios al Código civil y Complicaciones Forales, Art. 1597, S. 450.

Voraussetzung für den Direktanspruch von Subunternehmern höheren Grades ist, dass die Kette von Forderungen zum Zeitpunkt der Geltendmachung des Anspruchs nicht unterbrochen ist: Der Sub-Subunternehmer muss einen Anspruch gegen den Subunternehmer haben, dieser einen gegen den Generalunternehmer und der Generalunternehmer einen gegen den Auftraggeber. Ist die Schuldnerkette unterbrochen, z.B. weil eine der Forderungen bereits durch Bezahlung erloschen ist, können sich die Subunternehmer höheren Grades nicht mehr auf den Direktanspruch berufen.[466]

5. Eine Forderung gegen den Auftraggeber

Ein Anspruchsberechtigter kann den Direktanspruch nur dann ausüben, wenn der Generalunternehmer eine fällige und noch nicht befriedigte Forderung gegen den Auftraggeber hat. Existiert die Forderung aus irgend welchen Gründen nicht mehr (z.B. wegen der bei Bauverträgen häufig vorkommenden Voraus- oder Abschlagszahlungen), kann der Subunternehmer den Direktanspruch nicht mehr geltend machen. Gleiches gilt für den Fall, dass die Forderung des Generalunternehmers an eine andere Person abgetreten wurde, wenn die Zession vor dem Zeitpunkt der Antragsstellung stattgefunden hat.[467]

Nach dem spanischen Schrifttum ist die tatsächliche Durchsetzbarkeit des Anspruchs des Generalunternehmers gegen den Auftraggeber für die Existenz und den Umfang des Direktanspruchs unerheblich.[468] Der Direktanspruch kann geltend gemacht werden, wenn und soweit eine Forderung des Generalunternehmers gegen den Auftraggeber existiert.[469]

Für die Ausübung des Direktanspruchs gegen den Auftraggeber ist die einfache Geltendmachung ausreichend. Es ist folglich nicht notwendig, dass zugleich Zahlung vom (General-)Unternehmer verlangt wird. Der Subunternehmer kann vielmehr beide gemeinsam als Gesamtschuldner oder jeden individuell in Anspruch nehmen.

---

465 Beachte die diesbezüglichen Unterschiede zum französischen (oben S. 100), luxemburgischen (oben S. 105) und belgischen (oben S. 111) Recht.

466 *Coderch*, in: Ministerio de Justicia, Comentario del Código civil, Art. 1597, S. 1207. *Fernandez*, in: Comentarios al Código civil y Complicaciones Forales, Art. 1597, S. 449. Der Umfang des Direktanspruchs von Subunternehmern höheren Grades ist stets auf den Betrag begrenzt, den der ursprüngliche Auftraggeber dem ursprünglichen Generalunternehmer schuldet.

467 *Fernandez*, in: Comentarios al Código civil y Complicaciones Forales, Art. 1597, S. 454.

468 *De Angel Yágüez*, Créditos, S. 50f. Begründet wird dies mit dem Unterschied zwischen dem Direktanspruch nach Art. 1597 und der *„acción subrogatoria"* nach Art. 1111 Código civil.

469 *De Angel Yágüez*, Créditos, S. 50f.

6. Der Umfang des Anspruchs

Der Direktanspruch ist in jedem Fall auf den Betrag begrenzt, welchen der Auftraggeber dem Subunternehmer zum Zeitpunkt der Anspruchstellung schuldet. Allerdings ist der Umfang des Direktanspruchs nicht auf die Abschöpfung der tatsächlichen Bereicherung des Auftraggebers begrenzt. Der Subunternehmer hat vielmehr – ebenso wie beim Direktanspruch nach französischem oder belgischen Recht[470] – Anspruch auf Zahlung des Teils des Werklohns (inklusive Gewinn), der dem tatsächlich ausgeführten Teil des Werks entspricht. Der Direktanspruch kann jedoch *de facto* beschränkt sein, wenn mehrere Zulieferer, Arbeiter oder Subunternehmer Direktansprüche gegen den Auftraggeber geltend machen und dieser nicht über genügend finanzielle Mittel verfügt, um alle Ansprüche vollständig zu befriedigen. Nach wohl herrschender Ansicht in Spanien ist in diesem Falle eine *pro-rata*-Kürzung der jeweiligen Ansprüche vorzunehmen.[471] Auch diese Rechtsfolge entspricht der im französischen und belgischen Recht.[472]

Der Subunternehmer kann den Direktanspruch unmittelbar ausüben. Es ist des Weiteren nicht Voraussetzung für den Direktanspruch, dass der Subunternehmer vergeblich versucht hat, sein Geld vom Generalunternehmer zu erlangen.[473] Die tatsächliche Insolvenz des Generalunternehmers ist ebenfalls nicht Voraussetzung für den Direktanspruch.[474]

7. Schlussfolgerung

Zusammenfassend lässt sich sagen, dass der durch Art. 1597 *Código civil* gewährte Direktanspruch Subunternehmern zugute kommt. Anspruchsberechtigt sind aber auch Arbeitnehmer und Zulieferer eines Unternehmers. Subunternehmer sind nach Art. 1597 *Código civil* anspruchsberechtigt, wenn die folgenden Voraussetzungen erfüllt sind:

- ein Werk wird für einen fest vereinbarten Preis errichtet;

- hierbei setzt der Subunternehmer seine Dienstleistung (und Materialien) ein und

---

470 Siehe oben S. 101f. (bzgl. Frankreich) und oben S. 112f. (bzgl. Belgien).

471 Siehe *De Angel Yágüez*, Créditos, S. 63, da der Direktanspruch nach Art. 1597 Código civil die Anspruchsberechtigten anderenfalls schlechter stellen würde, als sie nach Art. 1924 des spanischen Código civil stünden.

472 Siehe oben S. 101f. (bzgl. Frankreich) und oben S. 112f. (bzgl. Belgien).

473 *Coderch*, in: Ministerio de Justicia, Comentario del Código civil, Art. 1597, S. 1207. *Fernandez*, in: Comentarios al Código civil y Complicaciones Forales, Art. 1597, S. 443.

474 Nach *Fernandez*, in: Comentarios al Código civil y Complicaciones Forales, Art. 1597, S. 453 ist es jedoch wider Treu und Glauben, wenn der Direktanspruch geltend gemacht wird, ohne dass zumindest eine konkrete Gefahr des Forderungsausfalls existiert.

- der Generalunternehmer hat eine zum Zeitpunkt der Anspruchstellung noch nicht oder nicht vollständig befriedigte Forderung gegen den Auftraggeber aus der Errichtung des Werks.[475]

Im Gegensatz zum Direktanspruch nach dem französischen Gesetz Nr. 75-1334 bzw. der Direktzahlung nach dem luxemburgischen Gesetz von 1991 ist es im spanischen Recht nicht Voraussetzung für den Direktanspruch, dass der Einsatz oder die Zahlungsbestimmungen des Subunternehmers vom Auftraggeber genehmigt wurden.

VII. Portugal

Im portugiesischen Recht existiert kein Direktanspruch des Subunternehmers gegen den Auftraggeber.[476] Im Schrifttum tritt aber MARTINEZ für ein übergreifendes Konzept von Direktansprüchen in Unter-Vertragsverhältnissen ein.[477] MARTINEZ spricht sich dabei auch für einen Direktanspruch des Subunternehmers gegen den Auftraggeber aus. Voraussetzung eines Direktanspruchs sei jedoch, dass der Einsatz des Subunternehmers vom Auftraggeber genehmigt worden sei.[478]

In einem Urteil vom 24.10.2002 hat der portugiesische Oberste Gerichtshof die Frage der Existenz eines Direktanspruchs des Subunternehmers gegen den Auftraggeber aufgegriffen und abgelehnt.[479] Darin hatte ein auf dritter Ebene tätiger Unternehmer einen Direktanspruch gegen den Auftraggeber erhoben. Das portugiesische Recht kenne *de lege lata* keinen Direktanspruch des Subunternehmers. Selbst wenn man der Ansicht im Schrifttum folge, die einen Direktanspruch befürwortet, fehle es im konkreten Fall zumindest an der Erfül-

---

475 Es ist ausreichend, wenn der Subunternehmer Tatsachen beweist, die auf die Existenz und die Höhe der Forderung des Generalunternehmers gegen den Auftraggeber schließen lassen, sonst würde der durch Art. 1597 bezweckte Schutz leer laufen. Der Direktanspruch des Subunternehmers darf nicht dadurch zunichte gemacht werden, dass der Auftraggeber und der Generalunternehmer dem Subunternehmer keinerlei Informationen über die zwischen ihnen noch nicht befriedigten Forderungen erteilen. Siehe zur Beweislastverteilung ausführlich *Fernandez*, in: Comentarios al Código civil y Complicaciones Forales, Art. 1597, S. 453ff. und *De Angel Yáguez*, Créditos, S. 94.

476 *Martinez*, O subcontrato, S. 177f., *Martinez* weist jedoch andere Möglichkeiten „direkter" Ansprüche zwischen der Vertragspartei des Untervertrags und dem Auftraggeber auf, so z.B. die Möglichkeit, in Anlehnung an das deutsche Recht ein Vertragsverhältnis mit Schutzwirkung für Dritte zu konstruieren oder die Geltendmachung von Ansprüchen der zwischengeschalteten Person in fremden Namen.

477 *Martinez*, O subcontrato, S. 177f. Anderer Ansicht ist demgegenüber *Leitão*, O enriquecimento sem causa, S. 556, N. 8.

478 *Martinez*, O subcontrato, S. 177f.

479 Urteil des Supremo Tribunal de Justiça vom 24.10.2002, Az. 02A2989, im Internet abrufbar unter http://www.dgsi.pt/jstj.nsf.

lung der Voraussetzungen eines solchen Direktanspruchs. In jedem Fall sei nämlich die Genehmigung des Subunternehmereinsatzes *conditio sine qua non* für einen Direktanspruch. Darüber hinaus sei ein Direktanspruch schon deshalb abzulehnen, da es sich bei dem konkreten Untervertrag um ein Zulieferverhältnis und nicht um ein Subunternehmerverhältnis handle: Gegenstand der Leistungspflicht sei lediglich das Liefern von Materialen gewesen.[480]

Auch wenn dieses Urteil einen Direktanspruch des Subunternehmers gegen den Auftraggeber ablehnt, deutet das Gericht mit dieser Begründung m.E. an, dass es einen solchen *de lege ferenda* durchaus als Möglichkeit in Betracht zieht. Dem Urteil zufolge scheinen keine grundlegenden Bedenken gegen einen Direktanspruch des Subunternehmers im portugiesischen Recht zu bestehen. Die weitere Entwicklung des portugiesischen Subunternehmerrechts nach dieser Entscheidung bleibt abzuwarten.

VIII. Zusammenfassung

Ein wirksamer Schutz von Subunternehmern gegen eine unerwartete Insolvenz des Generalunternehmers existiert in Deutschland nicht. Obwohl § 641 Abs. 2 BGB die Durchgriffsfälligkeit von Forderungen eingeführt hat, besteht für Subunternehmer im Falle der Insolvenz des Generalunternehmers die Gefahr, dass sie mit ihren Forderungen ausfallen. Auch dingliche Sicherheiten bieten hiervor auf Grund des nach §§ 946, 947 BGB durch Verbindung mit einer fremden Sache eintretenden Rechtsverlust nur in beschränktem Maße Schutz. Der gemäß § 951 BGB an die Stelle des Rechtsverlusts tretende Kondiktionsanspruch ist praktisch wertlos. Dingliche Sicherheiten helfen nur dann, wenn ein Subunternehmer auch dem Auftraggeber gegenüber wirksam Rechte durchsetzen kann, was auf Grund der schwachen Verhandlungsposition der Subunternehmer äußerst zweifelhaft ist.

Schuldrechtlich bietet einem Subunternehmer weder das Bereicherungsrecht noch das Recht der Geschäftsführung ohne Auftrag ausreichenden Schutz vor einer Insolvenz des Generalunternehmers. Ansprüche aus Bereicherungsrecht gegen den Auftraggeber scheitern daran, dass die Leistungen des Subunternehmers ihren Rechtsgrund im Subunternehmervertrag haben und der Vorrang der Leistungskondiktion anderen Kondiktionsansprüchen im Wege steht. Ansprüche aus Geschäftsführung ohne Auftrag scheitern daran, dass es am Fremdgeschäftsführungswillen des Subunternehmers fehlt.

Selbst wenn man solche Ansprüche entgegen der Rechtsprechung zu Vertragsketten und der herrschenden Ansicht im Schrifttum zuließe, wären sie im

---

480 Siehe zur Abgrenzung von Werkvertrag und Kaufvertrag nach portugiesischem Recht insbesondere das Urteil des Tribunal da Relação de Guimarães vom 15.1.2003, Az. 813/2002-1, im Internet abrufbar unter http://www.dgsi.pt/jstj.nsf.

Umfang auf die Abschöpfung der tatsächlichen Bereicherung des Auftraggebers bzw. auf Aufwendungsersatz beschränkt. In keinem Fall hat ein Subunternehmer nach deutschem Recht einen Anspruch auf Zahlung des Werklohns (inklusive Gewinn) gegen den Auftraggeber.

Demgegenüber sehen das französische (in Bezug auf private Generalunternehmerverträge und bestimmte öffentlich-rechtliche Aufträge), belgische und spanische Recht einen Direktanspruch des Subunternehmers gegen den Auftraggeber vor. Das italienische Recht kennt nur einen Anspruch des vom Unternehmer abhängig Beschäftigten gegen den Auftraggeber. Nach luxemburgischen Recht kann ein Subunternehmer direkt vom Auftraggeber bezahlt werden. Gleiches gilt für das französische Recht in Bezug auf bestimmte öffentliche Aufträge.

Trotz eigenständiger Ausformungen in den jeweiligen Ländern weisen die Direktansprüche viele Übereinstimmungen auf: In ihren Anwendungsbereich fallen (zumindest auch) Subunternehmer. Der Direktanspruch umfasst nicht nur die Abschöpfung der Bereicherung des Auftraggebers oder den Aufwendungsersatz für den Subunternehmer. Es handelt sich vielmehr um einen echten Zahlungsanspruch. Dieser ist jedoch der Höhe nach doppelt begrenzt: zum einen auf den Betrag, den der Generalunternehmer dem Subunternehmer schuldet, und zugleich auf den Betrag, den der Auftraggeber dem Generalunternehmer zum Zeitpunkt der Geltendmachung des Anspruchs schuldet. Der Direktanspruch steht im Grunde auch den Subunternehmern zweiten oder höheren Grades zu, auch wenn hier im Einzelnen Unterschiede zu beachten sind. Der Auftraggeber kann dem Direktanspruch regelmäßig sowohl die Einreden aus dem Subunternehmervertrag als auch die aus dem Generalunternehmervertrag entgegenhalten („Einwendungsdurchgriff").

Die in den jeweiligen Rechtsordnungen enthaltenen Direktansprüche (bzw. Direktzahlung) weisen jedoch auch einige wichtige Unterschiede auf: Während nach französischem und luxemburgischen Recht Voraussetzung für den Direktanspruch die Genehmigung des Subunternehmers und seiner Zahlungsbestimmungen durch den Auftraggeber ist, kennen das belgische und spanische Recht diese Voraussetzung nicht. Während sich auf den Direktanspruch nach belgischem Recht nur Subunternehmer berufen können, gehören zu den Anspruchsberechtigten nach spanischem Recht auch Zulieferer und Arbeitnehmer eines Unternehmers. Bei der Weitervergabe des Werkes an Subunternehmer höheren Grades unterscheiden sich die Gesetze zudem bezüglich des Anspruchsverpflichteten. Zum Teil ist der ursprüngliche Auftraggeber anspruchsverpflichtet, zum Teil tritt der frühere Generalunternehmer an dessen Stelle. So ist nach belgischem Recht bei der Weitervergabe der Generalunternehmer Schuldner des Direktanspruchs, nach dem luxemburgischen Gesetz bleibt dagegen der ursprüngliche Auftraggeber zur Direktzahlung verpflichtet. Demgegenüber ist nach dem französischen Gesetz Nr. 75-1334 bei der Untervergabe zwischen der Direktzahlung und dem Direktanspruch zu unterscheiden: Während die Direktzahlung nach der Ergänzung durch das Gesetz Nr. 2001-1168 vom 11.12.2001 in Art. 6 Abs. 1 dahingehend beschränkt wurde, dass bei einer Vertragskette die Subunternehmer zweiten oder dritten Grades nicht mehr direkt vom Auftraggeber bezahlt werden, bleibt Schuldner des Direktanspruchs nach der Rechtsprechung des französischen Kassationsgerichtshofs trotz einer erneuten Weitervergabe weiterhin der ursprüngliche Auftraggeber.

Das portugiesische Recht kennt derzeit keinen Direktanspruch des Subunternehmers gegen den Auftraggeber. Die portugiesische Rechtsprechung scheint aber keine grundsätzlichen Bedenken gegen einen Direktanspruch zu haben, weshalb die weitere Entwicklung abzuwarten bleibt.

Während die Zivilgesetzbücher Belgiens und Spaniens lediglich einen Direktanspruch des Subunternehmers gegen den Auftraggeber zu dessen Schutz kennen, haben Italien, Frankreich und Luxemburg ganze Schutzgesetze. Das italienische Gesetz Nr. 192 schützt in erster Linie Zulieferer, ist aber auch auf Subunternehmer anzuwenden. Demgegenüber ist der Anwendungsbereich des französischen und des luxemburgischen Gesetzes auf Subunternehmer beschränkt.

4. KAPITEL – DAS ANWENDBARE RECHT

Auf Subunternehmerverträge sind mangels spezieller Kollisionsregeln die allgemeinen Kollisionsregeln für vertragliche Schuldverhältnisse anzuwenden. Der Subunternehmervertrag ist jedoch rechtlich und wirtschaftlich eng mit dem Generalunternehmervertrag verknüpft, woraus einige spezifische Probleme bei der Bestimmung des auf den Subunternehmervertrag anzuwendenden Rechts resultieren. Auf diese wird im Folgenden eingegangen.

I. Das Römische Schuldvertragsübereinkommen

Das Kollisionsrecht der Subunternehmerverträge wird in der EG durch das Römische EWG-Übereinkommen über das auf vertragliche Schuldverhältnisse anwendbare Recht vom 19.06.1980[481] (im Folgenden: EVÜ) und den entsprechenden nationalen Umsetzungen beherrscht. Dieses Übereinkommen soll in naher Zukunft durch eine (dann auch in Deutschland im Rechtsverkehr mit anderen Mitgliedsländern der Europäischen Gemeinschaft unmittelbar zur Anwendung gelangende) Verordnung der Europäischen Gemeinschaft ersetzt werden. Für die Verordnung liegt bisher jedoch nur ein Grünbuch der Kommission vor.[482] Die Verordnung wird ihre Rechtsgrundlage in Art. 65 des Vertrags zur Gründung der Europäischen Gemeinschaft (EGV) finden.[483] Der Amsterdamer Vertrag hat das Internationale Privat- und Verfahrensrecht „vergemeinschaftet".[484] Gemäß Art. 69 EGV entfaltet eine auf Art. 65 EGV als Gesetzgebungskompetenz gestützte Verordnung keine Wirkung für das Vereinigte Königreich, Irland und Dänemark (sogenannter „Schengen-Besitzstand")[485], wenn diese drei Länder nicht freiwillig eine Bindungserklärung abgeben.[486]

---

481 BGBl. 1986 II, S. 810 in der Fassung des 3. Beitrittsübereinkommens vom 29.11.1996 (BGBl. 1999 II, S. 7).

482 Grünbuch der Kommission über die Umwandlung des Übereinkommens von Rom aus dem Jahr 1980 über das auf vertragliche Schuldverhältnisse anzuwendende Recht in ein Gemeinschaftsinstrument sowie über seine Aktualisierung vom 14.1.2003, KOM (2002) 654 endg., ecolex 2003, S. 290ff.

483 Vom 25.3.1957 (BGBl. 1975 II, S. 766) in der Fassung des Vertrags von Nizza vom 21.12.2001 (BGBl. 2001 II, S. 1666).

484 *Jayme/Kohler* IPRax 2000, S. 454ff., 454.

485 Mangels einer Bindungserklärung wird das EVÜ im Rechtsverkehr zwischen anderen Mitgliedstaaten mit diesen Staaten auch nach Inkrafttreten der EVÜ-VO weiterhin von Bedeutung sein, vgl. *Jayme/Kohler* IPRax 1999, S. 401ff., 402.

486 *Jayme/Kohler* IPRax 1999, S. 401ff., 401f.

Bis dahin bleibt es jedoch beim EVÜ und den nationalen Umsetzungen. In der Bundesrepublik Deutschland finden Art. 1 bis 21 EVÜ keine unmittelbare Anwendung, die Vorschriften wurden vielmehr in das EGBGB integriert.[487]

II. Art. 29 bzw. 30 EGBGB analog?

Das EGBGB enthält keine spezifische Kollisionsregel für Subunternehmerverträge. Mangels einer Sonderanknüpfung wird vielmehr in der Praxis auf die allgemeinen Kollisionsregeln zurückgegriffen.[488] Das auf den Subunternehmervertrag anzuwendende Recht wird gemäß Art. 27 oder 28 EGBGB bestimmt, die Frage nach zwingenden Bestimmungen nach Art. 27 Abs. 3 bzw. Art. 34 EGBGB beantwortet. Formfragen eines Subunternehmervertrags regelt Art. 11 EGBGB. Vorrangig zu klären ist jedoch, ob das oben[489] festgestellte spezifische strukturelle und wirtschaftliche Schutzbedürfnis der Subunternehmer eine analoge Anwendung der für die ebenfalls als schwache Vertragsparteien angesehenen Verbraucher und Arbeitnehmer entwickelten Kollisionsnormen (Art. 29 und 30 EGBGB) rechtfertigt.[490] Nur falls eine analoge Anwendung der Art. 29 und 30 EGBGB abzulehnen ist, muss auf die allgemeinen kollisionsrechtlichen Regeln zurückgegriffen werden.

1. Gebot der einheitlichen Auslegung

Bevor eine analoge Anwendung von Art. 29 oder 30 EGBGB auf Subunternehmervertragsverhältnisse näher untersucht wird, muss der Frage nachgegangen werden, ob das Gebot der einheitlichen Auslegung nach Art. 36 EGBGB einer analogen Anwendung des Verbraucher- oder Arbeitnehmerkollisionsrechts im Wege steht.[491] Art. 29 EGBGB liegt die staatsvertragliche Regelung des Art. 5 EVÜ zugrunde. Art. 29 EGBGB kann deshalb weder losgelöst von seiner staatsvertraglichen Grundlage nach nationalen Grundsätzen ausgelegt noch angewandt werden. Art. 36 EGBGB transponiert die Maßstäbe der Auslegung internationaler Übereinkommen in das deutsche Kollisionsrecht.[492] Bei der Frage

---

487 Vgl. das Zustimmungsgesetz vom 25.7.1986, BGBl. II, S. 809.
488 Siehe beispielsweise BGH, Urteil vom 10.4.2003, NJW 2003, S. 2605ff.
489 Siehe oben S. 44ff.
490 Da die vorgestellten Subunternehmerschutzvorschriften bis auf § 641 Abs. 2 BGB und die Festlegung der Zahlungsfristen im italienischen Gesetz Nr. 192 nicht auf Richtlinienrecht beruhen, kommt eine generelle analoge Anwendung von Art. 29a EGBGB nicht in Betracht. Vgl. aber zur Frage des (international) zwingenden Charakters der auf Richtlinienrecht beruhenden Subunternehmerschutzvorschriften unten S. 648ff.
491 Siehe dazu *Mankowski* IPRax 1991, S. 305ff., 308f. und ausführlich Staudinger-*Reinhart* (12. A. 1998), Art. 36 EGBGB Rn. 41ff.
492 *Mankowski* IPRax 1991, S. 305ff., 308f.

einer analogen Anwendung von Art. 29 bzw. 30 EGBGB auf die Subunternehmerschutzgesetze sind daher die dem EVÜ zugrunde liegenden Wertungen und die übereinstimmenden rechtspolitischen Wertungen aller Vertragsstaaten zu berücksichtigen.[493]

Methodisch sind bei der analogen Anwendung nationaler Vorschriften, welche auf staatsvertraglichen Regelungen beruhen, zwei Schranken zu beachten: die Grenze völkerrechtlicher Verpflichtung eines Staates und die unerwünschte Verfolgung einzelstaatlicher Interessen und Politiken.[494]

In Bezug auf die völkerrechtliche Schranke darf eine analoge Anwendung nicht dazu führen, dass die von den Konventionsstaaten übernommenen völkerrechtlichen Pflichten über das Maß hinaus ausgedehnt werden, in dem diese sich binden wollen.[495] Dies hat aber nicht zur Folge, dass eine analoge Anwendung von Normen mit staatsvertraglicher Grundlage überhaupt nicht möglich ist, ihr sind lediglich Grenzen gesetzt.[496] Diese Grenzen variieren nach Art und politischem Gehalt der völkerrechtlichen Verträge.[497] Bei Staatsverträgen, welche keine außenpolitisch strittigen Fragen klären und politisch wenig geprägt sind, ist der völkerrechtlichen Schranke weniger Gewicht beizumessen als bei „politischen" Staatsverträgen.[498] Führt eine Analogie nicht zum Überschreiten der Wertungen, die den staatsvertraglich übernommenen Pflichten zugrunde liegen, und überschreitet sie nicht bewusst gezogene Grenzen, steht die staatsvertragliche Herkunft einer analogen Anwendung der nationalen Norm nicht im Wege.[499] Entscheidende Bedeutung kommt der Frage zu, ob das betreffende Übereinkommen ersichtlich eine abschließende Regelung getroffen hat.[500] Eine abschließende Regelung liegt mangels ausdrücklichen Hinweises innerhalb des

---

493 MünchKomm-*Martiny*, Art. 36 EGBGB Rn. 7; *Mankowski* IPRax 1991, S. 305ff., 308f.
     Vgl. auch die bei *Mansel* IPRax 1990, S. 344ff. dargestellten Diskussionsbeiträge sowie
     Staudinger-*Reinhart* (12. A. 1998), Art. 36 EGBGB Rn. 41ff.

494 *Mankowski* IPRax 1991, S. 305ff., 308f.; *Meyer-Sparenberg*, Staatsvertragliche
     Kollisionsnormen, S. 157.

495 *Mankowski* IPRax 1991, S. 305ff., 308f.; *Meyer-Sparenberg*, Staatsvertragliche
     Kollisionsnormen, S. 157.

496 *Meyer-Sparenberg*, Staatsvertragliche Kollisionsnormen, S. 157.

497 *Bleckmann* ArchVR 17 (1977/78) S. 161ff., 177; *Mankowski* IPRax 1991, S. 305ff.,
     308f.

498 Siehe zur Unterscheidung „politischer" und „nicht-politischer" Staatsverträge *Bleckmann* ArchVR 17 (1977/78) S. 161ff., 177.

499 Siehe *Mankowski* IPRax 1991, S. 305ff., 308f.

500 *Kropholler*, Internationales Einheitsrecht, S. 295; *Bleckmann* ArchVR 17 (1977/78) S.
     161ff., 177.

Staatsvertrags dann vor, wenn die staatsvertragliche Regelung eine enumerative Aufzählung exakt definierter Tatbestände enthält.[501]

Das in Art. 36 EGBGB verankerte Gebot der einheitlichen Auslegung kann aber auch – unabhängig von der völkerrechtlichen Schranke – als solches eine Grenze für die analoge Anwendung der auf dem EVÜ beruhenden Normen darstellen. Dies ist insbesondere dann der Fall, wenn mit der analogen Anwendung einzelstaatliche Politiken verfolgt werden, welche keinen Rückhalt in dem Übereinkommen selbst oder den Politiken der anderen Mitgliedstaaten haben.[502] Zugleich lässt sich feststellen, dass auch das Gebot der einheitlichen Auslegung einer analogen Anwendung nationaler Normen mit staatsvertraglichem Hintergrund nicht grundsätzlich im Wege steht.[503] In Bezug auf das EVÜ lässt sich dies damit begründen, dass erstens die Auslegung des Übereinkommens mangels Inkrafttretens der Auslegungsprotokolle[504] ausschließlich in den Händen der nationalen Gerichte liegt.[505] Zweitens führt ein Analogieschluss nicht notwendigerweise zu einer unterschiedlichen Auslegung des Übereinkommens durch andere Mitgliedstaaten. Auch diese können sich für eine ähnliche analoge Anwendung entscheiden, so dass die einheitliche Auslegung gesichert ist.[506] Ein Analogieschluss führt dabei auch nicht *vorläufig* zu einem Verstoß gegen das Gebot einheitlicher Auslegung auf Grund eines nationalen Alleingangs.[507] Ließe man neue Auslegungen und analoge Anwendungen von Normen des EVÜ durch nationale Gerichte wegen Art. 36 EGBGB nicht zu, wäre jede Innovation und Anpassung der Normen an die wirtschaftlichen und rechtlichen Entwicklungen unmöglich. Art. 36 EGBGB gebietet lediglich, die Rechtsprechung und Auslegung von auf dem EVÜ beruhenden Normen in anderen Mitgliedstaaten bei der Frage nach einer analogen Anwendung zu berücksichtigen.[508] Ob eine

501 *Mankowski* IPRax 1991, S. 305ff., 308f.; *Kropholler*, Internationales Einheitsrecht, S. 295; *Bleckmann* ArchVR 17 (1977/78) S. 161ff., 177.
502 *Lüderitz* IPRax 1990, S. 216ff., 219; *Mansel* IPRax 1990, S. 344ff., 345.
503 *Lüderitz* IPRax 1990, S. 216ff., 219; *Mankowski* IPRax 1991, S. 305ff., 309; *Mansel* IPRax 1990, S. 344ff., 345.
504 Erstes Brüsseler Protokoll betreffend die Auslegung des am 19.6.1980 in Rom zur Unterzeichnung aufgelegten Übereinkommens über das auf vertragliche Schuldverhältnisse anzuwendende Recht durch den Gerichtshof der Europäischen Gemeinschaften vom 19.12.1988 (BGBl.1995 II, S. 916) sowie das zweite Brüsseler Protokoll zur Übertragung bestimmter Zuständigkeiten für die Auslegung des am 19. Juni 1980 in Rom zur Unterzeichnung aufgelegten Übereinkommens über das auf vertragliche Schuldverhältnisse anzuwendende Recht auf den Gerichtshof der Europäischen Gemeinschaften vom 19.12.1988 (BGBl.1995 II, S. 923).
505 Siehe *Lüderitz* IPRax 1990, S. 216ff., 219.
506 *Mansel* IPRax 1990, S. 344ff., 345.
507 So aber *Mankowski* IPRax 1991, S. 305ff., 309.
508 Siehe *Mansel* IPRax 1990, S. 344ff., 345, 346.

innovative nationale Auslegung zu einem Verstoß gegen Art. 36 EGBGB geführt hat, lässt sich konsequenterweise erst *ex post* feststellen, wenn der nationale Sonderweg von den Gerichten der anderen Mitgliedstaaten nicht mitgetragen wird.[509] *Ex ante* ist die Auslegung der auf dem EVÜ beruhenden Kollisionsnormen daran zu messen, ob das Ergebnis in Europa akzeptiert werden kann.[510] Das Gebot einer einheitlichen Auslegung führt daher lediglich dazu, dass im Wege der Rechtsvergleichung die Rechtsordnungen der anderen Mitgliedstaaten untersucht werden müssen, inwieweit sie die für die Analogie zugrunde gelegten Wertungen teilen.[511]

Somit stehen einer analogen Anwendung der Verbraucher- und Arbeitnehmerkollisionsnormen auf Subunternehmer weder grundsätzliche Bedenken wegen des ihnen zugrunde liegenden völkerrechtlichen Vertrags noch wegen des in diesem enthaltenen Gebots der einheitlichen Auslegung in den Mitgliedstaaten entgegen.

2. Analogievoraussetzungen

Da Subunternehmer ebenso wie Verbraucher und Arbeitnehmer als strukturell schwache Vertragsparteien identifiziert wurden, liegt es nahe, die allseitigen Sonderanknüpfungen nach Art. 29 EGBGB und die ihnen zugrunde liegenden Wertungen auf das Kollisionsrecht der Subunternehmer zu übertragen. Um eine analoge Anwendung der Kollisionsregeln zu rechtfertigen, müssen die allgemeinen Voraussetzungen für eine Analogie vorliegen. Es muss daher eine planwidrige Regelungslücke, ein Regelungsbedürfnis zu ihrer Schließung und eine vergleichbare Interessenlage zwischen dem direkten Anwendungsbereich der Norm und der möglichen analogen Anwendung existieren.[512] Zusätzlich müssen die soeben dargestellten, aus Art. 36 EGBGB resultierenden Schranken beachtet werden.[513]

a) Vergleichbare Interessenlage

Der in Art. 29 Abs. 1 EGBGB durch eine Rechtswahlbeschränkung und eine allseitig wirkende Sonderanknüpfung gewährte Schutz stellt eine Ausnahme zu Art. 27 und 34 EGBGB dar.[514] Während der ursprüngliche Entwurf des EVÜ

---

509 *Mansel* IPRax 1990, S. 344ff., 345, 346.

510 *Mankowski* IPRax 1991, S. 305ff., 309; *Mansel* IPRax 1990, S. 344ff., 345, 346.

511 *Mansel* IPRax 1990, S. 344ff., 345, 346. So im Ergebnis auch *Mankowski* IPRax 1991, S. 305ff., 309.

512 *Larenz/Canaris*, Methodenlehre, S. 191ff.; *Schmalz*, Methodenlehre, Rn. 383ff.

513 Vgl. zu den Ansatzpunkten einer Rechtsanalogie für Art. 29 und 30 EGBGB *von Hoffmann* IPRax 1989, S. 261ff., 264 und *Mankowski* IPRax 1991, S. 305ff., 310ff.

514 MünchKomm-*Martiny*, Art. 29 EGBGB Rn. 2.

keinen besonderen Schutz für Verbraucher vorsah[515] und Verbraucherschutz durch die allgemeinen Vorschriften realisiert werden sollte, wurde dieser schließlich doch in das EVÜ integriert. Der durch Art. 27 Abs. 3 und Art. 34 EGBGB gewährte Schutz wurde als nicht ausreichend betrachtet, da Verbraucher auf Grund ihrer schwachen Verhandlungsposition keinen Einfluss auf das auf den Vertrag anzuwendende Recht ausüben können.[516] Durch die in Art. 29 Abs. 1 Nr. 1 bis 3 EGBGB enthaltenen Voraussetzungen ist ein enger Zusammenhang mit dem Staat des gewöhnlichen Aufenthalts des Verbrauchers begründet, der es rechtfertigt, nach einem Günstigkeitsvergleich die zwingenden Bestimmungen dieses Rechts auf Verbraucherverträge anzuwenden (Art. 29 Abs. 1 EGBGB) bzw. dieses Recht als Vertragsstatut mangels einer Rechtswahl zu bestimmen (Art. 29 Abs. 2 EGBGB).

Es wurde bereits festgestellt, dass Subunternehmer Auftraggebern und Generalunternehmern in gleicher Weise wie Verbraucher Unternehmern strukturell unterlegen sind. Subunternehmer können auf Grund ihrer schwachen Position ebenfalls nur in beschränktem Umfang Einfluss auf das auf den Subunternehmervertrag anzuwendende Recht ausüben.[517] Es ist daher davon auszugehen, dass die Voraussetzung einer vergleichbaren Interessenlage für eine analoge Anwendung von Art. 29 EGBGB erfüllt ist, obwohl Subunternehmer gewerblich oder selbständig mit Gewinnerzielungsabsicht tätig werden.

b) Planwidrige Regelungslücke

Trotz des Fehlens spezifischer Sonderanknüpfungen für Subunternehmer erscheint das Vorliegen einer Regelungslücke zweifelhaft.

In den sogenannten *Gran Canaria*-Fällen[518] wurde eine solche Schutzlücke im internationalen Verbraucherschutzrecht festgestellt. Den Fällen liegen immer ähnliche Sachverhalte zugrunde. Als Beispiel sei auf die Entscheidung des BGH vom 19.3.1997[519] verwiesen: Deutsche Urlauber auf den Kanarischen In-

---

515 Siehe *Lando* RabelsZ 38 (1974), S. 6ff., 32f.; *Lehmann*, Zwingendes Recht, S. 173f.
516 MünchKomm-*Martiny*, Art. 29 EGBGB Rn. 2.
517 Siehe dazu oben S. 44ff.
518 Siehe insbesondere das Urteil des BGH vom 19.3.1997, IPRax 1998, S. 258ff. Weitere Gran Canaria-Fälle: OLG Hamm, Urteil vom 1.12.1989, IPRax 1990, S. 242ff.; LG Frankfurt/Main, Urteil vom 9.2.1988, VuR 1989, S. 162ff.; OLG Frankfurt/Main, Urteil vom 1.6.1989, RIW 1989, S. 646; OLG Celle, Urteil vom 13.2.1996, DZWiR 1996, S. 299ff.; LG Rottweil, Urteil vom 31.5.1995, NJW-RR 1996, S. 1401; LG Tübingen, Urteil vom 31.5.1995, NJW-RR 1995, S. 1142ff.; LG Düsseldorf, Urteil vom 12.4.1994, RIW 1995, S. 415f.
519 BGH, 19.3.1997, IPRax 1998, S. 258ff. Vgl. zu den Fällen *Jayme* IPRax 1990, S. 220ff.; *ders.* IPRax 1995, S. 234ff.; *Ebke* IPRax 1998, S. 263ff.; *Lüderitz* IPRax 1990,

seln wurden auf Werbeveranstaltungen zum Abschluss von *Timesharing*-Verträgen für die Nutzung von Ferienappartements gedrängt. Die Verträge unterlagen zum Teil dem Recht der Isle of Man, zum Teil spanischem Recht. Sie enthielten eine Klausel, wonach der Erwerber des Nutzungsrechts auf das ihm nach deutschem Recht und nach Gemeinschaftsrecht zustehende Widerrufsrecht verzichtete. Der BGH hatte zu klären, ob die Verbraucher sich entgegen der in den *Timesharing*-Verträgen getroffenen Rechtswahl auf deutsches Recht berufen konnten. Der BGH kommt in seinem Urteil – entgegen den Vorinstanzen und Entscheidungen anderer Instanzgerichte - zu dem Ergebnis, dass sich die mobilen deutschen Verbraucher nicht auf das deutsche Verbraucherschutzrecht berufen können.[520] Um diese Schutzlücke zu schließen, wurde unter anderem auch eine analoge Anwendung von Art. 29 EGBGB in Betracht gezogen und von Instanzgerichten praktiziert.[521] Nunmehr ist die Probematik durch Art. 29a EGBGB entschärft.[522] Die in den *Gran Canaria*-Fällen diskutierte analoge Anwendung von Art. 29 EGBGB kann jedoch hilfreiche Anhaltspunkte für die Beantwortung der Frage geben, ob Art. 29 EGBGB entsprechend auf Subunternehmerverträge anzuwenden ist.

Das OLG Hamm erteilte in einem *Gran Canaria*-Fall im Urteil vom 1.12.1989[523] einer analogen Anwendung von Art. 29 Abs. 1 EGBGB eine Absage. Es begründete dies damit, dass die Aufzählung der Ausnahmetatbestände in Art. 29 Abs. 1 Nr. 1 bis 3 EGBGB abschließend sei. Der Gesetzgeber habe „bewusst auf einen allumfassenden Verbraucherschutz verzichtet und die Durchsetzung deutscher Rechtsregeln auf die Fälle des Art. 29 Abs. 1 Nr. 1-3 EGBGB beschränkt [...]." [524] Zu demselben Ergebnis kommt auch der Bericht

S. 216ff.; *Langenfeld* IPRax 1995, S. 155ff.; *Mankowski* IPRax 1991, S. 305ff. jeweils m.w.N.

520 Vgl. zur Ausweitung des in Art. 5 EVÜ verwirklichten Verbraucherschutzes auf „mobile Verbraucher" nunmehr das Grünbuch der Kommission vom 14.1.2003, KOM (2002) 654 endg., ecolex 2003, S. 290ff. und dazu *Jayme/Kohler* IPRax 2003, S. 485ff., 493.

521 Siehe OLG Stuttgart, Urteil vom 18.5.1990, IPRax 1991, S. 332ff. mit Anm. *Mankowski* IPRax 1991, S. 305ff.; LG Hamburg, Urteil vom 29.3.1990, NJW-RR 1990, S. 695ff.; AG Bremerhaven, Urteil vom 27.6.1990, NJW-RR 1990, S. 1083ff.; Reithmann/Martiny-*Martiny*, Internationales Vertragsrecht, S. 627; *Lüderitz* IPRax 1990, S. 216ff., 219; MünchKomm-*Martiny*, Art. 29 EGBGB Rn. 29; *Sack* IPRax 1992, S. 24ff., 28f.; *Kohte* EuZW 1990, S. 150ff., 156; *Yeun* IPRax 1994, S. 257ff., 261. Gegen eine Analogie aber OLG Hamm, Urteil vom 1.12.1998, IPRax 1990, S. 242ff., 244 mit Anm. *Jayme* IPRax 1990, S. 220ff.; OLG Celle, Urteil vom 28.8.1990, IPRax 1991, S. 334ff.; Soergel-*von Hoffmann* (12. A. 1996), Art. 29 EGBGB Rn. 34.

522 Vgl. dazu, dass eine analoge Anwendung von Art. 29a EGBGB auf die Subunternehmerschutzvorschriften nicht in Betracht kommt oben S. 126 N. 490.

523 OLG Hamm, Urteil vom 1.12.1998, IPRax 1990, S. 242ff., 243f.

524 OLG Hamm, Urteil vom 1.12.1998, IPRax 1990, S. 242ff., 244.

von GIULIANO und LAGARDE[525], sowie einige Stimmen aus der Literatur[526], welche auch die Rechtspraxis in den anderen Mitgliedstaaten wiedergeben: Art. 29 EGBGB werde in den übrigen Mitgliedstaaten ebenfalls als eine abschließende Ausnahmeregelung angesehen.[527]

Demgegenüber befürwortete das OLG Stuttgart im Urteil vom 18.5.1990[528] eine analoge Anwendung von Art. 29 EGBGB auf die *Gran Canaria*-Fälle, da die wirtschaftlichen Verhältnisse, unter denen die Verträge regelmäßig geschlossen und erfüllt würden, ebenso stark auf das Inland verwiesen, wie die in Art. 29 Abs. 1 EGBGB aufgezählten Sachverhalte.[529] In den *Gran Canaria*-Fällen würden Verbraucher im Ausland in ihrer eigenen Landessprache angesprochen. Die Veranstaltungen, auf denen der Vertragsschluss erfolgte, seien auf die Verbraucher aus den einzelnen Herkunftsländern zugeschnitten gewesen. Schließlich erfolge die Erfüllung des Vertrags in Deutschland und nicht in dem Land, in dem der Verbrauchervertrag geschlossen worden sei. Die Anbahnung des Verbrauchergeschäfts und dessen tatsächliche Gestaltung führe zu einer Interessenlage, die den in Art. 29 Abs. 1 Nr. 1 bis 3 EGBGB geregelten Fällen ebenbürtig sei. Diese Ebenbürtigkeit rechtfertige eine analoge Anwendung.[530]

Diese Argumente des OLG Stuttgart für eine analoge Anwendung von Art. 29 EGBGB in den *Gran Canaria*-Fällen lassen sich nicht als Argumente für eine analoge Anwendung auf Subunternehmerverträge übertragen.

Für eine analoge Anwendung des Art. 29 EGBGB auf Subunternehmer müsste nicht nur der subjektive Anwendungsbereich der Norm, der bisher auf Verbraucher beschränkt ist, auf Subunternehmer erweitert werden. Auch die in Art. 29 Abs. 1 Nr. 1 bis 3 EGBGB enthaltenen Kriterien über die erfassten Verbrauchergeschäfte wären entsprechend anzupassen: In Anlehnung an diese Kriterien müssten Anknüpfungspunkte für Subunternehmerverträge entwickelt werden, die in ähnlicher Weise eine enge Verbindung mit dem Staat der Nie-

---

525 Abl. EG 1980 Nr. C 282, Bemerkung 3 zu Art. 5 EVÜ.

526 Gutachten von Deutsch im Verfahren 43 C 220/87 vor dem AG Osnabrück, zitiert nach *Mankowski* IPRax 1991, S. 305ff., 310; *Gaudemet-Tallon* Rev. trim. dr. eur. 1981, S. 215ff., 254; *Krämer*, EWG Verbraucherrecht, Rn. 388; *Sandrock* RIW 1986, S. 841ff., 853; *Diamond* Recueil des Cours, Band 199 (1986), S. 233ff., 302; *Huff* VuR 1988, S. 306ff., 311; *Kren* ZVglRWiss 88 (1989), S. 48ff., 58; *Reichert-Facilides* IPRax 1990, S. 1ff., 10; *de Boer* RabelsZ 54 (1990), S. 24ff., 42; *Taupitz* BB 1990, S. 643ff., 649.

527 Siehe insbesondere das Gutachten von *Deutsch* im Verfahren 43 C 220/87 vor dem AG Osnabrück, zitiert nach *Mankowski* IPRax 1991, S. 305ff., 310.

528 OLG Stuttgart, Urteil vom 18.5.1990, IPRax 1991, S. 332ff.

529 OLG Stuttgart, Urteil vom 18.5.1990, IPRax 1991, S. 332ff., 333.

530 OLG Stuttgart, Urteil vom 18.5.1990, IPRax 1991, S. 332ff., 333.

derlassung des Subunternehmers begründen und eine allseitige Sonderanknüpfung der Subunternehmerverträge rechtfertigen.[531]

Die in Art. 29 Abs. 1 Nr. 1 bis 3 EGBGB enthaltenen Verbindungen des anwendbaren Rechts mit dem Staat des gewöhnlichen Aufenthalts des Verbrauchers haben gemeinsam, dass die Vertragsanbahnung im Staat des gewöhnlichen Aufenthalts stattgefunden hat. Dies rechtfertigt sich dadurch, dass ein Verbraucher bei der Anbahnung eines Vertrags im Inland nicht mit der Wahl eines fremden Rechts rechnet. Verbraucher gelangen nicht in den von Art. 29 EGBGB gewährten Schutz, wenn es an der Anbahnung des Rechtsgeschäfts im Staat des gewöhnlichen Aufenthaltes des Verbrauchers fehlt.

Subunternehmerverträge werden nicht auf Grund einer Überrumpelung in einem fremden Land oder auf gesondert für Subunternehmer organisierten Veranstaltungen geschlossen. Beim Vertragsschluss von Subunternehmerverträgen fehlt es an vergleichbaren charakteristischen Momenten. Zudem wird der Argumentation des OLG Stuttgart vom Schrifttum zu Recht entgegengehalten, dass Art. 29 Abs. 1 Nr. 1 bis 3 EGBGB nicht an die Erfüllung der Verbraucherverträge anknüpft, sondern an den Vertragsschluss.[532] Die Verbraucherschutznormen sind ebenso auf den Vertragsschluss bezogen wie Art. 29 Abs. 1 EGBGB selbst.[533]

Des Weiteren spricht das Verhältnis von Art. 29 Abs. 2 EGBGB zu Art. 28 EGBGB gegen eine durch eine Analogie erweiterte Anwendung der Sonderanknüpfung für Verbraucher auf Subunternehmer. Befürwortet man eine analoge Anwendung von Art. 29 Abs. 1 EGBGB, müsste die objektive Anknüpfung des Subunternehmervertrags konsequenterweise nicht nach Art. 28 EGBGB erfolgen, sondern nach Art. 29 Abs. 2 EGBGB analog.[534] Art. 28 EGBGB enthält aber eine spezielle und detaillierte Regelung für die objektive Bestimmung des anwendbaren Rechts, welche lediglich in den abschließend aufgezählten Fällen des Art. 29 Abs. 1 EGBGB unterbrochen wird. Die dort genannten Vertragsschlussbedingungen begründen einen engen Bezug zum Staat des gewöhnlichen Aufenthalts des Verbrauchers.[535] Angesichts der detaillierten Regelung des Art. 28 EGBGB fehlt es an der für einen Analogieschluss methodologisch notwendigen planwidrigen Regelungslücke.

---

531 Vgl. zur Rechtfertigung allseitiger Sonderanknüpfungen *von Hoffmann* IPRax 1989, S. 261ff., 266.

532 *Mankowski* IPRax 1991, S. 305ff., 310.

533 Die Argumentation des OLG Stuttgart erschöpft sich freilich nicht im Abstellen auf die Erfüllung der Verträge in Deutschland. Auch der gezielten Vertragsanbahnung wird Gewicht beigemessen.

534 Diese Konsequenz wurde vom OLG Stuttgart im Urteil vom 18.5.1990, IPRax 1991, S. 332ff., 333 allerdings nicht gezogen.

535 Siehe zu diesem Argument *Mankowski* IPRax 1991, S. 305ff., 312.

Die im Zuge der *Gran Canaria*-Fälle diskutierte analoge Anwendung von Art. 29 EGBGB führt für die Frage einer analogen Anwendung der Kollisionsnorm auf Subunternehmer zu folgenden Schlussfolgerungen:

- Eine analoge Anwendung von Art. 29 EGBGB wird in den meisten Mitgliedstaaten der Europäischen Gemeinschaft auf Grund des abschließenden und enumerativen Ausnahmecharakters der Norm abgelehnt. Dies stellt ein wichtiges Argument gegen eine analoge Anwendung der Norm auf Subunternehmer durch die deutschen Gerichte dar, da ein deutsches Gericht wegen Art. 36 EGBGB gehalten ist, eine möglichst einheitliche Auslegung des EVÜ in den Mitgliedstaaten zu gewährleisten.

- Gegen das Vorliegen einer Regelungslücke im Hinblick auf Art. 29 Abs. 2 EGBGB spricht auch die in Art. 28 EGBGB enthaltene detaillierte Regelung der objektiven Bestimmung des anwendbaren Rechts.

- Wird eine analoge Anwendung von Art. 29 EGBGB trotz dieser schwerwiegenden Bedenken befürwortet, so muss die Abweichung von den allgemeinen Regeln der Art. 27, 28 und 34 EGBGB auf Grund der besonderen Verbindungen des Sachverhalts mit dem Staat der Niederlassung des Subunternehmers im Rahmen der *Vertragsanbahnung oder des Vertragsschlusses* begründet sein. Die besondere Verbindung darf nicht erst durch die *Erfüllung* des Subunternehmervertrags entstehen. Dies gebietet das Gebot der Vorhersehbarkeit und Bestimmbarkeit des anwendbaren Rechts bei Begründung des Schuldverhältnisses.

Eine Anpassung des Art. 29 Abs. 1 EGBGB für Subunternehmerverträge müsste in jedem Fall an besondere Umstände der Anbahnung des Subunternehmerverhältnisses im Niederlassungsstaat anknüpfen. Da Voraussetzung einer Analogie auch das Vorliegen eines spezifischen Regelungsbedürfnisses ist, reicht das Feststellen eines besonderen Schutzbedürfnisses für Subunternehmer alleine nicht aus, eine analoge Anwendung des Art. 29 EGBGB zu rechtfertigen. Subunternehmer müssten vielmehr häufig in ihren Niederlassungsstaaten besonders geworben und ihnen ein Recht aufgezwungen werden, obwohl der Sachverhalt ansonsten enge Verknüpfungen mit dem Niederlassungsstaat aufweist. Das aufgezwungene Recht müsste ihnen bewusst den durch das Recht an ihrem Niederlassungsort gewährten Schutz entziehen. Solche charakteristischen Vertragsschlussmomente existieren für Subunternehmerverträge nicht.

Die oben[536] dargestellten Modelle von internationalen Subunternehmerverhältnissen verdeutlichen, dass das Vertragsverhältnis, in welchem Subunter-

---

536 Oben S. 28f.

nehmer ihre Vertragspflichten erfüllen, erheblich komplexer und vielschichtiger ist als internationale Verbrauchergeschäfte. Es sind entsprechend viele Verbindungen eines Subunternehmerverhältnisses mit einer anderen Rechtsordnung möglich (Erfüllungsort, Niederlassung des Generalunternehmers bzw. Auftraggebers etc.). In der grenzüberschreitenden Vertragspraxis den Einsatz von Subunternehmern betreffend wird es deshalb selten Situationen geben, in denen ein Sachverhalt so enge Verbindungen mit dem Niederlassungsstaat des Subunternehmers aufweist, dass die Wahl eines fremden Rechts als rechtsmissbräuchlich angesehen werden muss und ein Bedürfnis für eine allseitige Sonderanknüpfung im Stil des Art. 29 EGBGB oder Art. 30 EGBGB für Subunternehmer existiert.

Über das Schutzbedürfnis der Subunternehmer besteht innerhalb der Mitgliedstaaten zudem nicht im gleichen Maße Einigkeit wie über das Schutzbedürfnis der Verbraucher. Auch wenn der Subunternehmerschutz erste Anerkennung durch die Richtlinie 2000/35/EG[537] erfahren hat, so bleibt diese Vorgabe doch rudimentär und kann nicht mit dem in einer Vielzahl von Richtlinien umfassend verwirklichten Verbraucherschutz[538] verglichen werden. Es existieren lediglich in einigen Ländern spezifische Sondernormen des Privatrechts zum Schutz der Subunternehmer.[539] Das Interesse der Mitgliedstaaten am Subunternehmerschutz schwankt mit der Bedeutung, welche Subunternehmer für die nationalen Wirtschaftsordnungen haben.[540] Auch diese materiellrechtlichen Unterschiede im Subunternehmerschutz der Mitgliedstaaten sprechen gegen eine analoge Anwendung von Art. 29 EGBGB auf Subunternehmer.

Dieselben Argumente, die gegen eine analoge Anwendung von Art. 29 EGBGB auf Subunternehmer sprechen, lassen sich auch gegen eine analoge Anwendung von Art. 30 EGBGB vorbringen. Auch hier wird man *de lege lata* trotz Vorliegens einer vergleichbaren Interessenlage eine analoge Anwendung der Sonderanknüpfung für Arbeitsverträge an den gewöhnlichen Arbeitsort mangels einer planwidrigen Regelungslücke ablehnen müssen. Auch in Italien wird eine Anwendung der allgemeinen kollisionsrechtlichen Regeln auf Subunternehmerverträge einer analogen Anwendung des Verbraucher- und Arbeitnehmerkollisionsrecht vorgezogen.[541]

---

537 Abl. EG Nr. L 200, S. 35ff.

538 Siehe oben S. 33ff.

539 Siehe im Einzelnen die im dritten Kapitel, oben S. 61ff., vorgestellten Regelungen zum Schutz von Subunternehmern.

540 Siehe oben S. 44ff.

541 *Coccia* Riv. dir. int. priv. proc. 1999, S. 801ff., 830. Ähnlich *Pocar* Recueil des Cours, Band 188 (1984), S. 341ff., insbes. 353-357.

3. Schlussfolgerung

Lehnt man – wie hier vertreten – eine analoge Anwendung von Art. 29 bzw. 30 EGBGB auf Subunternehmervertragsverhältnisse ab, ist das auf den Subunternehmervertrag (ebenso wie das auf den Generalunternehmervertrag) anzuwendende Recht nach den allgemeinen Regeln zu bestimmen. In Deutschland finden also Art. 27 und 28 EGBGB Anwendung.

III. Die Rechtswahl

Gemäß Art. 27 Abs. 1 EGBGB ist eine in einem Vertrag von den Parteien getroffene Rechtswahl primär zu beachten. Die Rechtswahlfreiheit verwirklicht den Grundsatz der Privatautonomie im Kollisionsrecht.[542] Die Rechtswahl kann entweder ausdrücklich oder konkludent getroffen werden.

1. Die ausdrückliche Rechtswahl

Die ausdrückliche Rechtswahl (Art. 27 Abs. 1 Satz 2 Alt. 1 EGBGB) wirft für Subunternehmerverträge keine besonderen Schwierigkeiten auf.[543] Ist in einem Subunternehmervertrag eine ausdrückliche Rechtswahl zu Gunsten einer bestimmten Rechtsordnung getroffen, so ist die gewählte Rechtsordnung auf ihn anzuwenden. In Bezug auf die Subunternehmerschutzgesetze bedeutet dies, dass diejenigen Subunternehmerschutzvorschriften durch deutsche Gerichte anzuwenden sind, die Bestandteil der gewählten Rechtsordnung sind.

In aller Regel wird sich in Subunternehmerverträgen dann eine ausdrückliche Rechtswahl zu Gunsten einer bestimmten Rechtsordnung finden, wenn sich ein Auslandsbezug unmittelbar aus den Niederlassungsorten der Parteien des Subunternehmervertrags ergibt, der Subunternehmervertrag selbst also ein „grenzüberschreitender" Vertrag ist (vgl. die oben[544] dargestellten *Modelle 1, 3 und 4*).

Aber auch wenn kein grenzüberschreitender Subunternehmervertrag vorliegt (so bei einer Fallgestaltung wie im *Modell 2* oder *Modell 5*), ist eine Rechtswahl im Subunternehmervertrag möglich. Dadurch kann zum Beispiel erreicht werden, dass dieselbe Rechtsordnung auf Sub- und Generalunternehmervertrag anzuwenden ist.

---

542 Statt aller MünchKomm-*Martiny*, Art. 27 EGBGB Rn. 7; Staudinger-*Magnus*, Vorbem. zu Art. 27-37 EGBGB Rn. 33.

543 Gleiches gilt für den „*subfornitura"*-Vertrag, siehe *Musso*, La subfornitura, S. 601ff.

544 Oben S. 28.

2. Die konkludente Rechtswahl

Freilich beinhaltet nicht jeder Subunternehmervertrag eine ausdrückliche Rechtswahl. Dann ist der Parteiwille bei Vertragsabschluß dahingehend zu erforschen, ob nicht eine konkludente Rechtswahl von den Parteien des Subunternehmervertrags getroffen wurde (Art. 27 Abs. 1 Satz 2 2. Alt. EGBGB). Voraussetzung für eine konkludente Rechtswahl ist, dass ein tatsächlicher Rechtswahlwille der Parteien mit hinreichender Sicherheit feststellbar ist.[545] Nicht ausreichend ist demgegenüber ein hypothetischer oder unterstellter Parteiwille.[546] Ob ein tatsächlicher Wille hinreichend sicher festgestellt werden kann, bedarf einer Entscheidung im jeweiligen Einzelfall. Es müssen hierfür ausreichende Indizien vorliegen, deren Gewichtung im Einzelfall zu prüfen ist.

Im komplexen Dreipersonenverhältnis von Generalunternehmervertrag und Subunternehmervertrag können sich diese Indizien insbesondere aus folgenden Umständen ergeben: durch eine Bezugnahme auf den Generalunternehmervertrag und durch die Vereinbarung technischer Standards und Bauvorschriften, die ersichtlich einer bestimmten Rechtsordnung entstammen.

a) Die wirtschaftliche Verflechtung

In der Praxis sind allgemeine Bezugnahmen im Subunternehmervertrag auf den Generalunternehmervertrag an der Tagesordnung.[547] Solche Bezugnahmen auf andere Verträge, in denen sich eine Rechtswahl zu Gunsten einer bestimmten Rechtsordnung findet, können als Rechtswahl auch für den Bezug nehmenden Vertrag anzusehen sein.[548] Doch der BGH scheint der wirtschaftlichen Verflechtung von Sub- und Generalunternehmervertrag weniger Bedeutung beizumessen als der Bezugnahme auf technische Standards und Bauvorschriften, die ersichtlich einer bestimmten Rechtsordnung entstammen. So führt der BGH im Urteil vom 10.4.2003 zur Begründung einer konkludenten Rechtswahl in einem Subunternehmervertrag aus:

„Die Parteien haben keine ausdrückliche Rechtswahl nach Art. 27 Abs. 1 Satz 2 EGBGB getroffen. Das deutsche materielle Recht ist anwendbar, weil der Vertrag der Parteien hinreichende Anhaltspunkte für eine konkludente Rechtswahl nach Art. 27 Abs. 1 Satz 2 EGBGB zugunsten des deutschen materiellen Rechts enthält. Die Parteien haben die VOB/B vereinbart und die besonderen Vereinbarungen des Vertrags an der VOB/B und den gesetzlichen Vorschriften des deut-

---

545 Statt aller MünchKomm-*Martiny*, Art. 27 EGBGB Rn. 41; Staudinger-*Magnus*, Art. 27 EGBGB Rn. 60. In der englischen Sprachversion des EVÜ: *„reasonable certainty".*

546 Staudinger-*Magnus*, Art. 27 EGBGB Rn. 61.

547 Vgl. dazu *Vetter* NJW 1987, S. 2124ff., 2125.

548 Staudinger-*Magnus*, Art. 27 EGBGB Rn. 81.

schen Werkvertragsrechts orientiert. Weitere Anhaltspunkte sind die Gerichtsstandsvereinbarung zugunsten der Gerichte S. und die Fassung des Textes in deutscher Sprache. Diese Umstände sind für eine konkludente Rechtswahl zugunsten des deutschen Rechts ausreichend [...]"[549]

Hier wird nicht der wirtschaftlichen Verflechtung von Sub- und Generalunternehmervertrag Rechnung getragen. Vielmehr ist für den BGH die Bezugnahme auf die VOB/B, die Vertragssprache und die Gerichtsstandsvereinbarung zu Gunsten eines deutschen Gerichts allein ausreichend, um eine konkludente Rechtswahl zu begründen. Das auf den Generalunternehmervertrag anzuwendende Recht spielt für den BGH offensichtlich überhaupt keine Rolle, der BGH bestimmt es nicht einmal.[550]

Doch die Rechtsprechung des BGH misst auch der wirtschaftlichen Verflechtung von Verträgen Bedeutung zu. Als Beispiel sei auf das Urteil des BGH vom 7.12.2000[551] verwiesen, das die Bestimmung des auf einen Architektenvertrag anzuwendenden Rechts betrifft. Das Urteil ist jedoch auch für Subunternehmerverträge bedeutsam, da auch bei Bau- und Architektenvertrag eine enge wirtschaftliche und rechtliche Verflechtung zweier Verträge vorliegt.

Der Entscheidung vom 7.12.2000 liegt folgender Sachverhalt zugrunde: Eine in Deutschland ansässige Klägerin macht Ansprüche auf Vorschuss für Mängelbeseitigung und Schadensersatz aus abgetretenem Recht gegen die zwei norwegischen Beklagten als Gesamtschuldner geltend. Die Klägerin ist in Deutschland ansässig. Ihr wurden von der ebenfalls in Deutschland ansässigen N-GmbH die Ansprüche gegen die Beklagten abgetreten. Die N-GmbH hat von der Beklagten zu 1, einem norwegischen Bauunternehmen, drei Reihenhäuser in Deutschland errichten lassen. In dem Bauvertrag war eine ausdrückliche Rechtswahl zu Gunsten des deutschen Rechts getroffen worden. Mit dem Beklagten zu 2 hat die N-GmbH mit Bezugnahme auf diesen Bauvertrag einen Architektenvertrag geschlossen. Der Architektenvertrag beinhaltet keine ausdrückliche Rechtswahl. Die Parteien des Architektenvertrags streiten über die internationale Zuständigkeit der deutschen Gerichte.

---

549 BGH, 10.4.2003, NJW 2003, S. 2605ff.
550 In ähnlicher Weise bestimmt der BGH im Urteil vom 10.4.2003, NJW 2003, S. 2605ff., das auf den Bürgschaftsvertrag anzuwendende Recht. Auch hier wird der wirtschaftlichen Verflechtung des Bürgschaftsvertrags mit dem zugrunde liegenden Schuldverhältnis nicht die ihr gebührende Bedeutung beigemessen.
551 BGH, 7.12.2000, NJW 2001, S. 1936f., 1937.

Für den Rechtsstreit kommt alleine der Gerichtsstand des Erfüllungsortes nach Art. 5 Nr. 1 LugÜ[552] in Betracht. Nach der vom EuGH zur Parallelvorschrift des Art. 5 Nr. 1 EuGVÜ entwickelten sogenannten *Tessili*-Regel[553] ist der Erfüllungsort des Vertrags nach der *lex causae* zu bestimmen.[554] Der Architektenvertrag nimmt auf den Bauvertrag Bezug. Der Architektenvertrag enthält einzuhaltende DIN-Normen und Baurechtsbestimmungen als einzuhaltende Standards, während die HOAI[555] nicht vereinbart worden ist. Das OLG Dresden als Berufungsgericht hatte hinreichende Indizien für eine konkludente Rechtswahl im Architektenvertrag zu Gunsten des deutschen Rechts verneint. Zwar spreche die enge Verknüpfung des Bauvertrags mit dem Architektenvertrag für eine konkludente Rechtswahl zu Gunsten des durch Rechtswahl auf den Bauvertrag anwendbaren materiellen Rechts. Dieser Anhaltspunkt genüge jedoch alleine nicht. Gegen eine konkludente Rechtswahl zu Gunsten des deutschen Rechts spreche, dass die HOAI nicht vereinbart worden sei. Die Bestimmung von DIN-Normen und deutschen Baurechtsbestimmungen reiche als Indiz nicht aus. Dem tritt der BGH in der Entscheidung entgegen:

> *„Die nach Art. 27 I 2 EGBGB für eine konkludente Rechtswahl erheblichen Umstände lassen nur den Schluss zu, dass die Parteien auch für den Architektenvertrag deutsches Recht gewählt haben. Das Berufungsgericht hat bei der Auslegung für eine konkludente Rechtswahl der Vertragsparteien einige maßgebliche Umstände fehlerhaft gewürdigt und **einen gewichtigen Umstand, die enge wirtschaftliche Verknüpfung der beiden Verträge**, nicht berücksichtigt. [...] Die konkludente Rechtswahl zwischen den Vertragsparteien des Bauvertrags, der Klägerin und der Bekl. zu 1, ist ein gewichtiges Indiz dafür, dass die*

---

552 Luganer Übereinkommen über die gerichtliche Zuständigkeit und die Vollstreckung gerichtlicher Entscheidungen in Zivil- und Handelssachen vom 16.09.1988, BGBl. II, S. 2660.

553 Grundlegend die Entscheidung des EuGH vom 6.10.1976 in der Rs. *Tessili/Dunlop* (Slg. 1976, S. 1475). Vgl. jüngst EuGH, Urteil vom 28. 9. 1999 Rs. C-440/97; Abl. EG C 55, S. 21 = IPRax 2000, S. 399ff., *Concorde u.a. ./. Kapitän des Schiffes Suhadiwarno Panjan.*

554 Vgl. aber die Änderungen in der neuen Verordnung (EG) Nr. 44/2001 des Rates vom 22.12.2000 über die gerichtliche Zuständigkeit und die Anerkennung und Vollstreckung von Entscheidungen in Zivil- und Handelssachen - EuGVVO (Abl. EG Nr. L 12 vom 16.1.2001, S. 1). Im neuen Art. 5 Nr. 1 lit. b EuGVVO ist für Kaufverträge und Dienstverträge eine Abkehr von der *Tessili*-Regel und eine einheitliche autonome Bestimmung des Erfüllungsortes für alle vertraglichen Pflichten festgeschrieben, siehe *Jayme/Kohler* IPRax 1999, S. 401ff., 405 und ausführlich unten S. 281ff.

555 Honorarordnung für Architekten und Ingenieure. Hierbei handelt es sich um zwingendes öffentliches Preisrecht für die Tätigkeit von Architekten in Deutschland, gleichgültig welches materielle Recht auf den Vertrag anzuwenden ist, vgl. *Thode/Wenner*, Internationales Architekten- und Bauvertragsrecht, Rn 90.

Parteien des Architektenvertrags auch diesen Vertrag dem deutschen Vertragsrecht unterstellen wollten, weil die Leistungen auf Grund beider Verträge für dasselbe Bauvorhaben in Deutschland erbracht werden sollten.[556]

Das Fehlen der Vereinbarung der HOAI sei auf Grund ihrer Eigenschaft als vom materiellen Recht unabhängiges öffentliches Preisrecht ohne Indizwirkung für die Frage einer konkludenten Rechtswahl anzusehen. Dagegen erfassten die technischen Bauvorschriften und DIN-Normen den Inhalt der vom Architekten geschuldeten Leistung und damit eine vom Schuldstatut erfasste Frage.[557] Von untergeordneter Bedeutung sei der Ort des Abschlusses und die vereinbarte Währung der Vergütung. Beides deute aber auf das deutsche Recht hin.

Der BGH hat hier zu Recht die enge wirtschaftliche Verflechtung von Bauvertrag und Architektenvertrag hervorgehoben. Der Architekt überwacht die auf Grund des Bauvertrags ausgeführten Arbeiten an dem Bauwerk. Zudem wurde das Bauwerk vom Architekten entworfen. Dieser wirtschaftlichen Verflechtung der beiden Verträge trägt die Entscheidung richtigerweise Rechnung. Die Verflechtung wird zur Auslegung des Parteiwillens auch bei der rechtlichen Würdigung und Einordnung des Falles berücksichtigt. Dies führt im Ergebnis dazu, dass wirtschaftlich zusammengehörige Sachverhalte auch einer einheitlichen Rechtsordnung unterstellt werden. Die Beachtung der wirtschaftlichen Verflechtung dient dem Entscheidungseinklang im Vertragsgeflecht.

Auch in anderen europäischen Rechtsordnungen wird der wirtschaftlichen Verflechtung von Sub- und Generalunternehmervertrag durch die Rechtsprechung Rechnung getragen, was gemäß Art. 36 EGBGB auch von den deutschen Gerichten bei der Auslegung von Art. 27 EGBGB berücksichtigt werden muss. So wird die enge wirtschaftliche Verflechtung von Verträgen bei der Bestimmung des anwendbaren Rechts beispielsweise regelmäßig durch die englischen Gerichte beachtet.[558]

Hinzuweisen ist darüber hinaus insbesondere auf einen Schiedsspruch der *Chambre de Commerce Internationale* zur Frage einer konkludenten Rechts-

---

556 BGH, 7.12.2000, NJW 2001, S. 1936f., 1937, Hervorhebungen durch den Verfasser.

557 Vgl. dazu sogleich und aus der bisherigen Rechtsprechung BGH, Urteil vom 14.1.1999, IPRax 2001, S. 333ff., 333 m. Anm. *Pulkowski*, IPRax 2001, S. 306ff.

558 Queen's Bench Division, Urteil vom 13.12.1993, *Bank of Baroda vs. Vysya Bank Ltd.*, [1994] 2 Lloyd's Rep. 87; vom 30.3.2001, *Definitely Maybe (Touring) Ltd. vs. Marek Lieberberg Konzertagentur GmbH (No. 2)*, [2001] 4 All ER 283; Urteile des Court of Appeal vom 30.1.2002, *Kenburn Waste Management Ltd. v. Heinz Bergmann*, [2002] I.L.Pr. 33, und vom 28.6.2002, *Ennstone Building Ltd. v. Stanger Ltd. (No. 2)*, [2002] 2 All ER (Comm) 479 und dazu *Mankowski* IPRax 2003, S. 464ff.

wahl im Subunternehmervertrag.[559] In dem Schiedsverfahren hatte eine französische Werft als Generalunternehmerin den Auftrag erhalten, ein Containerschiff zu bauen. Auf den Generalunternehmervertrag war französisches Recht anzuwenden. Die französische Werft schloss mit einem englischen Turbinenhersteller einen Subunternehmervertrag über den Bau und die Lieferung von Turbinen. Die Turbinen sollten in ein niederländisches Containerschiff eingebaut werden, das in Dünkirchen in einer Werft lag. Im Subunternehmervertrag fehlte eine ausdrückliche Rechtswahl. Das französische Schiedsgericht entschied, dass die Nennung des Verwendungszwecks der Subunternehmerleistung im Subunternehmervertrag als Indiz ausreiche, um eine konkludente Rechtswahl zu Gunsten des auf den Generalunternehmervertrag anzuwendenden französischen Rechts anzunehmen.[560]

Eine interessante Bestimmung, enthält auch Art. 116 Abs. 2 des schweizerischen IPR-Gesetzes[561], die einen Seitenblick rechtfertigt, auch wenn die schweizerische Lösung mangels Mitgliedschaft der Schweiz in der EG und damit des EVÜ nicht im Rahmen von Art. 36 EGBGB zu berücksichtigen ist. Art. 116 Abs. 2 des schweizerischen IPR-Gesetzes erkennt an, dass eine Bezugnahme auf einen anderen Vertrag als Indiz für eine konkludente Rechtswahl der Parteien zu Gunsten der Rechtsordnung, die auf den in Bezug genommenen Vertrag anzuwenden ist, anzusehen ist.[562]

b) Die Bezugnahme auf Klauselwerke

In ständiger Rechtsprechung[563] betont der BGH die Bedeutung der Bezugnahme auf technische Regeln des Fachs, die einer bestimmten Rechtsordnung entspringen, als tragendes Indiz für eine konkludente Rechtswahl. Dafür spricht, dass die technischen Regeln die vertraglichen Pflichten einer Vertragspartei unmittelbar formen und deren Inhalt bestimmen.[564] Dies gilt gleichermaßen für DIN[565]-Normen oder für vorformulierte Klauselwerke, die in einer Branche

---

559 Chambre de Commerce Internationale, Sentence arbitrale 2119/1978, Clunet 1979, S. 997f.

560 Chambre de Commerce Internationale, Sentence arbitrale 2119/1978, Clunet 1979, S. 997f.

561 Siehe *Riering*, IPR-Gesetze in Europa, 1997, Nr. 8.

562 Honsell/Vogt/Schnyder-*Amstutz/Vogt/Wang* Art. 116 Rn. 44 m. w. N.

563 Vgl. jüngst dazu BGH, Urteil 10.4.2003, NJW 2003, S. 2605ff.; vom 14.1.1999, IPRax 2001, S. 333ff., 333 m. Anm. *Pulkowski*, IPRax 2001, S. 306ff. sowie BGH, 7.12.2000, NJW 2001, S. 1936f., 1937.

564 MünchKomm-*Martiny*, Art. 27 EGBGB Rn. 47.

565 DIN-Normen haben keinen normativer Charakter. Sie sind vielmehr lediglich technische Regeln des Fachs, die allgemein in Deutschland als Standard anerkannt werden.

üblicherweise vereinbart werden (z.B. die VOB/B[566] im Baugewerbe). Da diese Standards unmittelbar die Vertragspflichten gestalten, sind sie als Teil des Schuldstatuts anzusehen.[567] Damit kommt ihnen ein höheres Gewicht zu als Indizien, die außerhalb des Schuldstatuts liegen (wie z.B. die Währung, in welcher der Werklohn zu entrichten ist oder Abschlussort und Vertragssprache).

In Subunternehmerverträgen werden Bezugnahmen des Subunternehmervertrags auf technische Regeln des Fachs regelmäßig vorkommen[568], da der Generalunternehmer die sich aus seinem eigenen Pflichtenheft ergebenden baulichen Anforderungen und Vertragspflichten ebenfalls als einzuhaltende Standards an seine Subunternehmer weitergeben wird. Andernfalls liefe der Generalunternehmer Gefahr, für die Nichteinhaltung der Standards dem Auftraggeber gegenüber gewährleistungspflichtig zu werden, ohne bei seinem Subunternehmer Rückgriff nehmen zu können. Bisher von der Rechtsprechung nicht entschieden wurde die Frage, ob eine solche Bezugnahme auf technische Standards und vorformulierte Klauselwerke als alleiniges Indiz zur Annahme einer konkludenten Rechtswahl ausreicht. Diese Frage lässt sich mit theoretischen Überlegungen kaum beantworten, da stets die gesamten Umstände des Einzelfalles in die Erwägungen einzubeziehen sind. So stellt der BGH auch in der jüngsten Entscheidung zu diesem Problem, dem bereits erwähnten Urteil vom 10.4.2003,[569] nicht allein auf die Vereinbarung der VOB/B ab, sondern auch auf die Orientierung an den deutschen Werkvertragsvorschriften, die Gerichtsstandsvereinbarung zu Gunsten eines deutschen Gerichts und die Vertragssprache.

Da die technischen Standards und vorformulierten Klauselwerke jedoch unmittelbarer Bestandteil des Schuldstatus sind und dieses prägen, muss auch einer Bezugnahme auf sie ein äußerst großes Gewicht beigemessen werden, auch wenn weitere Indizien für eine konkludente Rechtswahl zu Gunsten dieser Rechtsordnung fehlen. Das Gewicht des Indizes wiegt ähnlich schwer wie die Bezugnahme auf rechtliche Vorschriften aus einer bestimmten Rechtsordnung.[570] Die Vermutung ist freilich durch andere Indizien widerlegbar. Mangels entgegenstehender anderer Indizien kann jedoch mit der erforderlichen hinrei-

---

566 Verdingungsordnung des Baugewerbes. Die VOB hat ebenso wie die DIN-Normen keinen normativen Charakter. Sie ist ein vorformuliertes Klauselwerk (Allgemeine Geschäftsbedingungen), das sich jedoch im Baugewerbe weitgehend durchgesetzt hat und praktisch bei allen Großprojekten innerhalb Deutschlands zur Anwendung gelangt.

567 BGH, 7.12.2000, NJW 2001, S. 1936f., 1937.

568 So beispielsweise auch in dem dem Urteil des BGH vom 10.4.2003, NJW 2003, S. 2605ff,. zugrunde liegenden Sachverhalt.

569 BGH, Urteil vom 10.4.2003, NJW 2003, S. 2605ff.

570 Hierzu BGH, 14.1.1999, RIW 1999, S. 537f.; BGH, Urteil 10.4.2003, NJW 2003, S. 2605ff. sowie Staudinger-*Magnus*, Art. 27 EGBGB Rn. 78.

chenden Sicherheit auf einen entsprechenden Parteiwillen zur Rechtswahl geschlossen werden.

IV. Das mangels Rechtswahl anzuwendende Recht

1. Die engste Verbindung

Haben die Parteien weder ausdrücklich noch konkludent eine Rechtswahl getroffen, ist das auf den Subunternehmervertrag anzuwendende Recht nach Art. 28 EGBGB (entspricht Art. 4 EVÜ) objektiv zu bestimmen. Entscheidend ist hierbei, mit welcher Rechtsordnung der Vertrag die engste Verbindung aufweist, 28 Abs. 1 EGBGB. Gemäß 28 Abs. 2 EGBGB wird vermutet, dass der Subunternehmervertrag die engsten Verbindungen mit dem Staat aufweist, in dem die Partei, welche die charakteristische Leistung zu erbringen hat, zum Zeitpunkt des Vertragsabschlusses ihren gewöhnlichen Aufenthalt bzw. ihre Niederlassung hat. Im Falle mehrerer Niederlassungen ist die Niederlassung entscheidend, welche die Leistung nach dem Vertrag zu erbringen hat, Art. 28 Abs. 2 Satz 2 EGBGB. Vertragscharakteristisch ist stets die Nichtgeldleistung.[571] Für den speziellen Fall eines Subunternehmervertrags ist dies die vom Subunternehmer zu erbringende Bau- oder Werkleistung.[572] Dies führt im Regelfall somit zur Anwendung des Rechts des Staates auf den Subunternehmervertrag, in welchem der Subunternehmer seine Niederlassung hat.[573]

Gemäß Art. 28 Abs. 5 EGBGB gilt jedoch die Vermutung des Art. 28 Abs. 2 EGBGB dann nicht, wenn sich aus der Gesamtheit der Umstände ergibt, dass

---

571 Siehe bereits den Bericht von *Giuliano* und *Lagarde*, BT-Drucks 10/503 vom 20.10.1983, S. 33 ff., 52f.; *Firsching/von Hoffmann*, Internationales Privatrecht, § 10 Rn. 45; Reithmann/Martiny-*Martiny*, Internationales Vertragsrecht, Rn. 111; MünchKomm-*Martiny*, Art. 28 EGBGB Rn. 27ff.; *Kegel/Schurig*, Internationales Privatrecht, § 18 I, S. 578.

572 *Vischer/Huber/Oser*, Internationales Vertragsrecht, Rn. 522.

573 Sollte sich die wirtschaftliche Zusammenarbeit zwischen Subunternehmer und Generalunternehmer im Einzelfall so verdichten, dass nicht mehr lediglich von vertraglichen Austauschleistungen ausgegangen werden kann, sondern dass ein gesellschaftsrechtliches Kooperationsverhältnis (siehe zur Abgrenzung oben S. 22f.) ohne Gründungsvertrag entstanden ist, scheitert jedoch die Bestimmung einer vertragscharakteristischen Leistung, da wechselseitig die Voraussetzungen und das Wissen zur Erreichung des gemeinsamen Zweckes ausgetauscht werden. Die Anknüpfung des Kooperationsvertrags zwischen Subunternehmer und Generalunternehmer hat dann mit derjenigen Rechtsordnung zu erfolgen, mit der der Kooperationsvertrag die engsten Beziehungen aufweist, Soergel-*von Hoffmann* (12. A. 1996), Art. 28 EGBGB Rn. 279; MünchKomm-*Martiny*, Art. 28 EGBGB Rn. 272; *Lionnet*, in: Nicklisch (Hrsg.), Bau- und Anlagenverträge, S. 121ff. Siehe speziell für den italienischen „*subfornitura*"-Vertrag und Kooperationsverträge auch *Kronke* BB 1998, Beilage 9, S. 10f., 11.

der Vertrag engere Verbindungen mit einem anderen Staat aufweist. Die Ausweichklausel ist für Subunternehmerverträge von besonderem Interesse. Zum einen ist der Subunternehmervertrag in ein Geflecht mit anderen Verträgen eingebettet, zum anderen kommt es im für den Einsatz von Subunternehmern besonders relevanten Baugewerbe häufig vor, dass die Baustelle, auf welcher der Subunternehmer die Bauleistung zu erbringen hat, in einem anderen Staat als dem Niederlassungsstaat des Subunternehmers liegt.[574]

Es ist daher zu klären, ob das Vertragsgeflecht von Subunternehmervertrag und Generalunternehmervertrag bzw. die Lage der Baustelle als durchschlagende Umstände anzusehen sind, die eine Anwendung der Ausweichklausel des Art. 28 Abs. 5 EGBGB regelmäßig zur Folge hat.

2. Das Vertragsgeflecht

Zur Erläuterung der Problematik sei auf einen Fall hingewiesen, den der BGH im Februar 1999[575] zu entscheiden hatte. Die Parteien streiten um die internationale Zuständigkeit der deutschen Gerichte. Die Fallkonstellation entspricht der des oben[576] dargestellten *Modells 4*: Auftraggeber und Subunternehmer haben ihre Niederlassung jeweils in demselben Staat, der Generalunternehmer hat seine Niederlassung jedoch in einem anderen Staat.

Der Entscheidung liegt folgender Sachverhalt zugrunde: Die Klägerin (eine deutsche Subunternehmerin) klagt vor den deutschen Gerichten auf Zahlung von Werklohn gegen ihre italienische Generalunternehmerin. Die Beklagte ist eine Aktiengesellschaft italienischen Rechts mit Sitz in Mailand. Sie wurde als Generalunternehmerin für umfangreiche Hoch- und Tiefbauarbeiten zur Errichtung eines Einkaufszentrums und Bürogebäudes in der Bundesrepublik Deutschland beauftragt. Die Beklagte ihrerseits beauftragte die in Deutschland ansässige Klägerin als Subunternehmerin mit der Ausführung der Arbeiten. Die Parteien schlossen 1993 einen entsprechenden Subunternehmervertrag. Für den Subunternehmervertrag wurde die Geltung der VOB/B vereinbart. Die Werkleistungen sollten den DIN-Normen entsprechen. Dazu wurde auf die HOAI Bezug genommen und die Einhaltung von TÜV-Bestimmungen vereinbart. Die Subunternehmerin und die Generalunternehmerin führten die Vertragsverhandlungen überwiegend in deutscher Sprache. Bei der Vertragsdurchführung gerieten die Parteien in Streit. Beide Parteien kündigten den Subunternehmerver-

---

574 Vgl. dazu aus der Rechtsprechung des BGH das Urteil vom 25.2.1999 - VII ZR 408/97, IPRax 2001, S. 331ff., sowie BGH, Urteil vom 14.1.1999 - VII ZR 19/98, IPRax 2001, S. 336ff., und dazu *Pulkowski* IPRax 2001, S. 306ff.; *Musso*, La subfornitura, S. 595; *Kremer*, in: Nicklisch (Hrsg.), Technologie und Recht, Band 7, S. 7ff., 23.

575 BGH, Urteil vom 25.2.1999, IPRax 2001, S. 331ff. Vgl. dazu die Anmerkungen von *Hohloch* JuS 2000, S. 90ff. und *Pulkowski* IPRax 2001, S. 308ff.

576 Oben S. 28.

trag aus wichtigem Grund. Die Klägerin verlangt von der Beklagten vor deutschen Gerichten nunmehr Zahlung des restlichen Werklohns.

Zunächst hatte der BGH die internationale Zuständigkeit der deutschen Gerichte zu klären, die sich für diesen Rechtsstreit noch nach dem EuGVÜ und nicht nach der EuGVVO richtete. In Betracht kam der Gerichtsstand des Erfüllungsortes nach Art. 5 Nr. 1 EuGVÜ. Dazu musste der Erfüllungsort der durch die Subunternehmerin geschuldeten Bauleistungen in Deutschland gelegen haben. Der Erfüllungsort war nach der *Tessili*-Rechtsprechung des EuGH zu Art 5 Nr. 1 EuGVÜ nach der *lex causae* zu bestimmen.[577] Das Gericht hatte also das auf den Subunternehmervertrag anzuwendende Recht zu bestimmen. War dies das deutsche Recht, richtete sich der Erfüllungsort nach dem deutschen Recht. Im deutschen Recht ist für Bauleistungen nach ständiger Rechtsprechung der Ort der Baustelle der Erfüllungsort für die Bauleistungen.[578]

Eine ausdrückliche Rechtswahl nach Art. 27 Abs. 1 S. 2 1. Alt. EGBGB war in dem Subunternehmervertrag nicht erfolgt. Der BGH geht auf die Frage, ob durch eine Bezugnahme auf den Generalunternehmervertrag eine konkludente Rechtswahl im Subunternehmervertrag gemäß Art. 27 Abs. 1 S. 2 2. Alt. EGBGB vorliegt[579], erstaunlicherweise nicht ein. Der mitgeteilte Sachverhalt lässt allerdings auch offen, ob eine solche Bezugnahme überhaupt existierte. Überraschend lässt der BGH in der Entscheidung auch unberücksichtigt, dass auf die VOB/B als deutsches Klauselwerk und technische Standards wie DIN- oder TÜV-Bestimmungen in dem Vertrag verwiesen wird, was nach den bereits dargestellten Grundsätzen zur konkludenten Rechtswahl im Subunternehmervertrag nahe gelegen hätte.[580] Insoweit setzt sich die Begründung in gewissen Widerspruch zu anderen Urteilen des BGH.[581] Der BGH stützt das von ihm gefundene Ergebnis vielmehr auf eine objektive Anknüpfung des Subunterneh-

---

577 EuGH, Urteil vom 6.10.1976 in der Rs. *Tessili/Dunlop* (Slg. 1976, S. 1475). Vgl. jüngst EuGH, Urteil vom 28. 9. 1999 Rs. C-440/97; Abl. EG C 55, S. 21=IPRax 2000, S. 399ff., *Concorde u.a. ./. Kapitän des Schiffes Suhadiwarno Panjan*. Vgl. aber nunmehr Art. 5 Nr. 1 lit. b EuGVVO. Danach ist für Kaufverträge und Dienstverträge (umfasst auch Subunternehmerverträge) eine Abkehr von der *Tessili*-Regel und eine einheitliche autonome Bestimmung des Erfüllungsortes für alle vertraglichen Pflichten bestimmt, siehe ausführlich unten S. 281ff.

578 BGH, 5.12.1985, BauR 1986, S. 241; BayOblG, 24.2.1983, MDR 1983, S. 583; Palandt-*Heinrichs*, § 269 BGB Rn. 14 m.w.N. Vgl. auch für grenzüberschreitende Architektenverträge BGH, 7.12.2000, NJW 2001, S. 1936f., 1937.

579 Dazu oben S. 136ff.

580 Siehe oben S. 136ff.

581 BGH, 10.4.2003, NJW 2003, S. 2605ff. sowie BGH, Urteil vom 14.1.1999, IPRax 2001, S. 333ff. Dass eine Bezugnahme auf VOB/B oder andere deutsche Standards wie DIN oder TÜV-Bestimmungen als handfeste Indizien für eine konkludente Rechtswahl i.S.v. Art. 27 Abs. 1 S. 2 Alt. 2 EGBGB zu werten sind, wurde bereits dargelegt.

mervertrags gemäß Art. 28 Abs. 2 EGBGB, um die Regelvermutung für die maßgebliche engste Beziehung des Subunternehmervertrags zu einer Rechtsordnung festzustellen. Hätte der BGH sich für eine konkludente Rechtswahl im Subunternehmervertrag zu Gunsten der deutschen Rechtsordnung entschieden, wären die weiteren Überlegungen überflüssig gewesen. Mangels einer Rechtswahl bestimmte der BGH die vertragscharakteristische Leistung nach Art. 28 Abs. 2 EGBGB anhand objektiver Kriterien. Als vertragscharakteristisch sah er folgerichtig die Bauleistung der in Deutschland ansässigen Klägerin an. Gemäß Art. 28 Abs. 2 EGBGB wäre somit deutsches Recht auf den Subunternehmervertrag anwendbar, wenn nicht die Ausnahmevorschrift des Art. 28 Abs. 5 EGBGB eingreift und sich eine engere Verbindung des Vertrags mit dem italienischen Recht aus der Gesamtheit der Umstände ergibt.

Der BGH lehnte eine Anwendung des Art. 28 Abs. 5 EGBGB ab und beließ es bei der Regelanknüpfung: „Die Baustelle [sei] für sich genommen kein hinreichender Umstand, der abweichend von der Vermutung des Art. 28 Abs. 2 EGBGB eine engere Verbindung im Sinne des Art. 28 Abs. 5 EGBGB begründen könnte".[582] Er gelangt damit zur Anwendung deutschen Rechts. Diese Ausführungen des BGH überraschen insoweit, als sich die Baustelle im vorliegenden Fall sowieso in Deutschland befunden hat. Auch bei Heranziehen der Baustelle als ausschlaggebender Umstand[583] wäre im Rahmen des Art. 28 Abs. 5 EGBGB im vorliegenden Fall deutsches Recht zur Anwendung gekommen.[584]

---

582 BGH, 14.1.1999, IPRax 2001, S. 331ff., 332. Vgl. auch *Lorenz* IPRax 1995, S. 331; Soergel-*von Hoffmann* (12. A. 1996), Art. 28 EGBGB Rn. 213; MünchKomm-*Martiny*, Art. 28 EGBGB Rn. 141 jew. m.w.N.; *Thode/Wenner*, Internationales Architekten- und Bauvertragsrecht, Rn. 280ff.

583 Die Regelanknüpfung des Art. 28 Abs. 2 EGBGB ist bei Bauverträgen allerdings nicht unumstritten. Zum Teil wird in der älteren Literatur davon ausgegangen, dass bei Bauverträgen im Regelfall eine gläubigernahe Anknüpfung gemäß Art. 28 Abs. 5 EGBGB vorzunehmen sei. Werde eine Werkleistung, Bauleistung oder Architektenleistung im Gläubigerland in einem Drittstaat auf einer Baustelle erbracht, liege eine „gläubigergebundene vertragscharakteristische Leistung" vor, die die Anknüpfung an den Ort der Baustelle im Regelfall gebiete. So insbesondere *Schwimann*, Grundriss des Internationalen Privatrechts, S. 124 zu Art. 4 EVÜ. Dagegen geht die in Deutschland herrschende Meinung davon aus, dass es bei der Grundregel des Art. 28 Abs. 2 EGBGB verbleibe, da das Leistungsprogramm des Schuldners in stärkerem Maße vom Sitz des Schuldners als von der Baustelle bestimmt werde. Auch die Pflicht, örtliche Bauvorschriften einhalten zu müssen, reiche nicht aus, die Grundregel des Art. 28 Abs. 2 EGBGB zu erschüttern, vgl. *Lorenz* IPRax 1995, S. 331; Soergel-*von Hoffmann* (12. A. 1996), Art. 28 EGBGB Rn. 213; MünchKomm-*Martiny*, Art. 28 EGBGB Rn. 141 jew. m.w.N.; *Thode/Wenner*, Internationales Architekten- und Bauvertragsrecht, Rn. 280ff. Der Streit weist allerdings keine speziellen Gesichtspunkte in Bezug auf Subunternehmerverträge auf.

584 So *Hohloch* JuS 2000, S. 90ff., 91f.

Zu klären bleibt jedoch – worauf der BGH in dieser Entscheidung nicht eingegangen ist – ob aus der Verbindung zwischen Sub- und Generalunternehmervertrag eine engere Verbindung zu einer anderen Rechtsordnung im Sinne des Art. 28 Abs. 5 EGBGB resultiert. Damit ist die Frage einer objektiven akzessorischen Anknüpfung des Subunternehmervertrags an das Recht des Generalunternehmervertrags aufgeworfen.[585]

3. Der Begriff der akzessorischen Anknüpfung

Bevor im Folgenden auf den Stand der Diskussion um die akzessorische Anknüpfung des Subunternehmervertrags an den Generalunternehmervertrag eingegangen werden kann, ist zunächst der Begriff der akzessorischen Anknüpfung zu klären. Ausgangspunkt soll hier die Arbeit VON DER SEIPENS[586] sein, der die akzessorische Anknüpfung komplexer Vertragsverhältnisse untersucht hat. VON DER SEIPEN gibt folgende Definition einer akzessorischen Anknüpfung:

> *„Akzessorische Anknüpfung heißt, die im Rahmen eines Sachverhaltes entstehenden Anknüpfungsaufgaben nach einer Gesamtschau durch Anwendung eines Rechts einheitlich zu lösen, obwohl bei isolierter Anknüpfung [zumindest] möglicherweise verschiedene Rechte zur Anwendung kämen."*[587]

Diese Definition der akzessorischen Anknüpfung umfasst auch die bereits behandelte Frage einer konkludenten Rechtswahl der Parteien durch Bezugnahme auf den Generalunternehmervertrag. Und in der Tat wird die Frage nach

---

585 Vgl. dazu *v. d. Seipen*, Akzessorische Anknüpfung, S. 27, 37f. und insb. 253ff. sowie *Jayme*, Festschrift Pleyer (1986), S. 371ff.; *Vetter* NJW 1987, S. 2124ff., *Vetter* ZVglRWiss 87 (1988), S. 248ff.; *Jayme* IPRax 1987, S. 63f., 64. Für das französische Recht vgl. *Batiffol-Lagarde*, Droit international privé, Bd. II, 7. A. 1983, S. 301ff.; *Lagarde*, in: Gavalda (Hrsg.), La sous-traitance de marchés de travaux et de services, S. 188ff.; *Lange*, Recht der Netzwerke, S. 233, Rn. 486f.; Palandt-*Heldrich*, Art. 28 EGBGB Rn. 14; MünchKomm-*Martiny*, Art. 28 EGBGB Rn. 140; BGH, 11.3.1982, BGHZ 83, S. 197ff. („Schlachthofentscheidung"); BGH, 11.3.1982, NJW 1982, S. 1458, 1459. Beachte insbesondere einen französischen Schiedsspruch, Chambre de Commerce Internationale, Sentence arbitrale 2119/1978, Clunet 1979, S. 997ff. Zu Österreich vgl. *Schwimann*, Internationales Privatrecht, S. 133. Siehe ferner *Pulkowski* [2004] I.C.L.R. 31, 34.

586 *v. d. Seipen*, Akzessorische Anknüpfung, S. 51; *Lange*, Recht der Netzwerke, S. 233, Rn. 486f.

587 *v. d. Seipen*, Akzessorische Anknüpfung, S. 51; *Lange*, Recht der Netzwerke, S. 233, Rn. 486f.

einer akzessorischen Anknüpfung häufig im Zusammenhang mit einer konkludenten Rechtswahl im Subunternehmervertrag genannt.[588]

Die beiden Komplexe „konkludente Rechtswahl durch Bezugnahme auf einen anderen Vertrag" und „akzessorische Anknüpfung des Subunternehmervertrags" sollten jedoch – entsprechend der Regelung in Art. 27 EGBGB einerseits und Art. 28 EGBGB andererseits – unterschieden werden. Die Frage einer konkludenten Rechtswahl im Subunternehmervertrag durch Bezugnahme auf den Generalunternehmervertrag ist eine nur im Einzelfall individuell entscheidbare Frage, die davon abhängt, ob ein entsprechender Wille der Vertragsparteien des Subunternehmervertrags bezüglich einer Rechtswahl festgestellt werden kann. Für einen Parteiwillen mag die Inbezugnahme des Generalunternehmervertrags im Subunternehmervertrag zwar ein gewichtiges Indiz liefern. Letztlich ist jedoch vom Richter der Wille der Parteien anhand aller zur Verfügung stehender Indizien genau zu erforschen. Demgegenüber ist eine objektive akzessorische Anknüpfung eine vom Willen der Parteien im Einzelfall losgelöste Frage: Ob ein Subunternehmervertrag *im Regelfall* eine engere Verbindung mit einer anderen Rechtsordnung im Sinne des Art. 28 Abs. 5 EGBGB allein dadurch begründen kann, dass es sich um einen Vertrag handelt, der in engem wirtschaftlichen und rechtlichen Zusammenhang mit einem anderen Vertrag steht, ist eine kollisionsrechtliche Frage, die in der Rechtstheorie und losgelöst vom Einzelfall beantwortet werden kann. Daher soll der Begriff der „akzessorischer Anknüpfung" in der vorliegenden Arbeit nur eine Anknüpfung nach objektiven Kriterien und nicht auch eine konkludente Rechtswahl der Parteien umfassen. Demzufolge wird ein engerer Begriff der akzessorischen Anknüpfung als ihn VON DER SEIPEN verwendet, zugrunde gelegt:

Akzessorische Anknüpfung heißt, die im Rahmen eines Sachverhalts mangels Rechtswahl entstehenden Anknüpfungsaufgaben in komplexen Vertragsverhältnissen anhand objektiver Kriterien durch Anwendung eines Rechts einheitlich zu lösen, obwohl bei isolierter Anknüpfung zumindest möglicherweise verschiedene Rechte auf die einzelnen vertraglichen Verpflichtungen zur Anwendung kämen.

Der Stand der Diskussion zur akzessorischen Anknüpfung des Subunternehmervertrags an den Generalunternehmervertrag in Deutschland ist im Folgenden darzustellen und auf die Argumente für und wider eine solche akzessorische Anknüpfung einzugehen. Wie bereits oben[589] dargelegt, muss hierbei auf Grund des Gebots einheitlicher Auslegung der auf dem EVÜ beruhenden Kolli-

---

588 Siehe zum Beispiel *Vetter* NJW 1987, S. 2124ff., 2126; *Jayme*, Festschrift Pleyer (1986), S. 371ff.; *Lange*, Recht der Netzwerke, S. 233, Rn. 486f.; *v. d. Seipen*, Akzessorische Anknüpfung, S. 254.

589 Oben S. 10ff.

sionsnormen (vgl. Art. 36 EGBGB) auch die Auslegung des Art. 4 Abs. 5 EVÜ in anderen EG-Mitgliedstaaten berücksichtigt werden.

4. Die Diskussion in Deutschland

Die Diskussion über eine akzessorische Anknüpfung des Subunternehmervertrags an den Generalunternehmervertrag wurde durch JAYME angestoßen.[590] JAYME hat sich für eine akzessorische Anknüpfung des Subunternehmervertrags ausgesprochen.[591] Er ist mit dieser Ansicht auf Zustimmung[592] und Widerspruch[593] gestoßen. Die Diskussion um eine objektive akzessorische Anknüpfung ist zwischenzeitlich etwas in Vergessenheit geraten, die Frage muss aber auch heute noch als ungeklärt bezeichnet werden. Die Diskussion hat angesichts der zunehmenden grenzüberschreitenden, dezentralen Leistungserbringung durch Subunternehmer[594] und die eingeführten Subunternehmerschutzgesetze neue Bedeutung gewonnen und bedarf einer gründlichen Untersuchung.[595]

a) Die Argumente für eine akzessorische Anknüpfung

Grundgedanke der akzessorischen Anknüpfung ist es, die enge wirtschaftliche Verflechtung von Subunternehmervertrag und Generalunternehmervertrag auch bei der Frage des auf den Sachverhalt anzuwendenden Rechts als ausschlaggebendes Kriterium zu berücksichtigen. Den Befürwortern einer akzessorischen Anknüpfung zufolge soll der wirtschaftliche Zusammenhang der beiden Verträge nicht dadurch auseinandergerissen werden, dass das Kollisionsrecht die Anwendung unterschiedlicher Rechtsordnungen auf die Verträge gebietet.[596] Die Harmonisierung der wirtschaftlich zusammenhängenden Verträge sei dabei kein Selbstzweck. Sie garantiere letztlich den internationalen Entscheidungseinklang.[597] Jede Rechtsordnung sei stets bemüht, in sich widerspruchsfrei zu

590 *Jayme*, Festschrift Pleyer (1986), S. 371ff.; *ders.*, in: Nicklisch (Hrsg.), Technologie und Recht, Band 8, S. 311ff.; *Lange*, Recht der Netzwerke, S. 233, Rn. 486f.

591 *Jayme*, Festschrift Pleyer (1986), S. 371ff.; *ders.*, in: Nicklisch (Hrsg.), Technologie und Recht, Band 8, S. 311ff.; *Lange*, Recht der Netzwerke, S. 233, Rn. 486f. Vgl. auch OLG Hamm, Urteil vom 25.11.1992, OLGR Hamm 1993, S. 161, das eine akzessorische Anknüpfung theoretisch für möglich erachtet.

592 *v. d. Seipen*, Akzessorische Anknüpfung, S. 37; *Lange*, Recht der Netzwerke, S. 233 Rn. 486f.

593 Vgl. *Vetter* NJW 1987, S. 2124ff.; Palandt-*Heldrich*, Art. 28 EGBGB Rn. 14; MünchKomm-*Martiny*, Art. 28 EGBGB Rn. 140; *von Bar*, IPR, Band 2, Rn. 504.

594 Siehe dazu oben S. 1ff.

595 Siehe bereits *Pulkowski* [2004] I.C.L.R. 31, 34ff.

596 *Jayme*, in: Festschrift Pleyer (1986), S. 377; *v. d. Seipen*, Akzessorische Anknüpfung, S. 37; *Vischer/Huber/Oser*, Internationales Vertragsrecht, Rn. 522.

597 *Jayme*, in: Festschrift Pleyer (1986), S. 377; *v. d. Seipen*, Akzessorische Anknüpfung, S. 260ff.

sein.[598] Daher werde in reinen Inlandsfällen der innere Entscheidungseinklang in der Regel durch die anwendbare Rechtsordnung garantiert. In Sachverhalten mit Auslandsberührung müsse der internationale Entscheidungseinklang durch das Kollisionsrecht gewahrt werden. Ein Nebeneinander verschiedener Rechtsordnungen innerhalb des wirtschaftlichen Komplexes von Sub- und Generalunternehmervertrag könne zu widersprüchlichen Entscheidungen führen und behindere den internationalen Entscheidungseinklang.[599]

Werde demgegenüber auf den Subunternehmervertrag und auf den Generalunternehmervertrag prinzipiell dasselbe Recht angewandt, wird der Entscheidungseinklang auf beide Verträge erstreckt und die Gefahr widersprüchlicher Entscheidungen unterschiedlicher Rechtsordnungen sei gebannt.[600] An dem so ausgedehnten Entscheidungseinklang hätten gerade auch die Parteien im komplexen Vertragsverhältnis ein originäres Interesse. Die künstliche Aufspaltung des einheitlichen wirtschaftlichen Sachverhalts durch die formale Anwendung der Kollisionsnormen widerspräche den Interessen aller Beteiligten.[601]

Für eine akzessorische Anknüpfung spreche weiter, dass die Anwendung ein und derselben Rechtsordnung die Komplexität der zu findenden Entscheidung verringere. Unterliege der gesamte Sachverhalt lediglich einer Rechtsordnung, sei die rechtliche Lage sowohl für die Parteien als auch für die mit dem Sachverhalt beschäftigten Anwälte und Richter leichter zu erfassen und zu lösen.[602] Damit einher gehe eine höhere materielle Richtigkeitsgewähr.[603] Die bessere Überschaubarkeit erhöhe auch die Möglichkeit für die Parteien, die Entscheidung des Gerichts vorherzusehen und Konflikte bereits außergerichtlich zu klären. Eng damit verbunden ist der Gedanke der Prozessökonomie. Ist der Sachverhalt einheitlich unter einer Rechtsordnung zu lösen, spare dies für Gericht, Anwälte und Parteien Zeit und Geld. Aufwendige Gutachten zum fremden Recht könnten gespart werden.[604]

Einem weiteren Aspekt messen die Befürworter einer akzessorischen Anknüpfung große Bedeutung bei: Die Rechtsprechung neige dazu, Konflikte und Spannungen zwischen Rechtsordnungen, die durch die Anwendung verschiedener Rechte auf wirtschaftlich verflochtene Sachverhalte entstehen, dadurch zu lösen, dass sie vermehrt Generalklauseln des materiellen Rechts einsetze bzw.

---

598   *v. d. Seipen*, Akzessorische Anknüpfung, S. 37.
599   *Jayme*, in: Festschrift Pleyer (1986), S. 377; *v. d. Seipen*, Akzessorische Anknüpfung, S. 37.
600   *v. d. Seipen*, Akzessorische Anknüpfung, S. 260f.
601   *v. d. Seipen*, Akzessorische Anknüpfung, S. 260f.
602   *v. d. Seipen*, Akzessorische Anknüpfung, S. 37; *Kreuzer*, in: Festschrift von Caemmerer, S. 719.
603   *Kreuzer*, in: Festschrift von Caemmerer, S. 719.
604   *v. d. Seipen*, Akzessorische Anknüpfung, S. 37.

eine Anpassung vornehmen müsse.[605] Die nicht auf kollisionsrechtlicher Ebene ausgetragenen Konflikte würden deshalb im angewandten materiellen Recht ausgetragen. Als Beispiel zitiert namentlich VON DER SEIPEN die „Schlachthofentscheidung"[606] des BGH vom 11.3.1982.

Der „Schlachthofentscheidung" lag folgender Sachverhalt zugrunde: Ein deutscher Unternehmer verpflichtete sich gegenüber einem iranischen Auftraggeber, einen Schlachthof im Iran zu errichten. Die hierzu notwendigen Teile waren vom deutschen Generalunternehmer anzuliefern. Dieser bekam als Bezahlung des Werklohns vorab ein Akkreditiv vom iranischen Auftraggeber. Der deutsche Generalunternehmer setzte einen ebenfalls deutschen Subunternehmer zur Erfüllung seiner Vertragspflichten ein, der die Anlagenteile in den Iran lieferte. Innenpolitische Unruhen im Iran führten schließlich dazu, dass die Installation nicht mehr durchgeführt werden konnte. Der Subunternehmer verlangte nunmehr vom Generalunternehmer den Werklohn. Der BGH hat in dieser Entscheidung auf den Subunternehmervertrag ohne weiteres deutsches Recht angewandt und den Unternehmer zur Zahlung des Werklohns auf Grund von § 645 BGB verurteilt, da dieser den Werklohn durch das Akkreditiv bereits erhalten habe.

VON DER SEIPEN folgert aus dieser Entscheidung, dass die Ablehnung einer akzessorische Anknüpfung einer Verlagerung des Problems vom Kollisionsrecht auf das materielle Recht gleichkäme. Dort dränge sich die auf kollisionsrechtlicher Ebene nicht berücksichtigte wirtschaftliche Verflechtung von Sub- und Generalunternehmervertrag als Datum auf. Der vermehrte Rückgriff auf Generalklauseln des materiellen Rechts führe für die Parteien zu nicht mehr vorhersehbaren Entscheidungen, weshalb eine Berücksichtigung bereits auf kollisionsrechtlicher Ebene zu bevorzugen sei.[607]

b) Die Argumente gegen eine akzessorische Anknüpfung

Demgegenüber lehnen andere Stimmen im Schrifttum eine akzessorische Anknüpfung ab.[608] Primäres Argument VETTERS gegen eine akzessorische Anknüpfung ist, dass es sich bei Subunternehmervertrag und Generalunternehmervertrag trotz aller wirtschaftlicher Verflechtungen um materiellrechtlich

---

605 *v. d. Seipen*, Akzessorische Anknüpfung, S. 256 unten S. 257 oben; *Vischer/Huber/Oser*, Internationales Vertragsrecht, Rn. 522; *Saravelle* Riv. dir. int. priv. proc. 1991, S. 895ff., 921ff.

606 BGH, Urteil vom 11.3.1982, BGHZ 83, S. 197ff.

607 *v. d. Seipen*, Akzessorische Anknüpfung, S. 256 unten S. 257.

608 *von Bar*, IPR, Band 2, Rn. 504; *Vetter* NJW 1987, S. 2124ff., 2126; *Vischer/Huber/Oser*, Internationales Vertragsrecht, Rn. 522; Soergel-*von Hoffmann* Art. 28 EGBGB Rn. 205; Staudinger-*Magnus* Art. 28 EGBGB Rn. 308; *Bauerreis*, Das französische Rechtsinstitut der action directe, S. 337.

selbständige Verträge handle.[609] Hieraus folge, dass die Verträge auch kollisionsrechtlich völlig selbständig behandelt werden müssten.

Von Bar[610] und Vetter[611] weisen zudem darauf hin, dass eine akzessorische Anknüpfung auch häufig nicht den Interessen beider Vertragsparteien des Subunternehmervertrags entspreche. Denn auf Grund der Machtstrukturen könne der Auftraggeber dem Generalunternehmer sein eigenes Recht in aller Regel aufzwingen.[612] Bereits der Generalunternehmervertrag unterliege daher häufig einer Rechtsordnung, die dem Generalunternehmer nicht genehm und/oder bekannt ist. Dennoch müsse er sich auf diese einlassen, um den Auftrag zu erlangen. Eine gewichtige Rolle spielten hierbei auch häufig die politischen Gegebenheiten im Land des Auftraggebers.[613] Auftraggeber sei zum Beispiel häufig auch ein staatliches Unternehmen, welches sich regelmäßig nicht auf eine fremde Rechtsordnung für auf den Generalunternehmervertrag anzuwendendes Recht einlassen könne bzw. wolle. In einigen Rechtsordnungen fehle es darüber hinaus auch an der Rechtswahlfreiheit.[614] Dies könne dazu führen, dass auf den Generalunternehmervertrag eine Rechtsordnung anzuwenden ist, die dem Willen des Generalunternehmers nicht entspreche. Im Fall einer Rechtswahl im Generalunternehmervertrag könne es zudem an einer engen Verbindung des Sachverhalts mit dem auf den Generalunternehmervertrag anzuwendenden Recht fehlen.[615] Der Subunternehmer habe mit dieser Rechtsordnung unter Umständen noch weniger Berührungspunkte. Dies läge vor allem dann nahe, wenn Subunternehmer und Generalunternehmer in demselben Staat ihre Niederlassung haben. Eine akzessorische Anknüpfung führe in diesen Fällen zu einer Ausbreitung und Verlängerung des aufgezwungenen Rechts, obwohl es weder den Interessen des Subunternehmers noch denen des Generalunternehmers entspreche, diese Rechtsordnung auch auf den Subunternehmervertrag zur Anwendung gelangen zu lassen.[616]

Der eben dargestellte Aspekt führe des Weiteren häufig dazu, dass gerade eine unterentwickelte Rechtsordnung auch auf den Subunternehmervertrag berufen werde, die der Rechtsordnung eines Industrielandes nicht vergleichbar sei,

---

609 *Vetter* NJW 1987, S. 2124ff., 2126; *Vischer/Huber/Oser*, Internationales Vertragsrecht, Rn. 522; Soergel-*von Hoffmann* Art. 28 EGBGB Rn. 205; Staudinger-*Magnus* Art. 28 EGBGB Rn. 308.

610 *von Bar*, IPR, Band 2, Rn. 504.

611 *Vetter* NJW 1987, S. 2124ff., 2126. Siehe ferner *Vischer/Huber/Oser*, Internationales Vertragsrecht, Rn. 522; Soergel-*von Hoffmann* Art. 28 EGBGB Rn. 205; Staudinger-*Magnus* Art. 28 EGBGB Rn. 308.

612 Siehe *Vetter* NJW 1987, S. 2124ff., 2126; *von Bar*, IPR, Band 2, Rn. 504.

613 So *von Bar*, IPR, Band 2, Rn. 504; *Vetter* NJW 1987, S. 2124ff., 2126.

614 *Vetter* NJW 1987, S. 2124ff., 2126.

615 *Vetter* NJW 1987, S. 2124ff., 2126; *von Bar*, IPR, Band 2, Rn. 504.

616 *Vetter* NJW 1987, S. 2124ff., 2126; *von Bar*, IPR, Band 2, Rn. 504.

da Großprojekte heutzutage vorwiegend in Ländern der Dritten Welt realisiert würden.[617]

5. Die rechtsvergleichende Untersuchung

Bevor auf diese Argumente mit einer Stellungnahme eingegangen werden kann, ist die von Art. 36 EGBGB geforderte rechtsvergleichende Untersuchung der Rechtsordnungen anderer EG-Mitgliedstaaten zur akzessorischen Anknüpfung zu leisten.

a) Österreich

In Österreich wird die Diskussion um eine akzessorische Anknüpfung ähnlich wie in Deutschland im Rahmen des Art. 4 Abs. 5 EVÜ geführt.[618] Vor der Ersetzung der §§ 36 – 45 des österreichischen IPR-Gesetzes[619] durch das EVÜ war jedoch § 45 des österreichischen IPR-Gesetzes von besonderem Interesse. Dieser lautete:

> *„§ 45. Abhängige Rechtsgeschäfte. Ein Rechtsgeschäft, dessen Wirkungen begrifflich von einer bestehenden Verbindlichkeit abhängen, ist nach den Sachnormen des Staates zu beurteilen, dessen Sachnormen für die Verbindlichkeit maßgebend sind. Das gilt insbesondere für Rechtsgeschäfte, die die Sicherung oder Umänderung einer Verbindlichkeit zum Gegenstand haben. Der § 38 Abs. 1 bleibt unberührt. "*

In diesem Sinne herrscht auch heute in Bezug auf das EVÜ in Österreich Einigkeit, dass die wirtschaftliche Verflechtung von Verträgen berücksichtigt werden muss.[620] Eine strenge objektive akzessorische Anknüpfung wird jedoch weder postuliert noch praktiziert.[621]

b) Frankreich

In Frankreich wurde die Diskussion um die kollisionsrechtliche Berücksichtigung der Verflechtung von Sub- und Generalunternehmervertrag durch den bereits oben erwähnten Schiedsspruch der *Chambre de Commerce Internationale* zur Frage einer konkludenten Rechtswahl im Subunternehmervertrag angesto-

---

617 *Vetter* NJW 1987, S. 2124ff., 2127.

618 Vgl. dazu *Schwimann*, Internationales Privatrecht, S. 133.

619 4. Bundesgesetz vom 15. Juni 1978 über das internationale Privatrecht (IPR-Gesetz), Österreichisches BGBl. Nr. 304.

620 Siehe *Schwimann*, Internationales Privatrecht, S. 133.

621 Siehe *Schwimann*, Internationales Privatrecht, S. 133.

ßen.[622] Die Entscheidung betrifft jedoch die Frage nach einer konkludenten Rechtswahl im Subunternehmervertrag und nicht die einer objektiven akzessorischen Anknüpfung. Sie ist an dieser Stelle für die vorzunehmende rechtsvergleichende Untersuchung daher unergiebig.

Allerdings haben BATIFFOL und LAGARDE[623] den Schiedsspruch zum Anlass genommen, sich auch für eine objektive akzessorische Anknüpfung des Subunternehmervertrags an den Generalunternehmervertrag auszusprechen. Die von ihnen offerierte Begründung ist aber eher dürftig: Die akzessorische Anknüpfung rechtfertige sich aus der engen wirtschaftlichen Verflechtung.

Die Verflechtung von Sub- und Generalunternehmervertrag wird in Frankreich jedoch auch von der Rechtsprechung des französischen Kassationsgerichtshofs berücksichtigt. Der Kassationshof erkennt an, dass ein Vertrag, der eine enge Verknüpfung zu einem anderen Vertrag aufweist, eine objektive akzessorische Anknüpfung an das Statut dieses Vertrags rechtfertigen kann.[624]

c) Italien

Die italienische Rechtsprechung berücksichtigt ebenfalls den engen wirtschaftlichen und rechtlichen Zusammenhang zwischen Sub- und Generalunternehmervertrag.[625] Allerdings hat dabei die Frage einer objektiven akzessorischen Anknüpfung des Subunternehmervertrags nicht immer Beachtung gefunden. In

---

622 Siehe oben S. 137ff.

623 *Batiffol/Lagarde*, Droit international privé, S. 301; *Lagarde*, in: Gavalda (Hrsg.), La sous-traitance de marchés de travaux et de services, S. 186ff., 188. Für die Anwendung desselben Rechts auf Subunternehmervertrag und Generalunternehmervertrag durch Vertragsgestaltung auch *Dubisson* Droit et pratique du comm. int. 1984, S. 297ff. 313 sowie *Dubisson* Droit et pratique du comm. int. 1983, S. 479ff., 494.

624 Cour de Cassation, 12.1.1994, *Société Carrefour contre M. de Marchi*, Rev. crit. dr. int. privé 83 (1994), S. 92ff.; Cour de Cassation, 7.6.1977, Rev. crit. dr. int. privé 67 (1978), S. 119ff. Allerdings ging es in dem neueren Fall von 1994 um die Anknüpfung eines Arbeitsvertrags und nicht um die eines Subunternehmervertrags. Dennoch wird die Entscheidung als verallgemeinerungsfähig angesehen, siehe *Muir Watt*, Anmerkung zum Urteil der Cour de Cassation, 12.1.1994, Rev. crit. dr. int. privé 83 (1994), S. 93ff.

625 Zur italienischen Rechtsprechung vergleiche zwei ältere Entscheidungen: Appello Torino, 20.10.1967, *O.C.T.I.R. c. Credito italiano e c. Banque Ottomane*, sowie Appello Milano, 19.4.1968, *National Commercial Bank e Fairmount Co. Ltd. c. Banco Ambrosiano e Sencor Ltd. s.r.l.* Siehe zu den beiden Fällen den Aufsatz von *Treves*, Riv. dir. int. priv. proc. 1968, S. 848ff. Beachtenswert auch die Entscheidungen Trib. Trento, Urteil vom 10.12.1992, *S.p.a. Officina Danieli &C. c. S.p.a. Officine Meccaniche Lenzi*, in: La nuova giur. civ. comm., 1993, S. 853ff. sowie die Schiedsgerichtsentscheidung vom 20.7.1992, n. 1491 (procedimento amministrato dalla Camera arbitrale di Milano), in: I contratti 1994, S. 15ff.

Italien steht vielmehr die Berücksichtigung der Verflechtung im Rahmen des materiellen italienischen Rechts im Mittelpunkt der Diskussion.

So hat das Tribunal von Trient[626] im Jahr 1992 entschieden, dass das Risiko der Unmöglichkeit der Erfüllung des Generalunternehmervertrags wegen des UN-Embargos gegen den Irak auch auf den Subunternehmervertrag zu erstrecken sei. Der Entscheidung liegt eine Klage eines italienischen Subunternehmers gegen seinen ebenfalls italienischen Generalunternehmer zugrunde. Ein Auftraggeber aus Nassr (Irak) vergab im Jahr 1990 einen Auftrag an ein italienisches Unternehmen. Dieses setzte ein italienisches Subunternehmen zur Erfüllung der Verpflichtung aus dem Werkvertrag ein. Der Erfüllungsort für die Vertragspflicht des Subunternehmers sollte ebenfalls in Italien liegen. Das UN-Embargo gegen den Irak wegen der Besetzung Kuwaits machte jedoch die Erfüllung der Leistung des Generalunternehmervertrags unmöglich, da keine Güter in den Irak geliefert werden durften. Der Subunternehmer machte geltend, dass das Embargo keine Auswirkungen auf den Subunternehmervertrag habe, da dieser innerhalb Italiens zu erfüllen sei und von dem Embargo der UN folglich nicht betroffen sei. Ob der Generalunternehmer das Werk in den Irak liefern könne, falle in den Risikobereich des Generalunternehmervertrags und dieses Risiko sei allein vom Generalunternehmer zu tragen.

Das italienische Gericht hatte nun zu entscheiden, ob sich die Unmöglichkeit der Erfüllung des Generalunternehmervertrags auch auf den Subunternehmervertrag auswirkt oder ob dieser unabhängig vom Generalunternehmervertrag zu beurteilen ist. Die Frage des auf den Subunternehmervertrag anwendbaren Rechts wurde vom Gericht demgegenüber nicht aufgeworfen. Es hat wie selbstverständlich italienisches Recht auf den Subunternehmervertrag angewandt. Auf der Ebene des materiellen Rechts erkennt das Gericht jedoch die enge Verflechtung von Sub- und Generalunternehmervertrag an. Das Risiko der Unmöglichkeit sei nicht alleine vom Generalunternehmer zu tragen. Der Subunternehmer könne sich nicht darauf berufen, dass die Erfüllung des Subunternehmervertrags trotz des Embargos möglich sei. Dies folge zum einen daraus, dass das Embargo der UN auch die mittelbare Belieferung oder Vorbereitung einer Lieferung von Gütern in den Irak betreffe. Zum anderen spreche auch der enge wirtschaftliche Zusammenhang der beiden Verträge dafür, das Risiko der Unmöglichkeit auf beide Verträge zu erstrecken. Dies habe zur Folge, dass der Subunternehmer keinen Anspruch auf den Werklohn gegen den Generalunternehmer geltend machen könne.

---

626 Trib. Trento, Urteil vom 10.12.1992, *S.p.a. Officina Danieli &C. c. S.p.a. Officine Meccaniche Lenzi*, in: La nuova giur. civ. comm., 1993, S. 853ff.

Gegen diese Entscheidung hat sich im italienischen Schrifttum Kritik ge-regt.[627] Die Kritik bezieht sich in erster Linie auf die für den Subunternehmer nicht vorhersehbare Risikoverteilung auf Sachrechtsebene.[628] Der Generalunter-nehmer habe den größeren Überblick über das Gesamtwerk. Mit dem höheren Risiko des Generalunternehmers korrespondiere auch die Chance auf einen grö-ßeren Gewinn. Falls sich diese Chance nicht realisiere, sei folglich das Ausfall-risiko allein vom Generalunternehmer zu tragen.[629]

Der Fall weist große Ähnlichkeit mit dem vom BGH in Deutschland im Jahr 1982 entschiedenen und bereits oben dargestellten „Schlachthoffall"[630] auf. Darin hatte sich ein deutscher Unternehmer verpflichtet, einen Schlachthof im Iran zu errichten. In beiden Fällen führt ein Embargo dazu, dass ein Generalun-ternehmervertrag aus rechtlichen Gründen nicht mehr erfüllt werden kann. Während im italienischen Fall der Generalunternehmer zum Zeitpunkt des Wirksamwerdens des Embargos jedoch noch keinerlei Bezahlung erhalten hatte, hatte der deutsche Generalunternehmer im „Schlachthoffall" den Werklohn be-reits mittels eines Akkreditivs erhalten. Beide Gerichte berücksichtigen die wirtschaftliche Verflechtung von Sub- und Generalunternehmervertrag allein auf der Ebene des Sachrechts und nicht auf kollisionsrechtlicher Ebene. Beide Gerichte versuchen dann mittels eines Rückgriffs auf allgemeine Rechtsgrund-sätze und die wirtschaftliche Verflechtung einen materiellrechtlichen Gleichlauf zwischen Sub- und Generalunternehmervertrag zu erreichen.[631] Auch der italienische Fall scheint das Argument einer Konfliktverschiebung mangels kollisionsrechtlicher Berücksichtigung der Verflechtung VON DER SEIPENS zu stützen.

Im italienischen Schrifttum wird jedoch auch eine Berücksichtigung der Verflechtung auf kollisionsrechtlicher Ebene im Rahmen des Art. 4 Abs. 5 EVÜ dem Grunde nach befürwortet.[632] Die Art. 5 und 6 EVÜ deuteten mit dem durch sie realisierten Schutz für Verbraucher und Arbeitnehmer in die Richtung, dass

---

627 *Bortolotti*, I contratto di subfornitura, S. 11 (N. 36); *Draetta*, in: Draetta/Vaccà (Hrsg.), S. 3ff., 23-27; Danisi La nuova giur. civ. comm. 1993 I, S. 855ff.

628 *Bortolotti*, I contratto di subfornitura, S. 11 (N. 36); *Draetta*, in: Draetta/Vaccà (Hrsg.), S. 3ff., 23-27; *Danisi* La nuova giur. civ. comm. 1993 I, S. 855ff.

629 *Bortolotti*, I contratto di subfornitura, S. 11 (N. 36); *Draetta*, in: Draetta/Vaccà (Hrsg.), S. 3ff., 23-27; *Danisi* La nuova giur. civ. comm. 1993 I, S. 855ff.

630 BGH, Urteil vom 11.3.1982, BGHZ 83, S. 197ff.

631 Siehe für einen ähnlichen Irak-Embargo-Fall in Italien die Schiedsgerichtsentscheidung der Camera arbitrale di Milano vom 20.7.1992, Nr. 1491, in: I contratti 1994, S. 15ff.

632 *Bortolotti*, I contratti di subfornitura, S. 204; *Coccia* Riv. dir. int. priv. proc. 1999, S. 801ff., 829f.; *Draetta*, in: Draetta/Vaccà (Hrsg.), S. 3ff., 6ff.; *Pocar*, in: Draetta/Vaccà (Hrsg.), S. VIIff., XIIIf.; *Musso*, La subfornitura, S. 602. Zum Schutz der schwächeren Vertragspartei im Internationalen Privatrecht und im Einzelfall gegen ein neutrales Kollisionsrecht *Pocar* Recueil des Cours, Band 188 (1984), S. 340ff., 353-357.

auch bei der Frage des anwendbaren Rechts die schwächere Vertragspartei nach Möglichkeit zu schützen sei.[633] Art. 4 Abs. 5 EVÜ biete die Möglichkeit, diesen Schutz auch auf Subunternehmer auszudehnen.[634]

Namentlich POCAR[635] vertritt die Ansicht, dass die Verbindung des Subunternehmervertrags mit dem Generalunternehmervertrag in jedem Fall als gewichtiges Indiz dafür angesehen werden kann, dass der Vertrag mit einem anderen Staat eine engere Verbindung im Sinne des Art. 4 Abs. 5 EVÜ aufweise. Dennoch sei das EVÜ keinesfalls so auszulegen, dass es eine einheitliche Anknüpfung stets gebiete. Sie ermögliche sie lediglich. Als Argument gegen eine strenge akzessorische Anknüpfung führt POCAR[636] die in Art. 4 Abs. 1 Satz 2 EVÜ enthaltene Möglichkeit einer *„dépeçage"* an. Danach kann ein Teil eines Vertrags, der mit einem anderen Vertrag eine engere Verbindung aufweist als der Rest des Vertrags, losgelöst von diesem Rest an die Rechtsordnung angeknüpft werden, mit der der Teil die engste Verbindung aufweist. Dies zeige, dass das System des EVÜ Mechanismen bereithalte, die eine differenzierte Betrachtung von Sachverhalten erlaube. Die Konvention verzichte an dieser Stelle auf eine einheitliche Anknüpfung und erlaube in Bezug auf das anwendbare Recht eine Zersplitterung des Vertrags. Angesichts dieser flexiblen Regelung sei es kaum möglich anzunehmen, dass ein Vertrag, der mit einem anderen lediglich eng verbunden sei aber eben einen separaten Vertrag darstelle, dennoch stets akzessorisch angeknüpft werden müsse. Die Konvention lasse den Gerichten vielmehr die Freiheit, in jedem Einzelfall zu entscheiden, ob die Verknüpfung mit dem Generalunternehmervertrag so eng ist, dass sie eine akzessorische Anknüpfung rechtfertige. Es sei daher ebenso denkbar, dass nur ein Teil des Subunternehmervertrags akzessorisch an den Generalunternehmervertrag anzuknüpfen sei, während der Rest isoliert angeknüpft werde.[637]

Darüber hinausgehend spricht sich POCAR[638] in dem durch Art. 4 Abs. 5 EVÜ eröffneten weiten Beurteilungsspielraum für eine „sehende" Bestimmung des anwendbaren Rechts aus, die den Schutz der Subunternehmer durch das materielle Recht bereits auf der Ebene des Kollisionsrechts berücksichtigen solle. Die Entscheidung, ob eine akzessorische oder eine isolierte Anknüpfung

---

633 *Coccia* Riv. dir. int. priv. proc. 1999, S. 801ff., 830.

634 *Coccia* Riv. dir. int. priv. proc. 1999, S. 801ff., 830. Ähnlich *Pocar* Recueil des Cours, Band 188 (1984), S. 341ff., insbes. 353-357.

635 *Pocar*, in: Draetta/Vaccà (Hrsg.), S. VIIff., XIIIf.; vgl. dazu auch *Pocar* Recueil des Cours, Band 188 (1984), S. 340ff., 353-357.

636 *Pocar*, in: Draetta/Vaccà (Hrsg.), S. VIIff., XIIIf.

637 *Pocar*, in: Draetta/Vaccà (Hrsg.), S. VIIff., XIIIf.; vgl. dazu auch *Pocar* Recueil des Cours, Band 188 (1984), S. 340ff., 353-357.

638 *Pocar*, in: Draetta/Vaccà (Hrsg.), S. VIIff., XIIIf.; vgl. dazu auch *Pocar* Recueil des Cours, Band 188 (1984), S. 340ff., 353-357.

vorzunehmen sei, sei eine Frage des Einzelfalls und habe sich an der Ausformung der einzelnen Vertragsklauseln im Subunternehmervertrag sowie daran zu orientieren, wie die wirtschaftliche Verflechtung der beiden Verträge konkret gestaltet sei. Angesichts der Größe des Beurteilungsspielraums, den das EVÜ dem Richter in der Beurteilung der Frage des anzuwendenden Rechts lasse, habe sich die Entscheidungsfindung an juristischen oder anderen vernünftigen Erwägungen auszurichten. Als solche käme insbesondere eine entsprechende ständige Rechtsprechung oder der Schutz des Gemeinwohlinteresses in Betracht.[639] Hierzu gehöre auch der Schutz der italienischen Subunternehmer durch die Anwendung italienischen Rechts. Andere Rechtsordnungen würden dem Schutz der Subunternehmer und Zulieferer zwar weniger Bedeutung beimessen, was dem aber nicht entgegen stünde.[640] Habe ein Gericht mangels einer Rechtswahl die engste Verbindung zu einer Rechtsordnung zu bestimmen, könne und müsse es auch durch Einflussnahme auf die Bestimmung des anwendbaren Rechts für substantielle Gerechtigkeit im konkreten Einzelfall sorgen.[641]

Dagegen äußert sich DRAETTA[642] kritisch in Bezug auf eine akzessorische Anknüpfung des Subunternehmervertrags an den Generalunternehmervertrag. Eine akzessorische Anknüpfung führe in aller Regel wegen der pyramidenförmigen Machtstruktur im Vertragsgeflecht zur Anwendung einer für den Subunternehmer fremden Rechtsordnung auf den Subunternehmervertrag. Engere Verbindungspunkte zu dem auf den Generalunternehmervertrag anzuwendenden Recht seien nicht garantiert. Das Streben, Generalunternehmervertrag und Subunternehmervertrag einer Rechtsordnung zu unterwerfen, führe dann zu nicht mehr vertretbaren kollisionsrechtlichen Ergebnissen.[643]

d) Großbritannien

In Großbritannien wird von der Rechtsprechung „traditionell" eine weite Auslegung von Art. 4 Abs. 5 EVÜ praktiziert.[644] Dennoch hat das Schottische *Inner*

---

639 *Pocar*, in: Draetta/Vaccà (Hrsg.), S. VIIff., XIIIf.
640 Ebenso *Draetta*, in: Draetta/Vaccà (Hrsg.), S.3ff., S. 8.
641 *Pocar*, in: Draetta/Vaccà (Hrsg.), S. VIIff., XIIIf.
642 *Draetta*, in: Draetta/Vaccà (Hrsg.), S.3ff., 7ff.
643 *Draetta*, in: Draetta/Vaccà (Hrsg.), S. 3ff., 7ff. *Draetta* führt als negatives Beispiel den bereits zitierten französischen Schiedsspruch zur Frage einer konkludenten Rechtswahl, Chambre de Commerce Internationale, Sentence arbitrale 2119/1978, Clunet 1979, S. 997ff., an, in dem der Subunternehmervertrag eindeutige enge Beziehungen zur englischen Rechtsordnung aufgewiesen habe und das Schiedsgericht um des Einheitsstrebens willen doch das französische Recht auf den Subunternehmervertrag angewandt habe.
644 Siehe z.B. die Urteile der Queen's Bench Division, Urteil vom 13.12.1993, *Bank of Baroda vs. Vysya Bank Ltd.*, [1994] 2 Lloyd's Rep. 87 und vom 30.3.2001, *Definitely Maybe (Touring) Ltd. vs. Marek Lieberberg Konzertagentur GmbH (No. 2)*, [2001] 4

House mit Urteil vom 12.7.2002 eine akzessorische Anknüpfung des Subunternehmervertrags an den Generalunternehmervertrag abgelehnt.[645] Das Gericht hatte das auf einen Vertrag zwischen den Parteien des Rechtsstreits anwendbare Recht zu bestimmen. Die Klägerin hatte sich verpflichtet, der Beklagten Taucharbeiten vor der Küste Ägyptens zu leisten. Die Beklagte war ihrerseits bereits als Subunternehmerin für einen ägyptischen Generalunternehmer tätig. Die Auftraggeberin war ebenfalls eine ägyptische Gesellschaft. Sowohl der General- als auch der Subunternehmervertrag enthielten Rechtswahlklauseln zu Gunsten des ägyptischen Rechts. Der Vertrag über die Erbringung von Tauchleistungen (also ein Sub-Subunternehmervertrag) demgegenüber enthielt keine Rechtswahl. Das schottische Gericht entschied, dass das auf den Subunternehmervertrag anwendbare Recht nur ein Faktor von mehreren sei, die bei der objektiven Bestimmung des auf den Sub-Subunternehmervertrag anwendbaren Rechts nach Art. 4 Abs. 5 EVÜ zu berücksichtigen sei. Es hat daher eine strenge akzessorische Anknüpfung des Sub-Subunternehmervertrags an den Subunternehmervertrag abgelehnt.[646]

e) Die Schweiz

Außerhalb des nach Art. 36 EGBGB anzustellenden Vergleichs bietet sich wieder ein Seitenblick auf das Kollisionsrecht der Schweiz an. Im Internationalen Privatrecht der Schweiz wird die Frage nach einer objektiven akzessorischen Anknüpfung ebenfalls diskutiert.[647] Von Rechtsprechung und Literatur wird vertreten, dass die enge Verknüpfung eines Vertragsverhältnisses mit einem an-

---

All ER 283; Urteile des Court of Appeal vom 30.1.2002, *Kenburn Waste Management Ltd. v. Heinz Bergmann*, [2002] I.L.Pr., 33 und vom 28.6.2002, *Ennstone Building Ltd. v. Stanger Ltd. (No. 2)*, [2002] 2 All ER (Comm) 479 und *Mankowski* IPRax 2003, S. 464ff.

645 Scottish Inner House First Division, 12.7.2002, *Caledonia Subsea Ltd. vs. Micoperi Srl.*, [2000] S.L.T. 1022 und *Pulkowski* [2004] I.C.L.R. 31, 35.

646 Demgegenüber hat der Court of Appeal im Urteil vom 21.12.2001, *Samcrete Egypt Engineers and Contractors S.A.E. vs. Land Rover Exports Ltd.*, [2001] EWCA Civ. 2019 einen Bürgschaftsvertrag akzessorisch angeknüpft. Die akzessorische Anknüpfung eines *„letters of credit"* oder eines *„payment bonds"* wird demgegenüber ebenso abgelehnt, siehe die Entscheidung der Queen's Bench Division vom 14.5.1976, *Offshore international S.A. vs. Banco Central S.A.* [1976] 2 Lloyds's Rep., S. 402ff. für einen *„letter of credit"* und die Entscheidung des Court of Appeal vom 30.11.1988, *Attock Cement Co. Ltd. Vs. Romanian Bank for Foreign Trade*, [1989] 1 Lloyd's Rep., S. 572ff. für einen *„payment bond"*. Im Urteil *Bank of Baroda vs. Vysya Bank*, [1994] 2 Lloyd's Rep., S. 87ff. hat sich die Queen's Bench Division demgegenüber dafür ausgesprochen, dass auf die Klage des Begünstigten aus einem *„letter of credit"* gegen die ausstellende Bank und gegen die bestätigende Bank mangels Rechtswahl dasselbe Recht anzuwenden sei.

647 Siehe *Vischer/Huber/Oser*, Internationales Vertragsrecht, Rn. 522.

deren Vertrag die Bildung eines „Einheitsstatus" fordere.[648] Diese enge
Verknüpfung könne sich daraus ergeben, dass der eine Vertrag durch den anderen in Bezug genommen wird oder in einer Verknüpfung in der Erfüllung der
vertraglichen Verpflichtungen seine Grundlage finde. Weder die schweizerische
Literatur noch das schweizerische Bundesgericht haben diese Grundsätze jedoch ausdrücklich auf Subunternehmerverträge angewandt. In der schweizerischen Literatur sprechen sich insbesondere VISCHER/HUBER/OSER gegen eine
akzessorische Anknüpfung des Subunternehmervertrags aus.[649] Zumeist wird
diese akzessorische Anknüpfung auf Verträge über Finanzierungshilfen verwendet.[650] Obwohl der Verflechtung der vertraglichen Verpflichtungen Bedeutung zugemessen wird, lässt sich auch für das schweizerische Recht nicht feststellen, dass eine akzessorische Anknüpfung des Subunternehmervertrags praktiziert wird.

6.   Stellungnahme

Die Frage einer akzessorischen Anknüpfung ist zum einen anhand der Interess-
anlage der beteiligten Parteien und zum anderen anhand objektiver Vor- und
Nachteile für die Rechtsfindung in Deutschland zu untersuchen. Gemäß Art. 36
EGBGB muss dabei die Auslegung der anderen EVÜ-Mitgliedstaaten und das
Interesse an einer einheitlichen Auslegung berücksichtigt werden.

a)   Die formelle Trennung der Verträge

Gegen eine akzessorische Anknüpfung spricht das – rein formelle – Argument,
dass zwei selbständige Verträge vorliegen, die in Bestand und Durchführung
voneinander unabhängig sind, soweit im Subunternehmervertrag nicht ausdrücklich eine Abhängigkeit der nach ihm geschuldeten Leistungen von denen
des Generalunternehmervertrags enthalten ist.

Daraus ist im Prinzip auch die kollisionsrechtlich selbständige Behandlung
der Verträge zu folgern. Allerdings kann dieser formelle Ansatzpunkt nicht das
von den Befürwortern einer akzessorischen Anknüpfung behauptete praktische
Bedürfnis nach einer einheitlichen rechtlichen Bewertung des Sachverhalts ent-
kräften. Die formelle Selbständigkeit kann lediglich der Ausgangspunkt für eine
Diskussion anhand der Interessen der Parteien sein. Eine akzessorische Anknüpfung lässt sich daher konsequenterweise nur dann rechtfertigen, wenn sie
letztlich den Interessen der am Subunternehmervertrag beteiligten Vertragspar-

---

648   Honsell/Vogt/Schnyder-*Amstutz/Vogt/Wang* Art. 117 Rn. 15; BGE 112 II, S. 450, 451;
      BGE 94 II S. 355, 360ff.
649   *Vischer/Huber/Oser*, Internationales Vertragsrecht, Rn. 522.
650   Siehe insbesondere BGE 112 II, S. 450, 451; BGE 94 II, S. 355, 360ff.

teien besser entspräche als eine isolierte Anknüpfung. Hierauf wird einzugehen sein.

b) Der internationale Entscheidungseinklang

Für eine akzessorische Anknüpfung spricht die Wahrung des internationalen Entscheidungseinklangs. Diesem Argument kommt bei Subunternehmerverträgen besondere Relevanz zu: Dass es zu Widersprüchen bei der Anwendung verschiedener Rechtsordnungen im Bereich des Rechts für Subunternehmer kommt, liegt angesichts existierender Unterschiede im Subunternehmerschutzniveau und der unterschiedlichen wirtschaftspolitischen Interessen innerhalb der EG nahe. „Subunternehmerstaaten" stehen Staaten gegenüber, die keinerlei Schutzvorschriften zu Gunsten von Subunternehmern kennen.[651]

c) Die materielle Richtigkeitsgewähr und Prozessökonomie

Die Befürworter einer objektiven akzessorischen Anknüpfung haben Recht mit dem Argument, dass die Lösung eines Rechtsfalls durch eine akzessorische Anknüpfung vereinfacht werden kann. Der in der Praxis durch die Rechtsgestaltung nicht nur tatsächlich sondern häufig auch rechtlich bestehenden Vernetzung der Verträge kann so bereits auf der Ebene des Kollisionsrechts Rechnung getragen werden. Damit einher geht eine höhere materielle Richtigkeitsgewähr. Auch prozessökonomische Überlegungen sprechen für eine akzessorische Anknüpfung. Die Anwendung nur einer Rechtsordnung auf ein komplexes Vertragsgeflecht ist einfacher und kostengünstiger als die Anwendung mehrerer Rechtsordnungen. Darüber hinaus werden schwierige kollisionsrechtliche Probleme, wie insbesondere die Anknüpfung von Direktansprüchen des Subunternehmers[652] durch eine strenge akzessorische Anknüpfung vermieden.

Das Argument der Richtigkeitsgewähr und Prozessökonomie gewinnt an Gewicht, wenn mehrere Subunternehmer aus verschiedenen Staaten im Rahmen eines Generalunternehmervertrags eingesetzt werden. Denn bei isolierter Anknüpfung müssen unter Umständen eine Reihe von Rechtsordnungen von einem Prozessgericht ermittelt und (richtig) angewandt werden.

d) Akzessorische Anknüpfung und *„ better law approach "*

Die von POCAR[653] postulierte ergebnisorientierte akzessorische Anknüpfung ist abzulehnen. POCAR spricht sich für eine „sehende" Auslegung des Art. 4 Abs. 5 EVÜ aus, welche den materiellrechtlichen Subunternehmerschutz als zu ver-

---

651 Siehe oben S. 44ff.
652 Dazu ausführlich unten S. 206ff.
653 *Pocar*, in: Draetta/Vaccà (Hrsg.), S. VIIff., XIIIf.; vgl. dazu auch *Pocar* Recueil des Cours, Band 188 (1984), S. 340ff., 353-357.

wirklichendes Allgemeinwohlinteresse bei der Bestimmung des anwendbaren Rechts berücksichtigt. Im *Common law* hat das Abstellen auf das „*better law*" zur Bestimmung des anwendbaren Rechts im Internationalen Privatrecht eine lange Tradition.[654] Die „*better law approach*" geht auf LEFLAR[655] zurück, der sie allerdings erst als fünften und letzten Schritt der „*choice influencing considerations*"[656] nennt. Im Europäischen Kollisionsrecht wurde sie nie ernsthaft angewandt.[657] Allerdings findet sich die „*better law approach*" auch im angloamerikanischen Kollisionsrecht auf dem Rückzug.[658]

Die Schwächen einer ergebnisorientierten Bestimmung des auf den Subunternehmervertrag anzuwendenden Rechts verdeutlicht folgendes Beispiel, dem ein wie im *Modell 3* dargestellter Sachverhalt[659] zugrunde liegt:

Beispiel: Ein deutscher Auftraggeber will sich in der Toskana ein Haus herrichten lassen. Den Auftrag vergibt er an einen italienischen Bauunternehmer mit Sitz in Florenz. Der Generalunternehmervertrag enthält eine Rechtswahl zu Gunsten des italienischen Rechts. Der italienische Generalunternehmer vergibt an ein spanisches Bauunternehmen den Auftrag, die Grundmauern zu sanieren. Mit diesem Subunternehmer arbeitet der Generalunternehmer regelmäßig wegen der sehr geringen Werklöhne in Spanien zusammen. Der Subunternehmervertrag wird in spanischer Sprache in Barcelona geschlossen. Der Werklohn soll 10.000 Euro betragen, obwohl der angemessene Werklohn für die Sanierungsleistung in Italien bei 20.000 Euro liegt. Als Gerichtsstand für sämtliche Streitigkeiten aus dem Subunternehmervertrag wird Florenz gewählt. Eine ausdrückliche Rechtswahl zu Gunsten einer Rechtsordnung wird in dem Subunternehmervertrag nicht getroffen.

Der spanische Subunternehmer verweigert später jedoch die Erfüllung des Vertrags, da ihm der Werklohn nun doch zu gering erscheint. Der Generalunternehmer verlangt daraufhin vom Subunternehmer vor einem italienischen Gericht, dass dieser die Mauern saniere oder hilfsweise Schadensersatz leiste. Das spanische Unternehmen beruft sich darauf, dass der Subunternehmervertrag gemäß Art. 9 Abs. 3 des ita-

---

654 Vgl. zur „*better law approach*" *Hay* IPRax 2001, S. 160f.

655 Leflar 41 N.Y.U. L. Rev. 367 (1966).

656 Die ersten vier „*considerations*" sind: *1. Predictability of results, 2. Maintenance of interstate and international order, 3. Simplification of the judicial task, 4. Advancement of the forum's governmental interest,* siehe *Leflar* 41 N.Y.U. L. Rev. 367 (1966) und *Hay* IPRax 2001, S. 160f.

657 Vgl. *Hay* IPRax 2001, S. 160f mit Nachweisen.

658 Vgl. *Hay* IPRax 2001, S. 160f mit Nachweisen.

659 Oben S. 28ff.

lienischen Gesetzes Nr. 192 über die „subfornitura" wegen Ausnutzung wirtschaftlicher Abhängigkeit nichtig sei.

Das italienische Gericht ist gemäß Art. 23 Abs. 1 EuGVVO international zuständig. Die Parteien haben eine Gerichtsstandsvereinbarung
zu Gunsten der italienischen Gerichte getroffen. Das italienische Gericht hat das auf den Vertrag anzuwendende Recht nach dem EVÜ zu
bestimmen. Der Subunternehmervertrag enthält keine Bezugnahmen
auf den Generalunternehmervertrag, welche die Annahme eine konkludenten Rechtswahl zu Gunsten der auf den Generalunternehmervertrag anzuwendenden italienischen Rechtsordnung erlauben. Die
übrigen Anhaltspunkte (Gerichtsstandsvereinbarung, Sprache, Ort des
Vertragsschlusses, Währung) lassen keinen hinreichend sicheren
Schluss auf eine konkludente Rechtswahl zu. Das anwendbare Recht
muss objektiv nach Art. 4 EVÜ bestimmt werden.

Bei objektiver Anknüpfung führt die Anwendung des Art. 4 Abs. 2
EVÜ zur Anwendung spanischen Rechts auf den Subunternehmervertrag, da der spanische Subunternehmer die vertragscharakteristische
Leistung erbringt. Das italienische Gericht erwägt, von der Regelung
des Art. 4 Abs. 5 EVÜ Gebrauch zu machen und den Vertrag italienischem Recht zu unterstellen. Da das Bauernhaus, an dem die Arbeiten
zu verrichten gewesen wären, in Italien liege und auf den Generalunternehmervertrag italienisches Recht anzuwenden sei. Ist italienisches
Recht auf den Subunternehmervertrag anzuwenden, ist der Subunternehmervertrag wegen Ausnutzung wirtschaftlicher Abhängigkeit gemäß Art. 9 des Gesetzes Nr. 192 nichtig. Ein Anspruch auf Leistung
der Sanierungsarbeiten bestünde demnach nicht. Nach spanischem
Recht wäre der Vertrag möglicherweise gültig, da das Missverhältnis
zwischen Leistung und Gegenleistung nicht so groß ist, dass der Vertrag wegen Verstoßes gegen die guten Sitten nichtig wäre.

Nach POCAR soll das Gericht bei der Bestimmung des auf den Subunternehmervertrag anzuwenden Rechts den Schutz der Subunternehmer berücksichtigen. Demzufolge könnte sich das italienische Gericht in dem Beispielsfall
auf den Standpunkt stellen, dass das italienische Gesetz Nr. 192 gerade den
Zweck verfolge, eine wirtschaftliche Ausnutzung von Subunternehmern in Italien zu verhindern. Das Gesetz würde sich wirtschaftlich als Bumerang erweisen, wenn es lediglich auf italienische Subunternehmer Anwendung fände, sich
aber wegen der Regelanknüpfung des Art. 4 Abs. 2 EVÜ regelmäßig nicht auf
ausländische Subunternehmer erstrecke. Denn dann könnten ausländische Subunternehmer ihre Leistungen ohne die Restriktionen dieses Gesetzes in Italien
erbringen – und zwar zu unter Umständen erheblich günstigeren Konditionen

als italienische Subunternehmer. Das Gesetz Nr. 192 enthalte schließlich eine allgemeine am Gemeinwohl orientierte Wertung: die Verwirklichung des Subunternehmerschutzes. Es liege daher im Interesse Italiens zum Zwecke des Schutzes von Subunternehmern im Allgemeinen und der italienischen Subunternehmer (unter Gesichtspunkten des Wettbewerbs) im Besonderen, italienisches Recht und damit das Gesetz Nr. 192 auf den Subunternehmervertrag mittels einer akzessorischen Anknüpfung zur Anwendung zu bringen.

Das oben dargestellte Beispiel verdeutlicht die enge Verbindung der Frage einer akzessorischen Anknüpfung mit der Frage der zwingenden Anwendung von Eingriffsnormen zum Schutz von Subunternehmern.[660] Auch bei einer objektiven Anknüpfung des Subunternehmervertrags nach Art. 4 Abs. 2 EVÜ könnte das Gericht den Allgemeinwohlinteressen Italiens und dem Subunternehmerschutz Rechnung tragen, freilich nicht im Rahmen einer akzessorischen Anknüpfung, sondern durch die Anwendung international zwingender Normen der *lex fori*. Voraussetzung hierfür ist, dass es sich bei den Subunternehmerschutzvorschriften um Eingriffsnormen im Sinne des Art. 7 Abs. 2 EVÜ handelt.[661]

Die von POCAR angeregte ergebnisorientierte akzessorische Anknüpfung im System des EVÜ ist fehl am Platz. Die objektive Bestimmung des auf einen Subunternehmervertrag anzuwendenden Rechts sollte losgelöst von sittlichen bzw. sozialpolitischen Erwägungen des Forumstaates erfolgen. Für deren Berücksichtigung hält das EVÜ die Sonderregelung über Eingriffsnormen parat. Der durch das anwendbare materielle Recht gewährleistete Subunternehmerschutz sollte allein durch diese und nicht im Rahmen einer akzessorischen Anknüpfung des Subunternehmervertrags erfolgen. Anderenfalls ist beliebigen Ergebnissen Tür und Tor geöffnet. Zwei italienische Entscheidungen sollen das verdeutlichen. Beide bestimmen das auf einen Untervertrag anzuwendende Recht unter Berücksichtigung der engen wirtschaftlichen Verflechtung von Vertrag und Untervertrag ergebnisorientiert. Trotz spiegelbildlicher kollisionsrechtlicher Interessenlage beider Fälle wenden beide Gerichte italienisches Recht auf den Untervertrag an:

Im ersten Fall, den das Appellationsgericht von Turin[662] zu entscheiden hatte, hat eine italienische Bank per Unterauftrag eine türkische Bank für das Inkasso eines ihrer italienischen Kunden gegen ein türkisches Unternehmen eingeschaltet. Im zweiten Fall, den das Appellationsgericht aus Mailand[663] zu

---

660 Dazu ausführlich unten S. 233ff.
661 Dazu unten S. 265ff.
662 Appello Torino, 20.10.1967, *O.C.T.I.R. c. Credito italiano e c. Banque Ottomane.*
663 Appello Milano, 19.4.1968, *National Commercial Bank e Fiarmount Co. Ltd. C. Banco Ambrosiano e Sencor Ltd. s.r.l.*

entscheiden hatte, hat eine Bank aus Hongkong per Unterauftrag eine italienische Bank für das Inkasso einer Forderung eines Kunden aus Hongkong gegen ein italienisches Unternehmen eingesetzt. Beide Gerichte gelangen auf Grund des wirtschaftlichen Zusammenhangs zwischen Vertrag und Untervertrag zur Anwendung italienischen Rechts auf den Untervertrag, wobei im ersten Fall eine akzessorische Anknüpfung des Untervertrags an den Hauptvertrag vorgenommen wird, das auf den Untervertrag anzuwendende Recht im zweiten Fall dagegen ohne akzessorische Anknüpfung bestimmt wird.

e) Die Vorhersehbarkeit für die Parteien

Die Befürworter einer akzessorischen Anknüpfung verweisen unter anderem auf eine bessere Vorhersehbarkeit für die Parteien. Sie führen aus, dass mangels einer kollisionsrechtlichen Berücksichtigung der wirtschaftlichen Verflechtung die Vorhersehbarkeit des materiellen Ergebnisses für die Parteien des Subunternehmervertrags leide. Da die Rechtsprechung dazu neige, entstehende Unwägbarkeiten durch Rückgriff auf materiellrechtliche Generalklauseln zu lösen. Dieses Argument ist m. E. nicht stimmig. Die von den Befürwortern einer akzessorischen Anknüpfung als Beispiel angeführte „Schlachthofentscheidung" des BGH[664] eignet sich nicht zur Unterstützung einer Argumentation für oder wider eine akzessorische Anknüpfung. In dem Fall ging es um außergewöhnliche plötzlich auftretende Ereignisse außerhalb des Vertragsgeflechts von Sub- und Generalunternehmervertrag (nämlich das unvorhersehbare UN-Embargo). Hierauf musste die Rechtsprechung mit der Anwendung der Generalklausel reagieren. Das Problem der fehlenden Vorhersehbarkeit in solchen Konstellationen hat aber nichts mit der Frage des auf den Sachverhalt anzuwendenden Rechts zu tun. Auch bei Anwendung iranischen Rechts auf Grund einer akzessorischen Anknüpfung wäre der Verflechtung von Sub- und Generalunternehmervertrag auf Sachrechtsebene erneut Bedeutung zugekommen. Diese Entscheidung wäre ebenso wenig vorhersehbar gewesen.

Für die kollisionsrechtliche Frage einer akzessorischen Anknüpfung ist m.E. allein entscheidend, ob das auf den Subunternehmervertrag anzuwendende Recht für die Vertragsparteien vorhersehbar ist. Der Vorhersehbarkeit ist am besten gedient, indem eine isolierte Anknüpfung des Subunternehmervertrags vorgenommen wird. Ganz im Gegenteil führt eine akzessorische Bestimmung des auf den Subunternehmervertrag anzuwendenden Rechts zu mangelnder Transparenz für den Subunternehmer. Sie missachtet dadurch zugleich das Schutzbedürfnis der Subunternehmer. Denn Subunternehmer haben unter Umständen keinen Einblick in den Generalunternehmervertrag und kennen nicht notwendiger Weise das auf den Generalunternehmervertrag anzuwendende

---

664 BGH, Urteil vom 11.3.1982, BGHZ 83, S. 197ff. Siehe dazu oben S. 150f.

Recht. In der Praxis wird sich zudem der Auftraggeber im Generalunternehmer-vertrag wegen seiner besseren Verhandlungsposition als wirtschaftlich stärkere Vertragspartei mit seinen Rechtswahlwünschen gegenüber dem Generalunter-nehmer durchsetzen – was letztlich häufig zu einer Anwendung des Heimat-rechts des Auftraggebers auch auf den Subunternehmervertrag führen würde.[665] Zwar kann man diesem Konflikt dadurch aus dem Wege gehen, dass eine akzes-sorische Anknüpfung nur dann erfolgen soll, wenn die isolierte Betrachtung von Generalunternehmervertrag und Subunternehmervertrag zu keiner „billigens-werten" Lösung führt, man die akzessorische Anknüpfung lediglich als „Notan-ker" einsetzt, wenn das durch die andernfalls zur Anwendung berufene Rechts-ordnung gefundene Ergebnis unserem Rechtsempfinden diametral wider-spricht.[666] Diese Aufweichung der akzessorischen Anknüpfung macht jedoch das letztlich anwendbare Recht weder für die Parteien des Subunternehmerver-trags noch für den Auftraggeber vorhersehbar, wie die beiden oben dargestell-ten italienischen Entscheidungen zur Anknüpfung von Unterverträgen beim Forderungsinkasso[667] verdeutlichen. Vorzuziehen ist deshalb eine Bewältigung möglicher Wertungskonflikte durch Generalklauseln des isoliert angeknüpften Rechts, wie sie vom BGH in der sogenannten „Schlachthofentscheidung"[668] praktiziert wurde. Dadurch wird die mit der Anwendung der Generalklauseln des materiellen Rechts sowieso verbundene Unsicherheit eingeschränkt.

g) Die Verbindung des anwendbaren Rechts mit Sachverhalt

Die akzessorische Anknüpfung des Subunternehmervertrags kann des Weiteren dazu führen, dass keine enge Verbindung zwischen dem auf den Subunterneh-mervertrag anzuwendenden Recht und der vom Subunternehmer geschuldeten Leistung existiert. Dies ist insbesondere dann zu befürchten, wenn sich die Parteien des Generalunternehmervertrags bewusst zu Gunsten einer „neutralen" Rechtsordnung entschieden haben, oder der Auftraggeber bereits dem General-unternehmer eine mit dem Sachverhalt wenig verbundene Rechtsordnung „auf-genötigt" hat.

h) Berücksichtigung der rechtsvergleichenden Untersuchung

Der Vergleich der Diskussion über die akzessorische Anknüpfung von Subun-ternehmerverträgen in Deutschland mit der in anderen europäischen Rechtsord-nungen hat ergeben, dass eine akzessorische Anknüpfung nicht nur in Deutsch-

---

665 Ebenso *Vetter* NJW 1987, S. 2124ff., 2127.
666 *v. der Seipen*, Akzessorische Anknüpfung, S. 255f.
667 Appello Torino, 20.10.1967, *O.C.T.I.R. c. Credito italiano e c. Banque Ottomane* und Appello Milano, 19.4.1968, *National Commercial Bank e Fiarmount Co. Ltd. C. Banco Ambrosiano e Sencor Ltd. s.r.l.*, siehe oben S. 165.
668 BGH, 11.3.1982, BGHZ 83, S. 197ff.

land, sondern auch in den anderen Mitgliedsländern in Erwägung gezogen wird. Dabei herrscht insoweit Einigkeit, dass der wirtschaftlichen Verknüpfung der beiden Verträge bei der Bestimmung des auf sie anwendbaren Rechts Bedeutung beigemessen werden soll. Für die Frage einer konkludenten Rechtswahl wird eine Bezugnahme des Generalunternehmervertrags im Subunternehmervertrag als starkes Indiz für einen Rechtswahlwillen der Parteien des Subunternehmervertrags angesehen. In keinem der Länder wird jedoch durch die Rechtsprechung eine strenge akzessorische Anknüpfung bei der Bestimmung des anwendbaren Rechts nach objektiven Kriterien angewandt. Die wirtschaftliche und rechtliche Verknüpfung der Verträge wird lediglich als ein Faktor unter verschiedenen im Rahmen der Bestimmung des anwendbaren Rechts nach Art. 4 Abs. 5 EVÜ angesehen und als solcher berücksichtigt.

i)   Schlussfolgerung

Eine Bezugnahme der Parteien des Subunternehmervertrags auf den Generalunternehmervertrag kann als eine konkludente Rechtswahl im Sinne des Art. 27 EGBGB zu Gunsten des auf den Generalunternehmervertrag anzuwendenden Rechts gewertet werden. Bei der objektiven Bestimmung des anwendbaren Rechts nach Art. 28 Abs. 5 EGBGB kann die wirtschaftliche und rechtliche Verflechtung von Generalunternehmervertrag und Subunternehmervertrag lediglich als ein Faktor unter mehreren berücksichtigt werden. Letztlich gebietet gerade der Schutz des Subunternehmers, dass das auf den Subunternehmervertrag anzuwendende Recht im Rahmen des Art. 28 Abs. 5 EGBGB nicht mittels einer strengen akzessorischen Anknüpfung, sondern mittels einer genauen Analyse der Verbindungen des Subunternehmervertrags mit den jeweiligen Rechtsordnungen bestimmt wird. Subunternehmervertrag und Generalunternehmervertrag sind daher grundsätzlich separat anzuknüpfen, ihrer Verflechtung ist dabei aber Rechnung zu tragen.

V.   Der Umfang des anzuwendenden Rechts

Eine separate Anknüpfung von Sub- und Generalunternehmervertrag kann dazu führen, dass auf den Subunternehmervertrag und auf den Generalunternehmervertrag verschiedene Rechtsordnungen anzuwenden sind. Das separat bestimmte anwendbare Recht regelt jeweils gemäß Art. 32 Abs. 1 und 2 EGBGB die Auslegung, die Erfüllung der durch den Vertrag jeweils begründeten Verpflichtungen, die Folgen der teilweisen oder vollständigen Nichterfüllung, die Bedingungen, unter denen die Vertragspflichten erlöschen, die Verjährung sowie die Folgen der Nichtigkeit des Vertrags. Hierbei handelt es sich stets um Rechte und Pflichten, die einer Vertragspartei gegenüber der anderen obliegen.

Es bleibt zu klären, welche Reichweite das so bestimmte Vertragsstatut des Sub- oder Generalunternehmervertrags im Hinblick auf die in den vorgestellten Subunternehmerschutzvorschriften enthaltenen Bestimmungen hat. Unproblematisch ist zum Beispiel die Beantwortung der Frage, ob eine vom Generalunternehmer geschuldete Leistung an einen Subunternehmer weitervergeben werden darf. Zur Beantwortung dieser Frage ist allein das Vertragsstatut des Generalunternehmervertrags berufen.[669] Denn bei der Pflicht des Generalunternehmers zur persönlichen Leistungserbringung handelt es sich ausschließlich um eine Pflicht des Generalunternehmers aus dem Generalunternehmervertrag. So richtet sich beispielsweise das in Art. 1 Abs. 1 des französischen Gesetzes Nr. 75-1334 und in Art. 1656 des italienischen *Codice civile* enthaltene Verbot einer vollständigen Weitervergabe des Werks an einen Subunternehmer allein nach Generalunternehmervertragsstatut, unabhängig davon, welches Recht auf einen möglichen Subunternehmervertrag Anwendung findet.

Auch die durch § 641 Abs. 2 BGB im deutschen Recht normierte Durchgriffsfälligkeit der Subunternehmerforderung[670] ist – obwohl die Relativität der Verträge durch sie aufgelockert wird – eindeutig dem Subunternehmervertragsstatut unterworfen. § 641 Abs. 2 BGB bestimmt die Fälligkeit der Entgeltforderung aus dem Subunternehmervertrag. Die durch § 641 Abs. 2 BGB bestimmte Durchgriffsfälligkeit der Forderung ist folglich immer und nur dann von deutschen Gerichten zu berücksichtigen, wenn deutsches Recht auf den Subunternehmervertrag anzuwenden ist. Das Gericht hat dann gemäß § 641 Abs. 2 BGB die absolute Fälligkeit der Werklohnforderung dem Generalunternehmervertragsstatut zu entnehmen.

Doch nicht immer ist der Umfang des Vertragsstatuts so eindeutig wie bei der Frage der persönlichen Leistungserbringung oder der Durchgriffsfälligkeit. Insbesondere der Direktanspruch des Subunternehmers gegen den Auftraggeber bereitet bei der Einordnung als Recht oder Pflicht in einen der beiden Verträge Schwierigkeiten. Es bleibt zu klären, ob über die Existenz und den Umfang des Direktanspruchs das Statut des Generalunternehmervertrags, das des Subunternehmervertrags oder etwa beide Statute entscheiden.[671]

---

669 Grenzen werden dabei freilich durch die international zwingenden Normen des Forumstaates gezogen. Das Weitervergabeverbot des italienischen Gesetzes Nr. 192 stellt keine international zwingende Norm vor italienischen Gerichten dar, siehe dazu unten S. 271f. Für das in Art. 1 Abs. 1 in Bezug auf öffentliche Aufträge enthaltene Verbot einer vollständigen Weitervergabe des Auftrags an Subunternehmer im Gesetz Nr. 75-1334 vgl. unten S. 276ff.

670 Vgl. zu § 641 Abs. 2 BGB und zu den Reformvorschlägen oben S. 51ff.

671 Siehe dazu unten S. 206ff.

Für die in den Subunternehmerschutzvorschriften vorgesehenen Formvorschriften hält das deutsche Kollisionsrecht mit Art. 11 EGBGB eine eigene Kollisionsnorm parat. Auf sie wird im folgenden Kapitel eingegangen.

VI. Das Haager Übereinkommen (internationale Kaufverträge)

Deutschland hat das Haager Übereinkommen betreffend das auf internationale Kaufverträge über bewegliche Sachen anzuwendende Recht vom 15.6.1955 nicht gezeichnet. Das Haager Übereinkommen gilt jedoch in Italien und Frankreich seit dem 1.9.1964. Es ist gemäß seinem Art. 7 als *„loi uniforme"* beschlossen und wird daher von den Vertragsstaaten auch im Verhältnis zu Nichtvertragsstaaten (wie Deutschland) angewandt. Bestimmt nicht ein deutsches sondern ein italienisches oder französisches Gericht das auf den Subunternehmervertrag anzuwendende Recht, muss der praktische Rechtsanwender in Deutschland nicht nur das EVÜ, sondern auch das Haager Übereinkommen bedenken und das Rangverhältnis bestimmen (Art. 21 EVÜ). Dies rechtfertigt einen kurzen Exkurs.

Das EVÜ räumt dem Haager Übereinkommen über das auf Kaufverträge über bewegliche Sachen anzuwendende Recht nach seinem Art. 21 EVÜ Vorrang[672] ein, so dass der italienische oder französische Richter das auf einen Subunternehmervertrag anzuwendende Recht im Anwendungsbereich des Haager Übereinkommens nach diesem und nicht nach dem EVÜ bestimmen muss.

Das Haager Übereinkommen setzt in Art. 1 Abs. 1 das Vorliegen eines Kaufvertrags voraus. Allerdings erweitert Art. 1 Abs. 3 den Anwendungsbereich auch auf Werkverträge, bei denen ein Unternehmer, der sich zur Lieferung oder Herstellung beweglicher körperlicher Sache verpflichtet, die zur Herstellung oder Erzeugung erforderlichen Rohstoffe zu beschaffen hat. Wie bereits erläutert, muss es sich nach italienischem Verständnis bei dem *„subfornitura"*-Vertrag nicht um einen Werkvertrag handeln, es kann sich genauso gut um einen Werkliefer- oder Kaufvertrag handeln. Ein *„subfornitura"*-Vertrag fällt in den Anwendungsbereich des Haager Übereinkommens, solange es sich um einen Vertrag über die Lieferung oder Herstellung beweglicher körperlicher Sachen handelt. Das Haager Übereinkommen ist allerdings nur dann von italienischen Richtern anzuwenden, wenn *„subfornitore"* und *„committente"* ihre Niederlassungen in verschiedenen Staaten haben, Art. 1 Abs. 1 und 4 Haager Übereinkommen.[673]

---

672 Vgl. Sposato/Coccia-*Coccia*, S. 189; MünchKomm-*Martiny*, vor Art. 27 Rn. 19f., Art. 28 Rn. 109a; *Bortolotti*, I contratti di subfornitura, S. 193 und 205; Bianca/Giardina-*Cubeddu*, in: Le nuove leggi civ. comm. 1995, S. 900ff., 1111ff.

673 Siehe auch *Musso*, La subfornitura, S. 596f.

Die Erweiterung auf Werklieferverträge in Art. 1 Abs. 3 des Haager Über-einkommens schließt auch Überschneidungen mit dem Anwendungsbereich des französischen Gesetzes Nr. 75-1334, dem luxemburgischen Gesetz vom 23.7.1991 und den Direktansprüchen nach belgischem und spanischem Recht nicht aus. Denn wie gesehen reicht für erstere das Vorliegen eines Werkliefe-rungsvertrags aus, bei dem die Werkleistung den Wert der Zutaten überwiegt. Der Direktanspruch nach Art. 1597 des spanischen *Código civil* kennt für den untergeordneten Vertrag sogar überhaupt keine Einschränkung auf Werk- oder Werklieferverträge. Verpflichtet sich also beispielsweise ein französischer Sub-unternehmer, eine bei ihm nach individuellen Vorgaben von einem deutschen Generalunternehmer bestellte bewegliche Sache herzustellen und zu liefern und die hierfür erforderlichen Rohstoffe selbst zu beschaffen, ist das auf den Sub-unternehmervertrag anzuwendende Recht von einem französischen Gericht nach dem Haager Übereinkommen und nicht nach dem EVÜ zu bestimmen.[674]

VII. Das Wiener UN-Übereinkommen

Auf Subunternehmerverträge kann auch das Wiener UN-Übereinkommen über Verträge über den internationalen Warenkauf vom 11.4.1980 (UN-Kaufrecht)[675] anzuwenden sein. Das UN-Kaufrecht ist gemäß Art. 1 UN-Kaufrecht auf Kauf-verträge anzuwenden. Gemäß Art. 3 Abs. 1 UN-Kaufrecht stehen den Kaufver-

---

674 Der im Beispiel genannte Subunternehmervertrag wird nach dem Haager Übereinkom-men mangels einer konkludenten oder ausdrücklichen Rechtswahl gemäß Art. 3 Abs. 1 Haager Übereinkommen dem Recht des Staates unterstellt, in dem der Subunternehmer zu dem Zeitpunkt, zu dem er die Bestellung empfing, seine Niederlassung hatte. Das Haager Übereinkommen hält auch keine Ausweichklausel wie Art. 4 Abs. 5 EVÜ für den Fall parat, dass der Sachverhalt mit einem anderen Vertragsstaat als dem der Nie-derlassung des Subunternehmers eine wesentlich engere Verbindung aufweist, siehe *Lagarde*, in: Gavalda (Hrsg.), La sous-traitance de marchés de travaux et de services, S. 186ff., 190. Die Frage nach einer akzessorischen Anknüpfung des Subunternehmerver-trags an den Generalunternehmervertrag stellt sich daher im Rahmen des Anwendungs-bereichs des Haager Übereinkommens nicht. Das Haager Übereinkommen umfasst in-dessen nicht alle Probleme, die im Rechtsverkehr mit Frankreich aus dem Gesetz Nr. 75-1334 entstehen können. Gemäß Art. 5 Nr. 4 des Übereinkommens gilt es nur für die Wirkungen des Kaufvertrags gegenüber den Vertragsparteien, nicht jedoch gegenüber allen anderen Personen. Daraus folgt, dass das nach dem Haager Übereinkommen be-stimmte Recht nicht auch auf die Direktzahlung des Auftraggebers an den Subunter-nehmer oder auf den Direktanspruch des Subunternehmers anzuwenden ist. Denn bei beiden handelt es sich um Rechte und Pflichten zwischen einer Vertragspartei des Sub-unternehmervertrags (dem Subunternehmer) und einer Nichtvertragspartei (dem Auf-traggeber). Das auf diese Rechte und Pflichten anzuwendende Recht ist folglich auch von einem französischen Gericht nach dem EVÜ und nicht nach dem Haager Überein-kommen zu bestimmen.

675 BGBl. 1989 II, S. 588.

trägen Verträge über die Lieferung herzustellender oder zu erzeugender Ware gleich, es sei denn, dass der Besteller einen wesentlichen Teil der für die Herstellung oder Erzeugung notwendigen Stoffe selbst zur Verfügung zu stellen hat. Gemäß Art. 3 Abs. 2 UN-Kaufrecht ist es nicht auf Verträge anzuwenden, bei denen der überwiegende Teil der Pflichten der Partei, welche die Ware liefert, in der Ausführung von Arbeiten oder anderen Dienstleistungen besteht. Gemäß Art. 3 Abs. 1 UN-Kaufrecht erstreckt sich also der Anwendungsbereich des UN-Kaufrechts auch auf bestimmte Werklieferverträge. Diese unterfallen ihm dann, wenn der Wert der Werkleistung den Wert der vom Unternehmer gelieferten Ware nicht nur geringfügig übersteigt.[676]

Das UN-Kaufrecht kann somit auf Subunternehmerverträge, denen Werkliefercharakter in dem genannten Sinne zukommt, anzuwenden sein. Voraussetzung ist jedoch, dass der Generalunternehmer und der Subunternehmer ihre Niederlassungen in verschiedenen Staaten haben, die beide Vertragsstaaten sind (Art. 1 Abs. 1 lit. a UN-Kaufrecht). Es ist darüber hinaus auch dann anzuwenden, wenn das Internationale Privatrecht zur Anwendung des Rechts eines Mitgliedstaates führt (Art. 1 Abs. 1 lit. b UN-Kaufrecht).[677]

Das UN-Kaufrecht enthält materielles Einheitsrecht, es ist Bestandteil der nationalen Rechtsordnungen und verdrängt die autonomen staatlichen Regelungen. Diesen Vorrang beansprucht das UN-Kaufrecht auch gegenüber den nationalen Schutzgesetzen von Subunternehmern.[678] Dies gilt insbesondere für das Zustandekommen des Vertrags, die Pflichten der Vertragsparteien, die Folgen dieser Vertragspflichtverletzung und den Gefahrübergang. Die Schutzgesetze können insoweit also keine Anwendung finden.

Die Anwendung des französischen Gesetzes Nr. 75-1334, ebenso wie die des luxemburgischen Gesetzes vom 23.7.1991[679] und Art. 1798 des belgischen *Code civil*[680] Zivilgesetzbuchs setzen das Vorliegen eines Werkvertrags oder eines Werklieferungsvertrags voraus, bei dem die Werkleistung den Wert der Zutaten überwiegt. Das UN-Kaufrecht ist demgegenüber nur auf Kaufverträge oder Werklieferverträge anzuwenden, bei denen die Werkleistung eine untergeordnete Rolle spielt, Art. 3 Abs. 1 und 2 UN-Kaufrecht. Will man nicht in völlig

---

676 Von Caemmerer/Schlechtriem-*Herber*, Art. 3 CISG Rn. 1; Staudinger-*Magnus*, Art. 3 CISG Rn. 14.

677 Gegen Art. 1 Abs. 1 lit. b UN-Kaufrecht haben einige Staaten Vorbehalte eingelegt. Die Bundesrepublik Deutschland hat eine Erklärung dergestalt abgegeben, dass es die Anwendung des Art. 1 Abs. 1 lit. b UN-Kaufrecht nicht gegenüber anderen Vertragsstaaten anwendet, die ihrerseits einen Vorbehalt gegen Art. 1 Abs. 1 lit. b UN-Kaufrecht eingelegt haben.

678 *Schmid* RIW 1999, S. 273ff., 277.

679 Oben S. 89f.

680 Oben S. 110f.

widersprüchlicher Weise argumentieren, überschneiden sich der Anwendungsbereich der genannten Schutzvorschriften und der des UN-Kaufrechts daher nicht.

Besondere Bedeutung kommen jedoch Konflikten zwischen dem italienischen Gesetz Nr. 192 und dem UN-Kaufrecht[681] zu, da der Anwendungsbereich des italienischen Gesetzes nicht auf Werkverträge beschränkt ist.[682]

VIII. Zusammenfassung

Eine analoge Anwendung von Art. 29 oder 30 EGBGB auf Subunternehmerverträge kommt nicht in Betracht. Zum einen spricht das Gebot der einheitlichen Auslegung des Art. 36 EGBGB gegen eine solche Analogie, da die auf dem EVÜ beruhenden Sonderanknüpfungen in den übrigen Mitgliedstaaten als abschließend angesehen werden. Es fehlt zum anderen an einer planwidrigen Regelungslücke, welche im Wege einer Analogie geschlossen werden könnte. Neben systematischen Argumenten gegen eine Analogie (insbesondere die detaillierte Regelung in Art. 28 EGBGB) fehlt es trotz Vorliegens eines spezifischen strukturellen Schutzbedürfnisses für Subunternehmer an einer vergleichbaren Interessenlage in internationalen Subunternehmerverhältnissen und inter-

---

681 Da sowohl Deutschland als auch Italien dem Übereinkommen beigetreten sind, ist das UN-Kaufrecht auf einen *„subfornitura"*-Vertrag zwischen einem deutschen und einem italienischen Unternehmen bereits über Art. 1 Abs. 1 lit. a UN-Kaufrecht anzuwenden. Von diesem Grundsatz existieren nur zwei Ausnahmen: Entweder die Parteien haben das UN-Kaufrecht abbedungen, oder der *„subfornitura"*-Vertrag ist als reiner Werkvertrag oder als Werklieferungsvertrag, bei dem die Werkleistung einiges Übergewicht gegenüber den vom *„subfornitore"* verwendeten Zutaten hat, zu qualifizieren. Der Abgrenzung von Werkliefervertägen, auf die das UN-Kaufrecht anzuwenden ist, von solchen, auf die es nicht anzuwenden ist, kommt also für den *„subfornitura"*-Vertrag besonderes Gewicht zu, siehe dazu *Bortolotti*, I contratti di subfornitura, S. 207ff.; *Musso*, La subfornitura, S. 596f. und 603f.

682 Mit dem UN-Kaufrecht können die in den Art. 2, Art. 3 Abs. 1 bis 3 und Art. 5 Gesetz Nr. 192 enthaltenen Regelungen kollidieren, siehe *Sposato/Coccia-Coccia*, S. 199ff.; *Musso*, La subfornitura, S. 604ff. Keine Kollisionsgefahr besteht demgegenüber mit den übrigen Bestimmungen des Gesetzes Nr. 192, da das UN-Kaufrecht keine Regelungen über das Verfahrensrecht (Art. 3 Abs. 4 Gesetz Nr. 192) enthält und auch der Klarstellung eines Mehrkostenaufwandes des *„subfornitore"* im Falle nachträglicher kostenintensiver Änderungswünsche des *„committente"* (Art. 3 Abs. 5 Gesetz Nr. 192) offensichtlich keine Bestimmungen des UN-Kaufrechts gegenüberstehen. Ebenso berühren weder das Verbot der Weitervergabe (Art. 4 Gesetz Nr. 192), noch die Nichtigkeit einzelner Klauseln (Art. 6), der Schutz geistigen Eigentums (Art. 7) oder die Ausnutzung wirtschaftlicher Abhängigkeit (Art. 9) Regelungen des UN-Kaufrechts, siehe zu Art. 6 und Art. 9 *Birk/Lauser/Zanovello* RIW 2001, S. 180ff., 185 und *Coccia* Riv. dir. int. priv. proc. 1999, S. 801ff., 821.

nationalen Verbrauchergeschäften. Schließlich ist der Subunternehmerschutz in den Mitgliedstaaten nicht in gleichem Maße durch europäische Richtlinien vereinheitlicht, wie dies im Verbraucherschutz der Fall ist. Vielmehr wird das Schutzbedürfnis für Subunternehmer in den Mitgliedstaaten auf nationaler Ebene unterschiedlich bewertet, was darin zum Ausdruck kommt, dass lediglich einige Mitgliedstaaten außerhalb der Umsetzungen der Richtlinie 35/2000/EG spezifische Subunternehmerschutzvorschriften realisiert haben.

Da eine analoge Anwendung der Art. 29 bzw. 30 EGBGB auf Subunternehmer abzulehnen ist, ist von deutschen Gerichten das auf den Subunternehmervertrag und den Generalunternehmervertrag anwendbare Recht nach den Art. 27 und 28 EGBGB zu bestimmen. Auch die Berücksichtigung international zwingender Bestimmungen erfolgt nach 34 EGBGB und den allgemeinen Regeln.

Eine Bezugnahme des Subunternehmervertrags auf den Generalunternehmervertrag ist als starkes Indiz für eine konkludente Rechtswahl im Subunternehmervertrag zu Gunsten des Generalunternehmervertragsstatuts im Sinne des Art. 27 Abs. 1 Satz 2 2. Alt. EGBGB anzusehen. Gleiches gilt für Bezugnahmen auf technische Regeln und vorformulierte Klauselwerke (wie die VOB/B), die erkennbar einer Rechtsordnung entstammen. Dieses Ergebnis wird auch durch die gemäß Art. 36 EGBGB anzustellende rechtsvergleichende Untersuchung gestützt.

Demgegenüber ist eine strenge objektive akzessorische Anknüpfung des Subunternehmervertrags an den Generalunternehmervertrag über Art. 28 Abs. 5 EGBGB abzulehnen. Zwar bietet eine objektive akzessorische Anknüpfung gewisse Vorteile. Sie fördert insbesondere die materielle Richtigkeitsgewähr, ist prozessökonomisch sinnvoll und fördert den internationalen Entscheidungseinklang. Letztlich verbietet jedoch das Schutzbedürfnis der Subunternehmer, dass von der in Art. 28 Abs. 5 EGBGB angeordneten Einzelfalluntersuchung zu Gunsten einer abstrakten Anknüpfungsregel abgewichen wird. Die wirtschaftliche Verflechtung von Sub- und Generalunternehmervertrag stellt aber einen zu berücksichtigenden Faktor bei der Bestimmung der engsten Verbindung des Subunternehmervertrags mit einer anderen Rechtsordnung im Sinne des Art. 28 Abs. 5 EGBGB dar. Auch das Ergebnis der rechtsvergleichenden Untersuchung in den anderen EVÜ-Mitgliedstaaten spricht gegen eine strikte akzessorische Anknüpfung. Die Untersuchung stützt jedoch die Berücksichtigung der Verflechtung als einen Faktor unter anderen in Art. 28 Abs. 5 EGBGB.

5. KAPITEL – DIE FORMVORSCHRIFTEN

Das deutsche Recht kennt keine besonderen Formvorschriften für Subunternehmerverträge. Demgegenüber enthalten die oben[683] dargestellten ausländischen Gesetze zum Schutz von Subunternehmern zum Teil Normen, welche eine bestimmte Form für Subunternehmerverträge festlegen. Art. 11 EGBGB enthält eine besondere Kollisionsnorm für die Bestimmung der für ein Rechtsgeschäft[684] relevanten Form.

Art. 11 EGBGB folgt dabei dem Prinzip, dem Rechtsgeschäft größtmögliche Wirksamkeit zukommen zu lassen. Verwirklicht wird dies durch eine alternative Anknüpfung des Formstatuts. Ein Rechtsgeschäft ist nach Art. 11 Abs. 1 EGBGB formgültig, wenn es die Formerfordernisse der *lex causae* oder des Rechts des Staates erfüllt, in dem es vorgenommen wird. Befinden sich die Vertragsparteien in verschiedenen Staaten, reicht gemäß Art. 11 Abs. 2 EGBGB die Formgültigkeit nach der *lex causae* oder einer der beiden Rechtsordnungen dieser Staaten aus. Für in Subunternehmerverträgen enthaltene dingliche Sicherungsrechte kann zudem Art. 11 Abs. 5 EGBGB Bedeutung erlangen. Danach ist ein Rechtsgeschäft, durch das ein Recht an einer Sache begründet oder über ein solches Recht verfügt wird, nur formgültig, wenn es die Formerfordernisse der *lex rei sitae* als der *lex causae* (vgl. Art. 43 EGBGB) erfüllt.

Die Anwendung von Art. 11 EGBGB auf Subunternehmerverträge weist keine spezifischen Probleme auf, wenn man eine analoge Anwendung von Art. 29 Abs. 3 EGBGB – wie hier vertreten[685] – ablehnt. Deutschen Gerichten stellt sich lediglich das Problem der Qualifikation ausländischer Subunternehmerschutzvorschriften als Formvorschriften im Sinne des Art. 11 EGBGB.

I.   Die Qualifikation als Formvorschrift

Da Art. 1798 des belgischen *Code civil* ebenso wenig wie Art. 1597 des spanischen *Código civil* oder das französische oder luxemburgische Subunternehmerschutzgesetz Normen enthalten, die möglicherweise als Formvorschriften zu qualifizieren sind, stellen sich insoweit keine besonderen Probleme bei der Anwendung von Art. 11 EGBGB. Qualifikationsprobleme können sich allein im

---

683   Oben S. 61ff.

684   Art. 11 Abs. 1 EGBGB umfasst im Gegensatz zu Art. 9 Abs. 1 EVÜ nicht nur Verträge, sondern auch einseitige Rechtsgeschäfte. Art. 11 Abs. 2 EGBGB ist dagegen ebenso wie Art. 9 Abs. 2 EVÜ allein auf Verträge beschränkt.

685   Siehe oben S. 126ff.

Hinblick auf zwei Normen aus dem italienischen Gesetz Nr. 192 stellen: Art. 2 Abs. 1 und Art. 2 Abs. 4 und 5 des Gesetzes Nr. 192.

Die Qualifikation von Formvorschriften in Art. 11 EGBGB hat in erster Linie danach zu erfolgen, ob es sich bei der ausländischen Norm, die zu qualifizieren ist, um eine Regelung der Äußerungsform handelt.[686] In zweiter Linie ist der Zweck der Regelungen im materiellen Recht zu erforschen. Dabei ist zu berücksichtigen, ob eine Norm klassische Formziele wie insbesondere Abschlussklarheit, Inhaltsklarheit, Beweissicherung, Erkennbarkeit für Dritte, Übereilungsschutz, fachmännische Beratung und Sicherung der Seriosität verfolgt.[687]

1. Italien: Art. 2 Abs. 1 bis 3 Gesetz Nr. 192

Art. 2 Abs. 1 bis 3 des italienischen Gesetzes Nr. 192 ist ohne weiteres als Formvorschrift im Sinne des Art. 11 EGBGB zu qualifizieren, da die Vorschrift die Art und Weise der Übermittlung der vertragskonstitutiven Willenserklärungen betrifft. Art. 11 EGBGB unterscheidet zwischen Verträgen unter Anwesenden und Verträgen unter Abwesenden.

Unter Anwesenden ist der Vertrag formwirksam, wenn er entweder den Formerfordernissen der *lex causae* oder den Formerfordernissen des Ortes des Vertragsschlusses gerecht wird. Für den *„subfornitura"*-Vertrag bedeutet das, dass er nur dann der in Art. 2 Abs. 1 Gesetz Nr. 192 bestimmten Schriftform gerecht werden muss, wenn der Vertrag unter Anwesenden italienischem Recht unterliegt *und* der Vertrag in Italien geschlossen wurde.[688] Wurde ein italienischem Recht unterliegender *„subfornitura"*-Vertrag demgegenüber beispielsweise in Deutschland geschlossen, wo ein Formerfordernis für Subunternehmer- oder Zulieferverträge nicht existiert, ist die Bestimmung des Art. 2 Abs. 1 des Gesetzes Nr. 192 ohne Bedeutung, da nach den Bestimmungen des Abschlussortes der Vertragsschluss auch mündlich erfolgen kann. Ebenso wenig schadet es der Wirksamkeit des Vertrags, wenn der Vertragsschluss zwar in Italien stattfindet, auf den Vertrag aber deutsches Recht anzuwenden ist.

Wird der *„subfornitura"*-Vertrag unter Abwesenden geschlossen, die sich in verschiedenen Staaten befinden, richtet sich die Formwirksamkeit nach Art. 11 Abs. 2 EGBGB. Dem Schriftformerfordernis des Art. 2 Abs. 1 Gesetz Nr. 192 kommt daher beim Vertragsschluss unter Abwesenden nur dann Bedeutung zu, wenn auch das ausländische, nicht-italienische Recht ein Schriftformerfordernis für Subunternehmer- oder Zulieferverträge bestimmt. Wie gesehen, ist

---

686 Statt aller MünchKomm-*Spellenberg*, Art. 11 EGBGB Rn. 78f.
687 Statt aller MünchKomm-*Spellenberg*, Art. 11 EGBGB Rn. 78f.
688 Vgl. dazu *Bortolotti*, I contratti di subfornitura, S. 208ff.

dies bei den übrigen vorgestellten Subunternehmerschutzvorschriften nicht der Fall.[689]

2. Italien: Art. 2 Abs. 4 und 5 Gesetz Nr. 192

Art. 2 Abs. 4 und 5 Gesetz Nr. 192 sind nicht als Formvorschriften sondern als materielle Vorschriften zu qualifizieren. Denn Art. 2 Abs. 4 und 5 Gesetz Nr. 192 betreffen nicht die Art und Weise, in der die konstitutiven Willenserklärungen übermittelt werden müssen (Äußerungsform), sondern beinhalten eine Regelung über einen bestimmten notwendigen Inhalt des *„subfornitura"*-Vertrags.[690] Folglich sind sie – obwohl sie als materielles Regelungsziel der Realisierung von Transparenz, Beweissicherung und Sicherung der Seriosität dienen – nicht als Formvorschriften zu qualifizieren. Die Frage, ob der *„subfornitura"*-Vertrag den Bestimmungen in Art. 2 Abs. 4 und 5 Gesetz Nr. 192 gerecht werden muss, richtet sich demnach nicht nach Art. 11 EGBGB, sondern nach dem auf den Vertrag anzuwendenden Recht.[691]

II. Zusammenfassung

Im italienischen Gesetz Nr. 192 ist das Schriftformerfordernis nach Art. 2 Abs. 1 als Formvorschrift zu qualifizieren. Die Formvorschrift des Art. 2 Abs. 1 Ge-

---

689 Die italienische Literatur sieht eine Kollision zwischen der nach dem UN-Kaufrecht generell gewährten Formfreiheit und Art. 2 Abs. 1 Gesetz Nr. 192, was zur Unanwendbarkeit der Formvorschrift des Art 2 Abs. 1 im Anwendungsbereich des UN-Kaufrechts führen soll, siehe *Coccia* Riv. dir. int. priv. proc. 1999, S. 801 ff., 821 ff. Diese Ansicht führt freilich zu dem Problem, dass grenzüberschreitende *„subfornitura"*-Verträge, auf welche das UN-Kaufrecht anzuwenden ist, ohne Beachtung der Schriftform geschlossen werden können, während Verträge zwischen einem italienischen *„subfornitore"* und einem ebenfalls italienischen *„committente"* dem Formerfordernis genügen müssen. Deshalb stellt sich die Frage, ob das Formerfordernis in Art. 2 Abs. 1 bis 3 Gesetz Nr. 192 insgesamt, also auch für den inneritalienischen Rechtsverkehr, lediglich als Soll-Vorschrift anzusehen ist, die bei Nichtbeachtung keine Unwirksamkeit zur Folge hat. Legt man Art. 2 Abs. 1 Gesetz Nr. 192 lediglich als Soll-Vorschrift aus, dann wäre eine Ungleichbehandlung von inneritalienischen Fällen und Fällen außerhalb des Anwendungsbereichs des UN-Kaufrechts im Vergleich zu Sachverhalten im Anwendungsbereich des UN-Kaufrechts eliminiert. Einer Auslegung als Soll-Vorschrift widerspricht allerdings der insoweit eindeutige Wortlaut des Art. 2 Abs. 1 Satz 1, 2. Halbsatz Gesetz Nr. 192. Eine Auslegung als Soll-Vorschrift ist deshalb contra legem und verbietet sich. Abhilfe für die ungleiche Behandlung von *„subfornitura"*-Verträgen innerhalb und außerhalb des Anwendungsbereichs des UN-Kaufrechts kann deshalb nur der italienische Gesetzgeber schaffen, indem er das Schriftformerfordernis für *„subfornitura"*-Verträge insgesamt wieder aufhebt.

690 Vgl. dazu *Musso*, La subfornitura, S. 126 ff.

691 Siehe dazu ausführlich die Darstellung im vierten Kapitel, oben S. 125 ff.

setz Nr. 92 wirft keine spezifischen Probleme bei der Anwendung von Art. 11 EGBGB auf.

Demgegenüber betreffen Art. 2 Abs. 4 und 5 Gesetz Nr. 192 nicht die Art und Weise, in der die konstitutiven Willenserklärungen übermittelt werden müssen (Äußerungsform). Sie enthalten eine Regelung über einen bestimmten notwendigen Inhalt des „subfornitura"-Vertrags. Sie sind daher nicht als Formvorschriften zu qualifizieren. Es ist insoweit auf das auf den Subunternehmervertrag anzuwendende Recht abzustellen.

6. KAPITEL – DER DIREKTANSPRUCH

Folgender Beispielfall soll die kollisionsrechtlichen Probleme, die durch den Direktanspruch des Subunternehmers aufgeworfen werden, verdeutlichen:

Beispiel: Ein deutscher Auftraggeber lässt eine Produktionshalle nahe Bonn errichten. Hierzu schließt er einen Generalunternehmervertrag mit einem Kölner Unternehmen. Das Generalunternehmen schaltet für die elektrischen Installationsarbeiten einen belgischen Elektriker als Subunternehmer ein. Der vereinbarte Werklohn beträgt 15.000 Euro. Auf den Subunternehmervertrag ist auf Grund einer ausdrücklichen Rechtswahl belgisches Recht anzuwenden. Die Elektroarbeiten werden ordnungsgemäß ausgeführt. Die Arbeiten und das eingebaute Material haben einen objektiven Wert von 7.000 Euro. Der Subunternehmer erhält seinen Werklohn nicht, da das Kölner Generalunternehmen mittlerweile insolvent ist. Eine Vielzahl von Massegläubigern existiert, so dass mit einer nennenswerten Befriedigung der Forderung durch den Insolvenzverwalter nicht zu rechnen ist. Der Subunternehmer verlangt daher direkt vom Auftraggeber den Werklohn i.H.v. 15.000 Euro, hilfsweise 7.000 Euro vor dem Bonner Landgericht. Er beruft sich auf den Direktanspruch des Subunternehmers nach Art. 1798 des belgischen *Code civil*.

Dem deutschen Gericht stellen sich folgende Fragen: Handelt es sich bei dem Direktanspruch um Verfahrensrecht und/oder um einen materiellrechtlichen Anspruch? Falls es sich um eine materiellrechtliche Norm handelt, wie ist der Direktanspruch des Subunternehmers vor deutschen Gerichten zu qualifizieren? Welche Rechtsordnung entscheidet darüber, ob und in welchem Umfang sich der Subunternehmer auf den Direktanspruch berufen kann? Welche Rechtsordnung entscheidet über den Umfang des Direktanspruchs?

I.   Die Grundlagen des Direktanspruchs

Der Begriff „Direktanspruch" hat nach dem deutschen Sprachverständnis materiellrechtliche Bedeutung. Demgegenüber zeigt bereits der Sprachgebrauch anderer europäischer Länder[692], dass ihm auch eine prozessrechtliche Bedeutung zukommen kann. Auch historisch wurde nicht immer strikt zwischen dem mate-

---

692   Englisch: „*right of direct action*"; französisch: „*action directe*"; italienisch: „*azione diretta*"; spanisch: „*acción directa*"; portugiesisch: „*acção directa*".

riellen Anspruch und seiner prozessualen Geltendmachung unterschieden.[693] Im Internationalen Privatrecht kommt der Einordnung des Direktanspruchs für deutsche Gerichte insoweit Bedeutung zu, als im Rahmen der Qualifikation als erstes geprüft werden muss, ob es sich bei einem ausländischen Direktanspruch um eine Norm des Verfahrensrechts oder des materiellen Rechts handelt.[694]

Der Direktanspruch des Subunternehmers soll in allen oben vorgestellten Rechtsordnungen – unabhängig von einer Zuordnung zum Sachrecht oder zum Verfahrensrecht – der Verwirklichung von materieller Gerechtigkeit zwischen den Parteien im Vertragsgeflecht dienen. Die enge wirtschaftliche Verknüpfung von Sub- und Generalunternehmervertrag und das Schutzbedürfnis der Subunternehmer werden dabei jeweils als Rechtfertigung für die Ausnahme vom Grundsatz der Relativität der Verträge herangezogen.[695]

Im Schrifttum zum Direktanspruch des Subunternehmers gegen den Auftraggeber wird zum Teil auf dessen römisch-rechtliche Grundlage verwiesen.[696] Demnach basiere der Direktanspruch auf dem Rechtssprichwort: *„Debitor debitoris mei, debitor meus est".*[697] Allerdings ist das genaue Gegenteil ein anerkannter römischer Rechtsgrundsatz: *„Debitor debitoris mei, debitor meus non est".*[698] Denn wie nach deutschem Recht war auch nach dem römischen Recht eine Abtretung des Anspruchs oder eine Überweisung zur Einziehung notwendig, bevor der Schuldner des Schuldners vom Gläubiger in Anspruch genommen werden konnte.[699]

Auch wenn die römisch-rechtliche Grundlage des Direktanspruchs daher äußerst zweifelhaft ist, so ist moderne Grundlage aller in den genannten Subunternehmerschutzgesetzen enthaltenen Direktansprüche des Subunternehmers gegen den Auftraggeber Art. 1798 des durch Napoleon im Jahre 1804 eingeführten französischen *Code civil.* Nach ihm haben abhängig beschäftigte Dienstleistende eines Unternehmers einen Direktanspruch gegen den Auftraggeber, nicht aber auf eigene Rechnung arbeitende Subunternehmer:

> *„**Art. 1798.** Les maçons, charpentiers et autres ouvriers qui ont été employés à la construction d'un bâtiment ou d'autres ouvrages faits à*

---

693 Siehe *Martinez*, O subcontrato, S. 161; *Cozian*, L'action directe, S. 15. Vgl. zum italienischen Recht *Vechi*, L'azione diretta, S. 5ff.

694 Siehe hierzu sogleich, unten S. 191ff.

695 Vgl. *Fernandez*, in: Comentarios al Código civil y Complicaciones Forales, Art. 1597, S. 444f.; *Martinez*, O subcontrato, S. 161; *Flattet*, Les Contrats, S. 175f.; *Masnatta* RevJurBA 1964, S. 151, 172.

696 Siehe *Mota*, Adagiário brasileiro, S. 183; *Fernandez*, in: Comentarios al Código civil y Complicaciones Forales, Art. 1597, S. 444f.; *Martinez*, O subcontrato, S. 161.

697 Deutsche Übersetzung: „Der Schuldner meines Schuldners ist mein Schuldner".

698 Siehe *Liebs*, Lateinische Rechtsregeln, S. 53.

699 Siehe *Liebs*, Lateinische Rechtsregeln, S. 53.

l'entreprise, n'ont d'action contre celui pour lequel les ouvrages ont été faits, que jusqu'à concurrence de ce dont il se trouve débiteur envers l'entrepreneur, au moment où leur action est intentée."[700]

Der Direktanspruch des Subunternehmers gegen den Auftraggeber auf Zahlung des Werklohns ist schließlich vom Direktanspruch des Auftraggebers gegen den Subunternehmer auf Schadensersatz wegen mangelhafter Vertragserfüllung[701] zu unterscheiden. Nur der Direktanspruch des Subunternehmers dient der Verwirklichung des Subunternehmerschutzes. Der Direktanspruch des Auftraggebers hat einen produkthaftungsrechtlichen Hintergrund und wirft völlig andere kollisionsrechtliche Fragen auf.[702]

II. Ein Direktanspruch für Subunternehmer

Die mit Art. 1798 des französischen *Code civil* eingeführte Rechtsfigur eines Direktanspruchs wurde von verschiedenen Mitgliedstaaten der Europäischen Gemeinschaft nach Inkrafttreten eigener Zivilgesetzbücher, welche auf der Grundlage des französischen *Code civil* entstanden, aufgegriffen. Der Direktanspruch hat jedoch in den jeweiligen Rechtsordnungen eine eigene Prägung und Entwicklung erfahren. Beispielsweise gibt Art. 1676 des italienischen *Codice civile* nach wie vor lediglich den „abhängig Beschäftigten"[703], nicht aber den

---

700 Deutsche Übersetzung:

> *„Art. 1798. Die Maurer, Zimmerleute und andere Arbeiter, die am Bau eines Gebäudes oder anderer Werke eingesetzt worden sind, haben einen Anspruch gegen denjenigen, für den das Werk erstellt wurde, bis zu der Höhe, in der dieser dem Unternehmer zur Zahlung zum Zeitpunkt der Geltendmachung des Anspruchs verpflichtet ist."*

701 Siehe insbesondere die *Handte*-Entscheidung des EuGH, Urteil vom 17.6.1992, Rs. C-26/91 *Jakob Handte&Co GmbH ./. Traitements mecano-chimiques des surfaces SA*, Slg. 1992 I, S. 3967ff. und dazu unten S. 196ff. Zum französischen Recht ferner *Niggermann/Peguet/Anstett-Gardea/Gramling* RIW 1993, S. 240ff., 240 sowie Cour de Cassation, Ass. Plén., Urteil vom 7.2.1986, Bull. Civ. Ass. Plén. Nr. 2 mit Anm. *Malinvaud*; Cour de Cassation, 3e Ch. Civ., Urteil vom 25.1.1989, Bull. Civ. III Nr. 21; Urteil vom 13.12.1989, Bull. Civ. III Nr. 235; Urteil vom 6.12.1989, Bull. Civ. III Nr. 229.

702 Dazu *Niggermann/Peguet/Anstett-Gardea/Gramling* RIW 1993, S. 240ff., 240; *Bauerreis* Rev. crit. dr. int. privé 89 (2000), S. 331ff.; Vgl. aus rechtsvergleichender Sicht die Dissertation von *Rucketschler*, Subunternehmer-Haftung.

703 Der Begriff „*dipendenza*" (Abhängigkeit) in Art. 1676 Codice civile deutet vom Wortlaut nicht eindeutig auf ein Arbeitnehmerverhältnis hin. Das Arbeitnehmerverhältnis ist nach italienischem Recht nämlich durch „*dipendenza*" und „*direzione*" (Weisungsrecht) charakterisiert.

auf eigenes wirtschaftliches Risiko tätigen Unternehmern einen Direktanspruch gegen den Auftraggeber:

> *„Art. 1676 Diritti degli ausiliari dell'appaltatore verso il committente. Coloro che, alle dipendenze dell'appaltatore, hanno dato la loro attività per eseguire l'opera o per prestare il servizio possono proporre azione diretta contro il committente per conseguire quanto è loro dovuto, fino alla concorrenza del debito che il committente ha verso l'appaltatore nel tempo in cui essi propongono la domanda."* [704, 705]

Der italienische Kassationsgerichtshof (*Sezione lavoro*), hat im Jahr 2001 entschieden, dass Arbeitnehmer auch im Rahmen öffentlicher Aufträge zur Geltendmachung des Direktanspruchs nach Art. 1676 *Codice civile* berechtigt sind. [706]

In anderen Rechtsordnungen (Frankreich, Belgien, Luxemburg, Spanien) wurde dagegen der Kreis der Berechtigten erweitert, so dass dort auch Subunternehmer zu den Anspruchsberechtigten zählen. [707, 708] Die Existenz eines Direktanspruchs des Subunternehmers gegen den Generalunternehmer hebt die strikte Trennung von Generalunternehmervertrag und Subunternehmervertrag insofern auf, als unmittelbare Rechte und Pflichten zwischen Parteien in einem

---

704 Deutsche Übersetzung:

> *„Art. 1676 Rechte der Gehilfen des Unternehmers gegenüber dem Besteller. Diejenigen, die in Abhängigkeit vom Unternehmer ihre Leistungen erbracht haben, um das Werk herzustellen oder den Dienst zu leisten, können unmittelbar den Besteller klagen, um das zu erlangen, was ihnen geschuldet wird, und zwar bis zur Höhe der Schuld, die der Besteller gegen den Unternehmer zu dem Zeitpunkt hat, zu dem sie die Klage erhoben haben."*

705 Im Folgenden bleibt dieser im italienischen Recht vorgesehene Direktanspruch unberücksichtigt, da er nicht auf Subunternehmer anwendbar ist. Allerdings haben die Direktansprüche denselben historischen Ursprung und verfolgen ähnliche Schutzzwecke: den Schutz der schwachen Vertragspartei. Da weitere Ähnlichkeiten zwischen Arbeitnehmern und Subunternehmern existieren (so z.B. der mangelnde Überblick über die Ausführung des Werkes), lässt sich die folgende Diskussion über die Qualifikation des Direktanspruchs des Subunternehmers gegen den Auftraggeber und das auf ihn anwendbare Recht wohl übertragen.

706 Siehe das Urteil des italienischen Kassationshofs (Sezione lavoro) vom 10.3.2001, n. 3551.

707 Demgegenüber existiert nach englischem Recht kein Direktanspruch des Subunternehmers gegen den Auftraggeber, *Powell* I.C.L.R. 1991, S. 331ff., 342.

708 In der Schweiz spricht sich soweit ersichtlich ledigliglich *Chaix*, Contrat de sous-traitance en droit suisse, S. 268ff. für einen Direktanspruch des Subunternehmers gegen den Auftraggeber aus.

Dreiecksverhältnis begründet werden, welche keine gegenseitigen vertraglichen Verpflichtungen miteinander eingegangen sind.[709] Daraus resultieren bei materiellrechtlicher Qualifikation für die kollisionsrechtliche Behandlung der Direktansprüche durch deutsche Gerichte besondere Probleme. Ist dasselbe Recht auf Sub- und Generalunternehmervertrag anzuwenden, so ist ohne weiteres klar, dass diese Rechtsordnung auch über die Existenz und den Umfang eines Direktanspruchs für Subunternehmer entscheidet. Die kollisionsrechtliche Behandlung ist allerdings erheblich schwieriger, wenn auf den Generalunternehmervertrag und den Subunternehmervertrag unterschiedliche Rechtsordnungen anwendbar sind.[710]

III. Die Charakteristika des Direktanspruchs

Die in den vorgestellten Rechtsordnungen Frankreichs, Luxemburgs, Belgiens und Spaniens enthaltenen Direktansprüche (bzw. Direktzahlung) des Subunternehmers zeichnen sich durch folgende gemeinsame Charakteristika aus:

1. Ein eigenes Recht des Subunternehmers

Verlangt ein Subunternehmer mittels des Direktanspruchs vom Auftraggeber Bezahlung seiner Werkleistung, so macht er einen eigenen Anspruch in eige-

---

709 Das französische Gesetz Nr. 75-1334 wirft darüber hinaus im Hinblick auf die Direktzahlung an den Subunternehmer durch den Auftraggeber und durch Schadensersatzansprüche des Subunternehmers gegen den Auftraggeber wegen Verletzung seiner Obhutpflichten weitergehende Fragen auf, auf die kurz einzugehen sein wird. Demgegenüber kann die Frage, wie der Subunternehmer dem Auftraggeber gegenüber für eine mangelhafte Werkausführung haftet, nicht diskutiert werden. Nach dem französischen Recht existiert hier ein Direktanspruch des Auftraggebers gegen den Subunternehmer aus produkthaftungsrechtlichen Aspekten. Vgl. dazu *Heuzé* Rev. crit. dr. int. privé 85 (1996), S. 243ff.; *Malaurie/Aynès*, Cours de Droit Civil, S. 406; *Wolfer* PHI 1991, S. 220ff.; *Wolfer* PHI 1992, S. 30ff. sowie *Schlechtriem/Neufang* ZfBR 1987, S. 55ff. Über die Qualifikation des Anspruchs im internen französischen Recht als vertraglicher oder deliktsrechtlicher Anspruch herrscht Unsicherheit. Vgl. dazu *Malaurie/Aynès*, Cours de Droit Civil, S. 406. Der EuGH hat in der *Handte*-Entscheidung ausgeführt, dass diese Direktansprüche nicht als vertragliche Ansprüche im Sinne des Art. 5 Nr. 1 EuGVÜ zu qualifizieren sind (dazu unten S. 283ff.). Diese Entscheidung ist im Schrifttum auf große Resonanz gestoßen. Wenig beachtet wurde bisher allerdings die Frage, welches Recht auf diesen Direktanspruch anzuwenden ist (vgl. hierzu *Heuzé* Rev. crit. dr. int. privé 85 (1996), S. 243ff.). Vgl. zum englischen Recht in Bezug auf Direktanspruch gegen den Subunternehmer auf Grund von Werkmängeln *Schlechtriem* ZfBR 1983, S. 101ff.

710 Siehe *Vischer/Huber/Oser*, Internationales Vertragsrecht, Rn. 523.

nem Namen geltend.[711] Hierin liegt ein Unterschied zur Einziehung einer fremden Forderung in fremdem oder eigenem Namen.[712] Dieser Unterschied muss beachtet werden, da sich der Direktanspruch von der Forderungseinziehung in fremdem Namen in seinen Rechtsfolgen unterscheidet. Denn der Direktanspruch führt im Vergleich zur Forderungseinziehung zu einer doppelten Privilegierung des Subunternehmers (dazu sogleich).

2. Ein doppeltes Privileg

Im Gegensatz zur Einziehung einer Forderung in fremdem Namen dient der Direktanspruch als Sicherheit für die Werklohnforderung des Subunternehmers. Er stellt ein zweifaches Privileg dar.[713] Das zeigt sich im Falle der Insolvenz des Generalunternehmers: Zum einen wird der Subunternehmer Gläubiger einer Forderung gegen einen Dritten. Zum anderen wird ihm im Verhältnis zu den Gläubigern des Generalunternehmers Vorrang eingeräumt.[714] Diese beiden Vorteile sollen im Folgenden näher erläutert werden.

a) Ein weiterer Schuldner

Der erste Vorteil ist offensichtlich: Dem Subunternehmer wird durch den Direktanspruch gegen den Auftraggeber die Chance eröffnet, Befriedigung für seine Forderung von einem zahlungsfähigen Schuldner zu erlangen. Er tritt als selbständiger Anspruch neben den Werklohnanspruch gegen den Generalunternehmer, er ersetzt diesen nicht. Dennoch wäre es falsch, stets abstrakt von einem Gesamtschuldverhältnis im Sinne des § 421 BGB zwischen Generalunternehmer und Auftraggeber auszugehen. Denn nach allen Rechtsordnungen, die einen Direktanspruch des Subunternehmers gegen den Auftraggeber vorsehen, ist die Höhe des Direktanspruchs auf den Betrag beschränkt, den der Auftraggeber zum Zeitpunkt der Geltendmachung des Anspruchs dem Generalunternehmer schuldet.[715] Es kann sich daher im Einzelfall um ein Gesamtschuldverhältnis handeln – es muss aber nicht stets eines vorliegen.[716]

---

711 *Martinez*, O subcontrato, S. 162; *Cozian*, L'action directe, S. 32ff.; Urteil des spanischen Tribunal Supremo vom 29.6.1936, wiedergegeben bei *Fernandez*, in: Comentarios al Código civil y Complicaciones Forales, S. 445.

712 Siehe insbesondere die „*acção sub-rogatória*" in Art. 606ff. des portugiesischen Código civil und Art. 1111 im spanichen Código civil.

713 Siehe *Martinez*, O subcontrato, S. 163f. und *Cozian*, L'action directe, S. 13ff.

714 Siehe *Martinez*, O subcontrato, S. 163f. und *Cozian*, L'action directe, S. 13ff.

715 Frankreich: Art. 13 Abs. 2 des Gesetzes Nr. 75-1334; Belgien: Art. 1798 des Code civil; Spanien: Art. 1597 des Código civil. Siehe zum Direktanspruch des Arbeitnehmers des Unternehmers gegen den Auftraggeber auch Art. 1676 des italienischen Codice civile. Demgegenüber existiert eine solche Beschränkung natürlich nicht für die Direktzahlung (Frankreich: Gesetz Nr. 75-1334 für öffentliche Aufträge und Luxemburg: Gesetz vom

b) Ein Anspruch außerhalb der Insolvenzmasse

In Bezug auf den Wettlauf mit den übrigen Gläubigern des insolventen Generalunternehmers stellt der Direktanspruch den Subunternehmer besser und gewährt ihm einen zweiten besonderen Vorteil. Da der Subunternehmer ein eigenes Recht ausübt, gelangt der vom Auftraggeber an den Subunternehmer gezahlte Betrag nicht in die Insolvenzmasse des Generalunternehmers. Der Betrag kommt folglich ausschließlich und in voller Höhe dem Subunternehmer zugute. Er steht dem Insolvenzverwalter nicht zur Befriedigung der übrigen Gläubiger des Generalunternehmers durch Aufteilung der Insolvenzmasse zur Verfügung. Im Falle der Insolvenz des Generalunternehmers ist der Direktanspruch daher eine „konkursfeste" Sicherheit für den Werklohnanspruch des Subunternehmers.

3. Der Einwendungsdurchgriff

Der Auftraggeber kann dem Direktanspruch des Subunternehmers zweierlei Einreden entgegen halten. Zunächst die eigenen Einreden, die ihm selbst gegen den Werklohnanspruch des Generalunternehmers aus dem Generalunternehmerverhältnis (d.h. aus dem konkreten Leistungsverhältnis) zur Verfügung stehen. Darüber hinaus kann der Auftraggeber dem Direktanspruch aber auch die Einreden des Generalunternehmers entgegen halten, die diesem gegenüber dem Subunternehmer aus dem Subunternehmervertrag zur Verfügung stehen, zum Beispiel eine mangelhafte Werkleistung durch den Subunternehmer oder die Verjährung des Werklohnanspruchs (Einwendungsdurchgriff).[717]

23.7.1991), da dort nicht die Gefahr besteht, dass der Auftraggeber sowohl vom Generalunternehmer als auch vom Subunternehmer für die gleiche Werkleistung in Anspruch genommen wird.

716 Nach *Martinez*, O subcontrato, S. 163, fehlt es zudem an der für die Gesamtschuld charakteristischen Ausgleichungspflicht zwischen den Gesamtschuldnern (vgl. § 426 BGB). Dem kann jedoch nicht gefolgt werden, da logische Folge einer Zahlung auf den Direktanspruch das Erlöschen der Forderung des Generalunternehmers gegen den Auftraggeber ist. Insoweit kann sehr wohl von einem Gesamtschuldnerausgleich entsprechend dem Innenverhältnis zwischen Generalunternehmer und Auftraggeber gesprochen werden. Siehe zu den Erfüllungswirkungen bei Zahlung auf einen Direktanspruch näher unten S. 220ff.

717 Siehe für Frankreich die Entscheidungen der Cour de Cassation, 3e Ch. Civ., Urteil vom 15.2.1983, Recueil Dalloz 1983, S. 483 (jur.); Urteil vom 8.3.1983, Recueil Dalloz 1983, S. 483 (jur.); *Juan-Bonhomme*, Sous-traiter, S. 144; allgemeiner *Martinez*, O subcontrato, S. 165 m.w.N. Vgl. des Weiteren *Jayme*, in: Festschrift Pleyer (1986), S. 371ff., 375. Vergleiche aus dem deutschen Recht der Personalsicherheiten § 770 BGB: Der Bürge kann dem Gläubiger die Einreden des Schuldners aus dem Kreditvertrag entgegenhalten. Für das englische Kreditsicherungsrecht gilt dies ebenso, siehe *Esso Petroleum Co. Ltd. vs. Alstonbridge Properties Ltd.* [1975] W.L.R., S. 1474.

Da der Direktanspruch ein eigenes Recht des Subunternehmers darstellt, kann sich der Auftraggeber nicht auf Einreden berufen, welche ihm zwar persönlich gegenüber dem Generalunternehmer zustehen, aber ihre Grundlage nicht im konkreten Leistungsverhältnis haben.

IV. Direktzahlung und Direktanspruch

Der Vergleich der in einigen Ländern der Europäischen Gemeinschaft enthaltenen Subunternehmerschutzvorschriften hat ergeben, dass in Spanien und Belgien dem Subunternehmer ein Direktanspruch zugebilligt wird, während in Luxemburg der Subunternehmer direkt vom Auftraggeber bezahlt wird. Im französischen Gesetz Nr. 75-1334 wird zwischen privaten Generalunternehmerverträgen und öffentlichen Aufträgen unterschieden. Während dem Subunternehmer bei ersteren ein Direktanspruch zusteht, gilt bei letzteren die Direktzahlung, wenn die Werklohnforderung des Subunternehmers 600 Euro übersteigt und sich gegen eine französische staatliche Einrichtung richtet.[718]

Bevor die kollisionsrechtliche Behandlung des Direktanspruchs des Subunternehmers untersucht werden kann, ist zu klären, wo die Gemeinsamkeiten und Unterschiede von Direktanspruch und Direktzahlung an den Subunternehmer liegen. Die bisher im Schrifttum herrschende Meinung LAGARDES postuliert eine unterschiedliche kollisionsrechtliche Behandlung von Direktzahlung und Direktanspruch.[719] Lassen sich jedoch weder ein Unterschied zwischen der wirtschaftlichen Bedeutung, noch unterschiedliche rechtliche Voraussetzungen und Rechtsfolgen von Direktzahlung und Direktanspruch feststellen, ist für beide Rechtsinstitute eine einheitliche kollisionsrechtliche Anknüpfung anzustreben, um Wertungswidersprüche zu vermeiden.[720]

1. Die wirtschaftliche Betrachtung

Bei wirtschaftlicher Betrachtung dienen Direktzahlung und Direktanspruch demselben Zweck: Dem Subunternehmer wird eine Sicherheit gegen die Insolvenz des Generalunternehmers eingeräumt. Wird der Subunternehmer direkt

---

718 Siehe im Einzelnen die Ausführungen im dritten Kapitel, oben S. 51ff.

719 Dies betrifft in erster Linie den Direktanspruch und die Direktzahlung nach dem französischen Gesetz Nr. 75-1334, *Lagarde*, in: Gavalda (Hrsg.), La sous-traitance de marchés de travaux et de services, S. 186ff., 199. *Lagarde* vertritt an dieser Stelle allerdings die inzwischen nicht mehr geteilte und der Rechtsprechung des französischen Kassationshofs (siehe oben S. 97ff.) zuwiderlaufende Ansicht, dass der Direktanspruch im französischen Recht im Gegensatz zur Direktzahlung keine Akkreditierung und Genehmigung nach Art. 3 des Gesetzes Nr. 75-1334 voraussetze.

720 Ebenso für den Direktanspruch und die Direktzahlung nach französischem Recht *Heuzé* Rev. crit. dr. int. privé 85 (1996), S. 243ff., 257ff. und *Bauerreis*, Das französische Rechtsinstitut der action directe, S. 260f.

vom Auftraggeber bezahlt, so korrespondiert mit der Zahlungspflicht des Auftraggebers auch ein entsprechender Anspruch des Subunternehmers. Jede Direktzahlung beinhaltet folglich einen Direktanspruch des Subunternehmers gegen den Auftraggeber. Die Direktzahlung unterscheidet sich vom Direktanspruch allein dadurch, dass der Subunternehmer bei ihr diesen Anspruch nicht von sich aus geltend machen muss. Die direkte Bezahlung erfolgt vielmehr auch ohne eine explizite Geltendmachung. Darüber hinaus umfasst der Direktanspruch im Gegensatz zur Direktzahlung nur den Betrag, den der Auftraggeber zum Zeitpunkt der Geltendmachung noch dem Generalunternehmer schuldet. Insoweit stellt die Direktzahlung den Subunternehmer besser als der Direktanspruch. Weigert sich der Auftraggeber, den Subunternehmer direkt zu bezahlen und erhebt dieser Zahlungsklage, ist die materielle Ausgangslage bei der Direktzahlung die gleiche wie beim Direktanspruch. Direktzahlung und Direktanspruch haben folglich trotz der Unterschiede im Detail eine vergleichbare wirtschaftliche Bedeutung für Subunternehmer.

Obwohl die Direktzahlung somit ein *majus* gegenüber dem Direktanspruch darstellt, spricht dessen Funktion und wirtschaftliche Bedeutung für eine kollisionsrechtliche Gleichbehandlung.

2. Die rechtlichen Voraussetzungen

a) Das Genehmigungserfordernis

Die Direktzahlung setzt nach französischem wie nach luxemburgischem Recht voraus, dass der Einsatz des Subunternehmers und dessen Zahlungsbestimmungen vom Auftraggeber genehmigt wurden.[721] Diese Voraussetzung enthält das französische Gesetz Nr. 75-1334 jedoch nicht nur für die Direktzahlung, sondern auch für den Direktanspruch. Das Genehmigungserfordernis stellt somit keine rechtliche Besonderheit der Direktzahlung dar, die bei der Entwicklung einer einheitlichen kollisionsrechtlichen Lösung für den Direktanspruch und die Direktzahlung beachtet werden müsste.

b) Die Begrenzung des Verpflichteten

Nach französischem Recht ist allein eine französische öffentliche Einrichtung oder Körperschaft zur Direktzahlung verpflichtet, während Schuldner des Direktanspruchs französische wie nicht-französische Unternehmen und Einrichtungen sein können.[722] Auch dieser Unterschied stellt kein Hindernis für eine einheitliche kollisionsrechtliche Lösung für die beiden Rechtsinstitute dar. Denn französisch-staatliche Einrichtungen sind in grenzüberschreitenden Subunternehmerverhältnissen nicht stets zur Direktzahlung von Subunternehmern

---

721 Siehe die Ausführungen im dritten Kapitel, oben S. 93ff. und S. 96ff.
722 Vgl. dazu *Sablier/Caro/Abbatucci*, La sous-traitance dans la construction, S. 181ff.

verpflichtet. Die Verpflichtung existiert auch im französischen Recht nicht unabhängig von dem auf den Subunternehmer- bzw. Generalunternehmervertrag anzuwendenden Recht.[723] Es gilt daher, dass eine zusätzliche Begrenzung der zur Direktzahlung Verpflichteten, wie es das französische Gesetz Nr. 75-1334 vorsieht, keine Auswirkungen auf die Frage hat, wie das auf die Direktzahlung anzuwendende Recht durch deutsche Gerichte bestimmt werden soll. Mit anderen Worten: Erst wenn als anwendbares Recht das französische Recht ermittelt wurde, ist die im Gesetz Nr. 75-1334 enthaltene Beschränkung im personalen Anwendungsbereich des Gesetzes relevant. Sie steht einer einheitlichen kollisionsrechtlichen Lösung für Direktzahlung und Direktanspruch nicht im Wege.

c) Die Bestätigung der Berechtigung

Nach französischem wie luxemburgischem Recht ist Voraussetzung der Direktzahlung, dass der Generalunternehmer zuvor die Richtigkeit der Rechnung des Subunternehmers bescheinigt hat. Das Genehmigungserfordernis bei der Direktzahlung erfüllt die gleiche Funktion wie der Einwendungsdurchgriff beim Direktanspruch. Der Generalunternehmer kann die Zustimmung zu der Rechnung nur dann verweigern, wenn die Werkleistung des Subunternehmers mangelhaft oder überhaupt nicht erfolgt ist. Das Erfordernis der Genehmigung der Nachweise durch den Generalunternehmer stellt sicher, dass der Subunternehmer keine Zahlung für nicht oder schlecht erbrachte Werkleistungen vom Auftraggeber verlangen kann. Freilich steht dem Auftraggeber auch für den der Direktzahlung zugrunde liegenden Direktanspruch der Einwendungsdurchgriff zur Verfügung. Die vorherige Genehmigung der Subunternehmerrechnung realisiert den Einwendungsdurchgriff lediglich zeitlich vor einer Anspruchsstellung durch den Subunternehmer.

3. Schlussfolgerung

Zusammenfassend zeigt sowohl der wirtschaftliche als auch der rechtliche Vergleich der in Frankreich und Luxemburg kodifizierten Direktzahlung mit den in anderen europäischen Rechtsordnungen enthaltenen Direktansprüchen des Subunternehmers gegen den Auftraggeber, dass eine kollisionsrechtliche Sonderbehandlung der Direktzahlung nicht erforderlich ist. Ganz im Gegenteil gebietet die funktionale Äquivalenz eine kollisionsrechtliche Gleichbehandlung von Direktzahlung und Direktanspruch. Für die Gleichbehandlung besteht ein praktisches Bedürfnis: Sie ist bei der Entwicklung einer möglichst breit auf direkte

---

723 Vgl. *Lagarde*, in: Gavalda (Hrsg.), La sous-traitance de marchés de travaux et de services, S. 186ff., 196, der für die Direktzahlung das auf den Generalunternehmervertrag anzuwendende Recht als maßgeblich erachtet.

Rechte und Pflichten zwischen Subunternehmer und Auftraggeber anwendbaren kollisionsrechtlichen Lösung behilflich.

V. Die Qualifikation

Ein deutsches Gericht muss einen Lebenssachverhalt mit Auslandsberührung einer deutschen Kollisionsnorm zuweisen, bevor es die Rechtsordnung ermitteln kann, welche den Lebenssachverhalt entscheidet.[724] Nach der nunmehr herrschenden Meinung in der deutschen Rechtsprechung und Literatur erfolgt die Qualifikation grundsätzlich nach der *lex fori*.[725] Das in einigen ausländischen Rechtsordnungen vorgesehene Rechtsinstitut des Direktanspruchs muss nach seinem Sinn und Zweck erfasst werden. Seine Funktion ist vom Standpunkt des ausländischen Rechts her zu würdigen und mit der deutschen Rechtsordnung zu vergleichen, um es anschließend den deutschen Kollisionsnormen zuzuordnen.[726]

Dabei muss jedoch berücksichtigt werden, dass das deutsche Kollisionsrecht der vertraglichen Schuldverhältnisse auf das EVÜ zurückgeht und damit staatsvertraglichen Ursprungs ist. Art. 36 EGBGB gebietet daher auch bei der Qualifikation, das Interesse einer einheitlichen Anwendung der auf dem EVÜ beruhenden Kollisionsnormen zu berücksichtigen.[727] Unter Berücksichtigung der Entstehungsgeschichte und der Zielsetzung des EVÜ muss eine rechtsvergleichend-autonome Qualifikation des Direktanspruchs vorgenommen werden.[728]

Im Gegensatz zur Frage der Qualifikation eines direkten produkthaftungsrechtlichen Schadensersatzanspruchs des Auftraggebers gegen den Subunternehmer[729], wird die Qualifikation des Direktanspruchs des Subunternehmers

---

724 *Kegel/Schurig*, IPR, S. 278ff.; *Firsching/von Hoffmann*, Internationales Privatrecht, § 6 Rn. 1ff.; MünchKomm-*Sonnenberger*, Einl. EGBGB Rn. 344ff.; *von Bar/Mankowski*, IPR, Band 1, Rn. 138ff.

725 BGH, 19.12.1958, BGHZ 29, 137ff., 139ff.; 12.7.1965, BGHZ 44, 121ff., 124ff.; 22.3.1967, BGHZ 47, 324ff.; *Firsching/von Hoffmann*, Internationales Privatrecht, § 6 Rn. 12ff.; MünchKomm-*Sonnenberger*, Einl. EGBGB Rn. 368ff.; *Siehr*, IPR, S. 430ff.; *von Bar/Mankowski*, IPR, Band 1, Rn. 173ff.

726 Siehe BGH, Urteil vom 19.12.1958, BGHZ 29, S. 137ff., 139.

727 BGH, Urteil vom 19.3.1976, NJW 1976, S. 1583ff. MünchKomm-*Sonnenberger*, Einl. EGBGB Rn. 368ff.; *von Bar/Mankowski*, IPR, Band 1, Rn. 138ff.; Palandt-*Heldrich*, Einl. Art. 3 EGBGB Rn. 28; *Meyer-Sparenberg*, Staatsvertragliche Kollisionsnormen, S. 132.

728 Vgl. *Neuhaus*, Grundbegriffe, S. 129 – 131; *Lewald* Recueil des Cours, Band 69 (1939), S. 1ff., 78ff.

729 Siehe dazu insbesondere die *Handte*-Entscheidung des EuGH, unten S. 196ff., sowie *Krebs* EuLF 2000/01, S. 16ff., 16f. zu Cour de Cassation, 1re Ch. Civ., Urteil vom 5.1.1999, RIW 2000/01, S. 16; *Niggermann/Peguet/Anstett-Gardea/Gramling* RIW

gegen den Auftraggeber selten in der Literatur behandelt. Die Qualifikationsfrage muss als völlig ungeklärt bezeichnet werden. Sie wird nur selten angesprochen. Die Stellungnahmen beziehen sich zudem lediglich auf den im französischen Recht vorgesehenen Direktanspruch, ohne die in anderen Mitgliedstaaten existierenden Direktansprüche einzubeziehen und zu berücksichtigen.[730]

Die Qualifikation des Direktanspruchs sollte m.E. von folgenden Maximen
geleitet werden:

- Es ist ein verallgemeinerungsfähiger Ansatz zu entwickeln, der eine
  sinnvolle einheitliche Qualifikation der in den verschiedenen Rechtsordnungen innerhalb der Europäischen Gemeinschaft existierenden
  Direktansprüche des Subunternehmers erlaubt. Gemäß Art. 36
  EGBGB muss die Auslegung des EVÜ in den übrigen Mitgliedstaaten
  berücksichtigt werden. Den internen Qualifikationen des Direktanspruchs in ihren jeweiligen Ursprungsländern kann nur in diesen
  Schranken Bedeutung beigemessen werden.

- Die materiellrechtliche Qualifikation des Direktanspruchs für die Bestimmung des anwendbaren Rechts und die Qualifikation im Rahmen
  der Bestimmung der internationalen Zuständigkeit nach der EuGVVO
  sollen sich nach Möglichkeit decken.

In Kürze wird das EVÜ in eine Verordnung der Europäischen Gemeinschaft umgewandelt werden. Folge hiervon wird sein, dass nicht
mehr wie bisher die nationalen Gerichte, sondern der EuGH Fragen
der Qualifikation von Rechtsinstituten wird klären müssen. Der EuGH
wird sich dabei voraussichtlich an seiner bisherigen Rechtsprechung
zum EuGVÜ und zur EuGVVO leiten lassen, soweit sich diese übertragen lassen und ähnliche Fragen aufgeworfen werden. Soll ein zu-
kunftsfähiger Ansatz für die Qualifikation des Direktanspruchs des
Subunternehmers gegen den Auftraggeber entwickelt werden, so muss
der einschlägigen Rechtsprechung des EuGH bereits jetzt Gewicht
beigemessen werden.

1993, S. 240ff., 240; *Bauerreis* Rev. crit. dr. int. privé 89 (2000), S. 331ff., 348f. ; Cour
de Cassation, Ass. Plén., Urteil vom 7.2.1986, Bull. Civ. Ass. Plén. Nr. 2 mit Anm.
Malinvaud; Cour de Cassation, 3e Ch. Civ., Urteil vom 25.1.1989, Bull. Civ. III Nr. 21;
Urteil vom 13.12.1989, Bull. Civ. III Nr. 235; Urteil vom 6.12.1989, Bull. Civ. III Nr.
229.

730 Die Frage der Qualifikation des Direktanspruchs behandeln lediglich *Heuzé* Rev. crit.
    dr. int. privé 85 (1996), S. 243ff., 256f. sowie *Jayme*, in: Festschrift Pleyer (1986), S.
    371ff., 380 (im Hinblick auf die internationale Zuständigkeit nach Art. 5 Nr. 1 EuGVÜ)
    knapp. Siehe nun auch *Pulkowski* [2004] I.C.L.R. 31, 39.

1. Verfahrensrecht oder materielles Recht

Vorrangig ist die Frage zu klären, ob der in den dargestellten Rechtsordnungen vorgesehene Direktanspruch als eine Norm des Verfahrensrechts oder als eine Norm des materiellen Rechts einzuordnen ist.

Insbesondere im internen belgischen Recht ist umstritten, ob der Direktanspruch des Subunternehmers lediglich prozessual geltend gemacht werden kann oder ob auch eine außergerichtliche Geltendmachung möglich ist.[731] Die wohl herrschende Meinung in Belgien geht davon aus, dass es sich bei dem Direktanspruch in erster Linie um eine verfahrensrechtliche Norm handelt.[732]

Bei verfahrensrechtlicher Qualifikation kann ein Subunternehmer (unabhängig von dem auf den Subunternehmer- oder Generalunternehmervertrag anwendbaren Recht) immer dann direkt gegen den Auftraggeber vorgehen, wenn das Zivilprozessrecht des Forumstaates die Möglichkeit der direkten Geltendmachung des Werklohns vorsieht. Unter dem Aspekt der Qualifikation durch ein deutsches Gericht hat eine verfahrensrechtliche Qualifikation folglich den Vorteil, dass sich keine weiteren Probleme des auf den Direktanspruch anwendbaren Rechts stellen. Es bliebe lediglich die Frage zu klären, inwieweit ausländisches Verfahrensrecht vor deutschen Gerichten berücksichtigt werden muss.[733]

Allerdings muss zwischen der prozessualen Geltendmachung des Direktanspruchs und des ihm zugrunde liegenden materiellen Anspruchs unterschieden werden.[734] Dies fällt nicht immer leicht, wie ein Urteil des französischen Kassationshofs aus dem Jahr 1991 verdeutlicht.[735] Es entscheidet einen deutsch-französischen Rechtsstreit über die Ernennung eines Sachverständigen im Rahmen eines Schiedsverfahrens. Gegenstand ist also nicht die direkte Geltendmachung des Werklohns durch den Subunternehmer. Dem Fall liegt folgender Sachverhalt zugrunde:

Die Stadtwerke Essen vergaben als Auftraggeber einen Auftrag zur Errichtung einer Ozonisierungsanlage für die Wasserversorgung der Stadt Essen an ein deutsch-französisches Konsortium. Der französische Partner des Konsor-

---

731 Siehe oben S. 109f. sowie die belgischen Gesetzesmaterialien: Documents Parlementaires, Chambre des Représentants, Nr. 329/17 (1995/1996), S. 165 und aus der Rechtsprechung Cour d'Appel d'Anvers, Urteil vom 1.3.1995, R.W. 1996-1997, S. 477f.; *Stranart*, Les sûretés réelles traditionnelles, S. 116.

732 Cour d'Appel d'Anvers, Urteil vom 1.3.1995, R.W. 1996-1997, S. 477f.; *Stranart*, Les sûretés réelles traditionnelles, S. 116.

733 Siehe dazu die Ausführungen im achten Kapitel, unten S. 281ff.

734 *Fettweis*, Manuel de la Procédure Civile, S. 19-25 und 51.

735 Cour de Cassation, 1re Ch.Civ., 15.1.1991, Bull. Civ. I, Nr. 22, S. 13f. Vgl. dazu auch *Bauerreis*, Das französische Rechtsinstitut der action directe, S. 254f.

tiums übertrug den von ihm zu erbringenden Werkteil an sein ebenfalls französisches Tochterunternehmen als Subunternehmerin. Zwischen den drei Beteiligten entsteht Streit über das ordnungsgemäße Funktionieren der Anlage und über die Ernennung eines Sachverständigen zu dessen Beurteilung. Die französische Subunternehmerin verklagt daraufhin ihre französische Muttergesellschaft vor französischen Gerichten und erweitert die Klage mittels einer prozessualen *„action directe"* gegen die Stadtwerke Essen. Diese bestreiten die internationale Zuständigkeit der französischen Gerichte. Das Berufungsgericht nimmt ohne weiteres die internationale Zuständigkeit auch für die Klage gegen den deutschen Auftraggeber an. Der französische Kassationshof hebt diese Entscheidung auf. Nach seiner Ansicht hängt das Recht des Subunternehmers, direkt gegen einen ausländischen Auftraggeber vorzugehen, von dem auf die vertraglichen Beziehungen anwendbaren Recht ab. Das Berufungsgericht habe dem französischen Subunternehmer gestattet, die *„action directe"* gegen die Stadtwerke Essen zu erheben, ohne die Einwendung der Stadtwerke Essen zu beachten, dass sie der vollständigen Weitervergabe durch das Konsortium nicht zugestimmt hätten. Weiter sei für die *„action directe"* zur Bestimmung eines Sachverständigen zu berücksichtigen, dass der Generalunternehmervertrag in Deutschland geschlossen worden sei und der Erfüllungsort der Vertragspflichten in Deutschland liege. Zudem habe das Berufungsgericht nicht das auf die vertraglichen Pflichten der Parteien anwendbare Recht berücksichtigt.[736]

M.E. muss einer prozessualen Möglichkeit der direkten Geltendmachung des Werklohnanspruchs auch ein materieller Anspruch zugrunde liegen. Das Prozessrecht sanktioniert lediglich den materiellen Direktanspruch. In den übrigen Rechtsordnungen, welche einen Direktanspruch oder eine Direktzahlung vorsehen, bestehen daher auch keine Zweifel daran, dass dem Direktanspruch ein materielles subjektives Recht des Subunternehmers zugrunde liegt.[737] Die interne Einordnung des Direktanspruchs in den ausländischen Rechtsordnungen spricht daher für eine materiellrechtliche Qualifikation.

2. Die materiellrechtlichen Optionen

Bei materiellrechtlicher Qualifikation des Direktanspruchs entstehen weitere Qualifikationsprobleme.[738] Für die Einordnung des Direktanspruchs in das deut-

---

736 Cour de Cassation, 1re Ch.Civ., 15.1.1991, Bull. Civ. I, Nr. 22, S. 13f., 14.

737 Siehe für Frankreich *Cozian*, L'action directe, S. 22ff. und 309ff.; *Cabrillac/Mouly*, Droit de Sûretés, S. 568. In Luxemburg erklärt Art. 10 Abs. 2 des Gesetzes vom 23.7.1991 die Beziehung zwischen dem Auftraggeber und dem Subunternehmer als von vertraglicher und damit materiellrechtlicher Natur. Auch nach spanischem Verständnis handelt es sich bei dem Direktanspruch um ein subjektives materielles Recht des Subunternehmers, *Fernandez*, in: Comentarios al Código civil y Complicaciones Forales, Art. 1597, S. 445.

738 Siehe bereits *Pulkowski* [2004] I.C.L.R. 31, 42ff.

sche Kollisionsrecht kommen drei Optionen in Betracht: eine bereicherungsrechtliche Qualifikation, eine vertragliche oder quasi-vertragliche Qualifikation und eine Qualifikation als außervertragliches Recht *sui generis*.

a)   Die bereicherungsrechtliche Qualifikation

Qualifiziert man den Direktanspruch des Subunternehmers bereicherungsrechtlich, so muss ein deutsches Gericht das anwendbare Recht nach Art. 38 EGBGB bestimmen.[739] Danach unterliegen bereicherungsrechtliche Ansprüche wegen einer erbrachten Leistung dem Recht des Staats, das auf das Rechtsverhältnis anzuwenden ist, auf welches die Leistung bezogen ist, Art. 38 Abs. 1 EGBGB. Bereicherungsrechtliche Ansprüche aus einem Eingriff unterliegen dem Recht des Staates, in welchem der Eingriff stattgefunden hat, Art. 38 Abs. 2 EGBGB. Gemäß Art. 38 Abs. 3 EGBGB unterliegen alle übrigen bereicherungsrechtlichen Ansprüche dem Recht des Staates, in dem die Bereicherung eingetreten ist.[740]

---

739   Zu beachten ist natürlich auch ein mögliches Vorliegen einer wesentlich engeren Verbindung nach Art. 41 EGBGB und eine nachträgliche Rechtswahl gemäß Art. 42 EGBGB.

740   Die Unterscheidung zwischen der kollisionsrechtlichen Behandlung von Leistungskondiktion und der übrigen Kondiktionsarten findet sich nicht nur im deutschen Kollisionsrecht, sondern wird z.B. auch im englischen IPR getroffen, siehe *Dicey/Morris*, Conflicts of Laws, Band 2, Regel 34R-001. Auch der Vorentwurf eines Vorschlags der Kommission für eine Verordnung über das auf außervertragliche Schuldverhältnisse anzuwendende Recht sieht eine ähnliche Kollisionsregel in Art. 10 vor:

„Art. 10. (1) Für ein außervertragliches Schuldverhältnis aus anderer als unerlaubter Handlung, das sich aus einem bestehenden Rechtsverhältnis zwischen den Parteien ergibt, gilt das Recht des Staates, dessen Recht auf dieses Rechtsverhältnis Anwendung findet.

(2) Vorbehaltlich des Absatzes 1 gilt für ein außervertragliches Schuldverhältnis, das sich auf eine ungerechtfertigte Bereicherung gründet, das Recht des Staates, in dem die Bereicherung erfolgt ist.

(3) Vorbehaltlich des Absatzes 1 gilt für ein Schuldverhältnis aus Geschäftsführung ohne Auftrag das Recht des Staates, in dem das Geschäft vorgenommen worden ist.

(4) Ungeachtet der Absätze 2 und 3 und vorbehaltlich des Absatzes 1 gilt in dem Fall, dass die Parteien ihren gewöhnlichen Aufenthalt bei der Begründung des außervertraglichen Schuldverhältnisses im selben Staat haben, das Recht dieses Staates. "

Der vollständige Vorentwurf ist im Internet abrufbar unter folgender Adresse: http://europa.eu.int/comm/justice_home/unit/civil/consultation/index_de.htm.

Nimmt man eine bereicherungsrechtliche Qualifikation vor, müsste zudem die Frage beantwortet werden, ob der Direktanspruch als eine besondere Art der Leistungskondiktion qualifiziert werden kann. Bejaht man das, müsste weiter geklärt werden, welches Recht auf das Rechtsverhältnis anzuwenden ist, „auf das die Leistung bezogen ist". Die akzessorische Anknüpfung der Leistungskondiktion an das (gescheiterte) Schuldverhältnis spiegelt die Funktion der Leistungskondiktion, nämlich die Rückabwicklung dieser Leistungsbeziehung wider.[741] Art. 38 Abs. 1 EGBGB dient dabei nicht nur der Rückabwicklung vertraglicher sondern auch gesetzlicher Schuldverhältnisse.[742]

Auf den ersten Blick scheint einer Einordnung des Direktanspruchs als eine besondere Form der Leistungskondiktion nichts im Wege zu stehen, denn der Subunternehmer setzt bewusst und zweckgerichtet seine Arbeitsleistung und seine Materialien ein. Berücksichtigt man jedoch den Zweck der Kollisionsnorm, gescheiterte Leistungsbeziehungen nach Möglichkeit innerhalb der Leistungsbeziehungen abzuwickeln, so wird deutlich, dass Voraussetzung für die Anwendung des Art. 38 EGBGB eine *unmittelbare* Leistungsbeziehung zwischen Bereicherungsgläubiger und Bereicherungsschuldner ist.[743] Zwischen Subunternehmer und Auftraggeber fehlt es an solch einer unmittelbaren Leistungsbeziehung. Denn der Subunternehmer leistet zur Erfüllung seiner vertraglichen Verpflichtungen aus dem Subunternehmervertrag an den Generalunternehmer und nicht an den Auftraggeber. Auch wenn nach der deutschen Rechtsprechung für die Bestimmung einer Leistungsbeziehung auf die Perspektive des Leistungsempfängers abzustellen ist[744], bestehen im Regelfall keine Zweifel daran, dass es an einer unmittelbaren Leistungsbeziehung zwischen Subunternehmer und Auftraggeber fehlt.[745] Eine Qualifikation des Direktanspruchs als eine Sonderform der Leistungskondiktion scheidet daher aus.

Da der Direktanspruch auch nicht mit der Rückabwicklung eines Eingriffs einer Person in das Recht eines anderen verglichen werden kann, kommt eine Qualifikation des Direktanspruchs des Subunternehmers als Sonderform der

---

741 *Firsching/von Hoffmann*, Internationales Privatrecht, § 11 Rn. 4; *Kegel/Schurig*, IPR, S. 618; *Siehr*, IPR, S. 261.

742 Vgl. *Wagner* IPRax 1998, S. 429ff., 431; OLG München, 28.1.1998, RIW 1998, S. 559ff., 560.

743 Vgl. zur gleichen Rechtslage in England und Wales *Pulkowski* [2004] I.C.L.R. 31, 41.

744 Vgl dazu bereits die Ausführungen im dritten Kapitel, oben S. 51ff.

745 In ähnlicher Weise verlangt das englische Kollisionsrecht, dass eine quasi-vertragliche Beziehung zwischen dem Bereicherungsgläubiger und dem Bereicherungsschuldner vorliegen muss, siehe *Dicey/Morris*, Conflicts of Laws, Band 2, Rn. 34-021 sowie aus der englischen Rechtsprechung des Court of Appeal, *Fibrosa Spolka Akcyna vs. Fairbairn Lawson Combe Barbour Ltd.* [1943] A.C 32, 46, 63; *Dimskal Shipping Co. S.A. vs. International Transport Worker's Federation* [1992] 2 A.C. 152; *Arab Monetary Fund vs. Hashim* [1993] 1 Lloyd's Rep. 543, 563-565.

Eingriffskondiktion ebenfalls nicht in Betracht. Folglich müsste im Falle einer bereicherungsrechtlichen Qualifikation auf die Auffangregel des Art. 38 Abs. 3 EGBGB zurückgegriffen werden und auf das Recht des Staates abgestellt werden, in dem die Bereicherung eingetreten ist. Angewandt auf den Direktanspruch würde die bereicherungsrechtliche Qualifikation damit in aller Regel zum Recht des Staates führen, in dem der Erfüllungsort des Generalunternehmervertrags gelegen ist. Dies spricht gegen eine Anwendung des Art. 38 Abs. 3 EGBGB auf den Direktanspruch.

b) Die vertragliche oder quasi-vertragliche Qualifikation

Soweit das Problem der Qualifikation des Direktanspruchs im Schrifttum zum Direktanspruch überhaupt angesprochen wird, beziehen sich diese auf den Direktanspruch nach französischem Recht. In diesen Stellungnahmen zur Qualifikationsfrage wird eine vertragliche oder „quasi-vertragliche" Qualifikation bevorzugt.[746]

Für eine vertragliche Qualifikation des Direktanspruchs spricht, dass in den jeweiligen vorgestellten Rechtsordnungen, welche einen Direktanspruch oder eine Direktzahlung an den Subunternehmer vorsehen, intern eine vertragliche Qualifikation bevorzugt wird. So ist im französischen Recht seit der Entscheidung der *„Chambre Mixte"* des französischen Kassationshofs vom 13.3.1981[747] anerkannt, dass der Direktanspruch im internen französischen Recht vertraglicher Natur ist. Der Kassationshof begründet dies mit dem Erfordernis der Akkreditierung des Subunternehmers und der Genehmigung seiner Zahlungsbestimmungen in Art. 3 des französischen Gesetzes Nr. 75-1334.[748, 749] In Luxem-

---

746 Siehe *Heuzé* Rev. crit. dr. int. privé 85 (1996), S. 243ff., 256f. sowie *Jayme*, in: Festschrift Pleyer (1986), S. 371ff., 380 (im Hinblick auf die internationale Zuständigkeit nach Art. 5 Nr. 1 EuGVÜ); *Bauerreis*, Das französische Rechtsinstitut der action directe, S. 335f.

747 Recueil Dalloz 1981, S. 309 (jur.).

748 Damit wurde zugleich die Frage aufgeworfen, wie der Direktanspruch vom Bereicherungsanspruch (*„actio de in rem verso"*) des Subunternehmers abzugrenzen ist und ob der Subunternehmer für den Fall, dass der Direktanspruch am Erfordernis des Art. 3 scheitert, statt dessen einen bereicherungsrechtlichen Anspruch gegen den Auftraggeber geltend machen kann. Siehe dazu *Rambure*, Le paiement du sous-traitant, S. 23f. Dies hat der französische Kassationshof im Urteil vom 11.6.1985, Cour de Cassation, 3e Ch. Civ., sowie im Urteil vom 1.6.1985, Recueil Dalloz 1986, S. 456ff. (jur.) und dazu *Dubois* Recueil Dalloz 1986, S. 456ff. (jur.), 457f. positiv entschieden und einem Subunternehmer statt des Direktanspruchs einen Bereicherungsanspruch zugesprochen. Dieses Urteil ist allerdings auch in Frankreich nicht unumstritten. Denn auch wenn an der Bereicherung des Auftraggebers und der Entreicherung des Subunternehmers keine Bedenken bestehen, so bleibt doch zweifelhaft, ob nicht ein rechtlicher Grund für beides besteht, vgl. dazu *Dubois* Recueil Dalloz 1987, S. 338f. (jur.). Das Problem wurde in Deutschland durch das Prinzip der Subsidiarität der Nicht-

burg erklärt Art. 10 Abs. 2 des Gesetzes vom 23.7.1991 die Beziehung zwischen dem Auftraggeber und dem Subunternehmer als eine vertraglicher Natur. Auch nach spanischem Verständnis handelt es sich bei dem Direktanspruch um einen vertraglichen Anspruch, wird er doch als eine Ausnahme zum Grundsatz der Relativität der Verträge angesehen.[750]

Von den Befürwortern der vertraglichen oder quasi-vertraglichen Qualifikation wird allerdings nicht die Konsequenz gezogen, das auf dieses Schuldverhältnis anwendbare Recht nach Art. 3 und 4 EVÜ bzw. Art. 27 und 28 EGBGB zu bestimmen.[751] Statt dessen wird der Frage nachgegangen, ob das anwendbare Recht nach dem Generalunternehmervertragsstatut oder dem Subunternehmervertragsstatut oder einer Kombination beider Statute bestimmt werden soll.[752]

c) Die Qualifikation als Recht *sui generis*

Diese Inkonsequenz vermeidet eine Qualifikation des Direktanspruchs des Subunternehmers als ein außervertragliches Recht *sui generis*.[753] Mit ihr ist freilich auf den ersten Blick nicht viel gewonnen, da keine Kollisionsregel zur Bestimmung des anwendbaren Rechts im EGBGB parat steht. Es müssten vielmehr – ebenso wie von den Befürwortern einer vertraglichen oder quasi-vertraglichen Qualifikation praktiziert – die Vertragsbeziehungen zwischen Subunternehmer und Generalunternehmer und zwischen Generalunternehmer und Subunternehmer untersucht werden, um eine geeignete Kollisionsregel unter Berücksichtigung der engsten Verbindung des Direktanspruchs mit einer Rechtsordnung zu entwickeln.

3. Die *Handte*-Entscheidung des EuGH

Bevor zu diesen Optionen im Detail Stellung genommen wird, ist – den oben vorangestellten Maximen folgend – auf die Auslegung von Art. 5 Nr. 1

---

leistungskondiktion gelöst. Es steht nach deutschem Verständnis einem Bereicherungsanspruch des Subunternehmers gegen den Auftraggeber entgegen, siehe dazu die Ausführungen im dritten Kapitel, oben S. 57f.

749 Vgl. zum Bereicherungsanspruch bei der Untervergabe durch den Subunternehmer und dessen Verhältnis zur Direktzahlung Cour d'Appel d'Amiens, Urteil vom 8.1.1987, Recueil Dalloz 1987, S. 336ff. (jur.) und dazu *Dubois* Recueil Dalloz 1987, S. 338f. (jur.).

750 *Fernandez*, in: Comentarios al Código civil y Complicaciones Forales, Art. 1597, S. 443ff.

751 *Heuzé* Rev. crit. dr. int. privé 85 (1996), S. 243ff., 256f.

752 Siehe *Heuzé* Rev. crit. dr. int. privé 85 (1996), S. 243ff., 256f.; *Jayme*, in: Festschrift Pleyer (1986), S. 371ff.; *Lagarde*, in: Gavalda (Hrsg.), La sous-traitance de marchés de travaux et de services, S. 186ff.; *Mansel*, Direktansprüche gegen den Haftpflichtversicherer, S. 58ff.

753 Siehe dazu *Pulkowski* [2004] I.C.L.R. 31, 43.

EuGVVO/EuGVÜ durch den EuGH einzugehen. Denn die vom EuGH in Bezug auf den Vertragsgerichtsstand entwickelten Grundsätze zur Qualifikation stellen eine wichtige Leitlinie für die Entwicklung einer zukunftsweisenden kollisionsrechtlichen Lösung für den Direktanspruch des Subunternehmers gegen den Auftraggeber dar.

Die wichtigste Entscheidung des EuGH für den Direktanspruch des Subunternehmers gegen den Auftraggeber ist die *Handte*-Entscheidung aus dem Jahr 1992.[754] Dort entschied der EuGH auf Vorlage des französischen Kassationshofs, dass der Anspruch eines Auftraggebers gegen einen Subunternehmer als Hersteller einer Ware wegen Mängel der Subunternehmerleistung nicht als Anspruch aus einem Vertrag im Sinne des Art. 5 Nr. 1 EuGVÜ anzusehen ist. Dem Rechtsstreit liegt folgender Sachverhalt zugrunde: Ein französisches Unternehmen (*TMCS*) kaufte von einer Aktiengesellschaft schweizerischen Rechts (*Bula*) zwei Maschinen zum Polieren von Metallen, die *TMCS* mit einem Absaugsystem versehen ließ. Dieses Absaugsystem wurde von einem deutschen Subunternehmen (*Handte Deutschland*) hergestellt, aber von der französischen Gesellschaft *Handte France S.a.r.l.* mit Sitz in Straßburg (Generalunternehmerin) verkauft und eingebaut. Die hergestellten und verkauften Vorrichtungen entsprachen jedoch nicht den Vorschriften über den Gesundheits- und Arbeitsschutz und waren deshalb zum bestimmungsgemäßen Gebrauch untauglich. *TMCS* verklagte deshalb *Bula*, *Handte Deutschland* und *Handte France* vor französischen Gerichten auf Schadensersatz. Fraglich war hier insbesondere die internationale Zuständigkeit der französischen Gerichte für die Klage gegen *Handte Deutschland* als Hersteller der Vorrichtungen. Der französische Kassationshof legte dem EuGH die Frage vor, ob Art. 5 Nr. 1 EuGVÜ auf einen Rechtsstreit anwendbar ist, den der spätere Erwerber einer Sache gegen den Hersteller, welcher nicht der Verkäufer ist, wegen Mängeln der Sache anstrengt.

Der EuGH verneinte die Vorlagefrage.[755] Dabei bestätigte er seine ständige Rechtsprechung, wonach der Vertragsbegriff in Art. 5 Nr. 1 EuGVÜ autonom auszulegen sei.[756] Ziel der besonderen Zuständigkeitsregeln sei es, unter Abwägung der in Betracht kommenden Interessen die Zuständigkeit des sachnächsten Gerichts zu begründen. Der Schutz des Beklagten verlange es, dass er nur in den vorgesehenen Ausnahmefällen in einem anderen Staat als seinem Wohn-

---

754 EuGH, Urteil vom 17.6.1992 in der Rs. C-26/91 *Jakob Handte&Co GmbH ./. Traitements mecano-chimiques des surfaces SA*, Slg. I 1992, S. 3967ff.

755 Kritisch dazu *Bauerreis* Rev. crit. dr. int. privé 89 (2000), S. 331ff., 342ff., 346ff.

756 EuGH, Urteil vom 22.3.1983, Rs. C-34/82 *Peters/ZNAV*, Slg. 1983, S. 996ff.; Urteil vom 27.10.1998, Rs. C-51/97 *Réunion européenne*, IPRax 2000, S. 210ff.; Urteil vom 28. 9. 1999, Rs. C-440/97 *Concorde u.a. ./. Kapitän des Schiffes Suhadiwarno Panjan*, IPRax 2000, S. 399ff.

sitz- oder Niederlassungsstaat verklagt werden könne. Weiter führt der EuGH aus:

> *„15 Der Begriff "Vertrag oder Ansprüche aus einem Vertrag" im Sinne des Artikels 5 Nr. 1 des ÜBEREINKOMMENS kann deshalb nicht so verstanden werden, daß er für eine Situation gilt, in der keine von einer Partei gegenüber einer anderen freiwillig eingegangene Verpflichtung vorliegt.*
>
> *16 Zu der Klage des späteren Erwerbers einer bei einem Zwischenhändler gekauften Ware gegen den Hersteller auf Ersatz des Schadens, der angeblich aus der Nichtübereinstimmung der Sache mit den Anforderungen resultiert, ist festzustellen, daß zwischen dem späteren Erwerber und dem Hersteller keine vertragliche Beziehung besteht, da dieser gegenüber dem späteren Erwerber keine vertragliche Verpflichtung eingegangen ist.*
>
> *17 Darüber hinaus können sich, insbesondere bei einer Kette international verknüpfter Verträge, die vertraglichen Verpflichtungen der Parteien von Vertrag zu Vertrag unterscheiden, so daß die vertraglichen Ansprüche, die der spätere Erwerber gegen den unmittelbaren Verkäufer geltend machen kann, nicht notwendigerweise dieselben sind wie die, die der Hersteller in seinen Beziehungen zum ersten Käufer vereinbart hat.*
>
> *18 Im übrigen verlangt das Ziel des Rechtsschutzes der in der Gemeinschaft ansässigen Personen, das mit dem ÜBEREINKOMMEN u. a. verwirklicht werden soll, daß die Zuständigkeitsregeln, die von dem allgemeinen Grundsatz dieses ÜBEREINKOMMENS abweichen, so ausgelegt werden, daß ein normal informierter Beklagter vernünftigerweise vorhersehen kann, vor welchem anderen Gericht als dem des Staates, in dem er seinen Wohnsitz hat, er verklagt werden könnte.*
>
> *19 In einem Fall wie dem des Ausgangsverfahrens ist die Anwendung der in Artikel 5 Nr. 1 des ÜBEREINKOMMENS enthaltenen Vorschrift über eine besondere Zuständigkeit auf einen Rechtsstreit zwischen dem späteren Erwerber einer Sache und dem Hersteller für letzteren nicht vorhersehbar und deshalb mit dem Grundsatz der Rechtssicherheit unvereinbar.*
>
> *20 Abgesehen davon, daß der Hersteller in keiner vertraglichen Beziehung zu dem späteren Erwerber steht und gegenüber diesem Käufer, dessen Identität und Wohnsitz er von Rechts wegen nicht zu kennen braucht, keine vertragliche Verpflichtung eingegangen ist, wird in der überwiegenden Mehrheit der Vertragsstaaten die*

Haftung des Herstellers gegenüber dem späteren Erwerber für Mängel der Kaufsache offenbar nicht als vertragliche Haftung angesehen."

Die Entscheidung des EuGH zu Art. 5 Nr. 1 EuGVÜ ist ohne weiteres auch auf Art. 5 Nr. 1 EuGVVO übertragbar. Die Entscheidung ist jedoch auch darüber hinaus verallgemeinerungsfähig. Denn sie verdeutlicht für die Inanspruchnahme von Auftraggebern durch Subunternehmer mittels des Direktanspruchs die zu beachtenden Qualifikationskriterien. Der EuGH stützt die Ablehnung einer vertraglichen Beziehung zwischen Subunternehmer und Auftraggeber in der *Handte*-Entscheidung im Wesentlichen auf drei Argumente:

- Für das Vorliegen eines vertraglichen Anspruch müsse eine Situation vorliegen, in der eine Partei gegenüber einer anderen Partei freiwillig eine Verpflichtung eingehe. In der *Handte*-Entscheidung stellt der EuGH fest, dass zwischen dem Hersteller und dem späteren Erwerber keine vertragliche Beziehung besteht, da der Hersteller dem Endkunden gegenüber keine vertragliche Verpflichtung eingegangen sei. Auch das Vorliegen einer Vertragskette könne nicht zur Begründung einer unmittelbaren vertraglichen Beziehung herangezogen werden, da sich die vertraglichen Verpflichtungen innerhalb der an der Kette beteiligten Verträge unterscheiden könnten (Freiwilligkeit der Verpflichtung des in Anspruch Genommenen gerade gegenüber dem Anspruchsinhaber).

- Die Mehrheit der Mitgliedstaaten sehe die Inanspruchnahme des Herstellers durch den Endkunden wegen Mängeln nicht als vertraglichen Anspruch an (rechtsvergleichendes Argument).

- Ein Beklagter müsse in der Regel vorhersehen können, wo er verklagt werden kann. Dies sei bei der Inanspruchnahme des Herstellers durch einen Endkunden nicht mehr der Fall, wenn der Gerichtsstand nach Art. 5 Nr. 1 EuGVÜ dem Endkunden eröffnet werde (Gebot der Rechtssicherheit).

Die ersten beiden Argumente lassen sich ohne weiteres auf die Qualifikation des Direktanspruchs durch deutsche Gerichte übertragen. Das dritte Argument ist demgegenüber ein spezifisch verfahrensrechtliches Argument.

4. Stellungnahme

Unter Berücksichtigung der vom EuGH in der *Handte*-Entscheidung aufgestellten Kriterien ist eine Lösung für die Qualifikation des in einigen europäischen Rechtsordnungen vorgesehenen Direktanspruchs des Subunternehmers zu entwickeln, die für sämtliche dieser Direktansprüche Geltung beanspruchen kann.[757]

a) Der Umfang des Direktanspruchs

Eine bereicherungsrechtliche Qualifikation des Direktanspruchs ist abzulehnen. Gegen sie sprechen sämtliche festgestellten Charakteristika der in den jeweiligen Rechtsordnungen vorgesehenen Direktansprüche. Das wichtigste Argument hiergegen ist, dass der Direktanspruch (bzw. die Direktzahlung) nicht auf die Abschöpfung der Bereicherung des Auftraggebers beschränkt ist.[758] Auch wenn der Umfang auf den Betrag begrenzt ist, den der Auftraggeber dem Generalunternehmer zum Zeitpunkt der Geltendmachung schuldet, haben die Direktansprüche gemeinsam, dass sie im Grunde den vollen Werklohnanspruch des Subunternehmers verwirklichen. Dies spricht gegen eine bereicherungsrechtliche Qualifikation. Der Auftraggeber kann sich den jeweiligen nationalen Rechtsordnungen zufolge dem Direktanspruch auch nicht durch den Einwand der Entreicherung entziehen.[759] Gegen eine bereicherungsrechtliche Qualifikation spricht ferner die im französischen und luxemburgischen Recht enthaltene Voraussetzung der Genehmigung des Subunternehmers und seiner Zahlungsbestimmungen durch den Auftraggeber. Voraussetzungen solcher Art sind bereicherungsrechtlichen Ansprüchen fremd. Diese setzen lediglich eine rechtsgrundlose Vermögensverschiebung voraus.

b) Die Sicherungsfunktion

Für eine vertragliche oder quasi-vertragliche Qualifikation des Direktanspruchs spricht, dass er wie ein gesetzlich angeordneter Schuldbeitritt des Auftraggebers zur Schuld des Generalunternehmers wirkt. Er erfüllt die Funktion, dem Subunternehmer für den Fall einer Insolvenz des Generalunternehmers einen zweiten Schuldner zu geben und Subunternehmer in zweifacher Hinsicht gegenüber den Gläubigern des Generalunternehmers zu privilegieren.[760] Der Direktanspruch sollte nach Möglichkeit auch in der Qualifikation das Schicksal des gesicherten Werklohnanspruchs teilen.[761] Der Gleichlauf zwischen gesicherter

---

757 Siehe bereits *Pulkowski* [2004] I.C.L.R. 31, 45.

758 Im Gegensatz zum Bereicherungsrecht, vgl. § 818 Abs. 1 BGB.

759 Vgl. demgegenüber § 818 Abs. 3 BGB.

760 Siehe oben S. 183f.

761 Vgl. auch die ähnlichen Argumente für die deliktsrechtliche Qualifikation des Direktanspruchs des Geschädigten gegen den Haftpflichtversicherer bei *Mansel*, Direktansprüche gegen den Haftpflichtversicherer, S. 17ff., 19 sowie BGH, Urteil vom 23.11.1971, BGHZ 57, S. 265ff., 269f.; BGH, Urteil vom 18.12.1973, NJW 1974, S. 495; BGH, Urteil vom 5.10.1976, NJW 1977, S. 496ff.

Forderung und Direktanspruch in der Qualifikation[762] hat zudem den Vorteil, dass ein höherer Harmonisierungsgrad im Vertragsverhältnis zwischen drei oder mehr Personen erreicht werden kann, als dies bei einer bereicherungsrechtlichen Qualifikation der Fall wäre.

c) Rechtsvergleichung

Für eine vertragliche oder quasi-vertragliche Qualifikation des Direktanspruchs spricht die im Wege der Rechtsvergleichung ermittelte interne Qualifikation des Direktanspruchs in den jeweiligen Rechtsordnungen. Die interne Qualifikation als vertraglicher Anspruch indiziert freilich keine kollisionsrechtliche Qualifikation derselben durch die deutschen Gerichte. Im Rahmen einer rechtsvergleichend-autonomen Qualifikation, wie sie hier wegen Art. 36 EGBGB methodisch zu verfolgen ist, muss das Ergebnis der Rechtsvergleichung jedoch als gewichtiges Kriterium bei der Qualifikation berücksichtigt werden. Ebenso zu berücksichtigen ist jedoch, dass in den meisten EG-Mitgliedsländern das Prinzip der Relativität der Verträge einer vertraglichen Einordnung eines Direktanspruchs zwischen Subunternehmer und Auftraggeber entgegensteht.[763]

d) Die Freiwilligkeit

Eine vertragliche Qualifikation des Direktanspruchs erscheint im Ergebnis ebenso fragwürdig wie eine bereicherungsrechtliche Qualifikation. Denn zwischen Subunternehmer und Auftraggeber existiert gerade kein Vertrag. Der Direktanspruch beruht vielmehr auf gesetzlicher Anordnung.[764] JAYME[765] spricht sich im Rahmen seiner Untersuchung zu Art. 5 Nr. 1 EuGVÜ für eine analoge Anwendung des Vertragsgerichtsstands aus, da der Direktanspruch von einem vertraglichen Anspruch des Subunternehmers abhänge und daher kollisionsrechtlich ähnlich wie ein vertraglicher Anspruch behandelt werden könne.[766] Auch LAGARDE[767] hat sich – allerdings für das autonome französische Recht –

---

762 *Jacquet/Delebecque*, Droit du commerce international, S. 188; *Lagarde*, in: Gavalda (Hrsg.), La sous-traitance de marchés de travaux et de services, S. 186ff., 197ff.; *Jayme*, in: Festschrift Pleyer (1986), S. 371ff., *Heuzé* Rev. crit. dr. int. privé 85 (1996), S. 243ff.256f.

763 Zu diesem Ergebnis ist der EuGH in der Handte-Entscheidung in Bezug auf den Direktanspruch des Auftraggebers gegen den Subunternehmer gekommen. Vgl. ferner *Bauerreis* Rev. crit. dr. int. privé 89 (2000), S. 331ff., 342ff., 346ff.

764 *Jayme*, in: Festschrift Pleyer (1986), S. 371ff., 380.

765 *Jayme*, in: Festschrift Pleyer (1986), S. 371ff., 380.

766 Vgl. eingehend zur vertraglichen Qualifikation im Rahmen des Art. 5 Nr. 1 EuGVVO *Mankowski* IPRax 2003, S. 127ff., 129f. sowie *Bauerreis* Rev. crit. dr. int. privé 89 (2000), S. 331ff., 342ff.

767 *Lagarde*, in: Gavalda (Hrsg.), La sous-traitance de marchés de travaux et de services, S. 186ff., 203.

dafür ausgesprochen, dass der Subunternehmer den Direktanspruch in einem Vertragsgerichtsstand geltend manchen kann.

Dabei muss die Rechtsfolge einer vertraglichen oder quasi-vertraglichen Qualifikation berücksichtigt werden. Konsequenterweise müsste das auf den Direktanspruch anwendbare Recht nach Art. 27 bzw. 28 EGBGB bestimmt werden. Dabei muss der Direktanspruch entweder als besonderes Recht eines Dritten dem Subunternehmervertrag oder als besondere Pflicht einer Vertragspartei dem Generalunternehmervertrag zugeordnet werden. Oder das auf den Direktanspruch anwendbare Recht wird unmittelbar nach Art. 27 bzw. 28 EGBGB bestimmt. Mangels einer Rechtswahl und mangels einer vertragscharakteristischen Leistung im vertraglichen Schuldverhältnis würde dies zu einer Anwendung von Art. 28 Abs. 5 EGBGB führen. Im Rahmen dieser Betrachtung würde sich dann die Frage stellen, welches Gewicht dem Subunternehmervertragsstatut bzw. dem Generalunternehmervertragsstatut beigemessen werden muss.

Wichtigste Voraussetzung für eine Qualifikation als vertraglicher Anspruch ist, dass der in Anspruch Genommene eine freiwillige Verpflichtung[768] gegenüber dem Anspruchsinhaber eingegangen ist. Für den im französischen und luxemburgischen Recht enthaltenen Direktanspruch (bzw. die Direktzahlung) ließe sich eine freiwillig eingegangene Verpflichtung des Auftraggebers gegenüber dem Subunternehmer auf Grund des Genehmigungserfordernisses des Subunternehmers und seiner Zahlungsbedingungen[769] begründen: Als charakteristisch für einen Vertrag ist in erster Linie das Vorliegen einer Einigung zwischen den Vertragsparteien – oder zumindest einer autonomen Selbstbindung des einen gegenüber dem anderen – anzusehen.[770] Eine autonome Selbstbindung ließe sich – trotz des Fehlens eines unmittelbaren Kontakts zwi-

---

768 Vgl. dazu auch das Urteil des EuGH vom 27.10.1998, Rs. C 51/97, *Réunion européenne*, IPRax 2000, S. 210ff. sowie das Urteil des EuGH vom 17.9.2002, Rs. C-334/00 *Fonderie Officine Meccaniche Tacconi SpA/Heinrich Wagner Sinto Maschinenfabrik GmbH*, IPRax 2003, S. 143ff.; *Mankowski* IPRax 2003, S. 127ff., 129f.; EuGH, 19.2.2002, Rs. C-256/00, *Besix S.A. ./. Wasserreinigungsbau Alfred Kretzschmar GmbH und Co. KG*, IPRax 2002, S. 392ff.; *Heß* IPRax 2002, S. 376ff.; *Wolf* IPRax 1999, S. 82ff. , 83; *Kulms* IPRax 2000, S. 488ff., 491; OLG Bremen, 25.9.1997, RIW 1997, S. 63ff.; OLG Jena, 5.8.1998, ZIP 1998, S. 1496ff., 1497.

769 Siehe oben S. 99f. und S. 105f.

770 Im Rahmen der Qualifikation nach Art. 5 Nr. 1 EuGVVO ist anerkannt, dass einem Vertrag nicht notwendigerweise die klassische Angebot-Annahme Struktur zugrunde liegen muss, siehe *Mankowski* IPRax 2003, S. 127ff., 129 m. weiteren Nachweisen, insbesondere zum UN-Kaufrecht in N. 30; ausschlaggebend ist vielmehr das Vorliegen einer autonomen Selbstbindung, EuGH, 17.9.2002, Rs. C-334/00 *Fonderie Officine Meccaniche Tacconi SpA ./. Heinrich Wagner Sinto Maschinenfabrik GmbH*, IPRax 2003, S. 143ff.

schen Subunternehmer und Auftraggeber – in der Genehmigung des Einsatzes und der Zahlungsbestimmungen des Subunternehmers durch den Auftraggeber erblicken: Indem der Auftraggeber den Einsatz des Subunternehmers und dessen Zahlungsbedingungen dem Generalunternehmer gegenüber genehmigen muss, hängt der Einsatz des Subunternehmers und dessen späterer Direktanspruch von einer autonomen Entscheidung des Auftraggebers ab. Diese Willensentscheidung wird zwar gegenüber dem Generalunternehmer und nicht gegenüber dem Subunternehmer erklärt. Es ließe sich allerdings argumentieren, dass der Generalunternehmer die autonome Bindungserklärung des Auftraggebers gleich einem Boten an den Subunternehmer übermittelt.

Dieses Argument versagt freilich bei Ausweitung der Betrachtung auf den im spanischen und belgischen Recht vorgesehenen Direktanspruch des Subunternehmers, welche das Genehmigungserfordernis nicht kennen. Dort fehlt es an jeglicher autonomer Selbstbindung des Auftraggebers gegenüber dem Subunternehmer. Folglich kann dem Argument bei der Entwicklung einer einheitlichen kollisionsrechtlichen Lösung für eine vertragliche Qualifikation entweder gar kein Gewicht oder doch nur in sehr beschränktem Unfang beigemessen werden.

Das Fehlen einer freiwillig übernommenen Verpflichtung des Auftraggebers gegenüber dem Subunternehmer (wie sie insbesondere beim Direktanspruch nach spanischem und belgischem Recht mangels Genehmigungserfordernisses zu Tage tritt), spricht demgegenüber gegen eine vertragliche Qualifikation des Direktanspruchs.

e) Der Direktanspruch des Unfallopfers

Bei der Qualifikation des Direktanspruchs hilft – wenn auch nur in beschränktem Maße[771] – ein Blick auf ein anderes Rechtsgebiet, in dem Direktansprüche in grenzüberschreitenden Dreiecksverhältnissen häufig Gegenstand gerichtlicher Praxis sind: Direktansprüche des im Straßenverkehr Geschädigten gegen die Haftpflichtversicherung des Schädigers.[772] Bei diesen Direktansprüchen steht außer Zweifel, dass keinerlei Verbindung zwischen dem Anspruch des Geschädigten und dem Versicherungsvertrag existiert.[773] Vielmehr bleibt zu konstatieren, dass der *Gesetzgeber* den Direktanspruch angeordnet hat.[774] Diese

---

771 Siehe dazu sogleich unten S. 212ff.

772 Für Direktansprüche des Unfallgeschädigten gegen die Haftpflichtversicherung in verschiedenen europäischen Ländern siehe die Nachweise bei *Schwarz* NJW 1991, S. 2058ff.

773 *Lagarde*, in: Gavalda (Hrsg.), La sous-traitance de marchés de travaux et de services, S. 186ff., 198.

774 Vgl. Zum Direktanspruch des Geschädigten gegen die Haftpflichtversicherung insbesondere *Mansel*, Direktansprüche gegen den Haftpflichtversicherer, S. 21f.

Feststellung gilt gleichermaßen für den Direktanspruch des Subunternehmers gegen den Auftraggeber. Auch dieser Direktanspruch ist als Privileg durch den Gesetzgeber gewährt, ohne dass er *prima facie* einer vertraglichen Pflicht zugeordnet werden könnte.[775] Der Direktanspruch des Unfallopfers gegen die Haftpflichtversicherung des Schädigers wird gemeinhin nicht als vertraglicher Anspruch aus dem Versicherungsvertrag angesehen. Dies zeigt zum Beispiel auch die systematische Einordnung in Art. 40 Abs. 4 EGBGB oder in Art. 14 des Vorentwurfs für eine EG-Verordnung über das auf außervertragliche Schuldverhältnisse anzuwendende Recht.[776]

f) Schlussfolgerungen

Obwohl Argumente sowohl für wie gegen eine vertragliche Qualifikation des Direktanspruchs des Subunternehmers sprechen, erscheint es m.E. unwahrscheinlich, dass der EuGH – eine zukünftige Auslegungs- bzw. Qualifikationsbefugnis unterstellt – eine vertragliche Qualifikation annehmen würde. Andererseits scheidet eine bereicherungsrechtliche Qualifikation eindeutig aus. Die Rechtsfolgen einer vertraglichen oder quasi-vertraglichen Qualifikation und einer Qualifikation als Recht *sui generis* unterscheiden sich im Ergebnis nicht. In beiden Fällen muss der Frage nachgegangen werden, ob das Statut des Subunternehmervertrags, das des Generalunternehmervertrags oder eine Kombination der Statute über Existenz und/oder Umfang des Anspruchs entscheidet. Es handelt sich hierbei eher um eine Frage der Bezeichnung, denn um eine inhaltlich relevante Unterscheidung.

M.E. könnte daher bei der Qualifikation für die Bestimmung des anwendbaren Rechts letztlich offen bleiben, ob der Direktanspruch als quasi-vertraglicher Anspruch qualifiziert wird oder als ein Recht *sui generis*. Dies gilt allerdings nicht für die Qualifikation im Rahmen des Art. 5 Nr. 1 lit. b EuGVVO. Dort muss insofern Eindeutigkeit herrschen, als eine Entscheidung darüber zu treffen ist, ob der Subunternehmer den Direktanspruch im Vertragsgerichtsstand geltend machen kann oder nicht.

Wie bei der Untersuchung der verfahrensrechtlichen Aspekte der Subunternehmerschutzvorschriften zu zeigen sein wird, ist der Vertragsgerichtsstand des Art. 5 Nr. 1 lit. b EuGVVO nicht für den Direktanspruch des Subunternehmers eröffnet.[777] Auf Grund der oben dargestellten Maxime, nach Möglichkeit einen Gleichlauf zwischen materiellem Recht und europäischem Zuständig-

---

775 Siehe *Pulkowski* [2004] I.C.L.R. 31, 43.
776 Siehe oben S. 192ff.
777 Siehe näher die Ausführungen im achten Kapitel, unten S. 281ff.

keitsrecht der EuGVVO zu erreichen, ist daher im materiellen Recht eine Qualifikation des Direktanspruchs als Recht *sui generis* zu bevorzugen.[778]

---

778 Im französischen Recht ist eine weitere Besonderheit zu beachten: Erfüllt der Auftraggeber schuldhaft seine Kontrollpflichten nach Art. 14-1 des Gesetz Nr. 75-1334 nicht, steht dem Subunternehmer nach der französischen Rechtsprechung ein Schadensersatzanspruch gegen den Auftraggeber zu, siehe oben S. 102f. Der Anspruch setzt voraus, dass der Subunternehmer den gesamten oder einen Teil des Werklohns für geleistete Arbeiten nicht vom Generalunternehmer erlangen kann. Der Anspruch geht weder auf Zahlung des restlichen Werklohns, noch ist er auf einen bloßen Aufwandsersatz beschränkt. Nach der Rechtsprechung ist der Anspruch als Schadensersatz für den durch die Verletzung der Kontrollpflicht des Generalunternehmers dem Subunternehmer entgangenen Direktanspruch sowie für die entgangenen Garantien für den Werklohnanspruch anzusehen, Cour d'Appel de Montpellier, 5e Ch., Urteil vom 8.10.1992, vgl. dagegen *Sablier/Caro/Abbatucci*, La sous-traitance dans la construction, S. 64ff.; Cour d'Appel Paris, 19e Ch., Urteil vom 29.1.1993. Die Einzelheiten hierzu sind strittig und werden von den Gerichten durchaus unterschiedlich im Einzelfall gehandhabt. Einigkeit besteht insoweit, dass jedenfalls nicht der volle Werklohnanspruch als Schadensersatz zugesprochen werden kann, *Sablier/Caro/Abbatucci*, La sous-traitance dans la construction, S. 64ff.

Im französischen internen Recht wird der Schadensersatzanspruch des Subunternehmers gegen den Auftraggeber als quasi-deliktsrechtlicher Anspruch eingeordnet, siehe Cour d'Appel Paris, 19e Ch., Urteil vom 29.1.1993. Für die kollisionsrechtliche Qualifikation des Schadensersatzanspruchs durch deutsche Gerichte ist zu untersuchen, welche Funktion der Anspruch im französischen Recht erfüllt und welches Rechtsinstitut im deutschen Recht diese Funktion ausübt. Es kommt sowohl eine vertragliche als auch eine deliktsrechtliche Qualifikation des Anspruchs in Betracht. Für die deliktsrechtliche Qualifikation spricht, dass es um die Inanspruchnahme einer Person durch eine andere geht, zwischen denen keine unmittelbare vertragliche Verbindung existiert. Auch die interne französische Einordnung als quasi-deliktsrechtlicher Anspruch spricht für eine deliktsrechtliche Qualifikation im Internationalen Privatrecht.

Da die Kontrollpflicht als gesetzliche Pflicht gegenüber einem Dritten, dem Subunternehmer, aus dem Generalunternehmervertrag resultiert, ähnelt der Schadensersatzanspruch einem dem deutschen Recht durchaus bekannten Rechtsinstitut: dem Vertrag mit Schutzwirkung für Dritte. Beim Vertrag mit Schutzwirkung für Dritte wird einer Person, die keine vertraglichen Beziehungen zu dem Schädiger hat, ein Schadensersatzanspruch zugesprochen, weil sie in den Schutzbereich eines anderen Vertrages einbezogen ist. Voraussetzung hierfür ist allerdings, dass die dritte Person in die Sorgfalts- und Obhutspflichten des Vertrages einbezogen ist, siehe BGH, 22.1.1968, BGHZ 49, S. 350ff., 353.

Die kollisionsrechtliche Behandlung solcher Schadensersatzrechte Dritter ist nicht unproblematisch. Bei der Qualifikation der Ansprüche Dritter ist häufig zweifelhaft, ob sie deliktsrechtlicher oder vertraglicher Natur sind, vgl. *von Bar*, IPR, Band 2, Rn. 481 a.E., Rn. 556f.; Staudinger-*Magnus*, Art. 32 EGBGB Rn. 37; Soergel-*von Hoffmann* Art. 32 EGBGB Rn. 37; *Siehr*, IPR, S. 219. Mit *von Bar* hängt die Qualifikation richtigerweise davon ab, welchem Schutzzweck die verletzten Obhuts- und Sorgfaltspflichten dienen.

VI. Das anwendbare Recht

Lehnt man eine akzessorische Anknüpfung des Subunternehmervertrags an den Generalunternehmervertrag – wie hier vertreten[779] – ab, ist das auf den Subunternehmervertrag und das auf den Generalunternehmervertrag anzuwendende Recht lediglich möglicherweise identisch. Ist das Subunternehmervertragsstatut und das Generalunternehmervertragsstatut identisch, kann unproblematisch davon ausgegangen werden, dass dieses Recht über die Existenz und den Umfang des Direktanspruchs des Subunternehmers entscheidet. Sind die beiden Statute jedoch unterschiedlich, so fällt die Antwort auf diese Frage erheblich schwerer. Denn der Direktanspruch des Subunternehmers lässt sich nicht eindeutig als Recht oder Pflicht einer Vertragspartei in einem Zweipersonenverhältnis zuordnen.

1. Die Optionen

Es bestehen mehrere theoretische Möglichkeiten, um die Rechtsordnung zu bestimmen, welche darüber entscheidet, ob und in welchem Umfang ein Subunternehmer einen Direktanspruch gegen den Auftraggeber ausüben kann. Es kommen sowohl jeweils allein das Generalunternehmervertragsstatut oder das Subunternehmervertragsstatut in Betracht. Denkbar ist aber auch, dass die beiden Statute kumulativ einen Direktanspruch vorsehen müssen oder dass eine alternative Anknüpfung ausreicht. Eine weitere Option ist die Bestimmung des auf den Direktanspruch anzuwendenden Rechts nach dem Subunternehmervertragsstatut, wobei jedoch der Umfang des Anspruchs durch das Generalunternehmervertragsstatut beschränkt wird. Schließlich lässt sich daran denken, trotz Anknüpfung an das Subunternehmervertragsstatut letzterem zumindest ein Vetorecht zuzubilligen. Diese Optionen werden im Folgenden analysiert werden.

Das Deliktsrecht dient typischerweise dem Schutz des Integritätsinteresses, während für vertragliche Ansprüche typischerweise das Erwerbsinteresse geschützt wird. Dieses Kriterium für die Qualifikation von Schadensersatzansprüchen Dritter lässt sich auch auf die Schadensersatzansprüche des Subunternehmers gegen den Auftraggeber wegen Verletzung seiner Kontrollpflicht nach Art. 14-1 Gesetz Nr. 75-1334 übertragen.

Die Kontrollpflicht nach Art. 14-1 Gesetz Nr. 75-1334 dient dazu, den Subunternehmer in eine Lage zu versetzen, in der er den Direktanspruch nach Art. 12 Gesetz Nr. 75-1334 gegen den Auftraggeber geltend machen kann. Zugleich sollen dem Subunternehmer die für den Werklohnanspruch vorgesehenen Garantien gesichert werden. Die Kontrollpflicht schützt also den Werklohnanspruch des Subunternehmers und damit das Erwerbs- und nicht das Integritätsinteresse des Subunternehmers. Der Schadensersatzanspruch ist daher richtigerweise ebenso wie der Direktanspruch des Subunternehmers und nicht deliktsrechtlich zu qualifizieren, da er diesen substituiert.

779 Siehe dazu die Ausführungen im dritten Kapitel, oben S. 160ff.

a) Der kumulative Ansatz

Aus kollisionsrechtlicher Perspektive wirft ein kumulativer Ansatz die geringsten Probleme auf. Unter einem kumulativen Ansatz ist ein Ansatz zu verstehen, wonach sowohl das Subunternehmervertragsstatut als auch das Generalunternehmervertragsstatut einen Direktanspruch des Subunternehmers gegen den Auftraggeber vorsehen muss, damit sich ein Subunternehmer auf ihn berufen kann. Probleme treten dann lediglich im Hinblick auf möglicherweise unterschiedliche Voraussetzungen der jeweiligen Direktansprüche auf. Als Beispiel sei auf die nach französischem und luxemburgischem Recht geforderte Genehmigung des Subunternehmers und seiner Zahlungsbestimmungen durch den Auftraggeber verwiesen, welche dem spanischen und belgischen Recht fremd ist. Der kumulative Ansatz garantiert, dass nur bei grundsätzlicher Wertungsgleichheit der nationalen Rechtsordnungen der Direktanspruch in grenzüberschreitenden Sachverhalten zur Anwendung gelangen kann.[780]

b) Das Generalunternehmervertragsstatut

Für den Direktanspruch des Subunternehmers nach dem französischen Gesetz Nr. 75-1334 vertritt namentlich HEUZÉ die Ansicht, dass allein das Generalunternehmervertragsstatut über die Existenz und den Umfang eines Direktanspruchs des Subunternehmers gegen den Auftraggeber entscheide.[781] Die Anknüpfung des Direktanspruchs an das Generalunternehmervertragsstatut bedeutet, den Direktanspruch systematisch primär als Vertragspflicht des Auftraggebers aus dem Generalunternehmervertrag anzusehen.

HEUZÉ begründet die Anknüpfung an das Generalunternehmervertragsstatut wie folgt: Der Direktanspruch erweitere den Gläubigerkreis des Subunternehmers. Dem Schutz des Auftraggebers sei Vorrang vor dem Interesse des Subunternehmers an der Durchsetzung seines Werklohnanspruchs einzuräumen. Zudem müsse sich die befreiende Wirkung der Zahlung an den Subunternehmer nach dem Statut des Generalunternehmervertrags richten. Denn der Auftraggeber könne nicht nach dem Recht des Generalunternehmervertrags dem Generalunternehmer gegenüber weiterhin zur Zahlung verpflichtet sein, wenn er den Direktanspruch des Subunternehmers bedient habe. Unterstellt, auf den Generalunternehmervertrag sei französisches Recht anzuwenden, könne einem Subunternehmer, dessen Einsatz der Auftraggeber widersprochen hat, kein Direktanspruch nach dem Subunternehmervertragsstatut zugesprochen werden. Ebenso müsse eine – nach dem Statut des Generalunternehmervertrags wirk-

---

780 Weiter geht der Ansatz von *Bismuth* RDAI 1986, S. 535ff., 561ff. Er verlangt, dass zusätzlich auf den Wohnsitz des Auftraggebers abgestellt wird.

781 *Heuzé* Rev. crit. dr. int. privé 85 (1996), S. 243ff., 256ff. Ihm zustimmend *Bauerreis*, Das französische Rechtsinstitut der action directe, S. 258, 341f. und *Pulkowski* [2004] I.C.L.R. 31, 45ff.

same – Klausel, die den Einsatz von Subunternehmern durch den Generalunternehmer verbiete, berücksichtigt werden. Dies sei aber nicht der Fall, wenn allein das Statut des Subunternehmervertrags über die Existenz eines Direktanspruchs entscheide.

c)   Das Subunternehmervertragsstatut

Eine dritte Option zur Anknüpfung des Direktanspruchs ist das Abstellen auf das Statut des Subunternehmervertrags, das sogenannte „Statut der gesicherten Forderung".[782, 783] Diese Ansicht wird namentlich den Ansätzen von LAGARDE[784], JAYME[785] und MANSEL[786] für den im französischen Gesetz Nr. 75-1334 vorgesehenen Direktanspruch des Subunternehmers zugrunde gelegt, auch wenn deren Ansätze nicht ausschließlich auf das Subunternehmervertragsstatut abstellen (dazu sogleich).[787] Für diesen Ansatz spreche, dass der Schutz des Subunternehmers am besten gewährleistet werde, wenn auf das Statut des Subunternehmervertrags abgestellt werde. Zum anderen weise eine solche kollisionsrechtliche Lösung eine Parallele zu dem für den Direktanspruch des Unfallopfers gegen die Haftpflichtversicherung des Schädigers entwickelten Lösungsansatz in einigen europäischen Ländern auf. Im autonomen französischen und italienischen Kollisionsrecht werde eine Anknüpfung an das Statut der gesicherten Forderung bei Direktansprüchen des Geschädigten gegen den Versicherer vorgenommen.[788] Auch für andere Direktansprüche, insbesondere für den

---

782   So genannt von *Jayme*, in: Festschrift Pleyer (1986), S. 371ff., 377f. und *Mansel*, Direktansprüche gegen den Haftpflichtversicherer, S. 58ff. Vgl. dazu auch *Cozian*, L'action directe, S. 331. Der Begriff folgt aus der Funktion des Direktanspruchs: Er soll die Werklohnforderung des Subunternehmers gegen den Generalunternehmer durch das Zurverfügungstellen eines weiteren Schuldners absichern. Die gesicherte Forderung ist also der Werklohnanspruch des Subunternehmers aus dem Subunternehmervertrag, das „Statut der gesicherten Forderung" ist das Subunternehmervertragsstatut.

783   Diese Lösung wird für den Direktanspruch nach dem französischen Gesetz Nr. 75-1334 beispielsweise von *Seppala* [1991] I.C.L.R. 78, 83 und *van Houtte* [1991] I.C.L.R. 301, 313 mit Hinweis auf die Argumentation von *Lagarde*, in: Gavalda (Hrsg.), La sous-traitance de marchés de travaux et de services, S. 186ff., 197ff. vertreten. Anders als *Lagarde* (dazu sogleich) stellen sie allerdings allein auf das auf den Subunternehmervertrag anzuwendende Recht ab.

784   *Lagarde*, in: Gavalda (Hrsg.), La sous-traitance de marchés de travaux et de services, S. 186ff., 197ff.

785   *Jayme*, in: Festschrift Pleyer (1986), S. 371ff., 377f.

786   *Mansel*, Direktansprüche gegen den Haftpflichtversicherer, S. 58ff.

787   Unten S. 211ff.

788   Vgl. *Lagarde*, in: Gavalda (Hrsg.), La sous-traitance de marchés de travaux et de services, S. 186ff., 197ff. sowie Cour de Cassation, 1re Ch. Civ., Urteil vom 21.4.1971, Rev. crit. dr. int. privé 1972, S. 302ff. Ebenso die Argumentation von *Jayme*, in: Festschrift Pleyer (1986), S. 371ff., 377f.

Direktanspruch der abhängig Beschäftigten nach Art. 1798 des französischen *Code civil* sei eine Anknüpfung an das Statut der gesicherten Forderung anerkannt.[789] Da der Direktanspruch des Subunternehmers auf Art. 1798 des französischen *Code civil* zurückgehe, sei dieselbe kollisionsrechtliche Anknüpfung geboten.[790] Eine letzte Parallele bestehe schließlich zur Sicherungszession. Auch sie werde dem Recht unterstellt, das die zu sichernde Forderung des Subunternehmers beherrsche und nicht dem die abgetretene Forderung beherrschenden Recht.[791]

Bei gestuften Subunternehmerverhältnissen ist der Direktanspruch von Subunternehmern höheren Grades – diesem Ansatz zufolge – an das Statut des Subunternehmervertrags des jeweiligen Grades anzuknüpfen.[792]

d) Die Veto-Theorie

Auch wenn nach Ansicht von LAGARDE[793], JAYME[794] und MANSEL[795] primär auf das Statut der gesicherten Forderung zur Anknüpfung des Direktanspruchs abzustellen ist, so ist dies nur der erste Schritt der von ihnen vorgeschlagenen Lösung. Stelle der erste Schritt sicher, dass dem Subunternehmer auch bei der kollisionsrechtlichen Anknüpfung der größtmögliche Schutz zukomme, müsse durch einen zweiten Schritt auch der Schutz des Auftraggebers vor einer für ihn nicht vorhersehbaren Inanspruchnahme durch Subunternehmer garantiert werden. Denn im Gegensatz zum Direktanspruch des Geschädigten gegen den Haftpflichtversicherer könne eine Inanspruchnahme des Auftraggebers durch den Subunternehmer für ersteren überraschend sein. Nach der von JAYME und MANSEL vertretenen Ansicht sind die beiden Vertragsstatute allerdings nicht als gleichwertige Voraussetzungen anzusehen. Dem Statut des Generalunternehmervertrags sei lediglich ein Vetorecht einzuräumen. Der Lösungsvorschlag von JAYME und MANSEL führt also dazu, dass die Anspruchsnorm für einen Direktanspruch dem Subunternehmervertragsstatut zu entnehmen ist, sich jedoch eine erneute Prüfung anhand des Generalunternehmervertragsstatuts anschließt. Letzteres bringt den Direktanspruch zu Fall, wenn ihm ein Direktanspruch des

---

789 Art. 1798 Code civil räumt den Angestellten eines Werkunternehmers gegen den Auftraggeber im Baurecht einen Direktanspruch ein, vgl. *Lagarde*, in: Gavalda (Hrsg.), La sous-traitance de marchés de travaux et de services, S. 186ff., 197f.

790 *Lagarde*, in: Gavalda (Hrsg.), La sous-traitance de marchés de travaux et de services, S. 186ff., 197f.

791 *Jayme*, in: Festschrift Pleyer (1986), S. 371ff., 378.

792 *Lagarde*, in: Gavalda (Hrsg.), La sous-traitance de marchés de travaux et de services, S. 186ff., 197ff.

793 *Lagarde*, in: Gavalda (Hrsg.), La sous-traitance de marchés de travaux et de services, S. 186ff., 197ff.

794 *Jayme*, in: Festschrift Pleyer (1986), S. 371ff., 377f.

795 *Mansel*, Direktansprüche gegen den Haftpflichtversicherer, S. 58ff.

Subunternehmers gegen den Auftraggeber völlig fremd ist.[796] Das Generalunternehmervertragsstatut bestimmt damit (wohl) zugleich auch den Umfang des Direktanspruchs.

Ähnlich argumentiert LAGARDE.[797] Nach seinem Lösungsvorschlag richtet sich die Frage, ob dem Subunternehmer ein Direktanspruch gegen den Auftraggeber zustehe, zwar primär nach dem Subunternehmervertragsstatut, der Umfang eines solchen Direktanspruchs sei jedoch nach dem Generalunternehmervertragsstatut zu bestimmen, um den Auftraggeber zu schützen.[798]

e) Die alternative Anknüpfung

Für die Anknüpfung des Direktanspruchs des Subunternehmers kommt schließlich auch eine alternative Anknüpfung an das Statut des Subunternehmervertrags, des Generalunternehmervertrags oder an das Recht am Ort der Ausführung der Arbeiten in Betracht. Dabei böte eine alternative Anknüpfung den größtmöglichen Schutz für den Subunternehmer, da ihm der Direktanspruch durch das Kollisionsrecht zugesprochen wird, wenn nur eines der genannten Statute einen solchen kennt. Als Beispiel für eine alternative Anknüpfung kann der Direktanspruch des Opfers eines Straßenverkehrsunfalls gegen die Haftpflichtversicherung des Schädigers herangezogen werden. Art. 40 EGBGB sieht hier eine alternative Anknüpfung vor.[799] Der Geschädigte kann danach seinen Anspruch direkt gegen den Versicherer geltend machen, „wenn das auf die unerlaubte Handlung anzuwendende Recht oder das Recht, dem der Versicherungsvertrag unterliegt, dies vorsieht". Art. 40 Abs. 4 EGBGB begründet damit eine echte[800] Alternativanknüpfung. Ebenfalls eine alternative Anknüpfung sieht Art. 9 des Haager Übereinkommens über das auf Straßenverkehrsunfälle

---

796 *Jayme*, in: Festschrift Pleyer (1986), S. 371ff., 377f.; *Mansel*, Direktansprüche gegen den Haftpflichtversicherer, S. 58ff.

797 *Lagarde*, in: Gavalda (Hrsg.), La sous-traitance de marchés de travaux et de services, S. 186ff., 197ff. Ihm grundsätzlich zustimmend *Vischer/Huber/Oser*, Internationales Vertragsrecht, Rn. 523; *Saravelle* Riv. dir. int. priv. 1991, S. 895ff., 921ff.

798 *Lagarde*, in: Gavalda (Hrsg.), La sous-traitance de marchés de travaux et de services, S. 186ff., 197ff. Der dem Auftraggeber durch Art. 13 des Gesetzes Nr. 75-1334 gegebene Schutz dürfe durch die Anknüpfung an das Statut des Subunternehmervertrags nicht ausgehebelt werden.

799 In das deutsche autonome Kollisionsrecht durch das Gesetz zum IPR für außervertragliche Schuldverhältnisse und Sachen vom 21.5.1999, BGBl. 1999 I, S. 1026ff., eingeführt. Siehe dazu näher *Huber* JA 2000, S. 67ff., 72; *Gruber* VersR 2001, S. 16ff., 16f. und *Looschelders* VersR 1999, S. 1316ff., 1323.

800 Dies ist nicht unumstritten. Vertreten wird auch, dass es sich um eine gestufte Alternativanknüpfung handle. Siehe dagegen aber *Gruber* VersR 2001, S. 16ff., 16f. und *Looschelders* VersR 1999, S. 1316ff., 1323.

anzuwendende Recht vom 4.5.1971[801] und der Vorentwurf eines Vorschlags für eine Verordnung des Rates über das auf außervertragliche Schuldverhältnisse anzuwendende Recht vom 3.5.2002[802] vor.[803]

2. Stellungnahme

Bei der Entwicklung eines praktikablen Lösungsansatzes für die kollisions-rechtliche Anknüpfung des Direktanspruchs des Subunternehmers gegen den Auftraggeber müssen m.e. vorrangig die folgenden drei Überlegungen beachtet werden:

- Die Funktion des Direktanspruchs ist es, dem Subunternehmer Schutz vor einer plötzlichen Insolvenz des Generalunternehmers zu gewähren. Da ein spezifisches strukturelles Schutzbedürfnis der Subunter-nehmer existiert, ist dieser Schutz zu begrüßen.[804] Er muss daher auch in grenzüberschreitenden Subunternehmerverhältnissen gewährleistet werden und darf durch die kollisionsrechtliche Anknüpfung nicht seine praktische Wirksamkeit verlieren.

- Der Auftraggeber muss allerdings auch vor einer für ihn nicht vorher-sehbaren Inanspruchnahme durch Subunternehmer geschützt werden.

---

801 Eine deutsche Übersetzung des Übereinkommens ist bei *Jayme/Hausmann*, Internationales Privat- und Verfahrensrecht, unter Nr. 100 (S. 250ff.) abgedruckt. Die Bundesrepublik Deutschland hat das Übereinkommen bisher nicht gezeichnet. Gemäß seinem Art. 10 wird es jedoch unabhängig vom Erfordernis der Gegenseitigkeit ange-wandt.

802 Erhältlich über den Server der Europäischen Gemeinschaften unter der Adresse: http://europa.eu.int/comm/justice_home/unit/Civil/consultation/index_de.htm.

803 Im 3. Kapitel („Gemeinsame Vorschriften für außervertragliche Schuldverhältnisse aus unerlaubter Handlung und für jene aus anderer als unerlaubter Handlung") bestimmt Art. 14 eine gestufte Alternativanknüpfung. Vorrang hat das Statut der gesicherten For-derung. Sieht dieses jedoch keinen Direktanspruch gegen den Versicherer vor, so kann der Geschädigte den Anspruch dennoch geltend machen, wenn das Versicherungsver-tragsstatut einen Direktanspruch kennt:

„Artikel 14 – Direktklage gegen den Versicherer des Verantwortlichen. 1. Der Geschädigte kann direkt gegen den Versicherer des Verantwortlichen vorgehen, wenn ihm diese Möglichkeit durch das auf das außervertragliche Schuldverhältnis anzuwendende Recht zugestanden wird.

2. Wenn diese Möglichkeit in dem auf das außervertragliche Schuldverhältnis an-zuwendenden Recht nicht vorgesehen ist, kann sie unter der Voraussetzung ergrif-fen werden, dass sie in dem für den Versicherungsvertrag maßgebenden Recht vorgesehen ist. "

804 Siehe dazu die Ausführungen im zweiten Kapitel, oben S. 44ff.

- Es ist nach Möglichkeit eine einheitliche kollisionsrechtliche Lösung für die vorgestellten Direktansprüche verschiedener Rechtsordnungen zu entwickeln. Die Lösung muss jedoch den Besonderheiten der in den jeweiligen Rechtsordnungen vorgesehenen Direktansprüche des Subunternehmers gerecht werden.

Die positiven und negativen Aspekte der vorgestellten Optionen müssen im Lichte dieser Überlegungen untersucht werden. Dabei ist vorrangig zu klären, ob eine kollisionsrechtliche Lösung möglich ist, die sich an die einzige Bestimmung im deutschen Kollisionsrecht anlehnt, die die Anknüpfung eines Direktanspruchs regelt: Art. 40 Abs. 4 EGBGB (Direktanspruch des Geschädigten gegen die Versicherung des Schädigers).

a) Der Direktanspruch gegen die Versicherung

Die in Art. 40 Abs. 4 EGBGB vorgesehene alternative Anknüpfung des Direktanspruchs räumt – ebenso wie die vorgestellten anderen kollisionsrechtlichen Regelungen dieses Direktanspruchs – dem Schutz des Geschädigten Priorität vor den Interessen des Versicherers ein.[805] Insbesondere in grenzüberschreitenden Verkehrsunfall-Sachverhalten stellt sich häufig das Problem, dass entweder nur das Versicherungsvertragsstatut einen Direktanspruch des Geschädigten gegen die Versicherung kennt, oder aber nur das Statut der Schadensersatzforderung des Geschädigten gegen den Schädiger. Der Direktanspruch gegen die Haftpflichtversicherung des Schädigers erfüllt dabei die Funktion, eine wirksame Schadensersatzleistung für den Geschädigten sicherzustellen. Der Geschädigte kann auch dann einen Direktanspruch geltend machen, wenn dieser lediglich dem Statut der Ersatzforderung oder dem Versicherungsvertragsstatut bekannt ist. Dem Versicherungsvertragsstatut wird demnach kein Vetorecht eingeräumt. Ein Vertrauensschutz des Versicherers tritt völlig gegenüber dem Zurverfügungstellen eines weiteren Schuldners für den Geschädigten in den Hintergrund.

Es ließe sich argumentieren, dass die kollisionsrechtliche Bevorzugung von Geschädigten durch eine alternative Anknüpfung des Direktanspruchs auch auf den Direktanspruch des Subunternehmers übertragen werde müsse, dass mit anderen Worten Art. 40 Abs. 4 EGBGB entsprechend auf den Direktanspruch des Subunternehmers anzuwenden sei.

Gegen eine echte oder gestufte alternative Anknüpfung des Direktanspruchs des Subunternehmers in Anlehnung an den Direktanspruch des Ge-

---

805 Vgl. zu Art. 40 Abs. 4 EGBGB zum Beispiel die Begründung des Entwurfs für das Gesetz zum IPR für außervertragliche Schuldverhältnisse, BT-Drucks. 14/343, S. 13. Die Begründung nimmt explizit auf Art. 141 des schweizerischen IPR-Gesetzes Bezug, die ebenfalls im Interesse des Opferschutzes eine Alternativanknüpfung vorsieht.

schädigten spricht, dass die beiden Situationen sowohl nach der Interessenlage als auch nach den Gesamtumständen kaum miteinander vergleichbar sind:[806]

Für eine Anknüpfung des Direktanspruchs des Geschädigten an das Statut der gesicherten Forderung spricht, dass sich der Versicherer auf eine solche Inanspruchnahme mit einer Risikovorsorge und einer entsprechenden Kalkulation der Versicherungsbeiträge einstellen kann.[807] Direktansprüche des Geschädigten gegen die (Haftpflicht-)Versicherung des Schädigers sind entweder in ihrer unmittelbaren Variante oder in der einer *cessio legis*[808] weit verbreitet.[809] Der Versicherer kann daher durch eine Inanspruchnahme nicht überrascht werden und ist folglich weniger schutzwürdig. Demgegenüber sind Direktansprüche des Subunternehmers gegen den Auftraggeber äußerst selten. Innerhalb Europas existiert im französischen, belgischen, luxemburgischen und spanischen Recht ein solcher Direktanspruch, den übrigen Ländern ist eine direkte Inanspruchnahme des Auftraggebers demgegenüber fremd. Ein Auftraggeber kann sich – erlaubt man einen Direktanspruch auch dann, wenn nur das Statut des Subunternehmervertrags einen solchen kennt – gegen eine Inanspruchnahme durch einen Subunternehmer weder vorbereiten noch dagegen wehren. Selbst wenn der Auftraggeber dem Generalunternehmer den Einsatz von Subunternehmern im Generalunternehmervertrag (nach dem Statut des Generalunternehmervertrags wirksam) verbietet, hätte dies keine Suspensivwirkung für den Direktanspruch nach dem Subunternehmervertragsstatut.[810] Der Auftraggeber kann zum Zeitpunkt des Abschlusses nicht absehen, ob der Generalunternehmer einen Subunternehmer einsetzen wird oder nicht und welchem Recht der mögliche Subunternehmervertrag unterliegen wird.[811]

Als weiteres Argument für die Anknüpfung des Direktanspruchs des Geschädigten an das Statut der gesicherten Forderung wird ins Feld geführt, dass dem Versicherer durch den Direktanspruch keine besondere Belastung aufge-

---

806 Ebenso bereits *Pulkowski* [2004] I.C.L.R. 31, 52ff.; *Heuzé* Rev. crit. dr. int. privé 85 (1996), S. 243ff., 258 (N. 6).

807 So *Mansel*, Direktansprüche gegen den Haftpflichtversicherer, S. 24.

808 So z.B. im Vereinigten Königreich: Section 1 (1) des Third Parties (Against Insurers) Act. Vgl. dazu *Gruber* VersR 2001, S. 16ff., 17.

809 Nachweise zu den verschiedenen europäischen Ländern finden sich bei *Schwarz* NJW 1991, S. 2058ff.

810 Wohl hätte der vom Subunternehmer so in Anspruch genommene Auftraggeber aber unter Umständen einen Freistellungsanspruch (oder einen Rückgriffsanspruch) gegen den Generalunternehmer, der entgegen einem Verbot im Generalunternehmervertrag einen Subunternehmer beschäftigt.

811 Obwohl der Auftraggeber natürlich durch eine entsprechende Gestaltung des Generalunternehmervertrags dem Generalunternehmer insoweit Direktiven erteilen kann. Doch ist nicht sicher, ob der Generalunternehmer diese Pflichten erfüllt.

bürdet werde.[812] Er habe lediglich statt an den Versicherungsnehmer an den Geschädigten zu zahlen. Auch diese Überlegung lässt sich nicht auf grenzüberschreitende Subunternehmerverhältnisse übertragen. Denn der Auftraggeber kann – im Gegensatz zum Versicherer – durchaus in die Situation geraten, sowohl vom Subunternehmer als auch vom Generalunternehmer in Anspruch genommen zu werden.[813] Dies zeigt zum Beispiel die Bestimmung in Art. 13 des französischen Gesetzes Nr. 75-1334: Zahlt der Auftraggeber nach der Mitteilung der Inverzugsetzung durch den Subunternehmer den Werklohn an den Generalunternehmer aus, muss er nochmals an den Subunternehmer leisten.[814]

Hinzu kommt, dass Versicherungsunternehmen bereits nach nationalen Vorschriften eine gewisse wirtschaftliche Größe haben müssen, um überhaupt in der Versicherungswirtschaft tätig werden zu dürfen. Sie sind auf Grund dieser Größe und der mit ihr einhergehenden professionellen Verwaltung in einer gänzlich anderen Situation als ein Auftraggeber, der zum Beispiel ein kleines Mietshaus unter Einsatz von Subunternehmern errichten lässt. Auftraggeber, die Direktansprüchen ausgesetzt werden, sind keinesfalls immer große und wirtschaftlich starke Unternehmen. Das Schutzbedürfnis der Auftraggeber ist folglich erheblich größer als das der Versicherungsunternehmen.

Mit dem gesteigerten Schutzbedürfnis des Auftraggebers vor der Inanspruchnahme durch einen Direktanspruch korrespondiert andererseits ein im Vergleich mit Geschädigten geringeres Schutzbedürfnis der Subunternehmer. Obwohl ein spezifisches Schutzbedürfnis der Subunternehmer existiert, handeln diese gewerblich und können sich im Gegensatz zu einem Geschädigten ihren Schuldner aussuchen. Sie können die Zahlungsfähigkeit des Generalunternehmers überprüfen. Subunternehmer stehen einer Insolvenz ihres Primärschuldners somit nicht so hilflos gegenüber wie Geschädigte.[815] Subunternehmer haben des Weiteren die Möglichkeit, sich vom Generalunternehmer Sicherheiten einräumen zu lassen oder ihre Ansprüche zumindest mittels eines (verlängerten) Eigentumsvorbehalts zu sichern, auch wenn diese Absicherungen nicht immer durchgreifen.[816]

Für die Anknüpfung des Direktanspruchs des Unfallopfers gegen den Haftpflichtversicherer an das Statut der gesicherten Forderung wird angeführt, dass der Direktanspruch unter Umständen auch dann bestehen könne, wenn ein Versicherungsvertrag gar nicht existiere.[817]

---

812 So *Mansel*, Direktansprüche gegen den Haftpflichtversicherer, S. 24f.
813 *Heuzé* Rev. crit. dr. int. privé 85 (1996), S. 243ff., 258 (N. 6).
814 Freilich kann man dem entgegenhalten, dass ein Auftraggeber in diesem Fall auch nicht mehr schutzwürdig ist.
815 Siehe *Pulkowski* [2004] I.C.L.R. 31, 52ff.
816 Siehe oben S. 56.
817 Vgl. *Mansel*, Direktansprüche gegen den Haftpflichtversicherer, S. 24f.

Doch auch dieses Argument lässt sich nicht auf die Anknüpfung des Direktanspruchs des Subunternehmers übertragen. Denn dieser setzt regelmäßig einen existierenden Generalunternehmervertrag voraus.[818] Existiert kein Generalunternehmervertrag, ist der Subunternehmer allein auf bereicherungsrechtliche Ansprüche verwiesen. Während die alternative Anknüpfung des Direktanspruchs des Unfallopfers ein Gebot der Notwendigkeit ist, stehen der Anknüpfung des Direktanspruchs des Subunternehmers an das Generalunternehmervertragsstatut nicht die Bedenken entgegen, dass dieser Vertrag gar nicht existiert.

Dies alles zeigt, dass ein Vergleich zwischen dem Direktanspruch des Subunternehmers und dem des Unfallopfers gegen den (Haftpflicht-)Versicherer wenig hilfreich ist, da sich die Interessenlagen und die jeweiligen Schutzbedürfnisse unterscheiden.[819] Bei der Bestimmung des auf den Direktanspruch des Subunternehmers anwendbaren Rechts sollte daher nicht auf einen Vergleich mit der alternativen kollisionsrechtlichen Anknüpfung des Direktanspruchs des Unfallopfers bei Straßenverkehrsunfällen zurückgegriffen werden. Eine analoge Anwendung von Art. 40 Abs. 4 EGBGB auf den Direktanspruch des Subunternehmers muss aus eben diesen Gründen abgelehnt werden.

b) Ein Vertrag mit Drittwirkung

Der Direktanspruch hebt die Relativität der Verträge auf und begründet Rechte für und Pflichten gegenüber dritten Personen.[820] Verträge mit Drittwirkung sind auch dem deutschen Recht nicht unbekannt. Zum einen ist an den Vertrag zu Gunsten Dritter, zum anderen an den Vertrag mit Schutzwirkung für Dritte zu denken.

(1) Der Vertrag mit Schutzwirkung für Dritte

Im deutschen Recht ist es durchaus möglich, dass Nichtvertragsparteien Schadensersatzansprüche wegen Vertragsverletzungen geltend machen, wenn es sich um einen Vertrag mit Schutzwirkung für Dritte handelt. Er setzt zum einen die Leistungsnähe des Dritten, ein Einbeziehungsinteresse des Verpflichteten und

---

818 Vgl. die Darstellung der jeweiligen Voraussetzungen in Frankreich, Luxemburg, Belgien und Spanien im dritten Kapitel, oben S. 59f.

819 Im Ergebnis ebenso *Bauerreis*, Das französische Rechtsinstitut der action directe, S. 258f.

820 Nach *Bauerreis*, Das französische Rechtsinstitut der action directe, S. 264f. handelt es sich um eine „Ausdehnung" des Schuldverhältnisses zwischen Auftraggeber und Generalunternehmer auf den Subunternehmer.

die Vorhersehbarkeit der Einbeziehung des Dritten in den Schutzbereich für den Verpflichteten voraus.[821]

Vereinzelt wurde im Schrifttum zum Direktanspruch des Subunternehmers vertreten, dass der Direktanspruch des Subunternehmers dogmatisch an das Konzept eines Vertrags mit Schutzwirkung für Dritte anzulehnen sei.[822]

M.E. kann der Generalunternehmervertrag jedoch nicht als Vertrag mit Schutzwirkung zu Gunsten des Subunternehmers angesehen werden. Denn die beiden Rechtsinstitute lassen sich weder im Hinblick auf die Voraussetzungen noch auf die angeordneten Rechtsfolgen vergleichen. Während der Vertrag mit Schutzwirkung für Dritte die Verletzung einer dem Verpflichteten gegenüber dem Dritten obliegenden Schutzpflicht verlangt, kennt der Direktanspruch eine solche Voraussetzung nicht. Die als Rechtsfolge angeordnete Schadensersatzpflicht lässt sich ebenso wenig mit einem Anspruch auf Zahlung von Werklohn vergleichen.[823]

(2) Der Vertrag zu Gunsten Dritter

Der Direktanspruch des Subunternehmers lässt sich jedoch m.E. mit einem echten Vertrag zu Gunsten Dritter vergleichen und so dogmatisch einordnen.[824]

---

821 Siehe BGH, 26.1.1968, BGHZ 51, S. 91ff., 95; BGH, 23.1.1985, JZ 1985, S. 951ff.; BGH, 18.10.1988, VersR 1989, S. 375ff., 376; BGH, 10.11.1994, JZ 1995, S. 306ff., 308.

822 So *Chaix*, Contrat de sous-traitance en droit suisse, S. 272ff. für das schweizerische Recht.

823 Etwas anderes gilt allerdings für den von der französischen Rechtsprechung entwickelten Schadensersatzanspruch des Subunternehmers gegen den Auftraggeber wegen Verletzung seiner Kontrollpflichten, welche dazu geführt hat, dass der Subunternehmer sich mangels Genehmigung seines Einsatzes und seiner Zahlungsbestimmungen nicht auf den Direktanspruch berufen kann (siehe oben S. 102f.). Hier stellt sich der Generalunternehmervertrag als Vertrag mit Schutzwirkung für den Subunternehmer dar. Für einen Vertrag mit Schutzwirkung für Dritte ist anerkannt, dass für das Bestehen oder Nichtbestehen von Schutz- und Obhutspflichten aus diesem Vertrag allein auf das Vertragsstatut abzustellen ist, siehe *Siehr*, IPR, S. 219ff.; Soergel-*von Hoffmann* (12. A. 1996), Art. 32 EGBGB Rn. 27; Staudinger-*Magnus*, Art. 32 EGBGB Rn. 37; *von Bar*, IPR, Band 2, Rn. 541; *Dicey/Morris*, Conflicts of Laws, Band 2, Rn. 32-192. Die Kontrollpflichten des Auftraggebers sind Pflichten aus dem Generalunternehmervertrag, die dem Schutz einer dritten Person, dem Subunternehmer, dienen. Es handelt sich bei der Kontroll- und Genehmigungspflicht um eine spezifische Pflicht des Auftraggebers gegenüber dem Dritten (Subunternehmer) und nicht um eine allgemeine Sorgfaltspflicht gegenüber dem Vertragspartner (Generalunternehmer), in dessen Schutzbereich der Dritte einbezogen ist.

824 *Bauerreis*, Das französische Rechtsinstitut der action directe, S. 337f. scheint sich demgegenüber für eine dogmatische Einordnung als Forderungsabtretung und auszusprechen und dnekt eine entsprechende Anwendung von Art. 33 EGBGB an. M.E.

Beim echten Vertrag zu Gunsten Dritter steht einem Begünstigten ein eigener Anspruch gegen den Versprechenden zu.[825] Der Anspruch stellt sich systematisch als Recht aus einem Vertrag zwischen dem Versprechenden und dem Versprechensempfänger dar. Das Deckungsverhältnis entspricht bei einem solchen Vergleich dem Generalunternehmervertrag, während die Direktzahlung einer besonderen Leistung im Valutaverhältnis entspricht:

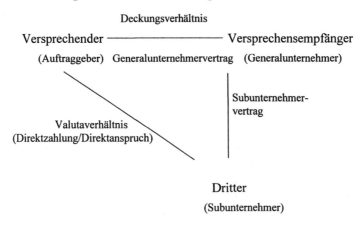

Das Valutaverhältnis im echten Vertrag zu Gunsten Dritter wird – nicht nur im deutschen Kollisionsrecht – an das Statut des Deckungsverhältnisses angeknüpft.[826] Das Statut des Deckungsverhältnisses bestimmt sowohl über die Existenz als auch die Voraussetzungen und den Umfang des Anspruchs aus dem Valutaverhältnis.[827] Das Statut, das auf das Valutaverhältnis anzuwenden ist, hat hierfür demgegenüber keinerlei Bedeutung.[828] Dieser kollisionsrechtlichen

---

fehlt es hierfür jedoch an einer Vergleichbarkeit der Rechtsinstitute: Charakteristikum der Forderungsabtretung ist im Gegensatz zum Direktanspruch, dass lediglich ein Gläubiger einer Forderung existiert. Der Direktanspruch führt jedoch zu einer Gläubigerverdopplung.

825 Siehe bereits *Pulkowski* [2004] I.C.L.R. 31, 52.
826 Siehe beispielsweise *Henrich*, in: Festschrift Lorenz, S. 379ff., 384ff.; *Siehr*, IPR, S. 219ff.; Soergel-*von Hoffmann* (12. A. 1996), Art. 32 EGBGB Rn. 27; Staudinger-*Magnus*, Art. 32 EGBGB Rn. 37; *von Bar*, IPR, Band 2, Rn. 541; *Dicey/Morris*, Conflicts of Laws, Band 2, Rn. 32-192.
827 MünchKomm-*Birk*, Art. 26 EGBGB Rn. 26 und 157ff.; Soergel-*von Hoffmann* (12. A. 1996), Art. 32 EGBGB Rn. 27; *Siehr*, IPR, S. 219ff.; Staudinger-*Magnus*, Art. 32 EGBGB Rn. 37; *von Bar*, IPR, Band 2, Rn. 541; *Dicey/Morris*, Conflicts of Laws, Band 2, Rn. 32-192.
828 MünchKomm-*Birk*, Art. 26 EGBGB Rn. 26 und 157ff.; Soergel-*von Hoffmann* (12. A. 1996), Art. 32 EGBGB Rn. 27; *Siehr*, IPR, S. 219ff.; Staudinger-*Magnus*, Art. 32

Lösung entspricht eine Anknüpfung des Direktanspruchs des Subunternehmers allein an das Generalunternehmervertragsstatut. Der Vergleich mit dem Vertrag zu Gunsten Dritter spricht folglich dafür, das auf den Generalunternehmervertrag anzuwendende Recht auch auf den Direktanspruch des Subunternehmers anzuwenden.

c) Der Schutz des Subunternehmers

Der Schutz des Subunternehmers scheint auf den ersten Blick am besten gesichert, wenn primär auf das Subunternehmervertragsstatut und nicht auf das Generalunternehmervertragsstatut abgestellt wird.[829]

M.E. ist der Schutz des Subunternehmers jedoch durch eine Anknüpfung an das Statut des Generalunternehmervertrags im Vergleich zu einer Anknüpfung an das Statut des Subunternehmervertrags nicht wesentlich vermindert:[830]

Zum einen ist keinesfalls klar, dass das Subunternehmervertragsstatut für den Subunternehmer günstiger ist als das Generalunternehmervertragsstatut. So mag beispielsweise das Generalunternehmervertragsstatut einen Direktanspruch vorsehen, das Subunternehmervertragsstatut jedoch nicht. Ein von dem im Einzelfall auf die jeweiligen Verträge anwendbaren Recht unabhängiger Vorteil kann lediglich darin erblickt werden, dass der Subunternehmer auf das Statut des Subunternehmervertrags durch eine Rechtswahl Einfluss nehmen kann, während er keinen Einfluss auf das Statut des Generalunternehmervertrags hat. Es muss aber an dieser Stelle daran erinnert werden, dass insbesondere kleine oder mittlere Subunternehmer auf Grund ihrer untergeordneten Stellung und ihrer wirtschaftlichen Abhängigkeit vom Generalunternehmer lediglich geringen oder gar keinen Einfluss auf das auf den Subunternehmervertrag anzuwendende Recht ausüben können.[831] Dem genannten spezifischen Vorteil kommt somit nur wenig praktische Bedeutung zu.

Ein spezifischer Vorteil einer Anknüpfung an das Statut des Subunternehmervertrags ist aber, dass der Subunternehmer weiß, welches Recht auf den Subunternehmervertrag anzuwenden ist, während er das auf den Generalunternehmervertrag anzuwendende Recht nicht notwendigerweise kennt. Dieser mögliche Vorteil einer Anknüpfung allein an das Subunternehmervertragsstatut

---

EGBGB Rn. 37; *von Bar*, IPR, Band 2, Rn. 541; *Dicey/Morris*, Conflicts of Laws, Band 2, Rn. 32-192.

829 *Lagarde*, in: Gavalda (Hrsg.), La sous-traitance de marchés de travaux et de services, S. 186ff., 197ff., *Jayme*, in: Festschrift Pleyer (1986), S. 371ff., 377f.; *Mansel*, Direktansprüche gegen den Haftpflichtversicherer, S. 24f.

830 Vgl. bereits *Pulkowski* [2004] I.C.L.R. 31, 45ff. mit Beispielsfällen.

831 Siehe dazu die Ausführungen im zweiten Kapitel, oben S. 44ff.

wird freilich auch von der Veto-Theorie zunichte gemacht, die den Direktanspruch den Schranken des Generalunternehmervertragsstatuts unterstellt.

Folglich ließe sich ein kollisionsrechtlich beachtlicher Vorteil des Subunternehmers lediglich dann erreichen, wenn man der Ansicht folgt, die ausschließlich auf das Statut des Subunternehmervertrags abstellt, ohne dem Generalunternehmervertragsstatut ein Vetorecht oder eine Beschränkung des Umfangs des Direktanspruchs zu entnehmen.[832]

Dem beabsichtigten Subunternehmerschutz werden zudem zu enge Grenzen gezogen, wenn für die Zulassung des Direktanspruchs das Erfordernis erhoben wird, dass dieser sowohl durch das Statut des Subunternehmervertrags gewährt wird als auch dem Generalunternehmervertrag nicht völlig unbekannt sein soll.[833] Auch wenn dies die kollisionsrechtlich unproblematischste Lösung darstellt, ist zu beachten, dass die meisten Staaten keinen Direktanspruch des Subunternehmers gegen den Auftraggeber (bzw. eine Direktzahlung) kennen. Fordert man, dass beide Vertragsstatute einen Direktanspruch kennen müssen, wird der durch den Direktanspruch bezweckte Subunternehmerschutz durch seine kollisionsrechtliche Behandlung auf eine theoretische Möglichkeit beschränkt.

Die Veto-Theorie wirft darüber hinaus kollisionsrechtliche Fragen auf, für die sie keine Antwort bietet. So ist beispielsweise völlig ungeklärt, wann ein Direktanspruch des Subunternehmers dem Statut des Generalunternehmervertrags „bekannt" ist. Ist das Kriterium nur dann erfüllt, wenn das Statut einen expliziten Direktanspruch des Subunternehmers vorsieht? Was ist, wenn ein ähnliches Resultat wie das eines Direktanspruchs in einer Rechtsordnung durch einen Rückgriff auf allgemeine Rechtsinstitute wie das Bereicherungsrecht oder die Geschäftsführung ohne Auftrag erreicht wird? Was passiert, wenn der Umfang des Direktanspruchs nach der einen Rechtsordnung weiter beschränkt ist als nach der anderen? Was, wenn die eine Rechtsordnung mehr Voraussetzungen für den Direktanspruch hat als die andere Rechtsordnung (wie beispielsweise beim Erfordernis einer vorherigen Genehmigung des Einsatzes des Subunternehmers und seiner Zahlungsbestimmungen)?[834] Wie wird das Problem gelöst, dass bei der Weitervergabe im Rahmen gestufter Subunternehmerverhältnisse nach den jeweiligen Rechtsordnungen zum Teil der frühere Auftrag-

---

832 Vergessen werden darf schließlich auch nicht, dass der für den Subunternehmer vor deutschen Gerichten realisierbare Schutz auch noch von der Frage abhängt, ob deutsche Gerichte einen in einer anderen Rechtsordnung vorgesehenen Direktanspruch als ausländisches international zwingendes Recht berücksichtigen müssen. Dazu unten S. 265f.

833 Siehe *Pulkowski* [2004] I.C.L.R. 31, 45ff.

834 Siehe oben S. 93ff.

geber[835] und zum Teil der frühere Generalunternehmer[836] als Anspruchsverpflichteter angesehen wird?

d) Die Erfüllungswirkung

Zahlt ein vom Subunternehmer mittels des Direktanspruchs in Anspruch genommener Auftraggeber den Werklohn des Subunternehmers, muss die Verpflichtung des Auftraggebers zur Zahlung des Werklohns an den Generalunternehmer erlöschen. Ebenso muss die direkte Zahlung des Werklohns die Verpflichtung des Generalunternehmers gegenüber dem Subunternehmer zur Zahlung des entsprechenden Werklohns erlöschen. Die Bezahlung des Werklohns durch den Auftraggeber muss folglich zwei Erfüllungswirkungen erzielen, die durch die kollisionsrechtliche Anknüpfung des Direktanspruchs in grenzüberschreitenden Subunternehmervertragsverhältnissen garantiert werden müssen:[837]

- Die Zahlung durch den Auftraggeber an einen Dritten muss durch das Statut des Subunternehmervertrags als Erfüllung der Zahlungspflicht anerkannt werden.

- Der vom Auftraggeber direkt gezahlte Betrag muss durch das Statut des Generalunternehmervertrags dergestalt anerkannt werden, dass die

---

835 So ist in Frankreich zwischen der Direktzahlung und dem Direktanspruch zu unterscheiden: Während die Direktzahlung nach der Ergänzung durch das Gesetz Nr. 2001-1168 vom 11.12.2001 in Art. 6 Abs. 1 dahingehend beschränkt wurde, dass bei einer Subunternehmervertragskette die Subunternehmer zweiten oder dritten Grades nicht mehr direkt vom Auftraggeber bezahlt werden, bleibt Schuldner des Direktanspruchs nach der Rechtsprechung des französischen Kassationsgerichtshofs trotz einer erneuten Weitervergabe weiterhin der ursprüngliche Auftraggeber, siehe Cour de Cassation, 3e Ch. Civ., Urteil vom 29.5.1980, Bull. civ. III, Nr. 107; Urteil vom 11.10.1983, Recueil Dalloz 1984, S. 153 (jur.); Urteil vom 12.7.1989, Bull. civ. III, Nr. 167 sowie *Rambure*, Le paiement du sous-traitant, S. 18ff. In Luxemburg bestimmt Art. 3 Abs. 2 des Gesetzes vom 23.7.1991, dass der ursprüngliche Auftraggeber der Schuldner bleibt.

836 So nach belgischem Recht, siehe oben S. 111f. Nach spanischem Recht sind nach herrschender Ansicht sowohl der ursprüngliche Auftraggeber als auch der ursprüngliche Generalunternehmer dem Sub-Subunternehmer verpflichtet, siehe oben S. 118f.

837 Siehe *Pulkowski* [2004] I.C.L.R. 31, 48f. und *Bauerreis*, Das französische Rechtsinstitut der action directe, S. 266. Vgl. zur Erfüllungswirkung bei der Aufrechnung zweier unterschiedlichem Recht unterliegender Forderungen das Urteil des EuGH vom 10.7.2003, *Kommission ./. Conseil des Communes et Régions d'Europe (CCRE)*, Rs. C-87/01 P, Abl. EG 2003 Nr. C 200, S. 4. Der EuGH folgt darin der sogenannten Kumulationstheorie, wonach die Erfüllungswirkung einer Aufrechnung nur eintreten kann, wenn sie die Voraussetzungen beider Statute erfüllt, kritisch dazu *Jayme/Kohler* IPRax 2003, S. 485ff., 493. Die deutsche Literatur vertrat demgegenüber die Ansicht, dass das Statut der Passivforderung ausschlaggebend sei, vgl. *Martiny*, Internationales Vertragsrecht, S. 279f. m.w.N.

Zahlungsverpflichtung aus dem Generalunternehmervertrag insoweit erlischt.

Die Anerkennung der direkten Zahlung des Auftraggebers durch das Statut des Subunternehmervertrags bereitet keine nennenswerten Schwierigkeiten, egal ob auf das Statut des Generalunternehmervertrags oder auf das Statut des Subunternehmervertrags als anwendbares Recht abgestellt wird. Stellt man auf das Statut des Subunternehmervertrags als relevantes Statut ab, bereitet die Anerkennung schon deshalb keine Schwierigkeiten, weil die Anerkennung innerhalb der gleichen Rechtsordnung gefordert wird:

Subunternehmervertrag als relevantes Statut

Die geforderte Anerkennung durch das Subunternehmervertragsstatut bereitet aber auch dann keine Schwierigkeiten, wenn man auf das Statut des Generalunternehmervertrags als relevantes Statut abstellt und lediglich das Generalunternehmervertragsstatut, nicht aber das Subunternehmervertragsstatut einen Direktanspruch des Subunternehmers kennt. Denn die Anerkennung einer Zahlung auf eine vertragliche Schuld durch einen Dritten wird in aller Regel problemlos in allen Rechtsordnungen anerkannt. So bestimmt beispielsweise im deutschen Recht § 267 BGB die Anerkennung der Leistung durch Dritte.[838]

---

[838] Die Anerkennung der Geldleistung durch Dritte wird sich mangels einer ausdrücklichen anderweitigen Regelung im Subunternehmervertrag zudem ohne weiteres durch eine verständige Auslegung dieses Vertrags erreichen lassen. Denn der Subunternehmer hat regelmäßig kein Interesse an einer persönlichen Erfüllung der Zahlungspflicht durch den Generalunternehmer. Problematisch kann aber sein, dass der Dritte im Rahmen des § 267 BGB mit dem Willen leisten muss, eine fremde Schuld zu tilgen, vgl. BGH,

Demgegenüber fordert die zweite Anerkennungswirkung mehr als nur die Anerkennung der Zahlung einer Geldschuld durch Dritte. Es geht um die Frage, ob ein Dritter (der Auftraggeber) wegen der Zahlung auf eine fremde Schuld (die Verpflichtung des Generalunternehmers, den Werklohn an den Subunternehmer zu zahlen) Rückgriff gegen den Schuldner nehmen kann. Diese Wirkung muss das Statut des Generalunternehmervertrags anerkennen. Billigt man dem Subunternehmer den Direktanspruch bzw. die Direktzahlung nur dann zu, wenn das Statut des Generalunternehmervertrags ihn vorsieht, so bereitet diese Anerkennung natürlich keine besonderen Schwierigkeiten, da sie sich wieder innerhalb derselben Rechtsordnung abspielt. Stellt man jedoch auf das Statut des Subunternehmervertrags als für den Direktanspruch relevantes Statut ab und kennt zwar das Subunternehmervertragsstatut, nicht aber das Generalunternehmervertragsstatut einen Direktanspruch des Subunternehmers, bereitet die zweite geforderte Anerkennung Schwierigkeiten. Sie spielt sich außerhalb des für die Existenz des Direktanspruchs relevanten Statuts ab. Denn das Statut des Generalunternehmervertrags wird nicht ohne weiteres einem Dritten Rückgriff für die Zahlung auf eine fremde Vertragsschuld zubilligen.[839]

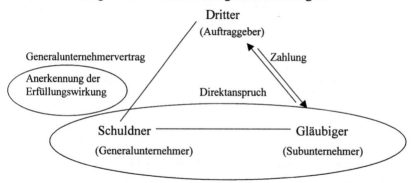

Subunternehmervertrag als relevantes Statut

Die Schwierigkeiten verdeutlicht folgendes Beispiel, das dem oben[840] dargestellten *Modell 1* entspricht:

21.12.1966, BGHZ 46, S. 319ff., 325; 8.11.1979, BGHZ 75, S. 299ff., 303; BGH, 9.12.1993, NJW 1995, S. 129ff., 129. Denn sieht man den Auftraggeber als unmittelbaren Schuldner des Subunternehmers an, zahlt der Auftraggeber auf eine eigene und nicht auf eine fremde Schuld.

839 Siehe bereits *Pulkowski* [2004] I.C.L.R. 31, 48f.
840 Oben S. 28f.

Beispiel: Ein deutscher Auftraggeber beauftragt einen deutschen Generalunternehmer mit der Errichtung einer Werkhalle in Köln. Der deutschem Recht unterliegende Vertrag sieht u.a. für die Errichtung des Dachstuhls Werklohn in Höhe von 20.000 Euro vor. Der Generalunternehmer beschäftigt einen belgischen Subunternehmer zur Errichtung des Dachstuhls, dessen Werklohn 18.000 Euro beträgt. Der Subunternehmervertrag beinhaltet eine Rechtswahl zu Gunsten belgischen Rechts. Der Generalunternehmer wird insolvent, bevor der Generalunternehmer eine Bezahlung für den fertiggestellten Dachstuhl vom Auftraggeber erhalten hat und bevor der Subunternehmer vom Generalunternehmer dafür bezahlt wurde. Der Auftraggeber zahlt nach Geltendmachung des Direktanspruchs den Werklohn in Höhe von 18.000 Euro direkt an den belgischen Subunternehmer. Der Insolvenzverwalter des Generalunternehmers klagt vor deutschen Gerichten gegen den Auftraggeber auf Zahlung der 20.000 Euro, hilfsweise auf 2.000 Euro.

Das deutsche Gericht muss entscheiden, ob der Werklohnanspruch des Generalunternehmers durch Erfüllung erloschen ist. Nach belgischem Recht (Statut des Subunternehmervertrags) steht dem Subunternehmer ein Direktanspruch gegen den Auftraggeber zu, nach deutschem Recht (Statut des Generalunternehmervertrags) nicht. Das Gericht muss daher als erstes klären, ob das Statut des Subunternehmervertrags oder das des Generalunternehmervertrags darüber entscheidet, ob dem belgischen Subunternehmer ein Direktanspruch gegen den Auftraggeber zusteht.

- Hält es das Statut des Generalunternehmervertrags für entscheidend, hat der Auftraggeber rechtsgrundlos an den Subunternehmer gezahlt. Das deutsche Recht erkennt folglich die Zahlung des Auftraggebers an den Subunternehmer nicht als Erfüllung der Werklohnpflicht des Auftraggebers an. Der Auftraggeber muss an den Insolvenzverwalter des Generalunternehmers immer noch 20.000 Euro zahlen. Für einen Rückgriff müsste sich der Auftraggeber aus ungerechtfertigter Bereicherung gegen den Subunternehmer und nicht gegen den Generalunternehmer wenden.[841]

- Hält das Gericht das Statut des Subunternehmervertrags für entscheidend, hat der Auftraggeber zu Recht an den Subunternehmer gezahlt. Folge davon könnte sein, dass der Werklohnanspruch des Generalunternehmers nur noch 2.000 Euro beträgt. Es stellt sich aber die Frage, wie nach dem auf den Generalunternehmervertrag anzuwendenden deutschen Recht der Werklohnanspruch des Generalunternehmers teilweise (nämlich i.H.v. 18.000 Euro) zum Nachteil der Massegläubiger des Generalunternehmers

---

841 Siehe BGH, 23.2.1978, BGHZ 70, S. 389ff., 396; BGH, 9.10.1975, NJW 1977, S. 38ff.

erlöschen konnte. Dies ließe sich am einfachsten durch einen Gesamt-schuldnerausgleich nach §§ 426 Abs. 2, 421 BGB erklären. Generalunternehmer und Auftraggeber schulden beide dem Subunternehmer 18.000 Euro. Der Subunternehmer kann auch nach seiner Wahl den einen oder den anderen in Anspruch nehmen, er kann die Zahlung des Werklohns aber nur einmal verlangen. Auftraggeber und Generalunternehmer sind also Gesamtschuldner des Subunternehmers im Sinne des § 421 BGB.[842] Im Innenverhältnis ist der Generalunternehmer dazu verpflichtet, den gesamten an den Subunternehmer zu zahlenden Werklohn allein zu tragen. Mit der auf den Auftraggeber nach § 426 Abs. 2 BGB übergegangenen Werklohnforderung kann der Auftraggeber die Aufrechnung gegen den von ihm an den Generalunternehmer zu zahlenden Betrag erklären.

Als Alternative zum Gesamtschuldnerausgleich käme unter Umständen auch eine Aufrechnung des Werklohnanspruchs mit einem Auslagenersatzanspruch des Auftraggebers gegen den Generalunternehmer aus angemaßter Geschäftsführung ohne Auftrag (§§ 687 Abs. 2 Satz 1, 684 S. 1 BGB) in Betracht.[843]

Das Beispiel macht deutlich, dass ein Rückgriff des Auftraggebers gegen den Generalunternehmer im deutschen Recht erreicht werden kann, sei es über einen Gesamtschuldnerausgleich oder auf Grund angemaßter Geschäftsführung ohne Auftrag. Dieses Ergebnis wird letztendlich auch in anderen Rechtsordnungen (etwa durch einen Gesamtschuldnerausgleich, durch Auslegung des Generalunternehmervertrags, durch eine Rückgriffskondiktion oder auf Grund von Generalklauseln) erreicht werden können. Doch die Anerkennung der Erfüllung ist nicht so problemlos wie die einer Zahlung eines Dritten auf eine fremde

---

842 Dies hängt jedoch immer vom jeweiligen Einzelfall ab. Es ist nicht korrekt, abstrakt von einem Gesamtschuldverhältnis zwischen dem Auftraggeber als Schuldner des Direktanspruchs und dem Generalunternehmer als Schuldner des Werklohnanspruchs aus dem Subunternehmervertrag zu sprechen, da der Umfang des Direktanspruchs stets durch den Betrag beschränkt ist, welchen der Auftraggeber dem Generalunternehmer zum Zeitpunkt der Geltendmachung schuldet, siehe oben S. 101 ff.

843 Der Ausgleichsanspruch bestünde in der Herausgabe des Erlangten nach den Vorschriften über die ungerechtfertigte Bereicherung. Erlangt hat der Generalunternehmer die Befreiung von der Verbindlichkeit, den Werklohn an den Subunternehmer zahlen zu müssen. Dabei wäre die Forderung richtigerweise mit ihrem nominellen Wert (18.000 Euro) anzusetzen und nicht mit dem erheblich geringeren wirtschaftlichen Wert, der ihr ohne die direkte Zahlung als Forderung gegen die Insolvenzmasse zugekommen wäre. Dem Generalunternehmer wird man insoweit auch die Einrede der Entreicherung nach § 818 Abs. 3 BGB versagen müssen. Vgl. aus der Rechtsprechung OLG Zweibrücken, 27.5.2002, OLG Zweibrücken 2000, S. 409 ff.; BGH, 14.1.1998, WM 1998, S. 443 ff.; OLG Düsseldorf, 4.6.1992, ZIP 1992, S. 1460 ff.

Schuld. Bei einer Anknüpfung des Direktanspruchs an das Subunternehmerver-tragsstatut kann sich der Rückgriff für den Auftraggeber daher als schwieriger erweisen als bei einer Anknüpfung an das Generalunternehmervertragsstatut.

e) Der Schutz des Auftraggebers

Der Schutz des Subunternehmers vor einer Insolvenz des Generalunternehmers muss gegen den Schutz des Auftraggebers abgewogen werden. Der Auftragge-ber muss vorhersehen können, von wem er wegen des zu entrichtenden Werk-lohns in Anspruch genommen werden kann.[844] Der Schutz des Auftraggebers ist ohne weiteres gewährleistet, wenn der Direktanspruch allein an das Generalun-ternehmervertragsstatut angeknüpft wird. Denn der Auftraggeber kann auf das auf diesen Vertrag anzuwendende Recht Einfluss nehmen. Er kann im General-unternehmervertrag auch eine Weitervergabe des Werks an Subunternehmer ausdrücklich ausschließen, wenn er einen nach diesem Statut vorgesehenen Di-rektanspruch des Subunternehmers vermeiden will. Er hat also in diesem Fall die Kontrolle über mögliche Direktansprüche von Subunternehmern.[845]

Stellt man hingegen auf das Statut des Subunternehmervertrags ab, kann der Auftraggeber mögliche Direktansprüche nicht vorhersehen (etwas anderes gilt nur, wenn das Subunternehmervertragsstatut die Genehmigung des Subun-ternehmers durch den Auftraggeber als Anspruchsvoraussetzung für den Di-rektanspruch kennt[846]). Mangels einer akzessorischen Anknüpfung[847] des Subunternehmervertrags kennt er beim Abschluss des Generalunternehmerver-trags weder das Subunternehmervertragsstatut und die darin möglicherweise vorgesehenen Direktansprüche noch weiß er, ob Subunternehmer überhaupt, und wenn ja, aus welchen Ländern, eingesetzt werden.[848]

Dieses Argument gewinnt an Gewicht, wenn man bedenkt, dass nicht nur der Subunternehmer ersten Grades, sondern auch Subunternehmer höheren Grades im Rahmen gestufter Subunternehmerverhältnisse den Direktanspruch

---

844 Ebenso *Heuzé* Rev. crit. dr. int. privé 85 (1996), S. 243ff., 250ff.; *Bauerreis*, Das französische Rechtsinstitut der action directe, S. 264f.

845 Mit der Einschränkung, dass es sich bei dem Direktanspruch um vom Forumstaat in je-dem Fall zu berücksichtigendes international zwingendes Recht handeln könnte. Dies ist nicht der Fall, siehe die Ausführungen im siebten Kapitel, unten S. 277ff.

846 Siehe zum Vergleich der Voraussetzungen für den Direktanspruch nach den verschiede-nen nationalen Bestimmungen oben S. 183ff.

847 Auch wenn man eine akzessorische Anknüpfung bejaht bleibt wegen der Möglichkeit einer Rechtswahl im Subunternehmervertrag das Problem des mangelnden Schutzes des Auftraggebers bei Abstellen auf das Subunternehmervertragsstatut bestehen, siehe *Vi-scher/Huber/Oser*, Internationales Vertragsrecht, Rn. 523; *Jayme*, in: Festschrift Pleyer (1986), S. 371ff., 378.

848 *Vischer/Huber/Oser*, Internationales Vertragsrecht, Rn. 523.

gegen den Auftraggeber geltend machen können. Knüpft man den Direktanspruch an das Statut der gesicherten Forderung, also das Subunternehmervertragsstatut ersten Grades an, so muss dies ebenso für die Subunternehmerverträge höheren Grades gelten.[849] Damit wird der potentielle Gläubigerkreis für den Auftraggeber unüberschaubar und unkalkulierbar.[850] Welcher Subunternehmer welchen Grades kann einen Direktanspruch auf Grund des jeweils anwendbaren Rechts gegen ihn geltend machen? Bei Anknüpfung an das Statut des Generalunternehmervertrags ist eine solche Ausuferung nicht möglich.

Der Schutz des Auftraggebers vor einer unvorhersehbaren Inanspruchnahme durch Subunternehmer und Sub-Subunternehmer gebietet es folglich, entweder den Direktanspruch ohne Wenn und Aber an das Generalunternehmervertragsstatut anzuknüpfen oder ihm wenigstens eine Veto- oder Beschränkungsfunktion beizumessen. Ein Abstellen allein auf das Subunternehmervertragsstatut würde gegen das erforderliche Maß an Rechtssicherheit für den Auftraggeber verstoßen.[851] Akzeptiert man, dass dem Generalunternehmervertragsstatut sowieso ein Vetorecht eingeräumt werden muss und dieses Statut die Grenzen des Direktanspruchs bestimmt, dann ist es m.E. nur konsequent, den Direktanspruch insgesamt an das Generalunternehmervertragsstatut anzuknüpfen.[852]

f) Das Genehmigungserfordernis

Wird der Direktanspruch allein an das Generalunternehmervertragsstatut angeknüpft, treten keine kollisionsrechtlichen Schwierigkeiten dadurch auf, dass einige Rechtsordnungen die vorherige Genehmigung des Subunternehmers und seiner Zahlungsbestimmungen durch den Auftraggeber fordern.[853] Denn das Genehmigungserfordernis stellt eine Vertragspflicht aus dem Generalunternehmervertrag dar. Die in einigen Rechtsordnungen enthaltene Genehmigungspflicht kann somit nicht zu Widersprüchen mit dem Statut des Direktanspruchs führen. Im Gegensatz hierzu bereiten das Genehmigungserfordernis der Veto-

---

849 So explizit *Lagarde*, in: Gavalda (Hrsg.), La sous-traitance de marchés de travaux et de services, S. 186ff., 197ff. für den Direktanspruch nach französischem Recht.

850 *Pulkowski* [2004] I.C.L.R. 31, 49f.

851 Insoweit herrscht Einigkeit zwischen *Heuzé* Rev. crit. dr. int. privé 85 (1996), S. 243ff., 256ff., *Lagarde*, in: Gavalda (Hrsg.), La sous-traitance de marchés de travaux et de services, S. 186ff., *Mansel*, Direktansprüche gegen den Haftpflichtversicherer, S. 58ff. und *Jayme*, in: Festschrift Pleyer (1986), S. 371ff., 377f.

852 *Pulkowski* [2004] I.C.L.R. 31, 50.

853 Siehe Art. 3 des französischen Gesetzes Nr. 75-1334 und Art. 4 Abs. 1 des luxemburgischen Gesetzes vom 23.7.1991.

Theorie oder eine Anknüpfung allein an das Subunternehmervertragsstatut Schwierigkeiten.[854]

g) Der Einwendungsdurchgriff

Die jeweiligen Rechtsordnungen, welche dem Subunternehmer einen Direktanspruch zubilligen, sehen regelmäßig auch einen „Einwendungsdurchgriff" für den Auftraggeber vor. Danach kann der Auftraggeber dem Direktanspruch des Subunternehmers nicht nur seine ihm gegenüber dem Generalunternehmer bestehenden Einreden erheben. Er kann dem Direktanspruch auch die Einreden des Generalunternehmers aus dem Subunternehmervertrag entgegenhalten.[855]

Nach LAGARDE[856] spricht gegen eine Anknüpfung der Direktzahlung an das Generalunternehmervertragsstatut, dass der Generalunternehmer der Rechnungslegung des Subunternehmers zustimmen müsse und der Subunternehmer ohne eine solche Zustimmung keine Direktzahlung erhalten könne. Die Frage, ob die Werkleistung mangelhaft ist, sei allein nach dem Subunternehmervertrag (und folglich nach dessen Vertragsstatut) zu beantworten. Dies könne zu Schwierigkeiten führen, wenn die Werkleistung nach dem Subunternehmervertragsstatut mangelhaft ist, nicht jedoch nach dem Generalunternehmervertragsstatut. Gleiches gelte, wenn in den unterschiedlichen Rechtsordnungen verschiedene Verjährungs- oder Rügefristen existierten.[857] Stelle man auf das Statut der gesicherten Forderung ab, würde der Einwendungsdurchgriff weniger Probleme aufwerfen.

LAGARDE ist darin zuzustimmen, dass die Konformität der Subunternehmerleistung am Subunternehmervertragsstatut gemessen werden muss. Seine Bedenken greifen im Ergebnis[858] jedoch nicht durch. Denn der Direktanspruch tritt nicht an die Stelle des Werklohnanspruchs gegen den Generalunternehmer, sondern neben diesen. Es schadet daher prinzipiell nicht, wenn andere Anforderungen an den Direktanspruch als an den Werklohnanspruch gestellt werden, solange die Leistungen des jeweils anderen nur anerkannt werden und zur Erfüllung des Werklohnanspruchs führen.[859] Des Weiteren ist darauf hinzuweisen,

---

854   Da dieses Erfordernis unter Umständen dem Generalunternehmervertragsstatut nicht bekannt ist.

855   Siehe oben S. 99ff.

856   *Lagarde*, in: Gavalda (Hrsg.), La sous-traitance de marchés de travaux et de services, S. 186ff., 195ff.

857   *Lagarde*, in: Gavalda (Hrsg.), La sous-traitance de marchés de travaux et de services, S. 186ff., 195ff.

858   Im Ergebnis nimmt auch *Lagarde* auf die von ihm aufgeworfene Problematik nicht Rücksicht, vgl. *Lagarde*, in: Gavalda (Hrsg.), La sous-traitance de marchés de travaux et de services, S. 186ff., 196.

859   Siehe dazu oben S. 220ff.

dass auf europäischer Ebene die Richtlinie 2000/35/EG des europäischen Parlaments und des Rates vom 29.6.2000 zur Bekämpfung von Zahlungsverzug im Geschäftsverkehr[860] einem Missbrauch durch Generalunternehmer vorbeugen will, wenn dieser zwar die Zahlung vom Auftraggeber erhalten hat, sich dem Subunternehmer gegenüber aber auf Mängel beruft.[861] Daraus ist zu folgern, dass ein Generalunternehmer treuwidrig handelt, wenn er sich auf Mängel in der Werkleistung des Subunternehmers nach dem Subunternehmerstatut beruft, gleichzeitig aber vom Auftraggeber volle Bezahlung auf Grund von Mängelfreiheit nach dem Generalunternehmervertragsstatut verlangt.

Das Argument unterschiedlicher Verjährungsfristen im General- oder Subunternehmervertragsstatut spricht ebenso wenig für oder gegen eine bestimmte Anknüpfung des Direktanspruchs. Denn diese Unterschiede in den Rechtsordnungen existieren unabhängig von dem auf den Direktanspruch anwendbaren Recht. Lediglich wenn man auf beide Vertragsstatute kumulativ abstellt und beide Statute die exakt gleichen Verjährungsfristen vorsehen, wäre ein Entscheidungseinklang garantiert. Dies ist jedoch sehr unwahrscheinlich. Im Übrigen ist die Verjährung nicht in allen Rechtsordnungen eine Frage des materiellen Rechts. Sie wird in manchen Rechtsordnungen auch als ein Verfahrenshindernis und damit als Bestandteil des Prozessrechts angesehen.[862]

h)   Die Umgehung des Direktanspruchs

Der Schutz des Subunternehmers kann – innerhalb der Grenzen des zwingenden Rechts[863] – ohne weiteres dadurch ausgehöhlt werden, dass das Generalunternehmervertragsstatut bewusst so gewählt wird, dass dem Subunternehmer kein Direktanspruch eingeräumt wird.[864] Dieser Einwand scheint sowohl gegen eine alleinige Anknüpfung an das Generalunternehmervertragsstatut als auch gegen die Veto-Theorie zu sprechen. Der Direktanspruch kann jedoch genauso gut dadurch ausgehebelt werden, dass das Subunternehmervertragsstatut durch eine Rechtswahl so bestimmt wird, dass ein Direktanspruch

---

860   Abl. EG Nr. L 200, S. 35ff.
861   Siehe oben S. 21.
862   Vgl. beispielsweise die Urteile des Reichsgerichts vom 4.1.1882, RGZ 7, S. 21ff. sowie vom 6.7.1934, RGZ 145, S. 121ff. und BGH, Urteil vom 9.6.1960, NJW 1960, S. 1720ff.
863   Siehe dazu unten S. 233ff.
864   Nach französischem und luxemburgischem Recht ist der Direktanspruch zudem von einer Genehmigung des Subunternehmers durch den Auftraggeber abhängig. Der Auftraggeber kann folglich in diesen Rechtsordnungen in jedem Fall durch eine (berechtigte) Verweigerung der Genehmigung den Direktanspruch verhindern. Eine unberechtigte Verweigerung kann die befreiende Wirkung freilich nicht auslösen, soweit es sich bei dem Direktanspruch um intern zwingendes Recht handelt, siehe dazu die Ausführungen im siebten Kapitel, unten S. 233ff.

nicht besteht. Zwar kann der Subunternehmer auf das Subunternehmervertragsstatut im Gegensatz zum Generalunternehmervertragsstatut Einfluss nehmen. Auf Grund seiner unterlegenen Verhandlungssituation ist diese Möglichkeit der Einflussnahme aber in der Praxis unrealistisch.[865]

Unabhängig davon, auf welches Vertragsstatut man abstellt, letztlich ist eine Umgehung des Direktanspruchs immer möglich, es sei denn, es handelt sich bei dem Direktanspruch des Subunternehmers um zwingendes Recht. Eine gesteigerte Umgehungsgefahr besteht bei Anknüpfung an das Generalunternehmervertragsstatut gegenüber dem Subunternehmervertragsstatut nicht.[866]

i)   Die praktische Durchführbarkeit

Die Komplexität der Subunternehmerverhältnisse und der entsprechenden Schutzgesetze hat bereits dazu geführt, dass der Direktanspruch des Subunternehmers in der Vergangenheit relativ geringe praktische Relevanz erfahren hat.[867] Dies gilt sowohl auf nationaler wie auf internationaler Ebene.

Eine Anknüpfung allein an das Generalunternehmervertragsstatut verringert die Komplexität im Kollisionsrecht soweit wie möglich. Der praktischen Durchführbarkeit und nicht zuletzt der Effektivität des Subunternehmerschutzes ist daher durch diese einfache kollisionsrechtliche Anknüpfung am besten gedient.[868] Denn es muss – anders als bei der Veto-Theorie – durch die Gerichte höchstens das Recht *einer* fremden Rechtsordnung ermittelt werden. Durch eine möglichst einfache kollisionsrechtliche Lösung wird für die Parteien und Gerichte größere Transparenz geschaffen. Diese führt zu mehr Rechtssicherheit, bietet eine höhere materielle Richtigkeitsgewähr und ist folglich auch dem internationalen Entscheidungseinklang förderlich. Schließlich dient eine möglichst einfache kollisionsrechtliche Lösung auch der Prozessökonomie.[869]

3.   Schlussfolgerungen

Nachdem die Vor- und Nachteile der verschiedenen Anknüpfungsmöglichkeiten des Direktanspruchs dargestellt wurden, ist deutlich geworden, dass eine An-

---

865   Dazu oben S. 44ff.
866   Nach *Lagarde*, in: Gavalda (Hrsg.), La sous-traitance de marchés de travaux et de services, S. 186ff., 196, besteht zudem die Gefahr, dass eine Rechtswahl zu Gunsten eines nichtfranzösischen Rechts als Umgehung der Bestimmungen des Gesetzes Nr. 75-1334 durch französische Gerichte angesehen werden könnte. Dies würde dazu führen, dass eine entsprechende Rechtswahl gemäß Art. 15 Gesetz Nr. 75-1334 nichtig wäre. Dies setzt freilich voraus, dass es sich beim Direktanspruch um eine international zwingende Vorschrift handelt. Dies ist jedoch nicht der Fall, siehe unten S. 277ff.
867   Vgl. für das französische Recht beispielsweise *Juan-Bonhomme*, Sous-traiter, S. 112ff.
868   Vgl. *Pulkowski* [2004] I.C.L.R. 31, 51f.
869   *Pulkowski* [2004] I.C.L.R. 31, 51f.

knüpfung des Direktanspruchs an das Generalunternehmervertragsstatut die beste Lösung darstellt.[870, 871] Sie entspricht der kollisionsrechtlichen Lösung, die für den Vertrag zu Gunsten Dritter angewandt wird und basiert damit auf einer tragfähigen theoretischen Grundlage. Sie garantiert zudem am besten den Schutz des Auftraggebers vor einer für ihn nicht vorhersehbaren Inanspruchnahme durch Subunternehmer ersten wie höheren Grades. Andererseits dient sie dem Ausgleich zwischen den widerstreitenden Schutzbedürfnissen von Subunternehmer und Auftraggeber.

Im Vergleich zu den anderen im Schrifttum vorgeschlagenen Lösungsvorschlägen wird der Subunternehmerschutz durch diese Anknüpfung nicht vermindert. Es treten keine Konflikte mit dem in einigen Rechtsordnungen enthaltenen Genehmigungserfordernis oder der Zustimmung zur Rechnung durch den Generalunternehmer auf. Die Anerkennung der Erfüllungswirkung bereitet nach diesem Ansatz ebenfalls keine Schwierigkeiten.

Demgegenüber überzeugen die übrigen Optionen nicht: Wird der Direktanspruch allein an das Subunternehmervertragsstatut angeknüpft, existiert kein Schutz des Auftraggebers vor einer unvorhergesehenen Inanspruchnahme. Dieses Argument spricht auch gegen eine alternative Anknüpfung des Direktanspruchs in Anlehnung an Art. 40 Abs. 4 EGBGB. Gegen eine analoge Anwendung von Art. 40 Abs. 4 EGBGB spricht ferner, dass weder die Interessenlage noch die Schutzbedürfnisse in beiden Situationen miteinander vergleichbar sind.

Ein kumulativer Ansatz (wie derjenige der Veto-Theorie) schränkt den Subunternehmerschutz weiter ein, als es die Rücksichtnahme auf die Rechte des Auftraggebers oder des Generalunternehmers fordert. Die Veto-Theorie ist zudem zu kompliziert und praktisch kaum handhabbar. Sie schränkt den Subunternehmerschutz dadurch nicht nur rechtlich, sondern auch tatsächlich ein. Im Hinblick auf die Unterschiede der in den jeweiligen Rechtsordnungen vorgesehenen Direktansprüche wirft die Veto-Theorie zudem viele kollisionsrechtlichen Fragen auf, für die sie keine Lösungsmöglichkeiten anbietet.

---

870 Ebenso im Ergebnis *Heuzé* Rev. crit. dr. int. privé 85 (1996), S. 243ff., 257ff.

871 Für den nach französischem Recht dem Subunternehmer zustehenden Schadensersatzanspruch des Subunternehmers gegen den Auftraggeber (siehe oben S. 102f.) muss auf Grund seiner Substituierungsfunktion wiederum dasselbe wie für den Direktanspruch gelten. Allein das Statut des Generalunternehmervertrags ist für den Anspruch ausschlaggebend. Der von der französischen Rechtsprechung entwickelte Schadensersatzanspruch wegen Verletzung der Kontrollpflichten steht dem Subunternehmer folglich immer dann gegen den Auftraggeber zu, wenn das Statut des Generalunternehmervertrags französisches Recht ist. Dieses Statut bestimmt auch den Umfang des Anspruchs.

VII. Zusammenfassung

Der Vergleich der in Frankreich und Luxemburg kodifizierten Direktzahlung mit den kodifizierten Direktansprüchen des Subunternehmers gegen den Auftraggeber zeigt, dass eine kollisionsrechtliche Sonderbehandlung der Direktzahlung nicht erforderlich ist. Auf Grund der Funktionsäquivalenz zwischen Direktzahlung und dem Direktanspruch ist vielmehr eine einheitliche kollisionsrechtliche Behandlung von Direktzahlung und Direktanspruch durch deutsche Gerichte geboten.

Obwohl Argumente sowohl für wie gegen eine vertragliche Qualifikation des Direktanspruchs sprechen, erscheint es unter Berücksichtigung der *Handte*-Entscheidung des EuGH zum EuGVÜ unwahrscheinlich, dass der EuGH – eine zukünftige Qualifikationsbefugnis unterstellt – eine vertragliche Qualifikation des Direktanspruchs annehmen würde. Eine bereicherungsrechtliche Qualifikation scheidet auf Grund der rechtsvergleichend ermittelten Charakteristika des Direktanspruchs eindeutig aus. Daher ist der Direktanspruch des Subunternehmers durch deutsche Gerichte als ein Recht *sui generis* zu qualifizieren.

Zur Bestimmung des anwendbaren Rechts kommt eine analoge Anwendung der Kollisionsnorm für den Direktanspruch des Unfallopfers im Straßenverkehr gegen die (Haftpflicht-)Versicherung des Schädigers (vgl. Art. 40 Abs. 4 EGBGB) nicht in Betracht. Vielmehr entscheidet allein das Generalunternehmervertragsstatut über die Existenz und den Umfang eines Direktanspruchs des Subunternehmers. Dies stellt nicht nur eine in der Praxis gut handhabbare Lösung dar. Sie wird auch dem jeweiligen Schutzbedürfnis von Subunternehmer und Auftraggeber am besten gerecht.

7. KAPITEL – DAS ZWINGENDE RECHT

I. Die Durchsetzung zwingender Normen

Bereits SAVIGNY[872] hat in dem von ihm entworfenen kollisionsrechtlichen System erkannt, dass es Normen gibt, die von zwingender Natur sind und sich dem Kollisionsrecht derart entziehen, dass sie stets auf einen Sachverhalt zur Anwendung kommen:

> *„[...] Dieser Grundsatz aber muß nunmehr beschränkt werden mit Rücksicht auf manche Arten von Gesetzen, deren besondere Natur einer so freien Behandlung der Rechtsgemeinschaft unter verschiedenen Staaten widerstrebt. Bei solchen Gesetzen wird der Richter das einheimische Recht ausschließlich anzuwenden haben, als es jener Grundsatz gestattet, das fremde Recht dagegen unangewendet lassen müssen, auch wo jener Grundsatz die Anwendung rechtfertigen würde. Daraus entsteht eine Reihe von Ausnahmefällen wichtiger Art. Deren Gränzen festzustellen vielleicht die schwierigste Aufgabe in dieser ganzen Lehre sein mag. [...]"*[873]

Auch im modernen IPR hat sich die Erkenntnis durchgesetzt, dass sich manche Normen wegen ihres sozialpolitischen oder wirtschaftspolitischen Inhalts dem Kollisionsrecht entziehen müssen, damit das Gemeinwohlinteresse durchgesetzt werden kann.[874, 875] Der von NEUHAUS geprägte Begriff der „Ein-

---

872 *Savigny*, System des röm. Rechts, Bd. VIII, S.33ff.
873 *Savigny*, System des röm. Rechts, Bd. VIII, S.33ff.
874 MünchKomm-*Sonnenberger*, Einl. IPR Rn. 16.
875 Während zwingende Normen die Anwendbarkeit einer nationalen Norm auf einen Lebenssachverhalt mit Auslandsbezug bewirken, kommt dem in Art. 6 EGBGB enthaltenen *ordre public*-Vorbehalt lediglich eine Abwehrfunktion im Internationalen Privatrecht zu. Art. 6 EGBGB bestimmt, was im Einzelfall mit Rücksicht auf den deutschen *ordre public* nicht als Anwendungsergebnis hinzunehmen ist und schließt insoweit die Anwendung des fremden ausländischen Rechts aus, vgl. statt aller MünchKomm-*Sonnenberger*, Art. 6 EGBGB Rn. 3. Der *ordre public*-Vorbehalt greift dann ein, wenn die nationalen Wertprinzipien der *lex fori* so fundamental sind, dass sie auch bei Sachverhalten mit Auslandsbezug ohne Beachtung der sonstigen kollisionsrechtlichen Verweisung diesen Wertprinzipien als Härteklausel zum Durchbruch verhelfen wollen. Der *ordre public* führt also – im Gegensatz zu zwingenden Normen – dazu, dass Einzelfallgerechtigkeit durch die Nichtanwendung des ausländischen Rechts herbeigeführt wird. Dagegen beinhalten zwingende Normen Sonderanknüpfungen, die wegen des besonderen ordnungspolitischen Gehalts bestimmter Normen geboten sind, vgl. näher zur Unterscheidung MünchKomm-*Sonnenberger*, Art. 6 EGBGB Rn. 9; Staudinger-*Blumenwitz*, Art. 6 EGBGB Rn. 27ff.

griffsnorm"[876] wird jedoch in einem eingeschränkten Sinne aufgefasst: Eine Sonderanknüpfung von Eingriffsnormen kommt nur dann in Betracht, wenn die Normen im öffentlichen (staats- oder wirtschaftspolitischen) Interesse auf private Rechtsverhältnisse einwirken und dieses zwingend regeln. Eingriffsnormen stehen Normen entgegen, die lediglich im Interesse des Schutzes Einzelner erlassen wurden. Dabei bleibt aber stets ein gewichtiges Problem zu lösen: Welche Qualität muss ein Gesetz haben, damit es eine „Eingriffsnorm" darstellt, wann dient ein Gesetz nicht allein individuellen, privatrechtlichen Interessen und ist damit gemeinwohlorientiert? Stellt man auf den Willen des Gesetzgebers ab, lassen sich zahlreiche Gründe für gesetzliche Regelungen finden: Es werden sowohl ordnungs-, sozial- oder wirtschaftspolitische Motive als auch der Schutz von Individuen eine Rolle spielen. Hinzu kommt, dass die Grenzen zwischen staatspolitischen Motiven einerseits und individualschützenden Motiven andererseits fließend sind. Wenn ein Gesetz beispielsweise dem Schutz einer ganzen Klasse oder Gruppe von Individuen dient, die in dem Staat eine besondere Rolle einnehmen und auf die Wirtschaft des Landes einen ernst zu nehmenden Einfluss hat, ist es dann noch individualschützend oder verfolgt es dann bereits staatspolitische Interessen? Diese Abgrenzung bleibt schwierig und es wurden bisher kaum hilfreiche und verlässliche Kriterien hierzu entwickelt.[877]

Der Unterscheidung zwischen Normen des öffentlichen Rechts und Normen des Privatrechts kommt bei der Einordnung der Normen in solche von lediglich intern zwingendem Charakter und solche mit international zwingendem Charakter jedoch immer geringere Bedeutung zu.[878] Insbesondere die *Ingmar*-Entscheidung des EuGH[879] hat deutlich werden lassen, dass auch Normen, die einem privatschützenden Regelungszweck (dem Interessenausgleich zwischen Subjekten des Privatrechts) dienen, einen internationalen Anwendungswillen besitzen können, der vom Forumstaat berücksichtigt werden muss.

Die Durchsetzung zwingender Normen im Vertragsgeflecht von Subunternehmervertrag und Generalunternehmervertrag ist von besonderer Bedeutung. Denn der durch die Subunternehmergesetze bezweckte Schutz darf nicht dadurch ausgehebelt werden, dass die Parteien eine Rechtswahl im Subunternehmervertrag oder im Generalunternehmervertrag zu Gunsten einer Rechtsordnung treffen, welche dem Subunternehmer entweder überhaupt gar keinen oder lediglich einen deutlich geringeren Schutz garantiert als die Rechtsordnung, die mangels einer Rechtswahl zur Anwendung käme. Des Weiteren kann der Sach-

---

876 *Neuhaus*, Grundbegriffe, § 4 II 2.
877 So auch *Schurig* RabelsZ 54 (1990), S. 217ff., 227.
878 Siehe *Pfeiffer*, in: Festschrift Geimer, S. 821ff.
879 EuGH, Urteil vom 9.11.2000 Rs. C-381/98, *Ingmar GB Ltd. ./. Eaton Leonard Technologies Inc.*, IPRax 2001, S. 225ff. und dazu *Jayme* IPRax 2001, S. 190f.

verhalt unter Umständen so enge oder charakteristische Beziehungen mit einem Staat aufweisen, dessen Rechtsordnung einen besonderen Schutz für Subunternehmer vorsieht, dass die Subunternehmerschutzvorschriften unabhängig von dem auf den Subunternehmervertrag oder den Generalunternehmervertrag anzuwendenden Recht zur Anwendung gelangen sollen.

1. Das System des EVÜ

Das EVÜ hat die Beachtlichkeit von zwingenden Normen aufgegriffen. Es berücksichtigt an verschiedenen Stellen zwingende nationale Bestimmungen. Der deutsche Gesetzgeber hat Art. 3 Abs. 3 EVÜ durch die Bestimmung in Art. 27 Abs. 3 EGBGB umgesetzt. Die im EVÜ enthaltene Sonderanknüpfung für Verbraucherverträge[880] und Arbeitsverträge[881] wurden durch Art. 29 Abs. 1 und Art. 30 Abs. 1 EGBGB in das deutsche Recht integriert. Die Bestimmung in Art. 7 Abs. 2 EVÜ über international zwingende Normen wurde durch Art. 34 EGBGB umgesetzt. Lediglich Art. 7 Abs. 1 EVÜ, der die Anwendung ausländischer international zwingender Normen durch einheimische Gerichte betrifft, ist nicht in das deutsche Kollisionsrecht übernommen worden, da die Bundesrepublik Deutschland dagegen einen Vorbehalt eingelegt hat.

Das zwingende Recht ist für die Verwirklichung des internationalen Subunternehmerschutzes vor deutschen Gerichten von besonderer Bedeutung. Zwar können die Sonderanknüpfungen für Verbraucher und Arbeitnehmer (Art. 29 und Art. 30 EGBGB) nicht analog auf Subunternehmer angewandt werden.[882] Es bleibt aber bei den allgemeinen Bestimmungen über zwingende Normen. Gemäß Art. 27 Abs. 3 EGBGB muss eine Rechtswahl in einem General- oder einem Subunternehmervertrag von deutschen Gerichten daraufhin überprüft werden, ob der Sachverhalt eine Verbindung zu der gewählten Rechtsordnung aufweist. Art. 34 EGBGB kommt in Ermangelung spezifischer deutscher Subunternehmerschutzvorschriften lediglich im Hinblick auf die in Art. 641 Abs. 2 BGB eingeführte Durchgriffsfälligkeit von Forderungen unmittelbar Bedeutung zu.

Trotz des Vorbehalts der Bundesrepublik gegen Art. 7 Abs. 1 EVÜ ist anerkannt, dass ausländisches zwingendes Recht von deutschen Gerichten trotz anderslautender Rechtswahl unter bestimmten Umständen berücksichtigt werden muss.[883] Hierbei ist zunächst zu klären, ob es sich bei den oben vorgestellten Schutzgesetzen um international zwingendes Recht dieser Staaten handelt. Insoweit kommt auch der Frage mittelbare Bedeutung zu, inwieweit es sich bei

---

880 Art. 5 Abs. 2 EVÜ.
881 Art. 6 Abs. 1 EVÜ.
882 Vgl. dazu bereits die Ausführungen im vierten Kapitel, oben S. 126ff.
883 Siehe BGH, Urteil vom 22.6.1972, BGHZ 59, S. 82ff., 88.

den Subunternehmerschutzvorschriften um international zwingendes Recht dieser Staaten handelt, da dies einen von deutschen Gerichten zu berücksichtigenden Faktor darstellt. In einem zweiten Schritt ist zu klären, welche Verbindung zwischen dem Sachverhalt und der Rechtsordnung, welcher das Schutzgesetz entstammt, existieren muss. Drittens stellt sich die Frage, ob und wie die Gesetze von deutschen Gerichten berücksichtigt werden müssen.

a) Der Begriff der „zwingenden Bestimmungen"

Obwohl Art. 27 Abs. 3 EGBGB in Anlehnung an Art. 3 Abs. 3 EVÜ den Begriff der „zwingenden Normen" als Normen definiert „von denen nach dem Recht eines Staates durch Vertrag nicht abgewichen werden kann", wird der Begriff im EGBGB nicht einheitlich verwendet. Es ist zwischen intern und international zwingenden Normen zu unterscheiden.[884] Im Folgenden sollen zunächst diese Begriffe näher bestimmt werden, bevor auf die für die ausländischen Gesetze zum Schutz von Subunternehmern speziellen Fragen eingegangen wird.

(1) International zwingende Normen

Art. 34 EGBGB, beruhend auf Art. 7 Abs. 2 EVÜ, verhilft den aus ordnungs-, sozial- oder wirtschaftspolitischen Gründen international zwingenden Bestimmungen der *lex fori* zur Anwendung. International zwingende Normen enthalten eine eigene einseitige Kollisionsregel, die (positiv) zur Anwendung dieser speziellen Norm auf einen Sachverhalt mit Auslandsbezug führt. Sie sollen Konflikten mit dem *ordre public* bei Anwendung des ausländischen Rechts auf diesen Sachverhalt im Einzelfall auf abstrakter Ebene zuvorkommen. International zwingende Normen unterfallen in aller Regel auch nicht der Disposition der Vertragsparteien, so dass sie zugleich als intern zwingende Normen anzusehen sind. Dagegen ist nicht jede intern zwingende Norm zugleich mit einer Kollisionsregel mit Geltungsanspruch im grenzüberschreitenden Rechtsverkehr versehen.[885] Die jeweiligen Normen sind demnach danach zu untersuchen, ob sie eine Werthaltigkeit von besonderer Qualität aufweisen, fundamentale Bedeutung in sich tragen und eben deshalb einen auch internationale Sachverhalte erfassenden Geltungswillen beanspruchen.[886]

---

884 MünchKomm-*Sonnenberger*, Einl. IPR Rn. 16. Vgl. dazu und zu den Reformplänen des EVÜ *Martiny* ZEuP 2003, S. 590ff.; *ders.* ZEuP 2001, S. 308ff.; *ders.* ZEuP 1999, S. 246ff.; *Junker* IPRax 2000, S. 65ff.

885 *Coccia* Riv. dir. int. priv. proc. 1999, S. 801ff., 837f.

886 *Boschiero*, Appunti sulla riforma, S. 246ff.; *Coccia* Riv. dir. int. priv. proc. 1999, S. 801ff., 838.

Dabei zeigt der Vergleich mit anderen Normen, die allgemein und in fast allen Rechtsordnungen als international zwingende Normen angesehen werden, dass die besondere Werthaltigkeit der Normen ihren Ursprung häufig im öffentlichen Interesse haben. Sie verfolgen als Schutzzweck nicht das Wohl des Einzelnen, sondern das des Staates. Als Beispiel seien hier Normen genannt, die den Handel mit bestimmten Gütern (Waffen[887], Kunstwerke[888], technologische Spitzenprodukte, spaltbares Material[889]) verbieten.[890] Eine zweite Gruppe von allgemein und in fast allen Rechtsordnungen anerkannten international zwingenden Normen betreffen und bezwecken jedoch auch den Schutz des Individuums. Dies gilt insbesondere für die Schutzvorschriften für Arbeitnehmer im Arbeitsrecht[891] und für Verbraucherschutzvorschriften. Diesen individualschützenden zwingenden Normen ist gemeinsam, dass sie jeweils besonders große Bevölkerungsgruppen in ihren Schutzzweck einbeziehen. Sie erfüllen damit neben dem Individualschutz einen zweiten Schutzzweck, der wiederum im öffentlichen Interesse seinen Ursprung hat: den Schutz des Arbeitsmarkts und des Handels. Denn könnten die Normen durch die Wahl eines fremden Rechts, das einen geringeren Schutzstandard aufweist, umgangen werden, hätte dies nicht nur Auswirkungen auf die einzelnen betroffenen Arbeitnehmer und Verbraucher, sondern würde auch zu einer Beeinträchtigung des gesamten Arbeitsmarktes und Handels führen. Besonders deutlich wird dieser ambivalente Schutzzweck der Normen der zweiten Kategorie im Bereich des Wettbewerbsrechts.[892] Auch die wettbewerbsschützenden Normen sind allgemein als international zwingende Normen anerkannt. Sie dienen in der Regel nicht nur dem Schutz der einzelnen Marktteilnehmer vor unlauterem Wettbewerb, sondern zugleich dem Markt und Wettbewerb als solchem.

Auch wenn international zwingende Normen häufig einen gemeinwohlschützenden Aspekt in sich tragen, unterscheidet Art. 34 EGBGB nicht zwischen Normen des öffentlichen Rechts und solchen des Privatrechts.[893] Der

---

887 Vgl. das deutsche Außenwirtschaftsgesetz vom 28.4.1961 BGBl. 1961 I, S. 481ff. sowie das Kriegswaffenkontrollgesetz vom 20.4.1961, BGBl. 1961 I, S. 444ff.

888 Vgl. die UNIDROIT Convention on Stolen or Illegally Exported Objects vom 24.6.1995 sowie in Deutschland das Kulturgüterrückgabegesetz vom 15.5.1998, BGBl. 1998 I, S. 3162ff.; Gesetz zum Schutz deutschen Kulturgutes gegen Abwanderung vom 8.7.1999, BGBl. 1999 I, S. 1754ff.

889 Vgl. das deutsche Atomgesetz vom 23.12.1959, BGBl. 1959 I, S. 814ff. sowie das Gentechnikgesetz vom 20.6.1990, BGBl. 1990 I, S. 1080ff.

890 Zu den entsprechenden italienischen Vorschriften siehe *Boschiero*, Appunti sulla riforma, S. 246ff.

891 Vgl. dazu insbesondere § 1 Abs. 1 des Arbeitnehmerentsendegesetzes vom 26.2.1996 BGBl. 1996 I, S. 227ff. sowie MünchKomm-*Martiny*, Art. 34 EGBGB Rn. 85.

892 Vgl. in Italien dazu *Boschiero*, Appunti sulla riforma, S. 256f.

893 MünchKomm-*Sonnenberger*, Einl. IPR Rn. 38.

Frage, inwieweit es sich bei Subunternehmerschutzvorschriften um Normen des Privatrechts handelt, kommt also unmittelbar keine Bedeutung zu. Dennoch muss der sozial-normative Gehalt der Normen und ein ihnen möglicherweise zugrunde liegender öffentlicher Schutzaspekt berücksichtigt werden.

(2) Intern zwingende Normen

Dagegen sind als zwingende Bestimmungen im Sinne des Art. 27 Abs. 3 EGBGB nicht nur die international zwingenden Normen anzusehen, sondern sämtliche Vorschriften des materiellen Rechts, welche von den Parteien nicht abbedungen werden können.[894] Der im Vergleich zu Art. 34 EGBGB erweiterte Anwendungsbereich des Art. 27 Abs. 3 EGBGB gründet sich in der Überlegung, dass Voraussetzung einer Anwendung des Art. 27 Abs. 3 EGBGB ist, dass der Sachverhalt lediglich mit einem Staat Verbindungen aufweist. Liegt eine solche Einbettung des Sachverhalts in eine Rechtsordnung vor, dann kann auch den aus individualschützenden Gründen nicht zur Disposition der Parteien stehenden Normen aus einer anderen Rechtsordnung Geltung verschafft werden. Art. 27 Abs. 3 EGBGB erfasst – einem Erstrecht-Schluss folgend – nicht nur intern zwingende, sondern auch international zwingende Bestimmungen.

Im Rahmen des Art. 27 Abs. 3 EGBGB bleibt den Parteien eine Rechtswahl bei einem reinen Inlandssachverhalt zwar weiterhin möglich, allerdings berührt eine solche Rechtswahl nicht die Anwendbarkeit der zwingenden Normen des Staates, in dem der Sachverhalt angesiedelt ist und zu dem er die einzigen Berührungspunkte aufweist (Einbettungsstaat).[895] Folge ist, dass die zwingenden Normen des Einbettungsstaates weiterhin zur Anwendung gelangen und die Normen des gewählten Statuts verdrängen oder ergänzen. Sinn und Zweck des Art. 27 Abs. 3 EGBGB ist es, zu verhindern, dass die Parteien sich solch lästiger zwingender Normen durch die Wahl einer anderen Rechtsordnung entledigen. Art. 27 Abs. 3 EGBGB ist als allseitige Kollisionsnorm ausgestaltet. Sie verhilft also auch ausländischen zwingenden Rechtsnormen zur Anwendung und nicht nur den zwingenden Rechtsnormen des Forumstaates.

b)   Die Reformvorschläge

Die geplante Reform des EVÜ wird aller Wahrscheinlichkeit nach auch eine Änderung des Art. 3 Abs. 3 EVÜ beinhalten. Die Europäische Gruppe für Internationales Privatrecht hat auf der Jahrestagung 2000 in Rom und Castelgandolfo Änderungsvorschläge unterbreitet, die das EVÜ und damit die Art. 27 Abs. 3 EGBGB zugrunde liegende staatsvertragliche Regelung reformieren

---

894 Soergel-*von Hoffmann* (12. A. 1996), Art. 27 EGBGB Rn. 85, MünchKomm-*Martiny*, Art. 27 Rn. 81.
895 Staudinger-*Magnus*, Art. 27 EGBGB Rn. 115.

sollen.[896] Die von der Europäischen Gruppe vorgeschlagene Neufassung von Art. 3 Abs. 3 EVÜ soll dem Gedanken eines einheitlichen Europäischen Rechtsraums und Wirtschaftsraums Rechnung tragen – sei es, dass die Reform des EVÜ als eine Verordnung der Europäischen Gemeinschaft oder als neuer Konventionstext realisiert wird. Dabei soll sichergestellt werden, dass durch die Wahl des Rechts eines Nichtmitgliedstaates die zwingenden gemeinschaftsrechtlichen Bestimmungen nicht umgangen werden, obwohl der Vertrag einen engen Zusammenhang mit einem Mitgliedstaat aufweist (ähnlich der zum Beispiel in Art. 6 Abs. 2 der Klauselrichtlinie[897] enthaltenen Formulierung).[898] Der Vorschlag für den neuen Art. 3 Abs. 3 EVÜ lautet:

> „Die Wahl des Rechts eines Drittstaats berührt nicht die zwingenden Bestimmungen des Gemeinschaftsrechts, wenn der sonstige Sachverhalt nur mit der Gemeinschaft verbunden ist, sei es auch mit mehr als einem Mitgliedstaat."[899]

Der Änderungsvorschlag ergibt sich im Falle der Umwandlung des EVÜ zu einer Verordnung logisch aus der Änderung des staatsvertraglichen Charakters des EVÜ hin zu primärem Gemeinschaftsrecht.

Der Vorschlag der Europäischen Gruppe für IPR hat auch im Grünbuch der Kommission vom 14.1.2003[900] Berücksichtigung gefunden. Die „Aufnahme einer Klausel, die bei Belegenheit aller oder bestimmter Vertragselemente innerhalb der Gemeinschaft die Einhaltung eines gemeinschaftlichen Mindeststandards an Schutz garantieren würde," wird empfohlen. Der Vorschlag des Grünbuchs für Art. 3 Abs. 3 EVÜ lautet:

> „Sind alle Teile des Sachverhalts bei Vertragsschluss in einem oder mehreren Mitgliedstaaten belegen, so lässt die Wahl des Rechts eines Drittstaates durch die Parteien die Anwendung der zwingenden Bestimmungen des Gemeinschaftsrechts unberührt."

Die Reformvorschläge für das EVÜ berühren die durch die Subunternehmerschutzvorschriften im Rahmen von Art. 27 Abs. 3 EGBGB aufgeworfene Problematik einer umgehenden Rechtswahl inhaltlich nicht. Soweit die Subun-

---

896 Vgl. *Jayme* IPRax 2001, S. 65f., 65f.

897 Richtlinie 93/13/EWG des Rates der Europäischen Gemeinschaften über missbräuchliche Klauseln in Verbraucherverträgen vom 5.4.1993 (Abl. EG 1993 Nr. L 95, S. 29).

898 Kritisch zu der zuvor propagierten analogen Anwendung des Art. 3 Abs. 3 EVÜ MünchKomm-*Martiny*, Art. 27 EGBGB Rn. 67.

899 Zitat der Übersetzung aus *Jayme* IPRax 2001, S. 65f., 65f. Der französische Wortlaut ist in IPRax 2001, S. 64f. abgedruckt. Der englische Wortlaut findet sich bei Staudinger-*Magnus*, Vorbem. zu Art. 27-37 EGBGB, Rn. 32.

900 Grünbuch vom 14.1.2003, KOM (2002) 654 endg., ecolex 2003, S. 290ff.

ternehmerschutzgesetze auf Richtlinien beruhen (insbesondere auf der Richtlinie 2000/35/EG vom 29.6.2000 zur Bekämpfung von Zahlungsverzug im Geschäftsverkehr[901]), haben die Reformvorschläge im Hinblick auf die *Ingmar*-Entscheidung des EuGH[902] lediglich klarstellenden Charakter.

2. Die Bedeutung für Subunternehmervertragsverhältnisse

Vergegenwärtigt man sich die oben[903] dargestellten *Modelle 1 – 5*, welche die möglichen Situationen im grenzüberschreitenden Geflecht von Subunternehmervertrag und Generalunternehmervertrag darstellen, scheint die Anwendbarkeit des Art. 27 Abs. 3 EGBGB zunächst in keinem Fall unmittelbar in Frage zu stehen, denn alle dargestellten Modelle beinhalten einen gewissen Auslandsbezug: Bei den *Modellen 1, 3 und 4* findet sich der Auslandsbezug unmittelbar im Subunternehmervertrag. Im *Modell 2*, in welchem der Subunternehmer und der Generalunternehmer in demselben Staat ihre Niederlassung haben, wird der Auslandsbezug dadurch begründet, dass der Auftraggeber in einem anderen Staat seine Niederlassung hat. Im *Modell 5* begründet sich der Auslandsbezug durch den Erfüllungsort des General- bzw. Subunternehmervertrags außerhalb Deutschlands.

Doch so eindeutig ist die Unanwendbarkeit des Art. 27 Abs. 3 EGBGB auf „internationale" Subunternehmerbeziehungen in der Praxis nicht, wie der folgende Beispielsfall verdeutlichen soll, dem ein Sachverhalt zugrunde liegt, wie er im *Modell 2* dargestellt ist:

Beispiel: Ein deutscher Bauherr beauftragt ein italienisches Unternehmen mit Sitz in Mailand mit der Errichtung einer Schuhfabrik in Hamburg. Der deutsche Bauherr kann die Anwendung deutschen Rechts auf den Generalunternehmervertrag durch Rechtswahl durchsetzen. Das Mailänder Unternehmen wiederum verpflichtet zur Herstellung von Maschinenteilen für die Schuhproduktion ein Maschinenbauunternehmen aus Palermo. Der Subunternehmervertrag soll ebenfalls deutschem Recht unterliegen. Die Maschinenteile sollen von dem Subunternehmen direkt nach Hamburg geliefert werden. Wegen angeblicher Mängel einzelner bereits gelieferter Maschinenteile und nicht berücksichtigter technischer Vorgaben kommt es zum Streit zwischen dem Sub- und dem Generalunternehmer. Ein bereits fälliger Teil des Werklohns wird vom Generalunternehmer vorerst nicht bezahlt. Der Subunternehmer aus Palermo weigert sich daraufhin, weitere Maschinenteile

---

901 Abl. EG Nr. L 200, S. 35ff.
902 EuGH, Urteil vom 9.11.2000 Rs. C-381/98, *Ingmar GB Ltd. ./. Eaton Leonard Technologies Inc.*, IPRax 2001, S. 225ff. und dazu *Jayme* IPRax 2001, S. 190f.
903 Oben S. 28f.

zu liefern. Der Generalunternehmer aus Mailand verklagt den Sub-unternehmer aus Palermo in Hamburg auf Lieferung und Übereignung der Maschinenteile. Die Parteien streiten darüber, ob das italienische Gesetz Nr. 192 zur Anwendung gelangt, auf das sich das Maschinen-bauunternehmen aus Palermo beruft. Es sei hier unterstellt, dass es sich bei den Normen, auf die sich der italienische Subunternehmer beruft, um intern zwingendes italienisches Recht handelt.[904]

Das Hamburger Gericht ist gemäß Art. 5 Nr. 1 lit. b EuGVVO[905] international und örtlich zuständig. Die Vermutungsregel des Art. 5 Nr. 1 lit. b EuGVVO mit autonomer Bestimmung des Erfüllungsortes für sämtliche Ver-tragspflichten ist hier einschlägig, denn der Vertrag zur Herstellung und Liefe-rung von Maschinen ist als ein Vertrag über die Erbringung von Dienstleistun-gen im Sinne des Art. 5 Nr. 1 lit. b EuGVVO anzusehen.[906] Die Parteien haben eine klare Abrede über den Erfüllungsort der Dienstleistungspflicht getroffen: Die Verpflichtung zur Lieferung der Maschinen ist nach dem Subunternehmer-vertrag in Hamburg zu erfüllen.[907]

Der Subunternehmervertrag enthält eine ausdrückliche Rechtswahl i.S.d. Art. 27 Abs. 1 S. 1 Alt. 1 EGBGB zu Gunsten des deutschen Rechts. Die Rechtswahl enthält eine kollisionsrechtliche Verweisung.[908] Eine solche liegt immer dann vor, wenn die Parteien eine fremde Rechtsordnung wählen und da-bei in Kauf nehmen oder beabsichtigen, dass sämtliche dispositiven oder zwin-genden Vorschriften der objektiv auf den Sachverhalt anwendbaren Rechtsord-

904 Siehe dazu im Detail die Analyse unten S. 257ff.
905 Verordnung (EG) Nr. 44/2001 des Rates vom 22.12.2000 über die gerichtliche Zuständigkeit und die Vollstreckung von Entscheidungen in Zivil- und Handelssachen (Abl. EG Nr. L 012 vom 16.1.2001, S. 1).
906 Zur Anwendbarkeit des Art. 5 Nr. 1 EuGVVO auf Subunternehmerverträge siehe unten S. 271ff.
907 Wegen der Anwendbarkeit von Art. 5 Nr. 1 lit. b EuGVVO kann an dieser Stelle dahingestellt bleiben, ob für Art. 5 Nr. 1 lit. a EuGVVO weiterhin die Tessili-Regel zur Anwendung kommt und der Erfüllungsort nach der *lex causae* zu bestimmen ist oder ob eine autonome Bestimmung des Erfüllungsortes in Anlehnung an die Neuregelung in Art. 5 Nr. 1 lit. b EuGVVO vorzunehmen ist. Gegen die Weitergeltung der Tessili-Re-gel und für eine autonome Bestimmung des Erfüllungsortes in Art. 5 Nr. 1 lit. a EuGVVO in Anlehnung an Art. 5 Nr. 1 lit. b EuGVVO *Jayme/Kohler* IPRax 1999, S. 401ff., 405. Demgegenüber für die Weitergeltung der *Tessili*-Regel unter Art. 5 Nr. 1 lit. b EuGVVO *Forner* [2002] 13 (3) I.C.C.L.R. 131, 134f. und *Takahashi* [2002] 27 (5) E.L. Rev. 530, 531f.
908 MünchKomm-*Martiny*, Art. 27 Rn. 13.

nung durch die dispositiven oder zwingenden Vorschriften der gewählten Rechtsordnung ersetzt werden.[909]

Der Regelanknüpfung des Art. 28 Abs. 2 EGBGB zufolge wäre mangels einer Rechtswahl italienisches Recht auf den Subunternehmervertrag anzuwenden gewesen. Eine strenge akzessorische Anknüpfung des Subunternehmervertrags an den Generalunternehmervertrag nach Art. 28 Abs. 5 EGBGB ist abzulehnen.[910] Da beide Parteien ihre Niederlassung in Italien haben, führen auch die übrigen Verbindungselemente des Sachverhalts zu Deutschland nicht nach Art. 28 Abs. 5 EGBGB zur deutschen Rechtsordnung.

Art. 27 Abs. 3 EGBGB könnte dazu führen, dass die Normen, auf die sich der Subunternehmer beruft, trotz der Rechtswahl zu Gunsten des deutschen Rechts vom deutschen Gericht anzuwenden ist. Es wurde unterstellt, dass es sich um intern zwingende Normen handelt. Zu klären bleibt daher nur, ob der Sachverhalt lediglich mit einer Rechtsordnung – nämlich der Italiens – objektiv verbunden ist. Im vorliegenden Beispielsfall haben zwei italienische Unternehmen in Italien einen Werkvertrag geschlossen. Die Maschinenteile sollen nach Deutschland geliefert werden. Darüber hinaus ist der Werkvertrag ein Subunternehmervertrag zu einem Generalunternehmervertrag, auf welchen deutsches Recht anzuwenden ist.

Aber reicht das aus, um eine „Einbettung" der Rechtsbeziehungen zwischen dem Generalunternehmen aus Mailand und dem Subunternehmen aus Palermo in die italienische Rechtsordnung zu verneinen? Welche Qualität muss die ausschließliche Belegenheit eines Sachverhalts in einem Staat im Rahmen eines Subunternehmervertragsverhältnisses aufweisen, damit Art. 27 Abs. 3 EGBGB von einem deutschen Gericht anzuwenden ist? Reichen durch den Generalunternehmervertrag „vermittelte" Verbindungen aus, einen Auslandsbezug des Subunternehmervertrags zu begründen?

Bei der Beantwortung dieser Frage ist zunächst der Wortlaut von Art. 27 Abs. 3 EGBGB zu analysieren. Während in Art. 3 Abs. 3 EVÜ in der deutschen wie in der französischen Sprachfassung (aber im Gegensatz zu Art. 27 Abs. 3 EGBGB) darauf abgestellt wird, dass *„alle Teile des Sachverhalts in ein und demselben Staat belegen"* (*„localisé"*) sind, wird in anderen Sprachfassun-

---

909 MünchKomm-*Martiny*, Art. 27 Rn. 13; Soergel-*von Hoffmann* (12. A. 1996), Art. 27 Rn. 11. Davon zu unterscheiden ist die materiellrechtliche Verweisung, nach der die Parteien eines Rechtswahlvertrags zwar eine andere Rechtsordnung wählen, dies jedoch innerhalb der Grenzen der zwingenden Normen der objektiv auf einen Sachverhalt anwendbaren Rechtsordnung bleiben soll. Das EVÜ geht, wie sich aus einem Umkehrschluss der Art. 3 Abs. 3 EVÜ (entspricht Art. 27 Abs. 3 EGBGB), Art. 5 Abs. 2 EVÜ (entspricht Art. 29 Abs. 1 EGBGB) und Art. 6 Abs. 1 EVÜ (entspricht Art. 30 Abs.1 EGBGB) ergibt, von einer kollisionsrechtlichen Verweisung aus.

910 Siehe dazu oben S. 160ff.

gen[911] (ebenso wie in Art. 27 Abs. 3 EGBGB) auf die *Verbindung* des Rechtsstreits zu lediglich einer Rechtsordnung abgestellt. Inhaltlich machen diese Wortlautdifferenzen für die Auslegung der Norm jedoch keinen Unterschied.[912] In beiden Fassungen bleibt unklar, welche Qualität die Belegenheit oder Verbindung des Sachverhalts mit nur einem Staat haben muss.[913] Im Schrifttum herrscht insoweit Einigkeit, als nicht jede Art von Verbindung mit einem anderen Staat ausreichend ist.[914] Es muss eine Verbindung sein, die auch zur Bestimmung des anwendbaren Rechts beachtlich wäre, die also auch sonst von Kollisionsnormen zu berücksichtigen ist.[915]

a) Die relevanten Verbindungselemente

Zur Unterscheidung von (noch) nicht relevanten und relevanten Verbindungspunkten bietet sich nach überwiegend vertretener Ansicht[916] der Rückgriff auf die für die objektive Anknüpfung heranzuziehenden Kriterien des Art. 28 Abs. 2 EGBGB an. Richtigerweise kann die Beachtlichkeit von bestimmten Umständen bei der Anwendung anderer Kollisionsnormen lediglich eine Art „Mindestgarantie" bieten. Ist anerkannt, dass ein Umstand im Rahmen des Art. 28 Abs. 2 EGBGB beachtlich ist, so liegt eine vom Kollisionsrecht als beachtlich angesehene Verbindung vor. Dies kann allerdings nur in Bezug auf Art. 28 Abs. 2 EGBGB uneingeschränkt gelten, in dem einzelne beachtliche Umstände explizit genannt werden.[917] Denn im Rahmen der Bestimmung einer wesentlich engeren Verbindung im Rahmen des Art. 28 Abs. 5 EGBGB sind ohne Auslassung sämtliche Umstände des Sachverhalts zu beachten und entsprechend zu gewichten.

Damit steht für Subunternehmerverträge ohne weiteres fest, dass die Niederlassung oder der gewöhnliche Aufenthalt einer Vertragspartei in jedem Fall einen beachtlichen Umstand zu dem Niederlassungs- oder Aufenthaltsort dar-

---

911 So zum Beispiel im englischen Wortlaut: *„are connected with one country only"*.

912 *Hartley* Recueil des Cours, Band 266 (1997), S. 343ff., 369 N. 4. Anderer Ansicht jedoch *Droste*, Begriff der zwingenden Bestimmungen, S. 97.

913 MünchKomm-*Martiny*, Art. 27 EGBGB Rn. 77.

914 *Schurig* RabelsZ 54 (1990), S. 217ff., 223; *E. Lorenz*, Festschrift Kegel, S. 303ff., 332; MünchKomm-*Martiny*, Art. 27 EGBGB Rn. 78; Staudinger-*Magnus*, Art. 27 EGBGB Rn. 122.

915 *Schurig* RabelsZ 54 (1990), S. 217ff., 223; *E. Lorenz*, Festschrift Kegel, S. 303ff., 332; MünchKomm-*Martiny*, Art. 27 EGBGB Rn. 78; Staudinger-*Magnus*, Art. 27 EGBGB Rn. 122.

916 *E. Lorenz*, Festschrift Kegel, S. 303ff., 332.; MünchKomm-*Martiny*, Art. 27 EGBGB Rn. 78; *Schurig* RabelsZ 54 (1990), S. 217ff., 223; Staudinger-*Magnus*, Art. 27 EGBGB Rn. 122.

917 So auch MünchKomm-*Martiny*, Art. 27 EGBGB Rn. 78.

stellt, der die „Einbettung" des Sachverhalts in eine einzige Rechtsordnung aufhebt.[918]

Hält man ausschließlich die in Art. 28 Abs. 2 EGBGB für die Bestimmung des anwendbaren Rechts explizit erwähnten Umstände für beachtlich, ergibt sich nur eine geringe Anzahl relevanter Verbindungselemente. So könnten beispielsweise die Verflechtung zwischen Subunternehmervertrag und Generalunternehmervertrag und durch den Generalunternehmervertrag „vermittelte" Verbindungen zu einer anderen Rechtsordnung nicht berücksichtigt werden. Aber es sind auch bestimmte andere, im Rahmen des Art. 28 Abs. 5 EGBGB beachtliche, Verbindungselemente zu berücksichtigen. Für die Identifizierung der relevanten Verbindungen ist dabei auf das kollisionsrechtliche Interesse der Parteien zurückzugreifen.[919] Es ist zu klären, ob trotz der Niederlassung beider Vertragsparteien in einem Mitgliedstaat die Interessen der Parteien eine Rechtswahl zu Gunsten eines anderen Staates „rechtfertigen".[920] Das kollisionsrechtliche Interesse ist daran zu messen, ob die Vertragsparteien ein nachvollziehbares *Bedürfnis* für die Rechtswahl hatten. Ein Bedürfnis für eine Rechtswahl besteht ohne weiteres, wenn eine der Vertragsparteien ihre Niederlassung oder ihren gewöhnlichen Aufenthalt in einem anderen Staat hat.[921] Ein gleiches Bedürfnis besteht, wenn der Abschlussort des Vertrags in dem Staat liegt, dessen Rechtsordnung gewählt wurde, auch wenn dies nicht unumstritten ist.[922]

Wenn allein der Erfüllungsort im Ausland liegt, wird von der wohl herrschenden Ansicht anerkannt, dass dies als gewichtige Verbindung zu einem anderen Staat ausreiche.[923] Für Subunternehmerverträge bedeutet dies, dass ein kollisionsrechtliches Interesse an einer Rechtswahl im Subunternehmervertrag besteht,

a)   wenn der Erfüllungsort des Subunternehmervertrags im Ausland liegt,

---

918   *Schurig* RabelsZ 54 (1990), S. 217ff., 223; MünchKomm-*Martiny*, Art. 27 EGBGB Rn. 78; Staudinger-*Magnus*, Art. 27 EGBGB Rn. 122.

919   Ebenso *Schurig* RabelsZ 54 (1990), S. 217ff., 223.

920   Ebenso *Schurig* RabelsZ 54 (1990), S. 217ff., 223.

921   BGH, 26.10.1993, BGHZ 123, S. 380, 384 = IPRax 1994, S. 449ff., 450f. und dazu *W. Lorenz* IPRax 1994, S. 429ff.

922   BGH, 26.10.1993, BGHZ 123, S. 380, 384 = IPRax 1994, S. 449ff., 450f. und dazu *W. Lorenz* IPRax 1994, S. 429ff.; LG Hamburg, 21.2.1990, IPRax 1990, S. 239ff., 240; MünchKomm-*Martiny*, Art. 27 EGBGB Rn. 78. Dagegen aber OLG Frankfurt, 1.6.1989, IPRax 1990, S. 236ff., 238f.; Staudinger-*Magnus*, Art. 27 EGBGB Rn. 123 hält dem den Vergleich mit Art. 29 EGBGB entgegen, in dem der Gesetzgeber berücksichtigt habe, dass der Abschlussort bewusst ins Ausland verlegt werden kann.

923   MünchKomm-*Martiny*, Art. 27 EGBGB Rn. 78; Staudinger-*Magnus*, Art. 27 EGBGB Rn. 122.

b)   wenn eine der Parteien des Subunternehmervertrags ihre Niederlassung in einem anderen Staat hat oder

c)   der Subunternehmervertrag in einem fremden Staat abgeschlossen wurde.

Da in unserem Beispielsfall der Erfüllungsort der Subunternehmerleistung durch Vereinbarung in Deutschland liegen sollte, ist bereits an dieser Stelle die Beantwortung der oben aufgeworfenen Frage nach der Anwendbarkeit des Art. 27 Abs. 3 EGBGB auf den Fall möglich: Durch die Wahl des deutschen Erfüllungsortes im Subunternehmervertrag existiert bereits eine hinreichende kollisionsrechtlich relevante Verbindung zum gewählten Recht. Das italienische Gesetz Nr. 192 ist daher auf den Beispielsfall vom deutschen Gericht nicht anzuwenden. Es muss folglich nur noch entscheiden, inwieweit es Normen des italienischen Gesetzes Nr. 192 als ausländisches international zwingendes Recht berücksichtigen muss.[924]

b)   Subunternehmervertrag und Generalunternehmervertrag

Das komplexe Vertragsgeflecht von Subunternehmervertrag und Generalunternehmervertrag wirft die spezifische Frage auf, inwieweit die wirtschaftliche Verflechtung der beiden Verträge eine hinreichende Verbindung zum gewählten Recht im Sinne des Art. 27 Abs. 3 EGBGB begründen kann. Hierzu ein weiterer Beispielfall:

Beispiel: Ein deutsches Unternehmen vergibt an ein italienisches Generalunternehmen den Auftrag zur Errichtung einer Produktionshalle in Italien. Auf den Generalunternehmervertrag ist auf Grund ausdrücklicher Rechtswahl deutsches Recht und die VOB/B anzuwenden. Exklusiver Gerichtsstand soll München sein. Der italienische Generalunternehmer schaltet für Installationsarbeiten einen ebenfalls italienischen Installateur als Subunternehmer ein. Der Subunternehmervertrag enthält eine Rechtswahl zu Gunsten des deutschen Rechts. Der Vertrag nimmt das Pflichtenheft des Generalunternehmervertrags und die VOB/B in Bezug. Der Auftraggeber verklagt den Generalunternehmer in München auf Schadensersatz wegen Mängeln der Installationsarbeiten und daraus resultierendem Produktionsausfall. Der Generalunternehmer erklärt daraufhin dem Subunternehmer den Streit. Der Subunternehmer beruft sich darauf, dass der Subunternehmervertrag wegen Verstoßes gegen Art. 9 des italienischen Gesetzes Nr. 192 nichtig sei. Es

---

924   Siehe dazu sogleich unten S. 269ff.

soll unterstellt werden, dass Art. 9 des Gesetzes Nr. 192 in Italien als intern zwingende Norm anzusehen ist.[925]

Das deutsche Gericht muss anhand von Art. 27 Abs. 3 EGBGB entscheiden, ob Art. 9 des Gesetzes Nr. 192 durch die Rechtswahl im Subunternehmervertrag zu Gunsten deutschen Rechts abbedungen werden konnte. Es erscheint fraglich, ob der Subunternehmervertrag eine hinreichende Verbindung zur deutschen Rechtsordnung aufweist. Ein Auslandsbezug wird allein durch den Generalunternehmervertrag und den im Subunternehmervertrag enthaltenen Bezug auf das Pflichtenheft und die VOB/B vermittelt.

Im Schrifttum wird die Ansicht vertreten, dass eine rein wirtschaftliche Verbindung eines Vertrags mit einem ausländischen Sachverhalt alleine nicht ausreiche.[926] Nach Ansicht VON HOFFMANNS ist demgegenüber ein Auslandsbezug eines Vertrags bereits dann zu bejahen, wenn in irgendeiner Weise die Interessen des internationalen Handels betroffen sind.[927] Dies gelte auch dann, wenn die Parteien ihre Niederlassung oder ihren gewöhnlichen Aufenthalt im selben Staat haben und die vertraglich vereinbarte Leistung innerhalb dieses Staates ohne grenzüberschreitenden Bezug erfolge.[928] Voraussetzung sei allein, dass das Geschäft in Zusammenhang mit einer grenzüberschreitenden Bewegung stehe. Dies gelte beispielsweise bereits für einen Vertrag, der im Anschluss an eine internationale Ausschreibung mit einem Inländer zustande komme oder für die Finanzierung internationaler Geschäfte im Inland.[929] Es würde zudem zu einer Diskriminierung inländischer Geschäftspartner gegenüber ausländischen Mitbewerbern führen, wenn man in solchen Fällen die Wahl ausländischen Rechts ausschließe.[930]

M.E. vermögen die Argumente VON HOFFMANNS nicht zu überzeugen. Allein wirtschaftliche Verbindungen eines Sachverhalts mit einer anderen Rechtsordnung sind keine relevanten Verbindungen im Sinne des Art. 27 Abs. 3 EGBGB. Denn im Rahmen des Art. 27 Abs. 3 EGBGB ist zu beachten, dass ein nationaler Gesetzgeber bereits eine Abwägungsentscheidung getroffen hat, indem er gewisse Normen mit intern zwingendem Charakter geschaffen hat. Diese Abwägungsentscheidung zwischen dem mit den zwingenden Bestimmungen verfolgten Schutzzweck und dem Interesse der Unternehmen an möglichst freiem Handeln und möglichst freier Rechtswahl muss auch im Internationalen Privatrecht Beachtung verdienen. Die Entscheidung hat der nationale Gesetzge-

925 Siehe dazu sogleich unten S. 262ff.
926 Staudinger-*Magnus*, Art. 27 EGBGB Rn. 122.
927 Soergel-*von Hoffmann* (12. A. 1996), Art. 27 Rn. 94.
928 Soergel-*von Hoffmann* (12. A. 1996), Art. 27 Rn. 94.
929 Soergel-*von Hoffmann* (12. A. 1996), Art. 27 Rn. 94.
930 Soergel-*von Hoffmann* (12. A. 1996), Art. 27 Rn. 94.

ber zum Nachteil seiner am freien unbeschränkten Handel interessierten Inländer und zum Vorteil des mit den zwingenden Normen bezweckten Schutzes getroffen. Die Abwägungsentscheidung sollte daher nicht allein wegen Handelshemmnissen in Frage gestellt werden. Fraglich ist vielmehr, inwieweit dieses Abwägungsergebnis auch durch das Internationale Privatrecht des Forumstaates im Rahmen des Art. 27 Abs. 3 EGBGB anerkannt werden soll. Denn akzeptierte man das Argument, dass eine Inländerdiskriminierung durch die Anwendung der zwingenden Normen eines Staates drohe, ließe sich jeder noch so geringe internationale Bezug zur Rechtfertigung heranziehen, um die unliebsame Schranke des Art. 27 Abs. 3 EGBGB zu umgehen. Dies widerspricht jedoch dem Grundgedanken des Art. 27 Abs. 3 EGBGB, der zwingende Bestimmungen eines Staates geschützt sehen will, wenn nicht ein greifbares, eine Rechtswahl erforderndes kollisionsrechtliches Interesse der Parteien für eine Rechtswahl existiert.

Für Subunternehmerverträge bedeutet dies, dass die bloße internationale Ausschreibung eines Auftrags mit nachträglicher Vergabe an einen inländischen Generalunternehmer und inländischen Subunternehmer oder die inländische Finanzierung eines Geschäfts mit internationalem Bezug nicht als hinreichender Auslandsbezug im Rahmen des Art. 27 Abs. 3 EGBGB angesehen werden können.

In unserem Beispielsfall liegt eine wirtschaftliche Verflechtung des Subunternehmervertrags mit einem grenzüberschreitenden Generalunternehmervertrag vor. Die wirtschaftliche Verflechtung konkretisiert sich in den Leistungspflichten des Subunternehmers durch eine Bezugnahme auf den Generalunternehmervertrag. Eine solche Verflechtung ist enger als die bloße Finanzierung eines Geschäftes oder Zuschlag nach internationaler Ausschreibung. Sie kann aber m.E. nicht *per se* als beachtenswertes kollisionsrechtliches Interesse für die nach Art. 27 Abs. 3 EGBGB notwendige Verbindung mit Deutschland angesehen werden. Abzustellen ist vielmehr darauf, ob die Bezugnahme im Subunternehmervertrag auf den Generalunternehmervertrag so konkret ist, dass der internationale Charakter der nach dem Generalunternehmervertrag geschuldeten Leistungen in den Subunternehmervertrag übernommen wurde. Nur wenn dadurch auch die nach dem Subunternehmervertrag geschuldeten Leistungen ein internationales Gepräge bekommen, sind die über den Generalunternehmervertrag vermittelten Auslandsbezüge im Rahmen des Art. 27 Abs. 3 EGBGB relevant.

Dies ist im Beispielfall zu bejahen. Die Vertragspflichten eines ansonsten inländischen Subunternehmervertrags bekommen einen grenzüberschreitenden Charakter, wenn normative Standards eines anderen Landes, welche die schuldvertragliche Pflicht unmittelbar prägen, in den Subunternehmervertrag integriert werden. Folglich existiert in dem Beispielsfall eine relevante Verbindung des

Subunternehmervertrags zu Deutschland. Der Subunternehmer kann folglich nur Erfolg haben, wenn das deutsche Gericht Art. 9 des Gesetzes Nr. 192 als ausländische international zwingende Norm berücksichtigt.[931]

3. Art. 34 EGBGB und Subunternehmervertrag

Art. 34 EGBGB ermöglicht lediglich die Durchsetzung deutscher international zwingender Normen vor deutschen Gerichten. Die einzige hierfür relevante deutsche Subunternehmerschutzvorschrift ist § 641 Abs. 2 BGB.

a) § 641 Abs. 2 BGB

§ 641 Abs. 2 BGB kann nur unter Berücksichtigung seines europarechtlichen Hintergrundes analysiert werden. Wie gesehen beruht § 641 Abs. 2 BGB auf der Zahlungsverzugs-Richtlinie 2000/35/EG.[932] Art. 3 Abs. 3 und 4 der Richtlinie bestimmen:

> *„(3) Die Mitgliedstaaten bestimmen, dass eine Vereinbarung über den Zahlungstermin oder die Folgen eines Zahlungsverzugs, die nicht im Einklang mit Absatz 1 Buchstaben b) bis d) und Absatz 2 steht, entweder nicht geltend gemacht werden kann oder einen Schadensersatzanspruch begründet, wenn sie bei Prüfung aller Umstände des Falles, einschließlich der guten Handelspraxis und der Art der Ware, als grob nachteilig für den Gläubiger anzusehen ist. Bei der Entscheidung darüber, ob eine Vereinbarung grob nachteilig für den Gläubiger ist, wird unter anderem berücksichtigt, ob der Schuldner einen objektiven Grund für die Abweichung von den Bestimmungen des Absatzes 1 Buchstaben b) bis d) und des Absatzes 2 hat. Wenn eine derartige Vereinbarung für grob nachteilig befunden wurde, sind die gesetzlichen Bestimmungen anzuwenden, es sei denn, die nationalen Gerichte legen andere, faire Bedingungen fest.*
>
> *(4) Die Mitgliedstaaten sorgen dafür, dass im Interesse der Gläubiger und der Wettbewerber angemessene und wirksame Mittel vorhanden sind, damit der Verwendung von Klauseln, die als grob nachteilig im Sinne von Absatz 3 zu betrachten sind, ein Ende gesetzt wird. "*

---

931 Dazu unten S. 273f.
932 Abl. EG Nr. L 200, S. 35ff. Vgl. dazu *Gsell* ZIP 2000, S. 1861ff.; *Huber* JZ 2000, S. 957ff.; *Krebs* DB 2000, S. 1697ff.; zu den Vorentwürfen *Freitag* EuZW 1998, S. 559ff.; *Gsell* ZIP 1998, S. 1569ff.; *Gsell*, ZIP 1999, S. 1281ff.; *Kieninger* WM 1998, S. 2213ff.; *Knapp* RabelsZ 63 (1999), S. 295ff.; *Lehr* EWS 1999, S. 241ff.; *Leible*, in: Scholz (Hrsg.), Union des Rechts, S. 90ff.; *Schmidt-Kessel* JZ 1998, S. 1135ff.; *Wägenbaur* EuZW 1998, S. 417f.

Wie die *Ingmar*-Entscheidung[933] des EuGH klargestellt hat, darf eine Rechtswahl nicht dazu führen, dass die Anwendung der die Richtlinie umsetzenden nationalen Normen vereitelt wird, wenn eine Richtlinie zwingende Bestimmungen enthält. Die auf einer Richtlinie beruhenden nationalen Vorschriften müssen dann als international zwingende Normen im Verhältnis zu Drittstaaten beachtet werden, wenn ein hinreichend enger Bezug zum EG-Binnenmarkt existiert. Die *Ingmar*-Entscheidung hat daher auch für die Frage Bedeutung, inwieweit die der Umsetzung der Zahlungsverzugs-Richtlinie dienenden und Subunternehmer schützenden Normen als international zwingend im Verhältnis zu Drittstaaten angesehen werden müssen.

(1) Die *Ingmar*-Entscheidung des EuGH

Auf Vorlage des englischen *Court of Appeal* nach Art. 234 EGV sollte der EuGH in der *Ingmar*-Entscheidung über die Anwendbarkeit der Handelsvertreterrichtlinie[934] entscheiden. Die Richtlinie dient dem Schutz von Handelsvertretern.[935] Nach Art. 17 Abs. 1 der Richtlinie treffen die Mitgliedstaaten die erforderlichen Maßnahmen dafür, dass der Handelsvertreter nach Beendigung des Vertragsverhältnisses Anspruch auf Ausgleich oder Schadensersatz hat. Gemäß Art. 19 der Richtlinie können die Parteien vor Ablauf des Vertrags keine Vereinbarungen treffen, die von Art. 17 zum Nachteil des Handelsvertreters abweichen. Die Klägerin (*Ingmar UK Ltd.*, eine englische Gesellschaft mit beschränkter Haftung) wurde zur Handelsvertreterin der Beklagten (*Eaton Leonard Technologies Inc.*, eine Gesellschaft kalifornischen Rechts) im Vereinigten Königreich bestellt. Eine Vertragsklausel sah vor, dass der Vertrag kalifornischem Recht unterliegen solle. Nach Beendigung des Vertrags im Jahr 1996 erhob die Klägerin Klage vor dem *High Court of Justice (England & Wales), Queen's Bench Division* auf Zahlung einer Provision und einer Entschädigung für die Beendigung ihres Vertragsverhältnisses mit der Beklagten. Der *High Court* entschied, dass die englischen Umsetzungsvorschriften der Richtlinie nicht anzuwenden seien, da der Vertrag kalifornischem Recht unterliege. Die Klägerin legte gegen diese Entscheidung Berufung beim *Court of Appeal* ein. Dieser legte dem EuGH die Frage zur Vorabentscheidung vor, ob die Art. 17 und 18 der Richtlinie, welche dem Handelsvertreter nach Vertrags-

---

933 EuGH, Urteil vom 9.11.2000 Rs. C-381/98, *Ingmar GB Ltd. ./. Eaton Leonard Technologies Inc.*, IPRax 2001, S. 225ff. und dazu *Jayme* IPRax 2001, S. 190f. und *Power* [2001] 12 (3) I.C.C.L.R. 33.

934 Richtlinie 86/653/EWG des Rates vom 18. Dezember 1986 zur Koordinierung der Rechtsvorschriften der Mitgliedstaaten betreffend die selbständigen Handelsvertreter, ABl. EG Nr. L 382, S. 17.

935 EuGH, Urteil vom 30.4.1998, Rs. C-215/97, *Bellone*, Slg. 1998, I, S. 2191ff., Rn. 13; *Power* [2001] 12 (3) I.C.C.L.R. 33; EuGH, Urteil vom 9.11.2000 Rs. C-381/98, *Ingmar GB Ltd. ./. Eaton Leonard Technologies Inc.*, IPRax 2001, S. 225ff., Rn. 20.

beendigung gewisse Ansprüche gewähren, auch dann anzuwenden sind, wenn der Handelsvertreter seine Tätigkeit in einem Mitgliedstaat ausgeübt, der Unternehmer seinen Sitz aber in einem Drittland hat und der Vertrag vereinbarungsgemäß dem Recht dieses Landes unterliegt.

Der EuGH bejaht in der Entscheidung den international zwingenden Charakter der Richtlinienbestimmungen über die Entschädigung des Handelsvertreters.[936] Art. 17 der Richtlinie verpflichte die Mitgliedstaaten, eine Regelung für die Entschädigung der Handelsvertreter nach Beendigung des Vertragsverhältnisses einzurichten. Zwar lasse die Richtlinie den Mitgliedstaaten die Wahl zwischen einer Ausgleichs- und einer Schadensersatzregelung, der Rahmen sei jedoch bindend festgelegt. Der zwingende Charakter dieser Bestimmungen werde durch Art. 19 der Richtlinie unterstrichen, wonach die Parteien vor Ablauf des Vertrags nicht zum Nachteil des Handelsvertreters von diesen abweichen können. Zudem dienten die von der Richtlinie vorgeschriebenen Harmonisierungsmaßnahmen auch der Aufhebung der Beschränkungen der Ausübung des Handelsvertreterberufs, der Vereinheitlichung der Wettbewerbsbedingungen innerhalb der Gemeinschaft und der Stärkung der Sicherheit im Handelsverkehr. Die Richtlinie bezwecke daher, auch die Niederlassungsfreiheit und einen unverfälschten Wettbewerb im Binnenmarkt zu schützen. Die Einhaltung dieser Bestimmungen im Gemeinschaftsgebiet erscheine daher für die Verwirklichung der Ziele des EG-Vertrags unerlässlich. Ein Unternehmer mit Sitz in einem Drittland, dessen Handelsvertreter seine Tätigkeit innerhalb der Gemeinschaft ausübe, dürfe die Bestimmungen nicht durch eine Rechtswahlklausel umgehen können. Der Zweck dieser Bestimmungen erfordere, dass sie unabhängig davon anwendbar seien, welchem Recht der Vertrag nach dem Willen der Parteien unterliegt, wenn der Sachverhalt einen starken Gemeinschaftsbezug aufweise. Ein starker Gemeinschaftsbezug existiere zum Beispiel dann, wenn der Handelsvertreter seine Tätigkeit im Gebiet eines Mitgliedstaates ausübe.[937]

---

936 Siehe insbesondere Rn. 25 und 26 der *Ingmar*-Entscheidung, EuGH, Urteil vom 9.11.2000 Rs. C-381/98, *Ingmar GB Ltd. ./. Eaton Leonard Technologies Inc.*, IPRax 2001, S. 225ff. Die Entscheidung deckt sich mit der von Generalanwalt *Léger* in den Schlussanträgen vertretenen Ansicht. Siehe zu dem Urteil auch *Jayme* IPRax 2001, S. 190f. sowie *Freitag/Leible* RIW 2001, S. 287ff.; *Staudinger* NJW 2001, S. 1974ff.; *Power* [2001] 12 (3) I.C.C.L.R. 33; *Idot* Rev. crit. dr. int. privé 2001, S. 107ff., 112; *Verhagen* [2002] ICLQ 135; *Schwarz* ZVglRWiss 101 (2002), S. 45ff.; *Bitterlich* VuR 2002, S. 155ff.; *Roth* [2002] C.M.L.Rev. 369. Anders hatte der französische Kassationshof in einem ähnlich gelagerten Fall im Urteil vom 28.11.2000 Recueil Dalloz 2001, S. 305 (jur.) entschieden. Im Ergebnis wie der EuGH demgegenüber das Urteil des italienischen Kassationshofs vom 30.6.1999, Riv. dir. int. priv. proc. 2000, S. 741ff., 744.

937 Rn. 25 und 26 der *Ingmar*-Entscheidung; siehe auch *Jayme* IPRax 2001, S. 190f. sowie *Freitag/Leible* RIW 2001, S. 287ff.; *Staudinger* NJW 2001, S. 1974ff.

(2) Die Auswirkungen auf den Subunternehmerschutz

Art. 29a EGBGB stellt sicher, dass durch eine Rechtswahl zu Gunsten des Rechts eines Drittstaates der durch bestimmte Richtlinien bezweckte Schutz nicht entzogen wird.[938] Er setzt damit die *Ingmar*-Rechtsprechung des EuGH für bestimmte Richtlinien um. Von seinem Anwendungsbereich sind freilich nur die in Art. 29a Abs. 4 EGBGB genannten verbraucherschützenden Richtlinien umfasst, nicht aber andere.[939]

Art. 29a EGBGB entlastet die nationalen Gerichte der Mitgliedstaaten jedoch nicht davon, die *Ingmar*-Rechtsprechung des EuGH außerhalb des Anwendungsbereichs des Art. 29a EGBGB zu berücksichtigen und auch bezüglich anderer Richtlinien anzuwenden. Denn die *Ingmar*-Rechtsprechung des EuGH ist nicht auf verbraucherschützende Richtlinien beschränkt. Im Lichte der *Ingmar*-Entscheidung des EuGH muss ein deutsches Gericht vielmehr prüfen, ob sich ein zwingender Geltungsanspruch einer ausländischen nationalen Norm, welche auf einer zwingenden Richtlinienbestimmung beruht, aus dem auf das Gebiet des Binnenmarktes bezogenen Regelungszweck ergibt.[940] Es muss also trotz einer Zuordnung der Verzugsvorschriften zu den auf privaten Interessenausgleich gerichteten Subunternehmerschutzvorschriften geprüft werden, ob durch die Richtlinie 2000/35/EG ein bestimmter räumlich-territorialer Regelungszweck verfolgt wird.[941] Dabei sind Gegenstand der Auslegung die nationalen Subunternehmerschutzvorschriften, welche die Richtlinie 2000/35/EG umgesetzt haben.[942] Dazu ist freilich auch die Richtlinie 2000/35/EG selbst anhand der aufgezeigten Kriterien danach zu analysieren, ob sie einen unbedingten Anwendungswillen beinhaltet.

Die Zahlungsverzugs-Richtlinie enthält keine ausdrückliche Anordnung der international zwingenden Berücksichtigung wie z. B. Art. 6 Abs. 2 der

---

938 Art. 29a EGBGB wurde durch Art. 2 Abs. 2 des Fernabsatzgesetzes vom 27.6.2000, BGBl. 2000 I, S. 897, in das EGBGB eingefügt.

939 Richtlinie 93/13/EWG über missbräuchliche Klauseln in Verbraucherverträgen vom 5.4.1993 (Abl. EG 1993 Nr. L 95, S. 29), Richtlinie 94/47/EG zum Schutz der Erwerber im Hinblick auf bestimmte Aspekte von Verträgen über den Erwerb von Teilzeitnutzungsrechten vom 26.10.1994 (Abl. EG 1994 Nr. L 280, S. 83), Richtlinie 97/7/EG über den Verbraucherschutz bei Vertragsabschlüssen im Fernabsatz vom 20.5.1997 (Abl. EG 1997 Nr. L 144, S. 19), Richtlinie 99/44/EG zu bestimmten Aspekten des Verbrauchsgüterkaufs und der Garantien für Verbrauchsgüter vom 25.5.1999 (Abl. EG Nr. L 171, S. 12). Vgl. auch § 310 Abs. 3 Nr. 2 BGB.

940 So *Pfeiffer*, in: Festschrift Geimer, S. 821ff., 831 zum Beispiel der Haustürgeschäfte. Dies wurde vom BGH jedoch im Urteil vom 19.3.1997, BGHZ 135, S. 124ff. verkannt.

941 Vgl. zum Widerrufsrecht bei Haustürgeschäften *Pfeiffer*, in: Festschrift Geimer, S. 821ff., 831 und *Michaels/Kamann* EWS 2001, S. 301ff.; *Staudinger* NJW 2001, S. 1974ff.

942 *Jayme*, IPRax 2001, S. 190ff., 190; *Kindler* BB 2001, S. 11ff., 12.

Klausel-Richtlinie[943], Art. 9 der Teilzeitnutzungsrechte-Richtlinie[944], Art. 12 Abs. 2 der Fernabsatz-Richtlinie[945] oder 7 Abs. 2 der Verbrauchsgüterkaufrichtlinie,[946] wonach die Parteien keine Rechtswahl zu Gunsten eines Drittstaates treffen dürfen.[947] Sie enthält aber für die Parteien nicht abdingbare Regelungen. So bestimmt Art. 3 Abs. 3 der Richtlinie, dass die Mitgliedstaaten Vorsehungen dagegen treffen, dass eine Vereinbarung über den Zahlungstermin oder die Folgen eines Zahlungsverzugs, die nicht im Einklang mit Art. 3 Abs. 1 lit. b bis d und Abs. 2 steht, unter bestimmten Umständen entweder nicht geltend gemacht werden kann oder einen Schadensersatzanspruch begründet. Aus der Ausgestaltung der Richtlinie als intern zwingendem Recht folgt allerdings nicht automatisch auch der internationale Geltungsanspruch.[948] Dieser lässt sich nur der Zielsetzung des jeweiligen Sekundärrechtsakts entnehmen. Aus den Erwägungsgründen der Richtlinie[949] und einer Gesamtschau wird aber deutlich, dass die Zahlungsverzugs-Richtlinie unausgesprochen[950] zwingende territoriale Geltung im Binnenmarkt fordert.

Die Zahlungsverzugs-Richtlinie dient dazu, diejenigen Unterschiede zwischen den Zahlungsbestimmungen und -praktiken in den Mitgliedstaaten zu beseitigen, die das reibungslose Funktionieren des Binnenmarktes beeinträchtigen.[951] Art. 14 EGV gebietet ferner, dass grenzüberschreitende Geschäfte nicht größere Risiken mit sich bringen als Inlandsgeschäfte.[952] Um Wettbewerbsverzerrungen zwischen Unternehmern in den Mitgliedstaaten zu

---

943 Richtlinie 93/13/EWG über missbräuchliche Klauseln in Verbraucherverträgen vom 5.4.1993, Abl. EG 1993 Nr. L 95, S. 29.
944 Richtlinie 94/47/EG zum Schutz der Erwerber im Hinblick auf bestimmte Aspekte von Verträgen über den Erwerb von Teilzeitnutzungsrechten vom 26.10.1994, Abl. EG 1994 Nr. L 280, S. 83.
945 Richtlinie 97/7/EG über den Verbraucherschutz bei Vertragsabschlüssen im Fernabsatz vom 20.5.1997, Abl. EG 1997 Nr. L 144, S. 19.
946 Richtlinie 99/44/EG zu bestimmten Aspekten des Verbrauchsgüterkaufs und der Garantien für Verbrauchsgüter vom 25.5.1999, Abl. EG 1999 Nr. L 171, S. 12.
947 Auch die Richtlinie 85/577/EWG betreffend den Verbraucherschutz im Falle von außerhalb von Geschäftsräumen geschlossenen Verträgen, Abl. EG 1985 Nr. L 372, S. 31 (Haustürwiderrufsrichtlinie) enthält kein ausdrückliches kollisionsrechtliches Gebot.
948 Vgl. zur Handelsvertreterrichtlinie *Staudinger* NJW 2001, S. 1974ff., 1976.
949 Siehe insbesondere Erwägungsgrund 10 zur Richtlinie 2000/35/EG.
950 Vgl. allgemein zu unausgesprochenem territorialem Geltungswillen *Staudinger* NJW 2001, S. 1974ff.; *Pfeiffer*, in: Festschrift Geimer, S. 821ff., S. 832; sowie grundlegend *Wengler* ZVglRWiss 54 (1941), S. 168ff. Gegen einen unbedingten territorialen Geltungswillen der Zahlungsverkehrsrichtlinie sprechen sich demgegenüber dezidiert *Freitag/Leible* RIW 2001, S. 287ff., 293 aus.
951 Erwägungsgrund Nr. 9 der Richtlinie 2000/35/EG.
952 Erwägungsgrund Nr. 10 der Richtlinie 2000/35/EG.

vermeiden, muss der Zahlungsverzug im Binnenmarkt garantiert werden.[953] Darüber hinaus soll der Missbrauch verzögerter Zahlungen durch Generalunternehmer zu Lasten von Subunternehmern im Binnenmarkt durch die Zahlungsverzugs-Richtlinie garantiert werden.[954] Diese Zielsetzungen können aber nur dann erreicht werden, wenn die Zahlungsbestimmungen unabhängig von dem auf den Subunternehmervertrag anzuwendenden Recht Geltung beanspruchen und nicht durch eine Rechtswahl der Parteien zu Gunsten des Rechts eines Drittstaates umgangen werden können. Entscheidender Gesichtspunkt ist daher der Schutz der Gläubiger (also der Subunternehmer), welche ihre Tätigkeit innerhalb des Binnenmarktes ausüben.

Für den internationalen Geltungswillen der auf der Richtlinie beruhenden nationalen Subunternehmerschutzvorschriften spricht ferner, dass Unternehmern mit Niederlassung innerhalb des Binnenmarktes gegenüber Unternehmern mit Niederlassung in einem Drittstaat benachteiligt würden, wenn die strengeren Verzugsvorschriften nur für Unternehmer mit Niederlassung im Binnenmarkt Geltung beanspruchen würden. Diesem Argument kommt freilich in Bezug auf die Richtlinie 2000/35/EG weniger Gewicht zu als in Bezug auf die Handlesvertreterrichtlinie. Während der Ausgleichsanspruch für Unternehmen einen nicht zu unterschätzenden Kostenfaktor darstellt[955], sind die zusätzlichen Kosten, welche durch eine beschleunigte Zahlung von Subunternehmern entstehen, geringer. Das Wettbewerbsverzerrungsargument ist zudem auf Kritik gestoßen. So meint BASEDOW[956], dass andere Faktoren – wie zum Beispiel höhere Kommissionen bzw. Werklöhne – zu einer Ausgleichung der Wettbewerbsbedingungen zwischen gemeinschaftsinternen und gemeinschaftsfremden Leistungen und Produkten führen könnten und ein Rückgriff auf das Werkzeug der international zwingenden Normen als Bollwerk der „Festung Europa"[957] nicht notwendig sei.

Dennoch ist m.E. das Wettbewerbsverzerrungsargument nicht völlig von der Hand zu weisen. Denn BASEDOW[958] setzt voraus, dass die Privatautonomie das Regelungsergebnis ohne staatlichen Eingriff erzielen kann. Da jedoch im Falle eines strukturellen Ungleichgewichts die Privatautonomie als Regelungs-

---

953 Siehe die Erwägungsgründe Nr. 11 und 12 der Richtlinie 2000/35/EG.

954 Vgl. die Erwägungsgründe Nr. 19 - 22 der Richtlinie 2000/35/EG.

955 Siehe *Freitag/Leible* RIW 2001, S. 287ff., 292; vgl. ferner Rn. 31ff. der Schlussanträge von Generalanwalt *Léger* zur Ingmar-Entscheidung sowie *Freitag/Leible* RIW 2001, S. 287ff., 292, die zu Recht darauf hinweisen, dass sich in sämtlichen Erwägungsgründen zu individualschützenden Richtlinien der EG der Hinweis auf den Schutz des unverfälschten Wettbewerbs findet.

956 *Basedow*, in: Schnyder/Heiss/Rudisch (Hrsg.), S. 11ff.

957 Vgl. kritisch *Freitag/Leible* RIW 2001, S. 287ff., 292.

958 *Basedow*, in: Schnyder/Heiss/Rudisch (Hrsg.), S. 11ff.

mechanismus für einen gerechten Interessenausgleich zwischen den Vertragsparteien versagt, bleibt nur der Rückgriff auf einen unbedingten territorialen Anwendungswillen von Normen, um eine Störung des Wettbewerbs zwischen Unternehmern innerhalb der EG und solchen aus Drittstaaten zu verhindern. Ein die Regelungskraft der Privatautonomie beschränkendes strukturelles Ungleichgewicht liegt sowohl in Bezug auf Handelsvertreterverträge als auch in Bezug auf Subunternehmerverträge vor.

Auch wenn die Zahlungsverzugs-Richtlinie dies nicht ausdrücklich erwähnt, können der von ihr verfolgte Schutzzweck zu Gunsten von Subunternehmern und die Vereinheitlichung des Binnenmarktes nur dann erreicht werden, wenn der Richtlinie unbedingter Geltungswille für den Fall zugesprochen wird, dass ein enger Bezug zum EG-Binnenmarkt besteht. Ein solch enger Zusammenhang ist in Bezug auf Subunternehmer immer dann gegeben, wenn dieser seine Niederlassung in einem Mitgliedstaat hat und seine Tätigkeit überwiegend im Staatsgebiet eines Mitgliedstaates ausübt, unabhängig vom konkreten Erfüllungsort der Dienstleistungsverpflichtung. Der territoriale Anwendungswille der Richtlinie 2000/35/EG umfasst daher m.E. zwingend alle Tätigkeiten von Subunternehmern, die diese schwerpunktmäßig innerhalb der Gemeinschaft erbringen.

Daraus ist für den auf der Richtlinie 2000/35/EG beruhenden § 641 Abs. 2 BGB zu folgern, dass eine Rechtswahl zu Gunsten eines außereuropäischen Rechts nicht dazu führen darf, dass der durch die Richtlinie 2000/35/EG bezweckte Subunternehmerschutz umgangen werden kann. § 641 Abs. 2 BGB muss daher insoweit als international zwingende Norm im Sinne des Art. 34 EGBGB angesehen werden, als die praktische Wirksamkeit des von der Richtlinie bezweckten Subunternehmerschutzes durch die Wahl des Rechts eines Drittstaates ausgehebelt würde.[959] Die Tatsache, dass die Richtlinie 2000/35/EG und der auf ihr beruhende § 641 Abs. 2 BGB dem Individualschutz dienen, stellt dabei kein Hindernis für die Bejahung des internationalen Geltungswillens dar.[960] Primär individualschützende Richtlinien wie die Handelsvertreterrichtlinie oder die Richtlinie 2000/35/EG dienen mittelbar immer auch öffentlichen Zwecken, indem sie die strukturell unterlegenen Vertragsparteien vor wirtschaftlicher Ausnutzung bewahren und die Zahlungsfähigkeit eines Gewerbezweiges sichern.[961] Wie die *Ingmar*-Entscheidung darüber hinaus deutlich wer-

---

959 Demgegenüber wird in der deutschen Literatur (Palandt-*Sprau*, § 641 BGB Rn. 9; *Kiesel* NJW 2000, S. 1673ff., 1678; *Wolf-Heberbekermeier* BB 2000, S. 786ff., 788) § 641 Abs. 2 BGB sogar für von den Parteien abdingbar gehalten. Anderer Ansicht ist allein *Peters* NZBau 2000, S. 169ff., 172.

960 *Jayme* IPRax 2001, S. 190ff., 191; *Reich* EuZW 2001, S. 51f.

961 *Freitag/Leible* RIW 2001, S. 287ff., 291f. verneinen eine strukturelle Ungleichgewichtslage in Bezug auf Handelsvertreter, da es sich nicht bei allen Handelsvertretern um von

den lässt, spricht auch die Tatsache, dass Subunternehmer als Gewerbetreibende mit Gewinnerzielungsabsicht tätig werden, nicht gegen einen unbedingten territorialen Geltungswillen der auf europäischem Richtlinienrecht beruhenden nationalen Vorschriften.[962]

Demgegenüber folgt m.E. aus diesen Ausführungen nicht, dass sämtliche auf der Richtlinie 2000/35/EG beruhenden nationalen Vorschriften (wie zum Beispiel die festgelegten Zinssätze) einen unbedingten territorialen Geltungswillen beanspruchen können. Solch eine weite Lesart der vom EuGH in der *Ingmar*-Entscheidung aufgestellten Grundsätze könnte in Bezug auf die Zahlungsverzugs-Richtlinie dazu führen, dass ein Unternehmer mit Niederlassung im Binnenmarkt sich gegenüber einem Unternehmer aus einem Drittstaat trotz Vereinbarung des Rechts eines Drittstaates stets auf die in der Richtlinie enthaltenen Zinssätze berufen könnte.[963] Dies würde – konsequent zu Ende gedacht – zu einem international zwingenden EG-Gläubigerschutz führen. Ein so weitgehender Eingriff in die Privatautonomie scheint in der Tat nicht gerechtfertigt. In Bezug auf den Subunternehmerschutz ist das gefundene Auslegungsergebnis dennoch korrekt. Denn der unbedingte territoriale Geltungswille einer Norm lässt sich immer dann rechtfertigen, wenn eine strukturelle Ungleichgewichtslage existiert, die einer Selbstregulierung des Marktes entgegensteht. Ein solche strukturelle Ungleichgewichtslage kann – im Gegensatz zur allgemeinen Stellung eines Gläubigers – sowohl für Handelsvertreterverträge als auch für Subunternehmerverträge festgestellt werden.

Zusammenfassend: Subunternehmer unterliegen in Fällen mit objektivem Drittstaatenbezug stets dem durch die Richtlinie 2000/35/EG gewährten Schutz, wenn sie ihre Niederlassung in einem Mitgliedstaat haben und ihr Tätigkeitsschwerpunkt im Rahmen der konkreten Vertragserfüllung innerhalb des Gemeinschaftsterritoriums liegt, auch wenn die Parteien das Recht eines Drittstaates gewählt haben. Daraus ist darüber hinaus für den Fall, dass der Subunternehmer die Vertragspflichten durch Tätigkeiten in mehreren Mitgliedstaaten erfüllt, die Schlussfolgerung zu ziehen, dass das Umsetzungsrecht desjenigen

---

ihren Auftraggebern abhängige Einfirmenvertreter handle. Diese Argumentation greift freilich zu kurz, da zum einen eine strukturelle Ungleichgewichtslage nur bei generalisierender Betrachtungsweise feststellbar ist. Zum anderen resultiert die strukturelle Ungleichgewichtslage gerade nicht nur aus der wirtschaftlichen Stärke oder Schwäche einer Vertragspartei. Wie oben S. 44ff. ausgeführt, folgt das strukturelle Ungleichgewicht zum Nachteil von Subunternehmern auch aus dem Vertragsgeflecht, in welchem sie ihre Dienstleistungen erbringen.

962 So auch *Jayme* IPRax 2001, S. 190ff., 191. Kritisch demgegenüber *Freitag/Leible* RIW 2001, S. 287ff., 291f. und *Basedow*, in: Schnyder/Heiss/Rudisch (Hrsg.), S. 11ff., 32. Vgl. ferner *Basedow* NJW 1996, S. 1921ff., 1925; *Freitag* EWiR 2000, S. 1061f., 1062.
963 So die Befürchtung von *Freitag/Leible* RIW 2001, S. 287ff., 293.

Mitgliedstaates zwingend anzuwenden ist, in welchem der Schwerpunkt seiner Tätigkeit liegt.[964]

b) Die Pläne zur Reform des Art. 7 EVÜ

Art. 7 Abs. 2 EVÜ soll dem Vorschlag der Europäischen Gruppe für IPR[965] folgend durch einen neuen Abs. 3 für den Fall ergänzt werden, dass die Reform durch eine Verordnung realisiert wird. Der neue Abs. 3 soll Art. 7 Abs. 2 EVÜ einschränken und damit die Rechtsprechung des EuGH zu Art. 7 Abs. 2 EVÜ (insbesondere in der Entscheidung *Arblade* vom 23.11.1999[966]) wiedergeben. Danach kann eine zwingende Norm in einem Mitgliedstaat, der die Verkehrsfreiheiten beeinträchtigt, nur dann Berücksichtigung finden, wenn die Norm nicht gegen Gemeinschaftsrecht verstößt. Ein Verstoß gegen Gemeinschaftsrecht ist dann gegeben, wenn die Norm nicht durch ein überwiegendes Gemeinwohlinteresse gerechtfertigt wird und die Beschränkung der Verkehrsfreiheit verhältnismäßig ist.[967] Der Vorschlag der Europäischen Gruppe für IPR für den neuen Art. 7 Abs. 3 EVÜ lautet:

> *„Den zwingenden Bestimmungen eines Mitgliedslandes kann nur und nur soweit Geltung verschafft werden, als ihre Anwendung keine ungerechtfertigte Beeinträchtigung der im [EG-] Vertrag verankerten Verkehrsfreiheiten darstellt."*[968]

Die vorgeschlagene Ergänzung gibt die durch den EuGH gefundene Auslegung wieder. Es ergeben sich folglich keine relevanten inhaltlichen Änderungen. Auch die Änderungsvorschläge der Kommission im Grünbuch zu Rom I[969] gehen nicht über eine Klarstellung der gegenwärtigen Rechtslage unter Berücksichtigung des *Arblade*-Urteils hinaus.

---

964 Vgl. zu diesem Ansatz die Ausführungen von *Freitag/Leible* EWS 2000, S. 342ff., 344ff. Zum Verbraucherschutz unter Art. 29a EGBGB und die Handelsvertreterrichtlinie *Freitag/Leible* RIW 2001, S. 287ff., 293f. Siehe dort auch für Lösungsmöglichkeiten im Falle nicht rechtzeitiger oder unzulänglicher Umsetzung einer Richtlinie.

965 Siehe *Jayme* IPRax 2001, S. 65f.

966 EuGH, Urteil vom 23.11.1999, Rs. C-369/96, *Jean-Claude Arblade, Arblade & Fils SARL*, Slg. 1999 I, S. 8453.

967 Siehe zu dieser Frage unten das neunte Kapitel, welches die Vereinbarkeit der ausländischen Subunternehmergesetze mit den Europäischen Grundfreiheiten untersucht.

968 Übersetzung des Verfassers. Der französische Wortlaut ist in IPRax 2001, S. 64f. abgedruckt. Der englische Wortlaut findet sich bei Staudinger-*Magnus*, Vorbem. zu Art. 27-37 EGBGB, Rn. 32.

969 Grünbuch der Kommission „über die Umwandlung des Übereinkommens von Rom aus dem Jahr 1980 über das auf vertragliche Schuldverhältnisse anzuwendende Recht in ein Gemeinschaftsinstrument sowie über seine Aktualisierung" vom 14.1.2003, KOM (2002) 654 endg., ecolex 2003, S. 290ff.

II. Intern zwingende Normen i. S. d. Art. 27 Abs. 3 EGBGB

1. § 641 Abs. 2 BGB

Im deutschen Schrifttum wird § 641 Abs. 2 BGB größtenteils für abdingbar gehalten.[970] Doch muss dies insgesamt als ungeklärt bezeichnet werden. Noch weitergehend ungeklärt ist, ob § 641 Abs. 2 BGB auch durch allgemeine Geschäftsbedingungen abdingbar ist, was insbesondere im Hinblick auf die VOB/B für Subunternehmerverträge von Bedeutung sein kann.[971]

Hierzu ist zu bemerken, dass die Frage der Abdingbarkeit von § 641 Abs. 2 BGB nicht ohne Berücksichtigung ihres europarechtlichen Hintergrundes beantwortet werden kann. Es wurde bereits oben[972] darauf hingewiesen, dass § 641 Abs. 2 BGB der Umsetzung der Richtlinie 2000/35/EG zur Bekämpfung von Zahlungsverzug im Geschäftsverkehr dient. Der unausgesprochene territoriale Anwendungswille der Richtlinie und der ihrer Umsetzung dienenden nationalen Normen muss beachtet werden.[973] Es widerspräche dem Zweck der Norm, Subunternehmern eine schnelle Bezahlung zu sichern, wenn die Zahlungsfristen zur Disposition der Parteien stünden und somit auch eine Verlängerung der Zahlungsfristen zum Nachteil der Subunternehmer erreicht werden könnte. § 641 Abs. 2 BGB stellt daher nach den Grundsätzen der *Ingmar*-Entscheidung intern zwingendes Recht im Sinne des Art. 27 Abs. 3 EGBGB dar, wenn ein Subunternehmer seine Tätigkeit schwerpunktmäßig im Territorium eines Mitgliedstaates, hier also in Deutschland, ausgeübt hat und das Recht eines Drittstaates von den Parteien gewählt wurde.[974]

2. Italien: Das Gesetz Nr. 192

Es ist nun zu untersuchen, welche Vorschriften des italienischen Gesetzes Nr. 192 als intern zwingende Bestimmungen im Sinne des § 27 Abs. 3 EGBGB an-

---

970 Palandt-*Sprau*, § 641 BGB Rn. 9; *Kiesel* NJW 2000, S. 1673ff., 1678; *Wolf-Heberbekermeier* BB 2000, S. 786ff., 788. Anderer Ansicht *Peters* NZBau 2000, S. 169ff., 172.

971 Für Abdingbarkeit in allgemeinen Geschäftsbedingungen *Kiesel* NJW 2000, S. 1673ff., 1678; *Wolf-Heberbekermeier* BB 2000, S. 786ff., 788. Dagegen meinen Palandt-*Sprau*, § 641 BGB Rn. 9 sowie *Kniffka* ZfBR 2000, S. 227ff., 232, dass eine Abbedingung in allgemeinen Geschäftsbedingungen gegen § 307 BGB verstoße.

972 Siehe dazu ausführlich oben S. 51f.

973 Siehe dazu ausführlich oben S. 251ff.

974 Siehe in Bezug auf die Handelsvertreterrichtlinie *Jayme* IPRax 2001, S. 190f.; *Freitag/Leible* RIW 2001, S. 287ff.; *Staudinger* NJW 2001, S. 1974ff.; *Idot* Rev. crit. dr. int. privé 2001, S. 107ff., 112; *Verhagen* [2002] ICLQ 135; *Schwarz* ZVglRWiss 101 (2002), S. 45ff.; *Bitterlich* VuR 2002, S. 155ff.; *Roth* [2002] C.M.L.Rev. 369.

zusehen sind. Hierzu ist zwischen den einzelnen Bestimmungen zu differenzieren.[975]

a)   Art. 2 Abs. 1 bis 3 Gesetz Nr. 192

Das Schriftformerfordernis in Art. 2 Abs. 1, die zugehörige Fiktion der Schriftform in Art. 2 Abs. 2 Gesetz Nr. 192 sowie das Schriftformerfordernis für Einzelverträge, die in Ausführung eines Rahmenvertrags geschlossen werden, sind – wie gesehen – als Formvorschriften zu qualifizieren.[976] Ihre kollisionsrechtliche Beachtlichkeit vor deutschen Gerichten richtet sich folglich nach Art. 11 EGBGB und nicht nach Art. 27 Abs. 3 EGBGB.[977]

b)   Art. 2 Abs. 4 und 5 Gesetz Nr. 192

Zwar beinhaltet das Gesetz Nr. 192 selbst keine Anordnung einer Nichtigkeitsfolge für den Fall der Nichtbeachtung der Bestimmungen über den notwendigen Inhalt in Art. 2 Abs. 4 und 5 Gesetz Nr. 192 des „subfornitura"-Vertrags. Wie oben[978] gesehen folgt aber die Nichtigkeit von Verträgen, die den Mindestinhalt nicht wiedergeben, aus der ständigen Rechtsprechung italienischer Gerichte. Der Wortlaut der Absätze 4 und 5 des Art. 2 legt zudem nahe, dass es sich um Bestimmungen handelt, denen sich die Parteien nicht entziehen können.[979] Zweck der Regelung ist das Erreichen größtmöglicher Transparenz und Sicherheit für die Vertragsparteien und insbesondere des „subfornitore" als der schwächeren Vertragspartei. Folglich ist davon auszugehen, dass es sich bei den Bestimmungen in Art. 2 Abs. 4 und 5 um intern zwingende Normen handelt.[980]

c)   Art. 3 Abs. 1 bis 3 und 5 Gesetz Nr. 192

Zweck der Regelungen in Art. 3 Abs. 1 bis 3 und 5 Gesetz Nr. 192 ist es, die Zahlung des Entgelts an den „subfornitore" zu beschleunigen und Transparenz zu ermöglichen. Art. 3 Abs. 3 des Gesetzes dient der Umsetzung der Richtlinie 2000/35/EG in Italien. Der zwingende Charakter der Norm folgt daher ebenso wie der von § 641 Abs. 2 BGB aus den vom EuGH in der *Ingmar*-Entscheidung entwickelten Grundsätzen.[981] Es widerspräche zudem dem Normzweck, wenn

---

975   *Birk/Lauser/Zanovello* RIW 2001, S. 180ff., 184 sprechen sich ohne Differenzierung und ohne Begründung insgesamt für einen intern zwingenden Charakter des Gesetzes Nr. 192 aus.

976   Siehe oben S. 176f.

977   Sie stehen nach dem Willen des italienischen Gesetzgebers allerdings nicht zur Disposition der Parteien, vgl. *Coccia* Riv. dir. int. priv. proc. 1999, S. 801ff., 821ff.

978   Oben S. 74f.

979   *Coccia* Riv. dir. int. priv. proc. 1999, S. 801ff., 821ff.

980   So auch *Coccia* Riv. dir. int. priv. proc. 1999, S. 801ff., 821ff.

981   Siehe dazu näher oben S. 249ff.

die Zahlungsfristen zur Disposition der Parteien stünden und somit auch eine Verlängerung der Fristen für Zahlungen an den „*subfornitore*" durch geschicktes Verhandeln und Ausnutzen der wirtschaftlichen Überlegenheit des „*committente*" erreicht werden könnte. Eine Verringerung des Zinssatzes oder eine Abbedingung der durch das Gesetz vorgesehenen Vertragsstrafe durch die Parteien soll nach dem Willen des italienischen Gesetzgebers ausgeschlossen sein.[982]

Der Regelung in Art. 3 Abs. 5 Gesetz Nr. 192, wonach der „*subfornitore*" im Falle kostenrelevanter Änderungswünsche des „*committente*" nach Vertragsschluss die Zusatzkosten verlangen kann, kommt ebenfalls intern zwingender Charakter zu. Der Anpassungsanspruch existiert unabhängig von einer ausdrücklichen vertraglichen Regelung. In ihr spiegelt sich ein wichtiger Grundsatz des italienischen Vertragsrechts wider:[983] Die *essentialia* eines Vertrags, zu denen beim „*subfornitura*"-Vertrag insbesondere die genaue Bestimmung der Leistungspflicht des „*subfornitore*" und das ihm dafür zustehende Entgelt gehören, dürfen nicht einseitig von einer Partei nachträglich geändert werden.[984] Der beabsichtigte Schutz des „*subfornitore*" wäre dann in der vertraglichen Praxis nicht realisierbar.[985] Trotz des zwingenden Charakters steht Art. 3 Abs. 5 Gesetz Nr. 192 einer Vertragsgestaltung nicht im Wege, nach der die Vertragsparteien bereits bei Abschluss des Vertrags mögliche Änderungen angesprochen und vorbehalten haben und das Entgelt des „*subfornitore*" im Voraus bereits so bestimmt wurde, dass es die Zusatzkosten für diese Änderungen berücksichtigt.

d)   Art. 3 Abs. 4 Gesetz Nr. 192

Die Regelung des Art. 3 Abs. 4 Gesetz Nr. 192, wonach der „*subfornitore*" im Falle der nicht rechtzeitigen Zahlung des Entgelts einen vorläufig vollstreckbaren Mahnbescheid („*ingiunzione di pagamento provvisoriamente esecutiva*") gemäß Art. 633 ff. C.P.C. erlangen kann, ist – wie gesehen[986] – als verfahrensrechtliche und nicht als materiellrechtliche Norm zu qualifizieren. Als verfahrensrechtliche Norm stellt sich die Frage nicht, ob Art. 3 Abs. 4 Gesetz Nr. 192 eine intern zwingende Norm i.S.d. Art. 27 Abs. 3 EGBGB ist.

e)   Art. 4 Gesetz Nr. 192

Das Verbot der Weitervergabe in Art. 4 Gesetz Nr. 192 hat wegen der im italienischen Werkvertragsrecht existierenden Regelung in Art. 1656 *Codice civile* –

---

982   Ebenso *Musso*, La subfornitura, S. 581 und 606ff.
983   Vgl. *Coccia* Riv. dir. int. priv. proc. 1999, S. 801ff., 821ff.
984   Vgl. *Coccia* Riv. dir. int. priv. proc. 1999, S. 801ff., 821ff.
985   *Musso*, La subfornitura, S. 607.
986   Oben S. 75f.

wie gesehen – Kompromisscharakter.[987] Lediglich die Mindestquote der vom Unternehmer ohne Genehmigung des Auftraggebers an den *„subfornitore"* frei zu vergebenden 50% stellt zwingendes Recht dar, ansonsten ergäbe die Differenzierung zwischen einer Erhöhung und einer Absenkung der Quote innerhalb der Norm keinen Sinn.[988]

Art. 4 Abs. 3 Gesetz Nr. 192 begrenzt die Dispositionsfreiheit der Parteien des Weiteren dahingehend, dass die Zahlungsfristen im *„sub-subfornitura"*-Vertrag nicht ungünstiger sein dürfen als im *„subfornitura"*-Vertrag. Hierbei handelt es sich um eine reine Schutzvorschrift zu Gunsten des *„sub-subfornitore"*. Sie kann nur dann ihren Schutzzweck erfüllen, wenn sie nicht durch die Parteien des *„sub-subfornitura"*-Vertrags abbedungen werden kann.[989]

f)   Art. 5 Abs. 1 bis 3 Gesetz Nr. 192

Auch die Bestimmung in Art. 5 Abs. 1 und 2 Gesetz Nr. 192, welche die Haftung des *„subfornitore"* für Mängel in seiner Werkleistung und die Haftung des *„committente"* für Mängel in den von ihm zur Verfügung gestellten Vorprodukten oder Gütern bestimmt, ist für die Parteien nicht abdingbar.[990] Dies wird durch Art. 5 Abs. 3 Gesetz Nr. 192 deutlich, demzufolge jede andere Vereinbarung zwischen *„subfornitore"* und *„committente"* nichtig ist.[991] Daher beansprucht die Regelung absoluten Geltungswillen.

g)   Art. 5 Abs. 4 Gesetz Nr. 192

Der Wortlaut des Art. 5 Abs. 4 Gesetz Nr. 192 macht deutlich, dass die Anzeigefristen für Mängel der Leistung des *„subfornitore"* nicht von den allgemeinen gesetzlichen Regeln abweichen dürfen. Damit scheint klar zu sein, dass Art. 5 Abs. 4 nicht zur Disposition der Parteien steht. Allerdings existiert im italienischen Schrifttum Streit darüber, ob die Fristen nicht zu Gunsten des *„subfornitore"* verkürzt werden können.[992] Der italienische Gesetzgeber hatte nicht nur den einseitigen Schutz des *„subfornitore"* vor Augen.[993] Deshalb ist auch an dieser Stelle der Wortlaut der Norm in dem Sinne ernst zu nehmen, dass die Anzeigefrist auch nicht zu Gunsten des *„subfornitore"* abgekürzt werden

987 *Gioia* Il corriere giuridico 1998, S. 882ff., 886.

988 *Bortolotti*, I contratti di subfornitura, S. 110f.; *Gioia* Il corriere giuridico 1998, S. 882ff., 886.

989 Vgl. *Musso*, La subfornitura, S. 607; *Bortolotti*, I contratti di subfornitura, S. 110f.

990 *Alpa/Zatti*, Legge 18 Giugno 1998, N. 192, S. 570f.

991 *Alpa/Zatti*, Legge 18 Giugno 1998, N. 192, S. 570f.

992 *Alpa/Zatti*, Legge 18 Giugno 1998, N. 192, S. 573.

993 Vgl. *Bortolotti*, I contratti di subfornitura, S. 128f.

kann.[994] Daraus ist zu folgern, dass Art. 5 Abs. 4 insgesamt der Disposition der Parteien entzogen ist und es sich um eine intern zwingende Bestimmung i.S.d. Art. 27 Abs. 3 EGBGB handelt.[995]

h) Art. 6 Gesetz Nr. 192

Eindeutig nicht zur Disposition der Parteien steht auch Art. 6 Gesetz Nr. 192. Klauseln, die eine Partei besonders benachteiligen, werden mit der Sanktion der Nichtigkeit belegt. Der zwingende Charakter folgt ohne weiteres aus dem Wortlaut und dem Zweck der Regelung.[996]

i) Art. 7 Gesetz Nr. 192

Art. 7 des Gesetzes Nr. 192 beschneidet nicht das Recht des „*committente*", über sein geistiges Eigentum zu verfügen und dieses auf den „*subfornitore*" zu übertragen. Ebenso steht es dem „*committente*" frei, auf die Vertraulichkeit seitens des „*subfornitore*" zu verzichten. Es ist daher kein Grund ersichtlich, warum Art. 7 Gesetz Nr. 192 eine intern zwingende Norm im Sinne des Art. 27 Abs. 3 EGBGB sein sollte. Weder der Wortlaut noch der Schutzzweck der Norm legen eine dementsprechende Auslegung nahe.[997]

j) Art. 9 Gesetz Nr. 192

Art. 9 Gesetz Nr. 192 beinhaltet ein Verbot des Missbrauchs wirtschaftlicher Abhängigkeit. Wie oben gesehen, handelt es sich um eine allgemeine wettbewerbsrechtliche Bestimmung.[998] Eine Abdingbarkeit widerspräche Sinn und Zweck der Vorschrift diametral.[999] Auch wenn die Vorschrift dem Schutz der schwächeren Vertragspartei dient, verfolgt sie über den Individualschutz hinaus den Zweck des Schutzes des gesamten Marktes. Sie dient der Verwirklichung der Chancengleichheit und der Wettbewerbsfreiheit.[1000] Art. 9 Gesetz Nr. 192 ist daher ohne weiteres als intern zwingende Vorschrift im Sinne des Art. 27 Abs. 3 EGBGB anzusehen.[1001]

---

994 Ebenso *Bortolotti*, I contratti di subfornitura, S. 128f. Für eine einseitige Abdingbarkeit jedoch *Chiesa*, in: De Nova (Hrsg.), La subfornitura, S. 57.

995 *Musso*, La subfornitura, S. 607.

996 *Alpa/Zatti*, Legge 18 Giugno 1998, N. 192, S. 573; *Musso*, La subfornitura, S. 581 und 606ff.

997 Ebenso *Musso*, La subfornitura, S. 607.

998 Siehe oben S. 81ff.

999 *Coccia* Riv. dir. int. priv. proc. 1999, S. 801ff., 841f.; *Musso*, La subfornitura, S. 607.

1000 *Coccia* Riv. dir. int. priv. proc. 1999, S. 801ff., 841f. Vgl. zu den prozessualen Aspekten der Ausnutzung der wirtschaftlichen Abhängigkeit *Musso*, La subfornitura, S. 582ff.

1001 Ebenso *Musso*, La subfornitura, S. 581 und 606ff.

k) Art. 10 Gesetz Nr. 192

Die Frage, ob Art. 10 Gesetz Nr. 192 eine intern zwingende Norm darstellt, stellt sich für deutsche Gerichte nicht, da Art. 10 als Norm des Verfahrensrechts zu qualifizieren ist. Ein deutsches Gericht muss Art. 10 Gesetz Nr. 192 allein unter dem Aspekt der Berücksichtigung ausländischen Verfahrensrechts beachten.[1002]

3. Frankreich: Das Gesetz Nr. 75-1334

Die Art. 15, 7 und 12 Abs. 2 Gesetz Nr. 75-1334 machen deutlich, dass nach dem Willen des französischen Gesetzgebers sämtliche Bestimmungen des Gesetzes Nr. 75-1334 nicht zur Disposition der Parteien stehen. Denn vom Gesetz abweichende Vertragsbestimmungen sind auf Grund dieser Vorschriften nichtig.

Auch das Verbot der vollständigen Weitervergabe des Werkes in Art. 1 Abs. 1 Gesetz Nr. 75-1334 für öffentliche Aufträge steht nicht zur Disposition der Parteien. Es erscheint zwar auf den ersten Blick nicht ausgeschlossen, dass der öffentliche Auftraggeber auf diese Vorschrift verzichten und dem Generalunternehmer auch die vollständige Weitervergabe erlauben kann. Es ist allerdings zu beachten, dass das Verbot der vollständigen Weitervergabe nicht dem Schutz des Auftraggebers vor nicht genehmigten und unbekannten Subunternehmern dient, sondern die öffentliche Auftragsvergabe als solche vor Unregelmäßigkeiten schützen soll. Dies zeigt der Vergleich mit der erlaubten vollständigen Weitervergabe im Rahmen privater Werkverträge.

Die Problematik ist wegen der in Frankreich seit 1976 bestehenden Verwaltungsvorschrift, welche eine vollständige Weitervergabe im Rahmen öffentlicher Aufträge verbietet[1003], rein theoretischer Natur. Die französischen[1004] staatlichen Einrichtungen und Körperschaften werden bereits durch öffentliches Recht an einer abweichenden Parteivereinbarung gehindert.

In Bezug auf den Direktanspruch bzw. die Direktzahlung an den Subunternehmer ist Folgendes zu bemerken: Vereinbarungen zwischen dem Auftraggeber und dem Generalunternehmer können den Direktanspruch nicht ausschließen oder dessen Voraussetzungen erschweren. Dies folgt bereits aus dem Umgehungsverbot des Art. 15 des Gesetzes Nr. 75-1334. Demgegenüber sind Verträge zwischen dem Auftraggeber und dem Generalunternehmer insoweit wirksam, als sie die Voraussetzungen des Direktanspruchs mindern oder dessen

---

1002 Siehe dazu die Ausführungen im achten Kapitel, unten S. 257ff.

1003 Circulaire vom 7.10.1976, Code des marchés publics et CCAG.

1004 Vgl. dazu, dass das Gesetz nur die französischen staatlichen Einrichtungen, Unternehmen und Körperschaften meint, oben S. 95f.

Ausübung erleichtern. Denn es handelt sich dann um Verträge zu Gunsten Dritter.[1005]

4. Luxemburg: Das Gesetz vom 23.7.1991

Nach Art. 13 sind „Klauseln, Bestimmungen oder Abreden gleich welcher Art, welche zu einer Umgehung des luxemburgischen Schutzgesetzes führen würden, nichtig." Hieraus scheint der intern zwingende Charakter des Gesetzes vom 23.7.1991 zu folgen.

Es ist aber fraglich, ob aus dem „Umgehungsverbot" zweifelsfrei auf einen intern zwingenden Charakter des Gesetzes geschlossen werden kann. Denn – wie gesehen – steht das in Art. 13 des Gesetzes vom 23.7.1991 enthaltene Umgehungsverbot in einem Spannungsverhältnis zur Möglichkeit des Subunternehmers, die Anwendung des Gesetzes unter bestimmten Bedingungen auszuschließen.[1006] Lediglich wenn ein Subunternehmer im Rahmen der Erfüllung eines öffentlichen Auftrags[1007] tätig wird oder bei Vertragsschluss keine diesbezügliche ausdrückliche Ausschlusserklärung abgegeben hat, findet Art. 13 uneingeschränkte Anwendung.

Darüber hinaus ist mit einer „Umgehung" in erster Linie ein treuwidriges Verhalten des Generalunternehmers oder ein unlauteres Zusammenwirken zwischen Generalunternehmer und Auftraggeber zu Lasten des Subunternehmers gemeint. Dennoch kommt m.E. der unbedingte Geltungswille des Gesetzes durch Art. 13 des Gesetzes hinlänglich deutlich zum Ausdruck, wenn nicht die Voraussetzungen eines Ausschlusses nach Art. 2 Abs. 2 vorliegen.

Aus dem Wortlaut von Art. 13 des luxemburgischen Gesetzes und auf Grund des Schutzzwecks der Norm muss m.E. gefolgert werden, dass es sich bei sämtlichen Schutznormen des Gesetzes dann um intern zwingendes Recht im Sinne des Art. 27 Abs. 3 EGBGB handelt, wenn der Subunternehmer in Ausführung eines öffentlichen Auftrags tätig wird.

5. Belgien und Spanien

a) Art. 1798 des belgischen *Code civil*

Dem belgischen Schrifttum zufolge ist eine Umgehung des Direktanspruchs wider Treu und Glauben nicht zu tolerieren.[1008] Es wäre völlig entgegen dem

---

1005 So für den Direktanspruch in Spanien *Fernandez*, in: Comentarios al Código civil y Complicaciones Forales, Art. 1597, S. 453f.

1006 Siehe oben S. 107ff.

1007 Vgl. zur Bedeutung oben S. 107f.

1008 Siehe *Wery* Rev. rég. dr. 1997, S. 169ff., 181 (N. 75), der eine entsprechende Anwendung von Art. 1691 Abs. 1 des belgischen Code civil (Wirkungen der Abtretung gegenüber Gutgläubigen) befürwortet. Siehe bereits *Cozian*, L'action directe, S. 212.

Schutzzweck der Norm, wenn die nach der Intention des Gesetzgebers dem Schutz der schwächeren Vertragspartei dienende Vorschrift durch die Parteien abbedungen werden könnte.[1009] Es handelt sich bei dem Direktanspruch demnach um intern zwingendes Recht im Sinne des Art. 27 Abs. 3 EGBGB. Dem steht allerdings nicht entgegen, dass die Entstehung des Direktanspruchs relativ einfach – legal – dadurch verhindert werden kann, dass die Forderung des Generalunternehmers gegen den Auftraggeber an eine Dritte Person abgetreten wird.[1010] Der Direktanspruch ist deshalb trotz des intern zwingenden Charakters eine wenig effektive Sicherheit für den Subunternehmer.[1011]

b)   Art. 1597 des spanischen Código civil

Vereinbarungen zwischen dem Generalunternehmer und dem Subunternehmer (bzw. dem sonstigen Anspruchsberechtigten) sind dem spanischen Schrifttum zufolge bedenklich, wenn diese den Direktanspruch beschränken oder auf den Direktanspruch verzichtet wird.[1012] FERNANDEZ hält solche Vereinbarungen dennoch wegen des überwiegenden Prinzips der Parteiautonomie für wirksam, solange die in Art. 1255 des spanischen *Código civil* enthaltenen Grenzen eingehalten werden.[1013] Gemäß Art. 1255 *Código civil* können die Vertragsschließenden Vereinbarungen, Klauseln und Bedingungen festsetzen, die sie für angebracht halten, sofern sie nicht gegen die Gesetze, die Moral oder die öffentliche Ordnung verstoßen. Demgegenüber vertritt DE ANGEL YÁGÜEZ die Ansicht, dass solche Vereinbarungen nichtig sind, da der dem Direktanspruch zugrunde liegende Schutzzweck Bestandteil des spanischen *ordre public* sei.[1014] Die Norm diene dem Schutz höherrangiger Ziele, welche der Dispositionsfreiheit der Parteien entzogen seien.[1015]

Der Ansicht DE ANGEL YÁGÜEZ ist zu folgen. Denn Sinn und Zweck des Art. 1597 *Código civil* ist es, den Zulieferern, Arbeitnehmern und Subunternehmern eine zusätzliche schuldrechtliche Sicherheit für die Werklohnforderung zu verschaffen. Für den intern zwingenden Charakter der Norm spricht auch das Urteil des spanischen Obersten Gerichtshofs vom 30.6.1920, wonach

---

1009 Vgl. *Wery* Rev. rég. dr. 1997, S. 169ff., 181 (N. 75).

1010 Siehe oben S. 111f.

1011 Vgl. z.B. *Wery* Rev. rég. dr. 1997, S. 169ff., 179 und allgemein *Bruls* Act. dr. 1991, S. 751ff.

1012 *Fernandez*, in: Comentarios al Código civil y Complicaciones Forales, Art. 1597, S. 453f.

1013 *Fernandez*, in: Comentarios al Código civil y Complicaciones Forales, Art. 1597, S. 453f.

1014 *De Angel Yágüez*, Créditos, S. 117.

1015 *De Angel Yágüez*, Créditos, S. 117.

„kein Auftraggeber dem Direktanspruch entgehen kann, soweit er dem General-unternehmer gegenüber noch wegen des Werkes verpflichtet ist".[1016]

Demnach ist – der Ansicht DE ANGEL YÁGÜEZ folgend – davon auszuge-hen, dass Art. 1597 *Código civil* nicht der Dispositionsfreiheit der Parteien un-terliegt und es sich um intern zwingendes Recht im Sinne des Art. 27 Abs. 3 EGBGB handelt.

III. Die Berücksichtigung ausländischer zwingender Normen

Trotz des Vorbehalts Deutschlands gegen Art. 7 Abs. 1 EVÜ ist im deutschen Internationalen Privatrecht anerkannt, dass ausländisches Recht von deutschen Gerichten unter besonderen Umständen berücksichtigt werden muss.[1017] Der deutsche Gesetzgeber hatte keine generellen Einwände gegen die Berücksichti-gung ausländischen zwingenden Rechts.[1018] Rechtsprechung und Literatur wa-ren vom Gesetzgeber berufen, die entsprechende Lücke durch Rechtsfortbil-dung zu schließen.[1019] Die Beachtung ausländischer Eingriffsnormen verwirk-licht zwei Ziele: Sie dient erstens dem internationalen Entscheidungseinklang. Zum anderen vermeidet sie für die Parteien die Gefahr durch die Eingriffsnor-men eines Staates zu einem Handeln oder Unterlassen verpflichtet zu sein, ohne dass diese Verpflichtung von anderen Gerichten beachtet wird.

Ausländische Sachnormen können auf zweierlei Weise vor deutschen Ge-richten berücksichtigt werden: materiellrechtlich oder kollisionsrechtlich. Wird die Berücksichtigung auf kollisionsrechtlichem Weg erreicht, so führt dies zur Anwendung der von der ausländischen Sachnorm angeordneten Rechtsfolge durch deutsche Gerichte (sog. Anwendung ausländischen Eingriffsrechts im engeren Sinne).[1020] Bei der materiellrechtlichen Berücksichtigung wird die ausländische Norm auf Tatbestandsebene des deutschen materiellen Rechts berücksichtigt.[1021]

1016 Urteil des Tribunal Supremo vom 30.6.1920, in: *Fernandez*, in: Comentarios al Código civil y Complicaciones Forales, Art. 1597, S. 444.

1017 Siehe *Pfeiffer*, in: Festschrift Geimer, S. 821ff., 822; *Firsching/von Hoffmann*, Internationales Privatrecht, § 10 Rn. 97ff.; BGH, Urteil vom 22.6.1972, BGHZ 59, S. 82ff., 88; *Kegel/Schurig*, IPR, § 6 I 4 a, S. 257; *Junker* IPRax 2000, S. 65ff., 72; *Kegel* RPfleger 1987, S. 1ff., 2; MünchKomm-*Martiny*, Art. 34 EGBGB Rn. 44ff.

1018 BRDrucks. 224/1/83 vom 20.6.1983, S. 1ff., 2; Soergel-*von Hoffmann* (12. A. 1996), Art. 34 EGBGB Rn. 2; MünchKomm-*Martiny*, Art. 34 EGBGB Rn. 44ff.

1019 Siehe *Kegel/Schurig*, IPR, § 6 I 4 a, S. 257; *Junker* IPRax 2000, S. 65ff., 72; *Firsching/von Hoffmann*, Internationales Privatrecht, § 10 Rn. 98; MünchKomm-*Martiny*, Art. 34 EGBGB Rn. 48; BGH, Urteil vom 22.6.1972, BGHZ 59, S. 82ff., 88.

1020 MünchKomm-*Martiny*, Art. 34 EGBGB Rn. 55.

1021 MünchKomm-*Martiny*, Art. 34 EGBGB Rn. 55.

1. Die materiellrechtliche Berücksichtigung

Die Tatbestandswirkungen ausländischer Sachnormen sind in jedem Fall auf der Ebene des materiellen Rechts zu berücksichtigen. Dies ist inzwischen von der Rechtsprechung anerkannt.[1022] Der BGH hat mehrfach ausländische Eingriffsnormen bei der Anwendung deutscher Generalklauseln, insbesondere bei der Anwendung von § 138 BGB, berücksichtigt.[1023] Weitere Generalklauseln des deutschen Rechts, bei deren Anwendung ausländische Eingriffsnormen berücksichtigt werden können, sind § 826 BGB[1024] und das Leistungsstörungsrecht (§§ 320ff. BGB).[1025] Die Folge hiervon ist, dass die Berücksichtigung versagt, wenn das Vertragsstatut ausländisches Recht ist.[1026] Für die in den vorgestellten Subunternehmerschutzgesetzen enthaltenen Eingriffsnormen bedeutet dies, dass sie von deutschen Gerichten nur dann materiellrechtliche Beachtung finden können, wenn das Vertragsstatut der Subunternehmerverträge deutsches Recht ist. Die materielle Berücksichtigung verschleiert zudem die zugrunde liegende kollisionsrechtliche Problematik der Berücksichtigung des Anwendungsanspruchs einer ausländischen Sachnorm.

Allerdings kann die materiellrechtliche Berücksichtigung auf sachrechtlicher Ebene als Tatsache auch dann stattfinden, wenn eine unmittelbare Berücksichtigung ausländischen zwingenden Rechts im Wege einer Sonderanknüpfung scheitert. Dies lässt sich insbesondere durch die Heranziehung der von EHRENZWEIG entwickelten Datumtheorie begründen.[1027] Das ausländische Recht dient hierbei der Konkretisierung des Tatbestands einer inländischen Norm, die Rechtsfolge wird jedoch allein der deutschen Sachnorm entnommen.[1028]

1022 BGH, Urteil vom 17.11.1994, IPRax 1994, S. 342ff.; OLG Köln, Urteil vom 8.11.1991, IPRspr. 1991 Nr. 100b; OLG Hamburg, Urteil vom 6.5.1993, RIW 1994, S. 686ff., 687; MünchKomm-*Martiny*, Art. 34 EGBGB Rn. 49; *Vischer* Recueil des Cours, Band 142 (1974), S. 1ff., 21ff.; *Wengler* ZVglRWiss 54 (1941), S. 168ff., 202ff.

1023 BGH, Urteil vom 21.12.1960, BGHZ 34, S. 169ff., 177 (Borax-Fall); BGH, 22.6.1972, BGHZ 59, S. 82ff., 88 (nigerianisches Kulturgut), dazu *Mülbert* IPRax 1986, S. 140; BGH, Urteil vom 25.4.1962, VersR 1962, S. 659ff., 659f. (Borsäure-Fall); abgelehnt aber in BGH, 16.4.1975, BGHZ 64, S. 183ff.; weitere Nachweise bei *Busse* ZVglRWiss 95 (1996), S. 386ff., 403ff.

1024 Thailändisches Embargo gegenüber südafrikanischem Stahl, BGH, Urteil vom 20.11.1990, JZ 1991, S. 719ff. = IPRax 1991, 345f. m. Anm. *von Hoffmann*; dazu *Junker* JZ 1991, S. 699ff.; BGH, Urteil vom 20.10.1992, NJW 1993, S. 194.

1025 Außenhandelsmonopol der DDR, BGH, Urteil vom 17.11.1994, BGHZ 129, S. 41ff., 51ff.; OLG Naumburg, Urteil vom 14.10.1993, IPRax 1995, S. 172, dazu *Fischer* IPRax 1995, S. 161ff.

1026 So auch *Firsching/von Hoffmann*, Internationales Privatrecht, § 10 Rn. 100.

1027 Siehe näher *Jayme*, in: Festschrift Ehrenzweig, S. 35ff.

1028 *Firsching/von Hoffmann*, Internationales Privatrecht, § 1 Rn. 129; *Jayme*, in: Festschrift Ehrenzweig, S. 35ff.

Die materiellrechtliche Berücksichtigung ausländischer Subunternehmer-schutzgesetze kann somit zu einer modifizierten Anwendung des auf den Sub-unternehmervertrag anzuwendenden Rechts führen.[1029] Die Datumtheorie kommt dabei erst nach der Bestimmung des auf den Subunternehmervertrag anzuwendenden Rechts durch die Kollisionsnormen zum Zuge (Zweistufentheorie des IPR).[1030] Die Frage einer kollisionsrechtlichen Berücksichtigung ausländischer Eingriffsnormen ist daher einer Berücksichtigung ausländischen Rechts auf sachrechtlicher Ebene logisch vorgeschaltet.

2. Die kollisionsrechtliche Berücksichtigung

In der Literatur[1031] wird auch eine kollisionsrechtliche Berücksichtigung ausländischer Eingriffsnormen befürwortet: Ausländische Eingriffsnormen seien von deutschen Gerichten nicht nur im Rahmen von Generalklauseln des materiellen Rechts, sondern unmittelbar samt den von ihnen angeordneten Rechtsfolgen zu beachten.[1032] Dies kann insbesondere die Nichtigkeit einzelner Vertragsbestimmungen zur Folge haben.[1033] Als Beispiel aus der Rechtsprechung für eine kollisionsrechtliche Berücksichtigung ausländischen zwingenden Rechts kann auf die Entscheidung des *House of Lords* aus dem Jahr 1957 in der Rechtssache *Regazzoni vs. Sethia*[1034] verwiesen werden: Bei ihr fand das indische Exportverbot für Jute nach Südafrika im Rahmen eines Vertrags, der englischem Recht unterlag, Berücksichtigung.

Voraussetzung für die kollisionsrechtliche Anwendung ausländischer Eingriffsnormen ist zunächst, dass diese international zwingende Normen des fremden Staates darstellen und einen „unbedingten Anwendungswillen" besitzen.[1035] Über die weiteren Einzelheiten und Voraussetzungen besteht Uneinigkeit. Zum Teil wird gefordert, dass die ausländischen Eingriffsnormen einen

---

1029 Dies gilt insbesondere dann, wenn das anzuwendende Recht deutsches Recht ist, womit sich die deutsche Rechtsprechung hauptsächlich zu beschäftigen hatte, siehe MünchKomm-*Martiny*, Art. 34 EGBGB Rn. 49.

1030 Vgl. auch MünchKomm-*Sonnenberger*, Einl. EGBGB Rn. 6, 441f.

1031 Siehe insbesondere *Pfeiffer*, in: Festschrift Geimer, S. 821ff., *Firsching/von Hoffmann*, Internationales Privatrecht, § 10 Rn. 98; MünchKomm-*Martiny*, Art. 34 EGBGB Rn. 48; *Busse* ZVglRWiss 95 (1996), S. 386ff.; *Gebauer* IPRax 1998, S, 145ff.; *Habermeier*, Neue Wege zum Wirtschaftskollisionsrecht, *Leible* ZVglRWiss 97 (1998), S. 286ff., 297ff.; *Zimmer* IPRax 1993, S. 65ff.; *Pfeiffer* NJW 1999, S. 3674ff., 3686.

1032 Siehe *Firsching/von Hoffmann*, Internationales Privatrecht, § 10 Rn. 100.

1033 *Schurig* RabelsZ 54 (1990), S. 218ff., 240; MünchKomm-*Martiny*, Art. 34 EGBGB Rn. 55.

1034 House of Lords, Urteil vom 21.10.1957, *Regazzoni vs. Sethia*, [1958] A.C. 301.

1035 MünchKomm-*Martiny*, Art. 34 EGBGB Rn. 9ff., 48. Die Schranken einer Ableitung des Eingriffsnormcharakters aus dem sachrechtlichen Inhalt einer Norm weist *Pfeiffer*, in: Festschrift Geimer, S. 821ff., 826f. auf.

genügend engen Zusammenhang mit dem Schuldverhältnis aufweisen und der Zweck der ausländischen Norm mit den Zwecken deutscher Eingriffsnormen übereinstimmen müsse.[1036] Nach anderer Ansicht finden ausländische Eingriffsnormen dann kollisionsrechtliche Beachtung, wenn der ausländische Staat in Bezug auf die Beachtung deutscher Eingriffsnormen Gegenseitigkeit übe.[1037] Nach dritter Ansicht schließlich sind ausländische Eingriffsnormen nur dann zu berücksichtigen, wenn der Staat, der die Norm erlassen hat, die Macht besitze, diese selbst durchzusetzen, und der Normzweck von der internationalen Rechtsgemeinschaft getragen werde.[1038]

Einigkeit herrscht insoweit, als es sich erstens um ausländische Eingriffsnormen handeln muss, zweitens eine hinreichend enge Beziehung zwischen dem normsetzenden Staat und dem Lebenssachverhalt begründet sein muss und drittens der Normzweck zumindest mit dem Normzweck entsprechender deutscher Eingriffsnormen übereinstimmt. In Bezug auf das dargestellte ausländische Subunternehmerschutzrecht ist daher zunächst zu klären, ob es sich bei den Schutzgesetzen um international zwingendes Recht dieser Staaten handelt. Dies erfordert eine genaue Analyse der in den jeweiligen Ländern enthaltenen Schutzvorschriften. Soweit es sich um international zwingendes Recht handelt, ist in einem zweiten Schritt zu klären, welche Verbindung zwischen dem Sachverhalt und der Rechtsordnung, der das Schutzgesetz entstammt, existieren muss. Drittens ist zu klären, ob der Normzweck der Subunternehmerschutzvorschriften mit dem Normzweck deutscher Eingriffsnormen übereinstimmt.

Besondere Bedeutung bei der Frage nach einer kollisionsrechtlichen Berücksichtigung ausländischer Normen kommt der bereits oben dargestellten *Ingmar*-Entscheidung des EuGH zu.[1039] Diese stellt klar, dass Mitgliedstaaten die praktische Wirksamkeit von EG-Richtlinien in den EG-Mitgliedstaaten sicherstellen müssen. Dies kann zwar im Einzelfall bereits durch eine Anwendung von Art. 27 Abs. 3 oder Art. 34 EGBGB zu erreichen sein. Deutsche Gerichte kommen aber um eine kollisionsrechtliche Berücksichtigung ausländischer Normen nicht umhin, wenn es für die Anwendung von Art. 34 EGBGB an einer hinreichend engen Verbindung zu Deutschland fehlt. Liegt eine solche enge Verbindung jedoch mit einem anderen Mitgliedstaat vor, muss die natio-

1036 MünchKomm-*Martiny*, Art. 34 EGBGB Rn. 9ff., 48.
1037 *Wengler*, IPR, § 19 g 5, *Firsching/von Hoffmann*, Internationales Privatrecht, § 10 Rn. 98; Soergel-*von Hoffmann* (12. A. 1996), Art. 34 EGBGB Rn. 89, 91f.; BGH, Urteil vom 22.6.1972, BGHZ 59, S. 82ff., 88.
1038 *Firsching/von Hoffmann*, Internationales Privatrecht, § 10 Rn. 99.
1039 Siehe oben S. 249ff.

nale Umsetzung der Richtlinie dieses Mitgliedstaates auch vor deutschen Gerichten berücksichtigt werden.[1040]

3. Italien: Das Gesetz Nr. 192

Es muss zunächst die Frage beantwortet werden, inwieweit es sich bei Vorschriften des italienischen Gesetzes Nr. 192 um Eingriffsnormen handelt.

Dabei muss auf teleologische und historische Gesichtspunkte zurückgegriffen werden, denn der italienische Gesetzgeber hat im Gesetz Nr. 192 keine ausdrücklichen Bestimmungen bezüglich des international zwingenden Charakters getroffen.[1041] Schließlich ist dabei – wenn auch nicht ausschließlich – zu beachten, ob die Normen lediglich dem Ausgleich widerstreitender Interessen der Vertragsparteien dienen oder ob ihnen auch ein Normzweck zukommt, der (zumindest auch) am öffentlichen Interesse ausgerichtet ist.[1042] In Bezug auf die einzelnen Normen des Gesetzes Nr. 192 ist anzunehmen, dass es sich insbesondere dann um international zwingende Normen handelt, wenn die Normen nicht nur eine besondere Werthaltigkeit im Hinblick auf den Schutz des *„subfornitore"* aufweisen, sondern auch im Hinblick auf den italienischen Subunternehmer- und Zuliefermarkt.

a) Art. 2 Abs. 4 und 5 und Art. 3 Abs. 1 Gesetz Nr. 192

Die Mindestinhaltsbestimmungen in Art. 2 Abs. 4 und 5 Gesetz Nr. 192 beinhalten keinen eigenständigen sozial-normativen Wertgehalt, dem sie zum Durchbruch verhelfen wollen. Auch aus den Gesetzesmaterialien ergibt sich außer dem Transparenzgedanken kein weiterer Aspekt.[1043] Deshalb ist ein international zwingender Charakter der Inhaltsbestimmungen des Art. Abs. 4 und 5 Gesetz Nr. 192 abzulehnen.[1044]

1040 Vgl. zur Berücksichtigung ausländischer Eingriffsnormen im Licht der *Ingmar*-Entscheidung durch deutsche Gerichte insbesondere *Jayme* IPRax 2001, S. 190f. sowie *Freitag/Leible* RIW 2001, S. 287ff.; *Staudinger* NJW 2001, S. 1974ff.; *Power* I.C.C.L.R. 2001, 12(3), S. 33ff.; *Idot* Rev. crit. dr. int. privé 2001, S. 107ff.; *Verhagen* [2002] ICLQ 135; *Schwarz* ZVglRWiss 101 (2002), S. 45ff.; *Bitterlich* VuR 2002, S. 155ff.; *Roth* [2002] C.M.L.Rev. 369.

1041 *Boschiero*, Appunti sulla riforma, S. 246ff.; *Coccia* Riv. dir. int. priv. proc. 1999, S. 801ff., 838.

1042 Vgl. zu Art. 34 EGBGB BAG, 24.8.1989, IPRax 1991, S. 407ff., und dazu *Magnus* IPRax 1991, S. 382ff., 385.

1043 Vgl. die Berichte zu dem Gesetzentwurf der Senatoren *Tapparo u.a., Wilde u.a.* und der *10. Commissione permanente del Senato*, abgedruckt bei *Bortolotti*, I contratti di subfornitura, S. 240ff., 248ff. und 256ff.

1044 Im Ergebnis ebenso *Coccia* Riv. dir. int. priv. proc. 1999, S. 801ff., 838.

Auch Art. 3 Abs. 1 Gesetz Nr. 192 stellt eine Vorschrift dar, die der Verwirklichung größtmöglicher Transparenz dient. Er bestimmt ein Erfordernis für den Inhalt des „subfornitura"-Vertrags, ohne eigenen als fundamental angesehenen Werten zum Durchbruch zu verhelfen. Es handelt sich folglich nicht um eine international zwingende Norm.[1045, 1046]

b) Art. 3 Abs. 2 und 3 Gesetz Nr. 192

Der dargestellte Hintergrund der in Art. 3 Abs. 2 und 3 enthaltenen Zahlungsregelungen verdeutlicht, dass die Einführung der Höchstgrenzen für die Entgeltzahlung an den „subfornitore" einen entscheidenden Wertgedanken gesetzlich verankern sollte: Die Regelung dient sowohl dem Schutz des einzelnen „subfornitore" vor ungerechtfertigt verschleppten Zahlungen, als auch dem Schutz des gesamten Subunternehmer- und Zuliefererwesens in Italien. Dies spricht dafür, dass der Regelung international zwingender Charakter zukommt.[1047]

Im Übrigen ist auch an dieser Stelle darauf hinzuweisen, dass Art. 3 Abs. 3 des Gesetzes Nr. 192 der Umsetzung der Richtlinie 2000/35/EG dient. Auf den nach der Argumentation des EuGH in der *Ingmar*-Entscheidung anzunehmenden zwingenden Charakter in Drittstaatenfällen wurde bereits oben[1048] hingewiesen. Voraussetzung ist freilich, dass der Subunternehmer überwiegend in Italien tätig wird.[1049, 1050]

1045 Im Ergebnis ebenso *Coccia* Riv. dir. int. priv. proc. 1999, S. 801ff., 838.

1046 Die Normen, die der Erhöhung der Transparenz im „subfornitura"-Vertrag dienen (Art. 2 und Art. 3 Abs. 1 Gesetz Nr. 192), sind wertfrei und das vom italienischen Gesetzgeber verfolgte Ziel erscheint auch aus deutscher Sicht nachvollziehbar. Damit scheint jedenfalls ein Verstoß gegen den deutschen ordre public (Art. 6 EGBGB) bei Anwendung dieser Vorschriften nahezu ausgeschlossen.

1047 Siehe *Musso*, La subfornitura, S. 609.

1048 Oben S. 249ff.

1049 Ist in einem ausländischen Recht unterliegenden „subfornitura"-Vertrag überhaupt keine Zahlungsfrist bestimmt, richtet sich dieselbe zunächst nach den entsprechenden gesetzlichen Bestimmungen der *lex causae*. Diese darf dennoch 60 (bzw. 90) Tage nicht überschreiten. In der Regel wird es aber für den Fall, dass im „subfornitura"-Vertrag keine Zahlungsfrist bestimmt ist, nicht zu einer Überschreitung der 60 bzw. 90-Tages-Frist kommen, da das Entgelt mangels Vereinbarung in fast allen Rechtsordnungen bereits bei Übergabe bzw. Abnahme des Kaufgegenstandes bzw. Werkes zu entrichten ist. Vgl. insbesondere Art. 58 UN-Kaufrecht sowie *Coccia* Riv. dir. int. priv. proc. 1999, S. 801ff., 840 (N. 120).

1050 In Bezug auf die Vertragsstrafenregelung des Art. 3 Abs. 3 erscheint es nicht ausgeschlossen, dass ein deutsches Gericht das Ergebnis im Einzelfall als mit dem deutschen *ordre public* unvereinbar ansieht, wenn tatsächlich überhaupt kein oder ein völlig belangloser Schaden entstanden ist und die nach Art. 3 Abs. 3 Gesetz Nr. 192 zu zahlende Vertragsstrafe völlig außer Verhältnis zu diesem Schaden oder der wirtschaftlichen Bedeutung des „subfornitura"-Vertrages steht. Zwar ist auch an dieser Stelle der

c) Art. 3 Abs. 4 Gesetz Nr. 192

Da Art. 3 Abs. 4 Gesetz Nr. 192 verfahrensrechtlich zu qualifizieren ist, stellt sich die Frage nach seinem international zwingenden Charakter nicht.[1051]

d) Art. 3 Abs. 5 Gesetz Nr. 192

Art. 3 Abs. 5 Gesetz Nr. 192 hat eine klarstellende Funktion und keinen fundamentalen Wertgehalt. Es entspricht allgemeinen vertragsrechtlichen Prinzipien, dass ein Vertragspartner für kostenintensive nachträgliche Änderungswünsche ein entsprechendes Entgelt zahlen muss. Ein international zwingender Charakter kommt der Bestimmung daher nicht zu.

e) Art. 4 Gesetz Nr. 192

Das partielle Weitervergabeverbot in Art. 4 Gesetz Nr. 192 beinhaltet ebenfalls keine so fundamentalen Wertgedanken, dass es sich um international zwingende Normen handeln könnte. Die Norm hat lediglich eine individualschützende Funktion. Sie schützt nicht das italienische Zuliefer- und Subunternehmerwesen

---

europarechtliche Hintergrund des Art. 3 Abs. 3 zu berücksichtigen. Es ist jedoch zu beachten, dass die Bestimmung über den pauschalierten Schadensersatz keine Möglichkeit für den *„committente"* vorsieht, nachzuweisen, dass dem *„subfornitore"* ein geringerer Schaden entstanden ist. Dies steht in Widerspruch zu der deutschen Regelung bezüglich allgemeiner Geschäftsbedingungen in § 309 Nr. 5 BGB. § 309 BGB ist zwar gemäß § 310 BGB nicht auf Allgemeine Geschäftsbedingungen (AGB) anzuwenden, die gegenüber einem Unternehmer verwendet werden. Die einzelnen Klauselverbote in §§ 309 und 310 BGB können allerdings als Indiz dazu herangezogen werden, wann eine Bestimmung in AGB, die gegenüber einem Unternehmer verwendet werden, mit wesentlichen Grundgedanken der gesetzlichen Regelung, von der abgewichen wird, nicht zu vereinbaren ist (§ 307 Abs. 2 Nr. 1 BGB). Der Kontrolle nach § 307 Abs. 2 Nr. 1 BGB unterliegen dabei auch AGB, die gegenüber einem Unternehmer verwendet werden. Die deutsche Rechtsprechung und Literatur gehen davon aus, dass eine Bestimmung einer Schadensersatzpauschale in AGB ohne Möglichkeit für den Vertragspartner, einen geringeren Schaden nachzuweisen, der Kontrolle nach § 307 BGB nicht standhält, vgl. *Ulmer/Brandner/Hensen*, AGBG § 11 Nr. 5 Rn. 27f.; BGH, 14.7.1983, NJW 1984, S. 2942f.; BGH, 12.1.1994, BGHZ 124, S. 351ff. Auch im kaufmännischen Geschäftsverkehr wird es in Deutschland als unbillig angesehen, wenn sich der Vertragspartner mit Hilfe einer Schadensersatzpauschalierung bereichert, vgl. *Ulmer/Brandner/Hensen*, AGBG § 11 Nr. 5 Rn. 27f.; BGH, 14.7.1983, NJW 1984, S. 2942f.; BGH, 12.1.1994, BGHZ 124, S. 351ff.

1051 Die Anerkennung und Vollstreckung eines vorläufig vollstreckbaren Mahnbescheids erfolgt nach Art. 32 i.V.m. Art. 34 Nr. 1, 45 EuGVVO. Vgl. zur Vollstreckung einer italienischen *„ordinanza ingiuntiva di pagamento"* OLG Stuttgart, 15.5.1997, NJW-RR 1998, S. 280ff. Siehe aber für den Fall, dass der Gegner nicht am Verfahren, das zum Erlass des vorläufig vollstreckbaren Mahnbescheids geführt hat, beteiligt wurde und daher ein Verstoß gegen Art. 34 Nr. 2 EuGVVO vorliegt *Consolo/Luiso*, Codice di procedura civile, Art. 633 Rn. 16.

und den diesbezüglichen Markt, sondern den „committente" vor einem übermäßigen Anteil an zugelieferten oder weitervergebenen Leistungen.[1052]

f) Art. 5 Abs. 1 bis 3 Gesetz Nr. 192

Art. 5 Abs. 1 und 2 sind trotz der Regelung in Abs. 3 nicht von derartiger Wichtigkeit für das italienische Zuliefer- und Subunternehmerwesen, dass es sich um international zwingende Normen handelt. Ausländische Normen werden in aller Regel zu einem ähnlichen Ergebnis wie Art. 5 Abs. 1 bis 3 Gesetz Nr. 192 führen.[1053]

g) Art. 5 Abs. 4 Gesetz Nr. 192

Art. 5 Abs. 4 Gesetz Nr. 192 dient der Beschleunigung der Entgeltzahlung an den „subfornitore" und soll verhindern, dass der „committente" sich nach Ablauf längerer Zeit noch auf angebliche Mängel der Werkleistung berufen kann, wenn er sie dem „subfornitore" nicht rechtzeitig angezeigt hat. Art. 5 Abs. 4 Gesetz Nr. 192 beinhaltet jedoch keinen selbständigen fundamentalen Wertgehalt. Es handelt sich nicht um eine international zwingende Norm.[1054]

h) Art. 6 Gesetz Nr. 192

Art. 6 Gesetz Nr. 192 bestimmt die Nichtigkeit bestimmter Klauseln in „subfornitura"-Verträgen. Die Norm hat daher keinen eigenen fundamentalen Wertgehalt. Es ist daher davon auszugehen, dass die Regelung in Art. 6 Gesetz Nr. 192 über missbräuchliche Klauseln in „subfornitura"-Verträgen lediglich einfach, nicht aber international zwingende Normen darstellen.[1055]

1052 Das Weitergabeverbot des Art. 4 Abs. 1 und 2 Gesetz Nr. 192 ist dem deutschen Recht zwar im Werkvertragsrecht fremd. Allerdings zeigt der Vergleich mit dem Dienstvertragsrecht, dass auch der deutschen Rechtsordnung die Tatsache eines Interesses an der persönlichen Erbringung der Vertragsleistung bekannt ist. Damit scheint es insgesamt fernliegend, dass ein deutsches Gericht im Einzelfall bei Anwendung des Art. 4 Gesetz Nr. 192 einen Verstoß gegen den deutschen *ordre public* wegen dieser Vorschrift annimmt.

1053 Im Hinblick auf einen Verstoß gegen den deutschen *ordre public* bestehen Bedenken in Bezug auf Art. 5 Abs. 3 Gesetz Nr. 192, wonach auch keine Haftungserleichterung für den „subfornitore" vereinbart werden kann. Es liegt nämlich durchaus nahe, dass der „subfornitore" ein berechtigtes Interesse an einer solchen Haftungsbeschränkung hat. Dies zum einen, weil der möglicherweise entstehende Schaden völlig außer Verhältnis zu dem möglichen Gewinn und dem Volumen des Vertrags stehen kann. Zum anderen mag der „subfornitore" das mangelfreie Resultat seiner Arbeit im Einzelfall nicht mit Sicherheit versprechen können. Im Hinblick darauf erscheint es durchaus möglich, dass ein deutsches Gericht bei entsprechender Anwendung des Art. 5 Abs. 3 einen Verstoß gegen den ordre public annimmt.

1054 Ebenso *Coccia* Riv. dir. int. priv. proc. 1999, S. 801ff., 838f.

1055 Im Ergebnis ebenso *Coccia* Riv. dir. int. priv. proc. 1999, S. 801ff., 838f.

i)   Art. 7 Gesetz Nr. 192

Wie oben[1056] gesehen kommt Art. 7 Gesetz Nr. 192 nicht einmal intern zwingender Charakter zu. Der „committente" kann über sein geistiges Eigentum frei disponieren und dieses auch auf den „subfornitore" übertragen. Im Übrigen hat die Norm lediglich eine klarstellende Funktion, ohne fundamentale Wertgrundsätze nach dem Willen des italienischen Gesetzgebers wiederzugeben. Folglich stellt Art. 7 Gesetz Nr. 192 keine international zwingende Norm dar.[1057]

j)   Art. 9 Gesetz Nr. 192

Die wettbewerbsrechtliche Vorschrift verwirklicht den Schutz der Wettbewerbsfreiheit und der wirtschaftlichen Chancengleichheit.[1058] Ihr ist ein doppelter Wertgehalt eigen. Sie dient der einzelnen Vertragspartei als Schutz vor wirtschaftlicher Ausnutzung durch die andere Vertragspartei. Darüber hinaus dient sie dem Schutz des Wettbewerbs und des Marktes als solchem.[1059] Die Bestimmung des Art. 9 Gesetz Nr. 192 fügt sich in ein bestehendes System aus Normen mit ähnlichem Schutzcharakter in Italien[1060] und in Europa[1061] ein, die international zwingende Normen sind.[1062]

Dass Art. 9 Gesetz Nr. 192 ohne Rücksicht auf die lex causae Geltung beansprucht, wird im Übrigen bereits dadurch deutlich, dass Art. 9 nicht unbedingt einen Vertrag voraussetzt, durch den die wirtschaftliche Abhängigkeit ausgenutzt wird. Das Ausnutzen der wirtschaftlichen Abhängigkeit kann nämlich gerade auch darin liegen, dass es überhaupt nicht zu einem Vertragsschluss kommt, weil sich die wirtschaftlich stärkere Partei hiergegen sträubt.[1063]

k)   Art. 10 Gesetz Nr. 192

Art. 10 Gesetz Nr. 192 ist insgesamt verfahrensrechtlicher Natur (siehe oben).[1064] Insofern stellt sich die Frage nach dem international zwingenden Charakter der Vorschrift nicht.[1065]

1056 Oben S. 249ff.
1057 Im Ergebnis ebenso *Coccia* Riv. dir. int. priv. proc. 1999, S. 801ff., 838f.
1058 *Franzina* La nuova giur. civ. comm. 2002 II, S. 230ff.
1059 Anderer Ansicht ist aber *Coccia* Riv. dir. int. priv. proc. 1999, S. 801ff., 841.
1060 Insbesondere Art. 2 und 3 Gesetz Nr. 287/1990. Vgl. auch *Boschiero*, Appunti sulla riforma, S. 256f.
1061 Art. 81 und 82 EGV.
1062 *Salerno* Riv. dir. int. 1998, S. 781ff.; *Coccia* Riv. dir. int. priv. proc. 1999, S. 801ff., 841; *Musso*, La subfornitura, S. 609; *Franzina* La nuova giur. civ. comm. 2002 II, S. 230ff.; Sposato/Coccia-*Coccia*, S. 218ff.; *Bortolotti*, I contratti di subfornitura, S. 215.
1063 Ebenso *Coccia* Riv. dir. int. priv. proc. 1999, S. 801ff., 841f.
1064 Oben S. 260ff.

l)   Die Verbindung mit Italien

Voraussetzung dafür, dass ein italienisches Gericht eine Norm des Gesetzes Nr. 192 als international zwingende Norm auf einen Sachverhalt anwendet, ist, dass der Sachverhalt eine hinreichend enge Verbindung mit Italien als dem normsetzenden Staat aufweist.[1066] Wann eine solche hinreichend enge Verbindung angenommen werden kann, ist nicht nach einem allgemeinen Kriterium zu bestimmen, sondern jeweils mit Rücksicht auf die staatliche Regelung, welche die Sonderanknüpfung beinhaltet.[1067] Für das Gesetz Nr. 192 bedeutet dies, dass für die Bestimmungen, denen ihrer besonderen Wertigkeit wegen ein international zwingender Charakter bereits zugesprochen wurde (Art. 3 Abs. 2 und 3 und Art. 9 Gesetz Nr. 192), jeweils geprüft werden muss, was im Rahmen dieser Sonderanknüpfung als hinreichend enge Verbindung zu Italien angesehen werden kann.

(1)   Die Zahlungsbestimmungen

Da Art. 3 Abs. 3 des Gesetzes Nr. 192 der Umsetzung der Zahlungsverzugs-Richtlinie dient, ist für Drittstaatenfälle auf den sich aus der *Ingmar*-Entscheidung des EuGH ergebenden zwingenden Charakter zu verweisen.[1068] Sinn und Zweck der in Art. 3 Gesetz Nr. 192 enthaltenen besonderen Zahlungsbestimmungen ist es, den Zahlungsverkehr in Italien und die finanziellen Verhältnisse italienischer Subunternehmer substantiell zu verbessern. Es ist daher davon auszugehen, dass eine hinreichend enge Verbindung mit Italien immer dann besteht, wenn der *„subfornitore"* seine Niederlassung in Italien hat oder dort schwerpunktmäßig seine Tätigkeit ausübt.

(2)   Die Ausnutzung wirtschaftlicher Abhängigkeit

Für die Regelung in Art. 9 Gesetz Nr. 192 ist demgegenüber ein anderes Kriterium ausschlaggebend. Denn im Wettbewerbsrecht gilt nach richtiger, wenn auch umstrittener Ansicht das Auswirkungsprinzip[1069, 1070] (vgl. in Deutschland

---

1065 Vgl. zur Berücksichtigung ausländischen Verfahrensrechts vor deutschen Gerichten die Ausführungen im achten Kapitel, unten S. 299ff.

1066 Vgl. dazu MünchKomm-*Martiny*, Art. 34 EGBGB Rn. 100ff.

1067 MünchKomm-*Martiny*, Art. 34 EGBGB Rn. 103.

1068 Siehe dazu die Ausführungen zur deutschen Umsetzung in § 641 Abs. 2 BGB, oben S. 248ff.

1069 In seiner reinsten Ausprägung wird die *„effects doctrine"* insbesondere von den US-amerikanischen Gerichten zur Durchsetzung des Sherman Act angewandt, siehe die Begründung von *Hand J.* im Urteil *United States vs. Aluminium Co. of America (Alcoa)*, 148 F 2d 416, (2d. Circ., 1945) insbesondere S. 444; sowie (einschränkend) Urteil des US Supreme Court, *American Banana Co. vs. United Fruit Co.* 213 US 347 (1909). Die interessanteste Entscheidung hierzu ist das Urteil des US Supreme Court in *Hartford*

§ 130 Abs. 2 GWB).[1071] Die nationalen Gesetze erklären sich danach für anwendbar auf alle Wettbewerbsbeschränkungen, die sich im Geltungsbereich der nationalen Regelungen auswirken oder dort „implementiert" werden. Ihnen kommt daher international zwingender Charakter (allerdings außerhalb des Art. 7 Abs. 2 EVÜ[1072]) zu, wenn die Ausnutzung eine Auswirkung auf den italienischen Markt hat.

m)   Eine Berücksichtigung vor deutschen Gerichten?

(1)   Die Zahlungsbestimmungen

Für eine Berücksichtigung der in Art. 3 Abs. 2 und 3 des Gesetzes Nr. 192 enthaltenen Zahlungsbestimmungen durch deutsche Gerichte scheint angesichts der deutschen Verzugsvorschriften und der in § 641 Abs. 2 BGB statuierten Durchgriffsfälligkeit für Subunternehmerleistungen kein Bedürfnis zu bestehen. (Für Art. 3 Abs. 3 des Gesetzes Nr. 192 gilt dies insbesondere schon deshalb, weil die Richtlinie 2000/35/EG durch diese Vorschrift umgesetzt wurde.) Denn nach hier vertretener Ansicht[1073] ist § 641 Abs. 2 BGB ebenso wie die anderen auf der Richtlinie 2000/35/EG beruhenden deutschen Verzugsbestimmungen als international zwingende Norm anzusehen, wenn der durch die Richtlinie bezweckte Subunternehmerschutz auf Grund einer Rechtswahl zu Gunsten eines Nicht-Mitgliedstaates leer laufen würde. Werden Subunternehmer schwerpunktmäßig in Italien tätig und ist das Recht eines Drittstaates auf den Vertrag anzuwenden, muss die praktische Wirksamkeit der Richtlinie durch eine kolli-

---

Fire Insurance Co. vs. California, 509 US 764 (1993); *Wish*, Competition Law, S. 398ff.

1070 Siehe zum internationalen Anwendungsbereich des Europäischen Wettbewerbsrechts insbesondere das Urteil des EuGH vom 27.9.1988, verb. Rs. 89/85, 104/85, 114/85, 116/85, 117/85 u. 125/85 bis 129/85, *A. Ahlstroem Osakeyhtioe u.a./Kommission der Europäischen Gemeinschaften („Zellstoff")*, Slg. 1988, S. 5193 in der Rs. C-89, 104, 114 etc./85 *A. Ahlström Oy ./. Kommission*, Slg. 1988, S. 5193ff., 5227 („*Wood Pulp*") sowie *Wish*, Competition Law, S. 399ff. Entgegen der Kommission und der Ansicht von Generalanwalt *Darmon* hat der EuGH hier die internationale Anwendung des Europäischen Wettbewerbsrechts nicht auf Auswirkungen innerhalb der Gemeinschaft, sondern auf die Implementierung des Abkommens gestützt. Auch wenn der EuGH sich formal auf das aktive Territorialitätsprinzip stützt, sind die Unterschiede dieser Rechtsprechung zum reinen Auswirkungsprinzip nach US-amerikanischer Art nicht mehr groß.

1071 Siehe zum Auswirkungsprinzip im deutschen IPR näher MünchKomm-*Martiny*, Art. 34 Rn. 75.

1072 Vgl. zu dem Problem, dass § 130 Abs. 2 GWB von Art. 34 EGBGB unberührt bleibt, da es sich um eine eigenständige Regelung handelt MünchKomm-*Martiny*, Art. 34 EGBGB Rn. 74.

1073 Siehe oben S. 248ff.

sionsrechtliche Berücksichtigung der italienischen Vorschrift sichergestellt werden.[1074]

(2) Die Ausnutzung wirtschaftlicher Abhängigkeit

Im deutschen Recht existiert keine mit Art. 9 des italienischen Gesetzes Nr. 192 vergleichbare Norm des Wettbewerbsrechts. Die Ausnutzung einer wirtschaftlichen Abhängigkeit ist nach deutschem Verständnis nur dann wettbewerbswidrig, wenn das ausnutzende Unternehmen eine marktbeherrschende Stellung inne hat, § 19 GWB.[1075] Insoweit besteht ein Bedürfnis, die in Art. 9 enthaltene Bestimmung vor deutschen Gerichten zu berücksichtigen. Der durch ihn verfolgte Schutzzweck wird – wenn auch nicht so umfassend – durch deutsche Eingriffsnormen (§ 19 GWB) verfolgt.

Die Ausnutzung einer wirtschaftlichen Abhängigkeit stellt sich nach deutschem Verständnis als sittenwidrig im Sinne des § 138 BGB dar, wenn ein extrem nachteiliger Vertrag mit einer schwachen Vertragspartei geschlossen wird.[1076] Eine materiellrechtliche Berücksichtigung von Art. 9 des Gesetzes Nr. 192 durch deutsche Gerichte bei der Anwendung von § 138 BGB liegt daher nahe.

Demgegenüber geht eine kollisionsrechtliche Berücksichtigung unabhängig von dem auf den Subunternehmervertrag anzuwendenden Recht durch deutsche Gerichte zu weit. Auch wenn der Subunternehmerschutz dem deutschen Recht nicht völlig fremd ist, hält der deutsche Gesetzgeber ein deutlich geringeres Schutzniveau für angemessen.

4. Frankreich: Das Gesetz Nr. 75-1334

Auch die Bestimmungen des Gesetzes Nr. 75-1334 sind im Hinblick auf eine Berücksichtigung vor deutschen Gerichten kurz zu untersuchen.

a) Das Weitervergabeverbot

Das partielle Weitervergabeverbot im Rahmen der Ausführung öffentlicher Aufträge hat international zwingenden Charakter: Da die Vorschrift keinen individualschützenden Charakter zu Gunsten der Auftraggeber hat (wie der Vergleich mit der bei privaten Aufträgen erlaubten vollständigen Weitervergabe zeigt), ist davon auszugehen, dass sie die französische Verwaltung vor Korrup-

---

1074 Siehe ausführlich oben S. 248ff.
1075 Gleiches gilt für das Europäische Wettbewerbsrecht, vgl. Art. 82 EGV, siehe näher *Wish*, Competition Law, S. 149ff.
1076 MünchKomm-*Mayer-Maly/Armbruster*, § 138 Rn. 86ff.; so schon Reichsgericht, Urteil vom 8.1.1906, RGZ 62, S. 264ff., 266; und Urteil vom 5.7.1939, RGZ 161, S. 76ff., 81f.; *Adomeit* NJW 1994, S. 2467ff., 2468ff.; BGH, 24.5.1985, WM 1985, S. 1269ff.; BAG, 10.10.1990, NJW 1991, S. 860ff., 861; *Zöllner* AcP 196 (1996), S. 1ff.

tion bei der Auftragsvergabe bewahren soll. Das Weitervergabeverbot beinhaltet daher einen fundamentalen Wertgehalt, der die Einordnung als international zwingende Norm rechtfertigt, und zwar stets dann, wenn der Auftraggeber eine französische öffentliche Körperschaft, eine Einrichtung oder ein Unternehmern ist.[1077]

b) Direktzahlung und Direktanspruch

Die Stellungnahmen der französischen Literatur zum international zwingenden Charakter der Vorschriften des Gesetzes Nr. 75-1334 sind rar. SABLIER/CARO/ABBATUCCI[1078] vertreten die Ansicht, dass ein international zwingender Charakter all jener Vorschriften, die Rechte des Auftraggebers berühren, nicht angenommen werden könne. Hierzu seien auch die Bestimmungen über die Direktzahlung und den Direktanspruch zu zählen. Ausschlaggebend hierfür sei, dass der Auftraggeber stets seine Zustimmung zum Einsatz und zu den Zahlungsbestimmungen des Subunternehmers nach dem Gesetz Nr. 75-1334 zu erklären habe. Lediglich in Bezug auf die Pflicht zur Bestellung der Bürgschaft als Sicherheit seien Rechte des Auftraggebers nicht tangiert, da diese Pflicht auch in Ermangelung einer Akkreditierung und Genehmigung der Zahlungsbestimmungen des Subunternehmers bestehe.[1079]

In ähnlicher Weise argumentiert LAGARDE.[1080] Er weist darauf hin, dass die Annahme eines international zwingenden Charakters der Bestimmungen über die Direktzahlung und den Direktanspruch zu einer hohen Komplexität führe und kaum lösbare Widersprüche bei der Frage des auf den Direktanspruch und die Direktzahlung anzuwendenden Rechts auslöse.

An den Ansichten von LAGARDE und SABLIER/CARO/ABBATUCCI ist sicherlich richtig, dass der Direktzahlung und dem Direktanspruch nur dann international zwingender Charakter zugesprochen werden kann, wenn der Auftraggeber vor einer unvorhersehbaren Inanspruchnahme geschützt ist. Denn sonst würde der Subunternehmer im internationalen Rechtsverkehr auf Kosten des Auftraggebers und unter völliger Vernachlässigung von dessen Interessen erheblich besser gestellt als in reinen Binnensachverhalten. Der dem Auftraggeber durch eine Anknüpfung des Direktanspruchs an das Generalunternehmervertragssta-

---

1077 Was *per definitionem* der Fall ist, da sonst das Weitervergabeverbot überhaupt nicht bestünde.

1078 *Sablier/Caro/Abbatucci*, La sous-traitance dans la construction, S. 229.

1079 Vgl. dazu die Entscheidung der Cour de Cassation, 3e Ch. Civ., Urteil vom 14.10.1992, Recueil Dalloz 1992, S. 256 (inf.).

1080 *Lagarde*, in: Gavalda (Hrsg.), La sous-traitance de marchés de travaux et de services, S. 186ff., 192ff.

tut[1081] garantierte Schutz würde durch eine generelle Berücksichtigung der Vorschrift wegen ihres international zwingenden Charakters wieder zunichte gemacht.

LAGARDE und SABLIER/CARO/ABBATUCCI ist daher darin zuzustimmen, dass es sich bei dem Direktanspruch bzw. der Direktzahlung an den Subunternehmer nicht um eine Eingriffsnorm handelt. Jede andere Entscheidung würde zu einem Ungleichgewicht zwischen dem Schutzbedürfnis der Subunternehmer vor einem Zahlungsausfall und dem Schutzbedürfnis der Auftraggeber vor einer unvorhersehbaren Inanspruchnahme führen. Zudem kommt dem Direktanspruch nach seinem sozial-normativen Gehalt in erster Linie privatschützender Charakter zu.

c) Die Verpfändungsbeschränkung

In Bezug auf die Verpfändungsbeschränkung und Pflicht zur Leistung von Garantien nach Art. 9, Art. 13-1 und Art. 14 Gesetz Nr. 75-1334 handelt es sich jeweils um Pflichten des Generalunternehmers aus dem Subunternehmervertrag. Die Frage nach dem international zwingenden Charakter dieser Vorschriften stellt sich folglich immer dann, wenn das Subunternehmervertragsstatut nicht französisches Recht ist. Bei den Normen handelt es sich um Mechanismen, die die Zahlung des Werklohns an den Subunternehmer absichern sollen. Sie wirken allerdings im Gegensatz zur Direktzahlung oder dem Direktanspruch lediglich im Verhältnis zwischen Subunternehmer und Generalunternehmer. Die Vorschriften entsprechen jedoch in ihrem sozial-normativen Gehalt der Direktzahlung und dem Direktanspruch. Es ist deshalb ebenso wie bei diesen nicht von einem international zwingenden Charakter der Bestimmungen auszugehen.

5. Luxemburg: Das Gesetz vom 23.7.1991

Da das luxemburgische Gesetz die Regelungen des französischen Gesetzes Nr. 75-1334 über die Direktzahlung im Wesentlichen wiedergibt, ist auch bezüglich des luxemburgischen Gesetzes der international zwingende Charakter der Normen zu verneinen. Daraus folgt, dass auch die Direktzahlung luxemburgischer Subunternehmer nicht vor deutschen Gerichten zu beachten ist, es sei denn, das Generalunternehmervertragsstatut ist luxemburgisches Recht und der Auftraggeber ist eine luxemburgische öffentliche Einrichtung.

6. Belgien und Spanien

Für den Direktanspruch nach belgischem und spanischem Recht muss dasselbe gelten wie für den Direktanspruch und die Direktzahlung nach französischem

---

1081 Siehe zur Anknüpfung des Direktanspruchs an das Generalunternehmervertragsstatut ausführlich oben S. 206ff.

und luxemburgischem Recht. Der gebotene Schutz des Auftraggebers verbietet es, sie nicht als Eingriffsnormen anzusehen. Die Direktansprüche nach spanischem und belgischem Recht sind daher nur dann von deutschen Gerichten zu beachten, wenn das Generalunternehmervertragsstatut spanisches bzw. belgisches Recht ist.

IV. Zusammenfassung

§ 641 Abs. 2 BGB ist sowohl als intern zwingende Norm im Sinne des Art. 27 Abs. 3 EGBGB als auch als international zwingende Norm im Sinne des Art. 34 EGBGB anzusehen, wenn Subunternehmer schwerpunktmäßig in Deutschland tätig werden und der durch die Richtlinie 2000/35/EG bezweckte Schutz der Subunternehmer durch die Anwendung von Drittstaatenrecht nicht gewährleistet wird. Anderenfalls würde die praktische Wirksamkeit der Richtlinie 2000/35/EG und der in ihr enthaltene unbedingte Anwendungsbefehl innerhalb des Binnenmarktes unterhöhlt.

Das italienische Gesetz Nr. 192 beinhaltet größtenteils intern zwingende Bestimmungen im Sinne des Art. 27 Abs. 3 EGBGB. Gleiches gilt für die Subunternehmerschutzvorschriften des französischen Gesetzes Nr. 75-1334. Das luxemburgische Gesetz vom 23.7.1991 stellt nur dann intern zwingendes Recht dar, wenn der Auftraggeber eine öffentliche Einrichtung ist.

Der in den vorgestellten Subunternehmerschutzvorschriften Frankreichs, Belgiens und Spaniens enthaltene Direktanspruch des Subunternehmers stellt ebenfalls intern zwingendes Recht im Sinne des Art. 27 Abs. 3 EGBGB dar.

Nur bei zwei Vorschriften des italienischen Gesetzes Nr. 192 handelt es sich um international zwingende Normen. Die Vorschriften über den Zahlungsverzug in Art. 3 des Gesetzes dienen der Umsetzung der Richtlinie 2000/35/EG, welche einen unbedingten territorialen Anwendungswillen in den Mitgliedstaaten beinhaltet. Es handelt sich daher insoweit um eine Eingriffsnorm, als die praktische Wirksamkeit der Richtlinie bei einer schwerpunktmäßigen Beschäftigung von Subunternehmern in Italien durch die Anwendung von Drittstaatenrecht untergraben würde. Eine kollisionsrechtliche Berücksichtigung vor deutschen Gerichten ist geboten, wenn ein Subunternehmer schwerpunktmäßig in Italien tätig wurde und auf den Subunternehmervertrag das Recht eines Drittstaates zur Anwendung kommt.

Auch bei Art. 9 des italienischen Gesetzes Nr. 192 handelt es sich um eine Eingriffsnorm, die unbedingten Anwendungswillen besitzt, wenn die Ausnutzung der wirtschaftlichen Abhängigkeit des „*subfornitore*" Auswirkungen auf den italienischen Markt hat. Art. 9 des Gesetzes Nr. 192 ist vor deutschen Gerichten materiellrechtlich bei der Anwendung von § 138 BGB zu berücksichtigen.

8. KAPITEL – DAS VERFAHRENSRECHT

In verfahrensrechtlicher Hinsicht werfen die vorgestellten Subunternehmer-schutzvorschriften drei spezifische Fragen auf. 1. Ist für eine Klage des Subunternehmers gegen den Auftraggeber auf Grund des Direktanspruchs der besondere Gerichtsstand des Art. 5 Nr. 1 lit. b EuGVVO (bzw. Art. 5 Nr. 1 LugÜ) eröffnet? 2. Welche Auswirkungen haben Gerichtsstands- oder Schiedsgerichtsvereinbarungen im Generalunternehmervertrag für Subunternehmer? 3. Muss das im italienischen Gesetz Nr. 192 zum Schutz von Subunternehmern enthaltene Verfahrensrecht vor deutschen Gerichten berücksichtigt werden?

I. Der Vertragsgerichtsstand

Im Gegensatz zum Direktanspruch des Subunternehmers gegen den Auftraggeber stellen sich die Beziehungen zwischen Auftraggeber und Generalunternehmer einerseits und Generalunternehmer und Subunternehmer andererseits im Rahmen des europäischen Zivilverfahrensrechts als normale bilaterale vertragliche Beziehungen dar, die keine spezifischen Probleme aufwerfen.[1082]

1. Art. 5 Nr. 1 lit. b EuGVVO

a) Die autonome Bestimmung des Erfüllungsortes

Die Umwandlung des EuGVÜ in eine Verordnung der EG hat für den Gerichtsstand des Erfüllungsortes einige Änderungen gebracht, die auch für internationale Subunternehmerverhältnisse beachtlich sind. Art. 5 Nr. 1 lit. b EuGVVO stellt nunmehr für bestimmte Vertragstypen (Warenkaufvertrag und Vertrag über Dienstleistungen)[1083] auf eine zuständigkeitsrechtliche Verortung des Gesamtvertrags ab.[1084] Damit erweitert die Neuregelung die von der Rechtsprechung des EuGH zu Arbeitsverträgen[1085] im Rahmen des Art. 5 Nr. 1 EuGVÜ

1082 *Lagarde*, in: Gavalda (Hrsg.), La sous-traitance de marchés de travaux et de services, S. 186ff., 201f.

1083 Eine Beschränkung auf diese Vertragstypen sieht auch Art. 6 des Entwurfs einer Haager Konvention „Preliminary Draft Convention on Jurisdiction and Foreign Judgements in Civil and Commercial Matters" vom 30.10.1999 vor.

1084 Siehe *Takahashi* E.L. Rev. 2002, 27(5), S. 530ff.; *Hau* IPRax 2000, S. 354ff., 358.

1085 EuGH, Urteil vom 26.5.1982, Rs. C-133/81, *Ivenel ./. Schwab*, IPRax 1983, S. 173ff.; Urteil vom 15.2.1989, Rs. C-32/88 *Six Constructions ./. Humbert*, IPRax 1990, S. 173ff.; Urteil vom 15.1.1987, Rs. C-266/85, *Shenavai ./. Kreischer*, Slg. 1987, S. 239ff.; Urteil vom 27.2.2002, Rs. C-37/00, *Herbert Weber ./. Universal Ogden Services Ltd.*, IPRax 2003, S. 45ff.; vgl. dazu *Mankowski* IPRax 2003, S. 21ff., 22ff. Die Anknüpfung für Ansprüche auf Grund von Arbeitsverträgen ist nunmehr in Art. 18 – 21 EuGVVO

bereits praktizierte autonome Anknüpfung beider Leistungspflichten des Vertrags an den Schwerpunkt eines Vertragsverhältnisses auf die genannten Vertragstypen. Die Begründung der Kommission zu Art. 5 Nr. 1 EuGVVO[1086] macht deutlich, dass nach ihrer Ansicht im Anwendungsbereich des Art. 5 Nr. 1 lit. a EuGVVO die alte Rechtslage unter Art. 5 Nr. 1 EuGVÜ weitergeführt werden sollte.[1087] Danach wurde der Erfüllungsort der jeweils konkret streitigen Leistungspflicht nach der *lex causae* bestimmt (*Tessili*-Rechtsprechung).[1088] Nach Art. 5 Nr. 1 lit. b EuGVVO ist auf den autonom bestimmten Liefer- bzw. Dienstleistungsort als Erfüllungsort beider Vertragspflichten abzustellen.[1089] Voraussetzung hierfür ist jedoch, dass der Erfüllungsort des Subunternehmervertrags in einem Mitgliedstaat liegt und dass die Vertragsparteien keine anderweitige Abrede über den jeweiligen Erfüllungsort getroffen haben.

b) Der Dienstleistungsbegriff

Der Begriff der Dienstleistung in Art. 5 Nr. 1 lit. b EuGVVO ist autonom zu bestimmen.[1090] Von ihm sind – unabhängig von der nationalen Einordnung als Dienstvertrag, Werkvertrag oder Werklieferungsvertrag – alle gewerblichen, kaufmännischen, handwerklichen und freiberuflichen Tätigkeiten, die entgeltlich erbracht werden, umfasst.[1091] Unter den Begriff fallen folglich auch die

---

gesondert geregelt. Art. 19 EuGVVO führt dabei die bisherige Regelung in Art. 5 Nr. 1 zweiter Halbsatz EuGVÜ weiter.

1086 Begründung der Kommission im Rahmen des Vorschlags für eine Verordnung (EG) des Rates über die gerichtliche Zuständigkeit und die Anerkennung und Vollstreckung von Entscheidungen in Zivil- und Handelssachen, KOM 1999 (348) endg., S. 1ff., 15:

> *„Wenn die Anwendung dieser Regel die Zuständigkeit des Gerichts eines Staates begründen würde, der nicht Mitgliedstaat der Gemeinschaft ist, ist nicht Buchstabe b), sondern Buchstabe a) maßgebend. Zuständig ist in diesem Fall das Gericht, auf das das Internationale Privatrecht des angerufenen Staates als Gericht des Erfüllungsorts der betreffenden Verpflichtung verweist."*

1087 Kritisch dazu *Hau* IPRax 2000, S. 354ff., 360.

1088 Grundlegend die Entscheidung des EuGH vom 6.10.1976 in der Rs. *Tessili/Dunlop* (Slg. 1976, S. 1475). Vgl. jüngst EuGH, Urteil vom 28. 9. 1999 Rs. C-440/97; Abl. EG C 55, S. 21=IPRax 2000, S. 399ff., *Concorde u.a. ./. Kapitän des Schiffes Suhadiwarno Panjan*.

1089 *Hau* IPRax 2000, S. 354ff., 358; *Jayme/Kohler* IPRax 1999, S. 401ff., 405; *Kohler*, in: Gottwald (Hrsg.), Revision des EuGVÜ, S. 1ff., 32f.; Begründung der Kommission im Rahmen des Vorschlags für eine Verordnung (EG) des Rates über die gerichtliche Zuständigkeit und die Anerkennung und Vollstreckung von Entscheidungen in Zivil- und Handelssachen, KOM 1999 (348) endg., S. 1ff., 15.

1090 *Kropholler*, Europäisches Zivilprozessrecht, Art. 5 Rn. 35f.

1091 *Geimer/Schütze*, Europäisches Zivilverfahrensrecht, Art. 13 Rn. 30f.; *Kropholler*, Europäisches Zivilprozessrecht, Art. 5 Rn. 35f. *Leipold*, in: Festschrift Lüderitz, S.

Leistungen eines Subunternehmers im Rahmen der Ausführung eines Subunternehmervertrags.[1092] Für Klagen zwischen Subunternehmer und Generalunternehmer sind daher im Regelfall die Gerichte am Erfüllungsort der vom Subunternehmer geschuldeten Werkleistung international und örtlich zuständig. Liegt dieser Erfüllungsort außerhalb der Gemeinschaft, ist nicht auf Art. 5 Nr. 1 lit. b EuGVVO, sondern auf Art. 5 Nr. 1 lit. a EuGVVO abzustellen.[1093] Eine Erfüllungsortvereinbarung im Subunternehmervertrag ist dabei zu beachten.

Für Klagen des Generalunternehmers gegen den Auftraggeber gilt Entsprechendes.

2.   Der Direktanspruch und der Vertragsgerichtsstand

Damit ist freilich noch nicht geklärt, ob auch der Direktanspruch gegen den Auftraggeber vom Subunternehmer im Vertragsgerichtsstand des Art. 5 Nr. 1 EuGVVO geltend gemacht werden kann. Dazu ist zu klären, ob der Direktanspruch des Subunternehmers als Anspruch aus einem Vertrag im Sinne des Art. 5 Nr. 1 EuGVVO zu qualifizieren ist.

Zwischen Subunternehmer und Auftraggeber existiert kein durch die gegenseitige Abgabe von Willenserklärungen begründeter Vertrag.[1094] JAYME[1095] und LAGARDE[1096] haben sich – für den Direktanspruch nach französischem Recht – dafür ausgesprochen, dass der Subunternehmer den Direktanspruch im Vertragsgerichtsstand geltend manchen kann.

Der Begriff des Vertrags im Sinne von Art. 5 Nr. 1 EuGVVO ist autonom zu bestimmen.[1097] Eine nationale materiellrechtliche Qualifikation des Direktanspruchs lässt sich also nicht ohne weiteres übertragen. Im Rahmen der im sechsten Kapitel durchgeführten materiellrechtlichen Qualifikation des Direkt-

---

431ff., 446. Vgl. zu Art. 29 EGBGB auch MünchKomm-*Martiny*, Art. 29 EGBGB Rn. 10f.; BGH, 26.10.1993, BGHZ 123, S. 380ff.

1092 Von Art. 5 Nr. 1 lit. b ist auch der „*subfornitura*"-Vertrag erfasst, sei es als Kaufvertrag oder als Vertrag über die Erbringung von Dienstleistungen, siehe *Musso*, La subfornitura, S. 578f.

1093 *Hau* IPRax 2000, S. 354ff., 360.

1094 Allenfalls könnte man beim Direktanspruch nach französischem und luxemburgischem Recht das Zustandekommen einer Vertragsbeziehung rechtfertigen, siehe oben S. 201f.

1095 *Jayme*, in: Festschrift Pleyer (1986), S. 371ff., 380.

1096 *Lagarde*, in: Gavalda (Hrsg.), La sous-traitance de marchés de travaux et de services, S. 186ff., 203, in Bezug auf das autonome französische Verfahrensrecht.

1097 Siehe das Urteil des EuGH vom 17.9.2002, Rs. C-334/00 *Fonderie Officine Meccaniche Tacconi SpA/Heinrich Wagner Sinto Maschinenfabrik GmBH*, IPRax 2003, S. 143ff.; *Mankowski* IPRax 2003, S. 127ff., 128f.; *Jayme/Kohler* IPRax 1999, S. 401ff., 405; *Hau* IPRax 2000, S. 354ff., 358f.

anspruchs wurde allerdings – dem Gebot von Art. 36 EGBGB folgend – bereits eine rechtsvergleichend-autonome Qualifikationsmethode angewandt. Der Direktanspruch wurde nicht nur mit Blick auf das deutsche Recht qualifiziert. Vielmehr wurde auch eine rechtsvergleichende Untersuchung unter Berücksichtigung der Rechtslage in einigen EG-Mitgliedstaaten durchgeführt. Darüber hinaus wurden die Rechtsprechung des EuGH zu Art. 5 Nr. 1 EuGVÜ und insbesondere die *Handte*-Entscheidung[1098] berücksichtigt.[1099] Die im sechsten Kapitel zur materiellrechtlichen Qualifikation gefundenen Ergebnisse lassen sich also für die vorzunehmende Bestimmung des Vertragsbegriffs des Art. 5 Nr. 1 EuGVVO verwenden.

In der *Handte*-Entscheidung lehnte der EuGH eine Qualifikation eines nach französischem Recht existierenden Direktanspruchs des Auftraggebers gegen den Subunternehmer ab, da ein Beklagter vorhersehen können müsse, wo er verklagt werden kann. Dies sei bei der Inanspruchnahme des Herstellers durch einen Endkunden nicht mehr der Fall, wenn der Gerichtsstand nach Art. 5 Nr. 1 EuGVVO jedem Endkunden eröffnet werde.

Anhand der materiellrechtlichen Kriterien wurde der Direktanspruch des Subunternehmers bereits überprüft und festgestellt, dass es an einer freiwillig übernommenen Verpflichtung des Subunternehmers gegenüber dem Auftraggeber fehlt.[1100, 1101] An dieser Stelle bleibt lediglich auf das verfahrensrechtliche Argument der Rechtssicherheit für den Beklagten einzugehen.[1102]

Der Direktanspruch des Subunternehmers wirft unter dem Gesichtspunkt der Vorhersehbarkeit nicht im gleichen Maße Bedenken gegen eine vertragliche Qualifikation auf wie die Inanspruchnahme des Subunternehmers durch den Auftraggeber in dem der *Handte*-Entscheidung zugrunde liegenden Sachverhalt. Denn der Kreis der Subunternehmer ist – anders als der der Endkunden – überschaubarer. Zwar kann durchaus eine Vielzahl von Subunternehmern auf einer Großbaustelle eingesetzt werden, aber ein Auftraggeber hat stets die Möglichkeit, den Einsatz von Subunternehmern im Generalunternehmervertrag zu untersagen.

1098 EuGH, Urteil vom 17.6.1992, in der Rs. C-26/91 *Jakob Handte&Co GmbH ./. Traitements mecano-chimiques des surfaces SA*, Slg. I 1992, S. 3967ff.

1099 Siehe dazu oben S. 195ff.

1100 Siehe oben S. 201ff.

1101 Ebenso *Hau* IPRax 2000, S. 354ff., 359. Kritisch *Bauerreis* Rev. crit. dr. int. privé 89 (2000), S. 331ff., 342ff., 346ff..

1102 Im Gegensatz zur Argumentation in der *Handte*-Entscheidung ist die Argumentation des EuGH in der *Tacconi*-Entscheidung in Bezug auf das Kriterium der Vorhersehbarkeit wenig ergiebig.

Insbesondere wenn der oben[1103] entwickelten Lösung für die Anknüpfung des Direktanspruchs an das Generalunternehmervertragsstatut gefolgt wird, ist der Schutz des Auftraggebers vor einer völlig unvorhersehbaren Inanspruchnahme auch kollisionsrechtlich garantiert.[1104] Der durch die Anknüpfung an das Generalunternehmervertragsstatut gewährleistete Schutz des Auftraggebers beschränkt sich allerdings darauf, dass Subunternehmer überhaupt Direktansprüche geltend machen können. Der Kreis der möglichen Kläger im Vertragsgerichtsstand bleibt unüberschaubar, es sei denn der Auftraggeber verbietet dem Generalunternehmer die Weitervergabe. Bei denjenigen Rechtsordnungen[1105], welche die vorherige Genehmigung des Einsatzes von Subunternehmern als Voraussetzung für den Direktanspruch des Subunternehmers vorsehen, ist dem Kriterium der Vorhersehbarkeit insofern Rechnung getragen, da dort garantiert ist, dass der Kreis der Berechtigten vom Auftraggeber stets selbst bestimmt wird.

Dies gilt aber nicht für die übrigen Rechtsordnungen, die das Genehmigungserfordernis nicht kennen. Im Dienste der Entwicklung einer einheitlichen Lösung für die Direktansprüche ist m.E. davon auszugehen, dass der Direktanspruch des Subunternehmers nicht als vertraglicher Anspruch im Sinne des Art. 5 Nr. 1 EuGVVO qualifiziert werden kann.[1106, 1107]

1103 Oben S. 211ff.

1104 Siehe oben S. 223ff. Der Kreis der potentiellen Kläger ist für den Auftraggeber freilich nicht überschaubar, wenn eine Anknüpfung des Direktanspruchs an das Subunternehmervertragsstatut erfolgt.

1105 Frankreich und Luxemburg, siehe oben S. 93ff. und 104ff.

1106 Bejaht man entgegen der hier vertretenen Ansicht eine Einordnung des Direktanspruchs als vertraglicher Anspruch, bliebe zu klären, wie der Erfüllungsort bestimmt werden muss. Im Rahmen des Dreiecksverhältnisses zwischen Subunternehmer, Generalunternehmer und Auftraggeber wirft dies komplizierte Fragen auf. Denn es existiert je ein Erfüllungsort aus dem Subunternehmervertrag und einer aus dem Generalunternehmervertrag. Es liegt keinesfalls auf der Hand, auf welchen Erfüllungsort für den Direktanspruch abgestellt werden muss. *Lagarde*, in: Gavalda (Hrsg.), La sous-traitance de marchés de travaux et de services, S. 186ff., 203 hat sich – für das autonome französische Recht – dafür ausgesprochen, für den Erfüllungsort des Direktanspruchs auf den Erfüllungsort des Generalunternehmervertrags abzustellen. Denn der Generalunternehmervertrag bestimme den Umfang der Haftung des Auftraggebers. Hierzu ist Folgendes festzustellen: Die Frage wirft Probleme auf, die auf die materielle Zuordnung des Direktanspruchs als Recht aus dem Subunternehmervertrag oder als Recht eines Dritten aus dem Generalunternehmervertrag hinauslaufen. Ordnet man den Direktanspruch einem der beiden Verträge zu, wäre auch der Gerichtsstand nach Art. 5 Nr. 1 lit. b EuGVVO am autonomen Erfüllungsort dieses Vertrages eröffnet. Dem entspricht auch die von *Jayme*, in: Festschrift Pleyer (1986), S. 371ff., 380, in Anlehnung an die Ivenel-Entscheidung des EuGH, Urteil vom 26.5.1982, Rs. C-133/81, *Ivenel ./. Schwab*, IPRax 1983, S. 173ff., zu Art. 5 Nr. 1 EuGVÜ entwickelte Lösung der schwerpunktmäßigen

Einordnung des Direktanspruchs an den Tätigkeitsschwerpunkt des Subunternehmers (*„forum laboris"*). Mangels einer eindeutigen Zuordnung des Direktanspruchs ließe sich auch vertreten, wegen des Verweises in Art. 5 Nr. 1 lit. c EuGVVO auf die allgemeine Regel des Art. 5 Nr. 1 lit. a EuGVVO zurückzugreifen. Bei der Bestimmung des Erfüllungsortes des Direktanspruchs nach der *lex causae* wäre nach der hier vertretenen Ansicht auf das Generalunternehmervertragsstatut zurückzugreifen. Wegen der Ähnlichkeit zum Vertrag zu Gunsten Dritter (siehe oben S. 216f.) wäre jedoch m.E. eine Zuordnung des Direktanspruchs zum Generalunternehmervertrag im Rahmen des Art. 5 Nr. 1 lit. b EuGVVO vorzuziehen. Der Vertragsgerichtsstand wäre – mangels anderweitiger Parteiabrede im Generalunternehmervertrag und wenn der Erfüllungsort innerhalb der Gemeinschaft liegt – dann am Erfüllungsort der vom Generalunternehmer geschuldeten Werkleistung. Mit diesem Ergebnis ließe sich m.E. auch im Hinblick auf die möglichst große Sachnähe des berufenen Gerichts und die Vorhersehbarkeit des Vertragsgerichtsstandes leben.

1107 Es erscheint nach dem Urteil des EuGH vom 17.9.2002, Rs. C-334/00 *Fonderie Officine Meccaniche Tacconi SpA/Heinrich Wagner Sinto Maschinenfabrik GmBH*, IPRax 2003, S. 143ff. (dazu *Mankowski* IPRax 2003, S. 127ff., 128f. und kritisch *Jayme/Kohler* IPRax 2003, S. 485ff., 490) eindeutig, dass der Schadensersatzanspruch des Subunternehmers gegen den Auftraggeber wegen Verletzung der Kontrollpflicht nach Art. 14-1 des französischen Gesetzes Nr. 75-1334 nicht als vertraglicher Anspruch im Sinne des Art. 5 Nr. 1 EuGVVO angesehen werden kann. Es fehlt auch hier an einer freiwilligen Verpflichtung des Auftraggebers gegenüber dem Subunternehmer. Auch dem Erfordernis der Rechtssicherheit für den in Anspruch Genommenen könnte bei einer Anwendung von Art. 5 Nr. 1 EuGVVO nicht ausreichend Rechnung getragen werden. Der Ersatzanspruch kann daher lediglich im besonderen Gerichtsstand nach Art. 5 Nr. 3 EuGVVO erhoben werden. Richtigerweise ist er einer unerlaubten Handlung gleichzustellen. Der Subunternehmer kann dann den Schadensersatzanspruch vor dem Gericht des Ortes geltend machen, an dem das schädigende Ereignis eingetreten ist. Dies kann sowohl der Handlungs- als auch der Erfolgsort sein (grundlegend EuGH, Urteil vom 30.11.1976, Rs. C-21/76, *Bier u.a. ./. Mines de Potasse d'Alsace*, NJW 1977, S. 493ff.). In Bezug auf den Erfolgsort ist bei einer Verletzung der Kontrollpflicht auf den Ort abzustellen, an dem der Subunternehmer die Subunternehmerleistung erbracht hat, und nicht auf den Ort der Niederlassung des Subunternehmers. Der Subunternehmer hat am Ort der Leistungserbringung die Aufwendungen getätigt, ohne zugleich einen Direktanspruch oder einen Anspruch auf Direktzahlung zu erwerben. Allein hierin ist der Schadenserfolg zu erblicken. Am Ort der Niederlassung liegt nur ein sogenannter weiterer Vermögensschaden vor, der für die Begründung eines Gerichtsstands nach Art. 5 Nr. 3 EuGVVO nicht ausreicht (*Kropholler*, Europäisches Zivilprozessrecht, Art. 5 Rn. 77). Der Handlungsort (Beim Unterlassen: Ort, an dem die Aufforderung an den Generalunternehmer, den Verpflichtungen nach Art. 3 Gesetz Nr. 75-1334 nachzukommen, hätte ergehen müssen) fällt demgegenüber mit der Niederlassung des Auftraggebers zusammen.

3. Art. 11 Abs. 2 EuGVVO analog?

Es lässt sich auch an eine analoge Anwendung der Vorschriften über den Direktanspruch des Geschädigten gegen die Versicherung des Schädigers denken. Gemäß Art. 11 Abs. 2 EuGVVO kann der Geschädigte, sofern eine solche Klage nach dem auf den Anspruch anwendbaren Recht zulässig ist, den Versicherer auch außerhalb von dessen Wohnsitzstaat verklagen, und zwar vor jedem Gericht, „das nach den Art. 8 bis 10 EuGVVO zuständig ist." Dem Geschädigten stehen daher verschiedene Gerichtsstände zur Geltendmachung des Direktanspruchs gegen die Haftpflichtversicherung zur Verfügung. Der Direktanspruch kann vom Geschädigten geltend gemacht werden

- am Wohnsiztgerichtsstand des Versicherers (Art. 11 Abs. 2 i.V.m. Art. 9 Abs. 1 lit. a EuGVVO);
- am Wohnsitz des Versicherungsnehmers, des Versicherten und des Begünstigten (Art. 11 Abs. 2 i.V.m. Art. 9 Abs. 1 lit. b EuGVVO);
- am Wohnsitz des federführenden Mitversicherers im Falle mehrerer Versicherer (Art. 11 Abs. 2 i.V.m. Art. 9 Abs. 1 lit. c EuGVVO) und
- bei der Haftpflichtverisicherung oder bei der Versicherung von unbeweglichen Sachen an dem Ort, an dem das schädigende Ereignis (Handlungs- und Erfolgsort) eingetreten ist (Art. 11 Abs. 2 i.V.m. Art. 10 EuGVVO).

Die Verweisung des Art. 11 Abs. 2 EuGVVO ist allerdings keinesfalls eindeutig. Insbesondere ist unklar, wie die Verweisung auf Art. 9 Abs. 1 lit. b EuGVVO zu verstehen ist. Nach richtiger Auffassung kann der Geschädigte nicht an seinem Wohnsitzgericht Klage erheben, da Art. 9 Abs. 1 lit. b EuGVVO lediglich den Wohnsizt des „Versicherungsnehmers, des Versicherten und des Begünstigten" nennt.[1108]

Wie indes bei der Frage des auf den Direktanspruch anwendbaren Rechts bereits dargelegt wurde, ist die besondere Privilegierung des Geschädigten durch das Zurverfügungstellen alternativer Gerichtsstände jedoch nicht ohne weiteres auf die Situation einer direkten Werklohnklage des Subunternehmers

---

1108 Siehe zu Art. 10 Abs. 2 EuGVÜ die Entscheidung des LG Saarbrücken vom 6.12.1976, VersR 1977, S. 1164 sowie *Kropholler*, Europäisches Zivilprozessrecht, Art. 11 Rn. 4ff. Der Normzweck des Art. 11 Abs. 2 EuGVVO, nämlich die Begünstigung des Geschädigten, spräche auf den ersten Blick zwar dafür, den Verweis auf Art. 9 Abs. 1 lit. b EuGVVO so auszulegen, dass der Wohnsitzgerichtsstand des Geschädigten für die Direktklage zur Verfügung steht. Andererseits fehlte es dann an jeglicher Vorhersehbarkeit des für den Direktanspruch zuständigen Gerichts für den Versicherer.

übertragbar.[1109] Ein Subunternehmer ist weniger schutzwürdig als ein Geschädigter, während der Auftraggeber schützenswerter als ein Versicherungsunternehmen ist. Im Einzelnen ist auf die bereits im Rahmen der Bestimmung des auf den Direktanspruch des Subunternehmers anzuwendenden Rechts erörterten Argumente zu verweisen. Eine analoge Anwendung von Art. 11 Abs. 2 EuGVVO auf die Direktklage des Subunternehmers ist daher aus den gleichen Argumenten wie eine alternative Anknüpfung des anwendbaren Rechts abzulehnen, da es an einer Vergleichbarkeit der Situationen und der Schutzbedürfnisse der Beteiligten fehlt.

4. Schlussfolgerung

Zusammenfassend lässt sich feststellen, dass ein Subunternehmer nicht auf Grund des Direktanspruchs im Vertragsgerichtsstand des Art. 5 Nr. 1 lit. b EuGVVO gegen den Generalunternehmer klagen kann. Auch die in Art. 11 Abs. 2 EuGVVO enthaltene Privilegierung des Geschädigten ist nicht analog auf die Direktklage des Subunternehmers anzuwenden. Der Direktanspruch kann daher *de lege lata* mangels Gerichtsstandsvereinbarung und mangels verbundener Klagen lediglich am Wohnsitzort des Auftraggebers (Art. 2 Abs. 1 EuGVVO) bzw. im unter Umständen gemäß Art. 5 Nr. 5 EuGVVO eröffneten Gerichtsstand der Zweigniederlassung erhoben werden. Dies ist ein unbefriedigendes Ergebnis, da es dem besonderen Schutzbedürfnis der Subunternehmer keine Rechnung trägt. Ihm sollte daher *de lege ferenda* abgeholfen werden.[1110]

In aller Regel wird der Subunternehmer allerdings nicht isoliert gegen den Auftraggeber aus dem Direktanspruch bzw. der Direktzahlung vorgehen, sondern zugleich den Generalunternehmer wegen des Werklohnanspruchs mitverklagen, Art. 6 Nr. 1 EuGVVO.[1111] Dann kann der Subunternehmer den Auftraggeber und den Generalunternehmer gemeinsam am Wohnsitz des Auftraggebers, am Wohnsitz des Generalunternehmers oder – über Art. 5 Nr. 1 lit. b EuGVVO – am autonom bestimmten Erfüllungsort des Subunternehmervertrags verklagen.

Art. 6 Nr. 1 EuGVVO erfordert allerdings eine Konnexität zwischen den beiden geltend gemachten Ansprüchen.[1112] Hierzu kann auf die Legaldefinition in Art. 28 Abs. 3 EuGVVO zurückgegriffen werden. Vermieden werden sollen letztlich widersprüchliche Entscheidungen, wenn zusammengehörige Ansprü-

---

1109 Siehe dazu oben S. 212ff.
1110 Siehe hierzu den im Ausblick der Arbeit enthaltenen Vorschlag für einen Subunternehmergerichtsstand, unten S. 321f.
1111 Vgl. dazu auch *Jayme*, in: Festschrift Pleyer (1986), S. 371ff., 379.
1112 Siehe nur EuGH, Urteil vom 27.9.1988, Rs. C 189/87, *Kalfelis ./. Schröder*, IPRax 1989, S. 288ff. Vgl. zu diesem Problemkreis auch *Hobeck*, in: Böckstiegel (Hrsg.), Vertragsgestaltung und Streitbeilegung in der Bauindustrie und im Anlagenbau, S. 99ff.

che nicht gemeinsam verhandelt werden. Für den Direktanspruch bzw. die Direktzahlung gegen den Auftraggeber und den Werklohnanspruch gegen den Generalunternehmer stehen außer Zweifel, dass der erforderliche Zusammenhang existiert: *De facto* wird Vergütung für ein und dieselbe Leistung des Subunternehmers verlangt. Der Direktanspruch und die Direktzahlung wirken zudem wie ein gesetzlich angeordneter Schuldbeitritt des Auftraggebers zur Schuld des Generalunternehmers. Insofern kommt auch nur eine Verurteilung der beiden Schuldner als Gesamtschuldner in Betracht. Schließlich spricht auch der Einwendungsdurchgriff[1113] für die Konnexität.[1114]

II. Gerichtsstands- und Schiedsgerichtsvereinbarungen

Die Frage, die auf materiellrechtlicher Ebene im Rahmen der Diskussion um eine akzessorische Anknüpfung des Subunternehmervertrags an den Generalunternehmervertrag behandelt wurde[1115], findet ein Äquivalent auf verfahrensrechtlicher Ebene: Inwieweit sind Gerichtsstands- bzw. Schiedsvereinbarungen im Generalunternehmervertrag relevant für Klagen des Subunternehmers gegen den Generalunternehmer? Führt eine Inbezugnahme der Vertragspflichten des Generalunternehmers aus dem Generalunternehmervertrag im Subunternehmervertrag dazu, dass auch im Generalunternehmervertrag enthaltene Gerichtsstands- oder Schiedsvereinbarungen zu Lasten des Subunternehmers wirken?

1. Gerichtsstandsvereinbarungen

In Bezug auf Gerichtsstandsvereinbarungen stellen sich die Fragen im Europäischen Zuständigkeitsrecht bei der Anwendung des Art. 23 EuGVVO.[1116] Hierbei ist zu klären, inwieweit die wirtschaftliche Verflechtung von Sub- und Generalunternehmervertrag ausreicht, Bezugnahmen im Subunternehmervertrag auf die materiellen Vertragspflichten des Generalunternehmervertrags als Vereinbarung über die Zuständigkeit der Gerichte eines Mitgliedstaates anzusehen. Der Begriff der „Vereinbarung" in Art. 23 EuGVVO ist autonom zu bestimmen

---

1113 Dazu oben S. 99ff.

1114 In Bezug auf eine gleichzeitige Geltendmachung des Schadensersatzanspruchs wegen Verletzung der Kontrollpflicht nach Art. 14-1 Gesetz Nr. 75-1334 und die Werklohnklage ist zu bedenken, dass ein Schaden des Subunternehmers, den er beim Auftraggeber liquidieren kann, erst gegeben ist, wenn er einen Zahlungsausfall beim Generalunternehmer erleidet. Auch hier ist die Konnexität aus den gleichen Erwägungen wie zum Direktanspruch und zur Direktzahlung zu bejahen.

1115 Siehe oben S. 143ff.

1116 Vgl. zur Form des „*subfornitura*"-Vertrags (Art. 2 Gesetz Nr. 192) und Art. 23 EuGVVO *Musso*, La subfornitura, S. 580.

ebenso wie der Begriff des „Vertrages" in Art. 5 EuGVVO.[1117] Dadurch wird die einheitliche Auslegung und Anwendung in den Mitgliedstaaten sichergestellt. Durch das Erfordernis einer Vereinbarung soll erreicht werden, dass Gerichtsstandsvereinbarungen nicht unbemerkt geschlossen werden.[1118] Voraussetzung ist demgemäss eine tatsächliche Willenseinigung zwischen den Parteien.[1119] Diese muss klar und deutlich und unter Berücksichtigung der in Art. 23 Abs. 1 Satz 2 EuGVVO genannten Formvoraussetzungen zustande gekommen sein.

a) Keine Gerichtsstandsvereinbarung mit Drittwirkung

Bereits der Wortlaut des Art. 23 EuGVVO macht deutlich, dass „Gerichtsstandsvereinbarungen zu Lasten Dritter" nicht möglich sind. Grundsätzlich wirken Vereinbarungen zwischen Generalunternehmer und Auftraggeber über die ausschließliche internationale Zuständigkeit eines Gerichts daher auch nicht zu Lasten von Subunternehmern.[1120]

b) Der Bindungswille durch Bezugnahme

Davon zu unterscheiden ist die Frage, inwieweit ein tatsächlicher Bindungswille der Parteien des Subunternehmervertrages anzunehmen ist, wenn im Subunternehmervertrag eine Bezugnahme auf den Generalunternehmervertrag vorhanden ist.

Mit dieser Frage hatte sich die erste Kammer des Berufungsgerichts von Paris im Urteil vom 10.3.1993 im Rahmen des autonomen französischen Verfahrensrechts zu beschäftigen.[1121] Dem Fall liegt ein Sachverhalt zugrunde, welcher dem oben[1122] im *Modell 1* dargestellten Schema entspricht: Ein kuwaitischer Auftraggeber lässt von einem ebenfalls kuwaitischen Generalunternehmer eine Immobilie in Kuwait errichten. Der Generalunternehmer schaltet einen französischen Subunternehmer zur Erfüllung der sich aus dem Generalunternehmervertrag ergebenden Pflichten ein. Im Subunternehmervertrag wird pauschal auf die Pflichten des Generalunternehmers aus dem Generalunternehmer-

---

1117 Siehe das Urteil des EuGH vom 10.3.1992, Rs. 214/89 *Powell Duffryn Plc. ./. Wolfgang Petereit,* Slg. 1992 I, 1745 zum EuGVÜ, auf Vorlage des OLG Koblenz, Entscheidung vom 1.6.1989, OLGZ 1989, S. 483. Siehe näher *Kropholler*, Europäisches Zivilprozessrecht, zu Art. 23 EuGVVO Rn. 1ff.

1118 Siehe *Samtleben* NJW 1974, S. 1590ff., 1592; *Grunsky* RIW 1977, S. 1ff., 6; *Müller* RIW 1977, S. 164ff., 164.

1119 Siehe *Kropholler*, Europäisches Zivilprozessrecht, zu Art. 23 EuGVVO Rn. 23ff. und 63ff.

1120 Cour d'Appel de Paris, Urteil vom 19.3.1987, E.C.C. 1988, S. 291; *Kropholler*, Europäisches Zivilprozessrecht, zu Art. 23 EuGVVO Rn. 23ff. und 63ff.

1121 Cour d'Appel de Paris, Urteil vom 10.3.1993, Recueil Dalloz 1993, S. 350f. (som.).

1122 Oben S. 28ff.

vertrag Bezug genommen, deren Erfüllung der Subunternehmer verspricht. Der Subunternehmervertrag enthält keine Gerichtsstandsvereinbarung. Der Generalunternehmervertrag enthält eine ausschließliche Gerichtsstandsvereinbarung zu Gunsten der kuwaitischen Gerichte. Es entsteht sowohl zwischen dem Auftraggeber und dem Generalunternehmer, als auch zwischen dem Generalunternehmer und dem Subunternehmer Streit über die vertragsgerechte Leistungserbringung. Der Generalunternehmer und der Auftraggeber unterzeichnen daraufhin eine Schiedsvereinbarung. Der französische Subunternehmer verklagt den kuwaitischen Generalunternehmer vor französischen Gerichten auf Zahlung des Werklohns. Der Generalunternehmer wendet gegen die Zuständigkeit der französischen Gerichte sowohl die Gerichtsstandsvereinbarung als auch die Schiedsgerichtsvereinbarung ein.

Das Berufungsgericht begründet nur kurz, dass die Schiedsgerichtsvereinbarung zwischen Generalunternehmer und Auftraggeber nicht zu Lasten des Subunternehmers wirken kann. Ausführlicher beschäftigt es sich mit der Frage, inwieweit im Subunternehmervertrag durch die Bezugnahme auf den Generalunternehmervertrag eine ausschließliche Gerichtsstandsvereinbarung zu Gunsten der kuwaitischen Gerichte getroffen wurde, welche die internationale Zuständigkeit der französischen Gerichte nach autonomem französischem Zuständigkeitsrecht abbedungen haben könnte (vgl. Art. 14 *Code civil*). Trotz prozessökonomischer Vorteile, welche aus einer einheitlichen internationalen Zuständigkeit in grenzüberschreitenden Subunternehmervertragsverhältnissen resultieren, verneint das Pariser Berufungsgericht das Vorliegen einer Gerichtsstandsvereinbarung im Subunternehmervertrag. Die Bezugnahmeklausel betreffe lediglich die materiellen Vertragspflichten des Generalunternehmers, nicht aber die Pflicht des Generalunternehmers, lediglich vor einem bestimmten Gericht gegen den Auftraggeber zu klagen. Der Subunternehmer habe nicht die internationale Zuständigkeit der kuwaitischen Gerichte akzeptiert.

Der Entscheidung des Berufungsgerichts ist ohne Zweifel – auch im Rahmen des Art. 23 EuGVVO – zuzustimmen. Obwohl auf materiell-rechtlicher Ebene eine Bezugnahme auf die Vertragspflichten des Generalunternehmervertrags als konkludente Rechtswahl im Subunternehmervertrag zu Gunsten des auf den Generalunternehmervertrag anzuwendenden Rechts anzusehen ist[1123], lässt sich dies nicht ohne weiteres auf Gerichtsstandsvereinbarungen übertragen. Es kann nicht davon ausgegangen werden, dass die Parteien des Subunternehmervertrags durch eine Bezugnahme auf die materiellen Leistungspflichten einen tatsächlichen Willen zur Unterwerfung unter die ausschließliche internationale Zuständigkeit eines Gerichts gebildet haben. Auch wenn eine konkludente Gerichtsstandsvereinbarung (bei Berücksichtigung der in Art. 23 Abs. 1

1123 Siehe oben S. 136ff.

Satz 2 EuGVVO genannten Formvoraussetzungen) durch eine Bezugnahme nicht aus grundsätzlichen Erwägungen abzulehnen ist, so muss der Bindungswille für den Vertrag über die internationale Zuständigkeit doch deutlicher zu Tage treten als in einer allgemeinen Inbezugnahme der Leistungspflichten des Generalunternehmervertrags.

Ebenso wenig hat eine ausschließliche Gerichtsstandsvereinbarung im Generalunternehmervertrag oder im Subunternehmervertrag zur Folge, dass ein Subunternehmer den Direktanspruch gegen den Auftraggeber nur noch vor den Gerichten des in der Gerichtsstandsvereinbarung bezeichneten Staates einfordern kann. Nur wenn ein Subunternehmer mit einem Auftraggeber unmittelbar eine Gerichtsstandsvereinbarung getroffen hat, liegt eine relevante vertragliche Bindung im Sinne des Art. 23 EuGVVO vor. Die wirtschaftliche Verflechtung bzw. Bezugnahmen im Sub- auf den Generalunternehmervertrag reichen alleine nicht für das Zustandekommen einer Gerichtsstandsvereinbarung aus.

2. Schiedsgerichtsvereinbarungen

Gemäß Art. 1 Abs. 2 lit. d) EuGVVO ist die Verordnung nicht auf die Schiedsgerichtsbarkeit anzuwenden. Deutsche Gerichte müssen vielmehr deutsches autonomes Zivilprozessrecht anwenden. Gemäß § 1032 Abs. 1 ZPO sind sie dazu verpflichtet, eine Klage als unzulässig abzuweisen, wenn sie in einer Angelegenheit erhoben wird, die Gegenstand einer Schiedsvereinbarung ist, sofern der Beklagte dies vor Beginn der mündlichen Verhandlung zur Hauptsache rügt. Das deutsche Gericht muss gemäß § 1032 Abs. 1 letzter Hs. ZPO über die Wirksamkeit der Schiedsgerichtsvereinbarung entscheiden. Hierbei muss ein deutsches Gericht auch entscheiden, inwieweit Schiedsvereinbarungen im Generalunternehmervertrag Wirkungen gegenüber eingeschalteten Subunternehmern entfalten.[1124]

Die gleiche Lösung, die für Gerichtsstandsvereinbarungen im Generalunternehmervertrag im Rahmen des Art. 23 EuGVVO entwickelt wurde, muss auch für Schiedsgerichtsvereinbarungen gelten: Mangels ausdrücklicher Bezugnahme im Subunternehmervertrag auf die Schiedsgerichtsvereinbarung im Generalunternehmervertrag kann nicht von einem Willen der Parteien des Subunternehmervertrages ausgegangen werden, für Streitigkeiten aus diesem Vertragsverhältnis die Zuständigkeit des im Generalunternehmervertrag bezeichneten Schiedsgerichts zu begründen.

1124 Vgl. Zu Mehrparteienschiedsvereinbarungen die Entscheidung des französischen Kassationsgerichtshofs, Cour de Cassation, 1re Ch. Civ., 7.1.1992, BB 1992, Beilage 15, S. 27 und dazu *Berger* RIW 1993, S. 702ff. Siehe auch *Jayme*, in: Nicklisch (Hrsg.), Technologie und Recht, Band 8, S. 311ff.; *Lionnet*, Handbuch der internationalen und nationalen Schiedsgerichtsbarkeit, S. 123ff.

Ebenso wenig hat eine Schiedsgerichtsvereinbarung im Generalunternehmervertrag oder im Subunternehmervertrag zur Folge, dass ein Subunternehmer
den Direktanspruch gegen den Auftraggeber nur noch vor dem Schiedsgericht
einfordern kann.

III. Die Berücksichtigung ausländischen Verfahrensrechts

Es bleibt zu klären, inwieweit das in Art. 3 Abs. 4, Art. 10 Abs. 1 und Art. 10
Abs. 2 des italienischen Gesetzes Nr. 192 enthaltene Verfahrensrecht vor deutschen Gerichten zu berücksichtigen ist.

1.   Italien: Verfahrensrecht zum Schutz von Subunternehmern

Art. 3 Abs. 4 des italienischen Gesetzes Nr. 192 erlaubt die Durchführung einer
vorläufigen Vollstreckung durch Zahlungsbefehl (*„decreto ingiuntivo"*) gemäß
Art. 633 ff. C.P.C., falls der *„committente"* in Verzug gerät. Hierbei handelt es
sich um eine verfahrensrechtliche Norm.[1125]

Gemäß Art. 10 Abs. 2 des italienischen Gesetzes Nr. 192 wird ein Rechtsstreit auf Antrag beider Parteien des *„subfornitura"*-Vertrags an ein Schiedsgericht verwiesen. Diese verfahrensrechtlich zu qualifizierende Norm[1126] führt in
Sachverhalten mit Auslandsberührung zu keinen speziellen Problemen, da mangels eines beiderseitigen Antrags die staatlichen Gerichte zuständig bleiben. Es
handelt sich folglich im inner-italienischen wie im grenzüberschreitenden
Rechtsverkehr nur um einen unverbindlichen Vorschlag des italienischen Gesetzgebers.

Das Gesetz Nr. 192 bereitet jedoch im Hinblick auf den „obligatorischen"
Schlichtungsversuch in Art. 10 Abs. 1 Gesetz Nr. 192 gewisse Schwierigkeiten
bei Sachverhalten mit Auslandsberührung. Art. 10 Abs. 1 des Gesetzes Nr. 192
stellt vor italienischen Gerichten eine Prozessvoraussetzung dar.[1127] Der italienische Gesetzgeber hat bei Erlass dieser Norm nicht bedacht, dass es auch grenzüberschreitende *„subfornitura"*-Verträge geben kann. Insbesondere wenn der
„subfornitore" seine Niederlassung nicht in Italien sondern in einem anderen
Land hat, treten Probleme auf. Das zeigt sich daran, dass für den Fall, dass ein
„subfornitore" seine Niederlassung nicht in Italien hat, Art. 10 Abs. 1 Gesetz
Nr. 192 für den Schlichtungsversuch immer noch die Zuständigkeit der „Kammer für Handel, Industrie, Handwerk und Landwirtschaft, in deren Zuständigkeitsbereich der *„subfornitore"* seinen Sitz hat", bestimmt. Diese Kammer
existiert jedoch nur in Italien. Das Problem lässt sich dadurch lösen, dass man
Art. 10 Abs. 1 Gesetz Nr. 192 für den Fall, dass der *„subfornitore"* seine Nie-

---

1125 Ebenso *Coccia* Riv. dir. int. priv. proc. 1999, S. 801ff., 841.
1126 Siehe oben S. 84f.
1127 *Coccia* Riv. dir. int. priv. proc. 1999, S. 801ff., 844.

derlassung nicht in Italien hat, anpasst.[1128] Die Anpassung müsste dazu führen, dass zumindest auch die Zuständigkeit einer der Funktion der italienischen Kammer entsprechenden Einrichtung in Deutschland begründet wird, in deren Zuständigkeitsbereich der Subunternehmer oder Zulieferer seine Niederlassung hat. Hat ein Subunternehmer oder Zulieferer seine Niederlassung in Deutschland, kommt insbesondere eine deutsche Industrie- und Handelskammer in Betracht.

Eine andere Lösungsmöglichkeit bestünde darin, dass man die Zuständigkeitsbestimmung in Art. 10 Abs. 1 Gesetz Nr. 192 bei Sachverhalten mit Auslandsbezug nicht als zwingende Vorgabe für die Parteien ansieht, sondern lediglich als unverbindlichen Vorschlag betrachtet, den Schlichtungsversuch aber weiterhin als Verfahrensvoraussetzung versteht. Die Parteien könnten sich auf eine andere Schlichtungsstelle einigen. In Betracht käme dann auch die Kammer, in deren Zuständigkeitsbereich der *„committente"* seine Niederlassung hat, oder eine Kammer, die den Parteien auf Grund ihrer räumlichen Lage oder ihrer besonderen Qualifikation in dem Fachgebiet zusagt.[1129]

Ein weiterer Lösungsweg bestünde schließlich darin, dass der Schlichtungsversuch bei grenzüberschreitenden Sachverhalten nicht nur in Bezug auf die Zuständigkeit einer Schlichtungsstelle angepasst wird, sondern als solcher lediglich als unverbindlicher Vorschlag des italienischen Gesetzgebers zu verstehen ist. Bei Sachverhalten mit Auslandsberührung müsste Art. 10 Abs. 1 des Gesetzes Nr. 192 somit dahingehend angepasst werden, dass er keine Verfahrensvoraussetzung darstellt.[1130]

2. Die Beeinträchtigung der praktischen Wirksamkeit der EuGVVO

Bevor zu diesen Anpassungsmöglichkeiten Stellung genommen wird, soll zunächst ein anderer Aspekt des in Art. 10 Abs. 1 des Gesetzes Nr. 192 vorgesehenen Schlichtungsversuchs erörtert werden: das Problem einer Beeinträchtigung der praktischen Wirksamkeit der EuGVVO in deren Anwendungsbereich.

Ein „obligatorischer" Schlichtungsversuch (im Sinne einer Verfahrensvoraussetzung) vor Anrufung eines staatlichen Gerichts könnte eine Beeinträchtigung der praktischen Wirksamkeit der EuGVVO darstellen, weil den Parteien ein Hindernis zur Erlangung einer nach der EuGVVO anerkennungsfähigen und vollstreckbaren Entscheidung eines staatlichen Gerichts in den Weg gestellt wird.

1128 Vgl. zur Anpassung des deutschen Zivilverfahrensrecht bei Sachverhalten mit Auslandsberührung *von Bar/Mankowski*, IPR, Band 1, § 5 Rn. 84.
1129 Nach *Coccia* Riv. dir. int. priv. proc. 1999, S. 801ff., 844 liegt letztere Lösungsmöglichkeit auf Grund der Regelung in Art. 10 Abs. 2 des Gesetzes Nr. 192 nahe.
1130 Siehe auch *Coccia* Riv. dir. int. priv. proc. 1999, S. 801ff., 844.

Nach KRONKE[1131] führt ein obligatorischer außergerichtlicher Schlichtungsversuch bei verfahrensrechtlicher Qualifikation des Art. 10 Abs. 1 Gesetz Nr. 192 zu einer Beeinträchtigung der praktischen Wirksamkeit der EuGVVO. Nach der *Kongressagentur Hagen*-Entscheidung des EuGH[1132] dürften die nationalen Verfahrensordnungen nicht so ausgestaltet sein, dass die praktische Wirksamkeit der EuGVVO, im Besonderen deren Zuständigkeitsregeln, beeinträchtigt werden. Dies sei immer dann der Fall, wenn der Zugang zu den staatlichen Gerichten und damit die Erlangung einer durch die EuGVVO anerkennungsfähigen und vollstreckbaren Entscheidung erschwert werde. Art. 10 Abs. 1 erschwere den Zugang zu den staatlichen Gerichten. Art. 10 Abs. 1 des Gesetzes Nr. 192 dürfe im Anwendungsbereich der EuGVVO bei verfahrensrechtlicher Qualifikation folglich nicht als Sanktion bei Nichtdurchführung des Schlichtungsversuchs zur Unzulässigkeit oder vorübergehenden Aussetzung des Verfahrens durch ein italienisches Gericht führen.

BIRK/LAUSER/ZANOVELLO[1133] bezweifeln demgegenüber, dass der obligatorische Schlichtungsversuch zu einer Wirksamkeitsbeeinträchtigung der EuGVVO führt. Aus der *Kongressagentur Hagen*-Entscheidung des EuGH sei nicht der Schluss ableitbar, dass ein obligatorisches Schlichtungsverfahren die praktische Wirksamkeit der EuGVVO tangiere. Die Rechtsschutzmöglichkeiten der Parteien seien auch durch einen obligatorischen Schlichtungsversuch nicht beeinträchtigt.

Um die Auswirkungen der Regelung des Art. 10 Abs. 1 Gesetz Nr. 192 auf die EuGVVO darzustellen, bietet sich ein Vergleich mit der durch das Gesetz zur Reform des deutschen Zivilprozessrechts[1134] in die Zivilprozessordnung eingeführten obligatorischen Güteverhandlung an. Nach § 278 ZPO geht der mündlichen Verhandlung zum Zwecke der gütlichen Beilegung des Rechtsstreits eine Güteverhandlung voraus, es sei denn, es hat bereits ein Einigungsversuch vor einer außergerichtlichen Gütestelle stattgefunden oder die Güteverhandlung erscheint erkennbar aussichtslos. Gemäß § 278 Abs. 4 ZPO hat das Gericht für den Fall, dass beide Parteien nicht zur Güteverhandlung erscheinen, das Ruhen des Verfahrens anzuordnen. Erscheint nur eine Partei beim Termin zur Güteverhandlung nicht, soll sich gemäß § 279 Abs. 1 ZPO die mündliche Verhandlung unmittelbar anschließen, was im Normalfall zum Erlass eines Versäumnisurteils nach §§ 330ff. ZPO gegen die säumige Partei führt.

1131 *Kronke* BB 1998, Beilage 9, S. 10f., 11.
1132 EuGH, Urteil vom 15.5.1990, Rs. C-365/88, *Kongressagentur Hagen / Zeehaghe*, NJW 1991, S. 2621ff.
1133 *Birk/Lauser/Zanovello* RIW 2001, S. 180ff., 186.
1134 Gesetz vom 27.7.2001, BGBl. 2001 I, S. 1887ff.

Im Unterschied zu Art. 10 Abs. 1 des italienischen Gesetzes Nr. 192 können die Parteien nach § 278 ZPO den Schlichtungsversuch auch unmittelbar vor dem staatlichen Richter durchführen. Die Parteien können, müssen sich aber nach dem deutschen Zivilprozessrecht zur gütlichen Streitbeilegung nicht an eine außergerichtliche Stelle wenden. Sanktion der Nichtdurchführung des Schlichtungsversuchs ist nicht die Unzulässigkeit der Klage. Falls sich eine Partei dem Schlichtungsversuch durch Nichterscheinen in der Güteverhandlung entzieht, kann in der sich anschließenden mündlichen Verhandlung zwar ein Versäumnisurteil gegen sie ergehen. Dies muss die säumige Partei aber bei rechtzeitigem Einspruch hiergegen nicht sonderlich berühren, da der Prozess durch den zulässigen Einspruch in die Lage vor Erlass des Versäumnisurteils zurückversetzt wird, §§ 338, 342 ZPO.

Bezüglich der Regelung im deutschen Prozessrecht liegt der Gedanke fern, dass die praktische Wirksamkeit der EuGVVO durch die der mündlichen Verhandlung vorgeschaltete Güteverhandlung beeinträchtigt wird. Der Vergleich des „obligatorischen" Schlichtungsversuchs in Art. 10 Abs. 1 Gesetz Nr. 192 mit der deutschen Regelung einer „obligatorischen" Güteverhandlung in § 278 ZPO zeigt jedoch, dass die italienische Regelung in mehreren Aspekten eine schärfere Vorschrift darstellt: Erstens kann der Schlichtungsversuch nicht vor einem staatlichen Gericht vorgenommen werden. Zweitens führt der gescheiterte Schlichtungsversuch nach Art. 10 Abs. 1 Gesetz Nr. 192 notgedrungen zu einer Verzögerung des Rechtsstreits. Nach der deutschen ZPO kann sich dagegen die mündliche Verhandlung unmittelbar an den Gütetermin anschließen. Drittens kann sich im deutschen Prozessrecht eine Partei dem Schlichtungsversuch entziehen, wenn sie ein Versäumnisurteil gegen sich in Kauf nimmt. In keinem Fall kann die Klage im deutschen Zivilverfahren mangels Durchführung des Schlichtungsversuchs als unzulässig abgewiesen werden, falls ein vorgeschalteter Schlichtungsversuch nicht vorgenommen wird. Die obligatorische Güteverhandlung im deutschen Zivilprozessrecht führt daher nicht zu einer spürbaren Beeinträchtigung für ausländische wie inländische Kläger oder Beklagte, die Rechtsschutz vor den staatlichen Gerichten erlangen wollen. Schließlich zwingt die Regelung des Art. 10 Abs. 1 des italienischen Gesetzes Nr. 192 einen ausländischen wie italienischen Kläger oder Beklagten dazu, vor der Schlichtungsstelle entweder persönlich zu erscheinen oder einen Vertreter dorthin zu entsenden. Da zugleich die Zuständigkeit der „Kammer für Handel, Industrie, Handwerk und Landwirtschaft" angeordnet wird, in deren Zuständigkeitsbereich der *„subfornitore"* seine Niederlassung hat, stellt dieser „obligatorische" Schlichtungsversuch eine spürbare Erschwernis zur Erlangung einer anerkennungsfähigen Entscheidung dar. Insbesondere für ausländische Rechtssuchende ist ein solches Schlichtungsverfahren vor der Handelskammer eines anderen Staates außerhalb des Zuständigkeitssystems der EuGVVO mit zusätzlichen Kosten und einer beträchtlichen Unsicherheit über den obligatorischen Schlichtungsversuch verbunden.

Die Verfahrensvoraussetzung des Schlichtungsversuchs ergibt sich auf Grund des *lex fori*-Prinzips nur dann, wenn die Zuständigkeit der italienischen Gerichte durch die EuGVVO begründet ist. Im Anwendungsbereich der EuGVVO muss eine nicht-italienische Partei die Begründung der Zuständigkeit der italienischen Gerichte, deren Verfahrensrecht und damit auch die Verfahrensvoraussetzungen des italienischen Zivilverfahrensrechts akzeptieren.

Allerdings existieren nach der *Kongressagentur Hagen*-Entscheidung des EuGH[1135] Grenzen für das nationale Verfahrensrecht. Die nationalen Verfahrensordnungen dürfen nicht so ausgestaltet sein, dass die praktische Wirksamkeit der EuGVVO und im Besonderen deren Zuständigkeitsregeln beeinträchtigt werden. Ein „obligatorischer" Schlichtungsversuch vor einer außergerichtlichen Schlichtungsstelle beeinträchtigt m.E. dann nicht das Zuständigkeitssystem der EuGVVO, wenn die italienischen Gerichte nach der EuGVVO zuständig sind und der Schlichtungsversuch ebenfalls vor einer italienischen Handelskammer durchzuführen ist.

Demgegenüber wird die praktische Wirksamkeit der EuGVVO beeinträchtigt, wenn zwar die italienischen Gerichte international zuständig sind, der Schlichtungsversuch jedoch außerhalb Italiens durchgeführt werden muss. Das Problem verdeutlicht folgender Beispielsfall:

Ein deutscher Subunternehmer verklagt in Italien seinen italienischen Generalunternehmer auf Zahlung fälligen Werklohns. Die italienischen Gerichte sind nach Art. 2 EuGVVO international zuständig. Der materielle Anwendungsbereich des Gesetzes Nr. 192 ist eröffnet. Das italienische Gericht wendet italienisches Verfahrensrecht an, zu dem auch Art. 10 Abs. 1 des Gesetzes Nr. 192 gehört. Das italienische Gericht steht auf dem Standpunkt, dass Art. 10 Abs. 1 des Gesetzes Nr. 192 für den Fall, dass der *„subfornitore"* seine Niederlassung außerhalb Italiens hat, so anzupassen ist, dass die Zuständigkeit einer funktionsäquivalenten Kammer im Ausland begründet wird. Dies führt dazu, dass ein Schlichtungsversuch vor der deutschen Industrie- und Handelskammer am Niederlassungsort des Subunternehmers vorzunehmen gewesen wäre. Das italienische Gericht sieht den Schlichtungsversuch als obligatorisch an und möchte die Klage deshalb als unzulässig abweisen.

1135 EuGH, Urteil vom 15.5.1990, Rs. C-365/88, *Kongressagentur Hagen / Zeehaghe*, NJW 1991, S. 2621ff.

Hier stellt sich in der Tat die Frage, ob die praktische Wirksamkeit des Zuständigkeitssystems der EuGVVO durch das obligatorische Schlichtungsverfahren in Deutschland beeinträchtigt wird. Der deutsche Subunternehmer muss nicht nur die Erschwernisse und (Vorschuss-)Kosten für einen Rechtsstreit in Italien tragen, sondern auch die für einen Schlichtungsversuch vor der deutschen Industrie- und Handelskammer. Ebenso unangenehm stellt sich das Verfahren für den italienischen Generalunternehmer dar. Denn er muss trotz der internationalen Zuständigkeit der italienischen Gerichte für einen Schlichtungsversuch vor der deutschen Handelskammer in Deutschland erscheinen und seine Kosten hierfür tragen. Das Beispiel verdeutlicht, dass bei entsprechender Anpassung von Art. 10 Abs. 1 des Gesetzes Nr. 192 für den Fall, dass der *„subfornitore"* seine Niederlassung außerhalb Italiens hat, im Anwendungsbereich der EuGVVO Probleme mit der praktischen Wirksamkeit auftreten können, wenn man den Schlichtungsversuch auch im Anwendungsbereich der EuGVVO als Verfahrensvoraussetzung ansieht.

Dies führt zurück zu der Frage, wie Art. 10 Abs. 1 des Gesetzes Nr. 192 in Fällen mit Auslandsberührung anzupassen ist. Der Beispielsfall verdeutlicht, dass eine lediglich der Funktionsäquivalenz Rechnung tragende Anpassung der Norm für den Fall, dass der *„subfornitore"* seine Niederlassung nicht in Italien hat, nicht ausreicht, um im Anwendungsbereich der EuGVVO eine Beeinträchtigung ihrer praktischen Wirksamkeit zu vermeiden.

Es bietet sich daher m.E. an, eine weitergehende Anpassung im grenzüberschreitenden *„subfornitura"*-Vertrag für den Fall vorzunehmen, dass der *„subfornitore"* seine Niederlassung nicht in Italien hat. Der Schlichtungsversuch vor einer funktionsäquivalenten Kammer am Ort der Niederlassung des Subunternehmers oder Zulieferers ist in diesem Fall nicht als „obligatorische" Verfahrensvoraussetzung anzusehen, sondern lediglich als Zuständigkeits*empfehlung* für die Parteien.[1136] Die gleiche Anpassung sollte auch außerhalb des Anwendungsbereichs der EuGVVO vorgenommen werden. Dadurch wird eine einheitliche Auslegung von Art. 10 Abs. 1 des Gesetzes Nr.192 im grenzüberschreitenden *„subfornitura"*-Vertrag erreicht.[1137, 1138]

1136 In der Praxis birgt ein völliger Verzicht auf den Schlichtungsversuch für die Parteien ein nicht zu unterschätzendes Risiko: Beharrt ein italienisches Gericht auch im grenzüberschreitenden *„subfornitura"*-Vertrag auf einen vorgeschalteten Schlichtungsversuch, besteht für die ausländische Partei die Gefahr, dass das Verfahren nicht nur bis zur Durchführung des Schlichtungsversuchs ausgesetzt wird, sondern die Klage unmittelbar als unzulässig abgewiesen wird, vgl. *Coccia* Riv. dir. int. priv. proc. 1999, S. 801ff., 844.

1137 Dafür plädiert auch *Coccia* Riv. dir. int. priv. proc. 1999, S. 801ff., 844.

1138 Für eine derartige Anpassung spricht ferner, dass Art. 10 Abs. 1 des Gesetzes Nr. 192 bei einer Interpretation als Verfahrensvoraussetzung gegen die italienische Verfassung

3. Eine Berücksichtigung vor deutschen Gerichten?

In Bezug auf den in Art. 10 Abs. 1 des Gesetzes Nr. 192 genannten Schlichtungsversuch ist des Weiteren zu prüfen, inwieweit eine Berücksichtigung vor deutschen Gerichten möglich erscheint oder geboten ist.

a) Die Einschränkungen des *lex fori*-Prinzips

Grundsätzlich gilt im internationalen Zivilverfahrensrecht das *lex fori*-Prinzip.[1139] Ausländisches Verfahrensrecht wird daher durch deutsche Gerichte nicht dergestalt angewandt, dass eine durch eine ausländische Verfahrensnorm angeordnete Rechtsfolge von deutschen Gerichten beachtet wird. Es ist aber anerkannt, dass das *lex fori*-Prinzip nicht uneingeschränkt gilt.[1140] Eine eingeschränkte Berücksichtigung ausländischen Verfahrensrechts vor deutschen Gerichten kommt in Betracht.[1141] Dies gilt insbesondere für Normen, die sich nicht eindeutig dem Verfahrensrecht oder dem materiellen Recht zuordnen lassen.[1142] Für ausländische Normen, die bei einer typisierenden Betrachtung eindeutig dem Verfahrensrecht des ausländischen Staates zugeordnet werden müssen, gilt das *lex fori*-Prinzip demgegenüber nach herrschender Ansicht uneingeschränkt.[1143] Eine Berücksichtigung ausländischen Verfahrensrechts kommt für diese Normen lediglich auf der Tatbestandsseite deutscher Verfahrensnormen in Betracht, während die Rechtsfolge allein dem deutschen Verfahrensrecht zu entnehmen ist.[1144]

b) Die Berücksichtigung auf Tatbestandsebene des § 278 ZPO

Art. 10 Abs. 1 des italienischen Gesetzes Nr. 192 stellt eine Norm dar, die eindeutig dem Verfahrensrecht zuzuordnen ist. Dies gilt unabhängig davon, wie

---

(Art. 102 der italienischen Verfassung) verstieße, so auch *Coccia* Riv. dir. int. priv. proc. 1999, S. 801ff., 845.

1139 Siehe *Roth*, in: Festschrift Stree/Wessels, S. 1045ff., 1046ff.; MünchKomm-*Sonnenberger*, Einl. EGBGB Rn. 294ff.; *Neuhaus* RabelsZ 20 (1955), S. 201ff.; *Niederländer* RabelsZ 20 (1955) S. 1ff.

1140 Siehe *Roth*, in: Festschrift Stree/Wessels, S. 1045ff., 1046ff.; MünchKomm-*Sonnenberger*, Einl. EGBGB Rn. 294ff.; *Neuhaus* RabelsZ 20 (1955), S. 201ff.; *Niederländer* RabelsZ 20 (1955) S. 1ff.

1141 Vgl. beispielsweise den Ansatz zur Berücksichtigung jüdischen religiösen Verfahrensrechts in einem Scheidungsverfahren vor deutschen Gerichten von *Herfath*, Die Scheidung nach jüdischem Recht, S. 245ff.

1142 Siehe näher *Roth*, in: Festschrift Stree/Wessels, S. 1045ff., 1056.

1143 *Geimer*, Internationales Zivilprozessrecht, Rn. 339; *von Bar/Mankowski*, IPR, Band 1, § 5 Rn. 81ff.

1144 *von Bar/Mankowski*, IPR, Band 1, § 5 Rn. 81ff.; *Roth*, in: Festschrift Stree/Wessels, S. 1045ff1054ff.; *Furtak*, Die Parteifähigkeit im Zivilverfahren mit Auslandsberührung, S. 85ff.

man Art. 10 Abs. 1 in Sachverhalten mit Auslandsberührung anpasst, ob als Verfahrensvoraussetzung oder – wie hier und im italienischen Schrifttum vertreten[1145] – lediglich als unverbindliche Empfehlung. Der Schlichtungsversuch kann also vor deutschen Gerichten Berücksichtigung lediglich auf der Tatbestandsebene deutscher Verfahrensnormen finden.

Wie bereits oben gesehen, sieht das deutsche Zivilprozessrecht in § 278 ZPO vor der mündlichen Verhandlung zum Zwecke der gütlichen Beilegung des Rechtsstreits eine Güteverhandlung vor.[1146] Ein Schlichtungsversuch vor dem deutschen Gericht ist aber entbehrlich, wenn bereits ein Einigungsversuch vor einer außergerichtlichen Gütestelle stattgefunden hat. Hat ein Schlichtungsversuch auf Grund von Art. 10 Abs. 1 des Gesetzes Nr. 192 vor einer italienischen Handleskammer stattgefunden, so liegt eine Berücksichtigung dieser Tatsache im Rahmen des § 278 ZPO nahe. Auch wenn § 278 ZPO in erster Linie einen Güteversuch vor einer inländischen Schlichtungsstelle oder einem deutschen Gericht vor Augen hat, spricht nichts gegen eine Berücksichtigung eines Einigungsversuchs vor einer italienischen Handelskammer. Sowohl der im italienischen Gesetz Nr. 192 als auch der in § 278 ZPO vorgesehene Schlichtungsversuch dienen der außergerichtlichen Streitbeilegung. Die Gerichte sollen dadurch entlastet werden, dass im Vorfeld des Prozesses die Möglichkeiten einer gütlichen Streitbeilegung mit den Parteien erörtert werden. Es wäre widersinnig, wenn ein erfolgloser Schlichtungsversuch vor einer italienischen Handelskammer nicht als Schlichtungsversuch vor einer „außergerichtlichen Stelle" im Sinne des § 278 ZPO anerkannt würde. Die Berücksichtigung hat zur Folge, dass nach erfolglosem Güteversuch vor einer italienischen Handelskammer vor dem deutschen Gericht keine Güteverhandlung mehr stattfinden darf.[1147]

IV. Zusammenfassung

Zusammenfassend lässt sich für das Verfahrensrecht der Subunternehmer bei Sachverhalten mit Auslandsberührung Folgendes feststellen: Ein Subunternehmer kann nicht auf Grund des Direktanspruchs im Vertragsgerichtsstand des Art. 5 Nr. 1 lit. b EuGVVO gegen den Generalunternehmer klagen. Der Direktanspruch ist kein vertraglicher Anspruch im Sinne dieser Vorschrift.

Eine Gerichtsstands- oder Schiedsgerichtsvereinbarung im Generalunternehmervertrag wirkt nicht zu Lasten des Subunternehmers. Es kann des Weiteren nicht davon ausgegangen werden, dass die Parteien eines Subunternehmervertrags durch eine Bezugnahme auf die materiellen Leistungspflichten des Ge-

---

1145 Siehe oben S. 293ff.

1146 Siehe oben S. 296ff.

1147 Das deutsche Gericht darf aber natürlich auch weiterhin vor und während der Durchführung der mündlichen Verhandlung auf eine außergerichtliche Streitbeilegung hinwirken.

neralunternehmervertrags einen tatsächlichen Willen zur Unterwerfung unter eine im Generalunternehmervertrag enthaltene ausschließliche Gerichtsstandsvereinbarung gebildet haben. Darüber hinaus haben Gerichtsstands- oder Schiedsgerichtsvereinbarungen im Sub- oder Generalunternehmervertrag keine Auswirkungen auf die direkte Beziehung zwischen Subunternehmer und Auftraggeber. In Bezug auf den Direktanspruch des Subunternehmers gegen den Auftraggeber gelten also trotz ausschließlicher Gerichtsstandsvereinbarungen in einem bzw. beiden Verträgen die allgemeinen Zuständigkeitsvorschriften, solange nicht eine Gerichtsstandsvereinbarung zwischen dem Subunternehmer und dem Auftraggeber geschlossen wurde.

Das italienische Gesetz Nr. 192 über die *„subfornitura"* enthält besonderes Verfahrensrecht. Art. 10 Abs. 1 des Gesetzes Nr. 192, der einen außergerichtlichen Schlichtungsversuch vor der italienischen Handelskammer am Ort der Niederlassung des *„subfornitore"* vorsieht, muss bei Sachverhalten mit Auslandsberührung so angepasst werden, dass der vorgeschriebene Schlichtungsversuch in Bezug auf die Zuständigkeit lediglich als unverbindlicher Vorschlag des italienischen Gesetzgebers zu verstehen ist. Andernfalls könnte Art. 10 Abs. 1 des Gesetzes Nr. 192 im Anwendungsbereich der EuGVVO zu einer Beeinträchtigung der praktischen Wirksamkeit der Verordnung führen.

Ein erfolgloser Güteversuch vor einer italienischen Handelskammer nach Art. 10 Abs. 1 des Gesetzes Nr. 192 ist vor deutschen Gerichten auf Tatbestandsebene bei der Anwendung von § 278 ZPO zu berücksichtigen. Folge hiervon ist, dass ohne Durchführung einer Güteverhandlung unmittelbar mit der mündlichen Verhandlung zu beginnen ist.

9. KAPITEL – DIE GRUNDFREIHEITEN

Dienstleistende, die sich in einen anderen Mitgliedstaat der Europäischen Gemeinschaft begeben, um dort vorübergehende Tätigkeiten auszuüben, können sich auf die Dienstleistungsfreiheit nach Art. 49 und 50 EGV[1148] berufen.[1149] Es ist daher zu klären, ob die vorgestellten Subunternehmerschutzvorschriften einen Eingriff in den von Art. 49 EGV garantierten freien Dienstleistungsverkehr für Subunternehmer in EG-Binnensachverhalten[1150] darstellen.

I. Der Subunternehmerschutz und Art. 49 EGV

Der freie Dienstleistungsverkehr darf nur durch Regelungen beschränkt werden, die durch zwingende Gründe des Allgemeininteresses gerechtfertigt sind und für alle im Hoheitsgebiet des Aufnahmemitgliedstaates tätigen Personen oder Unternehmen gelten, soweit dieses Interesse nicht durch die Vorschriften geschützt wird, denen der Dienstleistende in seinem Niederlassungs-Mitgliedstaat unterliegt.[1151] Die Anwendung der nationalen Regelungen eines EG-Mitgliedstaates auf die in anderen Mitgliedstaaten niedergelassenen Dienstleistenden muss geeignet sein, die Verwirklichung des mit ihnen verfolgten Zieles zu gewährleisten, und darf nicht über das hinausgehen, was zur Erreichung dieses Zieles erforderlich ist.[1152] An diesem Maßstab sind auch die nationalen Vorschriften zum Schutz der Subunternehmer zu messen.

Die vorgestellten Subunternehmerschutzvorschriften dürfen zunächst weder unmittelbar noch tatsächlich Unternehmen mit Niederlassung in einem anderen Mitgliedstaat, welche lediglich kurzfristig ihre Dienstleistungen in einem anderen Mitgliedstaat erbringen, diskriminieren. Aber auch nicht-diskrimini-

---

1148 Römischer Vertrag zur Gründung der Europäischen Gemeinschaft vom 25.3.1957, BGBl. II, S. 766 in der Fassung des Vertrags von Nizza vom 21.12.2001, BGBl. 2001 II, S. 1666.

1149 Vgl. EuGH, Urteil vom 17.12.1981, Rs. 279/80, *Webb*, Slg. 1981, S. 3305, Rn. 17; Urteil vom 26.2.1991 Rs. C-180/89, *Kommission/Italien*, Slg. 1991 I, S.709, Rn. 17.

1150 Kritisch zur Tatsache, dass in Binnensachverhalten eine andere kollisionsrechtliche Untersuchung als in Drittstaatenfällen vorzunehmen ist, *Jayme*, in: Mansel (Hrsg.), Vergemeinschaftung des Europäischen Kollisionsrechts, S. 31ff., 33.

1151 Vgl. EuGH, Urteil vom 17.12.1981, Rs 279/80, *Webb*, Slg. 1981, S. 3305, Rn. 17; Urteil vom 26.2.1991 Rs. C-180/89, *Kommission/Italien*, Slg. 1991 I, S.709, Rn. 17.

1152 EuGH, Urteil vom 25.7.1991, Rs. C-76/90, *Säger ./. Dennemeyer & Co. Ltd.*, Slg. 1991 I, S. 4221, Rn. 15; Urteil vom 31.3.1993, Rs C-19/92, *Kraus*, Slg. 1993 I, S. 1663, Rn. 32; Urteil vom 30.11.1995, Rs. C-55/94, *Gebhard*, Slg. 1995 I, S. 4165, Rn 37.

rende Maßnahmen eines Mitgliedstaates können Beeinträchtigungen des freien Dienstleistungsverkehrs darstellen.[1153]

1. Unmittelbare oder tatsächliche Diskriminierung

Die vorgestellten Subunternehmerschutzvorschriften enthalten offensichtlich keine direkten Diskriminierungen. Alle Normen beanspruchen unabhängig von der Niederlassung des Subunternehmers innerhalb oder außerhalb des jeweiligen Mitgliedstaates Geltung. Auch eine tatsächliche Diskriminierung von Unternehmern aus anderen Mitgliedstaaten durch die Schutzvorschriften erscheint ausgeschlossen.

Die Vorschriften des französischen, belgischen, luxemburgischen und spanischen Rechts begründen zweifelsohne für Unternehmern aus anderen Mitgliedstaaten keine besonderen faktischen Belastungen. Die Normen wirken gleichermaßen für inländische wie ausländische Unternehmer. Auch die meisten Normen des italienischen Gesetzes Nr. 192 werfen keine besonderen Bedenken im Hinblick auf den freien Dienstleistungsverkehr auf. Allein der in Art. 10 Abs. 1 des italienischen Gesetzes Nr. 192 enthaltene Schlichtungsversuch könnte eine tatsächliche Diskriminierung ausländischer Unternehmen darstellen. Denn wird Art. 10 Abs. 1 des Gesetzes Nr. 192 so ausgelegt, dass obligatorisch stets die Zuständigkeit einer in Italien belegenen Handelskammer als Schlichtungsstelle angerufen werden muss, benachteiligt dies Subunternehmer mit Niederlassung in einem anderen EG-Mitgliedstaat faktisch.[1154] Wie oben gesehen, ist Art. 10 Abs. 1 des Gesetzes Nr. 192 jedoch für Sachverhalte mit Auslandsberührung dergestalt anzupassen, dass der Schlichtungsversuch keine zwingende Verfahrensvoraussetzung darstellt, sondern lediglich einen unverbindlichen Zuständigkeitsvorschlag enthält.[1155] Bei dieser Auslegung ist eine tatsächliche Diskriminierung von Unternehmern mit Niederlassung in einem anderen Mitgliedstaat als Italien ausgeschlossen. Die übrigen italienischen Vorschriften im Gesetz Nr. 192 werfen keine Bedenken im Hinblick auf eine tatsächliche Schlechterstellung ausländischer Unternehmer gegenüber inländischen auf.

1153 EuGH, Urteil vom 10.5.1995, Rs. C-384/93, *Alpine Investments BV ./. Minister van Financien*, Slg. 1995 I, S. 1141; Urteil vom 15.3.2001 in der Rs. C-165/98, *André Mazzoleni ./. Inter Surveillance Assistance SARL*, Slg. 2001 I, S. 2189 Rn. 22 sowie Urteil vom 25.10.2001, Rs. C-49/98, *Finalarte Sociedade de Construçao Civil Lda u.a. ./. Urlaubs- und Lohnausgleichskasse der Bauwirtschaft*, Slg. 2001 I, S. 8453, Rn. 33.

1154 Siehe oben S. 294ff. In der Praxis schwerwiegender wird allerdings die – nach EG-Recht unbedenkliche – Inländerdiskriminierung zu Lasten italienischer Generalunternehmer im Fall grenzüberschreitender „*subfornitura*"-Verträge sein.

1155 Siehe oben S. 296ff.

2. Die *Arblade*-Entscheidung des EuGH

Auch wenn weder eine unmittelbare noch eine tatsächliche Diskriminierung von Unternehmern mit Niederlassung in einem anderen Mitgliedstaat durch die Subunternehmerschutzgesetze zu befürchten ist, ist eine Beeinträchtigung der durch Art. 49 EGV gewährleisteten Dienstleistungsfreiheit nicht ausgeschlossen.[1156] Denn auch nicht-diskriminierende nationale Normen können eine solche Beeinträchtigung darstellen, wie der EuGH wiederholt[1157] – am deutlichsten in der *Arblade*-Entscheidung[1158] – festgestellt hat.

Der Entscheidung liegt folgender Sachverhalt zugrunde: Ein belgisches Strafgericht hatte dem EuGH in zwei Entscheidungen gemäß Art. 234 EGV zwei Fragen zur Vorabentscheidung vorgelegt. Gegen *Jean-Claude Arblade* wurde als Geschäftsführer einer Gesellschaft französischen Rechts (*Arblade & Fils SARL*) und diese Gesellschaft selbst als zivilrechtliche haftende ein Strafverfahren wegen Nichtbeachtung mehrerer im belgischen Recht vorgesehener und durch belgische Polizei- und Sicherheitsgesetze strafbewehrter Sozialverpflichtungen eingeleitet.

Diesen Vorschriften gemäß war ein Arbeitgeber unter anderem dazu verpflichtet, besondere Personalunterlagen zu führen und ein „persönliches Konto" für jeden Arbeitnehmer einzurichten. Darüber hinaus musste ein Arbeitgeber auf Grund eines allgemeinverbindlich erklärten Tarifvertrags unabhängig davon, ob sein Unternehmen in Belgien ansässig ist, seinen Arbeitnehmern die in diesem Tarifvertrag festgelegte Mindestvergütung zahlen und Schlechtwetter- und Treuemarkensysteme entrichten, wozu eine „Personalkarte" geführt werden

---

1156 EuGH, Urteil vom 23.11.1999, Rs. C-369/96 und C-376/96, *Jean-Claude Arblade, Arblade & Fils SARL*, Slg. 1999 I, S. 8453, Rn. 33. Vgl. dazu *Jayme*, in: Mansel (Hrsg.), Vergemeinschaftung des Europäischen Kollisionsrechts, S. 31ff.; *Krebber* ZEuP 2001, S. 365ff.; *Luby* Clunet 2000, S. 493f.; *Fallon* Rev. crit. dr. int. privé 2000, S. 728ff.; *Jayme/Kohler* IPRax 2000, S. 454ff., 455; *Jayme* IPRax 2000, S. 562 sowie *Schaub* EWiR 2000, S. 79f.

1157 EuGH, Urteil vom 10.5.1995, Rs. C-384/93, *Alpine Investments BV ./. Minister van Financien*, Slg. 1995 I, S. 1141; Urteil vom 15.3.2001 in der Rs. C-165/98, *André Mazzoleni ./. Inter Surveillance Assistance SARL*, Slg. 2001 I, S. 2189 Rn. 22 sowie Urteil vom 25.10.2001, Rs. C-49/98, *Finalarte Sociedade de Construçao Civil Lda u.a. ./. Urlaubs- und Lohnausgleichskasse der Bauwirtschaft*, Slg. 2001 I, S. 8453, Rn. 33; Urteil vom 25.7.1991, Rs. C-76/90, *Säger ./. Dennemeyer & Co. Ltd.*, Slg. 1991 I, S. 4221.

1158 EuGH, Urteil vom 23.11.1999, Rs. C-369/96 und C-376/96, *Jean-Claude Arblade, Arblade & Fils SARL*, Slg. 1999 I, S. 8453, Rn. 33. Vgl. dazu *Jayme*, in: Mansel (Hrsg.), Vergemeinschaftung des Europäischen Kollisionsrechts, S. 31ff.; *Krebber* ZEuP 2001, S. 365ff.; *Luby* Clunet 2000, S. 493f.; *Fallon* Rev. crit. dr. int. privé 2000, S. 728ff.; *Jayme/Kohler* IPRax 2000, S. 454ff., 455; *Jayme* IPRax 2000, S. 562 sowie *Schaub* EWiR 2000, S. 79f.

musste. Hierfür musste unter anderem ein Betrag von 250 belgischen *Francs* für jede vorgelegte Personalkarte vom Arbeitgeber entrichtet werden. Der Arbeitgeber hatte das Personalregister und die persönlichen Konten entweder an einem der Arbeitsorte oder an der Adresse, unter welcher der Arbeitgeber in Belgien bei einer für die Erhebung der Beiträge der sozialen Sicherheit zuständigen Einrichtung eingetragen war, zu führen. In Betracht kam ferner die Führung am Wohn- oder Firmensitz des Arbeitgebers in Belgien oder mangels eines solchen Sitzes am belgischen Wohnsitz einer natürlichen Person als Bevollmächtigten des Arbeitgebers. Ein Arbeitgeber, der in einem anderen Mitgliedstaat ansässig war und Arbeitnehmer in Belgien beschäftigte, musste auf jeden Fall einen Bevollmächtigten oder eine Aufsichtsperson in Belgien bestimmen, welche die betreffenden Unterlagen entweder an einem der Arbeitsorte oder an seinem Wohnsitz in Belgien führte. Die entsprechenden Dokumente mussten für fünf Jahre aufbewahrt werden.

Arblade führte als Unternehmer Werkarbeiten zur Errichtung eines Silokomplexes für die Lagerung von weißem Kristallzucker in Belgien durch. Dazu entsandte das Unternehmen für mehrere Monate insgesamt siebzehn Arbeitnehmer auf diese Baustelle, ohne die entsprechenden Unterlagen zu führen. *Arblade* machte geltend, dass das Unternehmen sämtlichen französischen Rechtsvorschriften nachgekommen sei und die belgischen Vorschriften einen nicht gerechtfertigten Eingriff in den freien Dienstleistungsverkehr darstellten.

Das belgische Strafgericht legte dem EuGH daher die Frage zur Vorabentscheidung vor, ob die Art. 49 und 50 EGV es ausschließen, dass ein Mitgliedstaat einem in einem anderen Mitgliedstaat ansässigen Unternehmen, das vorübergehend Arbeiten in einem anderen Staat ausführt, – auch durch Polizei- und Sicherheitsgesetze – vorschreibt, eine Mindestvergütung zu zahlen und besondere Personalunterlagen zu führen, obwohl dieses Unternehmen bereits in dem Mitgliedstaat seiner Niederlassung für dieselben Arbeitnehmer und dieselben Beschäftigungszeiten im Hinblick auf ihren Zweck vergleichbaren Verpflichtungen unterliegt.

Der EuGH hält die aus dem für allgemeinverbindlich erklärten Tarifvertrag entstammenden Verpflichtungen für unbedenklich, sieht jedoch in den Vorschriften über die Führung besonderer Personalakten und der Entrichtung von Beiträgen zu Sozialfonds eine Beschränkung des freien Dienstleistungsverkehrs. Obwohl die Regelungen unterschiedslos für inländische Dienstleistende wie für solche aus anderen Mitgliedstaaten gelten würden, seien sie geeignet, die Tätigkeiten von Dienstleistenden, die in einem anderen Mitgliedstaat ansässig sind und dort rechtmäßig ähnliche Dienstleistungen erbringen, zu unterbinden oder zu behindern. Auch wenn eine Harmonisierung in diesem Bereich in der Gemeinschaft fehle, dürfe der freie Dienstleistungsverkehr nur durch Regelungen beschränkt werden, welche 1. durch zwingende Gründe des Allgemeininteresses gerechtfertigt seien, 2. für alle in diesem Mitgliedstaat tätigen Personen oder Unternehmen gälten und 3. bei denen die durch sie verfolgten Interessen nicht bereits durch die Vorschriften geschützt würden, denen der Dienstleistende in dem Mitgliedstaat seiner Niederlassung unterliege. Zwar gehöre der Schutz der Arbeitnehmer zu den anerkannten zwingenden Gründen des Allgemeininteresses[1159], unterliege ein Arbeitgeber jedoch sowohl im Niederlassungsstaat als auch im Gaststaat nach Sinn und Zweck ähnlichen Verpflichtungen, so verursache dies für die in einem anderen Mitgliedstaat ansässigen Unternehmen zusätzliche administrative und wirtschaftliche Kosten und Belastungen. Dies führe zu einer Störung des gleichen Wettbewerbs zwischen inländischen Unternehmen und solchen aus einem anderen Mitgliedstaat, was letztere von der Erbringung von Dienstleistungen im Aufnahmemitgliedstaat abhalten könne.

Auch wenn der EuGH in der Entscheidungsbegründung somit vornehmlich auf eine tatsächliche Diskriminierung der nicht-belgischen Unternehmen abstellt, führt er weiter aus:

> *„ 33. Nach ständiger Rechtsprechung verlangt Artikel 59 des Vertrags nicht nur die Beseitigung jeder Diskriminierung des in einem anderen Mitgliedstaat ansässigen Dienstleistenden aufgrund seiner Staatsangehörigkeit, sondern auch die Aufhebung aller Beschränkungen – selbst wenn sie unterschiedslos für inländische Dienstleistende wie für solche aus anderen Mitgliedstaaten gelten –, sofern sie geeignet sind, die Tätigkeiten des Dienstleistenden, der in einem anderen Mitgliedstaat ansässig ist und dort rechtmäßig ähnliche Dienstleistungen erbringt, zu unterbinden, zu behindern oder weniger attraktiv zu machen."[1160]*

Den in Rn. 33 der Entscheidung aufgestellten Prüfungsgrundsatz für nichtdiskriminierende Normen erläutert der EuGH näher und gibt ein Untersuchungsprogramm vor:

> *„Somit ist nacheinander zu prüfen, ob die Anforderungen einer nationalen Regelung wie der der Ausgangsverfahren restriktive Auswirkungen auf den freien Dienstleistungsverkehr haben und ob gegebenenfalls in dem betreffenden Tätigkeitsbereich zwingende Gründe des*

1159 EuGH, Urteil vom 17.12.1981, Rs 279/80, *Webb*, Slg. 1981, S. 3305, Rn. 19; sowie Urteil vom 3.2.1982, Rs. 62/81 und 63/81, *Seco und Desquenne & Giral*, Slg. 1982, S. 223, Rn. 14; Urteil vom 27.3.1990, Rs.C-113/89, *Rush Portuguesa*, Slg. 1990 I, S. 1417, Rn. 18 sowie Urteil vom 28.3.1996, Rs. C-272/94, *Guiot*, Slg. 1996 I, S.1905 Rn. 16.

1160 EuGH, Urteil vom 23.11.1999, Rs. C-369/96 und C-376/96, *Jean-Claude Arblade, Arblade & Fils SARL*, Slg. 1999 I, S. 8453, Rn. 33.

Allgemeininteresses derartige Beschränkungen des freien Dienstleis-
tungsverkehrs rechtfertigen. Ist dies der Fall, so ist außerdem zu prü-
fen, ob dieses Interesse nicht bereits durch die Vorschriften des Mit-
gliedstaats, in dem der Dienstleistende ansässig ist, geschützt wird
und ob das gleiche Ergebnis nicht durch weniger einschränkende
Vorschriften erreicht werden kann [...]."[1161]

Nach diesen Passagen der *Arblade*-Entscheidung muss davon ausgegangen werden, dass nationale Vorschriften, die – obwohl weder direkt noch indirekt diskriminierend – den freien Dienstleistungsverkehr auf Grund ihres Regelungsgehalts beeinträchtigen können, der Rechtfertigung durch ein zwingendes Allgemeinwohlinteresse bedürfen. Diesbezüglich herrscht aber nach wie vor Unklarheit.[1162]

1161 Rn. 39 der *Arblade*-Entscheidung.

1162 Für die Berücksichtigung nicht-diskriminierender Beeinträchtigungen beispielsweise *Craig/de Búrcá*, EU Law, S. 819ff.; Groeben/Schwarze-*Tiedja/Troberg* Art. 49 EGV Rn. 62ff. In diesem Sinn sprach sich auch Generalanwalt *Jacobs* in den Schlussanträgen zum Urteil des EuGH vom 25.7.1991, Rs. C-76/90, *Säger ./. Dennemeyer & Co. Ltd.*, Slg. 1991 I, S. 4221, 4234f. aus. Demgegenüber sah der EuGH im Urteil vom 25.2.1988 in der Rs. 427/85, *Kommission ./. Bundesrepublik Deutschland*, Slg. 1988, S. 1123 betreffend die deutsche Umsetzung der Richtlinie 77/249 über die Erbringung von Rechtsberatungsdienstleistungen eine tatsächliche Schlechterstellung ausländischer Rechtsanwälte allein in der Tatsache, dass diese ein Genehmigungsverfahren in Deutschland durchlaufen mussten, ohne dort eine Niederlassung zu haben, obwohl ein gleichwertiges nicht in anderen Mitgliedstaaten existierte. Hierbei handelt es sich aber sicherlich um einen Grenzfall. In Bezug auf die Warenverkehrsfreiheit hat der EuGH im Urteil vom 24.11.1993, Rs. C-267, 268/91, *Keck ./. Mithouard*, Slg. 1993 I, S. 6097 zwar scheinbar eine Einschränkung der bisherigen Rechtsprechung für nicht-diskriminierende Verkaufsbedingungen vorgenommen. Der EuGH betont zudem in neuester Zeit, dass die gleichen Voraussetzungen für sämtliche Grundfreiheiten gelten, siehe EuGH, Urteil vom 30.11.1995, Rs. C-55/94, *Gebhard ./. Consiglio dell'ordine degli avvocati e procuratori di Milan*, Slg. 1995 I, S. 4165 sowie Urteil vom 22.1.2002, Rs. C-390/99, *Canal Sarélite Digital ./. Admnistracion General del Estado, Beteiligte: Distribuidora de Television Digital SA (DTS)*, Slg. 2002 I, S. 607. Dies spricht auch dafür, dass das *Keck*-Prinzip auf die Dienstleistungsfreiheit anzuwenden ist. Andererseits ist die Rechtsprechung des EuGH zu nicht-diskriminierenden Beeinträchtigungen der Warenverkehrsfreiheit auch nach *Keck* nicht eindeutig, siehe beispielsweise das Urteil vom 13.1.2000 in der Rs. C-254/98, *Schutzverband gegen unlauteren Wettbewerb ./. TK-Heimdienst Sass GmBH*, Slg. 2000 I, S. 151. Der *Arblade*-Entscheidung ebnete das Urteil vom 10.5.1995, Rs. C-384/93, *Alpine Investments BV ./. Minister van Financien*, Slg. 1995 I, S. 1141 (insbesondere Rn. 37) den Weg.

3. Die Subunternehmerschutzgesetze als Beeinträchtigung?

Dem in der *Arblade*-Entscheidung aufgestellten Prüfungsprogramm müssen auch die vorgestellten Subunternehmerschutzvorschriften unterzogen werden. Dabei stellt sich jedoch zunächst die Frage des Verhältnisses der Europäischen Grundfreiheiten zum Europäischen Kollisionsrecht.[1163]

a) Das international zwingende Recht und Art. 49 EGV

Nach der Begründung des EuGH ist klar, dass nationale Schutznormen in EG-Binnensachverhalten losgelöst vom klassischen Kollisionsrecht mit den Grundfreiheiten vereinbar sein müssen.[1164] Dementsprechend spielt es keine Rolle, welches Recht auf den jeweiligen Vertrag anzuwenden ist. Auch wenn das Europäische Kollisionsrecht in Art. 6 EVÜ ein abgewogenes System des Arbeitskollisionsrechts enthält, unterliegen durch ihn angeknüpfte Normen dem Gebot der Dienstleistungsfreiheit.[1165] Es ist nach Meinung des EuGH irrelevant, ob es sich bei den nationalen Normen um international zwingende Bestimmungen im Sinne des Art. 7 Abs. 1 oder Abs. 2 EVÜ handelt. So führt der EuGH in Bezug auf die Frage des international zwingenden Charakters der belgischen Normen in Rn. 27 der *Arblade*-Entscheidung aus:

> *„Mit seinen Fragen, die zusammen zu prüfen sind, möchte das vorlegende Gericht im wesentlichen wissen, ob die Artikel 59 und 60 des Vertrags es ausschließen, daß ein Mitgliedstaat einem Unternehmen, das in einem anderen Mitgliedstaat ansässig ist und vorübergehend Arbeiten im ersten Staat ausführt, – **auch durch Polizei- und Sicherheitsgesetze** – vorschreibt, [...]"*[1166]

Dass auch nicht-zwingende Normen dem Prüfungsprogramm zu unterziehen sind, wird nochmals in Rn. 30 und 31 der Entscheidung betont:

> *„Was die [...] im belgischen Recht vorgenommene Qualifizierung der streitigen Vorschriften als Polizei- und Sicherheitsgesetze betrifft, so sind unter diesem Begriff nationale Vorschriften zu verstehen, deren Einhaltung als so entscheidend für die Wahrung der politischen, sozialen oder wirtschaftlichen Organisation des betreffenden Mitgliedstaats angesehen wird, daß ihre Beachtung für alle Personen, die sich*

1163 Siehe dazu *Jayme*, in: Mansel (Hrsg.), Vergemeinschaftung des Europäischen Kollisionsrechts, S. 31ff., 32.

1164 Vgl. hierzu auch *Gebauer* IPRax 1995, S. 152ff., der die Auswirkungen des *Keck*-Urteils auf das Kollisionsrecht untersucht.

1165 Vgl. *Jayme*, in: Mansel (Hrsg.), Vergemeinschaftung des Europäischen Kollisionsrechts, S. 31ff., 32.

1166 Hervorhebung durch den Verfasser. Eine ähnliche Formulierung findet sich auch in drei der fünf Leitsätze der Entscheidung wieder.

im nationalen Hoheitsgebiet dieses Mitgliedstaats befinden, und für jedes dort lokalisierte Rechtsverhältnis vorgeschrieben ist.

Die Tatsache, daß nationale Vorschriften zur Kategorie der Polizei- und Sicherheitsgesetze gehören, nimmt sie nicht von der Beachtung der Bestimmungen des Vertrags aus; andernfalls würden der Vorrang und die einheitliche Anwendung des Gemeinschaftsrechts mißachtet. Die Motive, die derartigen nationalen Rechtsvorschriften zugrunde liegen, können vom Gemeinschaftsrecht nur als Ausnahmen von den im Vertrag ausdrücklich vorgesehenen Gemeinschaftsfreiheiten und gegebenenfalls als zwingende Gründe des Allgemeininteresses berücksichtigt werden. "[1167, 1168]

Ein Konflikt zwischen dem unbedingten Geltungswillen der Europäischen Grundfreiheiten und dem nationaler Gesetze kann daher vorliegen, wobei ein unbedingter Anwendungswille der Sachnorm zum Schutz individueller Interessen gegenüber dem europäischen Integrationsinteresse[1169] lediglich auf der Rechtfertigungsebene berücksichtigt werden kann.[1170]

Die vorgestellten Subunternehmerschutzgesetze müssen dem für Art. 49 EGV aufgestellten Prüfungsprogramm daher uneingeschränkt standhalten. Dass diese international zwingende Bestimmungen des normsetzendes Staates darstellen, ist weder Voraussetzung für die Prüfung, noch sind die tatsächlich als international zwingende Normen anzusehenden Vorschriften[1171] der Überprüfung entzogen. Von diesem Standpunkt aus stellt sich konsequenterweise weder die Frage des auf den konkreten Vertrag anzuwendenden Rechts, noch diejenige, welche Verbindung mit dem normsetzenden Staat existieren muss. Der EuGH bestimmt in der *Arblade*-Entscheidung folgerichtig das auf den Arbeitsvertrag der Arbeitnehmer anzuwendende Recht nicht. Das den Schutznormen zugrunde liegende politische (Schutz-) Programm kann allein auf der Rechtfertigungsebene als zwingendes Allgemeinwohlinteresse Berücksichtigung finden, falls und soweit dies erforderlich und angemessen ist.

1167 Rn. 30 und 31 der *Arblade*-Entscheidung.

1168 So auch Generalanwalt *Léger* in Rn. 93 der Schlussanträge.

1169 Kritisch zur Förderung der europäischen Integration zu Lasten individueller Schutzinteressen *Jayme* Recueil des Cours, Band 282 (2000), S. 9ff., 23ff.

1170 Demgegenüber sieht *Jayme*, in: Mansel (Hrsg.), Vergemeinschaftung des Europäischen Kollisionsrechts, S. 31ff., 37 in der Arblade-Entscheidung die Lösung einer „Kollision anwendungswilliger Sachnormen zweier Staaten auf der Basis überindividueller Interessen."

1171 Davon gibt es nur wenige, siehe oben S. 279ff.

b) Ist jeder Unterschied eine Beeinträchtigung?

Dieser Ansatz des EuGH wirft allerdings die Frage auf, ob wirklich alle Normen dem Prüfungsprogramm unterzogen werden müssen. Das *Arblade*-Urteil enthält keinerlei Einschränkung. Es ist daher davon auszugehen, dass sowohl öffentlich-rechtliche Normen als auch Normen, die primär dem privaten Interessenausgleich dienen und den Staat nicht einseitig in seiner Funktion als Hoheitsträger berechtigen, der Prüfung zu unterziehen sind. Eine überspitzte Anwendung des in der *Arblade*-Entscheidung aufgestellten Prüfungsgrundsatzes könnte folglich dazu führen, dass sämtliche Unterschiede der Privatrechtsordnungen innerhalb der Europäischen Gemeinschaft als Beeinträchtigungen der Dienstleistungsfreiheit angesehen werden können. Denn sämtliche Unterschiede der Privatrechtsordnungen führen zu ungleichen Wettbewerbsbedingungen im EG-Binnenmarkt und können Handelshindernisse darstellen. Dies wiederum würde bedeuten, dass jedes nicht vereinheitlichte Privatrecht innerhalb der Gemeinschaft einer Rechtfertigung durch ein zwingendes Allgemeinwohlinteresse bedürfte, was das Aus vieler nationaler Normen des Privatrechts bedeuten würde.

Eine Beeinträchtigung durch nicht-diskriminierende Normen ist der Rechtsprechung des EuGH zufolge jedoch immer nur dann anzunehmen, wenn die Normen eine vorübergehende Tätigkeit wirtschaftlich sinnlos erscheinen lassen.[1172] Es ist also danach zu unterscheiden, ob Normen eines Mitgliedstaates ein Hindernis von einigem Gewicht für den gemeinsamen Binnenmarkt darstellen. Nur für diesen Fall bedürfen sie der Rechtfertigung durch ein zwingendes Allgemeinwohlinteresse. Dann lässt sich freilich auch kaum noch von „nichtdiskriminierenden" Normen sprechen, da es sich eher um tatsächlich diskriminierende Normen handeln wird. Normen, die in erster Linie dem individuellen Interessenausgleich von Vertragsparteien dienen, stellen regelmäßig keine erheblichen Hindernisse für die Verwirklichung des Binnenmarktes dar, da aus ihnen regelmäßig keine zusätzlichen administrativen oder wirtschaftlichen Belastungen für Dienstleistungserbringer mit Niederlassung in einem anderen Mitgliedstaat resultieren.

Die vorgestellten Subunternehmerschutzvorschriften beinhalten keine öffentlich-rechtlichen Genehmigungspflichten für den Einsatz von Subunternehmern. Sie führen auch nicht zu wesentlichen tatsächlichen Hindernissen für den freien Dienstleistungsverkehr in der Gemeinschaft, obwohl nicht alle Mitgliedstaaten außerhalb der Vorgaben der Richtlinie 2000/35/EG Normen des Privat-

---

1172 Siehe Groeben/Schwarze-*Tiedja/Troberg* Art. 49 EGV Rn. 62ff. In diesem Sinn auch Rn. 13 des Urteils des EuGH vom 25.7.1991, Rs. C-76/90, *Säger ./. Dennemeyer & Co. Ltd.*, Slg. 1991 I, S. 4221. Siehe weiter EuGH, Urteil vom 26.2.1991, Rs. C-180/89, *Kommission ./. Italien*, Slg. 1991 I, S. 709; Urteil vom 3.10.2000, Rs. C-58/98, *Josef Corsten*, Slg. 2000 I, S. 7919; Urteil vom 8.6.2000, Rs. C-264/99, *Kommission ./. Italien*, Slg. 2000 I, S. 4417.

rechts zum Schutz von Subunternehmern kennen. Sie stellen daher keine Beeinträchtigung der von Art. 49 EGV gewährleisteten Dienstleistungsfreiheit dar und bedürfen keiner Rechtfertigung durch zwingende Allgemeinwohlinteressen.

Selbst wenn man in einzelnen Bestimmungen eine Beeinträchtigung des freien Dienstleistungsverkehrs sehen wollte[1173], vermag die strukturelle Schutzbedürftigkeit von Subunternehmern eine Beeinträchtigung als zwingendes Allgemeinwohlinteresse zu rechtfertigen. Denn als vertragswidrig können nur unnötige Erschwerungen dienen.[1174] Die Subunternehmerschutzvorschriften gelten jedoch dem Schutz der Subunternehmer, die im Subunternehmervertragsgeflecht eine schwache Stellung einnehmen. Die Vorschriften sollen Subunternehmer vor wirtschaftlicher Ausnutzung und einem erhöhten Insolvenzrisiko bewahren. Die Gesetze stellen daher in jedem Fall Regelungen dar, die dem Allgemeinwohlinteresse dienen. Sie stehen auf einer Stufe mit Normen zum Schutz von Verbrauchern und Arbeitnehmern. Der EuGH hat den Schutz der Verbraucher und Arbeitnehmer als Allgemeinwohlinteresse ausdrücklich anerkannt.[1175] Das besondere Schutzbedürfnis der Subunternehmer ist schließlich auch vom Gemeinschaftsgesetzgeber anerkannt, wie die Erwägungsgründe 7, 19 und 22 zur Richtlinie 2000/35/EG zeigen.[1176]

II. Zusammenfassung

Die in den Rechtsordnungen Italiens, Frankreichs, Luxemburgs, Belgiens und Spaniens enthaltenen Normen und Gesetze zum Schutz von Subunternehmern stellen keine Beeinträchtigung des durch Art. 49 EGV gewährleisteten freien Dienstleistungsverkehrs innerhalb der Gemeinschaft dar. Sie enthalten keine Regelungen, die Unternehmer aus anderen EG-Mitgliedstaaten direkt oder tatsächlich diskriminieren. Die Normen stellen auch keine nicht-diskriminierenden Beeinträchtigungen der Dienstleistungsfreiheit im Sinne der *Arblade*-Entscheidung des EuGH dar, da sie der Erbringung von Dienstleistungen durch Unternehmer in einem anderen Mitgliedstaat keine erheblichen Hindernisse in den Weg stellen. Sie dienen in erster Linie dem Interessenausgleich zwischen Privatrechtssubjekten. Selbst wenn man in ihnen eine Beeinträchtigung des freien Dienstleistungsverkehrs sehen wollte, vermag die strukturelle Schutzbedürftig-

---

1173 Am nächsten liegt dies insbesondere bei der in Art. 9 des italienischen Gesetzes Nr. 192 enthaltenen besonderen wettbewerbsrechtlichen Vorschrift.

1174 Groeben/Schwarze-*Tiedja/Troberg* Art. 49 EGV Rn. 69ff.; EuGH, Urteil vom 3.12.1974, Rs. 33/74, *Johannes Henricus Maria van Binsbergen ./. Bestuur van de Bedrijfsvereniging voor de Metaanlnijverheid*, Slg. 1974, S. 1299 Rn. 12.

1175 EuGH, Urteil vom 25.7.1991, Rs. C-288/89, *Stichting Collectieve Antennevoorziening Goudav ./. Commissariaat voor de Media*, Slg. 1991 I, S. 4007 Rn. 14 m.w.N.; Groeben/Schwarze-*Tiedja/Troberg* Art. 49 EGV Rn. 72.

1176 Siehe oben S. 21ff.

keit von Subunternehmern den Eingriff als zwingendes Allgemeinwohlinteresse zu rechtfertigen.

SCHLUSSBETRACHTUNG

I. Thesen

Das Ergebnis der Untersuchung über den zivilrechtlichen Schutz von Subunternehmern und dessen Auswirkungen auf das Internationale Privatrecht lässt sich thesenartig wie folgt zusammenfassen:

1. Es existiert ein spezifisches Schutzbedürfnis für Subunternehmer. Es geht über das der Kleingewerbetreibenden hinaus. Es ist ebenso wie das Schutzbedürfnis der Verbraucher von struktureller Natur und rechtfertigt daher zivilrechtliche Vorschriften zum Schutz von Subunternehmern auf nationaler Ebene.

2. Diesem Schutzbedürfnis wird in Deutschland nur bedingt Rechnung getragen. Eine dingliche Absicherung ist wegen des nach § 946 BGB regelmäßig eintretenden Rechtsverlusts praktisch wertlos. Auf Grund der schwachen Verhandlungsposition der Subunternehmer gilt Gleiches für die Möglichkeit der Vereinbarung eines verlängerten Eigentumsvorbehalts. Auch das derzeitige deutsche Schuldrecht bietet Subunternehmern keinen ausreichenden Schutz. Subunternehmer haben nach geltendem deutschen Recht weder einen Anspruch aus Bereicherungsrecht noch aus Geschäftsführung ohne Auftrag gegen den Auftraggeber. Sie können sich mit Forderungen wegen von ihnen in Erfüllung des Subunternehmervertrags eingesetzter Arbeitsleistung und Materialien nur gegen den Generalunternehmer wenden. Die von § 641 Abs. 2 BGB angeordnete „Durchgriffsfälligkeit" von Forderungen der Subunternehmer hat sich in der Praxis als nicht effektiv erwiesen. Auch wenn das geplante und im Entwurf vorliegende Forderungssicherungsgesetz dem vermutlich abhelfen wird, bleiben Schutzlücken. Denn auch eine praktisch effektivere Durchgriffsfälligkeit bietet Subunternehmern keinen ausreichenden Schutz vor einer plötzlichen Insolvenz des Generalunternehmers.

3. Im Gegensatz zu Deutschland sind in Italien, Frankreich und Luxemburg Gesetze in Kraft, die dem Subunternehmerschutz in größerem Umfang Rechnung tragen. Auch das belgische und spanische Recht enthalten spezifische zivilrechtliche Vorschriften zum Schutz von Subunternehmern vor einer Insolvenz des Generalunternehmers.

   Das französische Recht (für private und bestimmte öffentliche Aufträge), das spanische und das belgische Recht sehen einen Direktanspruch des Subunternehmers gegen den Auftraggeber vor. Der Direktanspruch dient dem Schutz des Subunternehmers vor einer plötzlichen Zahlungsunfähigkeit des Generalunternehmers. Das französische Recht (für bestimmte öffentliche Aufträge) und luxemburgische Recht sehen zudem eine Direktzahlung an den Subunternehmer mit dem gleichen Schutzziel vor.

Der Anwendungsbereich des italienischen Gesetzes Nr. 192 über die *„subfornitura"* ist nicht auf Subunternehmer beschränkt. Umfasst sind vielmehr sämtliche vertikalen Kooperationsverträge und insbesondere auch Zulieferverträge. Demgegenüber sind die vorgestellten französischen, luxemburgischen, belgischen und spanischen Schutzgesetze und -vorschriften lediglich auf Subunternehmer anzuwenden.

4. Obwohl das Schutzbedürfnis der Subunternehmer mit dem der Verbraucher und Arbeitnehmer vergleichbar ist, rechtfertigt dies in internationalen Subunternehmerverhältnissen nicht eine analoge Anwendung der Art. 29 und 30 EGBGB durch deutsche Gerichte. Einer analogen Anwendung steht zum einen das in Art. 36 EGBGB enthaltene Gebot der einheitlichen Auslegung der auf dem EVÜ beruhenden Kollisionsnormen entgegen. Zum anderen fehlt es an einer planwidrigen Regelungslücke. Mangels einer analogen Anwendung der Art. 29 und 30 EGBGB ist das auf Subunternehmer- und Generalunternehmerverträge anwendbare Recht nach Art. 27 und 28 EGBGB zu bestimmen. Die Anwendung bzw. Berücksichtigung international zwingender Normen richtet sich ebenfalls nicht nach Art. 29 oder 30 EGBGB analog, sondern nach Art. 34 EGBGB bzw. den allgemeinen Grundsätzen über die Berücksichtigung ausländischer international zwingender Normen.

5. Bezugnahmen im Subunternehmervertrag auf den Generalunternehmervertrag sind als ein starkes Indiz für eine konkludente Rechtswahl im Subunternehmervertrag zu Gunsten des auf den Generalunternehmervertrag anzuwendenden Rechts im Sinne des Art. 27 Abs. 1 Satz 2 Alt. 2 EGBGB zu werten. Gleiches gilt für in Bezug genommene Klauselwerke und technische Regeln des Fachs.

6. Eine objektive akzessorische Anknüpfung des Subunternehmervertrags an den Generalunternehmervertrag dergestalt, dass regelmäßig gemäß Art. 28 Abs. 5 EGBGB eine engere Verbindung des Subunternehmervertrags mit dem auf den Generalunternehmervertrag anzuwendenden Recht besteht, ist abzulehnen. Sie widerspricht dem auch im Kollisionsrecht zu verwirklichenden Subunternehmerschutz. Die rechtsvergleichende Untersuchung hat ergeben, dass eine so verstandene akzessorische Anknüpfung auch in anderen Mitgliedstaaten der Europäischen Gemeinschaft nicht praktiziert wird. Die enge wirt-

schaftliche, rechtliche und technische Verknüpfung von Subunternehmervertrag und Generalunternehmervertrag ist jedoch als ein wesentlicher, wenn auch nicht allein ausschlaggebender Faktor bei der Bestimmung der engsten Verbindung im Rahmen des Art. 28 Abs. 5 EGBGB zu berücksichtigen.

7. Die Subunternehmerschutzgesetze werfen keine spezifischen kollisionsrechtlichen Probleme im Hinblick auf die Formwirksamkeit von Subunternehmerverträgen auf.

8. Der in den Rechtsordnungen anderer europäischer Staaten enthaltene Direktanspruch des Subunternehmers gegen den Auftraggeber und die ebenfalls vorgesehene Direktzahlung sind im Hinblick auf ihre Funktion und ihre rechtlichen Voraussetzungen vergleichbar. Sowohl bei der Qualifikation als auch bei der Bestimmung des anwendbaren Rechts durch deutsche Gerichte ist daher ein einheitliches Vorgehen für beide Rechtsinstitute geboten.

   Der Direktanspruch ist weder bereicherungsrechtlich noch als vertraglicher oder quasi-vertraglicher Anspruch zu qualifizieren. Bis eine spezifische europäische Kollisionsnorm für den Direktanspruch des Subunternehmers geschaffen wird, bietet sich eine Qualifikation als außervertragliches Recht *sui generis* an.

9. Eine entsprechende Anwendung von Art. 40 EGBGB auf den Direktanspruch des Subunternehmers ist abzulehnen. Der Direktanspruch von Unfallopfern im Straßenverkehr gegen die Haftpflichtversicherung des Schädigers verfolgt zwar ebenfalls den Zweck, den Anspruch einer als schwach angesehenen Person wirtschaftlich abzusichern. Allerdings sprechen gewichtige Gründe gegen eine analoge Anwendung der Kollisionsnorm auf den Direktanspruch des Subunternehmers. So sind Subunternehmer zum einen weniger schutzwürdig als Unfallopfer im Straßenverkehr. Zum anderen bedürfen Generalunternehmer mehr Schutz als Versicherungsunternehmen gegen für sie nicht vorhersehbare Direktansprüche von Subunternehmern. Darüber hinaus lässt sich die wirtschaftliche Situation der Auftraggeber als Anspruchsverpflichtete mit der von Versicherungsgesellschaften vergleichen.

10. Allein das Statut des Generalunternehmervertrags entscheidet, ob und in welchem Umfang sich ein Subunternehmer auf einen Direktanspruch gegen den Auftraggeber berufen kann. Ein Abstellen auf das Statut des Subunternehmervertrags vernachlässigt den Schutz der Auftraggeber vor einer unvorhersehbaren Inanspruchnahme in grenzüberschreitenden Subunternehmervertragsverhältnissen. Ein Abstellen

auf die Statute beider Verträge ist ebenfalls abzulehnen. Ein kumulativer Ansatz, wie er auch der Veto-Theorie zugrunde liegt, führt *de facto* eher zu einer Verkürzung des Rechtsschutzes für Subunternehmer als dass es dem Subunternehmerschutz dient. Hinzu kommen nicht zu unterschätzende praktische Schwierigkeiten in der Rechtsanwendung. Ein Abstellen allein auf das Statut des Generalunternehmervertrags bietet schließlich die höchste materielle Richtigkeitsgewähr im grenzüberschreitenden Rechtsverkehr und fördert damit auch den internationalen Entscheidungseinklang.

11. Bei den untersuchten ausländischen Vorschriften zum Schutz von Subunternehmern handelt es sich größtenteils um intern zwingendes Recht im Sinne des Art. 27 Abs. 3 EGBGB. Als relevante Verbindung des Subunternehmervertrags zu einer anderen Rechtsordnung im Sinne des Art. 27 Abs. 3 EGBGB sind auch über den Generalunternehmervertrag vermittelte Auslandsverbindungen anzusehen. Allerdings muss sich eine so vermittelte Auslandsberührung in den Vertragspflichten des Subunternehmervertrags niedergeschlagen haben. Die wirtschaftliche Verflechtung der beiden Verträge alleine vermag eine relevante Auslandsberührung nicht zu vermitteln.

12. Die ausländischen Vorschriften zum Schutz von Subunternehmern sind größtenteils keine Eingriffsnormen. Die auf der Richtlinie 2000/35/EG beruhenden nationalen Umsetzungen, welche dem Schutz der Subunternehmer dienen, haben einen unbedingten territorialen Anwendungswillen im Gebiet der Mitgliedstaaten. Die praktische Wirksamkeit der Richtlinie darf bei einer schwerpunktmäßigen Beschäftigung von Subunternehmern in einem EG-Mitgliedstaat nach der *Ingmar*-Rechtsprechung des EuGH nicht durch die Anwendung von Drittstaatenrecht unterhöhlt werden.

Die auf der Richtlinie beruhende deutsche Vorschrift des § 641 Abs. 2 BGB ist daher dann als international zwingende Norm i.S.d. Art. 34 EGBGB anzusehen, wenn ein Subunternehmer die nach dem Subunternehmervertrag geschuldete Werkleistung größtenteils in Deutschland erbracht hat, dadurch ein enger Zusammenhang mit Deutschland als Mitgliedstaat existiert und auf den Subunternehmervertrag das Recht eines Drittstaates anzuwenden ist. Dabei ist auf den Tätigkeitsschwerpunkt des Subunternehmers abzustellen, zur Begründung eines engen Zusammenhangs reicht es nicht aus, wenn allein der Erfüllungsort der nach dem Subunternehmervertrag geschuldeten Werkleistung in Deutschland liegt.

In gleicher Weise sind die jeweiligen nationalen Umsetzungen anderer Mitgliedstaaten der Richtlinie 2000/35/EG, welche dem Schutz von

Subunternehmern dienen, von deutschen Gerichten als ausländische Eingriffsnormen kollisionsrechtlich zu berücksichtigen. Eine kollisionsrechtliche Berücksichtigung ist dann geboten, wenn ein Subunternehmer die Subunternehmerleistung schwerpunktmäßig nicht in Deutschland aber in einem anderen EG-Mitgliedstaat erbracht hat und auf Grund einer Rechtswahl zu Gunsten eines Drittstaates der von der Richtlinie bezweckte Subunternehmerschutz umgangen werden könnte. Demgemäss ist auch die in Art. 3 Abs. 3 des italienischen Gesetzes Nr. 192 enthaltene Zahlungsbestimmung für die *„subfornitura"*, welche der Umsetzung der Richtlinie 2000/35/EG dient, von deutschen Gerichten anzuwenden, wenn der *„subfornitore"* schwerpunktmäßig in Italien tätig wurde, der *„subfornitura"*-Vertrag dem Recht eines Drittstaates unterliegt und durch die Anwendung des Drittstaatenrechts der durch die Richtlinie bezweckte Schutz umgangen würde.

13. Die in Art. 9 des italienischen Gesetzes Nr. 192 enthaltene wettbewerbsrechtliche Vorschrift ist vor deutschen Gerichten materiellrechtlich bei der Anwendung von § 138 BGB zu berücksichtigen. Im Übrigen kommt eine Berücksichtigung der ausländischen Subunternehmerschutzvorschriften als ausländisches zwingendes Recht vor deutschen Gerichten nicht in Betracht.

14. Der Subunternehmervertrag ist ein Vertrag über die Erbringung von Dienstleistungen im Sinne von Art. 5 Nr. 1 lit. b EuGVVO. Der autonome Vertragsgerichtsstand am Erfüllungsort der vom Subunternehmer geschuldeten Werkleistung ist daher für Klagen des Subunternehmers gegen den Generalunternehmer sowie des Generalunternehmers gegen den Subunternehmer eröffnet. Entsprechendes gilt für einen Rechtsstreit zwischen Generalunternehmer und Auftraggeber.

15. Für den Direktanspruch des Subunternehmers gegen den Auftraggeber ist der Vertragsgerichtsstand nach Art. 5 Nr. 1 lit. b EuGVVO nicht eröffnet, da der Direktanspruch nicht als vertraglicher Anspruch im Sinne dieser Vorschrift qualifiziert werden kann. Eine analoge Anwendung von Art. 11 Abs. 2 EuGVVO scheidet mangels Vorhersehbarkeit für den Auftraggeber und mangels Vergleichbarkeit der Situationen und der jeweiligen Schutzbedürfnisse aus.

16. Eine Gerichtsstands- oder Schiedsgerichtsvereinbarung im Generalunternehmervertrag wirkt nicht zu Gunsten oder zu Lasten des Subunternehmers. Es kann des Weiteren nicht davon ausgegangen werden, dass die Parteien eines Subunternehmervertrags durch eine Bezugnahme auf die materiellen Leistungspflichten des Generalunternehmervertrags einen tatsächlichen Willen zur Unterwerfung unter eine im Ge-

neralunternehmervertrag enthaltene ausschließliche Gerichtsstandsvereinbarung (Art. 23 EuGVVO) gebildet haben.

Darüber hinaus haben Gerichtsstands- oder Schiedsgerichtsvereinbarungen im Sub- oder Generalunternehmervertrag keine Auswirkungen auf die für den Direktanspruch maßgebliche Beziehung
zwischen Subunternehmer und Auftraggeber. In Bezug auf den
Direktanspruch des Subunternehmers gegen den Auftraggeber gelten
also trotz ausschließlicher Gerichtsstandsvereinbarungen in einem
bzw. beiden Verträgen die allgemeinen Zuständigkeitsvorschriften,
solange nicht eine Gerichtsstandsvereinbarung zwischen dem Subunternehmer und dem Auftraggeber geschlossen wurde.

17. Lediglich das italienische Schutzgesetz Nr. 192 enthält spezifische
verfahrensrechtliche Vorschriften. Ein erfolgloser Güteversuch vor einer italienischen Handelskammer nach Art. 10 Abs. 1 des Gesetzes Nr.
192 ist vor deutschen Gerichten auf Tatbestandsebene bei der Anwendung von § 278 ZPO mit der Folge zu berücksichtigen, dass ohne
Durchführung einer Güteverhandlung unmittelbar mit der mündlichen
Verhandlung zu beginnen ist. Eine weitergehende Berücksichtigung
der im italienischen Gesetz Nr. 192 enthaltenen Verfahrensnormen
durch deutsche Gerichte ist nicht geboten.

18. In EG-Binnensachverhalten müssen die Subunternehmerschutzvorschriften an den europäischen Grundfreiheiten gemessen werden. Die
untersuchten Subunternehmerschutzvorschriften stellen keine Beeinträchtigungen des durch Art. 49 EGV gewährleisteten freien Dienstleistungsverkehrs dar. Sie führen nicht zu einer direkten oder tatsächlichen Diskriminierung von Unternehmern mit Niederlassung in einem
anderen Mitgliedstaat. Sie stellen auch keine erheblichen tatsächlichen
Hindernisse für die Verwirklichung des EG-Binnenmarktes im Sinne
der *Arblade*-Entscheidung des EuGH dar. Sie bedürfen daher keiner
Rechtfertigung durch ein zwingendes Allgemeinwohlinteresse. Selbst
wenn man in den Schutznormen eine Beeinträchtigung des freien
Dienstleistungsverkehrs sehen wollte, vermag die strukturelle Schutzbedürftigkeit von Subunternehmern als zwingendes Allgemeinwohlinteresse den Eingriff ebenso zu rechtfertigen, wie der Verbraucher-
und Arbeitnehmerschutz Beeinträchtigungen des freien Dienstleistungsverkehrs rechtfertigen kann.

II. Ausblick

Die Arbeit konnte nur einen Teilaspekt des internationalen Subunternehmerrechts beleuchten. Auch wenn der Subunternehmerschutz im Europäischen

Kollisionsrecht die interessantesten Entwicklungen vorzuweisen hat, sind auch andere Aspekte des internationalen Subunternehmerrechts weitgehend ungeklärt. Unter diesen verdient die Frage der kollisionsrechtlichen Behandlung von produkthaftungsrechtlichen Ansprüchen des Auftraggebers gegen den Subunternehmer besondere Erwähnung. Auch die Schnittstelle zwischen Zulieferwesen und Subunternehmervertragsverhältnissen im grenzüberschreitenden Rechtsverkehr bedarf noch einer weitergehenden Aufarbeitung durch die Rechtswissenschaft. Auf lange Sicht sollte angestrebt werden, ein einheitliches Europäisches Kollisionsrecht für Subunternehmer und Zulieferer zu entwickeln. Ein solches Konzept sollte im Idealfall nicht nur dem Schutzaspekt der strukturell schwächeren Subunternehmer und Zulieferer Rechnung tragen, sondern auch produkthaftungsrechtliche Fragen im Dreipersonenverhältnis berücksichtigen. Ein entsprechender Ansatz müsste dann auch für das internationale Verfahrensrecht der Subunternehmer und Zulieferer entwickelt werden.

Auf Grund der durchgeführten Untersuchung des Subunternehmers als Quasi-Verbraucher im Internationalen Privatrecht lässt sich lediglich ein mittelfristiger Lösungsvorschlag unterbreiten. Dieser umfasst zum einen eine Kollisionsnorm für den Direktanspruch des Subunternehmers gegen den Auftraggeber. Zum anderen wird ein europäischer Subunternehmergerichtsstand vorgeschlagen.

1.   Vorschlag einer Kollisionsnorm für den Direktanspruch

„Direktanspruch des Subunternehmers gegen den Auftraggeber

1.   Der Subunternehmer kann direkt gegen den Auftraggeber vorgehen, wenn ihm diese Möglichkeit durch das auf den Vertrag zwischen dem Generalunternehmer und dem Auftraggeber anzuwendende Recht zugestanden wird.

2.   Subunternehmer im Sinne dieser Vorschrift ist ein Unternehmer, welcher von einem anderen Unternehmer (Generalunternehmer) zur Erfüllung einer vertraglichen Verpflichtung gegenüber einer dritten Person (Auftraggeber) eingesetzt wird. "

Die Formulierung des Vorschlags ist so gestaltet, dass sie sowohl den Direktanspruch als auch die Direktzahlung an den Subunternehmer umfasst. Im Einklang mit dem Ergebnis der durchgeführten kollisionsrechtlichen Untersuchung entscheidet allein das Statut des Generalunternehmervertrags, ob und in welchem Umfang sich der Subunternehmer auf einen Direktanspruch gegen den Auftraggeber berufen kann. Wie gesehen trägt diese Anknüpfung dem Schutz der Auftraggeber vor einer unvorhersehbaren Inanspruchnahme in grenzüberschreitenden Subunternehmervertragsverhältnissen Rechnung, ohne dabei den auch durch das Kollisionsrecht zu gewährleistenden Subunternehmerschutz zu minimieren. Die vorgeschlagene Kollisionsnorm bietet eine für die Rechtsanwendung praktisch zu handhabende und prozesskostenökonomische Lösung. Eine einfach anzuwendende und nur auf ein Statut abstellende Kollisionsnorm dient daher dem praktischen Subunternehmerschutz mehr als andere Ansätze, die mehrere Statute kombiniert heranziehen. Die Anknüpfung an das Generalunternehmervertragsstatut bietet im Vergleich zu anderen Ansätzen die höchste materielle Richtigkeitsgewähr im grenzüberschreitenden Rechtsverkehr und fördert damit auch den internationalen Entscheidungseinklang.

2. Vorschlag für einen Subunternehmergerichtsstand

Bereits JAYME hat vorgeschlagen, für Klagen von Subunternehmern im Vertragsgerichtsstand nach Art. 5 Nr. 1 EuGVÜ nicht auf den Erfüllungsort der konkret streitigen Verpflichtung, sondern auf den für den Subunternehmervertrag charakteristischen Schwerpunkt zur Bestimmung des Erfüllungsortes für alle vertraglichen Hauptleistungsansprüche und die diesen entsprechenden Surrogatansprüche abzustellen.[1177] Den relevanten Schwerpunkt sieht JAYME in Anlehnung an die *Ivenel*-Entscheidung des EuGH zum Arbeitnehmerschutz an dem Ort, an dem der Tätigkeitsschwerpunkt des Subunternehmers nach dem Subunternehmervertrag liegt (*„forum laboris"*).[1178] Der Subunternehmer verdiene in Bezug auf die Klagemöglichkeiten wegen seines Werklohns einen ähnlichen Schutz wie ein Arbeitnehmer.[1179] Der von JAYME zu Recht geforderte Subunternehmerschutz wird nach der Neuregelung von Art. 5 Nr. 1 EuGVVO bereits teilweise durch die autonome Bestimmung des Erfüllungsortes des Subunternehmervertrags in Art. 5 Nr. 1 lit. b EuGVVO verwirklicht. Die autonome Anknüpfung führt – in Ermangelung einer anderen Vereinbarung im Subunternehmervertrag und für den Fall, dass der Erfüllungsort innerhalb des EG-Binnenmarktes liegt – zu einem Vertragsgerichtsstand für alle Streitigkeiten aus dem Subunternehmervertrag am Erfüllungsort der vom Subunternehmer geschuldeten Werkleistung.

Trotz der Neuregelung besteht jedoch das Bedürfnis nach einem besonderen Subunternehmergerichtsstand fort. Denn die autonome Bestimmung des Erfüllungsortes durch Art. 5 Nr. 1 lit. b EuGVVO setzt die *Ivenel*-Entscheidung des EuGH zum Arbeitnehmerschutz nicht vollständig um. Es besteht auch trotz der autonomen Bestimmung die Gefahr, dass Subunternehmer auf Grund ihrer unterlegenen Verhandlungsposition ein Erfüllungsort und damit ein Gerichts-

---

1177 *Jayme*, in: Festschrift Pleyer (1986), S. 371ff., 380.
1178 Urteil vom 26.5.1982, Rs. C-133/81, *Ivenel ./. Schwab*, IPRax 1983, S. 173ff.
1179 *Jayme*, in: Festschrift Pleyer (1986), S. 371ff., 380.

stand aufgedrängt wird, in dem sie ihre Rechte nur unvollkommen verteidigen können.

Im Folgenden soll daher ein Vorschlag für einen besonderen Gerichtsstand für Subunternehmer in der EuGVVO unterbreitet werden, der auch den Direktanspruch des Subunternehmers berücksichtigt:

„Besondere Zuständigkeiten

[...]

Zuständigkeit für Subunternehmerverträge

Art. I

Subunternehmer im Sinne dieses Abschnitts ist ein Unternehmer, welcher von einem anderen Unternehmer (Generalunternehmer) zur Erfüllung einer vertraglichen Verpflichtung gegenüber einer dritten Person (Auftraggeber) eingesetzt wird.

Art. II

(1) Bildet ein Subunternehmervertrag oder Ansprüche aus einem Subunternehmervertrag den Gegenstand des Verfahrens, so bestimmt sich die Zuständigkeit unbeschadet des Artikels 4 und des Artikels 5 Nummer 5 nach dieser Vorschrift.

(2) Hat der Generalunternehmer, mit dem der Subunternehmer einen Subunternehmervertrag geschlossen hat, im Hoheitsgebiet eines Mitgliedstaates keinen Wohnsitz, besitzt er aber in einem Mitgliedstaat eine Zweigniederlassung, Agentur oder sonstige Niederlassung, so wird er für Streitigkeiten aus ihrem Betrieb so behandelt, wie wenn er seinen Wohnsitz im Hoheitsgebiet dieses Mitgliedstaats hätte.

Art. III

Ein Generalunternehmer, der seinen Wohnsitz im Hoheitsgebiet eines Mitgliedstaates hat, kann verklagt werden:

1. vor den Gerichten des Staates, in dem er seinen Wohnsitz hat

2. in einem anderen Mitgliedstaat

> *a) vor dem Gericht des Ortes, an dem der Tätigkeitsschwerpunkt des Subunternehmers liegt oder gelegen hat, oder*

> *b) in Ermangelung eines solchen Ortes vor dem Gericht des Ortes, an dem sich die Niederlassung befindet, die dem Subunternehmer den Auftrag erteilt hat.*

Art. IV

(1) *Die Klage des Generalunternehmers kann nur vor den Gerichten des Mitgliedstaates erhoben werden, in dessen Hoheitsgebiet der Subunternehmer seinen Wohnsitz hat oder in dem der Tätigkeitsschwerpunkt des Subunternehmers zur Ausführung des Auftrags liegt oder gelegen hat.*

(2) *Die Vorschriften dieses Abschnitts lassen das Recht unberührt, eine Widerklage vor dem Gericht zu erheben, bei dem die Klage selbst gemäß den Bestimmungen dieses Abschnitts anhängig ist.*

Art. V

(1) *Eine Klage, die ein Subunternehmer unmittelbar gegen den Auftraggeber auf Zahlung des aus dem Subunternehmervertrag geschuldeten Werklohns erhebt, kann vor dem Gericht des Ortes erhoben werden, an dem die Dienstleistung des Generalunternehmers aus dem Generalunternehmervertrag erfüllt worden ist oder zu erfüllen wäre.*

(2) *Einer unmittelbaren Klage des Subunternehmers gegen den Auftraggeber auf Zahlung des Werklohns steht ein den Direktanspruch surrogierender Anspruch des Subunternehmers gegen den Auftraggeber gleich.*

Art. VI

Von den Vorschriften dieses Abschnitts kann im Wege der Vereinbarung nur abgewichen werden,

1. *wenn die Vereinbarung nach der Entstehung der Streitigkeit getroffen wird oder*

2. *wenn sie dem Subunternehmer die Befugnis einräumt, andere als die in diesem Abschnitt angeführten Gerichte anzurufen.*

a) Art. I des Vorschlags

Art. I der vorgeschlagenen Regelung dient der Klarstellung. Er enthält eine Definition des Subunternehmers, die mit der für die Bestimmung des anwendbaren Rechts vorgeschlagenen Definition identisch ist. Dies garantiert einen größtmöglichen Gleichlauf zwischen materiellem Recht und Verfahrensrecht.

b) Art. II bis IV des Vorschlags

Der Vorschlag begründet in Art. II bis IV einen besonderen Subunternehmergerichtsstand für Klagen des Subunternehmers gegen den Generalunternehmer.

Die vorgeschlagenen Regelungen orientieren sich an den Zuständigkeitsvorschriften für Rechtsstreitigkeiten aus einem individuellen Arbeitsverhältnis in Art. 18 bis 21 EuGVVO. Sie tragen dem strukturellen Schutzbedürfnis der Subunternehmer Rechnung und beugen der Gefahr vor, dass der Rechtsschutz der Subunternehmer auf Grund abweichender Vereinbarungen zwischen Subunternehmer und Generalunternehmer über den Erfüllungsort praktisch beeinträchtigt wird und die durch Art. 5 Nr. 1 lit. b EuGVVO vorgesehene autonome Bestimmung des Erfüllungsortes eines Vertrags umgangen werden kann. Andererseits wird dem Ort des Tätigeitsschwerpunktes des Subunternehmers die ihm gebührende Bedeutung durch Begründung eines Gerichtsstandes zugebilligt, da die Sachnähe der Gerichte dieses Ortes im Regelfall garantiert ist und Subunternehmern ohne weiteres zugemutet werden kann, an diesem Ort verklagt zu werden.[1180]

Der Vorschlag lässt die Zuständigkeitsregelungen (und insbesondere Art. 5 Nr. 1 EuGVVO) für Rechtsstreitigkeiten zwischen dem Generalunternehmer und dem Auftraggeber aus dem Generalunternehmervertrag unberührt.

c) Art. V des Vorschlags

In Ergänzung der Bestimmungen über den Subunternehmervertrag sieht die in Art. V des Vorschlags enthaltene Regelung einen besonderen Gerichtsstand für den Direktanspruch des Subunternehmers gegen den Auftraggeber vor.

Abs. 1 der vorgeschlagenen Regelung bestimmt, dass der Subunternehmer unmittelbar gegen den Auftraggeber auf Zahlung des aus dem Subunternehmervertrag geschuldeten Werklohns vor dem Gericht des Ortes klagen kann, an dem die Werkleistung des Generalunternehmers aus dem Generalunternehmervertrag erfüllt worden ist oder zu erfüllen wäre. Ein enger Zusammenhang zwischen dem Ort des Gerichtsstandes und dem der Klage zugrunde liegenden Lebenssachverhalt wird dadurch garantiert. Denn der Erfüllungsort des Subunternehmervertrags fällt in der Regel mit dem Erfüllungsort des Generalunternehmervertrags zusammen. Erbringt ein Subunternehmer an einem solchen Ort seine Werkleistung, reicht es aus, ihm diesen Ort als besonderen Gerichtsstand zur Verfügung zu stellen, ohne dass es der Schaffung eines Klägergerichtsstandes bedürfte. Fallen der Erfüllungsort des Subunternehmervertrags und der Erfüllungsort des Generalunternehmervertrags auseinander, so wird zumindest das vom Subunternehmer beigesteuerte Werk am Erfüllungsort des Generalunternehmervertrags in die Sphäre des Auftraggebers übergeben. Folglich ist die Sachnähe des befassten Gerichts ausreichend gesichert. Dies gilt auch für die

---

1180 Vgl. zu einem Vorschlag der Niederlande zur Änderung des Art. 20 EuGVVO *Jayme/Kohler* IPRax 2003, S. 485ff., 488. Nach dem Vorschlag sollen Arbeitgeber Arbeitnehmer auf Auflösung des Arbeitsvertrags am gewöhnlichen Arbeitsort des Arbeitnehmers verklagen können.

Beweisaufnahme im Hinblick auf Einwendungen des Generalunternehmers aus dem Subunternehmervertrag, die der Auftraggeber gegen den Direktanspruch erheben kann. Da das auf den Direktanspruch anzuwendende Recht nach der vorgeschlagenen Kollisionsnorm das Generalunternehmervertragsstatut ist, wird durch einen Gerichtsstand am Erfüllungsort der Dienstleistungsverpflichtung des Generalunternehmervertrags ein Gleichlauf zwischen materiellem Recht und Verfahrensrecht erreicht.

Für den Direktanspruch des Subunternehmers würde es bei Schaffung eines Gerichtsstandes am Ort der Niederlassung des Subunternehmers jeglicher Vorhersehbarkeit für den Auftraggeber fehlen. So wie letzterer unter dem Gesichtspunkt des auf den Direktanspruch anwendbaren Rechts stets die möglichen Anspruchsberechtigten vorhersehen können muss, muss er unter dem verfahrensrechtlichen Gesichtspunkt die möglichen Gerichtsstände vorhersehen können, in denen Subunternehmer Direktansprüche geltend machen können. Dies ist in grenzüberschreitenden Subunternehmervertragsverhältnissen nicht garantiert, wenn der Einsatz eines Subunternehmers nicht in allen Rechtsordnungen einer Genehmigung durch den Auftraggeber bedarf.[1181] Deshalb ist für den Direktanspruch auch auf den Erfüllungsort der Dienstleistungspflicht des Generalunternehmervertrags abzustellen. An diesem Ort muss der Auftraggeber sowieso damit rechnen, vom Generalunternehmer verklagt zu werden (siehe Art. 5 Nr. 1 lit. b EuGVVO). Eine analoge Anwendung von Art. 11 Abs. 2 EuGVVO scheidet demgegenüber mangels Vorhersehbarkeit für den Auftraggeber und mangels Vergleichbarkeit der Situationen und der jeweiligen Schutzbedürfnisse aus.[1182]

Verklagt der Subunternehmer sowohl den Generalunternehmer als auch den Auftraggeber vor demselben Gericht, verhilft Art. 6 Nr. 1 EuGVVO i.V.m. Art. III und V des Vorschlags dem Subunternehmer zu denselben Gerichtsständen. Der in Art. V Abs. 1 der vorgeschlagenen Regelung enthaltene Gerichtsstand für den Direktanspruch steht dem Subunternehmer jedoch unabhängig von einer Klage auch gegen den Generalunternehmer zur Verfügung und erweitert damit den Kreis der möglichen Gerichtsstände für Subunternehmer über die allgemeinen Regeln hinaus.

Art. V Abs. 2 des Vorschlags erstreckt den besonderen Gerichtsstand für den Direktanspruch auch auf die ihn surrogierenden Ansprüche. Dies gilt insbesondere für den von der französischen Rechtsprechung geschaffenen Schadensersatzanspruch des Subunternehmers gegen den Auftraggeber wegen Verletzung seiner Kontrollpflichten nach Art. 14-1 des französischen Gesetzes Nr. 75-

---

1181 Siehe dazu oben.
1182 Siehe dazu oben S. 226f.

1334.[1183] Er verfolgt die gleiche Schutzfunktion wie der Direktanspruch. Mangels der besonderen Regelung könnte der Schadensersatzanspruch im besonderen Gerichtsstand für Forderungen aus unerlaubter Handlung (Art. 5 Nr. 3 EuGVVO) geltend gemacht werden.[1184]

d)   Art. VI des Vorschlags

Um eine Umgehung des Schutzes für Subunternehmer zu verhindern, können gemäß Art. VI des Vorschlags abweichende Vereinbarungen zum Nachteil des Subunternehmers zwischen den jeweiligen Beteiligten nur nachträglich getroffen werden.

1183 Siehe oben S. 287f.

1184 Dies würde in Bezug auf die Erfolgsortzuständigkeit bei einer Verletzung der Kontrollpflicht zu dem Ort führen, an dem der Subunternehmer die Subunternehmerleistung erbracht hat. Die Handlungsortzuständigkeit würde zum Ort der Niederlassung des Auftraggebers führen. Siehe oben S. 102f.

ANHANG

Anhang I: Italien

Legge 18 giugno 1998, N. 192
„Disciplina della subfornitura
nelle attività produttive" [1185]

Gesetz vom 18. Juni 1998, Nr. 192
„über vertikale Kooperations-
verträge im produzierenden
Gewerbe"

Art. 1. Definizione. (1) Con il contratto di subfornitura un imprenditore si impegna a effettuare per conto di una impresa committente lavorazioni su prodotti semilavorati o su materie prime forniti dalla committente medesima, o si impegna a fornire all'impresa prodotti o servizi destinati ad essere incorporati o comunque ad essere utilizzati nell'ambito dell'attività economica del committente o nella produzione di un bene complesso, in conformità a progetti esecutivi, conoscenze tecniche e tecnologiche, modelli o prototipi forniti dall'impresa committente.

Art. 1. Definition. (1) Bei einem *„subfornitura"* [1186]-Vertrag verpflichtet sich ein Unternehmer, auf Rechnung eines auftraggebenden Unternehmens, Arbeiten an halbfertigen Produkten oder vorgefertigten Teilen des Auftraggebers auszuführen, oder er verpflichtet sich, für das Unternehmen Produkte herzustellen oder Dienste zu leisten, die dazu bestimmt sind, im Rahmen der wirtschaftlichen Tätigkeit des Auftraggebers eingegliedert oder benutzt zu werden, oder die der Herstellung eines Gesamtgutes dienen, nach Anweisung, technischem oder technologischem Wissen, Modellen oder gefertigten Prototypen des auftraggebenden Unternehmens.

(2) Sono esclusi dalla definizione di cui al comma 1 i contratti aventi ad oggetto la fornitura di materie prime, di servizi di pubblica utilità e di beni strumentali non riconducibili ad attrezzature.

(2) Aus der Definition des Abs. 1 sind die Verträge ausgeschlossen, die die Lieferung von Rohstoffen, öffentlichen Zwecken dienende Dienstleistungen oder die Lieferung von Hilfsmitteln, die keine Ausrüstungen sind, betreffen.

1185 Gesetz in der Fassung der Änderungen durch das Decreto legislativo Nr. 231 vom 9.10. 2002, „Attuazione della direttiva 2000/35/CE relativa alla lotta contro i ritardi di pagamento nelle transazioni commerciali", Gazzetta Ufficiale Nr. 249 vom 23.10.2002.

1186 Anmerkung des Verfassers: *„Subfornitura"* bedeutet eigentlich Lieferung oder Zulieferung. Das Gesetz definiert den Begriff in Art. 1 Abs. 1 jedoch erheblich weiter als die bloße Herstellung und Lieferung von Teilen eines noch herzustellenden Hauptwerkes. Auch die Zuarbeit fällt unter den Begriff. Es wurde deshalb bewusst auf eine Übersetzung der Begriffe *„subfornitura"* und *„subfornitore"* verzichtet. Im Deutschen kommt der Begriff des „vertikalen Kooperationsvertrags" der Definition des Art. 1 Abs. 1 des Gesetzes am nächsten, siehe dazu oben S. 23ff.

Art. 2. Contratto di subfornitura: forma e contenuto. (1) Il rapporto di subfornitura si instaura con il contratto, che deve essere stipulato in forma scritta a pena di nullità. Costituiscono forma scritta le comunicazioni degli atti di consenso alla conclusione o alla modificazione dei contratti effettuate per telefax o altra via telematica. In caso di nullità ai sensi del presente comma, il subfornitore ha comunque diritto al pagamento delle prestazioni già effettuate e al risarcimento delle spese sostenute in buona fede ai fini dell'esecuzione del contratto.

(2) Nel caso di proposta inviata dal committente secondo le modalità indicate nel comma 1, non seguita da accettazione scritta del subfornitore che tuttavia inizia le lavorazioni o le forniture, senza che abbia richiesto la modificazione di alcuno dei suoi elementi, il contratto si considera concluso per iscritto agli effetti della presente legge e ad esso si applicano le condizioni indicate nella proposta, ferma restando l'applicazione dell'articolo 1341 del codice civile.

(3) Nel caso di contratti a esecuzione continuata o periodica, anche gli ordinativi relativi alle singole forniture devono essere comunicati dal committente al fornitore in una delle forme previste al comma 1 e anche ad essi si applica quanto disposto dallo stesso comma 1.

(4) Il prezzo dei beni o servizi oggetto del contratto deve essere determinato o determinabile in modo chiaro e preciso, tale da non ingenerare incertezze nell'interpretazione dell'entità delle reciproche prestazioni e nell'esecuzione del contratto.

Art. 2. „*subfornitura*"-Vertrag: Form und Inhalt. (1) Die „*subfornitura*"-Beziehung beginnt mit dem Vertragsschluss. Der Vertragsschluss bedarf der Schriftform, sonst ist er nichtig. Zur Wahrung der Schriftform genügt auch die Übermittlung der Willenserklärungen bei Vertragsschluss oder bei Vertragsänderung per Telefax oder auf anderem elektronischen Wege. Im Falle der Nichtigkeit mangels Schriftform kann der „*subfornitore*" Bezahlung für bereits erbrachte Leistungen und Ersatz von in gutem Glauben erbrachten Aufwendungen bis zum Ende der Vertragsausführung verlangen.

(2) Gibt der Auftraggeber ein Vertragsangebot in der nach Abs. 1 erforderlichen Form ab und leitet der „*subfornitore*" die Arbeiten oder die Lieferungen ein, ohne das Vertragsangebot anzunehmen und ohne die Änderung irgendeiner Vertragsbestimmung zu verlangen, so gilt der Vertrag als schriftlich im Sinne dieses Gesetzes geschlossen mit dem Inhalt des Vertragsangebots. Art. 1441 des Codice civile bleibt unberührt.

(3) Hat der Vertrag dauerhafte oder wiederkehrende Leistungen zum Gegenstand, müssen die einzelnen Herstellungsaufträge vom Auftraggeber an den „*subfornitore*" in einer der in Abs. 1 vorgesehenen Formen übermittelt werden. Auch für die Folgeverträge gelten die Bestimmungen des Abs. 1.

(4) Das Entgelt für die vertraglichen Dienste und Güter muss so klar und präzise bestimmt oder bestimmbar sein, dass keine Auslegungs-unsicherheiten über die Bedeutung der gegenseitigen Leistungen oder die Durchführung des Vertrags entstehen.

(5) Nel contratto di subfornitura devono essere specificati:

a) i requisiti specifici del bene o del servizio richiesti dal committente, mediante precise indicazioni che consentano l'individuazione delle caratteristiche costruttive e funzionali, o anche attraverso il richiamo a norme tecniche che, quando non siano di uso comune per il subfornitore o non siano oggetto di norme di legge o regolamentari, debbono essere allegate in copia;

b) il prezzo pattuito;

c) i termini e le modalità di consegna, di collaudo e di pagamento.

Art. 3. Termini di pagamento. (1) Il contratto deve fissare i termini di pagamento della subfornitura, decorrenti dal momento della consegna del bene o dal momento della comunicazione dell'avvenuta esecuzione della prestazione, e deve precisare, altresì, gli eventuali sconti in caso di pagamento anticipato rispetto alla consegna.

(2) Il prezzo pattuito deve essere corrisposto in un termine che non può eccedere i sessanta giorni dal momento della consegna del bene o della comunicazione dell'avvenuta esecuzione della prestazione. Tuttavia, può essere fissato un diverso termine, non eccedente i novanta giorni, in accordi nazionali per settori e comparti specifici, sottoscritti presso il Ministero dell'industria, del commercio e dell'artigianato da tutti i soggetti competenti per settore presenti nel Consiglio nazionale dell'economia e del lavoro in rappresentanza dei subfornitori e dei committenti. Può altresì essere fissato un diverso termine, in ogni caso non eccedente i novanta giorni, in accordi riferiti al territorio di competenza della camera di commercio, industria, artigianato e agricoltura presso la quale detti

(5) Der „*subfornitura*"-Vertrag muss folgende Bestimmungen enthalten:

a) die besonderen Eigenschaften der vom Auftraggeber nachgefragten Güter oder Dienste mittels präziser Anweisungen, welche die Bestimmung der Charakteristika der Produktion und des Gebrauchs erlauben, oder mittels Verweisung auf technische Normen, welche in Kopie als Anlage beigefügt sein müssen, wenn sie für den „*subfornitore*" nicht allgemein gebräuchlich oder Gegenstand von gesetzlichen Normen oder Regelungen sind,

b) das vereinbarte Entgelt,

c) den Zeitpunkt und die Modalitäten der Lieferung, Abnahme und Zahlung.

Art. 3. Zahlungsfristen. (1) Der Vertrag muss die Fristen für die Zahlung festlegen, die ab der Übergabe oder der Mitteilung über die Ausführung der Arbeitsleistung zu laufen beginnen. Darüber hinaus muss er die Bestimmung eines Preisnachlasses für den Fall einer Zahlung vor der Übergabe enthalten, sofern dieser vorgesehen ist.

(2) Das vereinbarte Entgelt muss binnen einer Frist von höchstens 60 Tagen ab der Übergabe des Gutes oder der Mitteilung über die Ausführung der Arbeitsleistung bezahlt werden. Jedoch kann für bestimmte Sektoren und Fachbereiche eine andere Frist von höchstens 90 Tagen bestimmt werden, wenn die Bestimmung in nationalen Übereinkünften, die bei dem Ministerium für Industrie, Handel und Handwerk von allen im Nationalrat für Wirtschaft und Arbeit vertretenen, für den jeweiligen Sektor zuständigen Personen in Anwesenheit der „*subfornitori*" und der Auftraggeber, unterschrieben wird. Eine andere Frist von höchstens 90 Tagen kann auch bestimmt werden für den Zuständigkeitsbereich der Wirtschafts-, Industrie-, Handwerks- und Land-

accordi sono sottoscritti dalle rappresentanze locali dei medesimi soggetti di cui al secondo periodo. Gli accordi di cui al presente comma devono contenere anche apposite clausole per garantire e migliorare i processi di innovazione tecnologica, di formazione professionale e di integrazione produttiva.

wirtschaftskammer, bei der die örtlichen Vertretungen der in Satz 2 erwähnten Personen bzw. Institutionen die Bestimmung unterschreiben. Die in diesem Abs. erwähnten Übereinkommen müssen besondere Bestimmungen enthalten, um Fortschritte in der technologischen Entwicklung, der beruflichen Bildung und der Integration der Produktion zu garantieren und zu verbessern.

(3) In caso di mancato rispetto del termine di pagamento il committente deve al subfornitore, senza bisogno di costituzione in mora, un interesse determinato in misura pari al saggio d'interesse del principale strumento di rifinanziamento della Banca centrale europea applicato alla sua più recente operazione di rifinanziamento principale effettuata il primo giorno di calendario del semestre in questione, maggiorato di sette punti percentuali, salva la pattuizione tra le parti di interessi moratori in misura superiore e salva la prova del danno ulteriore. Il saggio di riferimento in vigore il primo giorno lavorativo della Banca centrale europea del semestre in questione si applica per i successivi sei mesi. Ove il ritardo nel pagamento ecceda di trenta giorni il termine convenuto, il committente incorre, inoltre, in una penale pari al 5 per cento dell'importo in relazione al quale non ha rispettato i termini.

(3) Zahlt der Auftraggeber nicht binnen der festgelegten Zahlungsfrist, ist er verpflichtet, dem „subfornitore", ohne dass es auf die Voraussetzungen des Schuldnerverzugs ankäme, Zinsen i.H.v. 7% über dem von der Europäischen Zentralbank auf ihre jüngste Hauptrefinanzierungsoperation angewandten Zinssatz zu zahlen, die vor dem ersten Kalendertag des betreffenden Halbjahres durchgeführt wurde, wenn nicht ein höherer Zinssatz vereinbart ist oder ein höherer Schaden nachgewiesen wird. Der genannte Referenzsatz gilt vom ersten Arbeitstag der Europäischen Zentralbank im jeweiligen Zeitraum für die folgenden sechs Monate. Falls die Zahlungsverzögerung den vereinbarten Termin um mehr als 30 Tage überschreitet, trifft den Auftraggeber außerdem eine Vertragsstrafe i.H.v. 5% des Betrages, den er nicht rechtzeitig gezahlt hat.

(4) In ogni caso la mancata corresponsione del prezzo entro i termini pattuiti costituirà titolo per l'ottenimento di ingiunzione di pagamento provvisoriamente esecutiva ai sensi degli articoli 633 e seguenti del codice di procedura civile.

(4) In jedem Fall erlaubt die Nichtzahlung innerhalb der vereinbarten Frist die Durchführung einer vorläufigen Vollstreckung durch Zahlungsbefehl gemäß Art. 633 ff. Zivilprozessordnung.

(5) Ove vengano apportate, nel corso dell'esecuzione del rapporto, su richiesta del committente, significative modifiche e varianti che comportino comunque incrementi dei costi, il subfornitore avrà diritto

(5) Falls es im Laufe der Vertragsdurchführung auf Wunsch des Auftraggebers zu wesentlichen Änderungen kommt, welche einen Kostenzuwachs mit sich bringen, hat der „subfornitore" das Recht, eine Anpas-

ad un adeguamento del prezzo anche se non esplicitamente previsto dal contratto.

Art. 4. Divieto di interposizione. (1) La fornitura di beni e servizi oggetto del contratto di subfornitura non può, a sua volta, essere ulteriormente affidata in subfornitura senza l'autorizzazione del committente per una quota superiore al 50 per cento del valore della fornitura, salvo che le parti nel contratto non abbiano indicato una misura maggiore.

(2) Gli accordi con cui il subfornitore affidi ad altra impresa l'esecuzione delle proprie prestazioni in violazione di quanto stabilito al comma 1 sono nulli.

(3) In caso di ulteriore affidamento in subfornitura di una parte di beni e servizi oggetto del contratto di subfornitura, gli accordi con cui il subfornitore affida ad altra impresa l'esecuzione parziale delle proprie prestazioni sono oggetto di contratto di subfornitura, così come definito dalla presente legge. I termini di pagamento di detto nuovo contratto di subfornitura non possono essere peggiorativi di quelli contenuti nel contratto di subfornitura principale.

Art. 5. Responsabilità del subfornitore. (1) Il subfornitore ha la responsabilità del funzionamento e della qualità della parte o dell'assemblaggio da lui prodotti o del servizio fornito secondo le prescrizioni contrattuali e a regola d'arte.

sung des Entgelts auch dann zu verlangen, wenn dies im Vertrag nicht ausdrücklich vorgesehen ist.

Art. 4. Vermittlungsverbot. (1) Die Herstellung von Gütern oder die Leistung von Diensten im Rahmen eines „*subfornitura*"-Vertrags darf ohne Erlaubnis des Auftraggebers nicht auf einen „*subfornitore*" übertragen werden, wenn der Anteil 50% des Herstellungswertes übersteigt, es sei denn die Parteien haben einen niedrigeren Anteil vereinbart.

(2) Vereinbarungen, mit denen der „*subfornitore*" einem anderen Unternehmen die Durchführung der eigenen Arbeitsleistung entgegen den Bestimmungen in Abs. 1 überträgt, sind nichtig.

(3) Im Falle der Übertragung der Herstellung von Gütern oder der Leistung von Diensten, die Gegenstand eines „*subfornitura*"-Vertrags sind, auf einen weiteren „*subfornitore*" ist die Vereinbarung, mit der der „*subfornitore*" die teilweise Durchführung der eigenen Arbeitsleistung auf ein anderes Unternehmen überträgt, ebenfalls ein „*subfornitura*"-Vertrag im Sinne dieses Gesetzes. Die Zahlungsbestimmungen dieses gerade genannten „*subfornitura*"-Vertrags dürfen nicht schlechter als diejenigen des ersten „*subfornitura*"-Vertrags sein.

Art. 5. Verantwortung des „*subfornitore*". (1) Der „*subfornitore*" trägt bzgl. des Funktionierens und der Qualität des Teiles oder der Gesamtheit seiner hergestellten Produkte oder geleisteten Dienste die Verantwortung dafür, dass sie nach den vertraglichen Vorschriften und *lege artis* hergestellt oder geleistet wurden.

(2) Il subfornitore non può essere ritenuto responsabile per difetti di materiali o attrezzi fornitigli dal committente per l'esecuzione del contratto, purché li abbia tempestivamente segnalati al committente.

(2) Der „subfornitore" kann nicht für Fehler des Materials oder der vom Auftraggeber für die Vertragsdurchführung vorgefertigten Geräte verantwortlich gemacht werden, wenn er sie dem Auftraggeber rechtzeitig angezeigt hat.

(3) Ogni pattuizione contraria ai commi 1 e 2 è da ritenersi nulla.

(3) Jede den Absätzen 1 und 2 widersprechende Abmachung ist nichtig.

(4) Eventuali contestazioni in merito all'esecuzione della subfornitura debbono essere sollevate dal committente entro i termini stabiliti nel contratto che non potranno tuttavia derogare ai più generali termini di legge.

(4) Jede potentielle Mitteilung an den Auftraggeber in Bezug auf die Ausführung der „subfornitura" muss nach den im Vertrag bestimmten Vorschriften erfolgen, welche den allgemeinen gesetzlichen Bestimmungen nicht zuwiderlaufen dürfen.

Art. 6. Nullità di clausole. (1) È nullo il patto tra subfornitore e committente che riservi ad uno di essi la facoltà di modificare unilateralmente una o più clausole del contratto di subfornitura. Sono tuttavia validi gli accordi contrattuali che consentano al committente di precisare, con preavviso ed entro termini e limiti contrattualmente prefissati, le quantità da produrre ed i tempi di esecuzione della fornitura.

Art. 6. Nichtigkeit von Vertragsbestimmungen. (1) Eine Vereinbarung zwischen dem „subfornitore" und dem Auftraggeber, die es einer der Parteien erlaubt, Vertragsbestimmungen einseitig zu ändern, ist nichtig. Gültig sind jedoch vertragliche Vereinbarungen, die es dem Auftraggeber erlauben, mit vorheriger Ankündigung und im Rahmen von vertraglich festgesetzten Bestimmungen und Grenzen, die zu produzierende Menge und den Zeitpunkt der Herstellung zu präzisieren.

(2) È nullo il patto che attribuisca ad una delle parti di un contratto di subfornitura ad esecuzione continuata o periodica la facoltà di recesso senza congruo preavviso.

(2) Eine Vereinbarung, die es einer Partei eines „subfornitura"-Vertrags über die Ausführung von dauerhaften oder wiederkehrenden Leistungen gestattet, ohne angemessene Vorankündigung vom Vertrag zurückzutreten, ist nichtig.

(3) È nullo il patto con cui il subfornitore disponga, a favore del committente e senza congruo corrispettivo, di diritti di privativa industriale o intellettuale.

(3) Eine Vereinbarung, in der der „subfornitore" zu Gunsten des Auftraggebers über gewerbliche Rechte oder geistiges Eigentum ohne angemessenen Ausgleich verfügt, ist nichtig.

Art. 7. Proprietà del progetto. Il committente conserva la proprietà industriale in

Art. 7. Eigentum am Werk. (1) Der Auftraggeber behält das geistige Eigentum am

334

ordine ai progetti e alle prescrizioni di carattere tecnico da lui comunicati al fornitore e sopporta i rischi ad essi relativi. Il fornitore è tenuto alla riservatezza e risponde della corretta esecuzione di quanto richiesto, sopportando i relativi rischi.

Werk und an den von ihm stammenden technischen Vorgaben, die von ihm im Rahmen des Auftrags an den *„subfornitore"* mitgeteilt wurden; er trägt auch die diesbezüglichen Risiken. Der *„subfornitore"* ist zur Vertraulichkeit verpflichtet und für die korrekte Ausführung des gesamten Werkes verantwortlich; er trägt die diesbezüglichen Risiken.

Art. 8. Regime IVA. (1) All'articolo 74 del decreto del Presidente della Repubblica 26 ottobre 1972,n. 633, dopo il quarto comma, è inserito il seguente: "Nel caso di operazioni derivanti da contratti di subfornitura, qualora per il pagamento del prezzo sia stato pattuito un termine successivo alla consegna del bene o alla comunicazione dell'avvenuta esecuzione della prestazione, il subfornitore può effettuare il versamento con cadenza trimestrale, senza che si dia luogo all'applicazione di interessi".

Art. 8. System IV A. (1) In Art. 74 des Dekrets vom 26. Oktober 1972 des Präsidenten der Republik, Nr. 633, wird nach Satz 4 folgender Satz eingefügt: „Im Falle von Handlungen, die einem *subfornitura* - Vertrag entspringen und für die die Zahlung des Entgelts nach der Übergabe des Gutes oder der Ausführung der Arbeitsleistung bestimmt ist, kann der *„subfornitore"* die Zahlung vierteljährlich vornehmen, ohne dass hierfür Zinsen bezahlt werden müssen."

(2) All'onere derivante dal comma 1, valutato in lire 17 miliardi per l'anno 1998 e in lire 34 miliardi a decorrere dal 1999, si provvede mediante corrispondente riduzione dello stanziamento iscritto, ai fini del bilancio triennale 1998-2000, nell'ambito dell'unità previsionale di base di parte corrente "Fondo speciale" dello stato di previsione del Ministero del tesoro, del bilancio e della programmazione economica per l'anno 1998, allo scopo parzialmente utilizzando l'accantonamento relativo alla Presidenza del Consiglio dei ministri.

(2) ...[nicht relevant]

Art. 9. Abuso di dipendenza economica. (1) È vietato l'abuso da parte di una o più imprese dello stato di dipendenza economica nel quale si trova, nei suoi o nei loro riguardi, una impresa cliente o fornitrice. Si considera dipendenza economica la situazione in cui un'impresa sia in grado di determinare, nei rapporti commerciali con un'altra impresa, un eccessivo squilibrio di

Art. 9. Ausnutzen der wirtschaftlichen Abhängigkeit. (1) Es ist verboten, die bestehende wirtschaftliche Abhängigkeit eines oder mehrerer Unternehmen auszunutzen, ohne Rücksicht darauf, ob es sich um ein eigenes oder ein fremdes Unternehmen, einen Kunden oder einen Hersteller handelt. Wirtschaftliche Abhängigkeit eines Unternehmens ist dann gegeben, wenn ein Unter-

diritti e di obblighi. La dipendenza economica è valutata tenendo conto anche della reale possibilità per la parte che abbia subito l'abuso di reperire sul mercato alternative soddisfacenti.

nehmen imstande ist, in den Geschäftsbeziehungen zu einem anderen Unternehmen ein außergewöhnliches Missverhältnis zwischen Rechten und Pflichten durchzusetzen. Die wirtschaftliche Abhängigkeit wird mit Rücksicht darauf bestimmt, ob das Unternehmen, das die wirtschaftliche Ausnutzung erlitten hat, auf dem Markt die tatsächliche Möglichkeit hat, einen zufriedenstellenden Alternativvertrag zu schließen.

(2) L'abuso può anche consistere nel rifiuto di vendere o nel rifiuto di comprare, nella imposizione di condizioni contrattuali ingiustificatamente gravose o discriminatorie, nella interruzione arbitraria delle relazioni commerciali in atto.

(2) Die Ausnutzung kann sich auch aus einer Weigerung zu kaufen oder zu verkaufen, aus einer Auferlegung besonders unbefriedigender oder diskriminierender vertraglicher Bedingungen oder aus einer willkürlichen Unterbrechung einer bestehenden wirtschaftlichen Beziehung ergeben.

(3) Il patto attraverso il quale si realizzi l'abuso di dipendenza economica è nullo. Il giudice ordinario competente conosce delle azioni in materia di abuso di dipendenza economica, comprese quelle inibitorie e per il risarcimento dei danni.

(3) Eine Vereinbarung, die eine wirtschaftliche Abhängigkeit begründet, ist nichtig. Das zuständige ordentliche Gericht entscheidet über Maßnahmen in Bezug auf die Ausnutzung wirtschaftlicher Abhängigkeit, einschließlich deren Verbot und Schadensersatz.

(3b) Ferma restando l'eventuale applicazione dell'articolo 3 della legge 10 ottobre 1990, n. 287, l'Autorità garante della concorrenza e del mercato può, qualora ravvisi che un abuso di dipendenza economica abbia rilevanza per la tutela della concorrenza e del mercato, anche su segnalazione di terzi ed a seguito dell'attivazione dei propri poteri di indagine ed esperimento dell'istruttoria, procedere alle diffide e sanzioni previste dall'articolo 15 della legge 10 ottobre 1990, n. 287, nei confronti dell'impresa o delle imprese che abbiano commesso detto abuso.

(3b) Ungeachtet einer möglichen Anwendung von Art. 3 des Gesetzes Nr. 287 vom 10. Oktober 1990 kann die Behörde zum Schutze des Wettbewerbs und Handels im Falle der Ausnutzung wirtschaftlicher Abhängigkeit, welche von Bedeutung für den Schutz des Wettbewerbs und des Handels ist, auch auf den Hinweis Dritter hin und unter Anwendung der eigenen Mittel zur Überwachung und Untersuchung, nach Art. 15 des Gesetzes Nr. 287 vom 10. Oktober 1990 verfahren und die dort vorgesehenen Sanktionen gegen das Unternehmen oder die Unternehmen, welche die Ausnutzung begangen haben, verhängen.

Art. 10. Conciliazione e arbitrato. (1) Entro trenta giorni dalla scadenza del termine di cui all'articolo 5, comma 4, le controversie relative ai contratti di sub-fornitura di cui alla presente legge sono sottoposte al tentativo obbligatorio di conciliazione presso la camera di commercio, industria, artigianato e agricoltura nel cui territorio ha sede il subfornitore, ai sensi dell'articolo 2, comma 4, lettera a), della legge29 dicembre 1993, n. 580.

(2) Qualora non si pervenga ad una conciliazione fra le parti entro trenta giorni, su richiesta di entrambi i contraenti la controversia è rimessa alla commissione arbitrale istituita presso la camera di commercio di cui al comma 1 o, in mancanza, alla commissione arbitrale istituita presso la camera di commercio scelta dai contraenti.

(3) Il procedimento arbitrale, disciplinato secondo le disposizioni degli articoli 806 e seguenti del codice di procedura civile, si conclude entro il termine massimo di sessanta giorni a decorrere dal primo tentativo di conciliazione, salvo che le parti si accordino per un termine inferiore.

Art. 11. Entrata in vigore. (1) La presente legge entra in vigore il centoventesimo giorno successivo a quello della sua pubblicazione nella Gazzetta Ufficiale.

Art. 10. Streitbeilegung und Schlichtung. (1) Binnen 30 Tagen seit dem in Art. 5 Abs. 4 bestimmten Fälligkeitszeitpunkt müssen Streitigkeiten aus einem *„subfornitura"*-Vertrag im Sinne dieses Gesetzes zwingend zu einem Schlichtungsversuch der Kammer für Handel, Industrie, Handwerk und Landwirtschaft, in deren Bezirk der *„subfornitore"* seinen Sitz hat, gemäß Art. 2 Abs. 4 lit. a des Gesetzes vom 29. Dezember 1993, Nr. 580, vorgelegt werden.

(2) Wird eine Streitbeilegung zwischen den Parteien binnen einer Frist von 30 Tagen nicht erreicht, ist auf Verlangen der beiden streitenden Parteien die Sache an die Schiedskommission bei der in Abs. 1 genannten Handelskammer, mangels einer solchen an die Schiedskommission einer von den streitenden Parteien bestimmten Handelskammer zu verweisen.

(3) Die Streitschlichtung vor dem Schiedsgericht erfolgt nach den Bestimmungen von Art. 806 ff. der Zivilprozessordnung. Sie dauert höchstens 60 Tage seit dem ersten Schlichtungsversuch, wenn die Parteien sich nicht auf eine kürzere Frist geeinigt haben.

Art. 11. Inkrafttreten. (1) Dieses Gesetz tritt am 120. Tag nach seiner Bekanntmachung in der *Gazzetta Ufficiale* in Kraft.

Loi no 75-1334 du 31 décembre 1975 „relative à la sous-traitance"[1187]

TITRE 1er. DISPOSITIONS GÉNÉRALES

Art. 1er. (1) Au sens de la présente loi, la sous-traitance est l'opération par laquelle un entrepreneur confie par un sous-traité, et sous sa responsabilité, à une autre personne appelée sous-traitant l'exécution de tout ou patrie du contrat d'entreprise ou d'une partie du marché public conclu avec le maître de l'ouvrage.

(2) Les dispositions de la présente loi sont applicables aux opérations de transport, le donneur d'ordre initial étant assimilé au maître d'ouvrage, et le cocontractant du transporteur sous-traitant qui exécute les opérations de transport étant assimilé à l'entrepreneur principal.

Art. 2. Le sous-traitant est considéré comme entrepreneur principal à l'égard de ses propres sous-traitants.

Art. 3. (1) L'entrepreneur qui entend exécuter un contrat ou un marché en recourant à un ou plusieurs sous-traitants doit, au moment de la conclusion et pendant toute la durée du contrat ou du marché, faire accepter chaque sous-traitant et agréer les conditions de paiement de chaque contrat de sous-traitance par le maître de l'ouvrage; l'entrepreneur principal est tenu de communiquer le ou les contrats de sous-traitance au

Gesetz Nr. 75-1334 vom 31. Dezember 1975 „über die Subunternehmung"

ERSTER TITEL. ALLGEMEINE BESTIMMUNGEN

Art. 1. (1) Im Sinne dieses Gesetzes ist Subunternehmung die Handlung, durch die ein Unternehmer mittels eines Untervertrags und unter seiner Verantwortung einer anderen Person, die Subunternehmer genannt wird, die gesamte oder einen Teil der Ausführung eines Werkvertrags oder eines öffentlichen Auftrags, welcher mit dem Auftraggeber geschlossen wurde, anvertraut.

(2) Die Bestimmungen dieses Gesetzes sind auch auf Transporthandlungen anzuwenden, deren Initiator mit dem Auftraggeber entspricht und bei dem die Person, die mit dem den Transport ausführenden Subunternehmer einen Vertrag schließt, dem Generalunternehmer entspricht.

Art. 2. Der Subunternehmer ist gegenüber seinem eigenen Subunternehmer als Generalunternehmer anzusehen.

Art. 3. (1) Der Unternehmer, der einen Vertrag oder einen Auftrag ausführt, indem er einen oder mehrere Subunternehmer einsetzt, muss zum Zeitpunkt des Vertragsschlusses und während der gesamten Vertragslaufzeit dafür Sorge tragen, dass jeder Subunternehmer vom Auftraggeber akzeptiert und die Zahlungsbedingungen jedes Subunternehmervertrags vom Auftraggeber genehmigt werden; der Generalunternehmer muss den oder die Subunternehmerverträge

---

1187 Zuletzt geändert durch Gesetz Nr. 2001-1168 vom 11.12.2001 „portant mesures urgents de réformes à caractère économique et financier", Journal officiel vom 12.12.2001.

maître de l'ouvrage lorsque celui-ci en fait la demande.

(2) Lorsque le sous-traitant n'aura pas été accepté ni les conditions de paiement agréées par le maître de l'ouvrage dans les conditions prévues à l'alinéa précédent, l'entrepreneur principal sera néanmoins tenu envers le sous-traitant mais ne pourra invoquer le contrat de sous-traitance à l'encontre du sous-traitant.

TITRE II. DU PAIEMENT DIRECT

Art. 4. Le présent titre s'applique aux marchés passés par l'État, les collectivités locales, les établissements et entreprises publics.

Art. 5. (1) Sans préjudice de l'application prévue à l'article 3, l'entrepreneur principal doit, lors de la soumission, indiquer au maître de l'ouvrage la nature et le montant de chacune des prestations qu'il envisage de sous-traiter ainsi que les sous-traitants auxquels il envisage de faire appel.

(2) En cours d'exécution du marché, l'entrepreneur principal peut faire appel à de nouveaux sous-traitants à la condition de les avoir déclarés préalablement au maître de l'ouvrage.

Art. 6. (1) Le sous-traitant direct du titulaire du marché qui a été accepté et dont les conditions de paiement ont été agréées par le maître de l'ouvrage, est payé directement par lui pour la part du marché dont il assure l'exécution.

(2) Toutefois les dispositions de l'alinéa précédent s'appliquent pas lorsque le montant du contrat de sous-traitance est inférieur à un seuil qui, pour l'ensemble des marchés prévus au présent titre, est fixé à 600 Euro; ce seuil peut être relevé par dé-

dem Auftraggeber mitteilen, wenn dieser das verlangt.

(2) Wenn der Subunternehmer nicht akzeptiert wird, oder die Zahlungsbestimmungen im Subunternehmervertrag nicht vom Auftraggeber unter den im vorigen Abs. vorgesehenen Umständen genehmigt werden, ist der Generalunternehmer nichtsdestoweniger gegenüber dem Subunternehmer verpflichtet, aber er kann im Gegensatz zum Subunternehmer den Subunternehmervertrag nicht widerrufen.

TITEL II. DIE DIREKTZAHLUNG

Art. 4. Dieser Titel ist auf Aufträge des Staates, der örtlichen Körperschaften und der öffentlichen Einrichtungen und Unternehmen anzuwenden.

Art. 5. (1) Ungeachtet der in Art. 3 vorgesehenen Genehmigung, muss der Generalunternehmer im Angebot dem Auftraggeber die Art und den Betrag einer jeden Leistung, die er an einen Subunternehmer zu vergeben beabsichtigt, mitteilen.

(2) Während der Ausführung des Auftrags kann der Generalunternehmer von neuem Subunternehmer einsetzen, unter der Bedingung, dass diese dem Auftraggeber mitgeteilt wurden.

Art. 6. (1) Der Subunternehmer, der akzeptiert wurde und dessen Zahlungsbedingungen vom Auftraggeber genehmigt wurden, wird von diesem direkt für den Teil des Auftrags bezahlt, für den er die Ausführung zusichert.

(2) Indessen sind die Bestimmungen des vorhergehenden Absatzes nicht anzuwenden, wenn der Betrag des Subunternehmervertrags geringer als ein Grenzwert ist, der für alle in diesem Titel genannten Aufträge auf 600 Euro festgesetzt ist; dieser Grenz-

cret en Conseil d'État en fonction des variations des circonstances économiques. En deçà de ce seuil, les dispositions du titre III de la présente loi sont applicables.

(3) En ce qui concerne les marchés industriels passés par le ministère de la défense, un seuil différent peut être fixé par décret en Conseil d'État.

(4) Ce paiement est obligatoire même si l'entrepreneur principal est en état de liquidation des biens, de règlement judiciaire ou de suspension provisoire des poursuites.

(5) Le sous-traitant qui confie à un autre sous-traitant l'exécution d'une partie du marché dont il est chargé est tenu de lui délivrer une caution ou une délégation de paiement dans les conditions définies à l'article 14.

Art. 7. Toute renonciation au paiement direct est réputée non écrite.

Art. 8. (1) L'entrepreneur principal dispose d'un délai de quinze jours, comptés à partir de la réception des pièces justificatives servant de base au paiement direct, pour les revêtir de son acception ou pour signifier au sous-traitant son refus motivé d'acceptation.

(2) Passé ce délai, l'entrepreneur principal est réputé avoir accepté celles des pièces justificatives ou des parties de pièces justificatives qu'il n'a pas expressément acceptées ou refusées.

(3) Les notifications prévues à l'alinéa 1er

wert kann durch Erlass des Staatsrates im Falle von Änderungen der wirtschaftlichen Umstände geändert werden. Unterhalb dieses Grenzwertes sind die Bestimmungen des 3. Titels anzuwenden.

(3) Für die vom Verteidigungsminister gebilligten Aufträge kann vom Staatsrat ein anderer Grenzwert festgelegt werden.

(4) Diese Zahlung ist zwingend, selbst wenn das gerichtliche Vergleichsverfahren über das Vermögen des Generalunternehmers eröffnet ist, der Generalunternehmer unter gerichtlicher Anordnung steht [Insolvenzverfahren oder Konkurs] oder das Verfahren einstweilig eingestellt ist.

(5) Ein Subunternehmer, welcher die Ausführung eines Teils des Auftrags, mit dem er betraut ist, an einen anderen Subunternehmer weitervergibt, muss diesem eine Bürgschaft oder eine Schuldbeitrittserklärung unter den in Art. 14 bestimmten Bedingungen übergeben.

Art. 7. Jeder Verzicht auf die Direktzahlung ist unwirksam.

Art. 8. (1) Der Generalunternehmer verfügt über eine Frist von zwei Wochen ab Empfang von Nachweisen, die als Grundlage für eine Direktzahlung dienen, um sie mit seiner Zustimmung zu versehen oder um dem Subunternehmer seine mit einer Begründung versehene Ablehnung der Zustimmung mitzuteilen.

(2) Mit Ablauf dieser Frist wird der Generalunternehmer so behandelt, als habe er diejenigen Nachweise oder Teile von Nachweisen akzeptiert, die er nicht ausdrücklich akzeptiert oder zurückgewiesen hat.

(3) Die in Absatz 1 vorgesehenen Mittei-

sont adressées par lettre recommandée avec accusé de réception.

Art. 9. (1) La part du marché pouvant être nantie par l'entrepreneur principal est limitée à celle qu'il effectue personnellement.

(2) Lorsque l'entrepreneur envisage de sous-traiter une part du marché ayant fait l'objet d'un nantissement, l'acceptation des sous-traitants prévue à l'article 3 de la présente loi est subordonnée à une réduction du nantissement à concurrence de la part que l'entrepreneur se propose de sous-traiter.

Art. 10. Le présent titre s'applique:

- aux marchés sur adjudication ou sur appel d'offres dont les avis ou appels sont lancés plus de trois mois après la publication de la présente loi;
- aux marchés de gré dont la signature est notifiée plus de six mois après cette même publication.

TITRE III. DE L'ACTION DIRECTE

Art. 11. Le présent titre s'applique à tous les contrats de sous-traitance qui n'entrent pas dans le champ d'application du titre II.

Art. 12. (1) Le sous-traitant a une action directe contre le maître de l'ouvrage si l'entrepreneur principal ne paie pas, un mois après en avoir été mis en demeure, les sommes qui sont dues en vertu du contrat de sous-traitance; copie de cette mise en demeure est adressée au maître de l'ouvrage.

lungen sind per eingeschriebenem Brief mit Empfangsbestätigung vorzunehmen.

Art. 9. (1) An einen Generalunternehmer kann ein Auftrag nur insoweit vergeben werden, als er ihn selbst erbringen kann.

(2) Wenn der Unternehmer beabsichtigt, einen Teil des Auftrags, der Gegenstand einer Verpfändung geworden ist, an Subunternehmer zu vergeben, wird die in Art. 3 dieses Gesetzes vorgesehene Zustimmung zum Einsatz der Subunternehmer einer Verringerung der Verpfändung bis zu dem Betrag untergeordnet, den der Unternehmer an einen Subunternehmer zu vergeben beabsichtigt.

Art. 10. Dieser Titel ist anzuwenden:

- auf Versteigerungen oder auf Ausschreibungen, die mehr als drei Monate nach Veröffentlichung dieses Gesetzes bekannt gemacht oder aufgerufen werden;
- auf gegenseitige Verträge, die mehr als 6 Monate nach Veröffentlichung dieses Gesetzes unterschrieben werden.

TITEL III. DER DIREKTANSPRUCH

Art. 11. Dieser Titel ist auf alle Subunternehmerverträge anzuwenden, die nicht unter den Anwendungsbereich des Titels II fallen.

Art. 12. (1) Der Subunternehmer hat einen Direktanspruch gegen den Auftraggeber, wenn der Generalunternehmer nicht binnen eines Monats nach Inverzugsetzung den nach dem Subunternehmervertrag fälligen Betrag zahlt; eine Kopie des verzugsbegründenden Schriftstücks ist an den Auftraggeber zu senden.

341

(2) Toute renonciation à l'action directe est réputée non écrite.

(3) Cette action directe subsiste même si l'entrepreneur principal est en état de liquidation des biens, de règlement judiciaire ou de suspension provisoire des poursuites. Les dispositions du deuxième alinéa de l'article 1799-1 du Code civil sont applicables au sous-traitant qui remplit les conditions édictées au présent article.

Art. 13. (1) L'action directe ne peut viser que le paiement correspondant aux prestations prévues par le contrat de sous-traitance et dont le maître de l'ouvrage est effectivement bénéficiaire.

(2) Les obligations du maître de l'ouvrage sont limitées à ce qu'il doit encore à l'entrepreneur principal à la date de la réception de la copie de la mise en demeure prévue à l'article précédent.

Art. 13-1. (1) L'entrepreneur principal ne peut céder ou nantir les créances résultant du marché ou du contrat passé avec le maître de l'ouvrage qu'à concurrence des sommes qui lui sont dues au titre des travaux qu'il effectue personnellement.

(2) Il peut, toutefois, céder ou nantir l'intégralité de ces créances sous réserve d'obtenir, préalablement et par écrit, le cautionnement personnel et solidaire visé à l'article 14 de la présente loi, vis-à-vis des sous-traitants.

Art. 14. (1) A peine de nullité du sous-traité, les paiements de toutes les sommes

(2) Jeder Verzicht auf den Direktanspruch ist unwirksam.

(3) Der Direktanspruch besteht auch dann fort, wenn das gerichtliche Vergleichsverfahren über das Vermögen des Generalunternehmers eröffnet wurde, der Generalunternehmer unter gerichtlicher Anordnung steht [Insolvenzverfahren oder Konkurs] oder das Verfahren einstweilen eingestellt ist. Die Bestimmungen des Abs. 2 des Art. 1799-1 des Code civil sind auf den Subunternehmer, der die in diesem Art. genannten Bedingungen erfüllt, entsprechend anzuwenden.

Art. 13. (1) Der Direktanspruch kann nur auf die im Subunternehmervertrag vorgesehenen Leistungen abzielen, von denen der Auftraggeber der tatsächlich Begünstigte ist.

(2) Die Verpflichtungen des Auftraggebers sind darauf beschränkt, was er dem Generalunternehmer zum Zeitpunkt des Zugangs der Kopie des im vorangegangenen Artikel genannten verzugsbegründenden Schriftstücks schuldet.

Art. 13-1. (1) Der Generalunternehmer kann die aus dem Auftrag oder aus dem mit dem Auftraggeber geschlossenen Vertrag stammenden Forderungen nur insoweit abtreten oder verpfänden, als sie ihm auf Grund der von ihm selbst ausgeführten Arbeiten zustehen.

(2) Er kann jedoch die Gesamtheit der Forderungen unter der Bedingung abtreten oder verpfänden, dass er eine persönliche selbstschuldnerische Bürgschaft im Sinne des Art. 14 dieses Gesetzes, für den Subunternehmer im Voraus und in schriftlicher Form erwirbt.

Art. 14. (1) Alle Summen, die vom Unternehmer an den Subunternehmer unter dem

dues par l'entrepreneur au sous-traitant, en application de ce sous-traité, sont garantis par une caution personnelle et solidaire obtenue par l'entrepreneur d'un établissement qualifié, agréé dans des conditions fixées par décret.

(2) Cependant, la caution n'aura pas lieu d'être fournie si l'entrepreneur délègue le maître de l'ouvrage au sous-traitant dans les termes de l'article 1275 du Code civil, à concurrence du montant des prestations exécutées par le sous-traitant.

(3) A titre transitoire, la caution pourra être obtenue d'un établissement figurant sur la liste fixées par le décret pris en application de la loi no 71-584 du 16 juillet 1971 concernant les retenues de garantie.

Art. 14-1. (1) Pour les contrats de travaux de bâtiment et de travaux publics:

- le maître de l'ouvrage doit, s'il a connaissance de la présence sur le chantier d'un sous-traitant, n'ayant pas fait l'objet des obligations définies à l'article 3 ou à l'article 6, ainsi que celles définies à l'article 5, mettre l'entrepreneur principal ou le sous-traitant en demeure de s'acquitter de ces obligations. Ces dispositions s'appliquent aux marchés publics et privés;

- si le sous-traitant accepté, et dont les conditions de paiement ont été agréées par le maître de l'ouvrage dans les conditions définies par décret en Conseil d'État, ne bénéficie pas de la délégation de paiement, le maître de l'ouvrage doit exiger de l'entrepreneur principal qu'il justifie avoir fourni la caution.

Subunternehmervertrag zu leisten und fällig sind, sind durch persönliche selbstschuldnerische Bürgschaft eines dafür qualifizierten Unternehmens in Einklang mit durch Erlass bestimmten Bedingungen abzusichern, sonst ist der Subunternehmervertrag nichtig.

(2) Indessen darf die Bürgschaft nur bis zu dem Betrag der Leistungen erbracht werden, die vom Subunternehmer selbst ausgeführt werden, wenn der Auftraggeber die Schuld im Sinne des Art. 1275 Code civil vom Unternehmer übernimmt.

(3) Die Bürgschaft kann auch befristet von einem Unternehmen geleistet werden, das auf der durch Erlass in Anwendung des Gesetzes Nr. 71-584 vom 16. Juli 1971 in Betreff der Einbehaltung von Sicherheiten aufgestellten Liste aufgeführt ist.

Art. 14-1. (1) Für Verträge über Arbeiten an Bauwerken und über öffentliche Arbeiten:

- muss der Auftraggeber, wenn er Kenntnis über die Anwesenheit des Subunternehmers auf der Baustelle hat, den Generalunternehmer in Verzug setzen, diese Verpflichtungen einzuhalten, falls dieser den Subunternehmer nicht zum Gegenstand der in Art. 3 genannten Verpflichtungen gemacht hat.

- muss der Auftraggeber vom Generalunternehmer fordern, dass dieser den Nachweis über die geleistete Bürgschaft erbringt, wenn der akzeptierte Subunternehmer, dessen Zahlungsbedingungen vom Auftraggeber zu den durch Erlass des Staatsrates genannten Bedingungen genehmigt wurden, nicht von dem Schuldbeitritt begünstigt ist.

343

(2) Les dispositions ci-dessus concernant le maître de l'ouvrage ne s'appliquent pas à la personne physique construisant un logement pour l'occuper elle-même ou le faire occuper par son conjoint, ses ascendants, ses descendants ou ceux de son conjoint.

(2) Die oben genannten, den Auftraggeber betreffenden Bestimmungen sind nicht auf natürliche Personen anzuwenden, die eine Unterkunft für sich, ihren Ehegatten, ihre Verwandte, ihre Abkömmlinge oder die ihres Ehegatten bauen.

TITRE IV. DISPOISITIONS DIVERSES

Art. 15. Sont nuls et de nul effet, quelle qu'en soit la forme, les clauses, stipulations et arrangements qui auraient pour effet de faire échec aux dispositions de la présente loi.

TITEL IV. VERMISCHTE BESTIMMUNGEN

Art. 15. Klauseln, Bestimmungen oder Konstruktionen welcher Art auch immer, die dazu führen, dass die Vorschriften dieses Gesetzes ins Leere gehen, sind nichtig und haben keinerlei Wirkung.

Art. 15-1 - 16. [...].

Art. 15-1. - 16. [...]

Anhang III: Luxemburg

Loi du 23 juillet 1991 „ayant pour objet de réglementer les activités de sous-traitance"[1188]

Art. 1er. Au sens de la présente loi, la sous-traitance est l'opération par laquelle un entrepreneur confie par un soustraité, et sous sa responsabilité, à une autre personne appelée sous-traitant tout ou partie de l'exécution du contrat d'entreprise ou du marché public conclu avec le maître de l'ouvrage.

Art. 2. (1) La présente loi s'applique aux contrats de sous-traitance, conclus dans le cadre d'un marché public ou d'un contrat d'entreprise privé, à condition qu'ils dépassent les seuils prévus par le règlement grand-ducal pris en exécution de l'article 36 sous 2a) de la loi du 27 juillet 1936 concernant la comptabilité de l'Etat, tel que cet article a été modifié par la loi du 4 avril 1974 concernant le régime des marchés publics de travaux et de fournitures.[1189]

(2) Lorsqu'il s'agit d'un contrat d'entreprise privé, le sous-traitant peut, par déclaration expresse, à consigner en bas du contrat de sous-traitance au moment de la conclusion de celui-ci, opter pour que le

Gesetz vom 23. Juli 1991 „welches die Regelung der Subunternehmung zum Gegenstand hat"

Art. 1. Im Sinne dieses Gesetzes ist Subunternehmung die Handlung, durch die ein Unternehmer mittels eines Untervertrags und unter seiner Verantwortung einer anderen Person, welche Subunternehmer genannt wird, die gesamte oder einen Teil der Ausführung eines Werkvertrags oder eines öffentlichen Auftrags, welcher mit dem Auftraggeber geschlossen wurde, anvertraut.

Art. 2. (1) Das vorliegende Gesetz findet unter der Bedingung auf Subunternehmerverträge Anwendung, welche im Rahmen eines öffentlichen Auftrags oder eines privaten Werkvertrags geschlossen wurde, dass diese die Voraussetzungen der luxemburgischen Ausführungsverordnung zu Art. 36 Abs. 2a) des Gesetzes vom 27. Juli 1936 betreffend die Staatsbuchhaltung in der Fassung des Gesetzes vom 4.4.1974 betreffend das Regime des öffentlichen Bau- und Lieferwesens erfüllen.

(2) Soweit es sich um einen privaten Werkvertrag handelt kann sich der Subunternehmer durch ausdrückliche Erklärung, welche am Ende des Subunternehmervertrags bei Vertragsschluss anzubringen ist, dafür ent-

---

1188 Mémorial, Journal officiel du Grand-Duché de Luxembourg, Partie A, Nr. 52 vom 8.8.1991, S. 1037ff.

1189 Seit July 2003 existiert eine Neufassung des Gesetzes: „Loi du 30 juin 2003 sur les marchés publics", Mémorial, Journal officiel du Grand-Duché de Luxembourg, Partie A, Nr. 93 vom 10.7.2003, S. 1670ff. Vgl. für die relevanten Summen im Detail nunmehr die luxemburgische Ausführungsverordnung vom 7.7.2003 zum Gesetz vom 30.6.2003 über das öffentliche Auftragswesen, Mémorial, Journal officiel du Grand-Duché de Luxembourg, Partie A, Nr. 93 vom 10.7.2003, S. 1670ff., 1694ff. und insbesondere deren Art. 10.

contrat de sous-traitance soit soumis au droit commun.

Art. 3. (1) Le sous-traitant est considéré comme l'entrepreneur principal à l'égard de ses propres sous-traitants.

(2) Le maître de l'ouvrage reste toujours le même, quelle que soit la succession des sous-traitants.

Art. 4. (1) L'entrepreneur qui entend exécuter un contrat ou un marché en recourant à un ou plusieurs sous-traitants doit, au moment de la remise de l'offre ou de la conclusion du contrat et pendant toute la durée du contrat ou du marché, faire accepter chaque sous-traitant et agréer les conditions de paiement de chaque contrat de sous-traitance par le maître de l'ouvrage.

(2) L'entrepreneur principal est tenu de communiquer le ou les contrats de sous-traitance au maître de l'ouvrage lorsque celui-ci en fait la demande.

Art. 5. (1) Si l'entrepreneur omet de se conformer à l'article 4, alinéa 1, le sous-traitant peut se faire connaître lui-même au maître de l'ouvrage, pendant toute la durée du contrat ou du marché, pour qu'il soit accepté et ses conditions de paiement agréées.

(2) Dans ce cas, l'article 4, alinéa 2 est applicable à l'égard du sous-traitant.

Art. 6. Lorsque le sous-traitant n'aura pas été accepté ni les conditions de paiement agréées par le maître de l'ouvrage dans les conditions prévues aux articles 4, alinéa 1, ou 5, alinéa 1, la présente loi ne trouve pas application.

scheiden, dass der Subunternehmervertrag dem allgemeinen Recht unterworfen sein soll.

Art. 3. (1) Der Subunternehmer wird seinen eigenen Subunternehmern gegenüber als Generalunternehmer betrachtet.

(2) Der Auftraggeber bleibt immer derselbe, egal wie viele untergeordnete Subunternehmer eingesetzt werden.

Art. 4. (1) Ein Unternehmer, welcher einen Vertrag oder einen Auftrag unter Einsatz eines oder mehrerer Subunternehmer auszuführen gedenkt, muss bei Abgabe des Angebots oder beim Vertragsschluss und während der gesamten Dauer des Vertrags oder des Auftrags den Einsatz jedes Subunternehmers und dessen Zahlungsbedingungen vom Auftraggeber genehmigen lassen.

(2) Der Generalunternehmer muss dem Auftraggeber den oder die Subunternehmerverträge vorlegen, wenn dieser dies verlangt.

Art. 5. (1) Falls der Unternehmer der in Art. 4 Abs. 1 genannten Pflicht nicht nachkommt, kann sich der Subunternehmer während der gesamten Dauer des Vertrags oder des Auftrages an den Auftraggeber wenden, um seinen Einsatz und seine Zahlungsbedingungen genehmigen zu lassen.

(2) In diesem Falle ist Art. 4 Abs. 2 entsprechend auf den Subunternehmer anzuwenden.

Art. 6. Soweit weder die Person des Subunternehmers, noch seine Zahlungsbedingungen unter den in den Art. 4 Abs. 1 oder 5 Abs. 1 genannten Bedingungen vom Auftraggeber genehmigt wurden, findet das vorliegende Gesetz keine Anwendung.

Art. 7. (1) Le sous-traitant est payé directement par le maître de l'ouvrage pour la part du marché ou du contrat dont il assure l'exécution.

(2) Le paiement est obligatoire même si l'entrepreneur principal est en état de faillite ou de gestion contrôlée.

Art. 8. Toute renonciation au paiement direct est réputée non écrite.

Art. 9. (1) L'entrepreneur principal dispose d'un délai de quinze jours, comptés à partir de la réception des pièces justificatives servant de base à l'établissement de la facture à régler par voie de paiement direct, pour les revêtir de son acceptation ou pour signifier au sous-traitant son refus motivé d'acceptation.

(2) Lorsqu'il s'agit du décompte définitif, ce délai est porté à six semaines.

(3) Passé ce délai, l'entrepreneur principal est réputé avoir accepté celles des pièces justificatives qu'il n'a pas expressément acceptées ou refusées. Les notifications sont adressées par lettre recommandée avec accusé de réception.

Art.10. (1) Si l'entrepreneur principal a opposé un refus motivé dans le délai prescrit, le maître de l'ouvrage est valablement libéré, s'il consigne les montants litigieux à la caisse des consignations ou à un établissement de crédit.

(2) Les relations entre le maître de l'ouvrage et le sous-traitant sont de nature contractuelle.

Art. 11. (1) La part du marché ou du contrat pouvant être mise en gage par l'entrepreneur principal est limitée à celle qu'il effectue personnellement.

Art. 7. (1) Der Subunternehmer wird direkt vom Auftraggeber für den Teil des Auftrags oder des Vertrags bezahlt, für dessen Ausführung er zuständig ist.

(2) Diese Zahlung ist selbst dann zwingend, wenn der Generalunternehmer in Konkurs ist oder unter Zwangsverwaltung steht.

Art. 8. Jeder Verzicht auf die Direktzahlung ist unwirksam.

Art. 9. (1) Der Generalunternehmer verfügt über eine Frist von 14 Tagen ab dem Tage des Erhaltens von Nachweisen, welche als Grundlage der Rechnungsstellung für die Direktzahlung dienen, um diese mit seiner Genehmigung zu versehen, oder um dem Subunternehmer seine begründete Ablehnung der Genehmigung anzuzeigen.

(2) Soweit es sich um eine endgültige Abrechnung handelt, verlängert sich diese Frist auf sechs Wochen.

(3) Mit Ablauf dieser Frist gelten die Nachweise als vom Generalunternehmer genehmigt, soweit er sie nicht ausdrücklich genehmigt oder zurückgewiesen hat. Die Mitteilungen sind per Einschreiben mit Rückschein zu bewirken.

Art. 10. (1) Hat der Generalunternehmer binnen der vorgeschriebenen Frist eine begründete Ablehnung vorgebracht, kann sich der Auftraggeber wirksam von der Schuld befreien, wenn er die streitigen Beträge an die Hinterlegungskasse oder an ein Kreditinstitut zahlt.

(2) Die Beziehung zwischen dem Auftraggeber und dem Subunternehmer ist vertraglicher Natur.

Art. 11. (1) Der Generalunternehmer kann lediglich den von ihm selbst zu erbringenden Teil des Auftrags oder des Vertrags weitervergeben.

(2) Lorsque l'entrepreneur principal envisage de sous-traiter une part du marché ou du contrat ayant fait l'objet d'un gage, l'acceptation des sous-traitants est subordonnée à une réduction du gage à concurrence de la part que l'entrepreneur se propose de sous-traiter.

(3) La mise en gage de la part du contrat ou du marché sous-traitée est nulle.

Art. 12. Les restrictions visées à l'article précédent s'appliquent également en cas de cession de créance.

Art. 13. Sont nuls et sans effet, qu'elle qu'en soit la forme, les clauses, stipulations et arrangements qui auraient pour effet de faire échec aux dispositions de la présente loi.

Art.14. En cas de marché public la présente loi ne préjudicie pas aux formalités prévues par la législation sur les marchés publics.

Art. 15. Sont abrogés les décrets des 26 Pluviôse – 28Ventôse an II interdisant aux créanciers particuliers de faire des saisies-arrêts ou oppositions sur les fonds destinés aux entrepreneurs pour le compte de l'Etat, ainsi que les décrets impériaux des 13 juin 1806 et 12 décembre 1806 (décret de Posen) sur la remise des pièces à l'appui des réclamations concernant le service de guerre.

Art. 16. La présente loi s'applique:

– aux marchés publics par soumission publique ou restreinte dont les offres sont remises au commettant après le

(2) Wenn der Generalunternehmer einen Teil des Auftrags oder des Vertrags, welcher Gegenstand einer Verpfändung wurde, weitervergeben möchte, so kann er dies nur unter der Bedingung, dass die Verpfändung um den Teil verringert wird, den er weiterzuvergeben gedenkt.

(3) Eine Verpfändung des weitervergebenen Teils des Vertrags oder Auftrags ist unwirksam.

Art. 12. Die im vorstehenden Artikel enthaltenen Beschränkungen gelten entsprechend für den Fall einer Abtretung.

Art. 13. Klauseln, Bestimmungen oder Abreden gleich welcher Art, die dazu führen würden, dass die Bestimmungen dieses Gesetzes umgangen werden, sind nichtig.

Art. 14. Die Formalien, welche in der Gesetzgebung über das öffentliche Auftragswesen enthalten sind, bleiben im Falle eines öffentlichen Auftrags durch dieses Gesetz unberührt.

Art. 15. Die Dekrete der 26 Pluviôse bis 28 Ventôse Jahr II, welche bestimmten Gläubigern verbietet, Beschlagnahmen oder Widersprüche von Fonds, welche für Unternehmer im Auftrag des Staates bestimmt sind, vorzunehmen sowie die kaiserlichen Dekrete vom 13. Juni 1806 und 12. Dezember 1806 (Dekret von Posen) über die Überreichung von Nachweisen für Beschwerden, welche den Kriegsdienst betreffen, werden abgeschafft.

Art. 16. Dieses Gesetz ist anzuwenden:

- auf öffentliche Aufträge durch öffentliche Unterwerfung oder Beziehungen, deren Angebote nach dem

premier jour du troisième mois suivant la publication de la loi;

- aux marchés publics de gré à gré et aux contrats d'entreprise privés conclus après le premier jour du troisième mois suivant la publication de la loi.

ersten Tage des dritten Monats nach der Bekanntmachung des Gesetzes abgegeben wurden;

- auf öffentliche Aufträge und auf private Werkverträge, welche nach dem ersten Tage des dritten Monats nach Bekanntmachung des Gesetzes geschlossen wurden.

Anhang IV: Belgien

Art. 1789 Code civil[1190]

(1) Les maçons, charpentiers, ouvriers, artisans et sous-traitants qui ont été employés à la construction d'un bâtiment ou d'autres ouvrages faits à l'entreprise ont une action directe contre le maître de l'ouvrage jusqu'à concurrence de ce dont celui-ci se trouve débiteur envers l'entrepreneur au moment où leur action est intentée.

(2) Le sous-traitant est considéré comme entrepreneur et l'entrepreneur comme maître de l'ouvrage à l'égard des propres sous-traitants du premier.

Art. 1798 Code civil

(1) Die Maurer, Schreiner, Arbeiter, Handwerker und Subunternehmer, die am Bau eines Gebäudes oder eines anderen durch Werkvertrag zustande gebrachten Bauwerks mitgewirkt haben, haben einen Direktanspruch gegenüber dem Auftraggeber bis zu dem Betrag, den dieser dem Generalunternehmer in dem Augenblick schuldet, in dem der Direktanspruch geltend gemacht wurde.

(2) In Bezug auf die eigenen Subunternehmer ist ein Subunternehmer seinerseits als Generalunternehmer und der Generalunternehmer als Auftraggeber anzusehen.

Anhang V: Spanien

Art. 1597 Código civil

Los que ponen su trabajo y materiales en una obra ajustada alzadamente por el contratista, no tienen acción contra el dueño de ella sino hasta la cantidad que éste adeude a aquél cuando se hace la reclamación.

Art. 1597 Código civil

Diejenigen, die ihre Arbeit und Materialien bei einem Werk einsetzen, für das vom Unternehmer ein Festpreis vereinbart worden ist, haben gegenüber dem Auftraggeber des Werks nur einen Anspruch bis zur Höhe des Betrages, den dieser dem Unternehmer schuldet, wenn die Forderung erhoben wird.

1190 Eingefügt in den belgischen Code civil durch Art. 2 des Gesetzes vom 19.2.1990, Moniteur Belge vom 24.3.1990.

LITERATURVERZEICHNIS

Adomeit, Klaus, Die gestörte Vertragsparität - ein Trugbild, in: NJW 1994, S. 2467 – 2469. [*Adomeit* NJW 1994, S. 2467ff.]

Alpa, Guido, Il contratto di subfornitura, in: Pietro *Rescigno* (Hrsg.), Trattato di diritto privato, Band 11, Turin (1984), S. 87 – 97. [*Alpa*, in: Rescigno (Hrsg.), Trattato di diritto privato, S. 87ff.]

Alpa, Guido / *Clarizia*, Angelo, La subfornitura, Commento alle legge 18 giugno 1998 n. 192, Mailand (1999). [*Alpa/Clarizia*, La subfornitura]

Alpa, Guido / *Zatti*, Paolo, Legge 18 giugno 1998, N. 192, Disciplina della subfornitura, in: *Alpa*, Guido / *Zatti*, Paolo (Hrsg.), Commentario breve al codice civile, leggi complementari, tomo II, 3. Auflage, Padua (2000). [*Alpa/Zatti*, Legge 18 Giugno 1998, N. 192]

Altersohn, Claude, La sous-traitance à l'aube du XXIè siècle, Paris (1991). [*Altersohn*, La sous-traitance à l'aube du XXIè siècle]

Altersohn, Claude, La sous-traitance au partenariat industriale, Paris (1992). [*Altersohn*, La sous-traitance au partenariat industriale]

Alvisi, Chiara, Disparità di trattamento di potere contrattuale, apparati di protezione e autonomia collettiva, Il caso della subfornitura nelle attività produttive, Bologna (2000). [*Alvisi*, Disparità di trattamento di potere contrattuale]

Alvisi, Chiara, Subfornitura e autonomia collettiva, Padua (2002). [*Alvisi*, Subfornitura e autonomia collettiva]

André, Maurice / *Flamme*, Philippe, Le contrat d'entreprise, Chronique de Jurisprudence (1975 – 1990), Brüssel (1991). [*André/Flamme*, Le contrat d'entreprise]

Angel Yáguez, Ricardo De, Los créditos derivados del contrato de obra, Madrid (1969). [*De Angel Yáguez*, Créditos]

Arndt, Helmut, Markt und Macht, 2. Auflage, Tübingen (1973). [*Arndt*, Markt und Macht]

Bangert, Claudia / *Wolf-Hegerbekermeier*, Thomas, Das neue Gesetz zur Beschleunigung fälliger Zahlungen, in: JR 2000, S. 221 - 224. [*Bangert/Wolf-Hegerbekermeier* JR 2000, S. 221ff.]

Bar, Christian von, Internationales Privatrecht, Zweiter Band, Besonderer Teil, München (1991). [*von Bar*, IPR, Band 2]

Bar, Christian von / *Mankowski*, Peter, Internationales Privatrecht, Band I, Allgemeine Lehren, 2. Auflage, München (2003). [*von Bar/Mankowski*, IPR, Band 1]

Bartholomeycik, Horst, Äquivalenzprinzip, Waffengleichheit und Gegengewichtsprinzip in der modernen Rechtsentwicklung, in: AcP 166 (1966), S. 30 – 75. [*Bartholomeycik* AcP 166 (1966), S. 30ff.]

Basedow, Jürgen, Materielle Rechtsangleichung und Kollisionsrecht, in: Internationales Verbraucherschutzrecht, Erfahrungen und Entwicklungen in Deutschland, Liechtenstein,

Österreich und der Schweiz ; Referate und Diskussionsberichte des Kolloquiums zu Ehren von Fritz Reichert-Facilides, herausgegeben von Anton *Schnyder*, Helmut *Heiss* und Bernhard *Rudisch*, Tübingen (1995), S. 11 - 34. [*Basedow*, in: Schnyder/Heiss/Rudisch (Hrsg.), S. 11ff.]

Basedow, Jürgen, Europäisches Internationales Privatrecht, in: NJW 1996, S. 1921 – 1929. [*Basedow* NJW 1996, S. 1921ff.]

Basty, Gregor, Gesetz zur Beschleunigung fälliger Zahlungen, in: DNotZ 2000, 260 - 272. [*Basty* DNotZ 2000, S. 260ff.]

Batiffol, Henri / *Lagarde*, Paul, Droit international privé, 7. Auflage, Band 2, Paris (1983). [*Batiffol/Lagarde*]

Bauerreis, Jochen, Le rôle de l'action directe contractulle dans les chaînes internationales de contrats, in: Rev. crit. dr. int. privé 89 (2000), S. 331 – 355. [*Bauerreis* Rev. crit. dr. int. privé 89 (2000), S. 331ff.]

Bauerreis, Jochen, Das französische Rechtsinstitut der *action directe* und seine Bedeutung in internationalen Vertragsketten, Berlin (2001). [*Bauerreis*, Das französische Rechtsinstitut der *action directe*]

Becher, Herbert, Wörterbuch der Rechts- und Wirtschaftssprache, Band 1, Spanisch-Deutsch, 4. Auflage, München (1994). [*Becher*, Wörterbuch der Rechts- und Wirtschaftssprache, Band I, Spanisch-Deutsch]

Berger, Klaus, Schiedsbestellung in Mehrparteienschiedsverfahren; Der Fall „Dutco Construction" vor französischen Gerichten, in: RIW 1993, S. 702 – 709. [*Berger* RIW 1993, S. 702ff.]

Berthomieu, Claude, Structure industrielle et sous-traitance, Paris (1983). [*Berthomieu*, Structure industrielle et sous-traitance]

Berti, Carlo, Subcontratto, subfornitura e decentramento produttivo tra imprese, Mailand (2000). [*Berti*, Subcontratto]

Bertolotti, Angelo, Il contratto di subfornitura, Turin (2000). [*Bertolotti*, Il contratto di subfornitura]

Bianca, Cesare Massimo / *Giardina*, Andrea, Convenzione sulla legge applicabile alle obbligazioni contrattuali (Roma, 19 giugno 1980), herausgegeben von Cesare Massimo *Bianca* und Andrea *Giardina*, in: Le nuove leggi civ. comm. 1995, S. 900 – 1127. [Bianca/Giardina-*Bearbeiter*, in: Le nuove leggi civ. comm. 1995, S. 900ff.]

Bin, Marino, La piccola impresa industriale, Bologna (1983). [*Bin,* La piccola impresa industriale]

Bismuth, Jean-Louis, Le contrat international de sous-traitance, Etude de quelques règles juridiques applicables, in: RDAI 1986, S. 535 – 603. [*Bismuth* RDAI 1986, S. 535ff.]

Birk, Axel / *Lauser*, Karl-Heinz / *Zanovello*, Patrizia, Italien: Gesetz über vertikale Kooperations- und Zuliefervertragsverhältnisse, in: RIW 2001, S. 180 – 186. [*Birk/Lauser/Zanovello* RIW 2001, S. 180ff.]

Bitterlich, Klaus, Die analoge Anwendung von Art. 29a Abs. 1 EGBGB auf Verbraucherschutzrichtlinien ohne kollisionsrechtlichen Rechtsetzungsauftrag, in: VuR 2002, S. 155 – 163. [*Bitterlich* VuR 2002, S. 155ff.]

Bleckmann, Albert, Analogie im Völkerrecht, in: ArchVR 17 (1977/78) S. 161 – 180. [*Bleckmann* ArchVR 17 (1977/78) S. 161ff.]

Böhme, Jost-Caesar, Einige Überlegungen zum neuen § 623 a BGB, in: BauR 2001, S. 525 - 535. [*Böhme* BauR 2001, S. 525ff.]

Bonet Correa, José / *Reina Ojeda*, Isabel, Código civil, Concordado y con jurisprudencia, Madrid (1993). [*Correa/Ojeda*, Código civil]

Boer, Th. M. de, The EEC Contracts Convention and the Dutch Courts, A Methodological Perspective, in: RabelsZ 54 (1990), S. 24 – 62. [*de Boer* RabelsZ 54 (1990), S. 24ff.]

Bortolotti, Fabio, I contratti di subfornitura, La nuova legge sulla subfornitura nei rapporti interni ed internazionali, Padua (1999). [*Bortolotti*, I contratti di subfornitura]

Boschiero, Nerina, Appunti sulla riforma, del sistema italiano di diritto internazionale privato, Turin (1996). [*Boschiero*, Appunti sulla riforma]

Britton, Philip, Choice of law in construction contracts: the view from England, in: [2002] I.C.L.R., S. 242 – 280. [*Britton* [2002] I.C.L.R. 2002 242]

Bruls, Jean-Paul, La loi du 19 février 1990 complétant l'article 20 de la loi hypothécaire et modifiant l'article 1798 du Code civil en vue de protéger les sous-traitants, une réforme d'efficacité limitée, in: Act. dr. 1991, S. 751 – 780. [*Bruls* Act. dr. 1991, S. 751ff.]

Bruls, Jean-Paul, Le droit du sous-traitant au paiement du prix dans le droit privé, in: Actualités du droit 1992, Section 11, Les garanties et les privilèges dans le droit privé du contrat d'entreprise et dans le droit des marchés publics, S. 231-243. [*Bruls* Act. dr. 1992, S. 231ff.]

Bruno, Claudio, Dal decentramento produttivo alle reti tra imprese, Ricerche in Emilia-Romagna sull'evoluzione delle relazioni di subfornitura nel settore metalmeccanico, Mailand (1998). [*Bruno*, Dal decentramento produttivo]

Busse, Daniel, Die Berücksichtigung ausländischer Eingriffsnormen durch die deutsche Rechtsprechung, in: ZVglRWiss 95 (1996), S. 386 – 418. [*Busse* ZVglRWiss 95 (1996), S. 386ff.]

Cabrillac, Michel / *Mouly*, Christian, Droit de Sûretés, 6. A., Paris (2002). [*Cabrillac/Mouly*, Droit de Sûretés]

Caemmerer, Ernst von, Bereicherung und unerlaubte Handlung, in: Rechtsvergleichung und internationales Privatrecht, Festschrift für Ernst Rabel, herausgegeben von Hans *Dölle*, Tübingen (1954), S. 333 – 401. [*von Caemmerer*, in: Festschrift für Rabel, S. 333ff.]

Caemmerer, Ernst von / *Schlechtriem*, Peter, Kommentar zum Einheitlichen UN-Kaufrecht, Das Übereinkommen der Vereinten Nationen über den internationalen Warenkauf – CISG Kommentar – herausgegeben von Peter *Schlechtriem*. München (1990). [von Caemmerer/Schlechtriem-*Bearbeiter*]

Canaris, Claus Wilhelm, Grundrechtswirkungen und Verhältnismäßigkeitsprinzip in der richterlichen Anwendung und Fortbildung des Privatrechts, in: JuS 1989, S. 161 - 172. [*Canaris* JuS 1989, S. 161ff.]

Capaldo, Guido / *Esposito,* Emilio / *Rafta,* Mario, Subfornitura e competitività, herausgegeben von Guido *Capaldo,* Emilio *Esposito* und Mario *Rafta,* Neapel (2001). [*Capaldo/Esposito/Rafta,* Mario, Subfornitura e competitività]

Carasana, Vittorio, La responsabilità del subfornitore nel sistema della garanzia, in: La nuova giur. civ. comm. 2002 II, S. 715 – 745. [*Carasana* La nuova giur. civ. comm. 2002 II, S. 715ff.]

Cartwright, John, Unequal bargaining, a study of vitiating factors in the formation of contracts, Oxford (1991). [*Cartwright,* Unequal bargaining]

Caso, Roberto, Contratto di subfornitura industriale, Rom (1998). [*Caso,* Contratto di subfornitura industriale]

Caso, Roberto / *Pardolesi,* Roberto, La nuova disciplina del contratto di subfornitura (industriale): scampolo di fine millennio o prodromo di tempi migliori?, in:, Riv. dir. priv. 1998, S. 712 – 737. [*Caso/Pardolesi* Riv. dir. priv. 1998, S. 712ff.]

Chaix, François, Le Contrat de sous-traitance en droit suisse, Limites du principe de le relativité des conventions, Basel/Frankfurt am Main (1995). [*Chaix,* Contrat de sous-traitance en droit suisse]

Chieco, Pasquale, Poteri dell'imprenditore e decentramento produttivo, Turin (1996). [*Chieco,* Poteri dell'imprenditore]

Civitareale, Stefano / *Rosa,* Fabrizio, Iva – Regimi speciali (art. 74 e 74ter d.p.r. 633/72), aggiornato con la circ. Min. fin. 18 febbraio 1999, n.45/E sulla subfornitura, Mailand (1999). [*Civitareale/Rosa,* Regimi speciali]

Coccia, Massimo, La legge n. 192/1998 sulla subfornitura; profili di diritto internazionale privato, in: Riv. dir. int. priv. proc. 1999, S. 801 - 846. [*Coccia* Riv. dir. int. priv. proc. 1999, S. 801ff.]

Coderch, Pablo Salvador, in: Ministerio de Justicia, Comentario del Código civil, hrsg. von Candido Paz-Ares *Rodríguez* u.a., Band II, Madrid (1993). [*Coderch,* in: Ministerio de Justicia, Comentario del Código civil]

Coester-Waltjen, Dagmar, Die Inhaltskontrolle von Verträgen außerhalb des AGBG, in: AcP 190 (1990), S. 1 - 33. [*Coester-Waltjen* AcP 190 (1990), S. 1ff.]

Consolo, Claudio / *Luiso,* Francesco, Codice di procedura civile, commentato, herausgegeben von Claudio *Consolo* und Francesco *Luiso,* libro III – libro IV, Vicenza (2000). [*Consolo/Luiso,* Codice di procedura civile]

Conte, Giuseppe / *Boss,* Hans, Wörterbuch der Rechts- und Wirtschaftssprache, Teil 1, Italienisch-Deutsch, 5. Auflage, München u.a. (1991*). [*Conte/Boss,* Wörterbuch der Rechts- und Wirtschaftssprache]

Cozian, Maurice, L'action directe, Paris (1969). [*Cozian,* L'action directe]

Craig, Paul / *Búrcá,* Gráinne de, EU Law, text, cases, and matrials, 3. Auflage, New York (2003). [*Craig/de Búrcá,* EU Law]

Craushaar, Götz von, Die Regelung des Gesetzes zur Beschleunigung fälliger Zahlungen im Überblick, in: BauR 2001, S. 471 - 481. [*von Craushaar* BauR 2001, S. 471ff.]

Cuffaro, Vincenzo, La subfornitura nelle attività produttive, herausgegeben von Vincenzo *Cuffaro*, 2. Auflage, Neapel (2003). [*Cuffaro*, La subfornitura]

Danisi, Ignazio, L'embargo contro l'Iraq e i contratti di subfornitura, in: La nuova giur. civ. comm. 1993 I, S. 855 – 864. [*Danisi* La nuova giur. civ. comm. 1993 I, S. 855ff.]

Deventer, Robert van, The Law of Construction Contracts, London u.a. (1993). [*van Deventer*, Construction Contracts]

Diamond, Aubrey, Harmonization of private international law relating to contractual obligations, in: Recueil des Cours, Band 199 (1986), S. 233 – 312. [*Diamond* Recueil des Cours, Band 199 (1986), S. 233ff.]

Dicey, Albert Venn / *Morris*, J. H. C. / *Collins*, Lawrence, The Conflicts of Laws, Band 2, 13. Auflage, herausgegeben von Lawrence *Collins* u.a., London (2000). [*Dicey/Morris*, Conflicts of Laws, Band 2]

Doucet, Michel, Dictionnaire juridique et économique, Band I, Französisch-Deutsch, 5. Auflage, München (1997). [*Doucet,* Dictionnaire juridique]

Dubisson, Michel, Quelques caractères juridiques particuliers de la sous-traitance de marchés dans la pratique du commerce international, in: Droit et pratique du comm. int. 1983, S. 479 – 506. [*Dubisson* Droit et pratique du comm. int. 1983, S. 479ff.]

Dubisson, Michel, Les caractères juridiques du contrat de coopération en matière industrielle et commerciale, in: Droit et pratique du comm. int. 1984, S. 297 – 318. [*Dubisson* Droit et pratique du comm. int. 1984, S. 297ff.]

Dubois, Philippe, Urteilsanmerkung, 3ᵉ Chambre civile de la Cour de cassation du 11 juin 1985, Recueil Dalloz 1986, S. 456– 460 (jur.). [*Dubois* Recueil Dalloz 1986, S. 456ff. (jur.)]

Dubois, Philippe, Urteilsanmerkung, Cour d'appel d'Amiens du 8 janvier 1987, Recueil Dalloz 1987, S. 338 – 339 (jur.). [*Dubois* Recueil Dalloz Jur. 1987, S. 338f. (jur.)]

Dutilleul, François Collart / *Delebecque*, Philippe, Contrats civils et commerciaux, 6. Auflage, Paris (2002). [*Dutilleul/Delebecque*, Contrats civils et commerciaux]

Draetta, Ugo, Il subcontratto nella prassi internazionale, in: Ugo *Draetta* und Cesare *Vaccà* (Hrsg.), Contratti di subfornitura, qualità e responsabilità, Mailand (1993), S. 3 - 30. [*Draetta*, in: Draetta/Vaccà (Hrsg.), S. 3ff.]

Droste, Tillman, Der Begriff der „zwingenden Bestimmung" in den Art. 27ff. EGBGB, Diss. Freiburg i. Breisgau (1991). [*Droste*, Begriff der zwingenden Bestimmung]

Ebke, Werner, Schuldrechtliche Teilzeitwohnrechte an Immobilien im Ausland und kein Widerrufsrecht: Zum Ende der Altfälle, in: IPRax 1998, S. 263 – 270. [*Ebke* IPRax 1998, S. 263ff.]

Eichenhofer, Eberhard, Haftungsersetzung durch Versicherungsschutz im Binnenmarkt, in: IPRax 2003, S. 525 – 527. [*Eichenhofer* IPRax 2003, S. 525ff.]

Fallon, Marc, Du 23 novembre 1999 – Cour de justice des Communautés européennes, in: Rev. crit. dr. int. privé 2000, S. 728 – 737. [*Fallon* Rev. crit. dr. int. privé 2000, S. 728ff.]

Ferid, Murad, Das Französische Zivilrecht, 1. Band, Allgemeine Lehren, Recht der Schuldverhältnisse, Frankfurt am Main u.a. (1971). [*Ferid*, Französisches Zivilrecht, Band 1]

Fernandez, Francisco Lucas, in: Comentarios al Código civil y Complicaciones Forales, hrsg. von Manuel *Albaladejo*, Band XX, Vol. 2, Art. 1583 a 1603 del Código civil, Madrid (1986). [*Fernandez*, in: Comentarios al Código civil y Complicaciones Forales]

Ferrando, Pier Maria, Subfornitura e approvvigionamenti nell'evoluzione del sistema aziendale, Mailand (1984). [*Ferrando*, Subfornitura]

Fettweis, Albert, Manuel de la Procédure Civile, Faculté de droit de Liège (1987). [*Fettweis*, Manuel de la Procédure Civile]

Fischer, Gerfried, Deutsch-deutsche Vertragsschlüsse zwischen Wende und Einheit, in: IPRax 1995, S. 161 – 163. [*Fischer* IPRax 1995, S. 161ff.]

Firsching, Karl / *Hoffmann*, Bernd von, Internationales Privatrecht, 7. Auflage, München (2002). [*Firsching/von Hoffmann*, Internationales Privatrecht]

Flattet, Guy, Les Contrats pour le Compte d'Autrui, Paris (1950). [*Flattet*, Les Contrats]

Forner, Joaquim, Special jurisdiction in commercial contracts: from the 1968 Brussels Convention to "Brussles-one Regulation", in: [2002] 13 (3) I.C.C.L.R., S. 131-137. [*Forner* [2002] 13 (3) I.C.C.L.R. 131]

Franceschelli, Vincenzo, Un nuovo contratto commerciale: la subfornitura, in: Diritto e pratica delle società 1998, S. 9 – 18. [*Franceschelli* Diritto e pratica delle società 1998, S. 9ff.]

Franceschelli, Vincenzo, (Hrsg.), Subfornitura, Mailand (1999). [*Franceschelli*, Subfornitura]

Franzina, Pietro, Considerazioni sulla legge applicabile all'abuso di dipendenza economica, in: La nuova giur. civ. comm. 2002 II, S. 230 – 242. [*Franzina* La nuova giur. civ. comm. 2002 II, S. 230ff.]

Freitag, Robert, Ein Europäisches Verzugsrecht für den Mittelstand? Zum Vorschlag der Kommission für eine Richtlinie zur Bekämpfung des Zahlungsverzuges im Handelsverkehr, in: EuZW 1998, S. 559 – 562. [*Freitag* EuZW 1998, S. 559ff.]

Freitag, Robert, Zur Unwirksamkeit einer Rechtswahl im Bereich der unabdingbaren Bestimmungen der EWG-Richtlinie 653/86, in: EWiR 2000, S. 1061 – 1062. [*Freitag* EWiR 2000, S. 1061f.]

Freitag, Robert / *Leible*, Stefan, Ergänzung des kollisionsrechtlichen Verbraucherschutzes durch Art. 29 a EGBGB, in: EWS 2000, S. 342 – 350. [*Freitag/Leible* EWS 2000, S. 342ff.]

Freitag, Robert / *Leible*, Stefan, Internationaler Anwendungsbereich der Handelsvertreterrichtlinie – Europäisches Handelsvertreterrecht weltweit?, in: RIW 2001, S. 287 – 295. [*Freitag/Leible* RIW 2001, S. 287ff.]

Furtak, Oliver, Die Parteifähigkeit im Zivilverfahren mit Auslandsberührung, Prozeßrecht zwischen Kollisionsrecht, Fremdenrecht und Sachrecht, Heidelberg (1995). [*Furtak*, Die Parteifähigkeit im Zivilverfahren mit Auslandsberührung]

Galgano, Francesco, Il marchio nei sistemi produttivi integrati: sub-forniture, gruppi di società, licenze "merchandising", in: Contratto e impresa 1987, S. 173 – 193. [*Galgano* Contratto e impresa 1987, S. 173ff.

García-Goyena, Florencio, Concordancias, motivos y comentarios al Código civil, III, Madrid (1852) [*García-Goyena*, Concordancias, III]

Gauch, Peter, Der Unternehmer im Werkvertrag, 2. Auflage, Zürich (1977). [*Gauch*, Der Unternehmer im Werkvertrag]

Gaudemet-Tallon, Hélène, Le nouveau droit international privé européen des contrats, Commentaire de la convention C.E.E. no° 80/934 sur la loi applicable aux obligations contractuelles, ouverte à la signature à Rome le 19 juin 1980, in: Rev. trim. dr. eur. 1981, S. 215 – 285. [*Gaudemet-Tallon* Rev. trim. dr. eur. 1981, S. 215ff.]

Gebauer, Martin, Internationales Privatrecht und Warenverkehrsfreiheit in Europa, in: IPRax 1995, S. 152 – 156. [*Gebauer* IPRax 1995, S. 152ff.]

Gebauer, Martin, Kollisionsrechtliche Auswirkungen der US-amerikanischen Helms-Burton-Gesetzgebung, in: IPRax 1998, S., 145 – 155. [*Gebauer* IPRax 1998, S, 145ff.]

Geimer, Reinhold, Internationales Zivilprozessrecht, 4. Auflage, Köln (2001). [*Geimer*, Internationales Zivilprozessrecht.]

Geimer, Reinhold / *Schütze*, Rolf, Europäisches Zivilverfahrensrecht, Kommentar zum EuGVÜ und zum Lugano-Übereinkommen, München (1997). [*Geimer/Schütze*, Europäisches Zivilverfahrensrecht]

Geißler, Markus, Die Privatautonomie im Spannungsfeld sozialer Gerechtigkeit, in: JuS 1991, S. 617 – 623. [*Geißler* JuS 1991, S. 617ff.]

Georges, Frédéric, De quelques problèmes posés par l'action directe de l'article 1798 du Code Civil, in: J.L.M.B. 1997, S. 600 – 607. [*Georges* J.L.M.B. 1997, S. 600ff.]

Germidis, Dimitri, La sous-traitance internationale: une nouvelle forme d'investissement, herausgegeben von Dimitri *Germidis*, Paris (1980). [*Germidis*, La sous-traitance internationale]

Giddens, Anthony, The Third Way, the renewal of social democracy, Cambridge (1998). [*Giddens*, The Third Way, S. 28ff.]

Gioia, Gina, La subfornitura nelle attività produttive, in: Il corriere giuridico 1998, S. 882 – 888. [*Gioia* Il corriere giuridico 1998, S. 882ff.]

Granieri, Massimiliano, Il contratto di subfornitura industriale (I contenuti, le fonti, le formule), Rom (1998). [*Granieri*, Il contratto di subfornitura industriale]

Grazzini, Barbara, Brevi noti in materia di subforniture industriali, in: Resp. comun. impresa 1998, S. 85 - 111. [*Grazzini* Resp. comun. impresa 1998, S. 85ff.]

Greenwood, David / *Klein*, Rudi, The impact of the HGCR Act on sub-contract formation: results of some early research, in: [2001] Const.L.J., S. 122 – 126. [*Greenwood/Klein* [2001] Const.L.J. 122]

Groeben, Hans von der / *Schwarze*, Jürgen, Kommentar zum Vertrag über die Europäische Union und zur Gründung der Europäischen Gemeinschaft, herausgegeben von Hans *von der Groeben* und Jürgen *Schwarze*, Band 1, Art. 1-53 EUV, Art. 1 – 80 EGV, 6. Auflage, Baden-Baden (2003). [Groeben/Schwarze-*Bearbeiter*]

Gruber, Urs Peter, Der Direktanspruch gegen den Versicherer im neuen deutschen Kollisionsrecht, in: VersR 2001, S. 16 - 23 [*Gruber* VersR 2001, S. 16ff.]

Grunsky, Wolfgang, EWG-Übereinkommen über die gerichtliche Zuständigkeit und die Vollstreckung von Entscheidungen in Zivil- und Handelssachen im deutsch-italienischen Rechtsverkehr, in: RIW 1977, S. 1 – 9. [*Grunsky* RIW 1977, S. 1ff.]

Grunsky, Wolfgang, Vertragsfreiheit und Kräftegleichgewicht, Berlin (1995). [*Grunsky*, Vertragsfreiheit und Kräftegleichgewicht]

Gsell, Beate, Der EU-Richtlinien-Entwurf zur Bekämpfung von Zahlungsverzug im Handelsverkehr, in: ZIP 1998, S. 1569 – 1579. [*Gsell* ZIP 1998, S. 1569ff.]

Gsell, Beate, Zahlungsverzug im Handelsverkehr - Gemeinsamer Standpunkt des Rates, in: ZIP 1999, S. 1281- 1284. [*Gsell* ZIP 1999, S. 1281ff.]

Gsell, Beate, EG-Verzugsrichtlinie und Reform der Reform des Verzugsrechts in Deutschland, in: ZIP 2000, S. 1861 - 1867. [*Gsell* ZIP 2000, S. 1861ff.]

Guillien, Raymond / *Vincent*, Jean, Termes juridiques, 13. Auflage, Paris (2001). [*Guillien/Vincent*, Termes juridiques]

Habermeier, Stefan, Neue Wege zum Wirtschaftskollisionsrecht, Eine Bestandsaufnahme prävalenter wirtschaftskollisionsrechtlicher Methodologie unter dem Blickwinkel des kritischen Rationalismus, Baden-Baden (1997). [*Habermeier*, Neue Wege zum Wirtschaftskollisionsrecht]

Hager, Günter, Grundfälle zur Systematik des Eigentümer-Besitzerverhältnisses und der bereicherungsrechtlichen Kondiktion, in: JuS 1987, S. 877 – 882. [*Hager* JuS 1987, S. 877ff.]

Halen, Christian von der, Der Streit um die Sitztheorie vor der Entscheidung?, in: EWS 2002, S. 107 - 115. [*von Halen* EWS 2002, S. 107ff.]

Hartley, Trevor, Mandatory Rules in International Contracts: The Common Law Approach, in: Recueil des Cours, Band 266 (1997), S. 343 - 425. [*Hartley* Recueil des Cours, Band 266 (1997), S. 343ff.]

Hau, Wolfgang, Der Vertragsgerichtsstand zwischen judizieller Konsolidierung und legislativer Neukonzeption, in: IPRax 2000, S. 354 – 361. [*Hau* IPRax 2000, S. 354ff.]

Hauss, Fritz, Ein strapaziertes Rechtsinstitut, Zur Eingrenzung der Geschäftsführung ohne Auftrag, in: Privatautonomie, Eigentum und Verantwortung, Festgabe für Hermann Weitnauer zum 70. Geburtstag, herausgegeben von Horst *Ehmann*, Wolfgang *Hefermehl* und Adolf *Laufs*, Berlin (1980), S. 333 – 345. [*Hauss*, in: Festschrift für Weitnauer, S. 333ff.]

Hay, Peter, Abkehr vom „better law" im US-Bundesstaat Minnesota, in: IPRax 2001, S. 160 – 161. [*Hay* IPRax 2001, S. 160f.]

Henrich, Dieter, Die Anknüpfung von Spar- und Depotverträgen zugunsten Dritter auf den Todesfall, in: Festschrift für Werner *Lorenz* zum 70. Geburtstag, herausgegeben von Bernhard *Pfister* und Michael R. *Will*, Tübingen (1991), S. 379 – 391. [*Henrich*, in: Festschrift Lorenz, S. 379ff.]

Herfath, Christoph, Die Scheidung nach jüdischem Recht im internationalen Zivilverfahrensrecht, Heidelberg (2000). [*Herfath*, Die Scheidung nach jüdischem Recht]

Heuzé, Vincent, La loi applicable aux actions directes dans les groups de contrats: l'exemple de la sous-traitance internationale, in: Rev. crit. dr. int. privé 85 (1996), S. 243 – 266. [*Heuzé* Rev. crit. dr. int. privé 85 (1996), S. 243ff.]

Heß, Burkhard, Vertragspflichten ohne Erfüllungsort? – Die Besix-Entscheidung des EuGH vom 19.2.2002, in: IPRax 2002, S. 376 - 378. [*Heß* IPRax 2002, S. 376ff.]

Hobeck, Paul, Mehrparteienstreitigkeiten zwischen Auftraggeber, Generalunternehmer, mehreren Konsortialunternehmen und Subunternehmern, in: Karl-Heinz *Böckstiegel* (Hrsg.), Vertragsgestaltung und Streiterledigung in der Bauindustrie und im Anlagenbau (II), DIS-Schriftenreihe, Band 4/II, Köln (1995), S. 99. [*Hobeck*, in: Böckstiegel (Hrsg.), Vertragsgestaltung und Streitbeilegung in der Bauindustrie und im Anlagenbau, S. 99ff.]

Hohloch, Gerhard, Anwendung der Regelvermutung des Art. 28 II EGBGB auf internationale Bauverträge, in: JuS 2000, S. 90 - 92. [*Hohloch* JuS 2000, S. 90ff.]

Hoffmann, Bernd von, Inländische Sachnormen mit zwingendem internationalem Anwendungsbereich, in: IPRax 1989, S. 261 – 271. [*von Hoffmann* IPRax 1989, S. 261ff.]

Hök, Götz-Sebastian, Das französische Individualbaurecht, in: ZfBR 2000, 80 – 85. [*Hök* ZfBR 2000, S. 80ff.]

Hommelhoff, Peter, Verbraucherschutz im System des deutschen und europäischen Privatrechts, Heidelberg (1996). [*Hommelhoff*, Verbraucherschutz im System des deutschen und europäischen Privatrechts]

Hönn, Günther, Wirksamkeitskontrolle als Instrument des allgemeinen Privatrechts zur Beseitigung von Ungleichgewichtslagen, in: JZ 1983, S. 677 – 688. [*Hönn* JZ 1983, S. 677ff.]

Honsell, Heinrich / *Vogt*, Nedim Peter / *Schnyder*, Anton, (Hrsg.), Kommentar zum schweizerischen Privatrecht, Internationales Privatrecht, Basel (1996). [Honsell/Vogt/Schnyder-*Bearbeiter*]

Horsch, Rainer / *Hänsel*, Tobias, Konzernbürgschaften - taugliche Sicherungsmittel nach § 648 a BGB?, in: BauR 2003, S. 462 - 464. [*Horsch/Hänsel* BauR 2003, S. 462ff.]

Houtte, Hans van, International Subcontracting, in: [1991] I.C.L.R., S. 301 – 314. [*van Houtte* [1991] I.C.L.R. 301]

Huber, Peter, Das Gesetz zur Beschleunigung fälliger Zahlungen und die europäische Richtlinie zur Bekämpfung von Zahlungsverzug im Geschäftsverkehr, in: JZ 2000, S. 957 – 967. [*Huber* JZ 2000, S. 957ff.]

Huber, Peter, Das internationale Deliktsrecht nach der Reform, in: JA 2000, S. 67 - 73. [*Huber* JA 2000, S. 67ff.]

Huet, Jérôme, Les principaux contrats spéciaux, in: Traité de droit civil, herausgegeben von J. *Ghestin*, 2. Auflage, Paris (2001). [*Huet*, in: Ghestin (Hrsg.), Les principaux contrats spéciaux]

Huff, Martin, Haustürwiderrufsgesetz und Freizeitgestaltung- ein erster Überblick, in: VuR 1988, S. 306 – 312. [*Huff* VuR 1988, S. 306ff.]

Idot, Laurence, Entscheidungsrezension zu EuGH, Urteil vom 9.11.2000 Rs. C-381/98, *Ingmar GB Ltd. ./. Eaton Leonard Technologies Inc*, in: Rev. crit. dr. int. privé 2001, S. 107 – 120. [*Idot* Rev. crit. dr. int. privé 2001, S. 107ff.]

Imhoff-Scheier, Anne-Catherine, Protection du consommateur et contrats internationaux, Genf (1981). [*Imhoff-Scheier*, Protection du consommateur et contrats internationaux]

Iudica, Giovanni, La disciplina della subfornitura nelle attività produttive, in: I contratti 1998, S. 411 – 413. [*Iudica* I contratti 1998, S. 411ff.]

Jacquet, Jean-Michel / *Delebecque*, Philippe, Droit du commerce international, Paris (1997). [*Jacquet/Delebecque*, Droit du commerce international]

Jagenburg, Walter / *Weber*, Frank, Die Entwicklung des privaten Bauvertragrechts seit 1998 - BGB- und Werkvertragsfragen - Teil 2, in: NJW 2002, S. 191 – 200. [*Jagenburg/Weber* NJW 2002, S. 191ff.]

Jayme, Erik, Ausländische Rechtsregeln und Tatbestand inländischer Sachnormen – Betrachtungen zu Ehrenzweigs Datum-Theorie, in: Gedächtnisschrift für Albert A. Ehrenzweig, herausgegeben von Erik Jayme, Karlsruhe (1976), S. 35 – 49. [*Jayme*, in: Festschrift Ehrenzweig, S. 35ff.]

Jayme, Erik, Rechtsvergleichung im internationalen Privatrecht, Eine Skizze, in: Festschrift für Fritz Schwind zum 65. Geburtstag, Hrsg. Rudolf *Strasser*, Michael *Schwimann* und Hans *Hoyer*, Wien (1978), S. 103 – 114. [*Jayme*, in: Festschrift Schwind, S. 103ff.]

Jayme, Erik, Subunternehmervertrag und Europäisches Gerichtsstands- und Vollstreckungsübereinkommen, in: Festschrift für Klemens Pleyer zum 65. Geburtstag, Hrsg. Paul *Hofmann* u.a., Köln u.a. (1986), S. 371 - 382. [*Jayme*, in: Festschrift Pleyer (1986), S. 371ff.]

Jayme, Erik, Kollisionsrechtliche Techniken für Langzeitverträge mit Auslandsberührung, in: Fritz *Nicklisch* (Hrsg.), Technologie und Recht, Band 8, Der komplexe Langzeitvertrag, Strukturen und Internationale Schiedsgerichtsbarkeit, Heidelberg (1987), S. 311 – 318. [*Jayme*, in: Nicklisch (Hrsg.), Technologie und Recht, Band 8, S. 311ff.]

Jayme, Erik, Komplexe Langzeitverträge und Internationales Privatrecht - Ein Tagungsbericht - , in: IPRax 1987, S. 63 - 64. [*Jayme* IPRax 1987, S. 63f.]

Jayme, Erik, Haustürgeschäfte deutscher Urlauber in Spanien: Horizontale Wirkungen der EG-Richtlinien und internationales Vertragsrecht, in: IPRax 1990, S. 220 – 222. [*Jayme* IPRax 1990, S. 220ff.]

Jayme, Erik, „Timesharing-Verträge" im Internationalen Privat- und Verfahrensrecht, in: IPRax 1995, S. 234 – 236. [*Jayme* IPRax 1995, S. 234ff.]

Jayme, Erik / *Kohler*, Christian, Europäisches Kollisionsrecht 1999: Die Abendstunde der Staatsverträge, in: IPRax 1999, S. 401 - 413. [*Jayme/Kohler* IPRax 1999, S. 401ff.]

Jayme, Erik, Le droit international privé du nouveau millénaire: La protection de la personne humaine face à la globalisation, in: Recueil des Cours, Band 282 (2000), S. 9 – 40. [*Jayme* Recueil des Cours, Band 282 (2000), S. 9ff.]

Jayme, Erik, Postmodernes Arbeitsrecht und Internationales Privatrecht, in: IPRax 2000, S. 562. [*Jayme* IPRax 2000, S. 562]

Jayme, Erik / *Kohler*, Christian, Europäisches Kollisionsrecht 2000: Interlokales Privatrecht oder universelles Gemeinschaftsrecht?, in: IPRax 2000, S. 454 - 465. [*Jayme/Kohler* IPRax 2000, S. 454ff.]

Jayme, Erik, Europa: Auf dem Weg zu einem interlokalen Kollisionsrecht?, in: Vergemeinschaftung des Europäischen Kollisionsrechts, herausgegeben von Hans-Peter *Mansel*, Köln u.a. (2001), S. 31 – 40. [*Jayme*, in: Mansel (Hrsg.),Vergemeinschaftung des Europäischen Kollisionsrechts, S. 31ff.]

Jayme, Erik, Zum internationalen Geltungswillen der europäischen Regeln über den Handelsvertreterausgleich, in: IPRax 2001, S. 190 - 191. [*Jayme* IPRax 2001, S. 190f.]

Jayme, Erik, Zur Revision des Europäischen Schuldvertragsübereinkommens, Tagung der Europäischen Gruppe für Internationales Privatrecht in Rom und Castelgandolfo, in: IPRax 2001, S. 65 - 66. [*Jayme* IPRax 2001, S. 65f.]

Jayme, Erik / *Hausmann*, Rainer, Internationales Privat- und Verfahrensrecht, Textausgabe, 11. Auflage, München (2002). [*Jayme/Hausmann*, Internationales Privat- und Verfahrensrecht]

Jayme, Erik / *Kohler*, Christian, Europäisches Kollisionsrecht 2003: Der Verfassungskonvent und das Internationale Privat- und Verfahrensrecht, in: IPRax 2003, S. 485 – 495. [*Jayme/Kohler* IPRax 2003, S. 485ff.]

Joerges, Christian, Zum Funktionswandel des Kollisionsrechts, Berlin (1971). [*Joerges*, Funktionswandel]

Juan-Bonhomme, Régine, Sous-traiter, Sous-traitance industrielle et sous-traitance de marché, Paris (2002). [*Juan-Bonhomme*, Sous-traiter]

Junker, Abbo, Schadensersatzpflicht bei einem Verstoß gegen ein ausländisches Embargo, in: JZ 1991, S. 699 – 702. [*Junker* JZ 1991, S. 699ff.]

Junker, Abbo, Empfiehlt es sich, Art. 7 EVÜ zu revidieren oder aufgrund der bisherigen Erfahrungen zu präzisieren?, in: IPRax 2000, S. 65 – 73. [*Junker* IPRax 2000, S. 65ff.]

Karsten, Frederik, Der Entwurf eines Forderungssicherungsgesetzes, in: NJ 2002, S. 178 – 181. [*Karsten* NJ 2002, S. 178ff.]

Kaye, Peter, Civil jurisdiction and enforcement of foreign judgements, Abingdon u.a. (1987). [*Kaye*, Civil jurisdiction]

Kegel, Gerhard, Internationales Privatrecht (IPR), in: RPfleger 1987, S. 1 – 5. [*Kegel* RPfleger 1987, S. 1ff.]

Kegel, Gerhard / *Schurig*, Klaus, Internationales Privatrecht, ein Studienbuch, 8. Auflage, München (2000). [*Kegel/Schurig*, Internationales Privatrecht]

Kieninger, Eva-Maria, Der Richtlinienvorschlag der Europäischen Kommission zur Bekämpfung des Zahlungsverzugs im Handelsverkehr, in: WM 1998, S. 2213 – 2221. [*Kieninger* WM 1998, S. 2213ff.]

Kiesel, Helmut, Das Gesetz zur Beschleunigung fälliger Zahlungen, in: NJW 2000, 1673 - 1682 [*Kiesel* NJW 2000, S. 1673ff.]

Kindler, Peter, Rechtswahlfestigkeit des Handelsvertreterausgleichs bei Tätigkeitsausübung in Mitgliedstaat, aber Sitz des Unternehmens in Drittstaat, in: BB 2001, S. 11 – 13. [*Kindler* BB 2001, S. 11ff.]

Knapp, Andreas, Das Problem der bewußten Zahlungsverzögerung im inländischen und EU-weiten Handelsverkehr, in: RabelsZ 63 (1999), S. 295 – 329. [*Knapp* RabelsZ 63 (1999), S. 295ff.]

Kniffka, Rolf, Das Gesetz zur Beschleunigung fälliger Zahlungen - Neuregelung des Bauvertragsrechts und seine Folgen, in: ZfBR 2000, S. 227 - 238. [*Kniffka* ZfBR 2000, S. 227ff.]

Kobrin, Stephen J., The Architecture of Globalisation: State Sovereignty in a Networked Global Economy, in: John H. *Dunning* (Hrsg.), Governments, Globalization, and International Business, Oxford (1997), S. 146-171. [*Kobrin*, in: Dunning (Hrsg.), Governments, Globalization, and International Business, S. 146ff.]

Koch, Harald, Rechtsvergleichung im Internationalen Privatrecht, Wider die Reduktion des IPR auf sich selbst, in: RabelsZ 61 (1997), S. 623 – 646. [*Koch* RabelsZ 61 (1997), S. 623ff.]

Kohler, Christian, Die Revision des Brüsseler und des Luganer Übereinkommens über die gerichtliche Zuständigkeit und die Vollstreckung gerichtlicher Entscheidungen in Zivil-und Handelssachen – Generalia und Gerichtsstandsproblematik, in: *Gottwald*, Peter (Hrsg.), Revision des EuGVÜ, Bielefeld (2000), S. 1 – 35. [*Kohler*, in: Gottwald (Hrsg.), Revision des EuGVÜ, S. 1ff.]

Kohte, Wolfhard, Verbraucherschutz im Licht des europäischen Wirtschaftsrechts, in: EuZW 1990, S. 150 - 156. [*Kohte* EuZW 1990, S. 150ff.]

Kolbe, Manfred / *Kopp*, Dieter / *Römmelt*, Harald, Verbesserte Durchsetzung von Forderungen, Neue sächsische Initiative, in: ZRP 2002, S. 145 – 148. [*Kolbe/Kopp/Römmelt* ZRP 2002, S. 145ff.]

Korbion, Claus-Jürgen, Gesetz zur Beschleunigung fälliger Zahlungen - Neuregelung in Werkvertragsrecht, ZPO und AGBG, in: MDR 2000, S. 932 - 942 [*Korbion* MDR 2000, S. 932ff.]

Kraatz, Klaus-Jürgen, Seminar über Probleme bei internationalen Subunternehmerverträgen, in: RIW 1983, S. 876 – 877. [*Kraatz* RIW 1983, S. 876f.]

Krämer, Ludwig, EWG-Verbraucherrecht, Baden-Baden (1985). [*Krämer*, EWG Verbraucherrecht]

Kraus, Steffen, Auszug aus Referat VOB/B 2000, in: BauR 2001, S. 513 - 515. [*Kraus* BauR 2001, S. 513ff.]

Krebber, Sebastian, Zur Anwendung des Arbeitsrechts eines EU-Mitgliedstaates auf Arbeitsverhältnisse der in sein Gebiet vorübergehend aus anderen Mitgliedstaaten entsandten Arbeitnehmer, in: ZEuP 2001, S. 365 – 378. [*Krebber* ZEuP 2001, S. 365ff.]

Krebs, Peter, Die EU-Richtlinie zur Bekämpfung des Zahlungsverzugs im Geschäftsverkehr - Eine Chance zur Korrektur des neuen § 284 Abs. 3 BGB, in: DB 2000, S. 1697 – 1701. [*Krebs* DB 2000, S. 1697ff.]

Krebs, Markus, Das UN-Kaufrecht ist nicht anwendbar auf Garantieverträge des Verkäufers mit Abnehmern des Käufers, in: EuLF 2000/01, S. 16 – 18. [*Krebs* EuLF 2000/01, S. 16ff.]

Kremer, Gottfried, Causes and effects of changes and delays in contracted work on large industrial projects, in: Fritz *Nicklisch* (Hrsg.), Technologie und Recht, Band 6, Leistungsstörungen bei Bau- und Anlagenverträgen, Heidelberg (1985), S. 59 - 64. [*Kremer*, in Nicklisch (Hrsg.), Technologie und Recht, Band 6, S. 59ff.]

Kremer, Gottfried, Die Rolle des Subunternehmers im Rahmen des Gesamtprojekts aus der Sicht des Ingenieurs, in: Fritz *Nicklisch* (Hrsg.), Technologie und Recht, Band 7, Der Subunternehmer bei Bau- und Anlagenverträgen im In- und Auslandsgeschäft, Heidelberg (1986), S. 7 - 23. [*Kremer*, in: Nicklisch (Hrsg.), Technologie und Recht, Band 7, S. 7ff.]

Kren, Jolanta, Schutz der schwächeren Vertragspartei im schweizerischen internationalen Vertragsrecht unter Berücksichtigung deutscher Rechtsprechung, in: ZVglRWiss 88 (1989), S. 48 – 70. [*Kren* ZVglRWiss 88 (1989), S. 48ff.]

Kreuzer, Karl, Know-how-Verträge im deutschen internationalen Privatrecht, in: Hans Claudius *Ficker* (Hrsg.), Festschrift zum 70. Geburtstag für von Ernst von Caemmerer, Tübingen, 1983, S. 705ff. [*Kreuzer*, in: Festschrift von Caemmerer]

Kronke, Herbert, Italienisches Gesetz über vertikale Kooperationsverträge – Materielles Recht und Streitbeilegungsregeln, in: BB 1998, Beilage 9, S. 10 – 11. [*Kronke* BB 1998, Beilage 9, S. 10f.]

Kronke, Herbert, Italienisches Gesetz über vertikale Kooperationsverträge – Materielles Recht, IPR und Streitbeilegungsregeln, in: IPRax 1998, S. 375 – 376. [*Kronke* IPRax 1998, S. 375f.]

Kropholler, Jan, Internationales Einheitsrecht, Beiträge zum ausländischen und internationalen Privatrecht Band 39, Tübingen (1975). [*Kropholler*, Internationales Einheitsrecht]

Kropholler, Jan, Europäisches Zivilprozessrecht, Kommentar zu EuGVO und Lugano-Übereinkommen, 7. Auflage, Heidelberg (2002). [*Kropholler*, Europäisches Zivilprozessrecht]

Kühnel, Wolfgang / *Langer*, Jörg, Das französische Subunternehmergesetz, in: RIW/AWD 1977, S. 610 – 613. [*Kühnel/Langer* RIW/AWD 1977, S. 610ff.]

Kulms, Rainer, Qualifizierte faktische GmbH-Konzerne und Außenhaftung: (k)ein Fall für Art. 5 Nr. 1 EuGVÜ?, in: IPRax 2000, S. 488 – 493. [*Kulms* IPRax 2000, S. 488ff.]

Lagarde, Paul, La sous-traitance en droit international privé, in: Christian *Gavalda* (Hrsg.), La sous-traitance de marchés de travaux et de services, Paris (1978). [*Lagarde*, in: Gavalda (Hrsg.), La sous-traitance de marchés de travaux et de services, S. 186ff.]

Lando, Ole, The EC Draft Convention on the law applicable to contractual and non-contractual obligations, Introduction and Contractual obligations, in: RabelsZ 38 (1974), S. 6 – 55. [*Lando* RabelsZ 38 (1974), S. 6ff.]

Lange, Knut, Das Recht der Netzwerke: Moderne Formen der Zusammenarbeit in Produktion und Vertrieb, Heidelberg (1998). [*Lange*, Recht der Netzwerke]

Langenfeld, Christine, Noch einmal: Die EG-Richtlinie zum Haustürwiderrufsgesetz und deutsches IPR, in: IPRax 1995, S. 155 – 157. [*Langenfeld* IPRax 1995, S. 155ff.]

Larenz, Karl / *Canaris*, Claus-Wilhelm, Lehrbuch des Schuldrechts, zweiter Band, besonderer Teil, 2. Halbband, 13. Auflage, München (1994). [*Larenz/Canaris* Schuldrecht II 2]

Larenz, Karl / *Canaris*, Claus Wilhelm, Methodenlehre der Rechtswissenschaft, begründet von Karl *Larenz*, 3. Auflage, Berlin u.a. (1995). [*Larenz/Canaris*, Methodenlehre]

Leclerc, Frédéric, La protection de la partie faible dans les contrats internationaux, Etude de conflits de lois, Bruxelles, 1995, S. 476 ff. [*Leclerc*, Protection de la partie faible].

Lehmann, Rolf, Zwingendes Recht dritter Staaten im internationalen Vertragsrecht, Frankfurt/Main (1986). [*Lehmann*, Zwingendes Recht]

Lehr, Wolfgang, Neuer Vorschlag für eine EU-Richtlinie über Zahlungsverzug und Eigentumsvorbehalt im Handelsverkehr, in: EWS 1999, S. 241 – 244. [*Lehr* EWS 1999, S. 241ff.]

Leible, Stefan, Außenhandel und Rechtssicherheit, in: ZVglRWiss 97 (1998), S. 286 – 319. [*Leible* ZVglRWiss 97 (1998), S. 286ff.]

Leible, Stefan, Der Vorschlag für eine EG-Richtlinie zur Bekämpfung von Zahlungsverzug im Handelsverkehr als Baustein eines europäischen Unternehmensrechts, in: Europa als Union des Rechts, eine notwendige Zwischenbilanz im Prozeß der Vertiefung und Erweiterung, herausgegeben von Marc *Beise* und Rupert *Scholz*, Köln (1999), S. 90 – 98. [*Leible*, in: Scholz (Hrsg.), Union des Rechts, S. 90ff.]

Leipold, Dieter, Internationale Zuständigkeit am Erfüllungsort (Art. 5 Nr. 1 EuGVÜ), in: Gedächtnisschrift für Alexander Lüderitz, herausgegeben von Haimo *Schack*, München (2000), S. 431 – 453. [*Leipold*, in: Festschrift Lüderitz, S. 431ff.]

Leflar, Robert, Choice-Influencing Considerations in Choice of Law, in: 41 N. Y. U. L. Rev. 367 (1966) [*Leflar* 41 N.Y.U. L. Rev. 367 (1966)].

Leitão, Luís Menezes, O Enriquecimento sem Causa no Direito Civil, Lissabon, (1996). [*Leitão*, O enriquecimento sem causa]

Lewald, Hans, Règles générales des conflits de lois, in: Recueil des Cours, Band 69 (1939), S. 1 - 125. [*Lewald* Recueil des Cours, Band 69 (1939), S. 1ff.]

Liebs, Detlef, Lateinische Rechtsregeln und Rechtssprichwörter, Darmstadt (1982). [*Liebs*, Lateinische Rechtsregeln]

Lionnet, Klaus, Liefer- und Leistungskonsortien – Rechtliche Zuordnung und Risiken, in: Fritz Nicklisch (Hrsg.), Technologie und Recht, Band 4, Bau- und Anlagenverträge –

Risiken, Haftung, Streitbeilegung –, Heidelberg (1984), S. 121 - 133. [*Lionnet*, in: Nicklisch (Hrsg.), Bau- und Anlagenverträge, S. 121ff.]

Lionnet, Klaus, Handbuch der internationalen und nationalen Schiedsgerichtsbarkeit, 2. Auflage, Stuttgart u.a. (2001). [*Lionnet*, Handbuch der internationalen und nationalen Schiedsgerichtsbarkeit]

Lipari, Nicolò, Legge 18 giugno 1998, N. 192, Disciplina della subfornitura nelle attività produttive, Commentario, hrsg. von Nicolò *Lipari*, in: Le nuove leggi civili commentate 2000, S. 365 – 468. [Lipari-*Bearbeiter*, in: Le nuove leggi civ. comm. 2000, S. 365ff.]

Lo Martire, Giuseppe, Subfornitura: aspetti giuridici della subfornitura industriale, herausgegeben von Giuseppe *Lo Martire*, Mailand (1977). [*Lo Martire*, Subfornitura]

Looschelders, Dirk, Die Beurteilung von Straßenverkehrsunfällen mit Auslandsberührung nach dem neuen internationalen Deliktsrecht, in: VersR 1999, S. 1316 – 1324. [*Looschelders* VersR 1999, S. 1316ff.]

Lorenz, Egon, Zum neuen internationalen Vertragsrecht aus versicherungsvertraglicher Sicht, in: Hans Joachim *Musielak* / Klaus *Schurig* (Hrsg.), Festschrift für Gerhard *Kegel* zum 75. Geburtstag, Stuttgart (1987), S. 303 - 341. [*E. Lorenz*, in: Festschrift Kegel, S. 303ff.]

Lorenz, Werner, Vom alten zum neuen internationalen Schuldvertragsrecht, in: IPRax 1987, S. 269 - 276. [*W. Lorenz* IPRax 1987, S. 269ff.]

Lorenz, Werner, Kollisionsrecht des Verbraucherschutzes: Anwendbares Recht und internationale Zuständigkeit, in: IPRax 1994, S. 429 - 431. [*W. Lorenz* IPRax 1994, S. 429ff.]

Lorenz, Werner, Verträge über im Ausland zu erbringende Bauleistungen: Vertragsstatut bei fehlender Rechtswahl, in: IPRax 1995, S. 329 - 332. [*W. Lorenz* IPRax 1995, S. 329ff.]

Luby, Monique, Cour de justice des Communautés européennes – 23 novembre 1999 – Jean-Claude Arblade, in: Clunet 2000, S. 493 – 494. [*Luby* Clunet 2000, S. 493f.]

Lüderitz, Alexander, Internationaler Verbraucherschutz in Nöten, in: IPRax 1990, S. 216 – 219. [*Lüderitz* IPRax 1990, S. 216ff.]

Magnus, Ulrich, Englisches Kündigungsrecht auf deutschem Schiff – Probleme des internationalen Seearbeitsrechts, in: IPRax 1991, S. 382 – 386. [*Magnus* IPRax 1991, S. 382ff.]

Maglio, Valentina, Das neue italienische Gesetz zur Regelung der Zulieferung im produzierenden Gewerbe, in: Jahrbuch für italienisches Recht, Band 12 (1999), Euro, Mobiliarkredit, Aufrechnung, Datenschutz, Werberecht, herausgegeben von Adolfo *DiMajo*, S. 107 – 126. [*Maglio*, in: Jahrbuch für ital. Recht, Band 12 (1999), S. 107ff.]

Malaurie, Philippe / *Aynès*, Laurent, Cours de Droit Civil, Les Contrats Spéciaux Civils et Commerciaux, 5. Auflage, Paris (1991). [*Malaurie/Aynès*, Cours de Droit Civil]

Mangini, Vito / *Iacuaniello*, Bruggi Maria, Il contratto d'appalto, Turin (1997). [*Mangini/Iacuaniello*, Il contratto d'appalto]

Mankowski, Peter, Zur Analogie im internationalen Schuldvertragsrecht, in: IPRax 1991, S. 305 – 313. [*Mankowski* IPRax 1991, S. 305ff.]

Mankowski, Peter, Die Qualifikation der culpa in contrahendo – Nagelprobe für den Vertragsbegriff des europäischen IZPR und IPR, in: IPRax 2003, S. 127 – 135. [*Mankowski* IPRax 2003, S. 127ff.]

Mankowski, Peter, Die Ausweichklausel des Art. 4 V EVÜ und das System des EVÜ, in: IPRax 2003, S. 464 – 472. [*Mankowski* IPRax 2003, S. 464ff.]

Mankowski, Peter, Europäisches Internationales Arbeitsprozessrecht – Weiteres zum gewöhnlichen Arbeitsort – in: IPRax 2003, S. – 28. [*Mankowski* IPRax 2003, S. 21ff.]

Mansel, Heinz-Peter, Direktansprüche gegen den Haftpflichtversicherer: Anwendbares Recht und internationale Zuständigkeit, Heidelberg 1986. [*Mansel*, Direktansprüche gegen den Haftpflichtversicherer]

Mansel, Heinz-Peter, Europäisches Gemeinschaftsrecht und IPR, in: IPRax 1990, S. 344 – 346. [*Mansel* IPRax 1990, S. 344ff.]

Mansel, Heinz-Peter, Rechtsvergleichung und europäische Rechtseinheit, in: JZ 1991, S. 529 – 534. [*Mansel* JZ 1991, S. 529]

Marinari, Alessandra, Note tema di subfornitura nelle attività produttive, in: La nuova giurisprudenza Civile Commentata 2000 II, S. 109 – 119. [*Mariani* La nuova giur. civ. comm. 2000 II, S. 109ff.]

Martinez, Pedro Romano, O subcontrato, Coimbra (1989). [*Martinez*, O subcontrato]

Martiny, Dieter, Europäisches Internationales Vertragsrecht – Ausbau und Konsolidierung, in: ZEuP 1999, S. 246 – 270. [*Martiny* ZEuP 1999, S. 246ff.]

Martiny, Dieter, Internationales Vertragsrecht im Schatten des Europäischen Gemeinschaftsrecht, in: ZEuP 2001, S. 308 – 336. [*Martiny* ZEuP 2001, S. 308ff.]

Martiny, Dieter, Europäisches Internationales Vertragsrecht vor der Reform, in: ZEuP 2003, S. 590 – 618. [*Martiny* ZEuP 2003, S. 590ff.]

Mäsch, Gerald, Rechtswahlfreiheit und Verbraucherschutz, Eine Untersuchung zu den Art. 29 I, 27 III und 34 EGBGB, Berlin 1993 [*Mäsch*, Rechtswahlfreiheit und Verbraucherschutz]

Masnatta, Héctor, La Subcontratación (El Contrato Derivado), in: RevJurBA 1964, S. 151 – 177. [*Masnatta* RevJurBA 1964, S. 151]

Medicus, Dieter, Bürgerliches Recht, eine nach Anspruchsgrundlagen geordnete Darstellung zur Examensvorbereitung, 19. Auflage, Köln u.a. (2002). [*Medicus*, Bürgerliches Recht]

Medicus, Dieter, Allgemeiner Teil des BGB, 8. Auflage, Heidelberg (2002). [*Medicus*, AT]

Meyer-Sparenberg, Wolfgang, Staatsvertragliche Kollisionsnormen, Berlin (1990). [*Meyer-Sparenberg*, Staatsvertragliche Kollisionsnormen]

Michaels, Ralf / *Kamann*, Hans-Georg, Grundlagen eines allgemeinen gemeinschaftlichen Richtlinienkollisionsrechts – Amerikanisierung des Gemeinschafts-IPR?, in: EWS 2001, S. 301 – 311. [*Michaels/Kamann* EWS 2001, S. 301ff.]

Mota, Leonardo, Adagiário brasileiro, São Paulo (1987). [*Mota*, Adagiário brasileiro]

Mugdan, Die gesamten Motive zum Bürgerlichen Gesetzbuch, Band II (1899/1900). [*Mugdan*, Motive II]

Muir Watt, Horatia, Cour de cassation (1re Chambre civile) - 12 janvier 1994, (Urteilsanmerkung), in: Rev. crit. internat. privé 83 (1994), S. 93ff. [*Muir Watt,* Rev. crit. dr. int. privé 83 (1994), S. 93ff.]

Mülbert, Peter, Ausländische Eingriffsnormen als Datum, in: IPRax 1986, S. 140 – 142. [*Mülbert* IPRax 1986, S. 140ff.]

Mullen, Jan van, Le contrat d'entreprise, Liège (1988). [*van Mullen,* Le contrat d'entreprise]

Müller, Gerd, Anmerkung zu EuGH, Urteil vom 14.12.1976, Rs. 25/76, *Coreck Maritime GmbH gegen Handelsveem BV u. a.,* in: RIW 1977, S. 164 – 165. [*Müller* RIW 1977, S. 164ff.]

Münchener Kommentar zum Bürgerlichen Gesetzbuch, Hrsg. Kurt *Rebmann* / Franz Jürgen *Säcker,* 3. Auflage München 1992ff., Bd. 10, Einführungsgesetz zum Bürgerlichen Gesetzbuch, Internationales Privatrecht, (1998). [MünchKomm-*Bearbeiter*]

Musso, Alberto, Concorrenza ed integrazione nei contratti di subfornitura industriale, Mailand (1993). [*Musso,* Concorrenza ed integrazione]

Musso, Alberto, La subfornitura, in: Commentario del Codice civile, Scialoja-Branca, herausgegeben von Francesco *Galgano,* Libro Quarto – Delle Obbligazioni, Titolo III – Dei singoli contratti – Supplemento, Legge 18 giugno 1998, N. 192, Bologna / Rom (2003). [*Musso,* La subfornitura]

Neuhaus, Paul Heinrich, Internationales Zivilprozessrecht und internationales Privatrecht, in: RabelsZ 20 (1955), S. 201 - 269. [*Neuhaus* RabelsZ 20 (1955), S. 201ff.]

Neuhaus, Paul Heinrich, Die Grundbegriffe des internationalen Privatrechts, 2. Auflage, Berlin u.a. (1976). [*Neuhaus,* Grundbegriffe]

Nicklisch, Fritz, Risiken bei Bau- und Anlagenverträgen aus rechtlicher Sicht – Besondere Vertragsstrukturen mit speziellen Risiken, in: Fritz *Nicklisch* (Hrsg.), Technologie und Recht, Band 4, Bau- und Anlagenverträge – Risiken, Haftung, Streitbeilegung –, Heidelberg (1984), S. 41 – 58. [*Nicklisch,* in: Nicklisch (Hrsg.), Technologie und Recht, Band 4, S. 41ff.]

Nicklisch, Fritz, Rechtsfragen des Subunternehmervertrags bei Bau- und Anlagenprojekten im In- und Auslandsgeschäft, in: NJW 1985, S. 2361 - 2370. [*Nicklisch* NJW 1985, S. 2361ff.]

Nicklisch, Fritz, Additional payment and damages in connection with damages to works and delays – legal requirements, in: Fritz *Nicklisch* (Hrsg.), Technologie und Recht, Band 6, Leistungsstörungen bei Bau- und Anlagenverträgen, Heidelberg (1985), S. 83 - 100. [*Nicklisch,* in Nicklisch (Hrsg.), Technologie und Recht, Band 6, S. 83ff.]

Nicklisch, Fritz, Ansprüche des Subunternehmers bei Projektänderungen und -störungen aus juristischer Sicht, in: Fritz *Nicklisch* (Hrsg.), Technologie und Recht, Band 7, Der Subunternehmer bei Bau- und Anlagenverträgen im In- und Auslandsgeschäft, Heidelberg (1986), S. 109 - 122. [*Nicklisch,* in: Nicklisch (Hrsg.), Technologie und Recht, Band 7, S. 109ff.]

Nicklisch, Fritz, Die Rolle des Subunternehmers im Rahmen des Gesamtprojekts aus juristischer Sicht, in: Fritz *Nicklisch* (Hrsg.), Technologie und Recht, Band 7, Der Subunternehmer bei Bau- und Anlagenverträgen im In- und Auslandsgeschäft,

Heidelberg (1986), S. 29 - 43. [*Nicklisch*, in: Nicklisch (Hrsg.), Technologie und Recht, Band 7, S. 29ff.]

Nicklisch, Fritz, Vorteile einer Dogmatik für komplexe Langzeitverträge, Fritz *Nicklisch* (Hrsg.), Technologie und Recht, Band 8, Der komplexe Langzeitvertrag, Strukturen und Internationale Schiedsgerichtsbarkeit, Heidelberg (1987), S. 17 – 28.. [*Nicklisch*, in: Nicklisch (Hrsg.), Technologie und Recht, Band 8, S. 17ff.]

Nicklisch, Fritz, Die Rechtsstellung des Konsortiums und der Konsorten im Rahmen des Gesamtprojekts, in: Fritz *Nicklisch* (Hrsg.), Technologie und Recht, Band 17, Konsortien und Joint Ventures bei Infrastrukturprojekten, Heidelberg (1998), S. 187 – 196. [*Nicklisch*, in: Nicklisch (Hrsg.), Technologie und Recht, Band 17, S. 187ff.]

Nicklisch, Fritz, Verknüpfte Verträge und verknüpfte Streitbeilegung bei Großprojekten, in: Fritz *Nicklisch* (Hrsg.), Technologie und Recht, Band 19, Netzwerke komplexer Langzeitverträge, München (2000), S. 5 - 15. [*Nicklisch*, in: Nicklisch (Hrsg.), Technologie und Recht, Band 19, S. 5ff.]

Nicola, Allessandro De / *Colombo*, Luigi, La subfornitura nelle attività produttive, Mailand (1998). [*Nicola/Colombo*, La subfornitura]

Nicolini, Giovanni, Subfornitura e attività produttive, Commento alla legge 18 giugno 1998, n. 92, Mailand (1999). [*Nicolini*, Subfornitura e attività produttive]

Niederländer, Hubert, Materielles Recht und Verfahrensrecht im internationalen Privatrecht, in: RabelsZ 20 (1955) S. 1 - 51. [*Niederländer* RabelsZ 20 (1955) S. 1ff.]

Niggermann, Friedrich / *Peguet*, Patrick / *Anstett-Gardea*, Lilyane / *Gramling*, Philippe, Französisches Handels- und Wirtschaftsrecht, in: RIW 1993, S. 240 – 246. [*Niggermann/Peguet/Anstett-Gardea/Gramling* RIW 1993, S. 240ff.]

Nova, Giorgio De, La responsabilità contrattuale: i rapporti fra le parti nei contratti di subfornitura, in: Ugo *Draetta* und Cesare *Vaccà* (Hrsg.), Contratti di subfornitura, qualità e responsabilità, Mailand (1993), S. 51 – 59. [*De Nova*, in: Draetta/Vaccà (Hrsg.), S. 51ff.]

Nova, Giorgio De, La subfornitura: una legge grave, in: Riv. dir. priv. 1998, S. 449 – 451. [*De Nova* Riv. dir. priv. 1998, S. 449ff.]

Nova, Giorgio De, La subfornitura, herausgegeben von Giorgio *De Nova* u.a., Mailand (1998). [*Bearbeiter*, in: De Nova (Hrsg.), La subfornitura]

Palandt, Bürgerliches Gesetzbuch, Bearbeiter Peter *Bassenge* u.a. 63. Auflage, München (2004). [Palandt-*Bearbeiter*]

Pause, Hans, Bedeutung, Grenzen und Probleme des Einsatzes von Subunternehmern im Baubereich, in: Fritz *Nicklisch* (Hrsg.), Technologie und Recht, Band 7, Der Subunternehmer bei Bau- und Anlagenverträgen im In- und Auslandsgeschäft, Heidelberg (1986), S. 135 - 156. [*Pause*, in: Nicklisch (Hrsg.), Technologie und Recht, Band 7, S. 135ff.]

Pellise, Christina, Sentencia de 23 de novembre de 1999, asuntos acumulados C-369/96 y C-376/96, Jean-Claude Arblade, in: RevJurCat 2000, S. 922 – 925. [*Pellise* RevJurCat 2000, S. 922ff.]

Périnet-Marquet, Hugues, Subcontracting in French Law, in: [1991] I.C.L.R., S. 315 – 330. [*Périnet-Marquet* [1991] I.C.L.R. 315]

Peters, Frank, Das Gesetz zur Beschleunigung fälliger Zahlungen, in: NZBau 2000, S. 169 – 174. [*Peters* NZBau 2000, S. 169ff.]

Peuster, Witold, Código civil, Das spanische Zivilgesetzbuch, Spanisch-deutsche Textausgabe, Frankfurt (2002). [*Peuster*, Spanisch-deutsche Textausgabe des Código civil]

Pfeiffer, Thomas, Die Entwicklung des Internationalen Vertrags-, Schuld- und Sachenrechts 1997 - 1999, in: NJW 1999, S. 3674- 3687. [*Pfeiffer* NJW 1999, S. 3674ff.]

Pfeiffer, Thomas, Eingriffsnormen und ihr sachlicher Regelungsgegenstand, in: Einheit und Vielfalt des Rechts, Festschrift für Reinhold Geimer zum 65. Geburtstag, herausgegeben von Rolf *Schütze*, München (2002), S. 821 – 837. [*Pfeiffer*, in: Festschrift Geimer, S. 821ff.]

Picker, Eduard, Gutgläubiger Erwerb und Bereicherungsausgleich bei Leistungen im Dreipersonenverhältnis, in: NJW 1974, S. 1790 - 1797. [*Picker* NJW 1974, S. 1790ff.]

Pocar, Fausto, Problemi de legge applicabile ai contratti internazionali di subfornitura, in: Ugo *Draetta* und Cesare *Vaccà* (Hrsg.), Contratti di subfornitura, qualità e responsabilità, Milano (1993), S. VII – XIV. [*Pocar*, in: Draetta/Vaccà (Hrsg.), S. VIIff.]

Pocar, Fausto, La protection de la partie faible en droit international privé, in: Recueil des Cours, Band 188 (1984), S. 340 - 417 [*Pocar* Recueil des Cours, Band 188 (1984), S. 340 ff.]

Powell, John, Subcontracting in the United Kingdom, in: [1991] I.C.L.R., S. 331 – 343. [*Powell* [1991] I.C.L.R. 331]

Power, Vincent J.G., Case Comment, *Ingmar GB Ltd.*, in: [2001] 12 (3) I.C.C.L.R., S. 33 - 35. [*Power* [2001] 12 (3) I.C.C.L.R. 33]

Prati, Luca / *Cardini*, Alessandra, I rapporti di subfornitura, Mailand (1999). [*Prati/Cardini*, I rapporti di subfornitura]

Prosperi, Francesco, Il contratto di subfornitura e l'abuso di dipendenza economica, Neapel (2002). [*Prosperi*, Il contratto di subfornitura]

Pulkowski, Florian, Internationale Zuständigkeit und anwendbares Recht bei Streitigkeiten aus grenzüberschreitenden Bauverträgen, in: IPRax 2001, S. 306 - 310. [*Pulkowski* IPRax 2001, S. 306ff.]

Pulkowski, Florian, The subcontractor's direct claim in international business law, in: [2004] I.C.L.R., S. 31 – 56. [*Pulkowski* [2004] I.C.L.R. 31]

Rambure, Dominique, Le paiement du sous-traitant, L'action directe contre le maître de l'ouvrage, Diss. Paris (1990). [*Rambure*, Le paiement du sous-traitant]

Ramming, Klaus, Überlegungen zur Ausgestaltung von Nachunternehmerverträgen durch AGB, in: BB 1994, S. 518 - 529. [*Ramming* BB 1994, S. 518ff.]

Reich, Norbert, Markt und Recht, Theorie und Praxis des Wirtschaftsrechts in der Bundesrepublik Deutschland, Neuwied, u. a. (1977). [*Reich*, Markt und Recht]

Reich, Norbert / *Micklitz*, Hans-Werner, Verbraucherschutzrecht in der Bundesrepublik Deutschland - Eine Studie im Auftrage der EG-Kommission, New York u.a. (1980). [*Reich/Micklitz*, Verbraucherschutzrecht in der Bundesrepublik Deutschland]

Reich, Norbert, Handelsvertreterrichtlinie unabdingbar gegenüber Drittlandprinzipal, in: EuZW 2001, S. 51 – 52. [*Reich* EuZW 2001, S. 51f.]

Reichert-Facilides, Fritz, Zur Kodifikation des deutschen internationalen Versicherungsrechts, in: IPRax 1990, S. 1 - 18. [*Reichert-Facilides* IPRax 1990, S. 1ff.]

Reifner, Udo, Alternatives Wirtschaftsrecht am Beispiel der Verbraucherverschuldung. Realitätsverleugnung oder soziale Auslegung im Zivilrecht, Neuwied (1979). [*Reifner*, Alternatives Wirtschaftsrecht]

Reinhart, Gert, UN-Kaufrecht, Kommentar zum Übereinkommen der Vereinten Nationen vom 11. April 1980 über Verträge über den internationalen Warenkauf, Heidelberg (1991). [*Reinhart*, UN-Kaufrecht]

Reinhart, Gert, Zur einheitlichen Auslegung vereinheitlichter IPR-Normen nach Art. 26 EGBGB, in: RIW 1994, S. 445 - 452. [*Reinhart* RIW 1994, S. 445]

Reithmann, Christoph / *Martiny*, Dieter, / *Dageförde*, Carsten, Internationales Vertragsrecht, 5. Auflage, Köln (1996). [Reithmann/Martiny-*Bearbeiter*, Internationales Vertragsrecht]

Renard, J. van den / *Abbeele*, M., Les garanties offertes aux sous-traitants en cas de défaillance de l'entrepreneur général, in: T. Aann 1997, S. 134-155. [*Renard/Abbeele* T. Aann. 1997, S. 134ff.]

Riering, Wolfgang, IPR-Gesetze in Europa, Textausgabe in Originalsprachen mit deutschen Übersetzungen, Bern/München (1997). [*Riering*, IPR-Gesetze in Europa]

Rohe, Mathias, Netzverträge, Tübingen (1998). [*Rohe*, Netzverträge]

Roth, Herbert, Die Reichweite der lex-fori-Regel im internationalen Zivilprozeßrecht, in: Beiträge zur Rechtswissenschaft, Festschrift für Walter Stree und Johannes Wessels zum 70. Geburtstag, herausgegeben von Wilfried *Küper* und Jürgen *Welp*, S. 1045 – 1060. [*Roth*, in: Festschrift Stree/Wessels, S. 1045ff.]

Roth, Wulf-Henning, Agency; Conflicts of Laws (Entscheidungsrezension zu EuGH, Urteil vom 9.11.2000 Rs. C-381/98, *Ingmar GB Ltd. ./. Eaton Leonard Technologies Inc*), in: [2002] C.M.L.Rev., S. 369 – 383. [*Roth* [2002] C.M.L.Rev. 369]

Rucketschler, Dorothee, Subunternehmer-Haftung: Möglichkeiten des Durchgriffs von Bauherrn und Käufern nach amerikanischem, englischem und deutschem Recht, Frankfurt am Main (1988). [*Rucketschler*, Subunternehmer-Haftung]

Sablier, Bertrand / *Caro*, Joseph-Emmanuel / *Abbatucci*, Séverin La sous-traitance dans la construction, Loi du 31 décembre 1975: analyse te commentaires, pratique des contrats de sous-traitance, modèles de lettres et actes types, 5. Auflage, Paris (2002). [*Sablier/Caro/Abbatucci*, La sous-traitance dans la construction]

Sack, Rolf, Marktortprinzip und allgemeine Ausweichklausel im internationalen Wettbewerbsrecht, am Beispiel der sog. Gran-Canaria-Fälle, in: IPRax 1992, S. 24 - 29. [*Sack* IPRax 1992, S. 24ff.]

Salerno, Francesco, Nuove vicende concernenti la notifica all'estero del decreto ingiuntivo, in: Riv. dir. int. 1998, S. 781 – 785. [*Salerno* Riv. dir. int. 1998, S. 781ff.]

Samtleben, Jürgen, Internationale Gerichtsstandsvereinbarungen nach dem EWG-Übreinkommen und nach der Gerichtsstandsnovelle, in: NJW 1974, S. 1590 – 1596. [*Samtleben* NJW 1974, S. 1590ff.]

Sandrock, Otto, Die Bedeutung des Gesetzes zur Neuregelung des Internationalen Privatrechts für die Unternehmenspraxis, in: RIW 1986, S. 841 – 855. [*Sandrock* RIW 1986, S. 841ff.]

Sanmarchi, Roberto, Subfornitura industriale nell'Europa comunitaria: prassi per la qualità dei contratti, Bologna (1998). [*Sanmarchi*, Subfornitura industriale nell'Europa comunitaria]

Saravelle, Alberto, Conflitti di leggi nei contratti internazionali di costruzione, in: Riv. dir. int. priv. proc. 1991, S. 895 – 924. [*Saravelle* Riv. dir. int. priv. proc. 1991, S. 895ff.]

Savigny, Friedrich Carl von, System des heutigen Römischen Rechts, Band VIII, Berlin (1849). [*Savigny*, System des röm. Rechts, Bd. VIII]

Schaub, Günter, Zu den Anforderungen an das nationale Recht bei Vorschriften über die Entsendung von ausländischen Arbeitnehmern ins Inland, in: EWiR 2000, S. 79 – 80. [*Schaub* EWiR 2000, S. 79f.]

Schlechtriem, Peter, Die Haftung des Nachunternehmers gegenüber dem Bauherrn, in: ZfBR 1983, S. 101 – 104. [*Schlechtriem* ZfBR 1983, S. 101ff.]

Schlechtriem, Peter / *Neufang*, Paul, Haftung des Subunternehmers gegenüber dem Bauherrn nach französischem Recht, in: ZfBR 1987, S. 55 - 59. [*Schlechtriem/Neufang* ZfBR 1987, S. 55ff.]

Schlechtriem, Peter, Kommentar zum Einheitlichen UN-Kaufrecht, Das Übereinkommen der Vereinten Nationen über Verträge über den internationalen Warenkauf – CISG, herausgegeben von Peter *Schlechtriem*, 3. Auflage, München (2000). [Schlechtriem-*Bearbeiter*]

Schlünder, Bertold, Gestaltung von Nachunternehmerverträgen in der Praxis, in: NJW 1995, S. 1057 – 1061. [*Schlünder* NJW 1995, S. 1057ff.]

Schmalz, Dieter, Methodenlehre für das juristische Studium, 4. Auflage, Baden-Baden (1998). [*Schmalz*, Methodenlehre]

Schmid, Tobias, Das italienische Gesetz über vertikale Kooperationsverträge, in: RIW 1999, S. 273 – 277. [*Schmid* RIW 1999, S. 273ff.]

Schmidt, Hans Wolfgang, Die Rechtsprechung des Bundesgerichtshofs zum Bau-, Architekten - und Statikerrecht - Teil XVI -, in: WM 2001, Sonderbeilage Nr. 5, S. 3-23. [*Schmidt* WM 2001, Sonderbeilage Nr. 5, S. 3ff.]

Schmidt-Kessel, Martin, Zahlungsverzug im Handelsverkehr - ein neuer Richtlinienentwurf, in: JZ 1998, S. 1135 – 1145. [*Schmidt-Kessel* JZ 1998, S. 1135ff.]

Schmidt-Rimpler, Walter, Grundfragen einer Erneuerung des Vertragsrechts, in: AcP 147 (1941), S. 130 - 197. [*Schmidt-Rimpler* AcP 147 (1941), S. 130ff.]

Schmitz, Claus, Wirksamkeit von Vereinbarungen über die Bauhandwerkersicherheit, in: BauR 2003, S. 559 – 560. [*Schmitz* BauR 2003, S. 559f.]

Schneider, Tilmann, Der Begriff des Verbrauchers im Recht, in: BB 1974, S. 764 - 768. [*Schneider* BB 1974, S. 764ff.]

Schubert, Werner, Grenzen der Geschäftsführung ohne Auftrag, in: NJW 1978, S. 687 – 689. [*Schubert* NJW 1978, S. 678ff.]

Schultsz, Jan, Dutch Antecedents and Parallels to Article 7 of the EEC Contracts Convention of 1980, in: RabelsZ 47 (1983), S. 267 - 283. [*Schultsz* RabelsZ 47 (1983), S. 267ff.]

Schurig, Klaus, Zwingendes Recht, „Eingriffsnormen" und neues IPR, in: RabelsZ 54 (1990), S. 218 - 250. [*Schurig* RabelsZ 54 (1990), S. 218ff.]

Schwarz, Eckhard, Schutzkollisionen im internationalen Verbraucherschutz, Diss. Heidelberg (1991). [*Schwarz*, Schutzkollisionen im internationalen Verbraucherschutz]

Schwarz, Gilbert, Unfallregulierung im europäischen Ausland, Kongreß: Deutscher Anwaltstag (46), 1991, Düsseldorf, in: NJW 1991, S. 2058 – 2069. [*Schwarz* NJW 1991, S. 2058ff.]

Schwarz, Simon, Das internationale Handelsvertreterrecht im Lichte von "Ingmar" - Droht das Ende der Parteiautonomie im Gemeinschaftsprivatrecht? Eine Besprechung von EuGH, Urteil vom 9.11.2000 – Rs. C-381/98, in: ZVglRWiss 101 (2002), S. 45 – 74. [*Schwarz* ZVglRWiss 101 (2002), S. 45ff.]

Schwimann, Michael, Grundriß des Internationalen Privatrechts, Mit besonderer Berücksichtigung der IPR-Staatsverträge, Wien (1982). [*Schwimann*, Grundriß des Internationalen Privatrechts]

Schwimann, Michael, Internationales Privatrecht, einschließlich Europarecht, 3. Auflage, Wien (2001). [*Schwimann*, Internationales Privatrecht]

Seppala, Christopher, French Law on Subcontracting, in: [1991] I.C.L.R., S. 78 – 87. [*Seppala* [1991] I.C.L.R. 78]

Seipen, Christoph von der, Akzessorische Anknüpfung und engste Verbindung im Kollisionsrecht der komplexen Vertragsverhältnisse, Diss. Heidelberg (1989). [*v. d. Seipen*, Akzessorische Anknüpfung]

Siegburg, Peter, Zur Anwendbarkeit des BGB § 648a Abs 7 auf die vertraglich vereinbarte Sicherungsabrede, in: EWiR 2002, S. 333 – 334. [*Siegburg* EWiR 2002, S. 333f.]

Siehr, Kurt, Internationales Privatrecht, Deutsches- und europäisches Kollisionsrecht für Studium und Praxis, Heidelberg (2001). [*Siehr*, IPR]

Simitis, Spiros, Soll die Haftung des Produzenten gegenüber dem Verbraucher durch Gesetz, kann sie durch richterliche Fortbildung des Rechts geordnet werden?, in: Gutachten für den 47. Deutschen Juristentag in Nürnberg, München (1968), S. 58ff. [*Simitis*, Gutachten für 47. Deutschen Juristentag, S. 58ff.]

Soergel, Bürgerliches Gesetzbuch: mit Einführungsgesetz und Nebengesetzen, herausgegeben von W. *Siebert*, Jürgen F. *Bauer*, Bd. 10 Einführungsgesetz, 12. Auflage, Stuttgart u.a. (1996). [Soergel-*Bearbeiter* (12. A. 1996)]

Soergel, Bürgerliches Gesetzbuch: mit Einführungsgesetz und Nebengesetzen, Hrsg. W. *Siebert,* Jürgen F. *Bauer,* Stuttgart u.a., Bd. 13, Schuldrechtliche Nebengesetze 2, Übereinkommen der Vereinten Nationen über Verträge über den internationalen Warenkauf (CISG), 13. Auflage, Stuttgart u.a. (2000). [Soergel-*Bearbeiter*]

Sohn, Peter / *Kandel,* Roland, 648 a BGB und Gewährleistungsansprüche des Auftraggebers im Vergütungsprozess des Werkunternehmers, in: BauR 2003, S. 1633 - 1638. [*Sohn/Kandel* BauR 2003, S. 1633].

Sposato, Piergiorgio / *Coccia,* Massimo, La disciplina del contratto di subfornitura nella legge n. 192 del 1998, herausgegeben von Piergiorgio *Sposato* und Massimo *Coccia,* Turin, 1999. [Sposato/Coccia-*Bearbeiter*].

Sposato, Piergiorgio / *Giordani,* Laura, Il contratto di subfornitura industriale, in: Impresa 1998, S. 87 – 101. [*Sposato/Giordani* Impresa 1998, S. 87ff.]

Stapenhorst, Hermann, Das Gesetz zur Beschleunigung fälliger Zahlungen, in: DB 2000, S. 909 - 915. [*Stapenhorst* DB 2000, S. 909ff.]

Staudinger, Ansgar, Die ungeschriebenen kollisionsrechtlichen Regelungsgebote der Handelsvertreter-, Haustürwiderrufs- und Produkthaftungsrichtlinie, in: NJW 2001, S. 1974 – 1978. [*Staudinger* NJW 2001, S. 1974ff.]

Staudinger, Julius von, Kommentar zum Bürgerlichen Gesetzbuch mit Einführungsgesetz und Nebengesetzen, Günther *Beitzke* (Hrsg.), Berlin, Art. 27 – 37 EGBGB (Internationales Vertragsrecht); Art. 10 EGBGB (Internationales Namensrecht), 12. Auflage, 1998. [Staudinger-*Bearbeiter* (12. A. 1998)]

Staudinger, Julius von, Kommentar zum Bürgerlichen Gesetzbuch mit Einführungsgesetz und Nebengesetzen, Günther *Beitzke* (Hrsg.), Berlin; Zweites Buch, Recht der Schuldverhältnisse, §§ 631- 651; Einleitung zu Art. 27ff EGBGB; Art. 27-33 EGBGB; Anhang zu Art. 33 EGBGB: Internationales Factoring; Art. 34 EGBGB; Anhang zu Art. 34 EGBGB: Internationales Währungs- und Devisenrecht; Art. 35-37 EGBGB ; Anhang I zu Art. 37 EGBGB: IPR der Versicherungsverträge; Anhang II zu Art. 27-37 EGBGB: Internationale Zuständigkeit; Gerichtsstands- und Schiedsvereinbarungen, 13. Bearbeitung 2002.; Wiener UN-Kaufrecht, Neubearbeitung 1999. [Staudinger-*Bearbeiter*]

Stolte, Wilhelm, Der Leistungsbegriff: Ein Gespenst des Bereicherungsrechts?, in: JZ 1990, S. 220 – 226. [*Stolte* JZ 1990, S. 220ff.]

Stranart, Anne-Marie, Les sûretés réelles traditionnelles – développement récent, in: Le droit des Sûretés, Brüssel (1992). [*Stranart,* Les sûretés réelles traditionnelles]

Swoboda, Hans Wolfgang, Causes and effects of changes and delays in construction contracts, in: Fritz *Nicklisch* (Hrsg.), Technologie und Recht, Band 6, Leistungsstörungen bei Bau- und Anlagenverträgen, Heidelberg (1985), S. 65 - 81. [*Swoboda,* in: Nicklisch (Hrsg.), Technologie und Recht, Band 6, S. 65ff.]

Swoboda, Klaus, Risiken bei Auslandsbauverträgen aus ökonomisch-technischer Sicht, in: Fritz *Nicklisch* (Hrsg.), Technologie und Recht, Band 4, Bau- und Anlagenverträge – Risiken, Haftung, Streitbeilegung –, Heidelberg (1984), S. 21 – 39. [*Swoboda,* in: Nicklisch (Hrsg.), Technologie und Recht, Band 4, S. 21ff.]

Takahashi, Koji, Jurisdiction in matters relating to contract: Article 5 (1) of the Brussels Convention and Regulation, in: [2002] 27(5) E.L. Rev., S. 530-550. [*Takahashi* [2002] 27(5) E.L. Rev. 530]

Tapparo, Giancarlo, La subfornitura. Una legge tra lobbies e peones, Florenz (2000). [*Tapparo*, La subfornitura]

Taupitz, Jochen, Kaffeefahrten deutscher Urlauber auf Gran Canaria – Deutscher Verbraucherschutz im Urlaubsgepäck, in: BB 1990, S. 643 – 652. [*Taupitz* BB 1990, S. 643ff.]

Thode, Reinhold / *Wenner*, Christian, Internationales Architekten- und Bauvertragsrecht, Köln (1998). [*Thode/Wenner*, Internationales Architekten- und Bauvertragsrecht]

Treves, Tullio, Sulla legge regolatrice dell'azione diretta del mandante nei confronti del sostituito nel mandato, in: Riv. dir. int. priv. proc. 1968, S. 848 – 853. [*Treves*, Riv. dir. int. priv. proc. 1968, S. 848ff.]

Troplong, Raymond, Le droit civil expliqué suivant l'ordre des articles du Code, de l'échange et du louage, Paris (1840).

Ulmer, Peter / *Brandner*, Hans Erich / *Hensen*, Horst-Diether / *Schmidt*, Harry, AGB-Gesetz, Kommentar zum Gesetz zur Regelung des Rechts der Allgemeinen Geschäftsbedingungen, 8. Auflage, Köln (1997). [*Ulmer/Brandner/Hensen*, AGBG]

Urzainqui, Don Francisco Javier Fernández, Código civil, Concordancias, Notas y Jurisprudencia, Pamplona (1992). [*Urzainqui*, Código civil]

Valentin, Georges, Les contrats de sous-traitance, Paris (1979). [*Valentin*, Les contrats de sous-traitance]

Vechi, Paolo Maria, L'azione diretta, Padua (1990). [*Vechi*, L'azione diretta]

Verhagen, Harings, The tension between party autonomy and European Union law: some observations on Ingmar GB Ltd. Vs. Eaton Leonard Technologie Inc., in: ICLQ 2002, S. 135 – 154. [*Verhagen* [2002] ICLQ 135]

Vetter, Eberhard, Aspekte der Risikodurchstellung zwischen Hauptvertrag und Subunternehmervertrag im internationalen Anlagengeschäft, in: Fritz *Nicklisch* (Hrsg.), Technologie und Recht, Band 7, Der Subunternehmer bei Bau- und Anlagenverträgen im In- und Auslandsgeschäft, Heidelberg (1986), S. 77 - 91. [*Vetter*, in: Nicklisch (Hrsg.), Technologie und Recht, Band 7, S. 77ff.]

Vetter, Eberhard, Akzessorische Anknüpfung von Subunternehmerverträgen bei internationalen Bau- und Industrieanlagen-Projekten?, in: NJW 1987, S. 2124 - 2128. [*Vetter* NJW 1987, S. 2124ff.]

Vetter, Eberhard, Kollisionsrechtliche Fragen bei grenzüberschreitenden Subunternehmerverträgen im Industrieanlagenbau, in: ZVglRWiss 87 (1988), S. 248 - 276. [*Vetter* ZVglRWiss 87 (1988), S. 248ff.]

Vetter, Eberhard, Rechtsfragen der inneren Organisation des Konsortiums im Industrieanlagengeschäft, in: Fritz *Nicklisch* (Hrsg.), Technologie und Recht, Band 17, Konsortien und Joint Ventures bei Infrastrukturprojekten, Heidelberg (1998), S. 155 – 185. [*Vetter*, in: Nicklisch (Hrsg.), Technologie und Recht, Band 17, S. 155ff.]

Vettorello, G., Il contratto di subfornitura, in: Francesco *Galgano* (Hrsg.), Il contratto di commercio, dell'industria e del mercato finanziario, Turin, (1995), S. 1349 – 1367. [*Vettorello*, in: Galgano (Hrsg.), Il contratto di commercio, dell'industria e del mercato finanziario, S. 1349ff.]

Viney, Geneviève, Sous-traitance et responsabilité civile, in: Christian *Gavalda* (Hrsg.), La sous-traitance de marchés de travaux et de services, Paris (1978) S. 44 - 82. [*Viney*, in: Gavalda (Hrsg.), Sous-traitance et responsabilité civile, S. 44ff.]

Virassamy, Georges, Les contrats de dépendance, Essai sur les activités professionnels exercées dans une dépendance économique, Paris (1986). [*Virassamy*, Les contrats de dépendance]

Vischer, Frank Benedict, The antagonism between legal security and the search for justice in the fields of contracts, in: Recueil des Cours, Band 142 (1974), S. 1 – 36. [*Vischer* Recueil des Cours, Band 142 (1974), S. 1ff.]

Vischer, Frank Benedict / *Huber*, Lucius / *Oser*, David, Internationales Vertragsrecht, 2. Auflage, Bern (2000). [*Vischer/Huber/Oser*, Internationales Vertragsrecht]

Wägenbaur, Bertrand, Zahlungsverzug im Handelsverkehr: Rechtsangleichung in Bruchstücken?, in: EuZW 1998, S. 417 (Editorial). [*Wägenbaur* EuZW 1998, S. 417]

Wagner, Rolf, Der Regierungsentwurf eines Gesetzes zum Internationalen Privatrecht für außervertragliche Schuldverhältnisse und für Sachen, in: IPRax 1998, S. 429 - 438. [*Wagner* IPRax 1998, S. 429ff.]

Wendler, Wolf-Dieter, Haftung und Haftungsbegrenzung im internationalen Anlagengeschäft und ihre Auswirkungen auf den Subunternehmer, in: Fritz *Nicklisch* (Hrsg.), Technologie und Recht, Band 7, Der Subunternehmer bei Bau- und Anlagenverträgen im In- und Auslandsgeschäft, Heidelberg (1986), S. 47 - 75. [*Wendler*, in: Nicklisch (Hrsg.), Technologie und Recht, Band 7, S. 47ff.]

Wengler, Wilhelm, Die Anknüpfung des zwingenden Schuldrechts im internationalen Privatrecht, Eine rechtsvergleichende Studie, in: ZVglRWiss 54 (1941), S. 168 – 212. [*Wengler* ZVglRWiss 54 (1941), S. 168ff.]

Wengler, Wilhelm, Internationales Privatrecht, Band 1, Berlin u.a. (1981). [*Wengler*, IPR]

Werner, Ulrich / *Pastor*, Walter, Der Bauprozess, Prozessuale und materielle Probleme des zivilen Bauprozesses, 10. Auflage, Düsseldorf (2002). [*Werner/Pastor*, Der Bauprozess]

Wery, Patrick, L'action directe du sous-traitant contre le maître de l'ouvrage: bilan de sept années d'application du nouvel Art. 1798 du Code Civil, in: Rev. rég. dr. 1997, S. 169 - 185. [*Wery* Rev. rég. dr. 1997, S. 169ff.]

Westermann, Harm Peter, Sonderprivatrechtliche Sozialmodelle und das allgemeine Privatrecht, in: AcP 178 (1978), S. 150 – 195. [*Westermann* AcP 178 (1978), S. 150ff.]

Westermann, Harm Peter, Verbraucherschutz, in: Gutachten und Vorschläge zur Überarbeitung des Schuldrechts, Band III, Köln (1983), S. 1 - 222. [*Westermann*, Verbraucherschutz]

Wish, Richard, Competition Law, 4. Auflage, Bath (2001). [*Wish*, Competition Law]

Wolf, Christian Ulrich, Feststellungsklage und Anspruchsgrundlagenkonkurrenz im Rahmen von Art. 5 Nr. 1 und Nr. 3 LugÜ, in: IPRax 1999, S. 82 – 87. [*Wolf* IPRax 1999, S. 82ff.]

Wolfer, Michel, Frankreich: Die Rechtsprechung des Kassationshofs zu Vertragsketten (Teil 1), in: PHI 1991, S. 220 – 225. [*Wolfer* PHI 1991, S. 220ff.]

Wolfer, Michel, Frankreich: Die Rechtsprechung des Kassationshofs zu Vertragsketten (Teil 2), in: PHI 1992, S. 30 – 40. [*Wolfer* PHI 1992, S. 30ff.]

Wolf-Heberbekermeier, Thomas, Das neue Gesetz zur Beschleunigung fälliger Zahlungen - ein Überblick, in: BB 2000, 786 - 790. [*Wolf-Heberbekermeier* BB 2000, S. 786ff.]

Yeun, Kee-Young, Verbraucherschutz im internationalen Vertragsrecht – Art. 29 EGBGB und die Bedeutung der „unconscionability doctrine" -, in: IPRax 1994, S. 257 – 263. [*Yeun* IPRax 1994, S. 257ff.]

Zimmer, Daniel, Ausländisches Wirtschaftsrecht vor deutschen Zivilgerichten: Zur Unterscheidung zwischen einer normativen Berücksichtigung fremder zwingender Normen und einer bloßen Beachtung ihrer tatsächlichen Folgen, in: IPRax 1993, S. 65 – 69. [*Zimmer* IPRax 1993, S. 65ff.]

Zobel, Dieter, Das Bauhandwerkerpfandrecht de lege lata und de lege ferenda, in: ZSR 1982, S. 1 – 187. [*Zobel* ZSR 1982, S.1ff.]

Zöllner, Wolfgang, Regelungsspielräume im Schuldvertragsrecht, Bemerkungen zur Grundrechtsanwendung im Privatrecht und zu den sogenannten Ungleichgewichtslagen, in: AcP 196 (1996), S. 1 – 36. [*Zöllner* AcP 196 (1996), S. 1ff.]

STUDIEN ZUM VERGLEICHENDEN UND INTERNATIONALEN RECHT

Herausgeber: Bernd von Hoffmann, Erik Jayme und Heinz-Peter Mansel

Band 99 Florian Kienle: Die fehlerhafte Banküberweisung im internationalen Rechtsverkehr. Unter besonderer Berücksichtigung des Artikels 4A US Uniform Commercial Code. 2004.

Band 100 Thomas Alexander Brandt: Die Adoption durch eingetragene Lebenspartner im internationalen Privat- und Verfahrensrecht. 2004.

Band 101 Florian Pulkowski: Subunternehmer und Internationales Privatrecht. Der Subunternehmer als Quasi-Verbraucher im Europäischen Kollisionsrecht. 2004.

www.peterlang.de

Peter Lang · Europäischer Verlag der Wissenschaften

Stefan Bruinier

Der Einfluss der Grundfreiheiten auf das Internationale Privatrecht

Frankfurt am Main, Berlin, Bern, Bruxelles, New York, Oxford, Wien, 2003. 224 S.
Studien zum vergleichenden und internationalen Recht.
Herausgegeben von Bernd von Hoffmann und Erik Jayme. Bd. 75
ISBN 3-631-50426-8 · br. € 39.–*

Die fortschreitende Internationalisierung der Handelsbeziehungen macht auch vor dem Privatrecht nicht Halt. Insbesondere das Europäische Gemeinschaftsrecht mit seinen vier Grundfreiheiten prägt zunehmend das nationale Recht der EG-Mitgliedstaaten. Es stellt sich die Frage, ob sich dieser Einfluss auch auf das Internationale Privatrecht auswirkt, obwohl dieses keine materielle Entscheidung in der Sache trifft. In jüngerer Zeit mehren sich die Stimmen, die einen solchen Einfluss im Grundsatz bejahen. Der Verfasser gelangt unter Berücksichtigung einiger Schlüsselfragen der IPR-Dogmatik zu einem gegenläufigen Ansatz, der klarer differenziert. Er zeigt, dass das IPR in seinem klassischen Verständnis den Anforderungen der Grundfreiheiten in hohem Maße entspricht und die Konflikte größtenteils allein dem Sachrecht zuzuordnen sind. Um eine störende Vermischung zwischen kollisions- und sachrechtlichen Problemen zu vermeiden, empfiehlt er daher eine Rückkehr der Debatte auf die Ebene des Sachrechts und bietet eine Formel an, mit Hilfe derer sich die Wurzel des Konflikts zwischen Grundfreiheiten und nationalem Privatrecht systematisch überzeugend bestimmen lässt.

Aus dem Inhalt: Die Funktion der Grundfreiheiten im Binnenmarktkonzept des EG-Vertrages · Die Auswirkungen des Beschränkungsverbotes auf das nationale IPR · Die Auswirkungen des Diskriminierungsverbotes auf das nationale IPR

Frankfurt am Main · Berlin · Bern · Bruxelles · New York · Oxford · Wien
Auslieferung: Verlag Peter Lang AG
Moosstr. 1, CH-2542 Pieterlen
Telefax 00 41 (0) 32 / 376 17 27

*inklusive der in Deutschland gültigen Mehrwertsteuer
Preisänderungen vorbehalten
Homepage http://www.peterlang.de